서집전상설(書集傳詳說) 5
−서집전상설 9권 (書集傳詳說 卷之九)·서집전상설 10권(書集傳詳說 卷之十)−

이 저서는 2017년 대한민국 교육부와 한국연구재단의 지원을 받아 수행된 연구임 (NRF-2017S1A5B4056044)

호산 박문호의 칠서주상설 40

서집전상설(書集傳詳說) 5
-서집전상설 9권(書集傳詳說 卷之九)·
서집전상설 10권(書集傳詳說 卷之十)-

책임역주(주저자): 신창호
전임역주: 김학목·조기영·황봉덕
공동역주: 김언종·임헌규·허동현

일러두기

1. 본서는 1921년 풍림정사(楓林精舍)에서 간행된 박문호의 『칠서주상설(七書註詳說)』(한국학중앙연구원 장서각 소장)을 저본으로 하였다. 아울러 아세아문화사(亞細亞文化社)에서 간행한 『호산전서(壺山全書)』(1~8, 1987~1990)를 참고하였으며, <호산 박문호의 『칠서주상설』 연구번역총서>의 번호 순서는 『호산전서』(제4~5책)의 목차에 따랐다.

2. 원전(原典)은 직역(直譯)을 원칙으로 하되, 필요한 경우에는 현대적 의미를 고려하여 의역(意譯)하며 풀이하였다. 원문은 번역문과 함께 제시하되, 원문을 앞에 번역문을 뒤에 배치하였다.

3. 역주(譯註)의 경우 각주(脚註)로 처리하고, 간단한 용어나 개념 설명은 본문에서 그대로 병기하여 노출하였다(예: 잡기(雜記: 잡다하게 기록함)). 주석은 인용 출처 및 근거를 찾아 제시하고, 관련 자료의 원문 또는 번역문을 수록하였다. 내용이 중복되는 부분일지라도 편장이 달라질 경우에는 다시 수록하여 연구 토대 자료로서의 편리성을 도모하였다.

4. 원전의 원문은 『서집전상설(書集傳詳說)』의 '경문(經文)', 채침(蔡沈)의 주석인 '집전(集傳)', 박문호의 주석인 '상설(詳說)'로 구분하되, '경문-집전-상설'순으로 글자의 모양과 크기를 달리 하였다. 경문의 경우, 별도로 경문이라는 표시 없이 편장별로 번호를 붙였다(예: 『우서」「요전」 첫 구절은 『서경』의 제1권 제1편 제1장의 제1구절이므로 [1-1-1-1]로 표시; 나머지도 이와 같은 순서에 따라 번호를 매김).

5. 경전의 맨 앞부분(제1권)과 맨 뒷부분(제7권)에 배치되어 있는 「서집전서상설(書集傳序詳說)」·「서서설상설(書序說詳說)」과 「서서변설상설(書序辨說詳說)」은 별도의 권(卷)으로 나누어져 있지 않아, 0-1, 0-2, 0-3으로 표기하여 구분하였다.

6. 박문호의 주석인 '상설(詳說)'은 모든 구절에 ○를 붙여 의미를 분명하게 하였다.

7. 원문의 표점 작업은 연구번역 저본과 참고로 활용한 판본을 대조하여 정돈하였다. 『칠서주상설』 편제의 특성상, 혼란의 소지가 있는 부분은 번역에서 원전을 다시 제시하였다. 필요한 경우에는 원문이나 각주에서 경전(經傳,『 』)이나 편명(篇名,「 」), 구두(句讀; , ; .) 인용문(따옴표; " "; ' ') 강조점(따옴표; ' ') 등을 구분하여 표시하였다.

8. 원전의 특성상, 경문의 바로 아래에 제시되어 있는 음운(音韻)이나 음가(音價)는 여러 주석을 참고하여 정돈한 것이 대부분이지만 상설(詳說)로 처리하였다.

9. 원문이나 역주 가운데, 인명이나 개념어는 기본적으로 한글과 한문을 병기하되, 상황에 맞추어서 정돈하였다(예: 주자(朱子)의 경우, 때로는 주희(朱熹)로 표기하고, 개념어는 원문을 그대로 노출하기도 하고 풀이하기도 하였는데, 도(道)의 경우, 도리(道理), 이치(理致), 방법(方法) 등으로 해석함).

서집전상설 총 목차

서집전상설 1   서집전서상설(書集傳序詳說)
                 서집전상설 1권(書集傳詳說 卷之一)
                 서집전상설 2권(書集傳詳說 卷之二)

서집전상설 2   서집전상설 3권(書集傳詳說 卷之三)
                 서집전상설 4권(書集傳詳說 卷之四)

서집전상설 3   서집전상설 5권(書集傳詳說 卷之五)
                 서집전상설 6권(書集傳詳說 卷之六)

서집전상설 4   서집전상설 7권(書集傳詳說 卷之七)
                 서집전상설 8권(書集傳詳說 卷之八)

서집전상설 5   **서집전상설 9권(書集傳詳說 卷之九)**
                 서집전상설 10권(書集傳詳說 卷之十)

서집전상설 6   서집전상설 11권(書集傳詳說 卷之十一)
                 서집전상설 12권(書集傳詳說 卷之十二)

서집전상설 7   서집전상설 13권(書集傳詳說 卷之十三)
                 서집전상설 14권(書集傳詳說 卷之十四)
                 서서변설상설(書序辨說詳說)

차례

일러두기 / 4

서집전상설 9권 (書集傳詳說 卷之九)

[9-4-7] 「대고(大誥)」/ 14

[9-4-7-1] 王若曰, 猷, 大誥爾多邦, 越爾御事. 弗弔天, 降割于我家, 不少延. 洪惟我幼冲人, 嗣無疆大歷服, 弗造哲, 迪民康, 矧曰其有能格知天命./ 19

[9-4-7-2] 已. 予惟小子, 若涉淵水, 予惟往, 求朕攸濟. 敷賁, 敷前人受命, 茲不忘大功, 予不敢閉于天降威用./ 25

[9-4-7-3] 寧王遺我大寶龜, 紹天明, 卽命, 曰有大艱于西土, 西土人, 亦不靜, 越玆蠢./ 29

[9-4-7-4] 殷小腆, 誕敢紀其叙, 天降威, 知我國有疵民不康, 曰予復, 反鄙我周邦./ 33

[9-4-7-5] 今蠢, 今翼日, 民獻有十夫, 予翼以于, 敉寧武圖功, 我有大事休, 朕卜幷吉./ 35

[9-4-7-6] 肆予告我友邦君, 越尹氏庶士御事, 曰予得吉卜. 予惟以爾庶邦, 于伐殷 逋播臣./ 42

[9-4-7-7] 爾庶邦君, 越庶士御事, 罔不反, 曰艱大, 民不靜, 亦惟在王宮邦君室, 越予小子考翼, 不可征, 王害不違卜./ 43

[9-4-7-8] 肆予冲人, 永思艱, 曰, 嗚呼, 允蠢, 鰥寡, 哀哉, 予造, 天役. 遺大投艱于朕身, 越予冲人, 不卬自恤. 義爾邦君, 越爾多士, 尹氏御事, 綏予, 曰, 無毖于恤, 不可不成乃寧考圖功./ 47

[9-4-7-9] 已. 予惟小子, 不敢替上帝命, 天休于寧王, 興我小邦周, 寧王惟卜用, 克綏受玆命, 今天其相民, 矧亦惟卜用. 嗚呼, 天明畏, 弼我丕丕基./ 52

[9-4-7-10] 王曰, 爾惟舊人. 爾丕克遠省, 爾知寧王若勤哉. 天閟毖, 我成 功所, 予敢不極卒寧王圖事. 肆予大化誘我友邦君, 天棐忱辭, 其考我民, 予曷其不于前寧人圖功攸終. 天亦惟用勤毖我 民, 若有疾, 予曷敢不于前寧人攸受休畢./ 56

[9-4-7-11] 王曰, 若昔朕其逝, 朕言艱日思, 若考作室, 旣底法, 厥子乃弗 肯堂, 矧肯構. 厥父菑, 厥子乃弗肯播, 矧肯穫. 厥考翼, 其肯曰, 予有後, 弗棄基. 肆予

[9-4-7-12] 曷敢不越卬, 敉寧王大命./ 61

[9-4-7-12] 若兄考, 乃有友, 伐厥子, 民養, 其勸, 弗救./ 65

[9-4-7-13] 王曰, 嗚呼, 肆哉. 爾庶邦君, 越爾御事. 爽邦由哲, 亦惟十人, 迪知上帝命, 越天棐忱. 爾時, 罔敢易法, 矧今, 天降戾于周邦, 惟大艱人誕鄰, 胥伐于厥室. 爾亦不知天命不易./ 69

[9-4-7-14] 予永念, 曰天惟喪殷, 若穡夫, 予曷敢不終朕畝. 天亦惟休于前寧人./ 76

[9-4-7-15] 予曷其極卜, 敢弗于從. 率寧人, 有指疆土, 矧今卜幷吉. 肆朕誕以爾, 東征, 天命不僭. 卜陳, 惟若玆./ 78

[9-4-8] 「미자지명(微子之命)」

[9-4-8-1] 王若曰, 猷, 殷王元子, 惟稽古崇德, 象賢統, 承先王, 脩其禮物, 作賓于王家, 與國咸休, 永世無窮./ 87

[9-4-8-2] 嗚呼, 乃祖成湯, 克齊聖廣淵, 皇天眷佑, 誕受厥命, 撫民以寬, 除其邪虐. 功加于時, 德垂後裔./ 93

[9-4-8-3] 爾惟踐脩厥猷, 舊有令聞, 恪愼克孝, 肅恭神人, 予嘉乃德, 曰 篤不忘. 上帝時歆, 下民祗協, 庸建爾于上公. 尹玆東夏./ 94

[9-4-8-4] 欽哉, 往敷乃訓, 愼乃服命, 率由典常, 以蕃王室, 弘乃烈祖, 律乃有民, 永綏厥位, 毗予一人, 世世享德, 萬邦作式, 俾我有周, 無斁./ 98

[9-4-8-5] 嗚呼. 往哉惟休, 無替朕命./ 103

[9-4-9] 「강고(康誥)」/ 105

[9-4-9-1] 惟三月哉生魄, 周公初基, 作新大邑于東國洛. 四方民大和會, 侯甸男邦采衛, 百工播民和, 見士于周, 周公咸勤, 乃洪大誥治./ 110

[9-4-9-2] 王若曰, 孟侯朕其弟小子封./ 115

[9-4-9-3] 惟乃丕顯考文王, 克明德愼罰./ 116

[9-4-9-4] 不敢侮鰥寡, 庸庸, 祗祗, 威威, 顯民, 用肇造我區夏, 越我一二邦, 以脩 我西土, 惟時怙冒, 聞于上帝, 帝休. 天乃大命文王, 殪戎殷, 誕受厥命, 越厥邦厥民, 惟時叙, 乃寡兄勖. 肆汝小子封, 在玆東土./ 121

[9-4-9-5] 王曰. 嗚呼. 封汝念哉. 今民將在祗遹乃文考, 紹聞衣德言. 往敷求于殷先哲王, 用保乂民, 汝丕遠惟商耇成人, 宅心知訓, 別求聞由古先哲王, 用康保民. 弘于天, 若德裕乃身, 不廢在王命./ 130

[9-4-9-6] 王曰. 嗚呼, 小子封. 恫瘝乃身, 敬哉. 天畏棐忱. 民情大可見, 小人難保, 往盡乃心, 無康好逸豫, 乃其乂民. 我聞, 曰怨不在大, 亦不在小. 惠不惠, 懋不懋./ 142

[9-4-9-7] 已. 汝惟小子. 乃服, 惟弘王, 應保殷民, 亦惟助王, 宅天命, 作新民./ 146

[9-4-9-8] 王曰, 嗚呼, 封. 敬明乃罰. 人有小罪, 非眚乃惟終, 自作不典式爾, 有厥罪小, 乃不可不殺. 乃有大罪, 非終乃惟眚災, 適爾, 旣道極厥辜, 時乃不可殺./ 149

[9-4-9-9] 王曰, 嗚呼, 封. 有敍, 時乃大明服, 惟民其勑懋和. 若有疾, 惟民其畢棄咎, 若保赤子, 惟民其康乂./ 153

[9-4-9-10] 非汝封, 刑人殺人, 無或刑人殺人. 非汝封 又曰劓刵人, 無或劓刵人./ 156

[9-4-9-11] 王曰, 外事, 汝陳時臬, 司師茲殷罰有倫./ 158

[9-4-9-12] 又曰, 要囚, 服念五六日, 至于旬時, 丕蔽要囚./ 162

[9-4-9-13] 王曰, 汝陳時臬事, 罰蔽殷彝, 用其義刑義殺, 勿庸以次汝封. 乃汝盡遜, 曰時敍, 惟曰未有遜事./ 165

[9-4-9-14] 已. 汝惟小子, 未其有若汝封之心, 朕心朕德, 惟乃知./ 169

[9-4-9-15] 凡民自得罪, 寇攘姦宄, 殺越人于貨, 暋不畏死, 罔弗憝./ 171

[9-4-9-16] 王曰, 封元惡大憝, 矧惟不孝不友. 子弗祗服厥父事, 大傷厥考心, 于父不能字厥子, 乃疾厥子. 于弟弗念天顯, 乃弗克恭厥兄, 兄亦不念鞠子哀, 大不友于弟, 惟弔茲, 不于我政人得罪, 天惟與我民彝, 大泯亂, 曰乃其速由文王作罰, 刑茲無赦./ 175

[9-4-9-17] 不率大戛, 矧惟外庶子訓人, 惟厥正人, 越小臣諸節, 乃別播 敷, 造民大譽, 弗念弗庸, 瘝厥君. 時乃引惡, 惟朕憝, 已. 汝乃其速由茲義, 率殺./ 180

[9-4-9-18] 亦惟君惟長, 不能厥家人 越厥小臣外正, 惟威惟虐, 大放王命, 乃非德用乂./ 186

[9-4-9-19] 汝亦罔不克敬典, 乃由裕民, 惟文王之敬忌, 乃裕民, 曰我惟有及, 則予一人以懌./ 188

[9-4-9-20] 王曰, 封. 爽惟, 民迪吉康, 我時其惟殷先哲王德, 用康乂民作求, 矧今民罔迪不適. 不迪, 則罔政在厥邦./ 190

[9-4-9-21] 王曰, 封, 予惟不可不監. 告汝德之說于罰之行, 今惟民不靜, 未戾厥心, 迪屢未同. 爽惟, 天其罰殛我, 我其不怨. 惟厥罪, 無在大, 亦無在多, 矧曰其尙顯聞于天./ 195

[9-4-9-22] 王曰, 嗚呼, 封, 敬哉. 無作怨, 勿用非謀非彝, 蔽時忱, 丕則敏德, 用康乃心, 顧乃德, 遠乃猷, 裕乃以民寧, 不汝瑕殄./ 200

[9-4-9-23] 王曰, 嗚呼, 肆汝小子封. 惟命不于常, 汝念哉, 無我殄享, 明乃服命, 高乃聽, 用康乂民./ 205

[9-4-9-24] 王若曰, 往哉封. 勿替敬典, 聽朕告汝, 乃以殷民世享./ 210

[9-4-10] 「주고(酒誥)」/ 213

 [9-4-10-1] 王若曰, 明大命于妹邦./ 220

[9-4-10-2] 乃穆考文王, 肇國在西土, 厥誥毖庶邦庶士, 越少正御事, 朝夕曰, 祀茲酒, 惟天降命, 肇我民, 惟元祀./ 222

[9-4-10-3] 天降威, 我民用大亂喪德, 亦罔非酒惟行, 越小大邦用喪, 亦罔非酒惟辜./ 227

[9-4-10-4] 文王誥敎小子有正有事, 無彜酒, 越庶國. 飲惟祀, 德將無醉./ 229

[9-4-10-5] 惟曰, 我民迪小子, 惟土物愛, 厥心臧, 聰聽祖考之彜訓, 越小 大德, 小子 惟一./ 233

[9-4-10-6] 妹土, 嗣爾股肱, 純其藝黍稷, 奔走事厥考厥長, 肇牽車牛, 遠服賈, 用孝養厥父母, 厥父母慶, 自洗腆, 致用酒./ 235

[9-4-10-7] 庶士有正, 越庶伯君子, 其爾, 典聽朕敎. 爾大克羞耇惟君, 爾乃飮食醉飽. 丕惟曰爾克永觀省, 作稽中德, 爾尙克羞饋祀, 爾乃自介用逸. 茲乃允惟王正事之臣, 茲亦惟天, 若元德, 永不忘, 在王家./ 239

[9-4-10-8] 王曰, 封, 我西土棐徂邦君御事小子, 尙克用文王敎, 不腆于酒, 故我至于今, 克受殷之命./ 246

[9-4-10-9] 王曰, 封. 我聞, 惟曰在昔殷先哲王, 迪畏天顯小民, 經德秉哲, 自成湯咸至于帝乙, 成王畏相, 惟御事, 厥棐有恭, 不敢自暇自逸, 矧曰其敢崇飮./ 247

[9-4-10-10] 越在外服, 侯甸男衛邦伯, 越在內服, 百僚庶尹, 惟亞惟服, 宗 工, 越百姓里居, 罔敢湎于酒, 不惟不敢, 亦不暇, 惟助成王德顯, 越尹人祗辟./ 255

[9-4-10-11] 我聞, 亦惟曰, 在今後嗣王, 酣身, 厥命, 罔顯于民, 祗保, 越怨, 不易, 誕惟厥縱淫泆于非彜, 用燕喪威儀. 民罔不盡傷心, 惟荒腆于酒, 不惟自息乃逸, 厥心疾狠, 不克畏死, 辜在商邑, 越殷國滅無罹, 弗惟德馨香祀 登聞于天, 誕惟民怨庶羣自酒腥, 聞在上. 故天降喪于殷, 罔愛于殷, 惟逸, 天非虐, 惟民自速辜./ 259

[9-4-10-12] 王曰, 封. 予不惟若茲多誥. 古人有言曰, 人無於水監, 當於民監. 今惟殷墜厥命, 我其可不大監撫于時./ 268

[9-4-10-13] 予惟曰, 汝劼毖殷獻臣, 侯甸男衛, 矧太史友, 內史友, 越獻臣百宗工. 矧惟爾事服休服采. 矧惟若疇圻父薄違, 農父若保, 宏父定辟. 矧汝剛制于酒./ 270

[9-4-10-14] 厥或誥曰, 羣飮, 汝勿佚, 盡執拘, 以歸于周. 予其殺./ 281

[9-4-10-15] 又惟殷之迪諸臣惟工, 乃湎于酒, 勿庸殺之, 姑惟敎之./ 284

[9-4-10-16] 有斯, 明享, 乃不用我敎辭, 惟我一人弗恤, 弗蠲乃事, 時同于殺./ 285

[9-4-10-17] 王曰, 封, 汝, 典聽朕毖, 勿辯乃司, 民湎于酒./ 288

서집전상설 10권 (書集傳詳說 卷之十)

[10-4-11] 「자재(梓材)」/ 294
　　[10-4-11-1] 王曰, 封. 以厥庶民, 暨厥臣, 達大家, 以厥臣, 達王, 惟邦君./ 301
　　[10-4-11-2] 汝若恒越曰, 我有師師, 司徒·司馬·司空·尹·旅, 曰予罔厲殺人. 亦厥君先敬勞, 肆徂厥敬勞, 肆往姦宄殺人歷人, 宥, 肆亦見厥君事, 戕敗人, 宥./ 305
　　[10-4-11-3] 王啓監, 厥亂, 爲民, 曰無胥戕, 無胥虐, 至于敬寡, 至于屬婦, 合由以容. 王, 其效邦君越御事, 厥命, 曷以. 引養引恬. 自古, 王若玆, 監, 罔攸辟./ 310
　　[10-4-11-4] 惟曰若稽田, 旣勤敷菑, 惟其陳修, 爲厥疆畎, 若作室家, 旣勤垣墉, 惟其塗塈茨, 若作梓材, 旣勤樸斲, 惟其塗丹雘./ 315
　　[10-4-11-5] 今王惟曰, 先王旣勤用明德, 懷爲夾, 庶邦享, 作兄弟方來, 亦旣用明德, 后式典集, 庶邦丕享./ 318
　　[10-4-11-6] 皇天, 旣付中國民, 越厥疆土, 于先王./ 321
　　[10-4-11-7] 肆王, 惟德, 用 和懌先後迷民, 用懌先王受命./ 322
　　[10-4-11-8] 已若玆監. 惟曰欲至于萬年惟王, 子子孫孫, 永保民./ 324

[10-4-12] 「소고(召誥)」/ 328
　　[10-4-12-1] 惟二月旣望, 越六日乙未, 王朝步自周, 則至于豐./ 335
　　[10-4-12-2] 惟太保, 先周公相宅. 越若來三月, 惟丙午朏, 越三月戊申, 太保朝至于洛, 卜宅, 厥旣得卜, 則經營./ 337
　　[10-4-12-3] 越三日庚戌, 太保乃以庶殷, 攻位于洛汭, 越五日甲寅, 位成./ 340
　　[10-4-12-4] 若翼日乙卯, 周公朝至于洛, 則達觀于新邑營./ 343
　　[10-4-12-5] 越三日丁巳, 用牲于郊, 牛二. 越翼日戊午, 乃社于新邑, 牛一羊一豕一./ 345
　　[10-4-12-6] 越七日甲子, 周公乃朝用書, 命庶殷侯甸男邦伯./ 349
　　[10-4-12-7] 厥旣命殷庶, 庶殷丕作./ 353
　　[10-4-12-8] 太保, 乃以庶邦冢君, 出取幣, 乃復入錫周公, 曰拜手稽首, 旅王若公誥告庶殷, 越自乃御事./ 356
　　[10-4-12-9] 嗚呼, 皇天上帝, 改厥元子玆大國殷之命, 惟王受命, 無疆惟休, 亦無疆惟恤, 嗚呼曷其. 奈何弗敬./ 361
　　[10-4-12-10] 天旣遐終大邦殷之命. 玆殷多先哲王在天, 越厥後王後民, 玆服厥命, 厥終, 智藏瘝在, 夫知保抱攜持厥婦子, 以哀籲天, 徂厥亡出執. 嗚呼, 天亦哀于四方民, 其眷命用懋, 王其疾敬德./ 366
　　[10-4-12-11] 相古先民有夏, 天迪, 從子保, 面稽天, 今時, 旣墜厥命. 今相有殷, 天迪, 格保, 面稽天若, 今時, 旣墜厥命./ 372
　　[10-4-12-12] 今冲子嗣, 則無遺壽耇. 曰其稽我古人之德, 矧曰其有能稽謀自天./ 378
　　[10-4-12-13] 嗚呼. 有王雖小, 元子哉, 其丕能諴于小民, 今休. 王不敢後, 用顧

畏于民喦./ 382

[10-4-12-14] 王來紹上帝, 自服于土中. 旦曰其作大邑, 其自時配皇天, 毖祀于上下, 其自時中乂, 王厥有成命, 治民今休./ 384

[10-4-12-15] 王先服殷御事, 比介于我有周御事, 節性惟日其邁./ 392

[10-4-12-16] 王敬作所, 不可不敬德./ 396

[10-4-12-17] 我不可不監于有夏, 亦不可不監于有殷, 我不敢知, 曰有夏服天命, 惟有歷年, 我不敢知, 曰不其延. 惟不敬厥德, 乃早墜厥命. 我不敢知, 曰有殷受天命, 惟有歷年. 我不敢知, 曰不其延. 詳說/ 399

[10-4-12-18] 今王嗣受厥命, 我亦惟茲二國命, 嗣若功, 王乃初服./ 402

[10-4-12-19] 嗚呼, 若生子, 罔不在厥初生, 自貽哲命, 今天其命哲, 命吉凶, 命歷年, 知今我初服./ 404

[10-4-12-20] 宅新邑, 肆惟王, 其疾敬德. 王其德之用, 祈天永命./ 408

[10-4-12-21] 其惟王, 勿以小民淫用非彝, 亦敢殄戮用乂. 民若有功./ 410

[10-4-12-22] 其惟王位在德元, 小民乃惟刑, 用于天下, 越王顯./ 413

[10-4-12-23] 上下勤恤, 其曰, 我受天命, 丕若有夏歷年, 式勿替有殷歷年, 欲王以小民受天永命./ 416

[10-4-12-24] 拜手稽首曰, 予小臣, 敢以王之讐民, 百君子, 越友民, 保受王威命明德, 王末有成命, 王亦顯, 我非敢勤, 惟恭奉幣, 用供王, 能祈天永命./ 420

[10-4-13] 「낙고(洛誥)」/ 427

  [10-4-13-1] 周公拜手稽首曰, 朕復子明辟./ 433

  [10-4-13-2] 王如弗敢及天基命定命, 予乃胤保, 大相東土, 其基作民明辟./ 438

  [10-4-13-3] 予惟乙卯, 朝至于洛師, 我卜河朔黎水, 我乃卜澗水東瀍水西, 惟洛食, 我又卜瀍水東, 亦惟洛食, 伻來, 以圖及獻卜./ 440

  [10-4-13-4] 王拜手稽首曰, 公不敢不敬天之休, 來相宅, 其作周匹休. 公旣 定宅, 伻來來視予卜休恒吉, 我二人共貞. 公其以予萬億年敬天 之休, 拜手稽首誨言./ 446

  [10-4-13-5] 周公曰, 王肇稱殷禮, 祀于新邑, 咸秩無文./ 452

  [10-4-13-6] 予齊百工, 伻從王于周, 予惟曰庶有事./ 459

  [10-4-13-7] 今王卽命曰, 記功宗, 以功, 作元祀, 惟命曰, 汝受命, 篤弼./ 460

  [10-4-13-8] 丕視功載, 乃汝, 其悉自教工./ 464

  [10-4-13-9] 孺子其朋. 孺子其朋, 其往無若火始燄燄, 厥攸灼敘弗其絕./ 466

  [10-4-13-10] 厥若彝及撫事, 如予, 惟以在周工, 往新邑, 伻嚮卽有僚, 明作有功, 惇大成裕, 汝永有辭./ 469

  [10-4-13-11] 公曰, 已, 汝惟冲子, 惟終./ 472

[10-4-13-12] 汝其敬, 識百辟享, 亦識其有不享. 享, 多儀, 儀不及物, 惟曰 不享. 惟不役志于享, 凡民惟曰不享, 惟事其爽侮./ 473

[10-4-13-13] 乃惟孺子, 頒朕不暇, 聽朕教汝于棐民彝. 汝乃是不蘉, 乃時惟不永哉. 篤叙乃正父, 罔不若予, 不敢廢乃命, 汝往敬哉. 茲予 其明農哉, 彼裕我民, 無遠用戾./ 477

[10-4-13-14] 王若曰, 公明保予沖子, 公稱丕顯德, 以予小子, 揚文武烈, 奉答天命, 和恒四方民, 居師./ 484

[10-4-13-15] 惇宗將禮, 稱秩元祀, 咸秩無文./ 486

[10-4-13-16] 惟公德, 明光于上下, 勤施于四方, 旁作穆穆迓衡, 不迷文武勤敎, 予沖子夙夜毖祀./ 487

[10-4-13-17] 王曰, 公功棐迪篤, 罔不若時./ 490

[10-4-13-18] 王曰, 公, 予小子, 其退, 卽辟于周, 命公後./ 491

[10-4-13-19] 四方迪亂, 未定于宗禮. 亦未克敉公功./ 496

[10-4-13-20] 迪將其後, 監我士師工, 誕保文武受民, 亂爲四輔./ 498

[10-4-13-21] 王曰, 公定, 予往已, 公功, 肅將祗歡, 公無困哉. 我惟無斁其康事, 公勿替刑, 四方其世享./ 501

[10-4-13-22] 周公拜手稽首曰, 王命予來, 承保乃文祖受命民, 越乃光烈考武王, 弘朕恭./ 505

[10-4-13-23] 孺子來相宅, 其大惇典殷獻民, 亂爲四方新辟, 作周恭先. 曰其自時, 中乂, 萬邦咸休, 惟王有成績./ 506

[10-4-13-24] 予旦, 以多子, 越御事, 篤前人成烈, 答其師, 作周孚先, 考朕昭子刑, 乃單文祖德./ 509

[10-4-13-25] 伻來毖殷, 乃命寧予, 以秬鬯二卣, 曰明禋, 拜手稽首, 休享./ 513

[10-4-13-26] 予不敢宿, 則禋于文王武王./ 518

[10-4-13-27] 惠篤叙, 無有遘自疾, 萬年, 厭于乃德, 殷乃引考./ 520

[10-4-13-28] 王伻殷, 乃承叙萬年, 其永觀朕子, 懷德./ 523

[10-4-13-29] 戊辰, 王在新邑烝祭, 歲, 文王騂牛一, 武王騂牛一. 王命作冊, 逸祝冊, 惟告周公其後. 王賓殺禋咸格, 王入太室祼./ 525

[10-4-13-30] 王命周公後, 作冊, 逸誥, 在十有二月./ 530

[10-4-13-31] 惟周公, 誕保文武受命, 惟七年./ 531

서집전상설 9권
書集傳詳說 卷之九

[9-4-7]
「대고(大誥)」

集傳
武王克殷, 以殷餘民 封受子武庚, 命三叔, 監殷,
무왕이 은나라를 이긴 다음 은나라의 남은 백성으로 수(受)의 아들 무경(武庚)을 봉하고, 삼숙(三叔)에게 명(命)하여 은(殷)나라를 감시하게 하였는데,

詳說

○ 紂.
'수(受)'는 '주(紂)이다.

○ 管蔡霍.
'삼숙(三叔)'은 관숙·채숙·곽숙이다.

○ 平聲
'은감(監殷)'에서 '감(監)'은 평성이다.

○ 陳氏經曰 : "監殷, 如舜之封象, 吏治其國之意."
진씨 경(陳氏經)이 말하였다 : "은나라를 감시하게 한 것은 순이 상을 봉하고 관리들이 그 나라를 다스리게 한 의미와 같다."[1]

集傳
武王崩, 成王立, 周公相之, 三叔流言, 公將不利於孺子, 周公避位居東. 後成王悟, 迎周公歸,
무왕이 붕(崩)하고 성왕이 즉위하면서 주공이 돕자, 삼숙(三叔)이 유언비어를 퍼뜨

---

1) 『서경대전(書經大全)』, 「주서(周書)」·「대고(大誥)」, "진씨 경이 말하였다 : '삼국이 은나라를 감시하게 한 것은 또한 순이 상을 봉하고 그 나라에 일을 할 수 없도록 하고 관리들이 그 나라를 다스리게 한 의미와 같다. 「태서」와 「목서」를 읽으면서 무왕이 상을 취하는 쉬움을 아는 것이고, 「대고」의 제편을 읽으면서 주나라 왕가가 상을 편안하게 하는 어려움을 아는 것이다.'(陳氏經曰 : 使三叔監殷, 亦如舜之封象, 不得有爲於其國, 使吏治其國之意. 讀泰牧誓, 而知武王取商之易, 讀大誥諸篇, 而知周家安商之難.)"

리기를 "공이 유자(孺子)에게 이롭지 못할 것이다."라고 하니, 주공이 지위를 피하여 동쪽에 거하였다. 뒤에 성왕이 깨닫고서 주공을 맞이하여 돌아오니,

詳說

○ 去聲.
'주공상지(周公相之)'에서 '상(相)'은 거성이다.

○ 新安陳氏曰 : "照應金縢."
신안 진씨가 말하였다 : "「금등」과 서로 호응한다."[2]

集傳
三叔懼, 遂與武庚叛, 成王命周公, 東征以討之
삼숙(三叔)이 두려워하여 마침내 무경(武庚)과 함께 반란을 일으키니 성왕이 주공에게 명하여 동정하여 토벌할 적에

詳說

○ 征其國, 討其罪.
그 나라를 정벌하고 그 죄를 성토하는 것이다.

集傳
大誥天下.
천하에 크게 고한 것이다.

詳說

○ 呂氏曰 : "叛者, 三監武庚耳. 必大誥天下. 恐亂之牽引也."
여씨(呂氏)가 말하였다 : "반란을 일으킨 자는 삼감과 반경일 뿐인데, 굳이 천하게 크게 고하는 것은 혼란이 견인되는 것을 두려워한 것이다."[3]

---

2) 『서경대전(書經大全)』, 「주서(周書)」·「대고(大誥)」, "신안 진씨가 말하였다 : '「전」에서 지위를 피한다는 설명은 「금등」과 서로 호응한다.'(新安陳氏曰 : 傳避位之說, 蓋以照應金縢.)"

3) 『서경대전(書經大全)』, 「주서(周書)」·「대고(大誥)」, "여씨가 말하였다 : '반란을 일으킨 자는 삼감과 반경일 뿐인데, 무엇 때문에 굳이 크게 여러 지방에 고하는 것인가? 대개 천하가 처음에 안정될 때에는 사람들의 마음이 아직 안정되지 않았는데, 삼감이 선동하면 혼란이 견인되는 것이 여기일 뿐만이 아니기 때문에 크게 고하는 것이다. 그들을 인도해서 사람들의 마음이 안정되면 움직임이 생길 곳이 없다.'(呂氏曰 : 叛者,

集傳

書言武庚, 而不言管叔者, 爲親者諱也.
글에서 무경(武庚)만 말하고 관숙(管叔)을 말하지 않은 것은 친척을 위하여 숨긴 것이다.

詳說

○ 其書.
'서(書)'는 그 글이다.

○ 去聲.
'위(爲)'는 거성이다.

○ 此句, 出公羊閔元年.
이 구는 『공양전』 민공 원년이다.

○ 周公作誥, 故諱之.
주공이 고를 지었기 때문에 숨긴 것이다.

集傳

篇首有大誥二字, 編書者, 因以名篇. 今文古文皆有.
편 머리에 대고(大誥)라는 두 글자가 있으므로 책을 엮는 자가 그것에 따라 편명(篇名)으로 삼았다. 금문(今文)과 고문(古文)에 모두 있다.

詳說

○ 王氏曰 : "大誥疑有脫誤, 其不可知者, 闕之而釋其可知者."
왕씨(王氏)[4]가 말하였다 : "「대고」에는 탈오가 있는 것 같으니, 알 수 없는 것은 제쳐놓고 알 수 있는 것을 해석해야 한다."[5]

三監武庚耳, 何必大誥多方. 蓋天下初定, 人情未安, 三監煽變, 恐亂之牽引, 不止於此, 所以大誥. 諭之人心有定, 則變無由生也.)"
4) 왕안석(王安石, 1021 ~ 1086) : 북송(北宋)의 저명한 정치가이자 문학가로 '왕안석신법'의 주관자이며 당송팔대가(唐宋八大家)의 한 사람이다.
5) 『서경대전(書經大全)』, 「주서(周書)」·「대고(大誥)」, "왕씨가 말하였다 : '「대고」에는 탈오가 있는 것 같으니,

集傳

○ 按此篇誥語, 多主卜言, 如曰, 寧王遺我大寶龜,

살펴보건대, 여기의 편에서 고하는 말은 점(占)으로 주장하여 말한 것이 많으니, 예를 들면 "영왕(寧王)이 나에게 큰 보배인 거북을 물려주었다."[6]라고 하였고,

詳說

○ 去聲.

'유(遺)'는 거성이다.

○ 呂氏曰 : "此大誥一篇之綱領也, 自始至終, 皆以卜爲言."

여씨가 말하였다 : "이것은 「대고」 한편의 강령인데, 처음부터 끝까지 모두 점으로 말했다."[7]

集傳

曰朕卜幷吉,

"짐(朕)의 점(占)이 모두 길(吉)하다."[8]라고 하였으며,

詳說

○ 去聲, 下同.

'병(幷)'은 거성으로 아래에서도 모두 같다.

集傳

알 수 없는 것은 오로지 제쳐놓고 알 수 있는 것을 해석해야 한다.'(王氏安石曰 : "大誥疑有脫語, 其不可知者, 輒闕之, 而釋其可知者.)"

6) 『서경대전(書經大全)』, 「주서(周書)」·「대고3(大誥3)」 : "영왕(寧王)이 나에게 큰 보배인 거북을 물려주심은 하늘의 밝은 명을 소개하신 것이니, 거북의 명에 나아가 살펴보건대 '큰 어려움이 서토에 있을 것이고 서토 사람들 또한 안정하지 못할 것이다.'라고 하였는데, 여기에 와서 준동하는구나.(寧王遺我大寶龜, 紹天明, 卽命, 曰有大艱于西土, 西土人, 亦不靜, 越玆蠢.)"

7) 『서경대전(書經大全)』, 「주서(周書)」·「대고(大誥)」, "여씨가 말하였다 : '「영왕(寧王)이 나에게 큰 보배인 거북을 물려주었다.」는 것은 「대고」 한편의 강령인데, 처음부터 끝까지 모두 점으로 말했다.'(呂氏曰 : 寧王遺我大寶龜, 大誥一篇之綱領也, 自始至終, 皆以卜爲言)"

8) 『서경대전(書經大全)』, 「주서(周書)」·「대고5(大誥5)」 : "이제 무경이 준동하는데 다음날에 백성 중에 10명의 어진 지아비가 나를 보필하고 가서 어루만져 편안히 하여 선왕께서 도모하신 공을 잇게 하니, 내 대사에 아름다움이 있을 것임은 짐의 점이 모두 길하기 때문이다.(今蠢, 今翼日, 民獻有十夫, 予翼以于, 敉寧武圖功, 我有大事休, 朕卜幷吉.)"

曰予得吉卜, 曰王害,
"내가 길한 점을 얻었다."9)라고 하였고, "왕은 어찌하여

詳說

○ 音曷.
 '갈(害)'은 음이 '갈(曷)'이다.

集傳

不違卜, 曰寧王惟卜用, 曰亦惟卜用, 曰予曷其極卜, 曰今卜幷吉. 至於篇終, 又曰, 卜陳惟若玆, 意邦君御事, 有曰艱大不可征, 欲王違卜.
점을 어기지 않습니까?"10)라고 하였으며, "영왕(寧王)이 점(占)을 사용했다."11)라고 하였고, "하물며 또한 점괘를 씀에 있어서랴!"12)라고 하였으며, "내 어찌 점(占)을 지극히 하겠는가!"13)라고 하였고, "하물며 지금 점(占)이 모두 길(吉)함에 있어서랴."14)라고 하였다. 그리고 편의 끝에서는 또 "점(占)의 진열함이 이와 같

---

9) 『서경대전(書經大全)』, 「주서(周書)」·「대고6(大誥6)」: " 이러므로 내가 우방의 군주와 윤씨·서사(庶士)·어사(御事)에게 고하여 '내 길한 점을 얻었다. 내 너희 여러 나라를 데리고 가서 은(殷)나라의 도망하고 파천(播遷)한 신하들을 정벌하겠다.'라고 하였노라.(肆予告我友邦君, 越尹氏庶士御事, 曰予得吉卜. 予惟以爾庶邦, 于伐殷 逋播臣.)"

10) 『서경대전(書經大全)』, 「주서(周書)」·「대고7(大誥7)」: " 너희 여러 나라의 군주와 서사와 어사들이 반대하지 않는 이가 없어 '이 일은 어렵고 중대하며, 백성들이 안정하지 못함이 또한 왕의 궁과 방군의 집에 있다.'라고 하고, 나 소자(小子)와 부로(父老)가 공경히 섬기는 자들도 정벌할 수 없다하며 '왕은 어찌 점을 어기지 않습니까?'라고 하였다.(爾庶邦君, 越庶士御事, 罔不反, 曰艱大, 民不靜, 亦惟在王宮邦君室, 越予小子考翼, 不可征 王 害不違卜.)"

11) 『서경대전(書經大全)』, 「주서(周書)」·「대고9(大誥9)」: "그만두겠는가! 나 소자는 감히 상제의 명을 폐할 수 없으니, 하늘이 영왕(寧王)을 아름답게 여기시어 우리 작은 나라인 주나라를 흥하게 하실 적에 영왕이 점을 사용하여 이 천명을 편안히 받으셨으며, 이제 하늘이 백성을 도우실 적에도 하물며 또한 점괘를 씀에 있어서랴. 아! 하늘의 명명(明命)이 두려움은 우리의 크고 큰 기업을 돕기 때문이다.(已. 予惟小子, 不敢替上帝命, 天休于寧王, 興我小邦周, 寧王惟卜用, 克綏受玆命, 今天其相民, 矧亦惟卜用. 嗚呼, 天明畏, 弼我丕丕基.)"

12) 『서경대전(書經大全)』, 「주서(周書)」·「대고9(大誥9)」: "그만두겠는가! 나 소자는 감히 상제의 명을 폐할 수 없으니, 하늘이 영왕(寧王)을 아름답게 여기시어 우리 작은 나라인 주나라를 흥하게 하실 적에 영왕이 점을 사용하여 이 천명을 편안히 받으셨으며, 이제 하늘이 백성을 도우실 적에도 하물며 또한 점괘를 씀에 있어서랴. 아! 하늘의 명명(明命)이 두려움은 우리의 크고 큰 기업을 돕기 때문이다.(已. 予惟小子, 不敢替上帝命, 天休于寧王, 興我小邦周, 寧王惟卜用, 克綏受玆命, 今天其相民, 矧亦惟卜用. 嗚呼, 天明畏, 弼我丕丕基.)"

13) 『서경대전(書經大全)』, 「주서(周書)」·「대고9(大誥-15)」: "내 어찌 점(占)을 다 쓰려 하며, 감히 너희들의 말을 따르지 않겠는가? 영인(寧人)을 따를진댄 강토를 지정할 도리가 있는데, 하물며 지금에 점이 함께 길함에 있어서랴. 이러므로 짐은 크게 너희들을 데리고 동쪽으로 정벌하는 것이니, 천명(天命)은 어그러지지 않는다. 점에 진열함이 이와 같으니라.(予曷其極卜, 敢弗于從. 率寧人, 有指疆土, 矧今卜幷吉. 肆朕誕以爾, 東征, 天命不僭. 卜陳, 惟若玆.)"

14) 『서경대전(書經大全)』, 「주서(周書)」·「대고9(大誥9)」: "그만두겠는가! 나 소자는 감히 상제의 명을 폐할 수 없으니, 하늘이 영왕(寧王)을 아름답게 여기시어 우리 작은 나라인 주나라를 흥하게 하실 적에 영왕이 점

다."15)라고 하였으니, 생각하건대 방군(邦君)과 어사(御事) 중에 "어렵고 커서 정벌할 수 없다."16)라고 말하며 왕(王)의 점(占)을 어기고자 하는 자가 있었다.

詳說

○ 亦見篇中.

또한 편 가운데 있다.

集傳

故周公以討叛, 卜吉之義, 與天命人事之不可違者, 反復誥諭之也.

그러므로 주공이 반역을 토벌함에 점이 길한 뜻과 천명과 인사에서 어길 수 없는 것을 가지고 반복해서 고하며 치우치게 한 것이다.

詳說

○ 覆同.

'복(復)'은 '복(覆)'과 같다.

[9-4-7-1]

王若曰, 猷, 大誥爾多邦, 越爾御事. 弗弔天, 降割于我家, 不少延. 洪惟我幼冲人, 嗣無疆大歷服, 弗造哲, 迪民康, 矧曰其有能格知天命.

을 사용하여 이 천명을 편안히 받으셨으며, 이제 하늘이 백성을 도우실 적에도 하물며 또한 점괘를 씀에 있어서랴. 아! 하늘의 명명(明命)이 두려움은 우리의 크고 큰 기업을 돕기 때문이다.(已. 予惟小子, 不敢替上帝命, 天休于寧王, 興我小邦周, 寧王惟卜用, 克綏受玆命, 今天其相民, 矧亦惟卜用. 嗚呼, 天明畏, 弼我丕丕基.)"

15) 『서경대전(書經大全)』, 「주서(周書)」・「대고9(大誥9)」: "그만두겠는가! 나 소자는 감히 상제의 명을 폐할 수 없으니, 하늘이 영왕(寧王)을 아름답게 여기시어 우리 작은 나라인 주나라를 흥하게 하실 적에 영왕이 점을 사용하여 이 천명을 편안히 받으셨으며, 이제 하늘이 백성을 도우실 적에도 하물며 또한 점괘를 씀에 있어서랴. 아! 하늘의 명명(明命)이 두려움은 우리의 크고 큰 기업을 돕기 때문이다.(已. 予惟小子, 不敢替上帝命, 天休于寧王, 興我小邦周, 寧王惟卜用, 克綏受玆命, 今天其相民, 矧亦惟卜用. 嗚呼, 天明畏, 弼我丕丕基.)"

16) 『서경대전(書經大全)』, 「주서(周書)」・「대고7(大誥7)」: "너희 여러 나라의 군주와 서사와 어사들이 반대하지 않는 이가 없어 '이 일은 어렵고 중대하며, 백성들이 안정하지 못함이 또한 왕의 궁과 방군의 집에 있다.'라고 하고, 나 소자(小子)와 부로(父老)가 공경히 섬기는 자들도 정벌할 수 없다고 하며 '왕은 어찌 점을 어기지 않습니까?'라고 하였다.(爾庶邦君, 越庶士御事, 罔不反, 曰艱大, 民不靜, 亦惟在王宮邦君室, 越予小子考翼, 不可征王, 害不違卜.)"

왕(王)이 대략 다음과 같이 말씀하였다. "아! 너희 많은 나라와 너희 어사(御事)들에게 크게 고하노라. 하늘로부터 우휼을 받지 못하여 하늘이 우리나라에 해를 내려 조금도 기다려 주지 않으신다. 크게 생각하건대 나같이 어린 사람이 끝없이 큰 역복(歷服)을 이어서 명철함에 나아가 백성들을 편안한 곳으로 인도하지 못하였는데, 하물며 천명을 연구하여 안다고 말할 수 있겠는가!

詳說

○ 弔, 如字. 造, 如字, 又音糙

'조(弔)'는 본래의 음 대로 읽는다. '조(造)'도 본래의 음 대로 읽고, 또 음은 '조(糙)'이다.

○ 林氏曰 : "政雖攝於周公, 而成王在上爲天子, 故必稱王命以告也."

임씨(林氏)가 말하였다 : "정사 주공이 섭정을 하고 있을지라도 성왕이 위에서 천자이기 때문에 반드시 왕명을 칭해 고하는 것이다."17)

集傳

猷, 發語辭也. 猶虞書咨嗟之例.
유(猷)는 말을 시작하는 말이니, 「우서(虞書)」에 자(咨)나 차(嗟)의 예(例)와 같다.

詳說

○ 林氏曰 : "二典, 所謂咨, 甘誓胤征, 所謂嗟, 至周變而爲猷, 故微子之命, 多士多方, 皆言猷."

임씨(林氏)가 말하였다 : "두 전(典)에서 말하는 「자(咨)」와 「감서」와 「윤정」에서 이른바 「차(嗟)」가 주나라에 와서는 「유(猷)」로 변했기 때문에 「미자지명」·「다사」·「다방」에서 모두 유(猷)라고 하는 것이다."18)

---

17) 『서경대전(書經大全)』, 「주서(周書)」·「대고(大誥)」, "임씨가 말하였다 : '정사 주공이 섭정을 하고 있을지라도 성왕이 위에서 천자이기 때문에 반드시 왕명을 칭해 고하는 것이다. 「유(猷)」는 말을 시작하는 말로 두 전(典)에서 말하는 「자(咨)」와 같고, 「감서」와 「윤정」에서 이른바 「차(嗟)」인데 뜻을 질실하게 하는 것이다. 주나라 때에 와서는 시작하는 말이 「유(猷)」로 변했기 때문에 「미자지명」·「다사」·「다방」에서 모두 「왕약왈(王若曰)」, 유(猷)」라고 했다. 「월(越)」은 「급(及)」이다.'(林氏曰 : 政雖攝於周公, 而成王在上爲天子, 故必稱王命以告也. 猷, 發語之詞, 若二典所謂咨. 甘誓胤征, 所謂嗟, 切意. 至周時, 發語之辭, 變而爲猷. 故微子之命, 多士多方, 皆言王若曰猷, 越及也.)"

18) 『서경대전(書經大全)』, 「주서(周書)」·「대고(大誥)」, "임씨가 말하였다 : '정사 주공이 섭정을 하고 있을지라

集傳

按, 爾雅, 猷訓, 最多, 曰謀, 曰言, 曰已, 曰圖, 未知此何訓也.
살펴보건대, 『이아(爾雅)』에 유(猷)의 훈(訓)이 가장 많아, 모(謀)[꾀]라 하고 언(言)[말]이라 하고 이(已)[그만둠]라 하고 도(圖)[도모함]라 하였는데, 여기서는 무슨 뜻인지 알 수 없다.

詳說

○ 以下節首已字, 例之. 或可訓已歟.
이하의 절 처음에 '이(已)'자를 사례로 한다. 혹 '그만 두겠는가!'라고도 설명한다.

○ 林氏曰 : "越, 及也."
임씨(林氏)가 말하였다 : "'월(越)'은 '급(及)'이다."19)

集傳

弔, 恤也, 猶詩
조(弔)는 구휼함이니, 『시경(詩經)』에

詳說

○ 節南山.
「절남산」이다.

集傳

─────────────

도 성왕이 위에서 천자이기 때문에 반드시 왕명을 칭해 고하는 것이다. 「유(猷)」는 말을 시작하는 말로 두 전(典)에서 말하는 「자(咨)」와 같고, 「감서」와 「윤정」에서 이른바 「차(嗟)」인데 뜻을 절실하게 하는 것이다. 주나라 때에 와서는 시작하는 말이 「유(猷)」로 변했기 때문에 「미자지명」·「다사」·「다방」에서 모두 「왕약왈(王若曰), 유(猷)」라고 했다. 「월(越)」은 「급(及)」이다.'(林氏曰 : 政雖攝於周公, 而成王在上為天子, 故必稱王命以告也. 猷, 發語之詞, 若二典所謂咨. 甘誓胤征, 所謂嗟, 切意. 至周時, 發語之辭, 變而為猷. 故微子之命, 多士多方, 皆言王若曰猷, 越及也..)

19) 『서경대전(書經大全)』, 「주서(周書)」·「대고(大誥)」, "임씨가 말하였다 : '정사 주공이 섭정을 하고 있을지라도 성왕이 위에서 천자이기 때문에 반드시 왕명을 칭해 고하는 것이다. 「유(猷)」는 말을 시작하는 말로 두 전(典)에서 말하는 「자(咨)」와 같고, 「감서」와 「윤정」에서 이른바 「차(嗟)」인데 뜻을 절실하게 하는 것이다. 주나라 때에 와서는 시작하는 말이 「유(猷)」로 변했기 때문에 「미자지명」·「다사」·「다방」에서 모두 「왕약왈(王若曰), 유(猷)」라고 했다. 「월(越)」은 「급(及)」이다.'(林氏曰 : 政雖攝於周公, 而成王在上為天子, 故必稱王命以告也. 猷, 發語之詞, 若二典所謂咨. 甘誓胤征, 所謂嗟, 切意. 至周時, 發語之辭, 變而為猷. 故微子之命, 多士多方, 皆言王若曰猷, 越及也.)"

言不弔昊天之弔. 言我不爲天所恤,
"하늘에게 구휼함을 받지 못한다."는 조(弔)와 같다. '내가 하늘에게 구휼을 받지 못하여,

詳說

○ 註雖以天字釋屬上句, 然諺讀似得文勢.
주에서는 '천(天)'자를 위의 구로 이어붙여 해석했으나 『언해』에서 읽은 것이 어투가 맞다.

集傳

降害於我周家,
하늘이 우리 주(周)나라에 해를 내려서

詳說

○ 割, 害也.
경문에서 '할(割)'이 '해(害)'이다.

集傳

武王遂喪,
무왕(武王)이 마침내 죽고

詳說

○ 添四字.
여기의 말을 더하였다.

集傳

而不少待也.
조금도 기다려 주지 않았다'는 것이다.

詳說

○ 延, 待也.
경문에서 '연(延)'이 '대(待)'이다.

집전
沖人, 成王也. 歷, 歷數也, 服, 五服也.
충인(沖人)은 성왕(成王)이다. 역(歷)은 역수(歷數)이고, 복(服)은 오복(五服)이다.

상설
○ 歷以天言, 服以地言.
'역(歷)'은 하늘을 기준으로 말했고, '복(服)'은 땅을 기준으로 말한 것이다.

집전
哲, 明哲也. 格, 格物之格.
철(哲)은 명철(明哲)함이다. 격(格)은 격물(格物)의 격(格)이다.

상설
○ 見大學.
『대학』에 보인다.

○ 極至也.
끝까지 이르는 것이다.

집전
言大思,
크게 생각하건대

상설
○ 洪惟.
'대사(大思)'는 경문에서 '홍유(洪惟)'이다.

集傳
我幼冲之君, 嗣守無疆之大業, 弗能造明哲,
나 유충(幼沖)한 군주(君主)가 무강(無疆)한 대업(大業)을 이어 지켜서 명철(明哲)함에 나아가

詳說
○ 作哲, 至哲, 兩皆通.
명철함에 나아간다는 것과 명철함에 이른다는 것 둘 모두 통한다.

集傳
以導民於安康,
백성을 안강(安康)함으로 인도하지 못하니,

詳說
○ 迪
'도(導)'는 경문에서 '적(迪)'이다.

集傳
是人事, 且有所未至
이것은 인사(人事)에 또 지극하지 못한 것이 있음이니,

詳說
○ 添此句.
여기의 구를 더하였다.

集傳
而况言其能格知天命乎.
하물며 천명을 연구하여 안다고 말하겠는가!

詳說

○ 陳氏大猷曰 : "下文將言用龜紹天命, 故先謙言己不知天命也."
　　진씨 대유(陳氏大猷)20)가 말하였다 : "아래의 글에서 거북을 사용하여 하늘의 명을 소개함을 말하려고 하기 때문에 먼저 자신이 하늘의 명을 모른다고 겸손하게 말하는 것이다."21)

[9-4-7-2]
已. 予惟小子, 若涉淵水, 予惟往, 求朕攸濟. 敷賁, 敷前人受命, 茲不忘大功, 予不敢閉于天降威用.

그만두겠는가! 나 소자는 깊은 못의 물을 건넘과 같으니, 내가 가는 것은 짐의 이를 바랄 구하려고 해서이다. 펴서 꾸미며 전인(前人)이 받은 명을 폄은 큰 공을 잊지 않고자 해서이니, 내 감히 하늘이 내린 위엄을 막을 수 없다.

詳說

○ 賁, 音閟.
　　'비(賁)'는 음이 '비(閟)'이다.

集傳

已, 承上語辭,
이(已)는 위를 잇는 말이니,

詳說

○ 句.
　　'어(語)'는 '구(句)'이다.

---

20) 진씨 대유(陳氏大猷, ?~?) : 송나라 남강군(南康軍) 도창(都倉) 사람으로 자는 문헌(文獻)이고, 호는 동재(東齋)다. 이종(理宗) 개경(開慶) 원년(1259) 진사(進士)가 되고, 종정랑(從政郞)과 황주군(黃州軍) 판관(判官) 등을 지냈다. 『서경』에 조예가 깊었다. 저서에 『상서집전혹문(尙書集傳或問)』과 『상서집전회통(尙書集傳會通)』 등이 있다.
21) 『서경대전(書經大全)』, 「주서(周書)」·「대고(大誥)」, "진씨 대유가 말하였다 : '「격(格)」은 앎이 연구하여 이르는 것이다. 아래의 글에서 거북을 사용하여 하늘의 명을 소개함을 말하려고 하기 때문에 먼저 자신이 하늘의 명을 모른다고 겸손하게 말하는 것이다(陳氏大猷曰 : 格, 知格之至也. 下文將言用龜紹天命, 故先謙言己不知天命也.)"

○ 一作詞.
'사(辭)'는 어떤 판본에는 '사(詞)'로 되어 있다.

집전

已而有不能已之意. 若涉淵水者, 喩其心之憂懼, 求朕攸濟者, 冀其事之必成.

그만두려 하여도 그만둘 수 없는 뜻이다. 못의 물을 건넘과 같다는 것은 마음의 근심과 두려움을 비유한 것이고, 짐의 이룰 바를 구한다는 것은 이 일이 반드시 이루어지기를 바라는 것이다.

상설

○ 往, 往征也, 濟, 成功也.
'왕(往)'은 가서 정벌한다는 것이고, '제(濟)'는 공을 이룬다는 것이다.

집전

敷, 布, 賁, 飾也. 敷賁者, 修明其典章法度,
부(敷)는 폄이고, 비(賁)는 꾸밈이다. 부비(敷賁)는 전장(典章)과 법도(法度)를 닦고 밝힘이고,

상설

○ 敷.
'명(明)'는 경문에서 '부(敷)'이다.

○ 賁.
'전장법도(典章法度)'는 경문에서 '비(賁)'이다.

○ 夏氏曰 : "敷布賁飾之事."
하씨(夏氏)가 말하였다 : "펴서 닦는 일이다."[22]

---

22) 『서경대전(書經大全)』, 「주서(周書)」·「대고(大誥)」, "하씨가 말하였다 : '펴서 닦는 일은 전인이 받은 명을 펴서 넓히는 것이니, 여기에서 전인의 큰 공열을 잊지 않는 것이다.'(夏氏曰 : 敷布賁飾之事, 以敷布恢張前人所受之命, 於此不忘前人之大功烈也.)"

○ 諺釋有違註意.
『언해』의 해석은 주의 의미와 어긋나는 것이 있다.

集傳
敷前人受命者, 增益開大前王之基業,
전인(前人)이 받은 명(命)을 편다는 것은 전왕(前王)의 기업(基業)을 증익(增益)하고 개대(開大)함이니,

詳說
○ 敷.
'증익개대(增益開大)'는 경문에서 '부(敷)'이다.

○ 受命
'전왕지기업(前王之基業)'은 경문에서 '수명(受命)'이다.

集傳
若此者,
이와 같이 하는 것은

詳說
○ 玆.
경문에서 '자(玆)'이다.

集傳
所以不忘武王安天下之大功也.
무왕이 천하를 편안히 한 큰 공을 잊지 않기 위해서이다.

詳說
○ 添武王字.
무왕이라는 말을 더했다.

集傳
今武庚不靖,
지금 무경(武庚)이 안정하지 못하여

詳說
○ 不靖.
'불정(不靖)'은 '부정(不靜)'이다.

集傳
天固誅之,
하늘이 진실로 주벌하시니,

詳說
○ 添二句.
두 구를 더했다.

集傳
予豈敢閉抑天之威用.
내 어찌 감히 하늘의 위엄을 막고 억제하여 토벌을 행하지 않겠는가!

詳說
○ 用罰.
'용(用)'은 벌을 준다는 것이다.

○ 西山眞氏曰 : "天以商有罪, 降之黜罰."
서산 진씨(西山眞氏)가 말하였다 : "하늘은 상나라에 죄가 있어 물리치는 벌을 내린 것이다."23)

---

23) 『서경대전(書經大全)』, 「주서(周書)」·「대고(大誥)」, "서산 진씨가 말하였다 : '하늘이 상나라에 죄가 있어 물리치는 벌을 내렸으니, 내가 감히 거부할 수 없다는 말이다. 왕이 위엄을 사용하는 것은 하늘을 따를 뿐이다. 하늘이 아직 위엄을 내리지 않았으면 감히 먼저 할 수 없으니, 문왕이 은나라를 섬긴 것이 여기에 해당한다. 하늘이 이미 벌을 내렸으면 내가 감히 뒤로 할 수 없으니, 무왕이 은나라를 정벌한 것이 여기에 해당한다.'(西山眞氏曰 : 天降威, 謂天以商有罪, 降之黜罰, 非我所敢拒也. 王者, 用威, 聽乎天而已. 天未降

集傳

而不行討乎.
토벌을 행하지 않겠는가!

詳說

○ 添此句.
이 구를 더하였다.

○ 王氏曰 : "天降威, 不敢拒, 故用寧王所遺寶龜, 斷吉凶, 而卽天命也."
왕씨(王氏)가 말하였다 : "하늘이 내린 위엄은 감히 거부할 수 없기 때문에 영왕이 전한 보배로운 거북을 사용해 길흉을 결단하고는 천명으로 나아가는 것이다."[24)]

[9-4-7-3]

寧王遺我大寶龜, 紹天明, 卽命, 曰有大艱于西土, 西土人, 亦不靜, 越茲蠢.

영왕(寧王)이 나에게 큰 보배인 거북을 물려주심은 하늘의 밝은 명을 소개하신 것이니, 거북의 명에 나아가 살펴보건대 '큰 어려움이 서토에 있을 것이고 서토 사람들 또한 안정하지 못할 것이다'라고 하였는데, 여기에 와서 준동하는구나.

詳說

○ 遺, 去聲.
'유(遺)'는 거성이다.

集傳

威, 不敢先, 文王事殷, 是也. 天旣降威, 不敢後, 武王伐殷, 是也.)"
24) 『서경대전(書經大全)』, 「주서(周書)」·「대고(大誥)」, "왕씨가 말하였다 : '경문에서 「폐(閉)」는 거부하는 것이다. 하늘이 내린 위엄은 감히 거부할 수 없기 때문에 영왕이 전한 보배로운 거북을 사용해 하늘의 밝음을 소개하고 길흉을 결단해서 천명으로 나아가는 것이다.'(王氏曰 : 閉, 拒也. 天降威, 成王不敢拒, 故用寧王所用大寶龜, 紹天之明, 以斷吉凶, 而即天命也.)"

寧王, 武王也. 下文又曰, 寧考. 蘇氏曰, 當時謂武王爲寧王, 以其克殷, 而安天下也. 蠢, 動而無知之貌. 寧王遺我大寶龜者, 以其可以紹介天明,

영왕(寧王)은 무왕(武王)으로 아래의 글에서는 또 영고(寧考)라고 하였다. 소씨(蘇氏)는 "당시에 무왕을 영왕(寧王)이라 하였으니, 은나라를 이기고 천하를 편안히 하였기 때문이다."라고 하였다. 준(蠢)은 움직이면서도 무지한 모양이다. 영왕이 나에게 큰 보배인 거북을 물려주신 것은 천명을 소개하여

詳說

○ 一作命.
'명(明)'은 어떤 판본에는 '명(命)'으로 되어 있다.

○ 沙溪曰 : "傳賓主之命者, 謂之紹介, 龜卜能以天命告人, 故云."
사계(沙溪)25)가 말하였다 : "손님과 주인의 명을 전하는 것을 소개라고 하니, 거북점으로 하늘의 명을 사람들에게 말하기 때문에 그렇게 말하는 것이다."

集傳

以定吉凶. 曩
길흉을 정하게 하신 것이다. 지난번에

詳說

○ 乃黨反
'낭(曩)'은 음이 '내(乃)'와 '당(黨)'의 반절이다.

○ 武王崩時.
무왕이 돌아가셨을 때이다.

集傳

---

25) 김장생(金長生, 1548~1631) : 조선 중기의 문신으로 자는 희원(希元)익, 호는 사계(沙溪)이다. 이이의 제자이자 송시열의 스승으로, 조선 예학(禮學)의 태두이다. 저서에 『의례문해(疑禮問解)』, 『근사록석의(近思錄釋疑)』, 『경서변의(經書辨疑)』 등이 있다.

嘗即龜所命
일찍이 거북의 명(命)한 바에 나아가 보니,

> 詳說
>
> ○ 薛氏曰 : "與金縢即命于元龜, 同意."
> 설씨가 말하였다 : "「금등」에서 '원귀가 명한 것에 나아가 살펴본다.'26)는 것과 같은 의미이다."27)

> 集傳
>
> **而其兆, 謂將有大艱難之事于西土,**
> 그 조짐(兆朕)에 "크게 어려운 일이 서토(西土)에 있을 것이고,

> 詳說
>
> ○ 新安陳氏曰 : "武庚之亂在東, 非西土也. 意其指流言於國歟."
> 신안 진씨(新安陳氏)가 말하였다 : "무경이 동쪽에서 반란을 일으킨 것은 서토가 아니다. 아마 그 나라에서의 유언비어를 가리킨 것 같다."28)
>
> ○ 葵初王氏曰 : "因流言而有東征之役."
> 규초왕씨(葵初王氏)가 말하였다 : "유언비어 때문에 동정하는 일이 있는 것이다."29)

---

26) 『서경대전(書經大全)』, 「주서(周書)」·「금등8(金縢8)」 : "지금 나는 원귀(元龜)가 명한 것을 나아가 살펴볼 것이니, 당신이 나의 말을 허락한다면 나는 벽(璧)과 규(珪)를 가지고 돌아가 당신의 명(命)을 기다리겠지만 당신이 나의 말을 허락하지 않는다면 나는 벽(璧)과 규(珪)를 감출 것입니다.(今我即命于元龜, 爾之許我, 我其以璧與珪, 歸俟爾命, 爾不許我, 我乃屏璧與珪.)"

27) 『서경대전(書經大全)』, 「주서(周書)」·「대고(大誥)」, "설씨가 말하였다 : '「명에 나아가 살펴본다.」는 것은 「금등」에서 「원귀가 명한 것에 나아가 살펴본다.」는 것과 같은 의미이다.'(薛氏曰 : 即命, 與金縢即命于元龜同意.)

28) 『서경대전(書經大全)』, 「주서(周書)」·「대고(大誥)」, "신안 진씨가 말하였다 : '무경이 동쪽에서 반란을 일으킨 것은 서토가 아니다. 공씨가 「네 나라가 경사에서 큰 어려움을 만들었다.」고 주석한 것은 아마 그 나라에서의 유언비어를 가리킨 것 같다.'(新安陳氏曰 : 武庚之亂在東, 非西土也. 孔註四國作大難于京師, 意其指流言於國歟.)

29) 『서경대전(書經大全)』, 「주서(周書)」·「대고(大誥)」, "규초왕씨가 말하였다 : '서토는 호경을 가리키는 것이 옳으니, 곧 「목서」에서 이른바 「서토의 사람」이다. 큰 어려움 이하는 어려움이 큼을 실례로 한 것으로, 바로 유언비어 때문에 동정하는 일이 있다는 것이다.'(葵初王氏曰 : 西土指鎬京爲是, 即牧誓所謂, 西土之人. 大艱以下, 艱大例之, 是因流言而有東征之役.)

『集傳』

西土之人, 亦不安靜, 是武庚未叛之時, 而龜之兆蓋已預告矣.
서토(西土) 사람들이 또한 안정하지 못할 것이다."라고 하였으니, 이것은 무경(武庚)이 반란하지 않았을 때인데도 거북의 조짐에서 이미 예고했다는 것이다.

『詳說』

○ 添二句.
두 구를 더하였다.

『集傳』

及此, 果蠢蠢然而動,
지금에 미쳐 과연 준준연(蠢蠢然)히 동하니,

『詳說』

○ 越.
'급(及)'은 경문에서 '월(越)'이다.

○ 果叛.
과연 배반했다는 것이다.

『集傳』

其卜可驗如此.
그 점이 이처럼 징험할 만하다는 것이다.

『詳說』

○ 添此句.
이 구를 더하였다.

『集傳』

將言下文伐殷卜吉之事

아래의 글에서 은나라를 정벌하는 점이 길함을 말하려 하였기

詳說
○ 今之卜.
　지금의 점이다.

集傳
故先發此
때문에 먼저 이것을 말하여

詳說
○ 昔之卜.
　옛날의 점이다.

集傳
以見卜之不可違也.
점(占)을 어길 수 없음을 나타낸 것이다.

詳說
○ 音現.
　'현(見)'은 음이 '현(現)'이다.

○ 論也.
　경문의 의미 설명이다.

[9-4-7-4]

殷小腆, 誕敢紀其叙, 天降威, 知我國有疵民不康, 曰予復, 反鄙我周邦.

조금 후한 은나라가 크게 감히 그 실마리를 세워서 하늘이 위엄을 내렸는데도 우리나라에 병

이 있어 백성들이 편안하지 못함을 알고는 '내 기업을 회복하겠다.'라고 하며 도리어 우리 주나라를 고을로 삼으려 하는구나.

詳說

○ 腆, 他典反. 疵, 才支反.

'전(腆)'은 음이 '타(他)'와 '전(典)'의 반절이다. '자(疵)'는 '재(才)'와 '지(支)'의 반절이다.

集傳

腆, 厚, 誕, 大, 敘, 緖, 疵, 病也. 言武庚以小厚之國, 乃敢大紀其旣亾之緖, 是雖天降威于殷,

전(腆)은 후함이고, 탄(誕)은 큼이며, 서(敘)는 실마리이고, 자(疵)는 병이다. 무경(武庚)이 조금 후한 나라를 가지고 감히 이미 망한 전통을 크게 세워 비록 하늘이 은(殷)나라에 위엄을 내렸으나

詳說

○ 卽前節之天降威也.

곧 앞의 절에서 '하늘이 내린 위엄'30)이다.

集傳

然亦武庚知我國有三叔疵隙,

또한 무경(武庚)이 우리나라에 삼숙(三叔)의 병과 틈이 있어

詳說

○ 添三叔字

'삼숙(三叔)'이라는 말을 더하였다.

○ 指覬覦流言事.

---

30) 『서경대전(書經大全)』, 「주서(周書)」·「대고2(大誥2)」: "그만두겠는가! 나 소자는 깊은 못의 물을 건넘과 같으니, 내가 가는 것은 짐의 이룰 바를 구하려고 해서이다. 펴서 꾸미며 전인(前人)이 받은 명을 폄은 큰 공을 잊지 않고자 해서이니, 내 감히 하늘이 내린 위엄을 막을 수 없다.(已. 予惟小子, 若涉淵水, 予惟往, 求朕攸濟. 敷賁, 敷前人受命, 玆不忘大功, 予不敢閉于天降威用.)"

유언비어를 넘겨보는 일을 가리킨 것이다.

集傳

民心不安. 故敢言我將復殷業
민심이 불안함을 알았다. 그러므로 감히 "내 은나라의 기업을 회복하겠다."라고 하며,

詳說

○ 予主武庚言.
경문에서 '여[予]'는 반경을 위주로 말한 것이다.

集傳

而欲反鄙邑我周邦也.
도리어 우리 주나라를 비읍으로 삼고자 한 것이다.

詳說

○ 作其邊邑.
비읍으로 삼는 것은 변방의 읍으로 삼는 것이다.

○ 呂氏曰 : "如子產曰, 鄭鄙邑也."
여씨가 말하였다 : "자산이 '정의 비읍이다.'라고 하는 것과 같다."[31]

○ 我主周公言.
'우리[我]'는 주공을 위주로 말하는 것이다.

[9-4-7-5]

今蠢, 今翼日, 民獻有十夫, 予翼以于, 敉寧武圖功, 我有大事休, 朕卜幷吉.

---

31) 『서경대전(書經大全)』, 「주서(周書)」·「대고(大誥)」, "여씨가 말하였다 : '「도리어 비읍으로 한다.」는 것은 자산이 「정의 비읍이다.」라고 하는 것과 같다.'(呂氏曰 : 反鄙之鄙, 如鄭子產曰. 鄭鄙邑也.)"

이제 무경이 준동하는데 다음날에 백성 중에 10명의 어진 지아비가 나를 보필하고 가서 어루만져 편안히 하여 선왕께서 도모하신 공을 잇게 하니, 내 대사에 아름다움이 있을 것임은 짐의 점이 모두 길하기 때문이다.

詳說
○ 敉, 緜婢反, 并去聲.
'미(敉)'는 '면(緜)'과 '비(婢)'의 반절이다.

集傳
于, 往, 敉, 撫, 武, 繼也. 謂今武庚蠢動
우(于)는 감이요, 미(敉)는 어루만짐이며, 무(武)는 계승함이다. 이제 무경이 준동하는데

詳說
○ 主其蠢之日而言今.
꿈틀거리는 날을 위주로 지금을 말한 것이다.

集傳
今之明日, 民之賢者
이제 명일(明日)에 백성 중에 어진 자

詳說
○ 翼.
'명(明)'은 경문에서 '익(翼)'이다.

○ 獻.
'현(賢)'은 경문에서 '헌(獻)'이다.

集傳
十夫輔我,
10명이 나를 보필하고

詳說

○ 翼.
'보(輔)'는 경문에서 '익(翼)'이다.

○ 予翼, 古語倒.
'여익(予翼)'은 옛말에서 거꾸로 된 것이다.

集傳

以往
가서

詳說

○ 林氏曰 : "民獻, 與黎獻同. 知天之十獻, 可謂衆矣, 惜名氏不見於後世耳."
임씨(林氏)가 말하였다 : "'백성 중의 어진 자[民獻]'는 '백성 중에 어진 자[黎獻]'32)와 같다. 하늘에서 보낸 열 명의 어진 자를 알았다면 많다고 말할 수 있는데, 이름이 후세에 드러나지 않은 것이 안타까울 뿐이다."33)

○ 足以敵武王伐紂時十亂.

---

32) 『서경대전(書經大全)』, 「우서(虞書)」·「익직7(益稷7)」 : "우(禹)가 말씀하기를 '아! 황제의 말씀이 옳기는 하오나 황제의 덕이 천하에 빛나 바다 모퉁이의 창생(蒼生)에게까지 이르게 하신다면, 만방(萬邦)의 여러 백성 중에 어진 자가 함께 황제의 신하가 되려는 생각을 할 것이니, 황제께서는 이에 들어 쓸 뿐입니다. 아랫사람들이 펴서 아뢰거든 받아들이되 말로써 하시며 여러 사람을 밝히되 공으로써 하시며 수레와 의복으로 공을 표창하시면 누가 감히 사양하지 않으며 감히 공경히 응하지 않겠습니까! 황제께서 이렇게 하지 않으시면 부화뇌동하여 날로 공이 없음에 나아갈 것입니다.'(禹曰, 兪哉, 帝光天之下, 至于海隅蒼生, 萬邦黎獻, 共惟帝臣, 惟帝時擧. 敷納以言, 明庶以功, 車服以庸, 誰敢不讓, 敢不敬應. 帝不時, 敷同, 日奏罔功.)"

33) 『서경대전(書經大全)』, 「주서(周書)」·「대고(大誥)」 : "임씨가 말하였다 : '백성 중의 어진 자 10명이 와서 도우니, 내가 가서 정벌하고 어루만져 편안하게 하는 것이 무왕이 도모한 공이라면 인심을 얻을 것이다. 짐의 점이 모두 길하다면 천심을 얻을 것이다. 하늘과 사람이 모두 호응하면, 우리 주나라는 반드시 이길 이치가 있고, 무경은 반드시 망할 상황인데, 무엇 때문에 정벌하지 않겠는가? 백성 중의 어진 자는 여러 백성 중에 어진 자와 같다. 난무자(亂武子)가 삼경을 위주로 한 것은 초와 전쟁하지 않은 것이다. 또한 주공이 열 명 지아비의 뜻을 따랐을지라도 「어렵고 중대하다.」고 말한 것은 많더라도 모두 하늘을 알지 못한 것이다. 하늘에서 보낸 열 명의 어진 자를 위주로 할 줄을 알았다면 많다고 말할 수 있는데, 이름이 후세에 드러나지 않은 것이 안타까울 뿐이다.'(林氏曰 : 民之賢者, 有十夫來助, 予往征以撫安, 武王所圖之功, 則得人心矣, 朕卜幷吉, 則得天心矣. 天人俱應, 則我周有必勝之理, 武庚有必亡之勢, 如之何不征. 民獻與黎獻同, 欒武子以三卿爲主, 不與楚戰, 亦周公從十夫之意, 曰艱大者, 雖衆, 皆不知天者也知天之十獻爲主, 可謂衆矣. 惜十民獻名氏不見於後世耳.)"

무왕이 주를 정벌할 때의 십란(十亂)에 충분히 필적할 수 있다.

○ 新安陳氏曰 : "邦君御事皆疑, 而民獻十夫先至, 故公表其人以告天下, 蓍龜固可以紹天明, 賢人, 尤可以占天意. 賢人, 人中之蓍龜也. 武庚不可不征而決之賢與卜, 民獻龜卜, 乃大誥之綱領也."

신안 진씨(新安陳氏)가 말하였다 : "방군과 어사 모두 의심하는데, 백성 중에 어진 지아비가 왔기 때문에 그 사람들을 천하에 공표하여 고한 것이다. 시초점과 거북점은 진실로 하늘의 밝음을 소개할 수 있고, 현인은 더욱 하늘의 뜻을 점칠 수 있으니, 현인은 사람 가운데 시초점과 거북점이다. 무경은 정벌하지 않아서는 안되어 현인과 점에서 결정하,니 백성 중의 어진 자와 거북점은 바로 「대고」의 강령이다."34)

集傳

撫定商邦

상(商)나라를 어루만지고 안정하게 하여

詳說

○ 寧.

'정(定)'은 경문에서 '녕(寧)'이다.

○ 添二字.

'상나라'라는 말을 더하였다.

集傳

而繼嗣武王所圖之功也.

---

34) 『서경대전(書經大全)』, 「주서(周書)」·「대고(大誥)」, "신안 진씨가 말하였다 : '공의 동정(東征)은 방군과 어사 모두 의심하는데, 백성 중에 어진 지아비가 왔기 때문에 그 사람들을 천하에 공표하여 고한 것이다. 천하의 눈과 귀는 백성에게 있고, 백성의 거취는 현자와 시초점과 거북점이 진실로 하늘의 밝음을 소개할 수 있는지 본다. 현인이 더욱 하늘의 뜻을 점칠 수 있다면, 현인은 사람 가운데 시초점과 거북점이다. 여기 장의 뜻은 무경이 난을 일으켜 정벌하지 않아서는 안되어 현인과 점에서 결정하는 것이다. 그러니 백성 중의 어진 자와 거북점은 바로 「대고」의 강령이다.'(新安陳氏曰 : 公之東征, 邦君御事皆疑, 民獻十夫先至, 故公表其人以告天下, 蓋天之視聽在民, 而民之去就, 視賢蓍龜固可以紹天明. 賢人尤可以占天意. 賢人, 人中之蓍龜也. 此章言武庚作亂, 不可不征, 而決之賢與卜. 民獻龜卜, 乃大誥之綱領也.)"

무왕(武王)이 도모하신 공(功)을 잇게 한 것이다.

詳說

○ 武.
    '계사(繼嗣)'는 경문에서 '무(武)'이다.

○ 添武王字
    '무왕'이라는 말을 더하였다.

○ 鄒氏季友曰 : "武訓繼, 雖本爾雅, 然謂敉安商邦, 而繼武王, 於一句文義破碎."
    추씨 계우(鄒氏季友)35)가 말하였다 : "무(武)를 계(繼)로 풀이하는 것이 비록 『이아』에 있는 것일지라도 상나라를 어루만져 편안하게 하여 무왕을 계승한다고 말하는 것은 한 구절에서 문맥에서는 깨지는 것이다."

○ 林氏曰 : 往伐以撫安, 武王所圖之功
    임씨(林氏)가 말하였다 : "가서 정벌하고 어루만져 편안하게 하는 것이 무왕이 도모한 공이다."36)

---

35) 『서경대전(書經大全)』, 「상서(商書)」·「중훼지고(仲虺之誥)」에는 황보밀(皇甫謐)의 말로 되어 있다. 황보밀(皇甫謐, 215년 ~ 282년)은 서진(西晉) 안정(安定) 조나(朝那) 사람으로 자는 사안(士安)이고, 어릴 때 이름은 정(靜)이며, 자호는 현안선생(玄晏先生)이다. 황보숭(皇甫嵩)의 증손이다. 젊었을 때 거침없이 방탕하여 사람들이 미치광이라고 여겼다. 20살 무렵부터 부지런히 공부해 게으르지 않았다. 집이 가난해 직접 농사를 지었는데, 책을 읽으면서 밭갈이를 함으로써 수많은 서적들을 통독했다. 나중에 질병에 걸렸으면서도 손에서 책을 놓지 않고 저술에 전심하느라 밥 먹는 것도 잊어버려 사람들이 서음(書淫)이라 했다. 무제(武帝) 때 부름을 받았지만 나가지 않았다. 무제가 책 한 수레를 하사했다. 자신의 병을 고치려고 의학서를 읽어 가장 오랜 침구 관련서인 『침구갑을경(鍼灸甲乙經)』을 편찬했다. 역사에도 조예가 깊어 『제왕세기(帝王世紀)』와 『연력(年歷)』, 『고사전(高士傳)』, 『일사전(逸士傳)』, 『열녀전(列女傳)』, 『현안춘추(玄晏春秋)』 등을 지었다.

36) 『서경대전(書經大全)』, 「주서(周書)」·「대고(大誥)」에, "임씨가 말하였다 : '백성 중의 어진 자 10명이 와서 도우니, 내가 가서 정벌하고 어루만져 편안하게 하는 것이 무왕이 도모한 공이라면 인심을 얻을 것이다. 짐의 점이 모두 길하다면 천심을 얻을 것이다. 하늘과 사람이 모두 호응하면, 우리 주나라는 반드시 이길 이치가 있고, 무경은 반드시 망할 상황인데, 무엇 때문에 정벌하지 않겠는가? 백성 중의 어진 자는 여러 백성 중에 어진 자와 같다. 난무자(亂武子)가 삼경을 위주로 한 것은 초와 전쟁하지 않은 것이다. 또한 주공이 열 명 지아비의 뜻을 따랐을지라도 「어렵고 중대하다.」고 말한 것은 많더라도 모두 하늘을 알지 못한 것이다. 하늘에서 보낸 열 명의 어진 자를 위주로 할 줄을 알았다면 많다고 말할 수 있는데, 이름이 후세에 드러나지 않은 것이 안타까울 뿐이다.'(林氏曰 : 民之賢者, 有十夫來助, 予往征以撫安, 武王所圖之功, 則得人心矣, 朕卜并吉, 則得天心矣. 天人俱應, 則我周有必勝之理, 武庚有必亡之勢, 如之何不征. 民獻與黎獻同, 亂武子以三卿為主, 不與楚戰, 亦周公從十夫之意, 曰艱大者, 雖衆, 皆不知天者也知天十獻為主, 可謂衆矣. 惜十民獻名氏不見於後世耳.)"

○ 武圖功, 與後節寧考圖功, 語勢相類.

'선왕께서 도모하신 공을 잇는다.'는 것은 뒤의 절에서 '영고께서 도모하신 공'37)과 어투가 서로 비슷하다.

集傳

大事, 戎事, 左傳

대사(大事)는 병사(兵事)이니, 『좌전(左傳)』에

詳說

○ 成十三年.

성공 13년이다.

集傳

云國之大事在祀與戎. 休, 美也. 言知我有戎事休美者, 以朕卜三龜

"국가의 대사(大事)는 제사(祭祀)와 병사에 있다."라고 하였다. 휴(休)는 아름다움이다. "내 병사에 아름다움이 있을 것임을 아는 것은 짐(朕)이 세 거북으로 점을 침에

詳說

○ 見金縢.

「금등」에 보인다.38)

集傳

而幷吉也.

모두 길하기 때문이다."라고 한 것이다.

---

37) 『서경대전(書經大全)』, 「주서(周書)」·「대고8(大誥8)」: "이러므로 나 충인(沖人)이 길이 어려움을 생각하니, 아! 진실로 준동(蠢動)하면 환과(鰥寡)가 가엾지만 내가 하는 일은 하늘이 시키신 것이다. 내 몸에 큰일을 물려주고 어려운 일을 던져 주시니, 나 충인(沖人)은 스스로 구휼할 겨를이 없다. 의리에 있어서는 너희 방군(邦君)과 다사(多士)와 윤씨(尹氏)와 어사(御事)들이 나를 위안하며 '너무 근심에 수고롭지 말지어다. 당신의 영고(寧考)께서 도모하신 공을 이룩하지 않을 수 없다.'라고 말하여야 할 것이다.(肆予冲人, 永思艱, 曰, 嗚呼, 允蠢, 鰥寡哀哉, 予造, 天役. 遺大投艱于朕身, 越予冲人, 不卬自恤. 義爾邦君, 越爾多士, 尹氏御事, 綏予, 曰, 無毖于恤, 不可不成乃寧考圖功.)"
38) 『서경대전(書經大全)』, 「주서(周書)」·「금등9(金縢9)」: "세 거북을 점침에 한결같이 길(吉)함이 거듭되어 열쇠를 열고 점친 글을 보니, 모두 길하였다.(乃卜三龜, 一習吉, 啓籥見書, 乃幷是吉.)"

詳說

○ 林氏曰:"如之何不征."
임씨(林氏)가 말하였다 : "무엇 때문에 정벌하지 않겠는가?"[39]

集傳

按, 上文卽命曰有大艱于西土, 蓋卜於武王方崩之時,
살펴보건대 상문(上文)에 "거북의 명한 바에 나아가 보니, 큰 어려움이 서토(西土)에 있다."고 말한 것은 무왕(武王)이 막 승하(昇遐)하려 할 때에 점친 것이며,

詳說

○ 汎卜.
일반적인 점이다.

集傳

此云朕卜幷吉, 乃卜於將伐武庚之日,
여기에 "짐의 점이 모두 길하다."고 말한 것은 무경(武庚)을 정벌하려던 날에 점친 것이니,

詳說

○ 指其事而卜.
그 일을 가리켜 점친 것이다.

集傳

---

[39] 『서경대전(書經大全)』,「주서(周書)」·「대고(大誥)」,"임씨가 말하였다 : '백성 중의 어진 자 10명이 와서 도우니, 내가 가서 정벌하고 어루만져 편안하게 하는 것이 무왕이 도모한 공이라면 인심을 얻을 것이다. 짐의 점이 모두 길하다면 천심을 얻을 것이다. 하늘과 사람이 모두 호응하면, 우리 주나라는 반드시 이길 이치가 있고, 무경은 반드시 망할 상황인데, 무엇 때문에 정벌하지 않겠는가? 백성 중의 어진 자는 여러 백성 중에 어진 자와 같다. 난무자(欒武子)가 삼경을 위주로 한 것은 초와 전쟁하지 않은 것이다. 또한 주공이 열 명 지아비의 뜻을 따랐을지라도 「어렵고 중대하다.」고 말한 것은 많더라도 모두 하늘을 알지 못한 것이다. 하늘에서 보낸 열 명의 어진 자를 위주로 할 줄을 알았다면 많다고 말할 수 있는데, 이름이 후세에 드러나지 않은 것이 안타까울 뿐이다.'(林氏曰 : 民之賢者, 有十夫來助, 予往征以撫安, 武王所圖之功, 則得人心矣, 朕卜幷吉, 則得天心矣. 天人俱應, 則我周有必勝之理, 武庚有必亡之勢, 如之何不征. 民獻與黎獻同, 欒武子以三卿爲主, 不與楚戰, 亦周公從十夫之意, 曰艱大者, 雖衆, 皆不知天者也知天之十獻爲主, 可謂衆矣. 惜十民獻名氏不見於後世耳.)"

先儒合而爲一誤矣.
선유(先儒)가 합하여 하나로 한 것은 잘못이다.

詳說
○ 按, 以下, 論也.
'안(按)' 이하는 경문의 의미설명이다.

[9-4-7-6]
肆予告我友邦君, 越尹氏庶士御事, 曰予得吉卜. 予惟以爾庶邦, 于伐殷 逋播臣.
이러므로 내가 우방의 군주와 윤씨·서사(庶士)·어사(御事)에게 고하여 '내 길한 점을 얻었다. 내 너희 여러 나라를 데리고 가서 은(殷)나라의 도망하고 파천(播遷)한 신하들을 정벌하겠다.' 라고 하였노라.

集傳
此擧嘗以卜吉之故
이것은 일찍이 점이 길(吉)한 연고를 들어

詳說
○ 卽上節之卜.
곧 위의 절에서의 점40)이다.

集傳
告邦君御事往伐武庚之辭也.
방군(邦君)과 어사(御事)에게 무경(武庚)을 가서 정벌할 것을 고한 말이다.

---

40) 『서경대전(書經大全)』, 「주서(周書)」·「대고3(大誥3)」: "영왕(寧王)이 나에게 큰 보배인 거북을 물려주심이 하늘의 밝은 명을 소개하신 것이니, 거북의 명에 나아가 살펴보건대 '큰 어려움이 서토에 있을 것이고 서토 사람들 또한 안정하지 못할 것이다'라고 하였는데, 여기에 와서 준동하는구나.(寧王遺我大寶龜, 紹天明, 卽命, 曰有大艱于西土, 西土人, 亦不靜, 越玆蠢.)"

詳説

○ 于.
   '왕(往)'은 경문에서 '우(于)'이다.

○ 告字釋於此.
   '고(告)'자를 여기 무경(武庚)에서 해석한다.

○ 一作詞
   '사(辭)'는 어떤 판본에는 '사(詞)'로 되어 있다.

○ 擧字釋於此
   '거(擧)'자를 여기 '야(也)'에서 해석한다.[41]

○ 先總提.
   먼저 총괄해서 제시한 것이다.

集傳

肆, 故也. 尹氏, 庶官之正也. 殷逋播臣者, 謂武庚及其羣臣, 本逋亾播遷之臣也.

사(肆)는 '그러므로'이다. 윤씨(尹氏)는 서관(庶官)의 우두머리이다. 은포파신(殷逋播臣)은 무경(武庚)과 그 여러 신하(臣下)들이 본래 도망하고 파천(播遷)한 신하(臣下)임을 말한 것이다.

[9-4-7-7]

爾庶邦君, 越庶士御事, 罔不反, 曰艱大, 民不靜, 亦惟在王宮邦君室, 越予小子考翼, 不可征, 王害不違卜.

너희 여러 나라의 군주와 서사와 어사들이 반대하지 않는 이가 없어 '이 일은 어렵고 중대하며, 백성들이 안정하지 못함이 또한 왕의 궁과 방군의 집에 있다.' 라고 하고, 나 소자(小

---

[41] '거(擧)'자가 여기에 걸리는 것이 아니라 '고(故)'에 걸려야 문맥과 해석이 순조롭다.

子)와 부로(父老)가 공경히 섬기는 자들도 정벌할 수 없다고 하며 '왕은 어찌 점을 어기지 않습니까?'라고 하였다.

詳說
○ 害, 音曷.
　　'갈(害)'은 음이 '갈(曷)'이다.

集傳
此擧邦君御事不欲征欲, 王違卜之言也.
이는 방군(邦君)과 어사(御事)가 정벌하는 것을 싫어하여 왕이 점괘를 어기기를 바란 말을 든 것이다.

詳說
○ 先總提.
　　먼저 총괄해서 제시했다.

集傳
邦君御事, 無不反曰, 艱難重大不可輕擧,
방군과 어사가 반대하지 않는 이가 없어 말하기를 "간난(艱難)하고 중대(重大)하니 경거망동할 수 없으며,

詳說
○ 添此句.
　　여기의 구를 더하였다.

集傳
且民不靜, 雖由武庚,
또 백성들이 안정하지 못함이 비록 무경 때문이나

詳說

○ 從下亦字, 而添此句.
아래에서의 '역(亦)'자를 따라 여기의 구를 더한 것이다.

集傳
然亦在於王之宮,
또한 왕(王)의 궁(宮)과

詳說
○ 周公輔王.
주공은 왕을 보좌했다.

集傳
邦君之室.
방군(邦君)의 집에 있다."라고 하였으니,

詳說
○ 三叔諸侯.
삼숙과 제후이다.

集傳
謂三叔不睦之故, 實兆釁端, 不可不自反.
삼숙(三叔)이 화목하지 못한 연고가 실로 화(禍)의 단서를 조짐하였으니, 스스로 반성하지 않을 수 없다고 말한 것이다.

詳說
○ 添三句.
세 구를 더하였다.

集傳
害, 曷也. 越我小子

해(害)은 '어찌'이다. 나 소자(小子)와

詳說

○ 及也.
'월(越)'은 '급(及)'이다.

○ 少, 不經事者.
'소(少)'는 일을 경험하지 못한 자들이다.

集傳
與父老
부로(父老)들이

詳說

○ 考.
'부로(父老)'는 경문에서 '고(考)'이다.

集傳
敬事者,
공경히 섬기는 자들도

詳說

○ 翼, 敬也
경문에서 '익(翼)'이 '경(敬)'이다.

○ 父老者, 王所敬事
부로는 왕이 공경하여 섬기는 자들이다.

○ 老而志慮衰者.
늙어서 지려가 쇠한 자들이다.

○ 退溪曰：“考翼有二, 其一, 父老敬事者, 其一父, 敬事者.”
퇴계(退溪)42)가 말하였다 : "'고익(考翼)'에는 두 가지가 있으니, 그 하나는 부로들이 공경히 섬기는 것이고, 다른 하나는 아버지 한 분을 공경히 섬기는 것이다."43)

○ 父敬事者, 見後節, 各是一事也.
아비를 공경히 섬기는 것은 뒤의 절에 있는 것으로 각기 하나의 일이다.

集傳

皆謂不可正, 王曷不違卜, 而勿征乎.
모두 정벌할 수 없다고 말하여 "왕(王)은 어찌 점을 어겨 정벌하지 말지 않습니까." 라고 한 것이다.

詳說

○ 添謂字, 蓋經文蒙上曰字.
'위(謂)'자를 더한 것은 경문에서 위의 '왈(曰)'자를 이어받은 것이다.

[9-4-7-8]

肆予冲人, 永思艱, 曰, 嗚呼, 允蠢, 鰥寡, 哀哉, 予造, 天役.
遺大投艱于朕身, 越予冲人, 不卬自恤. 義爾邦君, 越爾多士,
尹氏御事, 綏予, 曰, 無毖于恤, 不可不成乃寧考圖功.

이러므로 나 충인(冲人)이 길이 어려움을 생각하니, 아! 진실로 준동(蠢動)하면 환과(鰥寡)가 가엾지만 내가 하는 일은 하늘이 시키신 것이다. 내 몸에 큰일을 물려주고 어려운 일을

---

42) 이황(李滉, 1501-1570) : 조선 중기의 학자로 자가 경호(景浩)이고, 호가 퇴계(退溪)·퇴도(退陶)·도수(陶叟)이며, 본관이 진보(眞寶)이다. 영남을 중심으로 주리적(主理的)인 학파를 형성하여 정통 도학의 학맥을 계승하였다. 저서로는 『퇴계전서(退溪全書)』 외에 『성학십도(聖學十圖)』·『주자서절요』·『역학계몽전의(易學啓蒙傳疑)』 등이 있다.

43) 『퇴계선생문집(退溪先生文集)』 21권, 「서(書)」 「답이강이문목(答李剛而問目)」 : 『주서』에서 '고익(考翼)'. 그 하나는 부로들이 공경히 섬기는 것으로 대개 부로를 일반적으로 가리켜서 말한 것이다. 다른 하나는 아버지를 공경히 섬기는 것으로 곧 자식으로 그 아버지를 가리켜 말한 것이니, 아버지는 진실로 공경히 섬겨야 할 분이다. 두 곳에서 말은 같지만 가리키는 것은 이처럼 같지 않다.(周書考翼. 其一, 訓父老敬事者, 泛指父老而言. 蓋父老當敬事者也. 其一, 父敬事者, 卽自人子而指其父言, 則父固子之所敬事也. 兩處言同, 而所指不同如此.)

던져 주시니, 나 충인(沖人)은 스스로 구휼할 겨를이 없다. 의리에 있어서는 너희 방군(邦君)과 다사(多士)와 윤씨(尹氏)와 어사(御事)들이 나를 위안하며 '너무 근심에 수고롭지 말지어다. 당신의 영고(寧考)께서 도모하신 공을 이룩하지 않을 수 없다.'라고 말하여야 할 것이다.

詳說

○ 遺, 去聲, 卬, 五剛反, 毖, 音秘.
'유(遺)'는 거성이고, 앙(卬)은 '오(五)'와 '강(剛)'의 반절이며, '비(毖)'는 음이 '비(秘)'이다.

集傳

造, 爲, 卬, 我也.
조(造)는 함이고, 앙(卬)은 나이다.

詳說

○ 指我之身.
나의 몸을 가리키는 것이다.

集傳

故我冲人, 亦永思其事之艱大.
그러므로 나 충인(沖人)이 또한 이 일의 어렵고 중대함을 길이 생각하였다.

詳說

○ 承上節.
위의 절을 이어받았다.

集傳

歎息言, 信四國蠢動,
탄식하여 말하기를 "진실로 사국(四國)이 준동(蠢動)하면

詳說

○ 時管蔡奄商同叛.
당시에 관숙·채숙·엄(奄)·상(商)이 함께 배반했다.

○ 諺讀, 作將然之意, 更商之.
『언해』에서는 앞으로 그렇게 되는 의미로 했으니 다시 살펴봐야 할 것이다.

集傳
害及鰥寡, 深可哀也. 然我之所爲, 皆天之所役使. 今日之事, 天實以其甚大者, 遺於我之身, 以其甚艱者, 投於我之身, 於我冲人,
폐해가 환과(鰥寡)에게 미치니, 깊이 애처로울 만하다. 그러나 내가 하는 일은 다 하늘이 시키신 것이다. 금일(今日)의 일은 하늘이 실제로 심히 큰일을 나의 몸에 끼쳐주고 심히 어려운 일을 나의 몸에 던져주신 것이니, 나 충인(冲人)에 있어서는

詳說
○ 越, 於也.
경문에 '월(越)'이 '어(於)'이다.

集傳
固不暇自恤矣.
진실로 스스로 구휼할 겨를이 없다.

詳說
○ 不卬, 諺釋未甚明.
경문에서 '불앙(不卬)'으로 『언해』의 해석은 아주 분명하지 않다.

集傳
然以義言之, 於爾邦君於爾多士
그러나 의리로 말한다면 너희 방군(邦君)과 너희 다사(多士)와

詳說

○ 二於字, 恐衍.
두 번의 '어(於)'는 연문인 것 같다.

集傳

及官正,
관정(官正)으로서

詳說

○ 越.
'급(及)'은 경문에서 '월(越)'이다.

○ 此及字, 當在君下.
여기에서의 '급(及)'자는 '군(君)'의 아래에 있어야 한다.

○ 尹.
'정(正)'은 '윤(尹)'이다.

集傳

治事之臣,
일을 다스리는 신하(臣下)들은

詳說

○ 御.
'치(治)'는 경문에서 '어(御)'이다.

集傳

當安我曰無勞於憂
마땅히 나를 위안하여 말하기를 '너무 근심에 수고롭지 말지어다.

詳說

○ 毖, 勞也.

경문에서 '비(毖)'가 '노(勞)'이다.

○ 毋以憂患之事爲勞, 而遂止不征也.

근심스러운 일로 수고롭게 하지 않고 마침내 멈추어서 정벌하지 말라는 것이다.

集傳

誠不可不成武王所圖之功, 相與戮力,

진실로 무왕(武王)이 도모하신 공(功)을 이룩하지 않을 수 없다'고 하여, 서로 함께 힘을 합하여

詳說

○ 戮同.

'륙(戮)'은 '류(勠)'와 같다.

集傳

致討可也.

토벌함이 가(可)할 것이다."라고 한 것이다.

詳說

○ 添此句.

이 구를 더하였다.

集傳

此章, 深責邦君御事之避事.

이 장(章)은 방군(邦君)과 어사(御事)들이 일을 회피함을 깊이 책한 것이다.

詳說

○ 總提於末.

끝에서 총괄해서 제시한 것이다.

[9-4-7-9]
已. 予惟小子, 不敢替上帝命, 天休于寧王, 興我小邦周, 寧王惟卜用, 克綏受玆命, 今天其相民, 矧亦惟卜用. 嗚呼, 天明畏, 弼我丕丕基.

그만두겠는가! 나 소자는 감히 상제의 명을 폐할 수 없으니, 하늘이 영왕(寧王)을 아름답게 여기시어 우리 작은 나라인 주나라를 흥하게 하실 적에 영왕이 점을 사용하여 이 천명을 편안히 받으셨으며, 이제 하늘이 백성을 도우실 적에도 하물며 또한 점괘를 씀에 있어서랴. 아! 하늘의 명명(明命)이 두려움은 우리의 크고 큰 기업을 돕기 때문이다."

詳說
○ 相, 去聲.
'상(相)'은 거성이다.

集傳
卜伐武庚而吉, 是上帝命伐之也, 上帝之命其敢廢乎.
무경(武庚)을 정벌하는 것을 점침에 길한 것은 바로 상제(上帝)가 명(命)하여 정벌하게 한 것이니, 상제(上帝)의 명(命)을 감히 폐할 수 있겠는가?

詳說
○ 替.
'폐(廢)'는 '체(替)'이다.

集傳
昔天眷武王
옛날에 하늘이 무왕(武王)을 돌아보아

詳說

○ 以休命眷顧之.
　아름다운 명령을 가지고 돌아본 것이다.

集傳
由百里
백리(百里)로 말미암아

詳說
○ 小邦.
　작은 나라이다.

集傳
而有天下, 亦惟卜用, 所謂朕夢協朕卜, 襲于休祥, 是也.
천하(天下)를 소유할 적에도 또한 점을 사용하였으니, 이른바 '짐(朕)의 꿈이 짐(朕)의 점과 합하여 아름다운 상서(祥瑞)가 거듭되었다'는 것이 이것이다.

詳說
○ 見泰誓.
　「태서」에 보인다.44)

○ 能妥受此命.
　온당하게 이 명을 받을 수 있다는 것이다.

集傳
今天相佑斯民, 避凶趨吉,
이제 하늘이 이 백성을 도와 흉함을 피하고 길함에 나가게 할 적에도

---

44) 『서경대전(書經大全)』, 「주서(周書)」·「태서5(泰誓中5)」: "수(受)는 죄악이 걸왕보다 더하니, 원량을 박해하여 지위를 잃게 하고 간하는 보필들을 학대하며, 자기가 천명을 소유했다고 하고 공경을 굳이 행할 것이 없다 하며, 제사를 지내는 것이 무익하다 하고 포악한 행동이 해로울 것이 없다고 하니, 그 볼 것이 멀리 있지 않아 저 하왕(夏王)에게 있다. 하늘은 내가 백성을 다스리게 하셔서 짐의 꿈이 짐의 점괘와 합하여 아름다운 상서가 거듭되니, 상(商)나라를 정벌하면 반드시 이길 것이다.(惟受罪浮于桀, 剝喪元良, 賊虐諫輔, 謂己有天命, 謂敬不足行, 謂祭無益, 謂暴無傷, 厥鑒惟不遠, 在彼夏王. 天其以予乂民, 朕夢協朕卜, 襲于休祥, 戎商必克.)"

詳說

○ 去聲.

'추(趨)'는 거성이다.

○ 添此句.

이 구를 더하였다.

集傳

況亦惟卜, 是用是上而先王, 下而小民, 莫不用卜,
하물며 또한 점을 쓰고 있으니, 이는 위로 선왕(先王)과 아래로 소민(小民)들이 점을 쓰지 않는 이가 없는 것이니,

詳說

○ 三句, 申釋.

세구는 거듭 해석한 것이다.

集傳

而我獨可廢卜乎.
나 홀로 점을 폐하겠는가?

詳說

○ 補此句.

이 구를 더하였다.

集傳

故又歎息言, 天之明命可畏如此,
그러므로 또 탄식하고 말하기를 "하늘의 밝은 명(命)이 두려울 만함이 이와 같으니,

詳說

○ 與皐陶謨天明畏, 不同.
「고요모」에서 '선한 자를 밝혀주고 악한 자를 두렵게 한다.'45)는 것과는 같지 않다.

○ 呂氏曰 : "此周公所以畏天命."
여씨(呂氏)가 말하였다 : "이것은 주공이 천명을 두려워하는 까닭이다."46)

集傳
是蓋輔成我丕丕基業, 其可違也.
이는 우리의 크고 큰 기업을 도우신 것이니, 이를 어길 수 있겠는가!"라고 하였다.

詳說
○ 猶耶也.
'~하겠는가?'와 같다.

集傳
天明卽上文所謂紹天明者.
천명(天明)은 곧 위의 글에서 이른바 '하늘의 밝은 명을 소개(紹介)한다'는 것이다.

詳說
○ 論也.
경문의 의미 설명이다.

---

45) 『서경대전(書經大全)』, 「우서(虞書)」·「고요모7(皐陶謨7)」: "하늘의 듣고 봄이 우리 백성의 듣고 봄으로부터 하며, 하늘이 선한 자를 밝혀주고 악한 자를 두렵게 함이 우리 백성의 밝혀 주고 두렵게 함으로부터 합니다. 상하로 통달하니, 공경할지어다! 땅을 소유한 군주들이여.(天聰明, 自我民聰明, 天明畏, 自我民明威. 達于上下, 敬哉. 有土.)"

46) 『서경대전(書經大全)』, 「주서(周書)」·「대고(大誥)」, "여씨가 말하였다 : '하늘이 위엄과 두려움을 분명히 보이는 것은 나를 곤고하게 하려는 것이 아니라 나의 대업을 도와 이뤄주려는 것이다. 이를테면 맹자가 「하늘이 나에게 큰 임무를 내리려고 할 적에는 먼저 그 심지를 곤고하게 한다」는 것으로 두렵게 하는 것은 도와주기 위함이다. 어려움이 많아 나라가 흥하고, 은의 근심이 성스러움을 여니, 이것이 주공이 스스로 노력해서 발전하는 것으로 곧 천명을 두려워하는 까닭이다.'(呂氏曰 : 天之明示威畏, 非以困我, 乃欲輔成我大業也. 如孟子言天將降大任, 必先苦其心志. 畏之者, 乃所以弼之也, 多難興邦, 殷憂啓聖, 此周公自強處, 即所以畏天命.)"

[9-4-7-10]

王曰, 爾惟舊人. 爾丕克遠省, 爾知寧王若勤哉. 天閟毖, 我成功所, 予不敢不極卒寧王圖事. 肆予大化誘我友邦君, 天棐忱辭, 其考我民, 予曷其不于前寧人圖功攸終. 天亦惟用勤毖我民, 若有疾, 予曷敢不于前寧人攸受休畢.

왕이 말씀하였다. "너희들은 옛사람들이다. 너희들은 크게 멀리 살필 수 있으니, 너희들은 영왕(寧王)이 이와 같이 근로함을 알 것이다. 하늘이 막고 어렵게 함은 우리가 공을 이룰 수 있는 기회이니, 내 감히 영왕이 도모하신 일을 지극히 마치지 않을 수 없다. 그러므로 내 크게 우리 우방의 군주들을 교화하고 달래노니, 하늘이 돕되 정성스런 말씀으로 함은 우리 백성을 살펴보면 알 수 있으니, 내 어찌 전녕인(前寧人)의 공을 마칠 것을 도모하지 않겠는가! 하늘이 또한 우리 백성들을 수고롭게 하고 어렵게 하며 마치 병이 있을 때에 치료하듯이 하시니, 내 어찌 전녕인이 받으신 아름다운 명을 끝마치지 않겠는가!"

詳說

○ 省, 悉井反. 閟, 音秘. 棐, 音匪.

'성(省)'은 음이 '실(悉)'과 '정(井)'의 반절이다. '비(閟)'는 음이 '비(秘)'이고, '비(棐)'는 음이 '비(匪)'이다.

集傳

當時邦君御事, 有武王之舊臣者, 亦憚征役, 上文考翼不可征, 是也. 故周公專呼舊臣, 而告之曰, 爾惟武王之舊人. 爾大能遠省前日之事, 爾豈不知武王若此之勤勞哉. 閟者, 否

당시의 방군과 어사 중에 무왕의 옛 신하들 또한 정역(征役)을 꺼린 자가 있었으니, 위의 글에서 '고익들도 정벌할 수 없다고 한다'는 것이 여기에 해당한다. 그러므로 주공이 오로지 옛 신하들을 불러 고하기를 "너희들은 무왕의 옛 사람이다. 너희들은 크게 전일의 일을 멀리 살필 수 있으니, 너희들이 어찌 무왕이 이와 같이 근로하심을 모르겠는가."라고 한 것이다. 비(閟)는 막히고

詳說

○ 音鄙, 下同.
'비(否)'는 음이 '비(鄙)'이니, 아래에서도 같다.

集傳
閉而不通, 堄者, 艱難而不易.
닫혀서 통하지 못함이고, 비(否)는 어려워서 쉽지 않은 것이다.

詳說
○ 去聲.
'이(易)'는 거성이다.

○ 於勞義, 相近
수고한다는 의미와 서로 비슷하다.

集傳
言天之所以否閉艱難, 國家多難者,
하늘이 막혀 닫히고 간난(艱難)하여 국가에 어려움이 많은 까닭은

詳說
○ 去聲.
'난(難)'은 거성이다.

集傳
乃我成功之所在,
바로 우리가 성공할 수 있는 소재이니,

詳說
○ 呂氏曰 : "多難興邦, 殷憂啓聖, 此周公自强處."
여씨(呂氏)가 말하였다 : "어려움이 많아 나라가 흥하고, 은의 근심이 성스러움을 여니, 이것이 주공이 스스로 노력해서 발전하는 것이다."[47]

集傳

我不敢不極卒武王所圖之事也
내 감히 무왕(武王)이 도모하신 일을 지극히 마치지 않을 수 없는 것이다.

詳說

○ 終也.
'졸(卒)'은 '종(終)'이다.

集傳

化者, 化其固滯, 誘者, 誘其順從. 棐, 輔也. 寧人, 武王之大臣, 當時謂武王爲寧王, 因謂武王之大臣爲寧人也.
화(化)는 굳게 막힌 것을 화하게 함이고, 유(誘)는 순종하도록 달래는 것이다. 비(棐)는 도움이다. 영인(寧人)은 무왕(武王)의 대신(大臣)이니, 당시에 무왕(武王)을 일러 영왕(寧王)이라 하고, 인하여 무왕(武王)의 대신(大臣)을 영인(寧人)이라 하였다.

詳說

○ 以詩文人推之, 寧王似亦可稱爲寧人耳.
시문에서 사람들이 미룬 것으로는 영왕을 또한 영인으로 칭할 수 있을 것 같다.

集傳

民獻十夫以爲可伐,
백성 중에 어진 자 10명이 정벌하여야 한다고 말하였으니,

詳說

---

47) 『서경대전(書經大全)』, 「주서(周書)」·「대고(大誥)」, "여씨가 말하였다 : '하늘이 위엄과 두려움을 분명히 보이는 것은 나를 곤고하게 하려는 것이 아니라 나의 대업을 도와 이뤄주려는 것이다. 이를테면 맹자가 「하늘이 나에게 큰 임무를 내리려고 할 적에는 먼저 그 심지를 곤고하게 한다는 것으로 두렵게 하는 것은 도와주기 위함이다. 어려움이 많아 나라가 흥하고, 은의 근심이 성스러움을 여니, 이것이 주공이 스스로 노력해서 발전하는 것으로 곧 천명을 두려워하는 까닭이다.'(呂氏曰 : 天之明示威畏, 非以困我, 乃欲輔成我大業也. 如孟子言天將降大任, 必先苦其心志. 畏之者, 乃所以弼之也, 多難興邦, 殷憂啓聖, 此周公自强處, 卽所以畏天命.)"

○ 承前節.
앞의 절을 이어받았다.

集傳
是天輔以誠信之辭,
이는 하늘이 성실한 말로 도운 것이니,

詳說
○ 諺釋未瑩.
『언해』의 해석은 분명하지 않다.

集傳
考之民而可見矣.
백성에게 살펴보면 볼 수 있다.

詳說
○ 新安陳氏曰:"民心所欲, 卽是天意."
신안 진씨(新安陳氏)가 말하였다 : "백성들이 마음으로 원하는 것이 바로 하늘의 뜻이다."48)

集傳
我曷其不於前寧人, 而圖功所終乎.
내 어찌 전녕인(前寧人)에 대하여 공(功)의 마칠 바를 도모하지 않겠는가?

詳說
○ 諺釋恐失註中而字意, 然圖字例, 當屬寧人事耳, 而攸字文勢, 視上所字終字文勢, 視下畢字.

―――――――――――
48) 『서경대전(書經大全)』,「주서(周書)」·「대고(大誥)」, '신안 허씨(新安許氏)가 말하였다 : '월경이 하늘의 뜻은 무경을 정벌하려는 것이기 때문에 여기에서 귀의하게 하니, 하늘에서 진지하게 명령하는 것이 아니라 백성들이 마음으로 원하는 것이 바로 이와 같이 하늘의 뜻이라는 것이다.'(新安許氏 : 月卿曰, 天意欲征武庚, 故此歸之, 於天非諄諄然命之也, 民心之所欲, 卽是天意如此.)"

『언해』의 해석은 주에서 '이(而)'자의 의미를 잃은 것 같지만, '도(圖)'자의 사례는 영인의 일에 소속시켜야 할 뿐이고, '유(攸)'자의 문세는 위로는 '소(所)'자와 '종(終)'자의 문세와 비교되고, 아래로는 '필(畢)'자와 비교된다.

集傳

勤毖我民, 若有疾者, 四國
우리 백성들을 수고롭게 하고 어렵게 하여 병이 있는 것처럼 한다는 것은 사국(四國)이

詳說

○ 天使四國.
하늘이 사국에 시킨 것이다.

集傳

勤毖我民, 如人有疾, 必速攻治之. 我曷其不於前寧人所受休美而畢之乎. 按, 此三節, 謂不可不卒終畢寧王寧人事功休美之意,
우리 백성들을 수고롭게 하고 어렵게 함이 마치 사람에게 질병이 있는 것과 같으니, 반드시 속히 다스려야 한다. 내 어찌 전녕인(前寧人)이 받은 바의 아름다운 명을 끝마치지 않겠는가? 살펴보건대, 이 세 절(節)은 영왕(寧王)과 영인(寧人)의 사공(事功)의 아름다움을 끝마치지 않을 수 없다는 뜻이니,

詳說

○ 卒終畢, 釋於美.
'졸종필(卒終畢)'은 '미(美)'까지 해석하는 것이다.

集傳

言寧人, 則舊人之不欲征者, 亦可愧矣.
영인(寧人)을 말하면 옛사람으로서 정벌(征伐)하려고 하지 않았던 자들 또한 부끄러울 것이다.

詳說

○ 唐孔氏曰 : "三節文辭略同, 義不甚異."

당나라 공씨(孔氏)가 말하였다 : "세 절의 글은 대략 같지만 의미는 아주 다르다."49)

○ 陳氏大猷曰 : "圖事, 以其所行言, 圖功以其所成言, 休以受命言, 反覆諭之耳."

진씨 대유(陳氏大猷)50)가 말하였다 : "일을 도모한다는 것은 행함을 기준으로 말하는 것이고, 공을 도모한다는 것은 이룸을 기준으로 말하는 것이며, 아름다움은 명을 받음을 기준으로 말한 것이니, 반복해서 깨우쳐주는 것일 뿐이다."51)

[9-4-7-11]

王曰, 若昔朕其逝, 朕言艱日思, 若考作室, 旣底法, 厥子乃弗肯堂, 矧肯構. 厥父菑, 厥子乃弗肯播, 矧肯穫. 厥考翼, 其肯曰, 予有後, 弗棄基. 肆予曷敢不越卬, 敉寧王大命.

왕이 말씀하였다. "옛날에 짐이 무경을 정벌하러 갈 적에 짐도 어렵다고 말하며 날로 생각하였으니, 만일 아버지가 집을 지어 이미 법을 이루었거늘 그 자식이 기꺼이 집의 터도 만들려고 하지 않는데, 하물며 기꺼이 구축하겠는가! 그 아버지가 밭을 일구었거늘 그 자식이 기꺼이 파종도 하려고 하지 않는데, 하물며 기꺼이 수확하려 하겠는가! 부로(父老)가 공경히 섬기는 자들이 기꺼이 '내 후손이 있으니 기업을 버리지 않을 것이다.' 라고 말하겠는가! 이러므로 내 어찌 감히 내 몸에 미쳐 영왕(寧王)의 큰 명을 어루만지지 않겠는가!

詳說

○ 菑, 側其反.

---

49) 『서경대전(書經大全)』, 「주서(周書)」・「대고(大誥)」, "당나라 공씨가 말하였다 : '세 절의 글은 대략 같지만 의미는 아주 다르다.'(唐孔氏曰 : 三節文辭畧同, 義不甚異.)"

50) 진씨 대유(陳氏大猷, ?~?) : 송나라 남강군(南康軍) 도창(都倉) 사람으로 자는 문헌(文獻)이고, 호는 동재(東齋)다. 이종(理宗) 개경(開慶) 원년(1259) 진사(進士)가 되고, 종정랑(從政郞)과 황주군(黃州軍) 판관(判官) 등을 지냈다. 『서경』에 조예가 깊었다. 저서에 『상서집전혹문(尙書集傳或問)』과 『상서집전회통(尙書集傳會通)』 등이 있다.

51) 『서경대전(書經大全)』, 「주서(周書)」・「대고(大誥)」, "진씨 대유(陳氏大猷)가 말하였다 : '일을 도모한다는 것은 행함을 기준으로 말하는 것이고, 공을 도모한다는 것은 이룸을 기준으로 말하는 것이며, 아름다움은 명을 받음을 기준으로 말한 것이니, 반복해서 깨우쳐주는 것일 뿐이다.'(陳氏大猷曰 : 圖事, 以其所行言, 圖功, 以其所成言, 休以受命言, 反覆論之耳.)"

'치(菑)'는 '측(側)'과 '기(其)'의 반절이다.

集傳
昔, 前日也, 猶孟子
석(昔)은 전일(前日)이니, 『맹자(孟子)』에서의

詳說
○ 公孫丑.
　「공손추」이다.52)

集傳
之昔. 若昔我之欲往
'석자(昔者)'의 석(昔)과 같다. 옛날에 내가 정벌하러 가고자 할 적에

詳說
○ 其.
　경문으로 보면 '왕(往)' 앞에 '기(其)'자가 있어야 한다.

集傳
我亦, 謂其事之難,
나 또한 이 일이 어렵다 하여

詳說
○ 再承前節.
　앞의 절을 거듭 이어받았다.

---

52) 『맹자(孟子)』「양혜왕하(梁惠王下)」: "옛적에 제경공(齊景公)이 안자(晏子)에게 묻기를 '내 전부산(轉附山)과 조무산(朝儛山)을 구경하고 바닷가를 따라 남쪽으로 가서 낭야(琅邪)에 이르고자 하노니, 내 어떻게 닦아야 선왕(先王)의 관광(觀光)에 견줄 수 있겠는가?'라고 하였습니다.(昔者, 齊景公問於晏子曰, 吾欲觀於轉附朝儛, 遵海而南, 放于琅邪, 吾何修而可以比於先王觀也.)"; 「공손추상(公孫丑上)」"옛적에 증자(曾子)가 자양(子襄)에게 이르기를 '그대는 용(勇)을 좋아하는가? 내 일찍이 대용(大勇)을 부자(夫子)에게 들었으니, 스스로 돌이켜서 정직하지 못하면 비록 갈관박(褐寬博)이라도 내 두려워하지 않겠는가! 그러나 스스로 돌이켜서 정직하다면 비록 천만 명이 있더라도 내가 가서 대적할 수 있다.'하셨다.(昔者, 曾子謂子襄曰, 子好勇乎. 吾嘗聞大勇於夫子矣, 自反而不縮, 雖褐寬博, 吾不惴焉, 自反而縮, 雖千萬人, 吾往矣.)"

집傳

而日思之矣, 非輕舉也.
날로 생각하였으니, 경거망동(輕擧妄動)한 것이 아니다.

> 詳說
> ○ 添此句.
>> 여기의 구를 더하였다.

集傳

以作室喻之, 父旣底定廣狹高下,
집을 짓는 것으로 비유하면 아버지가 이미 넓고 좁음과 높고 낮음을 정해 놓았거늘

> 詳說
> ○ 之法.
>> '넓고 좁음과 높고 낮음[廣狹高下]'은 그 법이다.

集傳

其子不肯爲之堂基,
그 자식이 아버지를 위하여 당(堂)의 터도 만들려고 하지 않는데,

> 詳說
> ○ 去聲, 下並同.
>> '위(爲)'는 거성으로 아래에서도 모두 같다.

> 詳說
> ○ 基, 謂之堂.
>> '기(基)'를 '당(堂)'이라고 한다.

集傳

況肯爲之造屋乎. 以耕田喩之, 父旣反土而菑矣, 其子乃不肯爲之播種, 況肯
俟其成而刈穫之乎. 考翼, 父敬事者也.

하물며 기꺼이 아버지를 위해 집을 지으려 하겠는가? 밭을 가는 것으로 비유하면 아버지가 이미 땅을 갈아엎어 밭을 일구어 놓았거늘 그 자식이 아버지를 위하여 파종(播種)도 하려고 하지 않는데 하물며 기꺼이 성숙을 기다려 수확하려 하겠는가? 고익(考翼)은 부로(父老)가 공경히 섬기는 자들이다.

詳說

○ 父者, 子之所敬事.

아버지는 자식이 공경하며 섬겨야 할 분이다.

○ 上下考翼, 諺釋皆誤

위아래로 '부로[考翼]'53)는 『언해』의 해석이 모두 잘못되었다.

集傳

爲其子者如此, 則考翼其肯曰, 我有後嗣, 弗棄我之基業乎. 蓋武王定天下,
立經陳紀, 如作室之厎法, 如治田之旣菑. 今三監

그 자식된 자가 이와 같으면 부로[考翼]들이 기꺼이 "나는 후사가 있으니 나의 기업을 버리지 않을 것이다."라고 말하겠는가? 무왕이 천하를 평정하여 큰 법을 세우고 기강을 베푸니, 마치 집을 지음에 법을 이룬 것과 같고 밭을 다스림에 이미 1년 된 밭을 만든 것과 같다. 이제 삼감(三監)이

詳說

○ 如字

'위(爲)'자는 본래의 음 대로 읽는다.

○ 平聲.

---

53) 『서경대전(書經大全)』, 「주서(周書)」·「대고7(大誥7)」 : " 너희 여러 나라의 군주와 서사와 어사들이 반대하지 않는 이가 없어 '이 일은 어렵고 중대하며, 백성들이 안정하지 못함이 또한 왕의 궁과 방군의 집에 있다.'라고 하고, 나 소자(小子)와 부로(父老)가 공경히 섬기는 자들도 정벌할 수 없다고 하며 '왕은 어찌 점을 어기지 않습니까?'라고 하였다.(爾庶邦君, 越庶土御事, 罔不反, 曰艱大, 民不靜, 亦惟在王宮邦君室, 越予小子考翼, 不可征, 王害不違卜.)"

'감(監)'은 평성이다.

> 集傳
>
> 叛亂, 不能討平, 以終武王之業, 則是不肯堂, 不肯播, 況望其肯構肯穫, 而延縣國祚於無窮乎. 武王在天之靈, 亦必不肯自謂其有後嗣, 而不棄墜其基業矣.

반란을 일으켰는데, 토벌하고 평정하여 무왕의 기업을 끝마치지 못한다면, 이는 기꺼이 당의 터를 만들려 하지 않고 기꺼이 파종하려 하지 않는 것이니, 하물며 기꺼이 집을 구축하고 기꺼이 수확하여 국운을 무궁함에 이어가기를 바라겠는가? 하늘에 계신 무왕의 신령이 또한 반드시 스스로 후사가 있어 기업을 버리고 실추하지 않을 것이라고 말씀하지 않을 것이다.

> 詳說
>
> ○ 申釋.
>
> 거듭 해석한 것이다.

> 集傳
>
> 故我何敢不及我身之存, 以撫存武王之大命乎. 按, 此三節申喩不可不終武功之意.

그러므로 내 어찌 감히 내 몸이 생존해 있을 때에 미쳐 무왕의 큰 명을 어루만져 보존하지 않겠는가? 살펴보건대 이 세 절은 무왕의 공을 끝마치지 않을 수 없는 뜻에 대해 거듭 말한 것이다.

> 詳說
>
> ○ 總提於末.
>
> 끝에서 총괄해서 제시했다.

[9-4-7-12]

> 若兄考, 乃有友, 伐厥子, 民養, 其勸, 弗救.

만약 형고(兄考)의 벗이 그 아들을 치거든 민양(民養)은 이것을 권면하고 구원하지 않겠는가!"

> 集傳

民養, 未詳. 蘇氏曰, 養, 厮養也.
민양(民養)은 자세하지 않다. 소씨(蘇氏)가 "양(養)은 하인이니,

> 詳說

○ 音斯.
'시(厮)'는 음이 '사(斯)'이다.

○ 漢書註曰 : "析薪曰厮, 炊烹曰養."
『한서』의 주에서 말하였다 : "땔나무를 가르는 것을 '시(厮)'라고 하고, 불 때며 음식을 익히는 것을 '양(養)'이라고 한다.

> 集傳

謂人之臣僕.
사람의 신복(臣僕)을 이른다."라고 하였다.

> 詳說

○ 民.
'신(臣)'은 경문에서 '민(民)'이다.

○ 養.
'복(僕)'은 경문에서 '양(養)'이다.

○ 蘇說止此.
소씨의 설명은 여기까지이다.

> 集傳

大意, 言若父兄有友,
대의(大意)는 "만약 부형(父兄)의 벗이

> 詳說

○ 倒言以便文. 蓋經文主周公成王, 而指武王云.
거꾸로 말에 문맥에 편하게 했다. 대개 경문에서는 주공과 문왕을 위주로 성왕을 가리켜 말했다.

集傳
攻伐其子,
그 아들을 치거든

詳說
○ 父兄.
'기(其)'는 부형이다.

集傳
爲之臣僕者,
신복(臣僕)이 된 자가

詳說
○ 猶其也.
'지(之)'는 '기(其)'와 같다.

集傳
其可勸其攻伐, 而不救乎. 父兄, 以喩武王, 友, 以喩四國, 子, 以喩百姓, 民養, 以喩邦君
공벌(攻伐)하는 것을 권면하고 구원하지 않겠느냐?"라고 말한 것이다. 부형은 무왕을 비유하고, 벗은 사국(四國)을 비유하고, 아들은 백성을 비유하고, 민양(民養)은 방군(邦君)과

詳說
○ 武王之臣.
무왕의 신하이다.

> 集傳

御事,
어사(御事)를 비유한 것이다.

> 詳說

○ 武王之僕.
무왕의 신복이다.

> 集傳

今王之四國, 毒害百姓, 而邦君臣僕, 乃憚於征役, 是長其患,
이제 왕(王)의 사국(四國)이 백성들에게 해독을 끼치는데 방군(邦君)과 신복(臣僕)들이 마침내 정벌하는 일을 꺼리니, 이는 화(禍)를 조장(助長)하고

> 詳說

○ 上聲.
'장(長)'은 상성이다.

> 集傳

而不救其可哉.
구원(救援)하지 않는 것이니 가(可)하겠는가?

> 詳說

○ 以論申釋.
경문의 의미 설명으로 거듭 해석한 것이다.

> 集傳

此言民被四國之害, 不可不救援之意.
이는 백성들이 사국의 폐해를 입고 있으니 구원하지 않아서는 안된다는 뜻에 대해 말한 것이다.

詳說

○ 總提於末.
끝에서 총괄해서 제시했다.

[9-4-7-13]

王曰, 嗚呼, 肆哉. 爾庶邦君, 越爾御事. 爽邦由哲, 亦惟十人, 迪知上帝命, 越天棐忱. 爾時, 罔敢易法, 矧今, 天降戾于周邦, 惟大艱人誕鄰, 胥伐于厥室. 爾亦不知天命不易.

왕이 말씀하였다. "아! 마음을 풀어놓을지어다. 너희 여러 나라의 군주와 너희 어사들아. 나라를 밝힘은 명철한 사람 때문이며, 또한 10인이 상제의 명을 실천하여 알며, 하늘이 정성을 도와주시기 때문이다. 너희들이 이때에도 감히 법을 어기지 못하였으니, 하물며 지금 하늘이 주나라에 화를 내려서 큰 어려움을 일으키는 사람이 매우 가까이 있어 서로 그 집을 공격함에 있어서야 말해 무엇 하겠는가! 너희들이 또한 천명을 어길 수 없음을 알지 못하는구나.

集傳

肆, 放也, 欲其舒放. 而不畏縮也. 爽, 明也, 爽厥師之爽.
사(肆)는 놓음이니, 풀고 놓아서 두려워하고 위축되지 않게 하고자 한 것이다. 상(爽)은 밝음이니, 그 무리를 밝힌다는 상(爽)이다.

詳說

○ 見仲虺之誥.
「중훼지고」에 보인다.[54]

集傳

桀昏德, 湯伐之, 故言爽師, 受昏德, 武王伐之, 故言爽邦. 言昔武王之明大命於邦
걸왕이 덕에 어두움에 탕왕이 정벌하였으므로 무리를 밝혔다고 말하였고, 수(受)

---

54) 『서경대전(書經大全)』, 「상서(商書)」·「중훼지고3(仲虺之誥3)」: "하왕(夏王)이 죄가 있어 하늘을 사칭하고 가탁(假託)하여 아래에 명령을 펴니, 상제(上帝)께서 좋지 않게 여기시어 상(商)나라로써 천명(天命)을 받아 그 무리를 밝히게 하셨습니다.(夏王, 有罪, 矯誣上天, 以布命于下, 帝用不臧, 式商受命, 用爽厥師.)"

가 덕에 어두움에 무왕이 정벌하였으므로 나라를 밝혔다고 말한 것이다. 옛날 무왕이 큰 명을 나라에 밝힌 것은

> 詳說
> ○ 諺釋雖依此於字, 然與爽師之釋異同, 夏商之.
> 『언해』의 해석이 여기의 '어(於)'자에 의존할지라도 '무리를 밝혔다[爽師]'는 해석과는 다르니, 다시 살펴봐야 할 것이다.

集傳
皆由明智之士,
모두 밝고 지혜로운 선비들 때문이었으며,

> 詳說
> ○ 添士字.
> '선비(士)'라는 말을 더하였다.

集傳
亦惟亂臣十人,
또한 난신(亂臣) 10명이

> 詳說
> ○ 添亂臣字.
> '난신(亂臣)'이라는 말을 더하였다.

集傳
蹈知天命,
천명(天命)을 실천하여 알고,

> 詳說
> ○ 迪.

'도(蹈)'는 경문에서 '적(迪)'이다.

○ 明智之尤者.
더욱 분명하게 아는 것이다.

<u>集傳</u>

及天輔武王之誠,
하늘이 무왕(武王)의 정성을 도와

<u>詳說</u>

○ 越.
'급(及)'은 경문에서 '월(越)'이다.

○ 天使輔.
하늘이 돕게 한 것이다.

○ 添武王字.
'무왕(武王)'이라는 말을 더하였다.

○ 謂天輔十人之誠, 恐亦通.
하늘이 열 명의 정성을 도왔다고 말하는 것은 아마 또한 통할 것 같다.

○ 與前節之天棐忱不同, 而與君奭者同.
앞의 절에서 '하늘이 돕되 정성스런[天棐忱]'55)이라는 것과는 같지 않지만 「군석(君奭)」56)과는 같다.

---

55) 『서경대전(書經大全)』, 「주서(周書)」·「대고-10(大誥-10)」: "왕이 말씀하였다. '너희들은 옛사람들이다. 너희들은 크게 멀리 살필 수 있으니, 너희들은 영왕(寧王)이 이와 같이 근로함을 알 것이다. 하늘이 막고 어렵게 함은 우리가 공을 이룰 수 있는 기회이니, 내 감히 영왕이 도모하신 일을 지극히 마치지 않을 수 없다. 그러므로 내 크게 우리 우방의 군주들을 교화하고 달래노니, 하늘이 돕되 정성스런 말씀으로 함은 우리 백성을 살펴보면 알 수 있으니, 내 어찌 전녕인(前寧人)의 공을 마칠 것을 도모하지 않겠는가! 하늘이 또한 우리 백성들을 수고롭게 하고 어렵게 하며 마치 병이 있을 때에 치료하듯이 하시니, 내 어찌 전녕인이 받으신 아름다운 명을 끝마치지 않겠는가!'(王曰, 爾惟舊人. 爾丕克遠省, 爾知寧王若勤哉. 天閟毖, 我成功所, 予不敢不極卒寧王圖事. 肆予大化誘我友邦君, 天棐忱辭, 其考我民, 予曷其不于前寧人圖功攸終. 天亦惟用勤毖我民, 若有疾, 予曷敢不于前寧人攸受休畢.)"

56) 『서경대전(書經大全)』, 「주서(周書)」·「군석2(君奭2)」: "하늘에게 가엾게 여김을 받지 못하여, 하늘이 은나

集傳

以克商受,
상(商)나라의 수(受)를 이겼던 것이니,

詳說

○ 添此句.
여기의 구를 더하였다.

集傳

爾於是時, 不敢違越武王法制,
너희들이 이때에도 감히 무왕의 법제를 어겨

詳說

○ 變易.
'위월(違越)'은 변경하는 것이다.

集傳

憚於征役,
정벌하는 일을 꺼리지 않았거든

詳說

○ 添此句.
이 구를 더하였다.

集傳

矧今武王死
하물며 지금 무왕이 죽어서

라에 상망(喪亡)을 내려 은나라가 이미 천명을 실추하였으므로 우리 주나라가 이미 천명을 받았다. 내 감히 알 수 없노니, 그 기업(基業)이 길이 아름다움에 진실할 것인가? 과연 하늘이 우리의 정성을 도와줄 것인가? 나 또한 감히 알 수 없노니, 그 종말에 불상(不祥)으로 나올 것인가?(弗弔, 天降喪于殷, 殷旣墜厥命, 我有周旣受. 我不敢知, 曰厥基, 永孚于休. 若天棐忱. 我亦不敢知, 曰其終, 出于不詳.)"

> 詳說

○ 添三字.

'무왕이 죽었다.'는 말을 더하였다.

> 集傳

天降禍於周,

하늘이 주(周)나라에 화(禍)를 내리고,

> 詳說

○ 戾.

'화(禍)'는 경문에서 '려(戾)'이다.

> 集傳

首大難之四國

앞장서서 대난(大難)을 일으키는 사국(四國)이

> 詳說

○ 先倡.

'수(首)'는 선창이다.

○ 去聲.

'난(難)'는 거성이다.

○ 人.

'국(國)'은 경문에서 '인(人)'이다.

> 集傳

大近

매우 가까이서

詳說

○ 誕鄰.

경문에서 '탄린(誕鄰)'이다.

集傳

相攻於其室,

서로 그 집을 공격해서

詳說

○ 天下一家.

천하는 하나의 집안이다.

集傳

事危勢迫如此, 爾乃以爲不可征,

일이 위태롭고 형세가 급박함이 이와 같은데도 너희들이 정벌해서는 안 된다고 말하니,

詳說

○ 添二句.

두 구를 더하였다.

集傳

爾亦不知天命之不可違越矣. 此以今昔互言, 責邦君御事之不知天命.

너희들이 또한 천명(天命)을 어길 수 없음을 알지 못하는 것이다. 이는 지금과 옛날을 가지고 서로 말하여 방군(邦君)과 어사(御事)들이 천명(天命)을 알지 못함을 책한 것이다.

詳說

○ 總提於末.

끝에서 총괄해서 제시한 것이다.

集傳

按, 先儒皆以十人爲十夫, 然十夫民之賢者爾, 恐未可以爲迪知帝命, 未可以爲越天棐忱. 所謂迪知者, 蹈行眞知之詞也. 越天棐忱, 天命已歸之詞也, 非亂臣昭武王, 以受天命者, 不足以當之.
살펴보건대, 선유(先儒)들은 모두 10인(人)을 10부(夫)라 하였으나, 10부(夫)는 백성 중에 어진 자일뿐이니, 상제의 명을 실천하여 알았다고 말할 수 없고, 하늘이 정성을 도와주었다고 말할 수 없을 듯하다. 이른바 실천하여 알았다는 것은 실천하고 행하며 참으로 알았다는 말이다. 하늘이 정성을 도와주었다는 것은 천명이 이미 돌아왔다는 말이니, 난신(亂臣)으로서 무왕을 밝혀 천명을 받은 자가 아니면 이에 해당할 수 없을 것이다.

詳說

○ 當此二句.
여기는 두 구에 해당한다.

集傳

況君奭之書, 周公歷舉虢叔閎夭之徒,
더구나 「군석(君奭)」의 글에 주공(周公)이 괵숙(叔)과 굉요(夭)의 무리를 열거할 때에도

詳說

○ 平聲.
'요(夭)'는 평성이다.

集傳

亦曰迪知天威, 於受殷命, 亦曰若天棐忱,
또한 '하늘의 위엄을 실천하여 알았다'고 말하였고, 은나라의 명 받음을 말함에 있어서도 또한 '하늘을 순히 하여 정성을 도왔다'고 말하였으니,

詳說

○ 此句, 本不係四人事.
　　이 구는 본래 네 사람의 일과는 연계되지 않는 것이다.

集傳
詳周公前後所言, 則十人之爲亂臣, 又何疑哉.
주공(周公)이 전후에 말씀한 것을 살펴보면 10인(人)이 난신(亂臣)이 됨을 또 어찌 의심하겠는가?

詳說
○ 按, 以下, 論也.
　　'안(按)' 이하는 경문의 의미 설명이다.

[9-4-7-14]
予永念, 曰天惟喪殷, 若穡夫, 予曷敢不終朕畝. 天亦惟休于前寧人.

내 길이 생각하여 이르기를 '하늘이 은나라를 망하게 함은 농부와 같으니, 내 어찌 감히 나의 전무(田畝)의 일을 끝마치지 않겠는가! 하늘이 또한 전녕인(前寧人)에게 아름답게 하고자 하시는 것이다.' 라고 하노라.

詳說
○ 喪, 去聲.
　　'상(喪)'은 거성이다.

集傳
天之喪殷, 若農夫之去草,
하늘이 은(殷)나라를 망하게 함은 농부가 잡초를 제거함과 같아

詳說
○ 上聲.

'거(去)'는 상성이다.

集傳

必絶其根本, 我何敢不終我之田畝乎.
반드시 그 뿌리를 끊으니, 내 어찌 감히 나의 전무(田畝)의 일을 끝마치지 않겠는가?

詳說

○ 林氏曰：“武庚之叛而不去, 則爲不終畝矣.”
임씨(林氏)가 말하였다：“무경이 반란을 일으켰는데 제거하지 않으면, 전무의 일을 끝마치지 않은 것이다.”57)

集傳

我之所以終畝者,
내가 전무(田畝)의 일을 끝마치는 것은

詳說

○ 又添此句.
또 여기의 구를 더하였다.

集傳

是天亦惟欲休美於前寧人也.
하늘이 또한 전녕인(前寧人)에게 아름답게 하고자 하는 것이다.

詳說

○ 此及下節寧人, 似專指寧王

---

57) 『서경대전(書經大全)』, 「주서(周書)」·「대고(大誥)」, "임씨가 말하였다：'내가 길이 생각하고는 하늘이 주 임금의 포학 때문에 은나라 사람에게서 우리 주나라로 명을 바꾸었음 말한 것이다. 농부가 밭을 매 잡초를 제거하는 것처럼, 반드시 편안히 쌓아 높이는 것을 제거해서 그 근본을 끊어 뿌리를 묻지 못하게 한 다음에 그만 둔다. 이제 종자를 남겨두면 내가 어찌 감히 전묘의 일에 그 일을 마친 것이겠는가? 대개 무경이 반란을 일으켰는데 제거하지 않으면, 전무의 일을 끝마치지 않았다는 것이다.'(林氏曰：我長念於心, 則謂天以紂之暴虐而改命我周其於殷人也. 若稼夫治田去其稂莠, 必芟夷蘊崇之, 絶其根本, 勿使能植而後已. 今也有遺種焉, 則我何敢不於田畝之中, 而畢其事乎. 蓋武庚之叛而不去, 則爲不終朕畝矣.)”

여기와 아래의 절에서 '영인'58)은 오로지 영왕을 가리키는 것 같다.

[9-4-7-15]

予曷其極卜, 敢弗于從. 率寧人, 有指疆土, 矧今卜幷吉. 肆朕誕以爾, 東征, 天命不僭. 卜陳, 惟若茲.

내 어찌 점(占)을 다 쓰려 하며, 감히 너희들의 말을 따르지 않겠는가? 영인(寧人)을 따르면 강토를 지정할 도리가 있는데, 하물며 지금에 점이 함께 길함에 있어서야 말해 무엇 하겠는가! 이러므로 짐은 크게 너희들을 데리고 동쪽으로 정벌하는 것이니, 천명에 어그러지지 않는다. 점에 진열함이 이와 같으니라."

詳說
○ 幷. 去聲.
'병(幷)'은 거성이다.

集傳
我何敢盡欲用卜,
내 어찌 감히 점(占)을 모두 쓰고자 하며,

詳說
○ 極.
'진(盡)'은 경문에서 '극(極)'이다.

○ 西山眞氏曰 : "窮極於卜."
서산 진씨(西山眞氏)가 말하였다 : "점을 다 쓰려한다."59)

---

58) 『서경대전(書經大全)』, 「주서(周書)」·「대고-15(大誥-15)」: "내 어찌 점(占)을 다 쓰려 하며, 감히 너희들의 말을 따르지 않겠는가? 영인(寧人)을 따를진댄 강토를 지정할 도리가 있는데, 하물며 지금에 점이 함께 길함에 있어서야 말해 무엇 하겠는가! 이러므로 짐은 크게 너희들을 데리고 동쪽으로 정벌하는 것이니, 천명(天命)은 어그러지지 않는다. 점에 진열함이 이와 같으니라.(予曷其極卜, 敢弗于從. 率寧人, 有指疆土, 矧今卜幷吉. 肆朕誕以爾, 東征, 天命不僭. 卜陳, 惟若茲.)"

59) 『서경대전(書經大全)』, 「주서(周書)」·「대고(大誥)」, "서산 진씨가 말하였다 : '….「내가 어찌 점을 다 쓰려 하는가?」라는 것은 굳이 점을 다 쓸 필요가 없다는 말이다.「점에 진열함이 이와 같다.」는 것은 점은 또한

|集傳|
敢不從爾勿征.
감히 너희들의 정벌하지 말자는 말을 따르지 않겠는가?

|詳說|
○ 欲從.
'따르지 않겠는가?[不從]'은 '따르려고 하겠는가?[欲從]'이다.

○ 添三字
'너희들의 정벌하지 말자는 말'을 더하였다.

|集傳|
蓋率循寧人之功,
영인(寧人)의 공을 따르려고 한다면,

|詳說|
○ 添功字.
'공(功)'자를 더하였다.

|集傳|
當有指定先王疆土之理,
당연히 선왕(先王)의 강토(疆土)를 지정할 도리가 있을 것이니,

|詳說|
○ 經理之事.
다스리는 일이다.

|集傳|

이것을 벗어나지 않으니, 먼저 이치로 결단한 이후에 점을 참고하라는 말이다. 대개 점을 어기지 않을 뿐만 아니라 또한 본래 점을 오로지 믿을 것만은 아니라는 것이다.'(西山眞氏曰:⋯. 予曷其極卜, 言不必窮極於卜也. 卜陳, 惟若茲, 言卜亦不外乎此也, 先以理斷, 而後以卜叅之. 蓋不特不違卜, 亦本不專恃於卜也.)"

卜而不吉, 固將伐之,
점을 쳐서 불길하더라도 진실로 정벌하여야 할 것인데,

> 詳說
>
> ○ 先添二句.
> 먼저 두 구를 더했다.
>
> ○ 新安陳氏曰 : "以天命與先王之責決之, 本不待卜."
> 신안 진씨(新安陳氏)가 말하였다 : "천명과 선왕의 질책으로 결단하니, 본래 점을 기다릴 필요가 없다."60)

集傳

況今卜而並吉乎. 故我大以爾東征,
하물며 지금 점을 쳐서 모두 길함에 있어서야 말해 무엇 하겠는가? 그러므로 내 크게 너희들을 데리고 동쪽으로 정벌하는 것이니,

> 詳說
>
> ○ 至末乃說出東征二字, 而截然之意嚴乎.
> 끝에 와서야 동정을 나가는 말을 설명했는데, 뚜렷한 의지가 엄하다.

集傳

天命斷
천명은 결단코

> 詳說
>
> ○ 都玩反, 下同.
> '단(斷)'은 음이 '도(都)'와 '완(玩)'의 반절이다.

---

60) 『서경대전(書經大全)』, 「주서(周書)」·「대고(大誥)」, "신안 진씨가 말하였다 : "동정의 거행은 천명과 선왕의 질책으로 결단하니 본래 점을 기다릴 필요가 없다. …(新安陳氏曰 : 東征之擧, 以天命與先王之責決之, 本不待卜. ….)"

集傳

不僭差. 卜之所陳蓋如此.
어그러지지 않는다. 점에서 진열한 바가 이와 같다.

詳說

○ 西山眞氏曰 : "言卜亦不外乎此也, 先以理斷而後以卜叅之. 蓋不特不違卜, 亦本不專恃於卜也."
서산 진씨(西山眞氏)가 말하였다 : "점은 또한 이것을 벗어나지 않으니, 먼저 이치로 결단한 이후에 점을 참고하라는 말이다. 대개 점을 어기지 않을 뿐만 아니라 또한 본래 점을 오로지 믿을 것만은 아니라는 것이다."61)

集傳

按, 此篇專主卜言, 然其上原天命, 下述得人,
살펴보건대 이 편은 오로지 점을 주장하여 말했으나 위로는 천명에 근원하고 아래로는 인물을 얻음을 기술하였으며,

詳說

○ 十獻.
인물은 열명의 어진 자이다.62)

集傳

往推寧王寧人不可不成之功, 近指成王邦君御事不可不終之責, 諄諄乎民生之休戚家國之興喪.
지난날에 영왕(寧王)과 영인(寧人)이 이룩하지 않을 수 없는 공(功)을 미루고, 가까이는 성왕(成王)과 방군(邦君)·어사(御事)가 끝마치지 않을 수 없는 책임을 가리켜,

---

61) 『서경대전(書經大全)』, 「주서(周書)」·「대고(大誥)」, "서산 진씨가 말하였다 : '…. 「내가 어찌 점을 다 쓰려 하는가?」라는 것은 굳이 점을 다 쓸 필요가 없다는 말이다. 「점에 진열함이 이와 같다.」는 것은 점은 또한 이것을 벗어나지 않으니, 먼저 이치로 결단한 이후에 점을 참고하라는 말이다. 대개 점을 어기지 않을 뿐만 아니라 또한 본래 점을 오로지 믿을 것만은 아니라는 것이다.'(西山眞氏曰 : …. 予曷其極卜, 言不必窮極於卜也. 卜陳, 惟若兹, 言卜亦不外乎此也, 先以理斷, 而後以卜叅之. 蓋不特不違卜, 亦不專恃於卜也.)"
62) 『서경대전(書經大全)』, 「주서(周書)」·「대고5(大誥5)」: "이제 무경이 준동하는데 다음날에 백성 중에 10명의 어진 지아비가 나를 보필하고 가서 어루만져 편안히 하여 선왕께서 도모하신 공을 잇게 하니, 내 대사에 아름다움이 있을 것임은 짐의 점이 모두 길하기 때문이다.(今蠢, 今翼日, 民獻有十夫, 予翼以于, 敉寧武圖功, 我有大事休, 朕卜并吉.)"

민생(民生)의 좋고 나쁨과 국가(國家)의 흥하고 망함을 간곡히 말하였다.

詳說

○ 去聲.
'상(喪)'은 거성이다.

集傳

懇惻切至不能自已, 而反復終始乎卜之一說,
그리하여 간절하고 지극하여 스스로 그만두지 않았으며, 점(占)이라는 한 마디 말을 반복하고 처음과 끝으로 해서

詳說

○ 覆同.
'복(復)'은 '복(覆)'과 같다.

集傳

以通天下之志, 以斷天下之疑, 以定天下之業, 非聰明睿知,
천하의 뜻을 통하고 천하의 의심을 결단하며 천하의 대업을 정하였으니, 총명(聰明) 예지(睿智)하고

詳說

○ 音智.
'지(知)'는 음이 '지(智)'이다.

集傳

神武而不殺者, 孰能與於此哉.
신무(神武)하면서 죽이지 않는 자가 아니면, 누가 여기에 참여하겠는가?

詳說

○ 去聲.

'예(與)'는 거성이다.

○ 五句, 見易繫辭.
다섯 구는 『주역』 「계사전」에 있다.

○ 董氏鼎曰 : "商之亾, 格人元龜, 罔敢知吉, 周之東征, 十獻予翼而卜, 又幷吉, 此大誥書, 所以始終言之."
동씨 정(董氏鼎)[63]이 말하였다 : "상나라의 망함은 사람과 큰 거북에 궁구하여 감히 길함을 앎이 없었고, 주나라의 동정은 열 명의 어진 이가 나를 도와 점친 것이 또한 모두 길하였으니, 이것은 「대고」의 서에서 시종으로 말하는 것이다.[64]

○ 朱子曰 : "周誥諸篇, 不過說周合代商之意. 是當時說話, 其間多有不可解者, 亦且觀其大意所在而已. 書亦難點, 如大誥語句甚長. 今人都碎讀了, 所以曉不得."
주자(朱子)[65]가 말하였다 : "「주고」의 여러 편은 주나라가 상나라를 대신해야

---

63) 동정(董鼎, ?~?) 원나라 요주(饒州) 파양(鄱陽) 사람으로 자는 계형(季亨)이고, 별호는 심산(深山)이다. 동몽정(董夢程)의 먼 친척이고, 주희(朱熹)의 재전제자(再傳弟子)다. 황간(黃幹), 동수(董銖)를 사숙했다. 저서에 『서전집록찬소(書傳輯錄纂疏)』와 『효경대의(孝經大義)』가 있다. 『서전집록찬소』는 여러 학자의 설을 두루 모아 어느 한 사람의 설에만 얽매이지 않았다고 평가된다.

64) 『서경대전(書經大全)』, 「주서(周書)」·「대고(大誥)」, "동씨 정이 말하였다 : '제왕이 큰 의문을 결단할 때에는 반드시 사람들에게 물어 상의함에 모두 같으며, 꾀함을 너의 마음과 경사와 서민에 미친 이후에 복서에 미친다. 대개 사람의 도모함이 이미 화합해야 하늘에 결정하는 것이다. 상나라의 망함은 사람과 큰 거북에 궁구하여 감히 길함을 앎이 없었으니, 주나라의 동정은 백성 중에 열 명의 어진 이가 나를 도와 점친 것이 또한 모두 길하였으니, 이것은 「대고」라는 하나의 서에서 시종으로 말하는 것이다.'(董氏鼎曰 : 帝王之決大疑, 必詢謀僉同, 謀及乃心, 卿士庶民而後及卜筮. 蓋以人謀旣協, 乃決於天. 商之亡也. 格人元龜, 罔敢知吉, 周之東征也, 民獻十夫予翼而卜, 又并吉, 此大誥一書, 所以始終言之.)"

65) 주희(朱熹, 1130~1200) : 자는 원회(元晦)·중회(仲晦)이고, 호는 회암(晦庵)·회옹(晦翁)·고정(考亭)·자양(紫陽)·둔옹(遯翁) 등이다. 송대 무원(婺源 : 현 강서성 무원현) 사람으로 건양(建陽 : 현 복건성 건양현)에서 살았다. 1148년에 진사에 급제하여 동안주부(同安主簿)·비서랑(秘書郞)·지남강군(知南康軍)·강서제형(江西提刑)·보문각대제(寶文閣待制)·시강(侍講) 등을 역임하였다. 스승 이동(李侗)을 통해 이정(二程)의 신유학을 전수받고, 북송 유학자들의 철학사상을 집대성하여 신유학의 체계를 정립하였다. 1179~1181년 강서성(江西省) 남강(南康)의 지사(知事)로 근무하면서 9세기에 건립되어 10세기에 번성했다가 폐허가 된 백록동서원(白鹿洞書院)을 재건했다. 만년에 이르러 정적(政敵)인 한탁주(韓侂)의 모함을 받아 죽을 때까지 정치활동이 금지되고 그의 학문이 거짓 학문으로 폄훼를 받다가 그가 죽은 뒤에 곧 회복되었다. 저서로는 『정씨유서(程氏遺書)』, 『정씨외서(程氏外書)』, 『이락연원록(伊洛淵源錄)』, 『고금가제례(古今家祭禮)』, 『근사록(近思錄)』 등의 편찬과 『사서집주(四書集注)』, 『서명해(西銘解)』, 『태극도설해(太極圖說解)』, 『통서해(通書解)』, 『사서혹문(四書或問)』, 『시집전(詩集傳)』, 『주역본의(周易本義)』, 『역학계몽(易學啓蒙)』, 『효경간오(孝經刊誤)』, 『소학서(小學書)』, 『초사집주(楚辭集注)』, 『자치통감강목(資治通鑑綱目)』, 『팔조명신언행록(八朝名臣言行錄)』 등이 있다. 막내아들 주재(朱在)가 편찬한 『주문공문집(朱文公文集)』(100권, 속집 11권, 별집 10권)과 여정덕(黎靖德)이 편찬한 『주자어류(朱子語類)』(140권)가 있다.

한다는 의미를 말한 것에 불과하다. 이것은 당시에 말한 것으로 그 사이에 이해할 수 없는 것이 있으면 또한 그 대의가 어디에 있는지 볼 뿐이다.『상서』는 또한 점검하기 어려우니, 이를테면「대고」의 어구는 아주 긴데, 지금 사람들은 도리어 짧게 해서 읽기 때문에 이해할 수 없는 것이다."66)

---

66)『서경대전(書經大全)』,「주서(周書)」·「대고(大誥)」, "주자가 말하였다 : '「주고」의 여러 편은 주나라가 상나라를 대신해야 한다는 의미를 말한 것에 불과하다. 이것은 당시에 말한 것으로 그 사이에 이해할 수 없는 것이 있으면 또한 그 대의가 어디에 있는지 볼 뿐이다.『상서』는 또한 점검하기 어려우니, 이를테면「대고」의 어구는 아주 긴데, 지금 사람들은 도리어 짧게 해서 읽기 때문에 이해할 수 없는 것이다.'(朱子曰 : 如周誥諸篇, 不過說周合代商之意. 是當時說話, 其間多有不可解者, 亦自觀其大意所在而已. 書亦難點, 如大誥語句甚長, 今人都碎讀了, 所以曉不得.)"

[9-4-8]
「미자지명(微子之命)」

集傳
微, 國名, 子, 爵也.
미(微)는 국명(國名)이고, 자(子)는 작위(爵位)이다.

詳說
○ 已見微子,
이미 「미자」에 보인다.67)

集傳
成王旣殺武庚, 封微子於宋, 以奉湯祀,
성왕이 무경을 죽인 이후에 미자를 송나라에 봉하여 탕왕의 제사를 받들게 하였는데,

詳說
○ 王氏炎曰 : "紂之後, 可絶, 湯之祀, 不可絶."
왕씨염(王氏炎)이 말하였다 : "주(紂)의 후사는 끊어도 되지만 탕의 제사는 끊어서는 안된다."68)

○ 吳氏曰 : "武王克殷, 封武庚於殷墟, 封微子於宋. 樂記言, 武王下車, 投殷後於宋, 是也. 及殺武庚, 始卽已封之宋, 建之為上公, 以奉湯祀. 此篇無初封之辭, 蓋申命之書也. 史記, 言旣

---

67) 『서경대전(書經大全)』, 「상서(商書)」·「미자(微子)」·「서(序)」: "미(微)는 국명(國名)이고, 자(子)는 작위(爵位)이다. 미자(微子)는 이름이 계(啓)이고, 제을(帝乙)의 장자(長子)이며 주(紂)의 서모형(庶母兄)이다. 미자가 은나라가 망하려 함을 애통하게 여겨 기자와 비간에게 상의하였고, 사관이 그 문답한 말을 기록하였으니, 또한 고체(誥體)이다.(微, 國名,子, 爵也. 微子, 名啓, 帝乙長子. 紂之庶母兄也. 微子痛殷之將亡, 謀於箕子比干, 史錄其問答之語, 亦誥體也.)"

68) 『서경대전(書經大全)』, 「주서(周書)」·「미자지명(微子之命)」, "왕씨염이 말하였다 : '주(紂)의 후사는 끊어도 되지만 탕의 제사는 끊어서는 안된다.'(王氏炎曰 : 紂之後可絶, 湯之祀, 不可絶也.)"

誅武庚, 乃命微子代殷後, 奉其先祀, 作微子之命, 以申之, 是也. 武王猶封箕子於朝鮮, 豈有捨微子不封, 待成王而後封乎."
오씨(吳氏)가 말하였다 : "무왕이 은을 이기고는 무경을 은허에 봉하고 미자를 송에 봉하였다. 『악기』에서 '무왕이 수레에서 내려 은의 후예를 송에 봉하였다.'라고 한 것이 여기에 해당한다. 무경을 죽이고 처음에 곧 이미 봉한 송에 그를 세워 상공으로 삼아 탕의 제사를 받들게 했다. 여기의 편에는 처음 봉할 때의 말은 없으니, 대개 거듭 명하는 서이기 때문이다. 『사기』에서 '무경을 죽인 다음에 바로 미자에게 은의 후사 대신 그 선조의 제사를 받들도록 명하고 「미자의 명」을 지어 거듭 하였다.'라고 한 것이 여기에 해당한다. 무왕은 기자까지 조선에 봉하였으니, 어찌 미자를 버려두고 봉하지 않아 성왕을 기다린 다음에 봉한 것이겠는가?"69)

集傳
史錄其誥命, 以爲此篇.
사관(史官)이 그 고명(誥命)을 기록하여 이 편(篇)을 만들었으니,

詳說
○ 林氏曰 : "不曰宋公之命, 而曰微子之命, 以賓待之非欲臣之也."
임씨(林氏)가 말하였다 : "송공의 명이라고 말하지 않고 미자의 명이라고 하였으니, 손님으로 대한 것이지 신하로 삼고자 한 것이 아니다."70)

---

69) 『서경대전(書經大全)』, 「주서(周書)」·「미자지명(微子之命)」, "오씨가 말하였다 : '무왕이 은을 이기고는 무경을 은허에 봉하고 미자를 송에 봉하였다. 『악기』에서 「무왕이 수레에서 내려 은의 후예를 송에 봉하였다.」라고 한 것이 여기에 해당한다. 무경이 반란을 일으켜 성왕이 그를 죽이고 처음에 바로 미자를 이미 봉한 송에 봉하고 그를 세워 상공으로 해서 탕의 제사를 지내게 했다. 대개 거듭 명한 서라는 것은 먼저 아직 봉하지 않다가 여기에 와서 처음 봉한 것이 아니기 때문이다. 제후에게 책명할 때는 반드시 처음 봉하는 말이 있으니, 이를테면 「채중의 명」으로 바로 여러 왕방의 내친 이들에게 명하는 종류들인데, 여기의 편에 애초에 이런 말이 없다. 『사기』「세가」에서 「주공이 왕명을 받은 다음 무경을 죽이고 바로 미자에게 은의 후사를 대신해 그 선조의 제사를 받들도록 명하고, 「미자의 명」을 지어 거듭 하였다.」라고 하였으니, 그 말이 옳다. 또 무왕이 기자까지 조선에 봉하였으니, 어찌 미자를 버려두고 봉하지 않아 성왕을 기다린 다음에 봉한 것이겠는가?'(吳氏曰 : 武王克殷, 封武庚於殷墟, 封微子於宋. 樂記言, 武王下車, 投殷後於宋, 是也. 及武庚叛, 成王殺之, 始卽微子已封之宋國, 建之爲上公, 以奉湯祀. 蓋申命之書, 非先未封, 至此始封之也. 凡策命諸侯, 必有初封之辭, 如蔡仲之命, 乃命諸王邦之蔡之類. 此篇初無此等語也. 史記世家, 言周公旣承王命, 誅武庚, 乃命微子代殷後, 奉其先祀, 作微子之命, 以申之, 其説是為. 且武王猶封箕子於朝鮮, 豈有捨微子不封, 待成王而後封乎.)"

70) 『서경대전(書經大全)』, 「주서(周書)」·「미자지명(微子之命)」, "왕자에게 고하려고 나아가 말한 것이다. 미자가 떠났던 것은 그가 주(紂)의 때에 의심받을 처지에 있어 상을 떠나 황야에 있었던 것이다. 무왕이 상을 이기게 되자 처음에 제기를 안고 주나라에 귀의했고, 무왕이 그 지위를 회복시켜 처음에 은의 봉작으로

集傳

今文無, 古文有.
금문(今文)에는 없고 고문(古文)에는 있다.

[9-4-8-1]

王若曰, 猷, 殷王元子, 惟稽古崇德, 象賢統, 承先王, 脩其禮物, 作賓于王家, 與國咸休, 永世無窮.

왕이 대략 다음과 같이 말씀하였다. "아! 은왕의 원자야. 옛날을 상고하여 덕이 있는 이를 높이고 어짊을 닮은 자에게 제사를 받들게 하며 선왕을 계승해서 예물을 닦아 왕가에 손님이 되게 하노니, 나라와 함께 아름답게 해서 영세토록 무궁하게 하라.

詳說

○ 稽, 平聲.
'계(稽)'는 평성이다.

集傳

元子, 長子也,
원자(元子)는 장자(長子)이니,

詳說

○ 上聲.
'장(長)'은 상성이다.

集傳

微子, 帝乙之長子, 紂之庶兄也.

옛 지위에 잇게 하면서 송공의 명이라고 하지 않고 미자의 명이라고 한 것은 주에서 손님을 대한 것이지 신하 삼고자 한 것이 아니기 때문이다. 기자와 미자가 주나라로 귀의했을지라도 신하가 된 적이 없었으니, 주나라가 비간과 함께 아울러 세 어진 분이라고 하는 것이다.(詔王子出廸語云, 微子去之. 微子當紂之時, 處可疑之地, 而去商, 亦遯于荒野而已. 及武王克商, 始抱祭器歸周, 武王使復其位, 初以殷之封爵居舊位也, 不曰宋公之命, 而曰微子之命, 蓋周以賓待之, 非欲臣之也. 箕子微子雖歸周, 而未嘗臣, 周所以與比干, 竝稱三仁.)"

미자(微子)는 제을(帝乙)의 장자이고 주(紂)의 서형(庶兄)이다.

> [詳說]
> ○ 已見微子.
> 이미 「미자」에 보인다.71)

[集傳]
崇德, 謂先聖王之有德者, 則尊崇而奉祀之也,
숭덕(崇德)은 선성왕(先聖王) 중에 덕(德)이 있는 자를 높이고 숭상하여 제사(祭祀)를 받듦을 이르고,

> [詳說]
> ○ 主成王言.
> 성왕을 위주로 말하였다.

[集傳]
象賢
상현(象賢)은

> [詳說]
> ○ 諺釋, 恐非文勢.
> 『언해』의 해석은 어투가 아닌 것 같다.

[集傳]
謂其後嗣子孫, 有象先聖王之賢者,
후사(後嗣)의 자손 중에 선성왕(先聖王)을 닮은 어진 자가 있으면

---

71) 『서경대전(書經大全)』, 「상서(商書)」·「미자(微子)」·「서(序)」 : "미(微)는 국명(國名)이고, 자(子)는 작위(爵位)이다. 미자(微子)는 이름이 계(啓)이고, 제을(帝乙)의 장자(長子)이며 주(紂)의 서모형(庶母兄)이다. 미자가 은나라가 망하려 함을 애통하게 여겨 기자와 비간에게 상의하였고, 사관이 그 문답한 말을 기록하였으니, 또한 고체(誥體)이다.(微, 國名,子, 爵也. 微子, 名啓, 帝乙長子. 紂之庶母兄也. 微子痛殷之將亡, 謀於箕子比干, 史錄其問答之語, 亦誥體也.)"

詳說
○ 主微子言.
미자를 위주로 말하였다.

集傳
則命之以主祀也. 言考古制, 尊崇成湯之德, 以微子象賢, 而奉其祀也.
명하여 제사를 주관하게 함을 이른다. 이는 옛날 제도를 상고하여 성탕(成湯)의 덕을 존숭하고 미자가 어짊을 닮았다고 하여 그 제사를 받들게 함을 말한 것이다.

詳說
○ 添以奉祀字. 或曰, 象賢亦主成王言, 謂儀象微子之賢也.
'제사를 받들게 한다.'는 말을 더하였다. 어떤 이가 말하였다 : "'상현(象賢)'은 또한 성왕을 위주로 말하였으니, 미자의 어짊을 법으로 닮았다는 말이다.

○ 新安陳氏曰 : "稽古崇德象賢一句, 爲一篇之綱領, 崇德象賢, 皆稽古典爲之."
신안 진씨(新安陳氏)가 말하였다 : "'계고(稽古)·숭덕(崇德)·상현(象賢)' 한 구는 한편의 강령으로 '숭덕(崇德)·상현(象賢)'은 모두 '계고(稽古)'을 전적으로 하는 것이다."72)

集傳
禮, 典禮, 文, 文物也, 修其典禮文物. 不使廢壞, 以備一王之法也.
예(禮)는 전례(典禮)이고 문(文)은 문물(文物)이니, 전례(典禮)와 문물(文物)을 닦아서 폐지되고 파괴되지 않게 하여 한 왕조의 법을 갖추게 한 것이다.

詳說
○ 王氏炎曰 : "自正朔外, 不用時王制度, 用其舊儀."

---

72) 『서경대전(書經大全)』, 「주서(周書)」·「미자지명(微子之命)」, "신안 진씨가 말하였다 : '「계고(稽古)·숭덕(崇德)·상현(象賢)」 한 구는 한편의 강령으로 여기의 장에서 「숭덕(崇德)·상현(象賢)」에서 「빈왕가(賓王家)」까지는 모두 「계고(稽古)」 두 글자를 이어받았으니, 「숭덕(崇德)·상현(象賢)」은 진실로 「계고(稽古)」을 전적으로 하는 것이다. …'.(新安陳氏曰 : '稽古崇德象賢一句, 爲一篇之綱領. 此章自崇德象賢, 至作賓王家, 皆承稽古二字, 崇德象賢, 固稽古典為之. ….)"

왕씨 염(王氏炎)73)이 말하였다 : "정삭 이외에는 당시 왕의 제도를 사용하지 않고 옛날의 의례를 썼다."74)

|集傳|

孔子

공자(孔子)가

|詳說|

○ 論語八佾.

『논어』「팔일」이다.75)

|集傳|

曰, 夏禮, 吾能言之, 杞不足徵也,

말씀하기를 "하(夏)나라 예(禮)를 내 말할 수 있으나 기(杞)나라가 충분히 증명해 주지 못하고,

|詳說|

○ 帶引夏禮.

부차적으로 하례를 인용했다.

|集傳|

殷禮, 吾能言之, 宋不足徵也, 文獻不足故也. 殷之典禮, 微子修之, 至孔子

---

73) 왕염(王炎, 1137 ~ 1218) : 송나라 휘주(徽州, 강서성) 무원(婺源) 사람으로 자는 회숙(晦叔) 또는 회중(晦仲)이고, 호는 쌍계(雙溪)이다. 효종(孝宗) 건도(乾道) 5년(1169) 진사(進士)가 되었다. 장식(張栻)이 강릉(江陵)을 다스릴 때 그의 현명함을 듣고 막부(幕府)에 들게 했다. 담주교수(潭州敎授)를 지냈고, 임상지주(臨湘知州)로 옮겼다. 영종(寧宗) 경원(慶元) 연간에 호주지주(湖州知州)에 올랐는데, 호족이나 귀척(貴戚)을 두려워하지 않았다. 군기소감(軍器少監)까지 올랐다. 경사(經史)에 정통했고, 주희(朱熹)와 절친했다. 시문에도 뛰어났으며, 저서가 대단히 많았다. 저서에 『쌍계집(雙溪集)』과 『독역필기(讀易筆記)』, 『상서소전(尙書小傳)』 등이 있었고, 『역해(易解)』를 저술하다가 마치지 못하고 죽었다.
74) 『서경대전(書經大全)』, 「주서(周書)」・「미자지명(微子之命)」, "왕씨 염이 말하였다 : '예물을 닦는다.'는 것은 정삭 이외에는 당시 왕의 제도를 사용하지 않고 옛날의 의례를 쓴다는 것이다.'(王氏炎曰 : 修禮物者, 自正朔外, 不用時王制度, 而用其舊儀.)"
75) 『논어(論語)』「팔일(八佾)」: " 나라의 예를 내가 말할 수 있지만 하 나라의 후예인 기 나라가 내 말을 증거할 수 없고, 은 나라의 예를 내가 말할 수 있지만 은 나라의 후예인 송 나라가 내 말을 증거할 수 없다. 그것은 문헌이 부족하기 때문이니, 문헌이 넉넉하다면 내가 내 말을 증거할 수 있을 것이다.(子曰, 夏禮吾能言之, 杞不足徵也, 殷禮吾能言之, 宋不足徵也, 文獻不足故也. 足則吾能徵之矣.)"

時, 已不足徵矣. 故夫子惜之.
은(殷)나라 예(禮)를 내 말할 수 있으나 송(宋)나라가 충분히 증명해주지 못함은 문헌이 부족하기 때문이다."라고 하셨으니, 은(殷)나라의 전례(典禮)를 미자(微子)가 닦았으나 공자 때에는 이미 충분히 증명할 수 없었다. 그러므로 부자(夫子)께서 이것을 애석히 여긴 것이다.

詳說
○ 證也.
증명한 것이다.

集傳
賓, 以客禮遇之也. 振鷺
빈(賓)은 손님의 예(禮)로 대우하는 것이다. 「진로(振鷺)」에

詳說
○ 詩.
『시경(詩經)』이다.

集傳
言我客戾止, 左傳
"우리 손님이 이르렀다."라고 하였고, 『좌씨전(左氏傳)』에

詳說
○ 一作氏.
'전(傳)'은 어떤 판본에는 '씨(氏)'로 되어 있다.

○ 僖二十四年.
희공 24년이다.

集傳

謂宋先代之後, 天子有事, 膰焉,
"송(宋)나라는 선대(先代)의 후예(後裔)라서 천자(天子)가 제사(祭祀)가 있으면 제사고기를 돌리고,

詳說
○ 音煩.
'번(膰)'은 음이 '번(煩)'이다.

集傳
有喪拜焉者也.
상사(喪事)가 있으면 절한다."라고 하였다.

詳說
○ 證也.
논증한 것이다.

○ 詳見振鷺註.
자세한 것은 「진로(振鷺)」의 주에 보인다.

集傳
呂氏曰, 先王之心, 公平廣大, 非若後世滅人之國, 惟恐苗裔之存, 爲子孫害. 成王命微子, 方且撫助愛養欲其與國咸休永世無窮公平廣大氣象於此可見
여씨(呂氏)가 말하였다. "선왕의 마음은 공평하고 광대하여 후세에 남의 나라를 멸망함에 행여 후손이 남아 있어 자손에게 해가 될까 두려워하는 것과는 같지 않다. 성왕이 미자에게 명하여 장차 어루만지고 도우며 애양(愛養)하여 나라와 함께 아름다워서 영세토록 무궁하고자 하였으니, 공평하고 광대한 기상을 여기에서 볼 수 있다."

詳說
○ 以論爲釋.

경문의 의미 설명으로 풀이를 삼았다.

[9-4-8-2]
嗚呼, 乃祖成湯, 克齊聖廣淵, 皇天眷佑, 誕受厥命, 撫民以寬, 除其邪虐. 功加于時, 德垂後裔.

아! 너의 선조이신 성탕이 능히 공경하고 성스러우며 넓고 깊으시고 황천(皇天)이 돌아보고 도우셨으니, 크게 천명을 받으시어 백성을 어루만지되 너그러움으로 하시며 사학함을 제거하셨다. 공이 당시에 가해졌으며 덕이 후예에게 드리워졌다.

集傳
齊, 肅也. 齊則無不敬, 聖則無不通. 廣言其大, 淵言其深也. 誕, 大也. 皇天眷佑誕受厥命, 即伊尹所謂

제(齊)는 엄숙함이이다. 엄숙하면 공경하지 않음이 없고, 성(聖)스러우면 통하지 않음이 없다. 광(廣)은 그 큼을 말하고 연(淵)은 그 깊음을 말한다. 탄(誕)은 큼이다. '황천(皇天)이 돌아보고 도우셨으므로 크게 천명을 받았다.'는 것은 곧 이윤이 말한

詳說
○ 太甲.
「태갑」이다.

集傳
天監厥德, 用集大命者, 撫民以寬, 除其邪虐, 即伊尹所謂

"하늘이 그 덕(德)을 살펴보시고 대명(大命)을 모으게 했다."[76]는 것이고, '백성을 어루만지되 너그러움으로 하시며 사학(邪虐)함을 제거했다.'는 것은 곧 이윤(伊尹)

---

76) 『서경대전(書經大全)』, 「상서(商書)」·「태갑상2(「太甲上2)」: "이윤(伊尹)이 다음과 같은 글을 지었다. "선왕이 이 하늘의 밝은 명을 돌아보사 상하의 신기(神祇)를 받드시며, 사직과 종묘를 공경하고 엄숙히 하지 않음이 없으시니, 하늘이 그 덕을 살펴보시고 대명(大命)을 모아 만방을 어루만지고 편안하게 하셨습니다. 이에 제가 몸소 능히 군주를 좌우에서 보필하여 여러 무리들을 편안히 살게 하니, 사왕(嗣王)께서 기서(基緒)를 크게 계승하게 되신 것입니다.(伊尹作書曰, 先王顧諟天之明命, 以承上下神祇, 社稷宗廟, 罔不祗肅, 天監厥德, 用集大命, 撫綏萬方. 惟尹躬克左右厥辟, 宅師, 肆嗣王, 丕承基緒.)"

이 말한

詳說

○ 伊訓.

「이훈」이다.

集傳

代虐以寬, 兆民允懷者. 功加于時, 言其所及者衆, 德垂後裔, 言其所傳者遠也. 後裔, 卽微子也. 此, 崇德之意.

"사나움 대신에 너그러움으로 하시니, 억조의 백성들이 크게 그리워했다."77)는 것이다. '공이 당시에 가해졌다.'는 것은 그 미친 바가 많음을 말한 것이고, '덕이 후예에게 드리워졌다.'는 것은 그 전한 바가 멂을 말한 것이다. 후예는 곧 미자이다. 이것은 숭덕(崇德)의 뜻이다.

詳說

○ 此句照應首節.

여기의 구는 첫 절과 호응한다.

○ 新安陳氏曰 : "可使之不祀乎, 所以生下文之意也."

신안 진씨(新安陳氏)가 말하였다 : "제사지내지 않게 할 수 있겠는가? 아래의 글로 이어지게 하는 까닭이다."78)

[9-4-8-3]

爾惟踐脩厥猷, 舊有令聞, 恪愼克孝, 肅恭神人, 予嘉乃德, 曰

---

77) 『서경대전(書經大全)』, 「상서(商書)」・「이훈3(「伊訓3)」 : "우리 상왕(商王)이 성무(聖武)를 펴고 드러내시어 사나움 대신에 너그러움으로 하시니, 조민(兆民)들이 믿고 그리워하였습니다.(惟我商王, 布昭聖武, 代虐以寬, 兆民允懷.)"
78) 『서경대전(書經大全)』, 「주서(周書)」・「미자지명(微子之命)」, "신안 진씨가 말하였다 : '⋯. 「공이 당시에 가해졌다.」는 것에서 공은 덕의 효용이고, 「덕이 후예에게 드리워졌다.」는 것에서 덕은 곧 공의 근본이니 서로 보완하며 말한 것이다. 탕의 공과 덕은 전하여 육백년 동안 제사해서 개벽 이래로 더할 것이 없는데, 제사지내지 않게 할 수 있겠는가? 이 때문에 아래의 글로 이어지게 하는 것이다.'(新安陳氏曰 : ⋯. 功加于時, 功卽德之效, 德垂後裔, 德卽功之本, 互言之爾. 湯之功德, 傳祀六百, 開闢以來, 莫加焉, 而可使之不祀. 此所以生下文之意也.)"

|篤不忘. 上帝時歆, 下民祗協, 庸建爾于上公. 尹茲東夏.|

네가 그 도를 실천하고 닦아서 옛날부터 훌륭한 명성이 있었으니, 공경히 삼가고 능히 효도하며 신(神)과 사람에게 엄숙히 공경하기에 내 너의 덕을 가상히 여기고 후하게 여겨 잊지 않노라. 상제가 이에 흠향하며 하민(下民)들이 화합하기에 너를 상공(上公)으로 세워 이 동하(東夏)를 다스리게 하노라.

詳說

○ 聞, 去聲.

'문(聞)'은 거성이다.

集傳

猷, 道, 令, 善, 聞, 譽也. 微子, 踐履修擧成湯之道,

유(猷)는 도(道)이고, 영(令)은 훌륭함이고, 문(聞)은 명예이다. 미자가 성탕의 도를 실천하고 닦아 거행하여

詳說

○ 厥.

'성탕(成湯)'은 경문에서 '궐(厥)'이다.

集傳

舊有善譽, 非一日也. 恪, 敬也. 恪謹克孝, 肅恭神人, 指微子實德而言, 抱祭器歸周,

옛날부터 훌륭한 명성이 있는 것이 하루·이틀이 아니었다. 각(恪)은 공경함이다. 공경하고 삼가 능히 효도하고 신(神)과 사람에게 엄숙히 공경하였다는 것은 미자의 실제 덕을 가리켜 말한 것이니, 제기를 안고 주나라로 돌아온 것이

詳說

○ 見史記宋世家.

『사기』「송세가」에 보인다.

集傳

亦其一也.
또한 그 한 가지이다.

詳說

○ 息齋余氏曰 : "引此, 與微子篇末傳異."
식재 서씨(息齋徐氏)가 말하였다 : "여기에서 인용한 것은 「미자」편 끝의 전과 다르다."79)

集傳

篤, 厚也. 我善汝德, 曰厚而不忘也.
독(篤)은 후함이다. 나는 너의 덕을 훌륭하게 여겨 후하게 여겨 잊지 않는다고 말한 것이다.

詳說

○ 謂其德之厚, 而不能忘其德也.
그 덕의 후해서 그 덕을 잊을 수 없다는 말이다.

○ 唐孔氏曰 : "左傳王命管仲, 謂督不忘, 卽此類也."
당나라 공씨가 말하였다 : "『좌전』에서 왕이 명하면서 '관중에게 진정으로 잊지 않을 것이다.'라고 말한 것이 이런 것이다."80)

集傳

歆, 饗,
흠(歆)은 흠향이고,

詳說

○ 王氏曰 : "宋得郊天, 故云上帝時歆."
왕씨(王氏)가 말하였다 : "송나라가 하늘에 제사할 수 있기 때문에 '상제가 이에

---

79) 『서경대전(書經大全)』, 「주서(周書)」·「미자지명(微子之命)」, "식재 서씨가 말하였다 : '「제기를 안고 주나라로 돌아왔다.」는 것은 「미자」편 끝의 전과 다르다.'(息齋徐氏曰 : 抱祭器歸周, 與商書微子篇末傳異.)"
80) 『서경대전(書經大全)』, 「주서(周書)」·「미자지명(微子之命)」, "당나라 공씨가 말하였다 : '「좌전」 희공 12년에 왕이 관중에게 명하면서 「진정으로 잊지 않을 것이다.」라고 말한 것이 여기에서 「후하게 여겨 잊지 않노라.」라고 한 것들이다.'(唐孔氏曰 : 左傳僖十二年, 王命管仲有曰, 謂督不忘, 卽此曰篤不忘類也.)"

흠향한다.'고 한 것이다."81)

○ 西山眞氏曰 : "敬以事神, 故上帝時歆, 敬以治人, 故下民祇協."
서산 진씨(西山眞氏)가 말하였다 : "공경으로 신을 섬기기 때문에 상제가 이에 흠향하고, 공경으로 사람을 다스리기 때문에 하민들이 화합하는 것이다."82)

集傳
庸, 用也.
용(庸)은 '용(用)'이다.

詳說
○ 于, 猶爲也.
'우(于)'는 '위(爲)'와 같다.

集傳
王者之後稱公, 故曰上公.
왕자(王者)의 후손(後孫)을 공(公)이라고 칭하므로 상공(上公)이라 한 것이다.

詳說
○ 葉氏曰 : "周制, 三公在朝, 八命有功德, 出封作伯, 九命謂之上公. 二王後, 亦出封之公也
섭씨(葉氏)가 말하였다 : "주나라의 제도에서 삼공(三公)은 조정에 있고, 팔명(八命)은 공덕이 있어 나가 분봉되면 백(伯)이 되며, 구명(九命)은 상공이라고 한다. 두 왕의 후손도 나가 분봉된 공(公)이다."83)

---

81) 『서경대전(書經大全)』, 「주서(周書)」·「미자지명(微子之命)」, "왕씨가 말하였다 : '송나라 후예가 하늘에 제사할 수 있기 때문에 '상제가 이에 흠향한다.'고 한 것이다. …(王氏曰 : 宋商後得郊天, 故云上帝時歆. ….)"
82) 『서경대전(書經大全)』, 「주서(周書)」·「미자지명(微子之命)」, "서산 진씨가 말하였다 : '「공경히 삼가고 능히 효도한다.」는 것은 어버이를 공경으로 섬기는 것이다. 「신과 사람에게 엄숙히 공경한다.」는 것은 공경으로 신과 사람을 섬긴다는 것이다. 공경으로 신을 섬기기 때문에 상제가 이에 흠향하고, 공경으로 사람을 다스리기 때문에 하민들이 화합하는 것이다. 옛날의 성현들께서는 오직 공경으로 공을 사용할 뿐이니, 미자의 덕이 진실로 어짊을 닮음이 되는 것이다.'(西山眞氏曰 : 恪愼克孝, 是事親以敬也. 肅恭神人, 是事神治人亦以敬也. 敬以事神, 故上帝時歆, 敬以治人, 故下民祇協. 古聖賢惟以敬用功而已, 微子之德, 信乎其爲象賢也.)"

集傳

尹, 治也. 宋亳

윤(尹)은 다스림이다. 송(宋)나라의 박읍(亳)이

詳說

○ 宋都亳.

송나라가 박을 도읍으로 하였다.

集傳

在東

동쪽에 있기 때문에

詳說

○ 周東.

주의 동쪽이다.

集傳

故曰東夏. 此, 象賢之意.

동하(東夏)라고 말한 것이다. 이것은 어짊을 닮은 것에 대한 뜻이다.

詳說

○ 此句照應首節.

여기의 구는 첫 절과 호응한다.

[9-4-8-4]

欽哉, 往敷乃訓, 愼乃服命, 率由典常, 以蕃王室, 弘乃烈祖,

---

83) 『서경대전(書經大全)』, 「주서(周書)」・「미자지명(微子之命)」, "주나라의 제도에서 삼공(三公)은 조정에 있고, 팔명(八命)은 공덕이 있어 나가 분봉되면 백(伯)이 되며, 구명(九命)은 상공이라고 한다. 두 왕의 후손도 나가 분봉된 공(公)이다.(葉氏曰 : 周制, 三公在朝, 八命有功德, 出封作伯, 九命謂之上公. 二王後, 亦出封之公也.)"

|律乃有民, 永綏厥位, 毗予一人, 世世享德, 萬邦作式, 俾我有周, 無斁.|

공경하며 가서 너의 가르침을 펴고 너의 복명(服命)을 삼가며 떳떳한 법에 따라 왕실에 올라리가 되며, 네 열조의 공덕을 넓히고 네 백성들을 다스리며 길이 그 지위를 편안히 하고, 나한 사람을 도와서 대대로 덕을 누리며 만방이 법으로 삼아 우리 주나라가 싫어함이 없게 하라.

|詳說|

○ 蕃, 藩同. 毗, 頻脂反. 斁音亦.

'번(蕃)'은 '번(藩)'과 같다. '비(毗)'는 음이 '빈(頻)'과 '지(脂)'의 반절이다.

|集傳|

此, 因戒勉之也.

이것은 말미암아 경계하고 권면한 것이다.

|詳說|

○ 先總提.

먼저 총괄해서 제시한 것이다.

○ 陳氏大猷曰 : "此章廣上文, 統承至無窮之意."

진씨 대유(陳氏大猷)가 말하였다 : "여기의 장은 위의 글을 넓히며 '계승한다.'는 것에서 '무궁하게 하라.'는 것까지84)의 뜻을 총괄했다."85)

○ 往布汝政敎

가서 너의 가르침을 펴라는 것이다.

---

84) 『서경대전(書經大全)』, 「주서(周書)」·「미자지명1(微子之命1)」 : " 왕이 대략 다음과 같이 말씀하였다. "아! 은왕의 원자야. 옛날을 상고하여 덕이 있는 이를 높이고 어짊을 닮은 자에게 제사를 받들게 하며 선왕을 계승해서 예물을 닦아 왕가에 손님이 되게 하노니, 나라와 함께 아름답게 해서 영세토록 무궁하게 하라. (王若曰, 猷, 殷王元子, 惟稽古崇德, 象賢統, 承先王, 脩其禮物, 作賓于王家, 與國咸休, 永世無窮.)"

85) 『서경대전(書經大全)』, 「주서(周書)」·「미자지명(微子之命)」, "진씨 대유가 말하였다 : '여기의 장은 위의 글을 넓히며 「선왕을 계승한다.」는 것에서 「영세토록 무궁하게 하라.」는 것까지 의 뜻을 총괄했다.'(陳氏大猷曰 : 此章廣上文, 統承先王至永世無窮之意.)"

§ 集傳

服命, 上公服命也.
복명(服命)은 상공(上公)의 복명이다.

§ 詳說

○ 服之命數.
복(服)의 명수(命數)이다.

§ 集傳

宋, 王者之後, 成湯之廟, 當有天子禮樂, 慮有僭擬之失, 故曰謹其服命
송(宋)나라는 왕자(王者)의 후예(後裔)라서 성탕(成湯)의 사당(祠堂)에 마땅히 천자(天子)의 예악(禮樂)이 있었을 것이니, 참람하게 왕자(王者)에 비견하게 하는 잘못이 있을까 우려되었다. 그러므로 복명(服命)을 삼가

§ 詳說

○ 乃.
'기(其)'는 본문에서 '내(乃)'이다.

§ 集傳

率由典常以戒之也.
떳떳한 법(法)을 따르라고 경계한 것이다.

§ 詳說

○ 孔氏曰 : "蕃, 屛也."
공씨가 말하였다 : "'번(蕃)'은 둘러싼다는 것이다."

§ 集傳

弘, 大,
홍(弘)은 큼이고,

[詳說]
○ 益大湯之德.
　탕의 덕을 더욱 크게 하는 것이다.

[集傳]
律, 範,
율(律)은 법(法)이며,

[詳說]
○ 爲法於民.
　백성에게 법이 되는 것이다.

[集傳]
毗, 輔, 式, 法.
비(毗)는 도움이고, 식(式)은 법(法)이다.

[詳說]
○ 又廣之而爲法於萬邦.
　또 넓혀서 만방에 법이 되는 것이다.

[集傳]
斁, 厭也, 卽詩
역(斁)은 싫어함이니, 곧 『시경(詩經)』에

[詳說]
○ 振鷺.
　「진로(振鷺)」이다.

[集傳]
言在此無斁之意 ○ 林氏曰, 偪生於僭, 僭生於疑, 非疑無僭, 非僭無偪, 謹

其服命, 遵守典常, 安有偪僭之過哉. 魯實侯爵, 乃以天子禮樂祀周公, 亦旣不謹矣. 其後遂用於羣公之廟, 甚至季氏僭八佾, 三家僭雍徹,

"여기에 있음에 싫어함이 없다."86)는 뜻이다. ○ 임씨(林氏)가 말하였다. "핍박함은 참람함에서 생기고, 참람함은 의사(擬似)함에서 생기니, 의사함이 없으면 참람함이 없고, 참람함이 없으면 핍박함이 없으니, 복명(服命)을 삼가 떳떳한 법(法)을 준수(遵守)하면 어찌 핍박하고 참람하는 잘못이 있겠는가? 노나라는 실로 후작(侯爵)이었는데, 천자의 예악으로 주공을 제사하였으니, 또한 이미 삼가지 못한 것이다. 그 뒤에 마침내 여러 공의 사당에 사용하며 심지어는 계씨가 참람하게 팔일무(八佾舞)를 추게 하고 삼가(三家)가 참람하게 옹장(雍章)을 노래하면서 철상(徹床)하였으니,

詳說

○ 逼同.

'핍생어참(偪生於僭)'에서 핍(偪)은 '핍(逼)'과 같다.

○ 直列反.

'삼가참옹철(三家僭雍徹)'에서 '철(徹)'은 '직(直)'과 '열(列)'의 반절이다.

○ 見論語八佾.

『논어』「팔일」에 보인다.87)

集傳

其原一開, 末流無所不至. 成王於宋, 謹慎如此, 必無賜周公以天子禮樂之事. 豈周室旣衰, 魯竊僭用, 託爲成王之賜, 伯禽之受乎.

그 근원이 한 번 열림에 말류가 이르지 않음이 없는 것이다. 성왕이 송나라에 대

---

86) 『시경』「진로(振鷺)」: "저쪽에서도 미워하지 않고 이쪽에서도 미워하지 않네.(在彼無惡, 在此無斁.)"
87) 『논어(論語)』「팔일」: "공자께서 계씨(季氏)를 두고 말씀하셨다. '팔일무(八佾舞)를 뜰에서 춤추게 하니, 이런 짓을 차마 한다면 무엇을 차마 하지 못하겠는가!' 삼가(三家)에서 옹장(雍章)을 노래하면서 철상(撤床)을 하였다. 공자께서 말씀하셨다. '「제후(諸侯)들이 제사를 돕거늘 천자(天子)는 엄숙하게 계시다.」는 가사를 어찌해서 삼가(三家)의 당(堂)에서 취해다 쓰는가?'(孔子謂季氏, 八佾舞於庭, 是可忍也, 孰不可忍也. 三家者以雍徹, 子曰 相維辟公, 天子穆穆, 奚取於三家之堂)"

하여 근신함이 이와 같았으니, 반드시 주공에게 천자의 예악을 하사하는 일이 없었을 것이다. 아마도 주나라 왕실이 이미 쇠약해짐에 노나라가 몰래 참람하게 쓰고는 성왕이 주고 백금이 받은 것이라고 칭탁하였는가 보다.

詳說
○ 原同.
'기원일개(其原一開)'에서 '원(原)'은 '원(原)'과 같다.

○ 推宋以論魯事.
송나라를 미뤄 노나라의 일을 논했다.

[9-4-8-5]
嗚呼. 往哉惟休, 無替朕命.

아! 가서 아름답게 하여 짐(朕)의 명(命)을 폐하지 말라."

詳說
○ 無, 毋通.
'무(無)'는 '무(毋)'와 통한다.

集傳
歎息言, 汝往之國, 當休美其政,
탄식하고 말씀하기를 너는 네 나라로 가서 마땅히 정사를 아름답게 하고

詳說
○ 添政字.
'정(政)'자를 더하였다.

集傳
而無廢棄我所命汝之言也.
내가 너에게 명한 말을 폐기하지 말라고 한 것이다.

詳說

○ 王氏炎曰 : "泰誓牧誓, 言紂失, 至再三, 與周之友邦及臣言也. 酒誥, 亦無所隱兄弟相與言也. 至多士多方, 則略與殷遺民言也. 此篇並無一字, 及紂與武庚之事, 不可對商之賢子言也."

왕씨 염(王氏炎)이 말하였다 : "「태서」와 「목서」에서는 주(紂)의 잘못을 언급하고, 심지어 두 번 세 번 주(周)의 우방과 나가서 정벌한 신하들과 함께 말하였다. 「주고」에서는 주의 또한 형제들이 서로 함께 한 말을 숨기지 않았다. 「다사」와 「다방」에서는 은의 유민들과 함께 말하였다. 그런데 여기의 편에서 모두 한 글자도 주(紂)와 무경의 일이 없는 것은 상의 어진 자를 마주하고 말할 수 없어 탕의 성스러움과 미자의 어짊만 말한 것이니, 그 말에 격식이 있는 것이다."[88]

○ 陳氏曰 : "無一言以傷微子之心, 誥命賢者, 其體當如此."

진씨가 말하였다 : "한 마디도 미자의 마음을 상하게 함이 없었으니, 어진 자에게 고명하는 것은 그 격식이 이와 같아야 하는 것이다."[89]

---

88) 『서경대전(書經大全)』, 「주서(周書)」・「미자지명(微子之命)」, "왕씨 염이 말하였다 : '「태서」와 「목서」에서는 주(紂)의 잘못을 언급하고, 심지어 두 번 세 번 주(周)의 우방과 나가서 정벌한 신하들과 함께 말하였다. 「주고」에서는 주의 주(紂)의 잘못을 언급하고 또한 형제들이 서로 함께 한 말을 숨기지 않았다. 「다사」와 「다방」에서는 주(紂)의 잘못을 언급한 것은 대략 은의 유민들과 함께 말하였다. 그런데 「미자지명」에서 모두 한 글자도 주(紂)와 무경의 일이 없는 것은 상의 어진 자를 마주하고 말할 수 없어 탕의 성스러움과 미자의 어짊만 말한 것이니, 그 말에 격식이 있는 것이다.'(王氏炎曰 : 泰誓牧誓, 言紂之失, 至於再三, 與周之友邦及從征之臣言也. 酒誥, 言紂之失, 亦無所隱兄弟之間相與言也. 至多士多方, 言紂之失, 則畧與殷之遺民言也. 微子之命, 竝無一字, 及紂與武庚之事, 不可對商之賢子言也, 而惟言湯之聖, 微子之賢, 其言有體也哉.)"

89) 『서경대전(書經大全)』, 「주서(周書)」・「미자지명(微子之命)」, "진씨가 말하였다 : '여기의 편에서는 정녕 불쌍하게 여겨 한 마디라도 무경의 일을 언급해서 미자의 마음을 상하게 함이 없었으니, 대개 어진 자에게 고명하는 것은 그 격식이 이와 같아야 하는 것이다.'(陳氏曰 : …. 此篇丁寧惻怛, 無一言及武庚事, 以傷微子之心, 蓋誥命賢者, 其體當如此.)"

[9-4-9]
「강고(康誥)」

集傳
康叔,
강숙(康叔)은

> **詳說**
> ○ 鄭氏曰:"康, 諡也."
> 정씨가 말하였다 : "'강(康)'은 시호이다."

集傳
文王之子,
문왕의 아들이고

> **詳說**
> ○ 第九子.
> 아홉 번째 아들이다.

集傳
武王之弟. 武王誥命爲衛侯, 今文古文皆有. ○ 按書序 以康誥爲成王之書. 今詳本篇, 康叔, 於成王爲叔父, 成王不應以弟稱之.
무왕의 아우이다. 무왕이 고명(誥命)하여 위후(衛侯)를 삼았으니, 금문과 고문에 모두 있다. ○ 살펴보건대 서서(書序)에 「강고(康誥)」를 성왕의 글이라 하였다. 그런데 이제 본편을 상고해 보면 강숙(康叔)은 성왕에게 숙부가 되니, 성왕이 그를 아우라고 칭할 수가 없다.

> **詳說**
> ○ 平聲.
> '응(應)'은 평성이다.

集傳

說者, 謂周公以成王命誥, 故曰弟, 然旣謂之王若曰, 則爲成王之言, 周公何遽自以弟稱之也. 且康誥, 酒誥, 梓材三篇, 言文王者非一, 而略無一語以及武王, 何耶. 說者, 又謂寡兄勖, 爲稱武王, 尤爲非義. 寡兄云者, 自謙之辭, 寡德之稱, 苟語他人,

해설하는 자가 이르기를 "주공이 성왕의 명으로 고(誥)하였기 때문에 아우라고 했다."라고 하나, 이미 '왕약왈(王若曰)'이라고 일렀으면 성왕의 말씀이니, 주공이 어찌 갑자기 아우라고 칭할 수 있겠는가? 또 「강고(康誥)」·「주고(酒誥)」·「자재(梓材)」 세 편에 문왕을 말한 것이 한두 군데가 아닌데, 한 마디도 무왕을 언급함이 없는 것은 어째서인가? 해설하는 자가 또 이르기를 "과형(寡兄) 욱(勖)이 무왕을 칭한 것이다."라고 하였는데, 더더욱 옳지 않다. 과형(寡兄)이란 말은 스스로 겸손해하는 말로 덕이 적다는 칭호이니, 만일 타인에게 말한다면

詳說

○ 去聲, 下同.

'어(語)'는 거성으로 아래에서도 같다.

集傳

猶之可也,

그래도 괜찮지만

詳說

○ 如稱諸異邦曰, 寡小君之類.

이를테면 여러 다른 나라에 칭하여 과소군이라고 하는 것들이다.

集傳

武王 康叔之兄, 家人相語, 周公安得以武王爲寡兄, 而告其弟乎. 或又謂 康叔在武王時 尙幼故 不得封 然康叔, 武王同母弟, 武王分封之時,

무왕은 강숙의 형이니, 집안 식구들이 서로 말할 적에 주공이 어찌 무왕을 과형(寡兄)이라 하여 아우에게 고할 수 있겠는가? 어떤 이는 또 "강숙이 무왕 때에 아직 어렸기 때문에 봉함을 얻지 못했다."라고 하는데, 강숙은 무왕의 같은 어머니 동생으로 무왕이 분봉해 줄 때에

詳說

○ 克殷.
은을 이긴 것이다.

集傳

年已九十
무왕의 나이가 이미 90세였으니,

詳說

○ 近九十.
구십에 가까웠다.

集傳

安有九十之兄同母弟, 尙幼, 不可封乎. 且康叔, 文王之子, 叔虞,
어찌 나이가 90세 된 형의 같은 어머니 동생이 아직 어려서 봉할 수 없는 경우가 있겠는가? 또 강숙은 문왕의 아들이고 숙우(叔虞)는

詳說

○ 唐叔.
당나라의 숙이다.

集傳

成王之弟. 周公東征, 叔虞已封於唐,
성왕의 아우이다. 주공이 동정할 때에 숙우가 이미 당(唐)나라에 봉해졌으니,

詳說

○ 見史記魯世家.
『사기』「노세가」에 보인다.

集傳

豈有康叔得封 反在叔虞之後. 必無是理也. 又按汲周書克殷篇, 言王卽位於

社南, 群臣畢從,
어찌 강숙의 봉해짐이 숙우의 뒤에 있었겠는가? 반드시 이러할 이치는 없다. 또 살펴보건대 급총(汲)의 『주서(周書)』「극은편(克殷篇)」에 "왕이 사(社)의 남쪽에서 즉위(卽位)할 적에 군신(群臣)들이 모두 수행하여

> 詳說
> ○ 去聲.
> '종(從)'은 거성이다.

> 集傳
> **毛叔鄭, 奉明水,**
> 모숙(毛叔) 정(鄭)은 명수(明水)를 받들어 올리고,

> 詳說
> ○ 捧通.
> '봉(奉)'은 '봉(捧)'과 통한다.

> 集傳
> **衛叔封傳禮, 召公奭贊采,**
> 위숙(衛叔) 봉(封)은 예(禮)를 전하고, 소공(召公) 석(奭)은 일을 돕고,

> 詳說
> ○ 史記註曰 : "贊, 佐也, 采, 幣也."
> 『사기』의 주에서 말하였다 : "'찬(贊)'은 돕는다는 것이고, '채(采)'는 폐백이다."

> 集傳
> **師尙父**
> 사상보(師尙父)는

> 詳說
> ○ 音甫.

'보(父)'는 음이 '보(甫)'이다.

> [集傳]
> **牽牲**
> 제물을 끌고 갔다."라고 하였으며,

>> [詳說]
>> ○ 鄒氏季友曰 : "今世所傳克殷篇, 與蔡氏所引不同."
>> 추씨 계우(鄒氏季友)가 말하였다 : "지금 세상에 전하는 '은을 이겼다.'는 편은 채숙이 인용한 것과 같지 않다."

> [集傳]
> **史記**
> 『사기(史記)』에도

>> [詳說]
>> ○ 周紀.
>> 「주기」이다.

> [集傳]
> **亦言衛康叔封, 布慈,**
> 또한 "위(衛)나라 강숙(康叔) 봉(封)이 깔자리를 폈다."라고 하는 것이

>> [詳說]
>> ○ 史記註曰 : "藉席之名."
>> 『사기』의 주에서 말하였다 : "자리에 대한 이름이다."

> [集傳]
> **與汲書, 大同小異,**
> 급총(汲)의 글과 대동소이하니,

>> [詳說]

○ 鄒氏季友曰 : "齊世家亦有此數語云."
추씨 계우(鄒氏季友)가 말하였다 : "「제세가」에도 여기의 몇 마디가 있다."

集傳

康叔 在武王時 非幼亦明矣. 特序書者, 不知康誥篇首四十八字, 爲洛誥脫簡, 遂因誤爲成王之書, 是知書序果非孔子所作也. 康誥酒誥梓材篇次, 當在金之前.

강숙이 무왕 때에 어리지 않았음이 또한 분명하다. 다만 서(書)에 서(序)하는 자가 「강고(康誥)」의 편 머리에 있는 48자(字)가 「낙고(洛誥)」의 탈간(脫簡)임을 알지 못하여, 마침내 인하여 성왕(成王)의 글이라고 잘못 말하였으니, 바로 서서(書序)가 진실로 공자가 지은 것이 아님을 알 수 있다. 「강고(康誥)」·「주고(酒誥)」·「자재(梓材)」는 편차가 「금등(金)」의 앞에 있어야 한다.

詳說
○ 朱子曰, "五峯才老, 皆說是武王書."
주자가 말하였다 : "오봉과 재로는 모두 무왕의 글인 것으로 설명하였다."[90]

[9-4-9-1]

惟三月哉生魄, 周公初基, 作新大邑于東國洛. 四方民大和會, 侯甸男邦采衛, 百工播民和, 見士于周, 周公咸勤, 乃洪大誥治.

3월 재생백(哉生魄)에 주공이 처음 터전을 잡아 새로운 대읍(大邑)을 동국(東國)인 낙(洛)에 만드셨다. 사방의 백성들이 크게 화합하여 모이자, 후(侯)·전(甸)·남(男)·방(邦)·채(采)·위(衛)와 백공(百工)들이 인화(人和)를 전파하여 주나라에 와서 뵙고 일하였다. 주공이 모두

---

90) 『주자어류(朱子語類)』 79권, 「상서2(尙書二)」·「강고와 자재의 총론(總論康誥梓材)」 제128조목 : "「강고」 세 편은 무왕의 글임에 의심이 없다. 그 가운데서 분명히 다음과 같이 말하였다. '왕이 이와 같이 말하기를, 「맹후, 짐의 동생 소자 봉(封)아」라고 하였다.' 어찌 주공이 성왕의 명으로 강숙에게 명하면서 갑자스럽게 자기의 뜻을 서술하여 말하였겠느냐? 결코 이와 같이 해석할 수 없다. 오봉(五峰)과 오재로(吳才老)도 모두 무왕의 글이라고 설명하였으나, 다만 「낙고(洛誥)」의 글 첫 단락을 「강고(康誥)」의 앞에 잘못 두었기 때문에 그 글을 「대고(大誥)」와 「미자지명(微子之命)」 뒤에 배치하였다는 것이다. (康誥三篇, 此是武王書無疑. 其中分明說: 王若曰: 孟侯, 朕其弟, 小子封. 豈有周公方以成王之命命康叔, 而遽述己意而告之乎. 決不解如此. 五峰吳才老皆說是武王書. 只緣誤以洛誥書首一段置在康誥之前, 故敍其書於大誥微子之命之後.)"

수고함에 크게 다스림을 고하셨다.

詳說

○ 見, 音現.

'현(見)'은 음이 '현(現)'이다.

集傳

三月周公攝政七年之三月也, 始生魄十六日也.

3월은 주공(周公)이 섭정(攝政)한 7년의 3월이며, 시생백(始生魄)은 16일이다.

詳說

○ 哉.

'시(始)'는 경문에서 '재(哉)'이다.

○ 新安陳氏曰 : "初基, 定基址也. 以召誥考之, 周公以三月十二日乙卯至洛, 十四日丁巳行郊禮, 十五日戊午行社禮, 十六日己未初基, 至二十一日甲子, 命庶殷丕作."

신안 진씨(新安陳氏)가 말하였다 : "'처음 터전을 잡는다[初基]'는 것은 기초를 안정시키는 것이다. 「소고」로 상고해보면, 주공은 3월 12일 을묘일에 「낙(洛)」에 이르러 14일 정사일 교례(郊禮)를 행했고, 15일 무오일에 사례(社禮)를 행했으며, 16일 기미일에 처음 터전을 잡았으며, 21일 갑자일에 '명하니 서은(庶殷)이 크게 일어났다.'91)

○ 林氏曰 : "周九服會于洛邑者, 惟內五服也."

임씨(林氏)가 말하였다 : "주의 구복(九服)이 낙읍에 모인 것은 단지 안의 오복(五服)일 뿐이다."92)

---

91) 『서경대전(書經大全)』, 「주서(周書)」·「소고7(召誥7)」: "이미 서은(庶殷)에게 명하시니, 서은이 크게 일하였다.(厥旣命殷庶, 庶殷丕作.)"
92) 『서경대전(書經大全)』, 「주서(周書)」·「강고(康誥)」: "임씨가 말하였다 : '주의 구복 후(侯)·전(甸)·남(男)·채(采)·위(衛)·만(蠻)·이(夷)·진(鎭)·번(藩)이 낙읍에 모인 것은 단지 안의 오복(五服)일 뿐이다.'(林氏曰 : 周九服, 侯甸男采衛蠻夷鎭藩會于洛邑者, 惟内五服也.)"

○ 唐孔氏曰 : "男下獨有邦, 以男居中, 則五服皆有邦可知."
당나라의 공씨(孔氏)가 말하였다 : "남(男)의 아래에 오직 방(邦)이 있으니, 남(男)이 가운데 있으면 오복(五服)은 나라가 있음을 알 수 있다."93)

集傳
百工, 百官也.
백공(百工)은 백관(百官)이다.

詳說
○ 新安陳氏曰 : "民大和會, 人心本自和也. 播民和, 因人心之和而播敷, 宣暢其和也."
신안 진씨(新安陳氏)가 말하였다 : "'백성들이 크게 화합하여 모였다.'는 것은 인심이 본래 저절로 화합한 것이다. '인화를 전파하였다.'는 것은 인심의 화합에 따라 전파하고 펴서 그 화합을 공포한 것이다."

集傳
士, 說文曰事也,
사(士)는 『설문(說文)』에 "일이니,

詳說
○ 新安陳氏曰 : "朝見而趨事也.."
신안 진씨(新安陳氏)가 말하였다 : "아침에 보고 달려가 일한 것이다."

○ 按, 俗本見字, 不著音, 諺釋作如字, 其意, 蓋謂見其事于周也, 更詳之.
살펴보건대, 속본의 '현(見)'자에서는 음을 나타내지 않았고, 『언해』에서는 '글본래의 음 대로 읽는 것'으로 되어 있으니, 그 의미는 대개 주나라에서 와서 알현하였다는 것이니, 다시 자세히 살펴봐야 할 것이다.

---

93) 『서경대전(書經大全)』, 「주서(周書)」·「강고(康誥)」, "당나라의 공씨(孔氏)가 말하였다 : '남(男)의 아래에 오직 방(邦)이 있으니, 남(男)이 가운데 있으면 오복(五服)은 나라가 있음을 알 수 있다. 「우공」에서 오복은 왕기(王畿)까지 합친 것이니, 이것은 기외(畿外)에 있는 것이다.'(唐孔氏曰 : 男下獨有邦, 以五服男居其中, 則五服皆有邦可知. 禹貢五服通王畿, 此在畿外.)"

集傳

詩

『시경(詩經)』에

詳說

○ 東山.

「동산」이다.

集傳

曰勿士行枚.

'재갈물리는 일을 일삼지 말라' 했다."94)라고 하였다.

詳說

○ 音杭.

'항(行)'은 음이 '항(杭)'이다.

集傳

呂氏曰, 斧斤版築之事, 亦甚勞矣, 而民大和會

여씨(呂氏)가 말하였다. "도끼와 자귀, 판축(版築)하는 일이 또한 매우 수고로운데 백성들이 크게 화합하고 모여

詳說

○ 集也.

'회(會)'는 모인다는 것이다.

集傳

悉來赴役, 卽文王作靈臺, 庶民子來之意.

모두 와서 부역에 달려왔으니, 이는 곧 문왕이 영대를 만들 적에 서민들이 자식처

---

94) 『시경(詩經)』「국풍(國風)」·동산(東山) : "저 의상(衣裳)을 만들어 재갈물리는 일을 일삼지 말지어다.(制彼裳衣, 勿士行枚.)"

럼 왔다는 뜻이다."

詳說

○ 見詩靈臺.
『시경』「영대」에 보인다.

○ 新安陳氏曰 : "悅以使民, 民忘其勞, 公不忘民之勞, 而勤勞之, 召誥所謂丕作, 卽此所謂洪大誥治."
신안 진씨(新安陳氏)가 말하였다 : "기뻐하도록 백성을 부리니 백성들이 그 노고를 잊었고, 공도 백성들의 노고를 잊지 않고 권하며 위로하였으니, 「소고」에서 이른바 '크게 다스림을 고했다.'는 것이다."

○ 潘氏曰 : "洪, 大也. 經之言複者, 多矣."
반씨(潘氏)가 말하였다 : "'홍(洪)'은 크다는 것이다. 경에서 '복(複)'을 말한 경우가 많다."

○ 誥治, 謂告以所當治之事.
'다스림을 고했다.'는 것은 다스려야 할 일을 고했다는 말이다.

集傳

蘇氏曰 : 此洛誥之文, 當在周公拜手稽首之上.
소씨(蘇氏)가 말하였다. "이는 「낙고(洛誥)」의 글이니, '주공이 배수계수하였다.[周公拜手稽首]'95)는 말의 위에 있어야 한다."

詳說

○ 洛誥篇首.
「낙고」편의 처음이다.

○ 正簡錯.

---

95) 『서경대전(書經大全)』, 「주서(周書)」·「낙고1(洛誥1)」 : 주공(周公)이 배수계수(拜手稽首)하고 말씀하였다. "나는 그대 밝은 군주에게 복명(復命)하노이다.(周公拜手稽首曰, 朕復子明.)"

착간을 바로 잡는 것이다.

[9-4-9-2]
王若曰, 孟侯朕其弟小子封.

왕(王)이 대략 다음과 같이 말씀하였다. "맹후(孟侯)인 짐(朕)의 아우 소자(小子) 봉(封)아!

集傳
王, 武王也. 孟, 長也,

왕은 무왕(武王)이다. 맹(孟)은 으뜸이니,

詳說
○ 上聲, 下同.

'장(長)'은 상성이고 아래에서도 같다.

集傳
言爲諸侯之長也.

제후(諸侯)의 으뜸이 됨을 말한 것이다.

詳說
○ 吳氏曰 : "詩序, 言衞不能修方伯連帥之職, 康叔之爲方伯, 無疑."

오씨(吳氏)가 말하였다 : "『시경』「서」에서 위(衞)는 방백(方伯)과 연수(連帥)의 직분을 닦을 수 없다고 했으니, 강숙(康叔)이 방백(方伯)인 것은 의심할 것이 없다."

○ 其, 猶之也.

'기(其)'는 '지(之)'와 같다.

集傳
封, 康叔名.

봉(封)은 강숙(康叔)의 이름이다.

詳說

○ 吳氏曰 : "先儒謂康叔受封, 尚幼者, 以稱小子之故也. 今陝俗, 凡尊命卑, 雖老者, 亦以小子呼之, 表見親愛之辭."
오씨(吳氏)가 말하였다 : "선유들은 강숙에 봉함을 받을 때에 아직 어렸던 것이 소자라고 칭하는 까닭이라고 말하였다. 지금 섬(陝)의 습속에서는 존귀한 자가 낮은 사람에게 명할 때는 늙은 자일지라도 소자로 부르니, 친애하는 말로 표현한 것이다."

集傳

舊說, 周公以成王命, 誥康叔者, 非是.
구설(舊說)에 주공(周公)이 성왕(成王)의 명(命)으로 강숙(康叔)에게 고했다고 한 것은 옳지 않다.

詳說

○ 論也.
경문의 의미 설명이다.

[9-4-9-3]

惟乃丕顯考文王, 克明德愼罰.

너의 크게 드러나신 아버지 문왕께서는 능히 덕을 밝히고 형벌을 삼가셨다.

集傳

左氏
좌씨(左氏)가

詳說

○ 成二年.
성공 2년이다.

集傳

曰, 明德謹罰, 文王所以造周也.

"덕을 밝히고 형벌을 삼감은 문왕이 주나라를 창조한 것이다."라고 하였다.

詳說

○ 左傳止此.

『좌전』은 여기까지이다.

集傳

明德, 務崇之之謂, 謹罰, 務去之之謂.

덕(德)을 밝힘은 높임을 힘씀을 이르고, 형벌을 삼감은 제거함을 힘씀을 이른다.

詳說

○ 上聲.

'거(去)'는 상성이다.

集傳

明德謹罰, 一篇之綱領,

명덕(明德)·근벌(謹罰)은 한 편(篇)의 강령(綱領)이니,

詳說

○ 陳氏大猷曰 : "治天下, 不過德刑兩端."

진씨 대유(陳氏大猷)96)가 말하였다 : "천하를 다스리는 것은 덕과 형 양단에 불과하다."97)

---

96) 진씨 대유(陳氏大猷, ?~?) : 송나라 남강군(南康軍) 도창(都倉) 사람으로 자는 문헌(文獻)이고, 호는 동재(東齋)다. 이종(理宗) 개경(開慶) 원년(1259) 진사(進士)가 되고, 종정랑(從政郞)과 황주군(黃州軍) 판관(判官)을 지냈다. 『서경』에 조예가 깊었다. 저서에 『상서집전혹문(尙書集傳或問)』과 『상서집전회통(尙書集傳會通)』 등이 있다.
97) 『서경대전(書經大全)』, 「주서(周書)」·「강고(康誥)」, "진씨 대유가 말하였다 : '천하를 다스리는 것은 덕과 형 양단에 불과하다. 덕은 사람들이 함께 사모하는 것이니, 사람들의 마음을 감화시키는 근본이다. 문왕이 능히 그것을 밝혀 백성들이 사모해서 덕으로 들어가게 했다. 벌은 사람들이 함께 두려워하는 것이니, 사람들의 마음을 막아 절도있게 하는 도구이다. 문왕이 능히 삼가서 백성들이 벌에 들어가지 않게 했다.'(陳氏大猷曰 : 治天下, 不過德刑兩端. 德者, 人所同慕, 感化人心之本也. 文王則克明之, 使民慕而入於德. 罰者, 人所同畏, 防範人心之具也. 文王則克謹之, 使民畏而不入於罰.)"

○ 按, 多方, 亦以此二事對說.
살펴보건대, 「다방」에서도 이 두 가지 일을 짝해서 설명하였다.

集傳

不敢侮鰥寡以下
'감히 홀아비와 과부를 업신여기지 않았다.[不敢侮鰥寡]'⁹⁸⁾는 말 이하는

詳說

○ 一節.
하나의 절이다.

集傳

文王明德謹罰也. 汝念哉以下,
문왕(文王)의 명덕(明德)·근벌(謹罰)이다. '너는 생각할지어다[汝念哉]'⁹⁹⁾ 이하는

詳說

○ 三節.
세 절이다.

集傳

---

98) 『서경대전(書經大全)』, 「주서(周書)」·「강고4(康誥4)」: "감히 홀아비와 과부를 업신여기지 않으시며, 등용하여야 할 사람을 등용하고 공경하여야 할 사람을 공경하고 위엄을 보여야 할 사람에게 위엄을 보이시어 덕이 백성들에게 드러나시어 우리 구하(區夏)[중국(中國)]를 조조(肇造)[창조(創造)]하시자, 우리 한두 나라가 닦여지며 우리 서토(西土)가 이에 믿고 무릅써서 상제(上帝)에게 알려지시니, 상제(上帝)가 아름답게 여기셨다. 하늘이 마침내 문왕(文王)을 크게 명하여 은(殷)나라를 쳐서 멸하게 하시므로 그 명을 크게 받으시니, 그 나라와 백성들이 이에 퍼지므로 네 과형(寡兄)이 힘썼다. 그러므로 너 소자(小子) 봉(封)이 이 동토(東土)에 있게 되었다.(不敢侮鰥寡, 庸庸, 祗祗, 威威, 顯民, 用肇造我區夏, 越我一二邦, 以脩 我西土, 惟時怙冒, 聞于上帝, 帝休. 天乃大命文王, 殪戎殷, 誕受厥命, 越厥邦厥民, 惟時叙, 乃寡兄勗. 肆汝小子封, 在茲東土.)"

99) 『서경대전(書經大全)』, 「주서(周書)」·「강고5(康誥5)」: "왕(王)이 말씀하였다. '아! 봉(封)아. 너는 생각할지어다. 지금 백성들을 다스림은 장차 네가 문고(文考)를 공경히 따름에 있으니, 너는 옛날에 들은 것을 이으며, 덕언(德言)을 행하도록 하라. 가서 은나라의 선철왕(先哲王)을 널리 구하여 백성들을 보호하여 다스리며, 너는 크게 상나라의 노성(老成)한 사람들을 멀리 생각하여 마음을 편안히 하고 가르침을 알며, 별도로 구하여 옛 선철왕(先哲王)의 일을 들고서 행하여 백성들을 편안히 보호하라. 천리를 넓혀 네 덕이 너의 몸에 넉넉하여야 왕에게 있는 명을 폐하지 않을 것이다.'(王曰. 嗚呼. 封汝念哉. 今民將在祗遹乃文考, 紹聞衣德言. 往敷求于殷先哲王, 用保乂民, 汝丕遠惟商耇成人, 宅心知訓, 別求聞古先哲王, 用康保民. 弘于天, 若德裕乃身, 不廢在王命.)"

欲康叔明德也, 敬明乃罰以下,

강숙(康叔)이 명덕(明德)하고자 한 것이고, '너는 형벌을 공경히 밝혀라[敬明乃罰]'[100] 이하는

詳說

○ 十二節.

12절이다.

集傳

欲康叔謹罰也,

강숙(康叔)이 근벌(謹罰)하고자 한 것이며,

詳說

○ 林氏曰 : "此篇多及罰刑者, 康叔以衛侯入繼, 蘇忿生爲司寇, 故於刑罰爲詳."

임씨가 말하였다 : "여기의 편에서 형벌에 대해 많이 언급한 것은 강숙이 위후로 계승했을 때 소분생이 사구로 있었기 때문에 형벌에 대해 자세한 것이다."

集傳

爽惟民以下,

'밝게 생각하건대, 백성들은(爽惟民)'[101] 이하는

詳說

---

100) 『서경대전(書經大全)』, 「주서(周書)」·「강고8(康誥8)」 : "왕(王)이 말씀하였다. "아! 봉(封)아. 너의 형벌을 공경히 밝혀라. 사람들이 작은 죄(罪)가 있더라도 모르고 지은 죄(罪)가 아니면 바로 끝까지 저지른 것으로, 스스로 떳떳하지 않은 일을 하여 이와 같이 된 것이니, 그 죄가 작더라도 죽이지 않을 수 없다. 큰 죄가 있더라도 끝까지 저지름이 아니면 바로 모르고 지은 죄이거나 재앙으로 마침 이와 같이 된 것이니, 이미 그 죄를 말하여 다하였거든 이에 죽이지 말아야 한다.(王曰, 嗚呼, 封. 敬明乃罰. 人有小罪, 非眚乃惟終, 自作不典式爾, 有厥罪小, 乃不可不殺. 乃有大罪, 非終乃惟眚災, 適爾, 既道極厥辜, 時乃不可殺.)"

101) 『서경대전(書經大全)』, 「주서(周書)」·「강고-20(康誥-20)」 : "왕(王)이 말씀하였다. '봉(封)아! 밝게 생각하건대 백성들은 길강(吉康)함으로 인도해야 하니, 나는 이 은(殷)나라 선철왕(先哲王)의 덕(德)으로써 백성들을 편안히 다스려 짝이 될 것이니, 하물며 지금 백성들이 인도함에 따르지 않는 자가 없음에랴. 그런데도 인도하지 않는다면 이는 정사(政事)가 그 나라에 없는 것이 된다.'(王曰. 封. 爽惟, 民迪吉康, 我時其惟殷先哲王德. 用康乂民作求, 矧今民 罔迪不適. 不迪, 則罔政在厥邦.)"

> ○ 二節.
>
> 두 절이다.

集傳

欲其以德行罰也. 封敬哉以下,

덕(德)으로 형벌을 행하고자 한 것이고, '봉아 공경할지어다[封敬哉]'102) 이하는

詳說

> ○ 一節.
>
> 한 절이다.

集傳

欲其不用罰而用德也. 終

형벌을 쓰지 않고 덕을 쓰고자 한 것이다. 맨 끝에는

詳說

> ○ 二節.
>
> 두 절이다.

集傳

則以天命殷民結之.

하늘의 명(命)과 은(殷)나라의 백성으로 끝맺었다.

詳說

> ○ 一篇綱領以下, 論也.
>
> '한 편(篇)의 강령(綱領)이다.' 이하는 경문의 의미 설명이다.

---

102)『서경대전(書經大全)』,「주서(周書)」·「강고6(康誥6)」: "왕(王)이 말씀하였다. "아! 소자(小子) 봉(封)아. 네 몸에 있는 병을 앓는 것처럼 여겨 공경할지어다. 천명(天命)은 두려울 만하나 정성스러우면 돕거니와 백성의 마음은 크게 볼 수 있으나 소인(小人)들은 보전하기 어려우니, 가서 네 마음을 다하고 편안히 하여 일예(逸豫)를 좋아하지 말아야 이에 백성을 다스릴 것이다. 내 들으니, 백성들의 원망은 큰데 있지 않으며 또한 작은데 있지 않다. 이치를 순히 하고 순히 하지 않으며 힘쓰고 힘쓰지 않음에 달려 있다고 한다.(王曰. 嗚呼, 小子封. 恫瘝乃身, 敬哉. 天畏棐忱, 民情大可見, 小人難保, 往盡乃心, 無康好逸豫, 乃其乂民. 我聞, 曰怨不在大, 亦不在小. 惠不惠, 懋不懋.)"

[9-4-9-4]

不敢侮鰥寡, 庸庸, 祗祗, 威威, 顯民, 用肇造我區夏, 越我一二邦, 以脩 我西土, 惟時怙冒, 聞于上帝, 帝休. 天乃大命文王, 殪戎殷, 誕受厥命, 越厥邦厥民, 惟時叙, 乃寡兄勗. 肆汝小子封, 在兹東土.

감히 홀아비와 과부를 업신여기지 않으시고, 등용하여야 할 사람을 등용하며, 공경하여야 할 사람을 공경하고 위엄을 보여야 할 사람에게 위엄을 보이시며 덕이 백성들에게 드러나시어 우리 구하를 창조하시자, 우리 한두 나라가 닦여지며 우리 서토(西土)가 이에 믿고 무릅써서 상제에게 알려지시니, 상제(上帝)가 아름답게 여기셨다. 하늘이 마침내 문왕에게 크게 명하여 은나라를 쳐서 멸하게 하셔서 그 명을 크게 받으시고, 그 나라와 백성들이 이에 펴지니 네 과형(寡兄)이 힘썼다. 그러므로 너 소자(小子) 봉(封)이 이 동토(東土)에 있게 되었다."

詳說

○ 聞, 如字, 又去聲. 殪, 壹計反.

'문(聞)'은 본래의 음 대로 읽고, 또 거성이다. '에(殪)'는 음이 '일(壹)'과 '계(計)'의 반절이다.

集傳

鰥寡, 人所易忽也,

홀아비와 과부는 사람들이 소홀히 하기 쉬운데,

詳說

○ 去聲, 下同.

'이(易)'는 거성으로 아래에서도 같다.

集傳

於人易忽者, 而不忽焉, 以見聖人無所不敬畏也,

사람들이 소홀히 하기 쉬운 것에 소홀히 하지 않았으니, 성인은 공경하고 조심하지 않는 바가 없음을 나타낸 것이니,

詳說
○ 音現.

'현(見)'은 음은 '현(現)'이다.

集傳
卽堯不虐無告之意.

바로 요제(堯帝)가 하소연할 데가 없는 자들에게 포학하게 하지 않았다는 뜻이다.

詳說
○ 見大禹謨.

「대우모」에 보인다.103)

集傳
論文王之德,

문왕의 덕을 논하면서

詳說
○ 承上節.

위의 절을 이어받았다.

集傳
而首發此, 非聖人不能也.

첫 번째로 이것을 말하였으니, 성인이 아니면 이렇게 하지 못한다.

詳說
○ 卽文王發政施仁, 先四窮之事.

곧 문왕이 정사를 시작함에 어짊을 시행한 것이니, 네 종류의 곤궁한 사람들을

---

103)『서경대전(書經大全)』, 「우서(虞書)」·「대우모3(大禹謨3) : "제순(帝舜)이 말씀하였다. '아! 너의 말이 옳다. 진실로 이와 같다면 아름다운 말이 숨겨지는 바가 없으며 들에는 버려진 현자가 없어서 만방이 다 편안할 것이니, 여러 사람에게 상고하여 자기를 버리고 남을 따르며 하소연할 곳 없는 자들을 학대하지 않으며 곤궁한 자들을 폐하지 않음은 오직 제요만이 이에 능하셨다.(帝曰. 俞. 允若玆, 嘉言, 罔攸伏, 野無遺賢, 萬邦咸寧, 稽于衆, 舍己從人, 不虐無告, 不廢困窮, 惟帝時克.)"

우선한 일이다.

集傳

庸, 用也. 用其所當用, 敬其所當敬, 威其所當威.

용(庸)은 등용함이다. 등용하여야 할 사람을 등용하고 공경하여야 할 사람을 공경하고 위엄을 보여야 할 사람에게 위엄을 보였다.

詳說

○ 添所當字.

'소당(所當)'자를 더하였다.

集傳

言文王用能敬賢討罪

문왕(文王)이 능한 이를 등용하고 어진 이를 공경하고 죄악이 있는 자를 토벌함에

詳說

○ 陳氏大猷曰 : "不侮鰥寡, 仁民也, 庸庸, 使能也, 祇祇, 尊賢也, 明德之事, 威威, 懲惡也. 愼罰之事."

진씨 대유(陳氏大猷)가 말하였다 : "홀아비와 과부를 업신여기지 않은 것은 백성들에게 어진 것이고, 등용할 사람을 등용하는 것은 능한 사람들 부리는 것이며, 공경해야 할 사람을 공경하는 것은 어진 사람을 높이는 것이니, 덕을 밝히는 일이다. 위엄을 보여야 할 사람에게 위엄을 보이는 것은 악을 징계하는 것이니, 삼가 형벌하는 일이다."104)

---

104) 『서경대전(書經大全)』, 「주서(周書)」·「강고(康誥)」, "진씨 대유가 말하였다 : '홀아비와 과부를 감히 업신여기지 않은 것은 백성들에게 어진 것이고, 등용할 사람을 등용하는 것은 능한 사람들 부리는 것이며, 공경해야 할 사람을 공경하는 것은 어진 사람을 높이는 것이니, 덕을 밝히는 일이다. 위엄을 보여야 할 사람에게 위엄을 보이는 것은 악을 징계하는 것이니, 삼가 형벌하는 일이다. 옳은 것을 옳다고 하며 그른 것을 그르다고 하는 것은 백성들이 분명히 좋아하고 싫어해야 할 것을 알게 하는 것이기 때문에 덕이 백성들에게 드러나게 하는 것이다. 강숙이 봉함을 받는 것은 당연하다고 여길까 염려했기 때문에 문왕이 덕을 쌓은 것을 거듭 말하고, 너의 형이 힘썼기 때문에 네가 이 땅을 얻었으니, 스스로의 어려움을 유념해서 감히 오만하고 쉽게 여기지 않기를 바라는 것이다.'(陳氏大猷曰 : 不敢侮鰥寡者, 仁民也, 庸庸, 使能也, 祇祇, 尊賢也, 明德之事. 威威, 懲惡也, 愼罰之事, 是之非非, 使民曉然知所好惡 所以顯民也. 恐康叔以受封為當然, 故歷言文王之積累, 汝兄之勉勵, 故汝得有此土也, 庶其念所自之艱難, 而不敢慢易也.)"

집傳

一聽於理,
한결같이 이치를 따르고

詳說

○ 句.
구두해야 한다.

集傳

而已無與焉.
자신이 관여하지 않았다.

詳說

○ 去聲.
'예(與)'는 거성이다.

集傳

故德著於民
그러므로 덕이 백성들에게 드러나

詳說

○ 添德字.
'덕(德)'자를 더하였다.

集傳

用始
처음으로

詳說

○ 肇.

'시(始)'는 경문에서 '조(肇)'이다.

集傳
造我區夏, 及我一二友邦漸以修治
우리 구하(區夏)를 만들었는데, 우리의 한두 우방(友邦)이 점점 닦여지고 다스려졌으며,

詳說
○ 越.
'급(及)'은 경문에서 '월(越)'이다.

○ 被文王之所修治.
문왕이 닦고 다스림에 힘입은 것이다.

集傳
至罄西土之人
서토(西土)의 사람을 다함에 이르러는

詳說
○ 盡也.
'경(罄)'은 다하다는 것이다.

集傳
怙之如父, 冒之如天,
문왕(文王)을 믿기를 부모처럼 하고 무릅쓰기를 하늘처럼 하여

詳說
○ 添父天字
'부(父)'자와 '천(天)'자를 더하였다.

| 集傳 |

明德昭升, 聞于上帝,
밝은 덕(德)이 밝게 올라가 상제(上帝)에게 알려지니,

| 詳說 |

○ 添明德字
 '명덕(明德)'이라는 글자를 더하였다.

| 集傳 |

帝用休美, 乃大命文王, 殪滅大殷.
상제(上帝)가 아름답게 여기시고는 마침내 문왕(文王)을 크게 명하여 큰 은(殷)나라를 멸하게 하였다.

| 詳說 |

○ 戎.
 '대(大)'는 경문에서 '융(戎)'이다.

○ 殪戎, 諺釋誤
 '에멸(殪滅)'은 『언해』의 해석이 잘못되었다.

| 集傳 |

大
크게

| 詳說 |

○ 誕.
 '대(大)'는 경문에서 '탄(誕)'이다.

| 集傳 |

受其命, 萬邦萬民, 各得其理,

그 명을 받으니, 만방과 만민이 각기 그 이치를 얻어

詳說

○ 添此句.
여기의 구를 더하였다.

集傳

莫不時敍.
이에 펴지지 않음이 없었다.

詳說

○ 以時而敍, 諺釋合更商.
이것으로 해서 펴졌다는 것인데, 『언해』의 해석이 맞는지 다시 생각해 봐야 한다.

集傳

汝寡德之兄, 亦勉力不怠,
너의 덕이 적은 형(兄)이 또한 힘쓰고 게으르게 하지 않았기

詳說

○ 新安陳氏曰 : "稱文王詳, 而自謂甚略, 只以一勖字, 見其自勉勖字, 惟自謙乃可言耳."
신안 진씨(新安陳氏)가 말하였다 : "문왕을 칭하는 것은 자세히 하고 자신은 아주 간략히 말하면서 단지 하나의 '욱(勖)'자로 스스로 힘씀을 드러냈으니 스스로 겸손함을 말한 것일 뿐이다."105)

---

105) 『서경대전(書經大全)』, 「주서(周書)」·「강고(康誥)」, "신안 진씨가 말하였다 : '여러 학자들이 주공이 강숙에게 명했다는 설에 구애되어 공이 무왕에 대해 과인에게 형이 있다는 것으로 불렀다고 말한 것은 그 덕을 무리로 하지 않은 것이니, 어찌 사리와 명칭의 사실이겠는가? 무왕이 스스로 말한 것이기 때문에 문왕을 칭하는 것은 자세히 하고 자신은 아주 간략히 말하면서 단지 하나의 '욱(勖)'자로 스스로 힘씀을 드러냈다. 만약 주공의 말이라면 어찌 무왕에 대해 말하면서 어찌 이처럼 간략히 했겠는가? 또 「욱(勖)」자는 스스로 겸손함을 말한 것일 뿐이다.'(新安陳氏 : 諸儒泥周公命康叔之說者, 謂公呼武王爲寡有之兄, 言其德不羣也, 豈事理名稱之實乎. 惟是武王自言, 故稱文王詳, 而自謂甚略, 只以一勖字, 見其自勉. 若周公之言, 豈論武王如此簡略, 且勖字惟自謙乃可言耳.)"

集傳

故爾

때문에 너

詳說

○ 肆汝.

'고이(故爾)'는 경문에서 '사여(肆汝)'이다.

集傳

小子封得以在此東土也.

소자(小子) 봉(封)이 이 동토(東土)에 있게 된 것이다.

詳說

○ 陳氏大猷曰 : "庶其念所自之艱難, 而不敢慢易也."

진씨 대유(陳氏大猷)가 말하였다 : "스스로의 어려움을 유념해서 감히 오만하고 쉽게 여기기 않기를 바라는 것이다."106)

集傳

吳氏曰 : 殪戎殷, 武王之事也, 此稱文王者, 武王不敢以爲己之功也

오씨(吳氏)가 말하였다. "은(殷)나라를 쳐서 멸한 것은 무왕(武王)의 일인데, 여기에 문왕(文王)이라고 칭한 것은 무왕(武王)이 감히 자신의 공으로 삼을 수 없기 때문이다."

詳說

---

106) 『서경대전(書經大全)』, 「주서(周書)」·「강고(康誥)」, "진씨 대유가 말하였다 : '홀아비와 과부를 감히 업신여기지 않은 것은 백성들에게 어진 것이고, 등용할 사람을 등용하는 것은 능한 사람들 부리는 것이며, 공경해야 할 사람을 공경하는 것은 어진 사람을 높이는 것이니, 덕을 밝히는 일이다. 위엄을 보여야 할 사람에게 위엄을 보이는 것은 악을 징계하는 것이니, 삼가 형벌하는 일이다. 옳은 것을 옳다고 하며 그른 것을 그르다고 하는 것은 백성들이 분명히 좋아하고 싫어해야 할 것을 알게 하는 것이기 때문에 덕이 백성들에게 드러나게 하는 것이다. 강숙이 봉함을 받는 것은 당연하다고 여길까 염려했기 때문에 문왕이 덕을 쌓은 것을 거듭 말하고, 너의 형이 힘썼기 때문에 네가 이 땅을 얻었으니, 스스로의 어려움을 유념해서 감히 오만하고 쉽게 여기기 않기를 바라는 것이다.'(陳氏大猷曰 : 不敢侮鰥寡者, 仁民也, 庸庸, 使能也, 祇祇, 尊賢也, 明德之事, 威威, 懲惡也, 愼罰之事, 是是非非, 使民曉然知所好惡 所以顯民也. 恐康叔以受封爲當然, 故歷言文王之積累, 汝兄之勉勵, 故汝得有此土也, 庶其念所自之艱難, 而不敢慢易也.)"

○ 論也.
경문의 의미 설명이다.

集傳
○ 又按, 東土云者, 武王克商, 分紂城朝歌, 以北爲邶,
또 살펴보건대, 동토(東土)라고 말한 것은 무왕이 상나라를 이기고 주왕(紂王)의 도성인 조가(朝歌)를 나누어 북을 패(邶)로 삼고

詳說
○ 音佩.
'패(邶)'는 음이 '패(佩)'이다.

集傳
南爲鄘,
남을 용(鄘)으로 삼고

詳說
○ 音容.
'용(鄘)'은 음이 '용(容)'이다.

集傳
東爲衛, 意邶鄘爲武庚之封,
동을 위(衛)로 삼았으니, 짐작컨대 패(邶)와 용(鄘)은 무경(武庚)의 봉지(封地)이고

詳說
○ 武庚亡後, 分封邶鄘.
무경이 망한 다음에 패와 용으로 나눠 봉했다.

集傳
而衛卽康叔也. 漢書

위(衛)는 곧 강숙(康叔)의 봉지(封地)이다.『한서(漢書)』에

詳說

○ 當考.
상고해 봐야 한다.

集傳

言周公善康叔不從管蔡之亂, 似地相比近之辭.
"주공(周公)은 강숙(康叔)이 관숙(管叔)·채숙(蔡叔)의 난(亂)을 따르지 않은 것을 선(善)하게 여겼다."라고 하였으니, 땅이 서로 가깝기 때문에 한 말인 듯하다.

詳說

○ 必二反.
'비(比)'는 음이 '필(必)'과 '이(二)'의 반절이다.

集傳

然不可考矣.
그러나 상고할 수 없다.

[9-4-9-5]

王曰. 嗚呼. 封汝念哉. 今民將在祗遹乃文考, 紹聞衣德言. 往敷求于殷先哲王, 用保乂民, 汝丕遠惟商耇成人, 宅心知訓, 別求聞由古先哲王, 用康保民. 弘于天, 若德裕乃身, 不廢在王命.

왕(王)이 말씀하였다. "아! 봉(封)아. 너는 생각할지어다. 지금 백성들을 다스림은 장차 네가 문고(文考)를 공경하여 따름에 있으니, 너는 옛날에 들은 것을 이으며, 덕언(德言)을 행하도록 하라. 가서 은나라의 선철왕(先哲王)을 널리 구하여 백성들을 보호하여 다스리며, 너는 크게 상나라의 노성(老成)한 사람들을 멀리 생각하여 마음을 편안히 하고 가르침을 알며, 별도

로 구하여 옛 선철왕(先哲王)의 일을 듣고서 행하여 백성들을 편안히 보호하라. 천리를 넓혀 네 덕이 너의 몸에 넉넉하여야 왕에게 있는 명을 폐하지 않을 것이다."

詳說

○ 遹, 音聿, 又音述, 衣, 如字, 又去聲.

'휼(遹)'은 음이 '율(聿)'이고, 또 음이 '술(述)'이며, '의(衣)'는 본래의 음 대로 읽고, 또 거성이다.

集傳
此下, 明德也

이 이하는 덕(德)을 밝힌 것이다.

詳說

○ 總提三節.

총괄해서 세 절로 제시했다.

集傳
遹, 述,

휼(遹)은 따름이고,

詳說

○ 乃汝也.

'내(乃)'는 '여(汝)'이다.

集傳
衣, 服也. 今治民,

의(衣)는 행함이다. 지금 백성을 다스림은

詳說

○ 添治字.

'치(治)'자를 더하였다.

集傳

將在敬述文考之事, 繼其所聞, 而服行文王之德言也. 往, 之國也.
문고(文考)를 공경히 따르는 일에 있으니, 그 들은 바를 이어 문왕의 덕언(德言)을 행하여야 한다. 왕(往)은 나라로 가는 것이다.

詳說

○ 就也.
'지(之)'는 나아감이다.

集傳

宅心, 處心也,
택심(宅心)은 마음을 안정시키는 것이니,

詳說

○ 上聲.
'처(處)'는 상성이다.

集傳

安汝止之意,
네 그침을 편안히 한다는 뜻이며,

詳說

○ 見益稷.
「익직」에 보인다.107)

---

107) 『서경대전(書經大全)』, 「우서(虞書)」·「익직2(益稷2)」: "우(禹)가 말씀하기를 '아! 훌륭합니다. 황제시여, 지위에 있음을 삼가소서.'라고 하니, 제순(帝舜)이 '아! 너의 말이 옳다.'라고 하였다. 이에 우(禹)가 다음과 같이 말씀하였다. '당신의 마음이 그치는 바에 편안히 하여 기미를 생각하고 편안히 할 것을 생각하시며 보필하는 신하가 정직하면 동함에 크게 응하여 뜻을 기다릴 것이니, 상제(上帝)께 밝게 받으시면 하늘이 거듭 명하여 아름답게 할 것입니다.'(禹曰, 都. 帝, 愼乃在位. 帝曰, 兪. 禹曰, 安汝止. 惟幾惟康, 其弼直, 惟動, 丕應志, 以昭受上帝, 天其申命用休.)"

集傳

知訓, 知所以訓民也.

지훈(知訓)은 백성을 가르칠 바를 아는 것이다.

詳說

○ 添民字.

'민(民)'자를 더하였다.

集傳

由, 行也. 曰保乂, 曰知訓, 曰康保, 經緯以成文爾.

유(由)는 행함이다. 보예(保乂)라 하고 지훈(知訓)이라 하고 강보(康保)라 한 것은 경위(經緯)하여 문장을 이룬 것이다.

詳說

○ 大意略同.

대의는 대략 같다.

集傳

武王旣欲康叔祗遹文考, 又欲敷求商先哲王,

무왕(武王)은 이미 강숙(康叔)이 문고(文考)를 공경히 따르게 하고자 하였고, 또 상(商)나라의 선철왕(先哲王)을 널리 구하며,

詳說

○ 廣也.

'부(敷)'는 '광(廣)'이다.

○ 諱殷作商

은(殷)을 휘하여 상(商)으로 하였다.

○ 先哲王之事.

선철왕의 일이다.

> 集傳

又丕遠惟商耉成人
또 크게 상(商)나라의 노성(老成)한 사람을 멀리 생각하고

> 詳說

○ 大遠思.
'비원유(丕遠惟)'는 '대원사(大遠思)'이다.

○ 之事.
노성한 사람의 일이다.

> 集傳

又別聞由古先哲正,
또 별도로 옛 선철왕(先哲王)의 일을 듣고 행하게 하고자 하여,

> 詳說

○ 服聞而行之.
들었던 것에 따라 행하는 것이다.

○ 之事.
선철왕의 일이다.

○ 林氏曰 : "召誥曰, 無遺壽耉, 稽我古人稽謀自天, 卽此意."
임씨(林氏)가 말하였다 : "「소고」에서 '노성한 사람들을 버리지 마소서. 우리 고인들의 덕을 상고하고 꾀를 상고하기를 하늘로부터 한다.'[108]는 것이 바로 이런 의미이다."[109]

---

108) 『서경대전(書經大全)』, 「주서(周書)」·「소고-12(김誥-12)」 : "이제 충자(沖子)가 지위를 이으셨으니, 노성(老成)한 사람들을 버리지 마소서. 우리 고인들의 덕을 상고한다고 말하더라도 버릴 수 없거늘 하물며 능히 꾀를 상고하되 하늘로부터 한다고 말함에 있어서이겠습니까!(今沖子嗣, 則無遺壽耉. 曰其稽我古人之德, 矧曰其有能稽謀自天.)"

집傳
近述諸今
가까이는 지금을 따르고

詳說
○ 文考.
문고이다.

集傳
遠稽諸古
멀리는 옛것을 상고하여

詳說
○ 平聲.
'계(稽)'는 평성이다.

○ 殷商古
은상(殷商)의 옛 것이다.

集傳
不一而足,
하나로 만족하지 않았으니,

詳說
○ 言多也.
말이 많이 있는 것이다.

---

109) 『서경대전(書經大全)』, 「주서(周書)」·「강고(康誥)」, "임씨가 말하였다 : '노성한 사람들이 옛날을 법으로 한 것을 구할 것을 생각함에 하늘에서 넓혀야 한다는 것이다. 「소고」에서 「노성한 사람들을 버리지 마소서. 우리 고인들의 덕을 상고하고 또 능히 꾀를 상고하기를 하늘로부터 한다.」는 것이 바로 이런 의미이다.'(林氏曰 : 唯求老成法往古, 又當弘于天. 召詰曰, 則無遺壽耇, 其稽我古人之德, 又能稽謀自天, 即此意.)"

書集傳詳說 卷之九 135

集傳
以見義理之無盡.
의리가 다함이 없음을 나타낸 것이다.

詳說
○ 音現, 下同.
'현(見)'은 음이 '현(現)'으로 아래에서도 같다.

集傳
易
『주역(周易)』에

詳說
○ 大畜大象.
「대축」의 대상이다.

集傳
曰君子多識前言往行
"군자(君子)는 옛 말씀과 지나간 행실을 많이 알아서

詳說
○ 去聲.
'행(行)'은 거성이다.

集傳
以畜其德.
그 덕(德)을 쌓는다."110)라고 하였다.

---

110) 『주역(周易)』「대축(大畜)」상(象)에, "하늘이 산 가운데에 있는 것이 대축이니, 군자가 보고서 옛 성현들의 말씀과 지나간 행실을 많이 알아 덕을 쌓는다.(天在山中, 大畜, 君子以多識前言往行, 以畜其德.)"라고 하였다.

詳說
○ 畜六反.
'휵(畜)'은 음이 '래(勑)'와 '육(六)'의 반절이다.

○ 七句, 申論.
일곱 구는 경문의 의미 설명을 거듭한 것이다.

集傳
弘者, 廓而大之也,
홍(弘)은 넓혀 키움이고,

詳說
○ 于, 猶, 其也.
경문에서 '우(于)'는 '기(其)'와 같다.

集傳
天者, 理之所從出也.
천(天)은 이치가 따라 나오는 것이다.

詳說
○ 若, 汝也.
경문에서 '약(若)'은 '여(汝)'이다.

集傳
康叔博學以聚之,
강숙(康叔)이 배우기를 널리 하여 모으고[111]

詳說

---

111) 『주역(周易)』「건괘(乾卦)」에 "군자는 배워서 지식을 모으고 물어서 분별하며, 너그러움으로써 거하고 인으로 실행한다.(君子學以聚之, 問以辨之, 寬以居之, 仁以行之.)"

○ 見易乾文言.
『주역』「건괘」 문언(文言)」에 있다.

集傳
集義以生之,
의로운 행실을 쌓아 내어서

詳說
○ 見孟子公孫丑.
『맹자』「공손추」에 보인다.112)

集傳
眞積力久
참을 쌓고 힘쓰기를 오래함에

詳說
○ 出荀子勸學篇
『순자』「권학편」이 출처이다.

集傳
衆理該通, 此心之天,
모든 이치에 다 통달하여 이 마음의 하늘에서

詳說
○ 句.
구두해야 한다.

集傳

---

112) 『맹자(孟子)』「공손추상(公孫丑上)」, "이 호연지기(浩然之氣)는 의리(義理)를 많이 축적하여 생겨나는 것이니, 의(義)가 하루아침에 갑자기 엄습하여 취해지는 것은 아니다.(是集義所生者, 非義襲而取之也.)"

理之所從出者, 始恢廓
이치가 따라 나오는 것이 비로소 넓어져

詳說

○ 陳氏雅言曰:"貫通一理, 而後有以廓此心之天."
진씨 아언(陳氏雅言)113)이 말하였다 : "하나의 이치로 관통한 이후에 이 마음의 하늘을 크게 하는 것이다."114)

集傳

而有餘用矣.
남은 쓰임이 있을 것이다.

詳說

○ 裕.
'여(餘)'는 '유(裕)'이다.

○ 期之之辭.
기약하는 말이다.

集傳

若是, 則心廣體胖
이와 같이 하면 마음이 넓고 몸이 펴져서

詳說

---

113) 진아언(陳雅言, 1318~1385)은 원말명초 때 강서(江西) 영풍(永豊) 사람이다. 원나라 말에 무재(茂材)로 천거되었지만 나가지 않았다. 명나라 초 홍무(洪武) 연간에 영풍현 향교(鄕校)에서 학생을 가르쳤다. 당시 호구(戶口)와 토전(土田)이 실상과 달라 현관(縣官)도 대처할 방법을 찾지 못했는데, 그가 계획을 내놓자 공사가 모두 편리해졌다. 저서에 『사서일람(四書一覽)』과 『대학관견(大學管窺)』, 『중용류편(中庸類編)』 등이 있었지만 전하지 않고, 지금은 『서의탁약(書義卓躍)』만 전한다.
114) 『서경대전(書經大全)』, 「주서(周書)」·「강고(康誥)」, "진씨 아언이 말하였다 : '덕을 밝히는 방법은 진실로 모든 이치를 전부 구비한 다음에 천하의 선을 다하는 것이고, 더욱 하나의 이치로 관통한 이후에 이 마음의 하늘을 크게 해야 하는 것이다. 이것은 곧 이윤이 태갑에게 고한 것으로 선함을 주로 함을 스승으로 삼아 능히 한결같음에 합하라는 의미이다.'(陳氏雅言曰 : 明德之道, 固當全備衆理, 而後有以窮天下之善, 尤當貫通一理, 而後有以廓此心之天. 此即伊尹告太甲, 以主善爲師, 協于克一之意也.)"

○ 步丹反.
'반(胖)'은 음이 '보(步)'와 '단(丹)'의 반절이다.

○ 出大學.
『대학』이 출처이다.

集傳
動無違禮, 斯能不廢在王之命也.
동함에 예(禮)를 어김이 없어 이에 왕(王)에게 있는 명(命)을 폐하지 않을 것이다.

詳說
○ 出於王
'재왕(在王)'은 '왕에게서 나오는'이다.

○ 以論釋之.
경문의 의미 설명으로 해석했다.

集傳
○ 呂氏曰 : 康叔歷求聖賢問學
여씨(呂氏)가 말하였다. "강숙(康叔)이 성현(聖賢)의 학문을 일일이 구하여

詳說
○ 一作力.
'력(歷)'은 어떤 판본에는 '력(力)'으로 되어 있다.

集傳
至於弘于天德裕身, 可謂盛矣. 止能不廢王命, 才可免過而已,
천리(天理)를 넓히고 덕(德)이 몸에 넉넉함에 이르렀으니, 성대하다고 이를 만하다. 그러나 다만 왕명(王命)을 폐하지 않아 겨우 허물을 면할 뿐이었으니,

> 詳說

○ 纔通.

'재(才)'는 '재(纔)'와 통한다.

> 集傳

此見人臣職分

이것은 인신(人臣)의 직분이

> 詳說

○ 去聲.

'분(分)'은 거성이다.

> 集傳

之難盡. 若欲爲子, 必須如舜與曾閔, 方能不廢父命

다하기 어려움을 나타낸 것이다. 만일 자식이 되고자 한다면 반드시 모름지기 순(舜)과 증자(曾子)·민자(閔子)와 같아야 비로소 아버지의 명(命)을 폐하지 않은 것이 되며,

> 詳說

○ 帶說父命.

부차적으로 아버지의 명을 설명하였다.

> 集傳

若欲爲臣, 必須如舜與周公, 方能不廢君命.

만약 신하가 되고자 한다면 반드시 모름지기 순(舜)과 주공(周公)과 같아야 비로소 군주의 명을 폐하지 않음이 되는 것이다."

[9-4-9-6]

王曰. 嗚呼, 小子封. 恫瘝乃身, 敬哉. 天畏棐忱. 民情大可見, 小人難保, 往盡乃心, 無康好逸豫, 乃其乂民. 我聞, 曰怨不在大, 亦不在小. 惠不惠, 懋不懋.

왕(王)이 말씀하였다. "아! 소자(小子) 봉(封)아. 네 몸에 있는 병을 앓는 것처럼 여겨 공경할지어다. 천명은 두려울 만하나 정성스러우면 도우리라. 백성의 마음은 크게 볼 수 있으나 소인들은 보전하기 어려우니, 가서 네 마음을 다하고 편안히 하여 일예(逸豫)를 좋아하지 말아야 이에 백성을 다스릴 것이다. 내 들으니, 백성들의 원망은 큰데 있지 않으며 또한 작은데 있지 않다. 이치를 순히 하고 순히 하지 않으며 힘쓰고 힘쓰지 않음에 달려 있다고 한다.

詳說

○ 恫, 音通. 瘝, 姑還反, 諺音誤. 好, 去聲.

'통(恫)'은 음이 '통(通)'이다. '환(瘝)'은 음이 '고(姑)'와 '환(還)'의 반절이고, 『언해』의 음은 잘못되었다. '호(好)'는 거성이다.

集傳

恫, 痛, 瘝, 病也. 視民之不安,

통(恫)은 아픔이고, 환(瘝)은 병이다. 백성들의 불안함을 보기를

詳說

○ 補此句.

여기의 구를 보충하였다.

集傳

如疾痛之在乃身

질통(疾痛)이 네 몸에 있는 것처럼 여겨

詳說

○ 添如字.

'여(如)'자를 더하였다.

集傳

不可不敬之也. 天命不常, 雖甚可畏,

공경하지 않으면 안 되는 것이다. 천명(天命)은 일정하지 아니하여 비록 심히 두려울 만하나

詳說

○ 卽大誥之天明畏.

곧 「대고」의 '하늘의 밝은 명이 두렵다.'115)는 것이다.

集傳

然誠則輔之,

정성스러우면 도와주거니와

詳說

○ 卽大誥之天棐忱.

곧 「대고」의 '하늘이 돕되 정성스러움으로 한다.'116)는 것이다.

○ 諺釋, 太泥於此則字

『언해』의 해석은 여기에서의 '즉(則)'자에 너무 구애되었다.

---

115) 『서경대전(書經大全)』, 「주서(周書)」·「대고9(大誥9)」: "그만두겠는가! 나 소자는 감히 상제의 명을 폐할 수 없으니, 하늘이 영왕(寧王)을 아름답게 여기시어 우리 작은 나라인 주나라를 흥하게 하실 적에 영왕이 점을 사용하여 이 천명을 편안히 받으셨으며, 이제 하늘이 백성을 도우실 적에도 하물며 또한 점괘를 씀에 있어서랴. 아! 하늘의 명명(明命)이 두려움은 우리의 크고 큰 기업을 돕기 때문이다.(已. 予惟小子, 不敢替上帝命, 天休于寧王, 興我小邦周, 寧王惟卜用, 克綏受玆命, 今天其相民, 矧亦惟卜用. 嗚呼, 天明畏, 弼我丕丕基.)"

116) 『서경대전(書經大全)』, 「주서(周書)」·「대고-10(大誥-10)」: "왕이 말씀하였다. '너희들은 옛사람들이다. 너희들은 크게 멀리 살필 수 있으니, 너희들은 영왕(寧王)이 이와 같이 근로함을 알 것이다. 하늘이 막고 어렵게 함은 우리가 공을 이룰 수 있는 기회이니, 내 감히 영왕이 도모하신 일을 지극히 마치지 않을 수 없다. 그러므로 내 크게 우리 우방의 군주들을 교화하고 달래노니, 하늘이 돕되 정성스런 말씀으로 함은 우리 백성을 살펴보면 알 수 있으니, 내 어찌 전녕인(前寧人)의 공을 마칠 것을 도모하지 않겠는가! 하늘이 또한 우리 백성들을 수고롭게 하고 어렵게 하며 마치 병이 있을 때에 치료하듯이 하시니, 내 어찌 전녕인이 받으신 아름다운 명을 끝마치지 않겠는가!'(王曰, 爾惟舊人, 爾丕克遠省, 爾知寧王若勤哉. 天閟毖, 我成功所, 予不敢不極卒寧王圖事. 肆予大化誘我友邦君, 天棐忱辭, 其考我民, 予曷其不于前寧人圖功攸終. 天亦惟用勤毖我民, 若有疾, 予曷敢不于前寧人攸受休畢.)"

> 集傳

民情好惡,
백성들의 마음에 좋아하고 미워함은

> 詳說

○ 並去聲.
'호오(好惡)'는 모두 거성이다.

> 集傳

雖大可見
비록 크게 볼 수 있으나

> 詳說

○ 大略相近.
대략 서로 가깝다는 것이다.

> 集傳

而小民至爲難保, 汝往之國, 所以治之者, 非他. 惟盡汝心, 無自安, 而好逸豫, 乃其所以治民也.
소민(小民)들은 지극히 보전하기 어려우니, 네가 나라에 가서 백성을 다스림은 다른 방법이 없다. 오직 네 마음을 다하여, 스스로 편안히 하여 일예(逸豫)를 좋아하지 말아야 백성을 다스릴 수 있을 것이다.

> 詳說

○ 乂.
'치(治)'는 경문에서 '예(乂)'이다.

> 集傳

古人言怨不在大亦不在小, 惟在順
옛 사람이 "원망은 큰데 있지 않으며 또한 작은데 있지 않다. 오직 이치를 순히

하고

詳說

○ 惠.
'순(順)'은 경문에서 '혜(惠)'이다.

集傳

不順, 勉
순히 하지 않으며 힘쓰고

詳說

○ 懋.
'면(勉)'은 경문에서 '무(懋)'이다.

集傳

不勉耳.
힘쓰지 않음에 달려 있다."라고 하였다.

詳說

○ 林氏曰 : "致怨無小無大, 皆足以召亂. 當順而不順, 當勉而不勉, 皆致怨之道."
임씨(林氏)가 말하였다 : "원망을 불러옴은 작음이 없고 큼이 없이 모두 혼란을 불러오기에 충분하다. 순히 하고 순히 하지 않으며 힘쓰고 힘쓰지 않음은 모두 원망을 불러오는 길이다."117)

集傳

順者, 順於理, 勉者, 勉於行,

---

117) 『서경대전(書經大全)』, 「주서(周書)」·「강고(康誥)」, "임씨가 말하였다 : '원망을 불러옴은 작음이 없고 큼이 없이 모두 혼란을 불러오기에 충분하다. 순히 하고 순히 하지 않으며 힘쓰고 힘쓰지 않음은 모두 원망을 불러오는 길이니, 반드시 이치에 순히 하고 행함에 힘쓰면 원망을 거의 막을 수 있는 것이다.'(林氏曰 : 致怨無小無大, 皆足以召亂. 當順而不順, 當勉而不勉, 皆致怨之道, 必順於理, 而勉於行, 怨庶可弭也.)"

순(順)은 이치를 순히 함이고 면(勉)은 행실을 힘쓰는 것이니,

詳說

○ 去聲.
'행(行)'은 거성이다.

集傳

卽上文所謂, 往盡乃心, 無康好逸豫者也.
곧 위의 글에서 이른바 '가서 네 마음을 다하여, 편안하여 일예(逸豫)를 좋아하지 말라.'는 것이다.

詳說

○ 論也.
경문의 의미 설명이다.

[9-4-9-7]

已. 汝惟小子. 乃服, 惟弘王, 應保殷民, 亦惟助王, 宅天命, 作新民.

그만두겠는가! 너 소자(小子)야. 네가 행할 일은 오직 왕의 덕을 넓혀 은나라 백성들을 화합하고 보호하며, 또한 왕을 도와서 천명을 안정시키고 백성들을 진작하여 새롭게 하는 것이다."

集傳

服, 事, 應, 和也. 汝之事, 惟在廣上德意.
복(服)은 일이고, 응(應)은 화함이다. 네가 할 일은 오직 상(上)의 덕의(德意)를 넓혀

詳說

○ 弘.

'광(廣)'은 경문에서 '홍(弘)'이다.

○ 添二字.
'덕의(德意)'라는 말을 더하였다.

集傳
和保殷民, 使之不失其所,
은나라 백성들을 화합하고 보호하여 그 살 곳을 잃지 않게 하며,

詳說
○ 句.
구두해야 한다.

集傳
以助王, 安定天命,
왕을 도와서 천명을 안정시키고,

詳說
○ 宅.
'안정(安定)'은 경문에서 '택(宅)'이다.

集傳
而作新斯民也.
이 백성을 진작하여 새롭게 함에 있다.

詳說
○ 朱子曰:"鼓之舞之之謂作."
주자가 말하였다:"고무시키는 것을 진작시킴이라고 한다."[118]

---

118)『서경대전(書經大全)』,「주서(周書)」·「강고(康誥)」,"주자가 말하였다 : '고무시키는 것을 진작시킴이라고 한다. 일예를 물리쳐 스스로 새롭게 하는 백성들을 진작시킨다는 말이다.'(朱子曰 : 鼓之舞之之謂作. 言攘起其自新之民也.)"

○ 作而新之.
  진작하여 새롭게 하는 것이다.

集傳
此言明德之終也, 大學言明德, 亦擧新民終之.
이는 명덕(明德)의 마침을 말한 것이니, 『대학(大學)』에 덕(德)을 밝힘을 말함에 또한 백성을 새롭게 함을 들어 끝마쳤다.

詳說
○ 論也.
  경문의 의미 설명이다.

○ 新安陳氏曰 : "此欲康叔法文王之明德, 而極於新民也. 大學傳引克明德作新民三綱領之二, 其源實出於康誥. 二帝夏商以來, 言明德者有矣, 未有言新民者. 言克明德作新民, 體用相對, 首見於康誥, 而大學祖述之謂, 康誥非大學之宗祖可乎."
  신안 진씨(新安陳氏)가 말하였다 : "여기에서는 강숙이 문왕의 명덕을 본받아 신민을 끝까지 하기를 바란 것이다. 『대학』의 전에서 능히 덕을 밝히고 백성을 새롭게 하는 삼강령의 둘을 인용한 것은 그 연원이 실로 「강고」에서 나온 것이다. 이제(二帝)의 하나라와 상나라 이후로 명덕을 말하는 경우가 있었으나 신민을 말하는 경우가 없었다. 그런데 능히 명덕하고 신민을 진작시키는 것을 말해 체와 용이 서로 짝이 되는 것은 「강고」의 처음에 나왔고, 대학에서 조술해서 말했으니, 「강고」가 『대학』의 조종이 아니라는 것이 가하겠는가!"119)

---

119)『서경대전(書經大全)』,「주서(周書)」·「강고(康誥)」, "신안 진씨가 말하였다 : '여기에서는 강숙이 문왕의 명덕을 본받아 신민을 끝까지 하기를 바란 것이다. 『대학』의 전에 능히 덕을 밝히는 것을 인용한 것은 곧 위의 글에 실려 있는 「능히 덕을 밝히고 형벌을 삼가셨다.」는 구에서 「능히 덕을 밝혔다.」것이고, 백성들을 진작하여 새롭게 하는 것은 곧 여기의 장에서 한 구절이다. 대학의 삼강령에서 둘이나 그 연원이 실로 「강고」에서 나온 것이다. 이제(二帝)의 하나라와 상나라 이후로 명덕을 말하는 경우가 있었으나 신민을 말하는 경우가 없었다. 그런데 능히 명덕하고 신민을 진작시키는 것을 말해 체와 용이 서로 짝이 되는 것은 「강고」의 처음에 나왔고, 대학에서 조술해서 말했으니, 「강고」가 『대학』의 조종이 아니라는 것이 가하겠는가!'(新安陳氏曰 : 此欲康叔法文王之明德, 而極於新民也. 大學傳引康誥曰克明德, 即截上文克明德慎罰一句上三字, 引作新民, 即此章此一句也. 大學三綱領之二, 其源實出於康誥, 二帝夏商以來, 言明德者有矣, 未有言新民者. 言克明德作新民, 體用相對, 首見於康誥, 而大學祖述之謂, 康誥非大學之宗祖可乎.)"

[9-4-9-8]

王曰, 嗚呼, 封. 敬明乃罰. 人有小罪, 非眚乃惟終, 自作不典
式爾, 有厥罪小, 乃不可不殺. 乃有大罪, 非終乃惟眚災, 適爾,
旣道極厥辜, 時乃不可殺.

왕(王)이 말씀하였다. "아! 봉(封)아. 너의 형벌을 공경히 밝혀라. 사람들이 작은 죄(罪)가 있더라도 모르고 지은 죄(罪)가 아니면 바로 끝까지 저지른 것으로, 스스로 떳떳하지 않은 일을 하여 이와 같이 된 것이니, 그 죄가 작더라도 죽이지 않을 수 없다. 큰 죄가 있더라도 끝까지 저지름이 아니면 바로 모르고 지은 죄이거나 재앙으로 마침 이와 같이 된 것이니, 이미 그 죄를 말하여 다하였거든 이에 죽이지 말아야 한다."

集傳
此下, 謹罰也.
이 이하는 형벌을 삼간 것이다.

詳說
○ 總提十二節.
총괄해서 12절로 제시했다.

集傳
式, 用適偶也人有小罪非過誤
식(式)은 씀이요, 적(適)은 우연이다. 사람이 작은 죄(罪)가 있더라도 과오가 아니면

詳說
○ 眚.
'과오(過誤)'는 경문에서 '생(眚)'이다.

集傳
乃其固

진실로

詳說
○ 終.
'고(固)'는 경문에서 '종(終)'이다.

○ 或故之訛.
혹 '고(故)'가 잘못된 것일 수 있다.

集傳
爲亂常
떳떳함을 어지럽히는

詳說
○ 典.
'상(常)'은 경문에서 '전(典)'이다.

集傳
之事, 用意如此
일을 하는 것이니, 뜻을 씀이 이와 같으면

詳說
○ 爾, 如此也.
경문에서 '이(爾)'는 이와 같이 되었다는 것이다.

集傳
其罪雖小, 乃不可不殺, 卽舜典所謂, 刑故無小也.
그 죄(罪)가 비록 작더라도 죽이지 않을 수 없으니, 곧 「순전(舜典)」에서 이른바 '고의로 지은 죄는 형벌함에 작음이 없다.'[120]는 것이다.

---

120) 『서경대전(書經大全)』, 「우서(虞書)」・「대우모-12(大禹謨-12)」: "고요가 말하였다. '황제의 덕이 잘못됨이

詳說

○ 證也.
증빙한 것이다.

○ 當云舜典所謂, 怙終賊刑, 大禹謨所謂, 刑故無小也.
「순전」에서는 이른바 '의도적으로 반복해서 짓는 죄는 사형에 처한다.'[121]라고 하고, 「대우모」에서는 이른바 '고의로 지은 죄는 형벌함에 작음이 없다.'라고 해야 한다.

集傳

人有大罪, 非是故犯, 乃其過誤, 出於不幸, 偶爾如此, 旣自稱道, 盡輸其情, 不敢隱匿, 罪雖大, 時乃
사람이 큰 죄(罪)가 있더라도 고의범(故意犯)이 아니면 바로 과오이거나 불행에서 나와 우연히 이와 같이 된 것이니, 이미 스스로 죄(罪)를 말하여 그 실정을 모두 바쳐 감히 은닉하지 않는다면, 죄가 비록 크더라도 이에

詳說

○ 是也.
'시(時)'는 '시(是)이다.

集傳

不可殺, 卽舜典所謂, 宥過無大也.
죽이지 말아야 하니, 곧 「순전(舜典)」에 이른바 '과오로 지은 죄는 용서함에 큼이

없으시어 아랫사람에게 임하되 간략함으로써 하시고 무리들을 어거하되 너그러움으로써 하시며, 벌(罰)은 자식에게 미치지 않고 상(賞)은 자손 대대로 미치게 하시며, 과오로 지은 죄는 용서하되 큼이 없고 고의로 지은 죄는 형벌하되 작음이 없으시며, 죄가 의심스러운 것은 가볍게 형벌하시고 공이 의심스러운 것은 중하게 상주시며, 무죄한 사람을 죽이기보다는 차라리 떳떳한 법대로 하지 않은 실수를 범하겠다고 하시어 살려주기를 좋아하는 덕(德)이 민심에 흡족하십니다. 이 때문에 백성들이 유사(有司)를 범하지 않는 것입니다.'(皐陶曰, 帝德罔愆, 臨下以簡, 御衆以寬, 罰弗及嗣, 賞延于世, 宥過無大, 刑故無小, 罪疑惟輕, 功疑惟重, 與其殺不辜, 寧失不經, 好生之德, 洽于民心, 茲用不犯于有司.)"

121)『서경대전(書經大全)』, 「우서(虞書)」·「순전-11(舜典-11)」: "우서(虞書)에 "국가의 정식 형벌인 오형을 백성에게 포고한다. 그러나 가급적 오형을 경감하여 유형(流刑)으로 대체하기로 한다. 관부(官府)에서는 채찍의 형벌을 행하고, 학교에서는 회초리의 형벌을 행하며, 형벌은 돈을 내고 용서받을 수 있게 한다. 무의식적인 실수나 불운해서 지은 죄는 용서하여 풀어 주지만, 의도적으로 반복해서 짓는 죄는 사형에 처한다. 임금은 항상 스스로 '공경하고 또 공경하는 마음으로 불쌍히 여기며 신중하게 형벌을 행해야지.'라고 다짐한다.(象以典刑. 流宥五刑. 鞭作官刑, 扑作教刑, 金作贖刑. 眚災肆赦, 怙終賊刑, 欽哉欽哉, 惟刑之恤哉.)"

없다.'122)는 것이다.

詳說

○ 證也.
증빙한 것이다.

○ 當云舜典所謂, 眚灾肆赦, 大禹謨所謂, 宥過無大也.
「순전」에서는 이른바 '무의식적인 실수나 불운해서 지은 죄는 용서하여 풀어 준다.'123)라고 하고, 「대우모」에서는 이른바 '과오로 지은 죄는 용서함에 큼이 없다.'라고 해야 한다.

集傳

諸葛孔明治蜀, 服罪輸情者, 雖重必釋, 其旣道極厥辜, 時乃, 不可殺之意歟.
제갈공명(諸葛孔明)이 촉(蜀)을 다스릴 적에 죄에 자복(自服)하고 실정을 바치는 자는 비록 죄가 무겁더라도 반드시 풀어 주었으니, 이는 "이미 그 죄를 말하여 다 하였거든 이에 죽이지 말라."는 뜻일 것이다.

詳說

○ 論也.
경문의 의미 설명이다.

---

122) 『서경대전(書經大全)』, 「우서(虞書)」·「대우모-12(大禹謨-12)」: "고요가 말하였다. '황제의 덕이 잘못됨이 없으시어 아랫사람에게 임하되 간략함으로써 하고 무리들을 어거하되 너그러움으로써 하시며, 벌(罰)은 자식에게 미치지 않고 상(賞)은 자손 대대로 미치게 하시며, 과오로 지은 죄는 용서하되 큼이 없고 고의로 지은 죄는 형벌하되 작음이 없으시며, 죄가 의심스러운 것은 가볍게 형벌하시고 공이 의심스러운 것은 중하게 상주시며, 무죄한 사람을 죽이기보다는 차라리 떳떳한 법대로 하지 않은 실수를 범하겠다고 하시어 살려주기를 좋아하는 덕(德)이 민심에 흡족하십니다. 이 때문에 백성들이 유사(有司)를 범하지 않는 것입니다.'(皐陶曰, 帝德罔愆, 臨下以簡, 御衆以寬, 罰弗及嗣, 賞延于世, 宥過無大, 刑故無小, 罪疑惟輕, 功疑惟重, 與其殺不辜, 寧失不經, 好生之德, 洽于民心, 玆用不犯于有司.)"
123) 『서경대전(書經大全)』, 「우서(虞書)」·「순전-11(舜典-11)」: "우서(虞書)에 '국가의 정식 형벌인 오형을 백성에게 포고한다. 그러나 가급적 오형을 경감하여 유형(流刑)으로 대체하기로 한다. 관부(官府)에서는 채찍의 형벌을 행하고, 학교에서는 회초리의 형벌을 행하며, 형벌은 돈을 내고 용서받을 수 있게 한다. 무의식적인 실수나 불운해서 지은 죄는 용서하여 풀어 주지만, 의도적으로 반복해서 짓는 죄는 사형에 처한다. 임금은 항상 스스로 '공경하고 또 공경하는 마음으로 불쌍히 여기며 신중하게 형벌을 행해야지.'라고 다짐한다.(象以典刑, 流宥五刑, 鞭作官刑, 扑作敎刑, 金作贖刑, 眚災肆赦, 怙終賊刑, 欽哉欽哉, 惟刑之恤哉.)"

[9-4-9-9]

王曰, 嗚呼, 封. 有叙, 時乃大明服, 惟民其勅懋和. 若有疾, 惟民其畢棄咎, 若保赤子, 惟民其康乂.

왕(王)이 말씀하였다. "아! 봉(封)아. 형벌에 차서(次序)가 있어야 이에 크게 밝혀 굴복시켜서 백성들이 서로 경계하여 화(和)를 힘쓸 것이다. 마치 몸에 병이 있는 것처럼 여기면 백성들이 모두 허물을 버릴 것이며, 마치 적자(赤子)를 보호하듯이 하면 백성들이 편안히 다스려질 것이다.

集傳

有叙者, 刑罰有次序也. 明者, 明其罰,
유서(有叙)는 형벌에 차서가 있는 것이다. 명(明)은 그 벌을 밝힘이고,

詳說

○ 刑罰字, 承上節.
형벌이라는 말은 위의 절을 이어받은 것이다.

集傳

服者, 服其民也.
복(服)은 그 백성을 복종(服從)시키는 것이다.

詳說

○ 添民字.
'민(民)'자를 더하였다.

集傳

左氏
좌씨(左氏)가

詳說

○ 僖二十三年.
희공 23년이다.

集傳
曰, 乃大明服, 己則不明, 而殺人以逞, 不亦難乎. 勑, 戒勑也, 民其戒勑, 而勉於和順也. 若有疾者, 以去疾之心,
"크게 밝혀 굴복시켜야 하는데 자기가 밝지 못하면서 남을 죽여 욕심을 부리니, 어렵지 않겠는가?"라고 하였다. 칙(勑)은 경계하고 삼감이니, 백성들이 경계하고 삼가 화순(和順)에 힘쓰는 것이다. 병이 있는 것처럼 여긴다는 것은 병을 제거하는 마음으로

詳說
○ 上聲, 下同.
'거(去)'는 상성으로 아래에서도 같다.

集傳
去惡也.
악(惡)을 버리는 것이다.

詳說
○ 朱子曰 : "恫瘝之意."
주자(朱子)가 말하였다 : "병의 고통처럼 두려워하라는 의미이다."[124]

集傳
故民皆棄咎. 若保赤子者, 以保子之心, 保善也.
그러므로 백성들이 모두 허물을 버리는 것이다. 적자(赤子)를 보호하듯이 한다는 것은 자식을 보호하는 마음으로 선한 사람을 보호한다는 것이다.

---

124) 『서경대전(書經大全)』, 「주서(周書)」·「강고(康誥)」, "주자가 말하였다 : '질병이 있는 것처럼 여긴다는 것은 사람을 형벌함에 아픔이 자신에게 있는 것처럼 또 병의 고통처럼 두려워하라는 의미이다.'(朱子曰 : 若有疾, 刑人, 如痛在己, 又恫瘝之意.)"

詳說

○ 陳氏大猷曰 : "去民之惡, 如去己疾, 保其民, 如保己之赤子."
진씨 대유(陳氏大猷)가 말하였다 : "백성들의 악을 제거하기를 자신의 질병을 제거하듯이 하고, 백성들을 보호하기를 자신의 적자를 보호하듯이 한다는 것이다."125)

○ 按, 大學傳, 亦引用此如保赤子句.
살펴보건대, 『대학』의 전에서도 여기의 적자를 보호하듯이 하라는 구를 인용했다.

集傳

故民其安治.
그러므로 백성들이 편안히 다스려지는 것이다.

詳說

○ 去聲.
거성이다.

○ 新安陳氏曰 : "此處三言惟民, 其必加以後二譬, 使民棄咎, 康乂而後可全, 其勅懋和也."
신안 진씨(新安陳氏)가 말하였다 : "여기에서는 세 번 백성들을 말하면서 반드시 뒤의 두 비유를 한 것은 백성들이 허물을 버려 편안히 다스려진 다음에 온전하게 될 수 있으면, 서로 경계하여 화(和)를 힘쓸 것이라는 것이다."126)

---

125) 『서경대전(書經大全)』, 「주서(周書)」·「강고(康誥)」, "진씨 대유가 말하였다 : '백성들의 악을 제거하기를 자신의 질병을 제거하듯이 하면, 고른 다스림이 이르지 않는 곳이 없어 반드시 그 허물을 다 버릴 것이다. 백성들을 보호하기를 자신의 적자를 보호하듯이 하면, 사랑으로 보호함이 이르지 않는 곳이 없어 백성들이 편안하고 또 다스려질 것이다. 먼저 병이 있는 것을 말하고 뒤에 적자를 말하였으니, 대개 백성들이 허물을 버린 다음에 편안히 다스려질 것이라는 것이다.'(陳氏大猷曰 : 去民之惡, 如去己疾, 則調治無所不至, 必盡棄其咎矣. 保其民, 如保己之赤子, 則愛護無所不至, 民必康且乂矣. 先言有疾, 後言赤子, 蓋民棄咎, 然後可康乂也.)"
126) 『서경대전(書經大全)』, 「주서(周書)」·「강고(康誥)」, "신안 진씨가 말하였다 : '여기에서는 세 번 백성들을 말하면서 반드시 뒤의 두 비유를 한 것은 백성들이 허물을 버려 편안히 다스려진 다음에 온전하게 될 수 있으면, 서로 경계하여 화(和)를 힘쓸 것이라는 것이다.'(新安陳氏曰 : 此處三言惟民其, 必加以後之二譬, 使民棄咎, 康乂而後, 可全其勅懋和也.)"

[9-4-9-10]

非汝封, 刑人殺人, 無或刑人殺人. 非汝封 又曰劓刵人, 無或劓刵人.

너 봉(封)이 사사로운 감정으로 사람을 형벌하거나 사람을 죽이라는 것이 아니니, 혹시라도 사사로운 감정으로 사람을 형벌하거나 사람을 죽이지 말라. 또 너 봉(封)이 사람을 코 베거나 귀 베라는 것이 아니니, 혹시라도 사사로운 감정으로 사람을 코 베거나 귀 베지 말라."

詳說

○ 無, 毋通. 刵, 音二.

'무(無)'는 '무(毋)'와 통한다. '이(刵)'는 음이 '이(二)'이다.

集傳

刑殺者, 天之所以討有罪,

형벌과 죽임은 하늘이 죄가 있는 자를 토벌하는 것이고,

詳說

○ 先添此句

먼저 이 구를 더했다.

集傳

非汝封得以刑之殺之也, 汝無或以己而刑殺之. 刵, 截耳也. 刑殺, 刑之大者, 劓刵, 刑之小者, 兼擧小大, 以申戒之也.

너 봉(封)이 마음대로 형벌하거나 죽이라는 것이 아니니, 너는 혹시라도 사사로운 감정으로 사람을 형벌하거나 죽이지 말라. 이(刵)는 귀를 벰이다. 형벌과 죽임은 형벌의 큰 것이고, 코 베고 귀 베는 것은 형벌의 작은 것이니, 작은 형벌과 큰 형벌을 겸하여 들어서 거듭 경계한 것이다.

詳說

○ 朱子曰 : "康叔爲周司寇, 故一篇多說用刑. 呂氏說, 非汝封刑人殺人, 則人亦無敢刑人殺人. 又曰, 非汝封劓刵人, 則人亦無敢劓刵人. 言用刑之權在康叔, 不可不謹."

주자(朱子)가 말하였다 : "강숙이 주나라의 사구(司寇)가 되었기 때문에 여기의 한 편에서는 형벌을 사용하는 것에 대해 많이 설명하였다. 여씨(呂氏)의 설명은 '너 봉이 사람들을 죽이고 사람들을 형벌하지 않으면, 사람들도 감히 사람들을 형벌하고 사람들을 죽이지 않을 것이다. 또 '네가 사람들을 코 베거나 귀 베지 않으면 사람들도 감히 코 베거나 귀 베지 않는다는 것이다.'라고 하였다는 것이다. 대개 형벌을 사용하는 권세가 강숙에게 있으니, 삼가지 않아서는 안된다는 말이다."127)

集傳

又曰,

'우왈(又曰)'은

詳說

○ 二字.

경문에서 두 글자이다.

集傳

當在無或刑人殺人之下.

'혹시라도 사사로운 감정으로 사람을 형벌하거나 사람을 죽이지 말라.[無或刑人殺人]'는 구절의 아래에 있어야 한다.

詳說

○ 此正句錯.

여기에서는 구의 착오를 바로 잡았다.

---

127) 『서경대전(書經大全)』, 「주서(周書)」·「강고(康誥)」, "주자가 말하였다 : '강숙이 주나라의 사구(司寇)가 되었기 때문에 여기의 한 편에서는 형벌을 사용하는 것에 대해 많이 설명하였는데, 반드시 그 구를 고쳐야 한다. 여씨의 설명은 「너 봉이 사람들을 죽이고 사람들을 형벌하지 않으면, 사람들도 감히 사람들을 형벌하고 사람들을 죽이지 않을 것이다.」 또 「네가 사람들을 코 베거나 귀 베지 않으면 사람들도 감히 코 베거나 귀 베지 않는다는 것이다.」라고 하였다는 것이다. 대개 형벌을 사용하는 권세가 강숙에게 있으니, 삼가지 않아서는 안된다는 의미일 뿐이라는 말이다.'(朱子曰 : 康叔為周司寇, 故一篇多說用刑, 須改其句. 呂氏說, 非汝封刑人殺人, 則人亦無敢刑人殺人. 又曰, 非汝封劓刵人, 則人亦無敢劓刵人. 蓋言用刑之權正在康叔, 不可不謹之意耳)"

集傳

又按, 刵周官
또 살펴보건대, 이(刵)는 『주관(周官)』의

詳說

○ 周禮.
『주례』이다.

集傳

五刑, 所無, 呂刑以爲苗民所制.
오형(五刑)에는 없는 것인데, 「여형(呂刑)」에서 "묘민(苗民)들을 통제하기 위한 것이다."라고 하였다.

詳說

○ 此則論也.
여기는 경문의 의미 설명이다.

[9-4-9-11]

王曰, 外事, 汝陳時臬, 司師茲殷罰有倫.

왕(王)이 말씀하였다. "외사(外事)에 너는 이 법을 진열하여 유사(有司)들이 이 은나라의 형벌 중에 조리가 있는 것을 본받게 하라."

詳說

○ 臬, 魚列反.
'얼(臬)'은 음이 '어(魚)'와 '열(列)'의 반절이다.

集傳

外事, 未詳. 陳氏曰, 外事, 有司之事也.
외사(外事)는 미상(未詳)이다. 진씨(陳氏)는 "외사(外事)는 유사(有司)의 일이다."라고 하였다.

詳說

○ 陳氏大猷曰 : "猶下文言外庶子外正也."
　　진씨 대유(陳氏大猷)가 말하였다 : "아래의 글에서 외서자(外庶子)[128]와 외정(外正)[129]을 말하는 것과 같다."[130]

集傳

臬, 法也, 爲準限之義.
얼(臬)은 법(法)이니, 준한(準限)의 뜻이다.

詳說

○ 說文曰 : "臬, 射的也."
　　『설문』에서 말하였다 : "'얼(臬)'은 표적을 쏘는 것과 같다."

○ 爾雅曰 : "門中𣙜爲臬."
　　『이아』에서 말하였다 : "문 가운데 문지방이 '얼(臬)'이다."

集傳

言汝於外事, 但陳列是法, 使有司師

---

128) 『서경대전(書經大全)』, 「주서(周書)」·「강고-17(「康誥-17)」 : "따르지 않는 자들은 크게 법으로 다스려야 하니, 하물며 외서자(外庶子)로서 사람을 가르치는 자와 정인(正人)과 소신(小臣)으로서 여러 부절(符節)을 잡은 자들이 별도로 가르침을 펴서 백성들에게 큰 명예를 구하고, 군주를 생각하지 않고 법을 쓰지 않아 그 군주를 해침에 있어서랴. 이는 바로 악을 조장하는 것으로 짐이 미워하는 바이니, 그만둘 수 있겠는가. 너는 빨리 이 의를 따라 모두 죽이도록 하라.(不率大戛, 矧惟外庶子訓人, 惟厥正人, 越小臣諸節, 乃別播敷, 造民大譽, 弗念弗庸, 瘝厥君. 時乃引惡, 惟朕憝. 已. 汝乃其速由玆義, 率殺.)"
129) 『서경대전(書經大全)』, 「주서(周書)」·「강고-18(「康誥-18)」 : "또한 군주(君主)와 장(長)이 그 집안 식구와 소신(小臣)과 외정(外正)들을 다스리지 못하고 오직 위엄과 사나움으로 크게 왕명을 버리면 이는 바로 덕이 아닌 것으로 다스리는 것이다.(亦惟君惟長, 不能厥家人 越厥小臣外正, 惟威惟虐, 大放王命, 乃非德用乂.)"
130) 『서경대전(書經大全)』, 「주서(周書)」·「강고(康誥)」, "진씨 대유(陳氏大猷)가 말하였다 :'위의 글에서는 형벌을 사용하는 것에 대해 개괄해서 말하였고, 여기의 장에서 위나라의 형벌에 대해서만 말하였다. 그러므로 외사로 구분하였으니, 아래의 글에서 외서자(外庶子)와 외정(外正)을 말하는 것과 같다. 「얼(臬)」은 문지방으로 표준의 의미가 있기 때문에 법으로 풀이하니, 법(法)을 율(律)로 하는 것과 같다. 위나라가 은허(殷墟)에 있어 법은 바로 은나라 백성들이 편안하게 여기는 것이다.'(陳氏大猷曰 : 上章槩言用刑, 此章專指衛國之刑. 故以外事別之, 猶下文言外庶子外正也. 臬, 門梱也, 有限準之義, 故以訓法, 猶謂法爲律也. 衛居殷墟, 法乃殷民所安也.)"

너는 외사(外事)에 대하여 다만 이 법(法)을 진열하여 유사(有司)들이

> 詳說

○ 添使字.

'사(使)'자를 더하였다.

> 集傳

此殷罰之有倫者, 用之爾.

은(殷)나라의 형벌 중에 조리가 있는 것을 본받아 쓰게 하도록 하라 한 것이다.

> 詳說

○ 陳氏大猷曰 : "衛居殷墟, 法乃殷民所安也."

진씨 대유(陳氏大猷)가 말하였다 : "위나라가 은허(殷墟)에 있어 법은 바로 은나라 백성들이 편하게 여기는 것이다."[131]

> 集傳

○ **呂氏曰外事衛國事也史記**

여씨(呂氏)가 말하기를 "외사(外事)는 위(衛)나라의 일이다.『사기(史記)』에

> 詳說

○ 衛世家

「위세가」이다.

> 集傳

言康叔爲周司寇, 司寇王朝

'강숙이 주나라의 사구(司寇)가 되었다.'라고 하였으니, 사구는 왕조(王朝)의

---

131)『서경대전(書經大全)』,「주서(周書)」·「강고(康誥)」, "진씨 대유(陳氏大猷)가 말하였다 :'위의 글에서는 형벌을 사용하는 것에 대해 개괄해서 말하였고, 여기의 장에서 위나라의 형벌에 대해서만 말하였다. 그러므로 외사로 구분하였으니, 아래의 글에서 외서자(外庶子)와 외정(外正)을 말하는 것과 같다. 「얼(臬)」은 문지방으로 표준의 의미가 있기 때문에 법으로 풀이하니, 법(法)을 율(律)로 하는 것과 같다. 위나라가 은허(殷墟)에 있어 법은 바로 은나라 백성들이 편하게 여기는 것이다.'(陳氏大猷曰 : 上章槩言用刑, 此章專言衛國之刑. 故以外事別之, 猶下文言外庶子外正也. 臬, 門梱也, 有限準之義, 故以訓法, 猶謂法爲律也. 衛居殷墟, 法乃殷民所安也.)"

詳説

○ 音潮下同
'조(朝)'는 음이 '조(潮)'로 아래에서도 같다.

集傳

之官.
관원(官員)으로

詳説

○ 句.
구두해야 한다.

集傳

職任內事. 故以衛國對, 言爲外事. 今按篇中言往敷求, 往盡乃心, 篇終日往哉封,
직책이 내사(內事)를 맡았다. 그러므로 위(衛)나라와 짝지어 외사(外事)라고 말한 것이다." 하였다. 이제 살펴보건대, 편(篇) 가운데에 "가서 널리 구하라."132)라고 하고, "가서 네 마음을 다하라."133)라고 하였으며, 편(篇)의 마지막에는 "가거라. 봉(封)아."134) 하였으니,

---

132) 『서경대전(書經大全)』,「주서(周書)」·「강고5(康誥5)」: "왕(王)이 말씀하였다. '아! 봉(封)아. 너는 생각할지어다. 지금 백성을 다스림은 장차 네가 문고(文考)를 공경히 따름에 있으니, 너는 옛날에 들은 것을 이으며, 덕언(德言)을 행하도록 하라. 가서 은나라의 선철왕(先哲王)을 널리 구하여 백성들을 보호하여 다스리며, 너는 크게 상나라의 노성(老成)한 사람들을 멀리 생각하여 마음을 편안히 하고 가르침을 알며, 별도로 구하여 옛 선철왕(先哲王)의 일을 들고서 행하여 백성들을 편안히 보호하라. 천리를 넓혀 네 덕이 너의 몸에 넉넉하여야 왕에게 있는 명을 폐하지 않을 것이다.'(王曰. 嗚呼. 封汝念哉. 今民將在祗遹乃文考, 紹聞衣德言. 往敷求于殷先哲王, 用保乂民, 汝丕遠惟商耈成人, 宅心知訓, 別求聞由古先哲王, 用康保民. 弘于天, 若德裕乃身, 不廢在王命.)"
133) 『서경대전(書經大全)』,「주서(周書)」·「강고6(康誥6)」: "왕(王)이 말씀하였다. "아! 소자(小子) 봉(封)아. 네 몸에 있는 병을 앓는 것처럼 여겨 공경할지어다. 천명(天命)은 두려울 만하나 정성스러우면 돕거니와 백성의 마음은 크게 볼 수 있으나 소인(小人)들은 보전하기 어려우니, 가서 네 마음을 다하고 편안히 하여 일예(逸豫)를 좋아하지 말아야 이에 백성을 다스릴 것이다. 내 들으니, 백성들의 원망은 큰데 있지 않으며 또한 작은데 있지 않다. 이치를 순히 하고 순히 하지 않으며 힘쓰고 힘쓰지 않음에 달려 있다고 한다.(王曰. 嗚呼, 小子封. 恫瘝乃身, 敬哉. 天畏棐忱, 民情大可見, 小人難保, 往盡乃心, 無康好逸豫, 乃其乂民. 我聞, 曰怨不在大, 亦不在小. 惠不惠, 懋不懋.)"
134) 『서경대전(書經大全)』,「주서(周書)」·「강고-24(康誥-24)」: "왕(王)이 대략 다음과 같이 말씀하였다. '가거라 봉(封)아! 공경해야 할 법(法)을 폐하지 말아서 짐(朕)이 너에게 고한 말을 들어야 마침내 은(殷)나라 백성들을 데리고 대대로 누릴 것이다.'(王若曰. 往哉封. 勿替敬典, 聽朕告汝, 乃以殷民世享.)"

集傳

皆令, 其之國之辭,

모두 나라로 가게 한 말이며,

詳說

○ 平聲.

'영(令)'은 평성이다.

○ 就也.

앞의 '지(之)'는 '취(就)'이다.

集傳

而未見其留王朝之意. 但詳此篇, 康叔蓋深於法者, 異時成王或舉, 以任司寇之職, 而此則未必然也.

왕조에 머물게 한 뜻을 볼 수 없다. 다만 이 편을 자세히 살펴보면 강숙(康叔)은 아마도 법에 조예가 깊은 자인 듯하니, 후일에 성왕이 혹 천거하여 사구(司寇)의 직책을 맡겼던 듯하나 여기에서는 반드시 그렇게 되어 있지는 않다.

[9-4-9-12]

又曰, 要囚, 服念五六日, 至于旬時, 丕蔽要囚.

또 말씀하였다. "요수(要囚)를 5~6일 동안 가슴속에 두고 생각하며, 열흘이나 한 철에 이르러서 요수(要囚)를 크게 결단하라."

詳說

○ 于, 一作於.

'우(于)'는 어떤 판본에는 '어(於)'로 되어 있다.

集傳

要囚, 獄辭之要者也.

요수(要囚)는 옥사(獄辭)의 요결(要結)이다.

詳說

○ 鄒氏季友曰 : "要囚二字, 兩見此章, 兩見多方. 孔氏之釋, 前後異義, 蔡氏於多方, 無釋. 然多方兩章文義, 皆難同此章. 按, 孔傳末章, 囚執之說, 甚當, 謂繫束拘攣之也. 陸氏, 三章, 皆音要爲平聲, 當從之."

추씨 계우(鄒氏季友)135)가 말하였다 : "'요수(要囚)'라는 말은 여기의 장에 두 번 있고, 「다방(多方)」에 두 번 있다.136) 공씨의 해석은 전후로 의미를 달리하고, 채씨는 「다방」에서 해석하지 않았지만 「다방」두 장에서의 문맥은 모두 여기의 장과 같다고 하기 어렵다. 살펴보건대, 공전의 끝장에서 가둬 잡아둔다는 설명은 아주 합당하니, 구속해서 잡아둔다는 것이다. 육씨(陸氏)는 세 장에서 모두 음을 평성으로 해야 한다고 하였으니, 따라야 하는 것이다."

集傳

服念, 服膺
복념(服念)은 가슴속에

詳說

○ 著也.
'복(服)'은 두다는 것이다.

---

135) 『서경대전(書經大全)』,「상서(商書)」·「중훼지고(仲虺之誥)」에는 황보밀(皇甫謐)의 말로 되어 있다. 황보밀(皇甫謐, 215년 ~ 282년)은 서진(西晉) 안정(安定) 조나(朝那) 사람으로 자는 사안(士安)이고, 어릴 때 이름은 정(靜)이며, 자호는 현안선생(玄晏先生)이다. 황보숭(皇甫嵩)의 증손이다. 젊었을 때 거침없이 방탕하여 사람들이 미치광이라고 여겼다. 20살 무렵부터 부지런히 공부해 게으르지 않았다. 집이 가난해 직접 농사를 지었는데, 책을 읽으면서 밭갈이를 함으로써 수많은 서적들을 통독했다. 나중에 질병에 걸렸으면서도 손에서 책을 놓지 않고 저술에 전심하느라 밥 먹는 것도 잊어버려 사람들이 서음(書淫)이라 했다. 무제(武帝) 때 부름을 받았지만 나가지 않았다. 무제가 책 한 수레를 하사했다. 자신의 병을 고치려고 의학서를 읽어 가장 오랜 침구 관련서인 『침구갑을경(鍼灸甲乙經)』을 편찬했다. 역사에도 조예가 깊어 『제왕세기(帝王世紀)』와『연력(年歷)』,『고사전(高士傳)』,『일사전(逸士傳)』,『열녀전(列女傳)』,『현안춘추(玄晏春秋)』등을 지었다.

136) 『서경대전(書經大全)』,「주서(周書)」·「다방-11(多方-11)」 : "요수(要囚)에서 죄가 많은 자를 끊어 죽임도 또한 능히 권면하는 것이며, 죄가 없는 자를 열어 석방함도 또한 능히 권면하는 것이다.(要囚, 殄戮多罪, 亦克用勸, 開釋無辜, 亦克用勸.)" : "「다방-23」 : "내가 이렇게 가르쳐 고하며, 내가 이렇게 두려워하여 죄수를 결단하되 재심에 이르고 삼심에 이르노라. 너희가 나의 목숨을 내려줌을 따르지 않으면 내 크게 형벌하여 죽일 것이니, 우리 주(周)나라가 덕을 잡음이 강녕하지 않은 것이 아니라, 바로 너희 스스로 죄를 부르는 것이다.(我惟時其敎告之, 我惟時其戰要囚之, 至于再至于三. 乃有不用我降爾命, 我乃其大罰殛之, 非我有周秉德不康寧, 乃惟爾自速辜.)"

집전

而念之. 旬, 十日, 時, 三月, 爲囚

두고 생각하는 것이다. 순(旬)은 열흘이고 시(時)는 3개월이니, 죄수를 위하여

상설

○ 去聲

'위(爲)'는 거성이다.

집전

求生道也. 蔽, 斷也.

살릴 방도를 찾는 것이다. 폐(蔽)는 결단함이다.

상설

○ 都玩反, 下並同.

'단(斷)'은 음이 '도(都)'와 '완(玩)'의 반절이다.

○ 林氏曰 : "唐太宗決囚五覆奏, 正得此意."

임씨(林氏)가 말하였다 : "당태종이 죄수를 판결함에 다섯 번 되풀이해서 아뢰라고 한 것은 바로 여기의 뜻을 얻은 것이다."[137]

○ 蘇氏曰 : "求之旬時, 終無生道, 乃可殺."

소씨(蘇氏)가 말하였다 : "열흘이나 삼 개월을 구해 봐도 끝내 살릴 방도가 없으면 그제야 죽여야 한다."[138]

○ 歐陽氏曰 : "夫然後, 我與死者, 可以自無憾矣."

---

[137] 『서경대전(書經大全)』, 「주서(周書)」·「강고(康誥)」, "임씨가 말하였다 : '당태종이 군신들에게「죽은 자는 다시 살릴 수가 없으니, 죄수를 판결함에 반드시 세 번 되풀이해서 아뢰라. 경각의 사이라면 어떤 겨를에도 생각해서 지금부터는 다섯 번 되풀이하여 아뢰어야 할 것이다.」라고 말하였으니, 바로「강고」「요수(要囚)」의 뜻을 얻는 것이다.'(林氏曰 : 唐太宗謂羣臣曰, 死者不可復生, 決囚須三覆奏. 頃刻之間, 何暇思慮, 自今宜五覆奏, 正得康誥要囚之意.)"

[138] 『서경대전(書經大全)』, 「주서(周書)」·「강고(康誥)」, "소씨가 말하였다 : '가슴에 두고 죄수를 위해 살릴 방도를 생각하며, 열흘이나 삼 개월을 구해 봐도 끝내 살릴 방도가 없으면 그제야 죽여야 한다.'(蘇氏曰 : 服念為囚求生道也. 求之旬時, 而終無生道, 乃可殺.)"

구양씨(歐陽氏)가 말하였다 : "그렇게 한 다음에야 나도 죽은 자도 스스로 유감이 없을 것이다."139)

[9-4-9-13]
王曰, 汝陳時臬事, 罰蔽殷彝, 用其義刑義殺, 勿庸以次汝封. 乃汝盡遜, 曰時叙, 惟曰未有遜事.

왕이 말씀하였다. "너는 이 법과 일을 펴서 형벌함에 은나라의 떳떳한 법으로 결단할지라도 마땅한 형벌과 마땅한 죽임을 쓸 것이고, 너 봉의 뜻에 나아가지 말도록 하라. 네가 모두 의리에 순하여 이 차서가 있다 하더라도 너는 의리에 순한 일이 있지 못하다고 말하라.

集傳
義, 宜也, 次, 次舍之次, 遜, 順也. 申言敷陳是法與事

의(義)는 마땅함이다. 차(次)는 차사(次舍)[머묾]의 차(次)이고, 손(遜)은 순함이다. 거듭 "이 법과 일을 펴서

詳說
○ 照前節.
앞의 절을 참조하라.

集傳
罰, 斷以殷之常法矣,
형벌함에 은(殷)나라의 떳떳한 법으로 결단하라,"라고 하였고,

詳說
○ 卽有倫者.
곧 조리가 있는 것이다.140)

---

139) 『서경대전(書經大全)』, 「주서(周書)」·「강고(康誥)」, "신안 진씨가 말하였다 : '살펴보건대, 구양공의 「농강천표(瀧岡阡表)」에 그 아버지 숭공이 옥관을 맡았을 때 매번 죄수를 위해 살릴 방도를 구하면서 「죄수를 위해 살릴 방도를 찾다가 얻지 못하였다면 그런 다음에 나도 죽은 자도 모두 유감이 없을 것이다.」라고 한 말을 실었으니, 또한 여기의 뜻에 합한다.'(新安陳氏曰 : 按, 歐陽公瀧岡阡表, 載其父崇公任獄官, 每為囚求生道, 嘗曰為之求生道, 而不得. 夫然後我與死者, 可以俱無憾矣, 亦合此意.)"

集傳

又慮其泥古

또 옛날의 법에 집착하여

詳說

○ 去聲.

'니(泥)'는 거성이다.

集傳

而不通, 又謂其刑其殺, 必察其宜於時者, 而後用之, 旣又慮其趨時而徇己, 又謂刑殺不可以就汝封之意,

통하지 못할까 염려해서 또 "그 형벌과 죽임에 대해 반드시 때에 마땅한지 살핀 뒤에 쓰라."라고 하였으며, 또 때에 따라 사사로운 감정을 따를까 염려하여 또 "형벌과 죽임을 너 봉(封)의 뜻에 나아가지 말라."라고 하였고,

詳說

○ 次.

'취(就)'는 경문에서 '차(次)'이다.

集傳

旣又慮其刑殺雖已當罪,

또 형벌과 죽임이 비록 이미 죄에 합당하더라도

詳說

○ 去聲.

'당(當)'은 거성이다.

集傳

---

140) 『서경대전(書經大全)』, 「주서(周書)」·「강고-11(康誥-11)」: "왕(王)이 말씀하였다. '외사(外事)에 너는 이 법을 진열하여 유사(有司)들이 이 은나라의 형벌 중에 조리가 있는 것을 본받게 하라.'(王曰, 外事, 汝陳時臬, 司師玆殷罰有倫.)"

而矜喜之心乘之, 又謂使汝刑殺, 盡順於義, 雖曰是有次,
자랑하고 기뻐하는 마음이 틈탈까 염려하여 또 "가령 네 형벌과 죽임이 모두 의(義)에 순하여 비록 차서(次序)가 있다 하더라도

> 詳說

○ 汎曰.
'왈(曰)'은 범범하게 말하는 것이다.

> 集傳

敘汝當惟謂未有順義之事.
너는 마땅히 의(義)에 순한 일이 있지 못하다고 말하라."라고 한 것이다.

> 詳說

○ 專曰
'왈(曰)'은 오로지 말하는 것이다.

○ 新安陳氏曰 : "卽呂刑, 雖休勿休, 曾子所謂, 哀矜勿喜也."
신안 진씨(新安陳氏)가 말하였다 : "곧 「여형」에서 '비록 아름답게 용서하라 하더라도 용서하지 말아라.'141)라고 한 것은 증자의 이른바 '불쌍히 여기고 기뻐하지 말라.'142)는 것이다."143)

---

141) 『서경대전(書經大全)』, 「주서(周書)」·「여형-13(呂刑-13)」 : "왕(王)이 말씀하였다. '아! 생각할지어다. 백부(伯父)와 백형(伯兄)과 중숙(仲叔)과 계제(季弟)와 유자(幼子)와 동손(童孫)들아. 모두 짐(朕)의 말을 들어라. 거의 지극한 명령이 있을 것이다. 지금 네가 말미암아 위로함이 날로 부지런하지 않음이 없으니, 너는 혹시라도 부지런하지 않음을 경계하지 말라. 하늘이 백성들을 가지런히 하기 위하여 내가 하루만 형벌을 쓰게 하신 것이니, 종(終)이 아님과 종(終)인 것이 사람에게 있으니, 너는 부디 천명(天命)을 공경히 맞이해서 나 한 사람을 받들어라. 그리하여 내가 비록 형벌하라 하더라도 형벌하지 말고 내가 비록 아름답게 용서하라 하더라도 용서하지 말아서 오형(五刑)을 공경하여 삼덕(三德)을 이루면 나 한 사람이 경사가 있을 것이며, 조민(兆民)들이 힘입어 그 편안함이 영원할 것이다.'(王曰, 嗚呼, 念之哉. 伯父伯兄, 仲叔季弟, 幼子童孫, 皆聽朕言. 庶有格命. 今爾罔不由慰日勤, 爾罔或戒不勤. 天齊于民, 俾我一日, 非終惟終 在人, 爾尙敬逆天命, 以奉我一人. 雖畏勿畏, 雖休勿休, 惟敬五刑, 以成三德, 一人有慶, 兆民賴之, 其寧惟永.)"
142) 『논어(論語)』, 「자장(子張)」: "윗사람이 도를 잃어 백성들의 마음이 흐트러진 지 오래되었다. 그 실정을 찾아냈다면, 불쌍하게 여기고 기뻐하지 말 것이다.(上失其道, 民散久矣. 如得其情, 則哀矜而勿喜.)"
143) 『서경대전(書經大全)』, 「주서(周書)」·「강고(康誥)」, "신안 진씨가 말하였다 : '…. 곧 「여형」에서 「비록 아름답게 용서하라 하더라도 용서하지 말아라.」라고 한 것은 증자의 이른바 「그 실정을 찾아냈다면, 불쌍히 여기고 기뻐하지 말라.」는 것이다.'(新安陳氏曰 : "…. 卽呂刑所謂, 雖休勿休, 曾子所謂, 如得其情, 則哀矜而勿喜也.)"

○ 以論釋之.
경문의 의미 설명으로 해석하였다.

集傳
蓋矜喜之心生, 乃怠惰之心起,
자랑하고 기뻐하는 마음이 생기면 태만한 마음이 일어나니,

詳說
○ 所由起.
그것으로 말미암아 일어나는 것이다.

集傳
刑殺之所由不中也,
이는 형벌과 죽임이 맞지 않게 되는 이유이니,

詳說
○ 去聲.
'중(中)'은 거성이다.

集傳
可不戒哉.
경계하지 않아서야 되겠는가!

詳說
○ 又特論矜喜.
또 특별히 자랑하고 기뻐하는 마음에 대해 설명하였다.

○ 陳氏大猷曰 : "罰獨言, 則兼刑殺, 上文殷罰, 是也. 與刑殺對言, 則罰輕刑重, 殺尤重也."
진씨 대유(陳氏大猷)가 말하였다 : "형벌만 말하면, 형벌과 죽임을 겸하는 것이

니, 위의 글에서 '은나라의 형벌'144)이라고 한 것이 여기에 해당한다. 형벌·죽임과 함께 짝지어 말하면, 벌은 가볍고 형은 무거운데, 죽임은 더욱 무거운 것이다."145)

[9-4-9-14]
已. 汝惟小子, 未其有若汝封之心, 朕心朕德, 惟乃知.

그만두겠는가! 네가 소자(小子)이나 너 봉(封)의 마음과 같은 이가 없으니, 짐의 마음과 짐의 덕은 오직 네가 알고 있다.

集傳

已者, 語辭之不能已也.
이(已)는 어조사로서 능히 그만둘 수 없는 것이다.

詳說

○ 已見註
「대고」에 이미 보인다.146)

集傳

小子, 幼小之稱,
소자(小子)는 어림을 칭하니,

詳說

○ 並該首節.
아울러 첫 절을 겸하는 것이다.

---

144) 『서경대전(書經大全)』, 「주서(周書)」·「강고-11(康誥-11)」: "왕(王)이 말씀하였다. '외사(外事)에 너는 이 법을 진열하여 유사(有司)들이 이 은나라의 형벌 중에 조리가 있는 것을 본받게 하라.'(王曰, 外事, 汝陳時臬, 司師茲殷罰有倫.)"
145) 『서경대전(書經大全)』, 「주서(周書)」·「강고(康誥)」, "진씨 대유가 말하였다 : '벌만 말하면, 형벌과 죽임을 겸하는 것이니, 위의 글에서 「은나라의 형벌 중에 조리가 있는 것」이라고 한 것이 여기에 해당한다. 형벌·죽임과 함께 짝지어 말하면, 벌은 가볍고 형은 무거운데, 죽임은 더욱 무거운 것이다.'(陳氏大猷曰 : 罰獨言之, 則兼刑殺, 上文殷罰有倫, 是也. 與刑殺對言, 則罰輕刑重, 殺尤重也.)"
146) 『서경대전(書經大全)』, 「주서(周書)」·「대고2(大誥2)」, 주자주 : "이(已)는 위를 잇는 어조사로 그만두려 하여도 그만둘 수 없다는 의미이다.(已, 承上語詞, 已而有不能已之意.)"

集傳

言年雖少,
나이는 비록 어리나

詳說

○ 去聲.
'소(少)'는 거성이다.

集傳

而心獨善也. 爾心之善, 固朕知之,
마음만은 선하다는 말이다. 네 마음의 선함을 진실로 짐이 알고 있으며,

詳說

○ 先添二句.
먼저 두 구를 더하였다.

集傳

朕心朕德, 亦惟爾知之.
짐의 마음과 짐의 덕을 또한 오직 너만이 알고 있다.

詳說

○ 新安陳氏曰 : "所以深相孚契, 相戒飭也."
신안 진씨(新安陳氏)가 말하였다 : "깊이 서로 미쁘게 잘 맞고 서로 조심하며 신칙하는 것이다."147)

集傳

將言用罰之事, 故先發其良心焉.

---

147) 『서경대전(書經大全)』, 「주서(周書)」·「강고(康誥)」, "신안 진씨가 말하였다 : '능히 죄를 삼가려는 것이 너의 마음인데, 네가 죄를 삼가도록 하려는 것이 나의 마음이다. 나의 마음은 덕으로 죄를 행하려는 것일 뿐이다. 내가 너와 마음으로 실로 서로 알기 때문에 깊이 서로 미쁘게 잘 맞고 서로 조심하며 신칙하는 것이다.'(新安陳氏曰 : 能愼罰者, 汝之心, 欲汝愼罰者, 我之心. 我之心, 惟欲以德行罰耳. 我之與汝, 心實相知, 所以深相孚契, 相戒飭也.)"

형벌을 쓰는 일을 말하려 하였기 때문에 먼저 그 양심을 드러나게 한 것이다.

詳說

○ 論也, 以之與下節相貫接也.
경문의 의미 설명이니, 이것으로 아래 절에서 글의 의미와 서로 관통하며 잇는 것이다.

[9-4-9-15]
凡民自得罪, 寇攘姦宄, 殺越人于貨, 暋不畏死, 罔弗憝.

백성들이 스스로 죄를 만들어 강탈하고 불법을 저지르며 사람을 죽이거나 쓰러뜨려 재물을 취하며 완강하여 죽음을 두려워하지 않는 자를 미워하지 않는 이가 없다."

詳說

○ 暋, 音敏, 憝, 音隊.
'민(暋)'은 음이 '민(敏)'이고, '대(憝)'는 음이 '대(隊)'이다.

集傳

越, 顚越也, 盤庚云顚越不恭. 暋, 强, 憝, 惡也.
월(越)은 전월(顚越)함이니, 「반경(盤庚)」에 "전월(顚越)하여 공손하지 않았다."[148] 라고 하였다. 민(暋)은 강함이고, 대(憝)는 미워함이다.

詳說

○ 去聲, 下並同.
'오(惡)'는 거성으로 아래에서도 모두 같다.

集傳

自得罪, 非爲人誘陷以得罪也. 凡民自犯罪, 爲盜賊姦宄, 殺人顚越人,

---

148) 『서경대전(書經大全)』, 「상서(商書)」·「반경중-16(盤庚中-16)」 : " 불길하고 부도한 사람들이 전월(顚越)하여 공손하지 않는 것과 잠시 만나고 간궤한 짓을 하는 것은 나는 이들을 코 베고 죽여 없애겠고, 남겨두어 기르지 않아서 종자를 이 새 도읍에 옮겨놓지 못하게 할 것이다.(乃有不吉不迪, 顚越不恭, 暫遇姦宄, 我乃劓殄滅之, 無遺育, 無俾易種于玆新邑.)"

스스로 죄를 지었다는 것은 남의 꾐에 빠져 죄를 지은 것이 아니다. 백성들이 스스로 죄를 범하며 도적이 되어 불법을 저지르며, 사람을 죽이거나 사람을 쓰러뜨려

> 詳說

○ 唐孔氏曰 : "顚越人, 謂不死而傷."
당나라 공씨(孔氏)가 말하였다 : "사람을 쓰러뜨린다는 것은 죽이지 않고 해치는 것을 말한다."149)

> 集傳

以取財貨,
재화를 취하며

> 詳說

○ 于, 取也, 諺釋誤.
경문에서 '우(于)'가 취함이니, 『언해』의 해석은 잘못되었다.

> 集傳

强很込命者
강하고 사나워 생명을 무시하는 것을

> 詳說

○ 猶言込軀, 所以釋不畏死, 非謂逃込也.
몸을 죽인다고 말하는 것과 같기 때문에 죽음을 두려워하지 않는 것으로 해석하니, 도망가는 것을 말하는 것이 아니다.

> 集傳

人無不憎惡之也.

---

149)『서경대전(書經大全)』,「주서(周書)」·「강고(康誥)」, "당나라 공씨(孔氏)가 말하였다 : '사람을 쓰러뜨린다는 것은 죽이지 않고 해치는 것을 말한다.'(唐孔氏曰 : 顚越人, 謂不死而傷.)"

사람들이 증오하지 않음이 없는 것이다.

詳說

○ 夏氏曰 : "此不待敎, 而誅者也."
　하씨(夏氏)가 말하였다 : "이런 사람들은 교화시킬 필요도 없이 죽여야 하는 자들이다."150)

集傳

用罰而加是人, 則人無不服,
형벌을 쓰면서 이러한 사람에게 가하면 사람들이 복종하지 않는 이가 없는 것은

詳說

○ 補二句.
　두 구를 더하였다.

集傳

以其出乎人之同惡, 而非卽乎吾之私心也.
사람들이 똑같이 미워함에서 나오고, 나의 사심에서 나아가지 않은 것이다.

詳說

○ 又申論.
　또 경문의 의미 설명을 거듭하였다.

○ 呂氏曰 : "豈容以次汝封乎."
　여씨(呂氏)가 말하였다 : "어찌 너 봉으로 잇겠는가?151)"152)

---

150) 『서경대전(書經大全)』, 「주서(周書)」·「강고(康誥)」, "하씨(夏氏)가 말하였다 : '이런 사람들은 교화시킬 필요도 없이 죽여야 하는 자들이다.'(夏氏曰 : 此不待敎, 而誅之者也.)"
151) 『서경대전(書經大全)』, 「주서(周書)」·「강고-14(康誥-14)」 : "그만두겠는가! 네가 소자(小子)이나 너 봉(封)의 마음과 같은 이가 없으니, 짐의 마음과 짐의 덕은 오직 네가 알고 있다.(已. 汝惟小子, 未其有若汝封之心, 朕心朕德, 惟乃知.)"
152) 『서경대전(書經大全)』, 「주서(周書)」·「강고(康誥)」, "여씨가 말하였다 : '설명하는 자는「백성들이 스스로 죄를 만들어」이하가 위의 글과 협운이 되지 않는 것 때문에 하나의 실마리를 들어 증험한 것이다. 대개 이와 같은 것들의 죄인은 사람들이 함께 미워해서 형벌을 주는 것이니, 어찌 너 봉으로 잇겠는가? 여기에

> 集傳

特擧此
특별히 이것을 들어

> 詳說

○ 此節.
여기의 절이다.

> 集傳

以明用罰之當罪.
형벌을 사용하는 것이 죄에 마땅함을 밝힌 것이다.

> 詳說

○ 去聲
'당(當)'은 거성이다.

○ 論也, 與上註末, 相照應
경문의 의미 설명인데, 위의 주 끝과 서로 호응한다.

○ 陳氏大猷曰 : "此節上下疑有闕文."
진씨 대유(陳氏大猷)153)가 말하였다 : "여기의 절은 위아래로 궐문이 있는 것 같다."154)

서는 스스로 범한 죄에 형벌을 가하는 것에 대해 말했다. 이처럼 형벌을 쓴다면 공공의 이치에 부합하니, 형벌은 진실로 사람들이 미워하는 것이 아니라 바로 법으로 나아가는 것이 자신에게로 나아가는 것이다.' (呂氏曰 : 說者以凡民自得罪以下, 與上文不叶, 蓋擧一端以爲證驗也. 蓋謂如此等罪之人, 人所同惡而刑加焉, 豈容以次汝封乎. 是謂刑加於自犯之罪也. 用刑皆如此, 則契公理矣, 所刑苟非人所同惡, 是移法就己也.)

153) 진씨 대유(陳氏大猷, ?~?) : 송나라 남강군(南康軍) 도창(都倉) 사람으로 자는 문헌(文獻)이고, 호는 동재(東齋)다. 이종(理宗) 개경(開慶) 원년(1259) 진사(進士)가 되고, 종정랑(從政郞)과 황주군(黃州軍) 판관(判官) 등을 지냈다. 『서경』에 조예가 깊었다. 저서에 『상서집전혹문(尙書集傳或問)』과 『상서집전회통(尙書集傳會通)』 등이 있다.

154) 『서경대전(書經大全)』, 「주서(周書)」·「강고(康誥)」, "진씨 대유가 말하였다 : "여기의 절은 위아래로 궐문이 있는 것 같다.(陳氏大猷曰 : 此一節上下疑有闕文.)"

○ 新安陳氏曰 : "與上文不貫."
신안 진씨(新安陳氏)가 말하였다 : "위의 글과 일관되지 않는다."155)

[9-4-9-16]
王曰, 封元惡大憝, 矧惟不孝不友. 子弗祗服厥父事, 大傷厥考心, 于父 不能字厥子, 乃疾厥子. 于弟弗念天顯, 乃弗克恭厥兄, 兄亦不念鞠子哀, 大不友于弟, 惟弔茲, 不于我政人得罪, 天惟與我民彝, 大泯亂, 曰乃其速由文王作罰, 刑茲無赦.

왕이 말씀하였다. "봉(封)아! 큰 죄악은 크게 미워하니, 하물며 효도하지 않고 우애가 있지 않음에야 말해 무엇 하겠는가! 자식이 그 아버지의 일을 공경히 하지 아니하여 아버지의 마음을 크게 상하면 아버지는 그 자식을 사랑하지 아니하여 자식을 미워할 것이다. 그리고 아우가 하늘의 드러난 이치를 생각하지 아니하여 능히 그 형을 공경하지 않으면 형 또한 부모가 자식을 기른 수고로움을 생각하지 아니하여 크게 아우에게 우애하지 않을 것이다. 이런 지경에 이르고도 우리 정사하는 사람들에게 죄를 얻지 않으면 하늘이 우리 백성에게 주신 떳떳함이 크게 없어져 혼란할 것이니, 이러하거든 문왕이 만든 형벌을 빨리 행하여 이들을 형벌하고 용서하지 말라."

詳說
○ 弔, 音的.
'적(弔)'은 음이 '적(的)'이다.

集傳
大憝, 卽上文之罔弗憝. 言寇攘姦宄
대대(大憝)는 곧 위의 글에서 '미워하지 않는 이가 없다'156)는 것이다. 강탈하고

---
155) 『서경대전(書經大全)』, 「주서(周書)」·「강고(康誥)」, "신안 진씨가 말하였다 : '여씨의 설설명은 기특해서 채씨도 대략 취했다. 그러나 평상시의 마음으로 여기 다섯 구를 읽으면 실로 위의 글과 일관되지 않으니, 빠진 부분이 있다는 것이 진실로 옳다.'(新安陳氏曰 : 呂說奇, 蔡亦略取之. 然平心讀此五句, 實與上文不貫, 缺之良是.)"
156) 『서경대전(書經大全)』, 「주서(周書)」·「강고-15(康誥-15)」 : "백성들이 스스로 죄를 만들어 강탈하고 불법을 저지르며 사람을 죽이거나 쓰러뜨려 재물을 취하며 완강하여 죽음을 두려워하지 않는 자를 미워하지 않는 이가 없다.(凡民自得罪, 寇攘姦宄, 殺越人于貨, 暋不畏死, 罔弗憝.)"

불법을 저지르는 것은

> 詳說

○ 以該殺越.
죽이거나 쓰러뜨리는 것을 겸하는 것이다.

> 集傳

固爲大惡, 而大可惡矣,
진실로 큰 죄악이어서 크게 증오할 만한데

> 詳說

○ 元.
앞의 '대(大)'는 경문에서 '원(元)'이다.

○ 去聲, 下並同.
'오(惡)'는 거성으로 아래에서도 같다.

> 集傳

況不孝不友之人, 而尤爲可惡者.
하물며 불효하고 불우한 사람이면서 더욱 미워할 만한 자에 있어서야 말해 무엇 하겠는가!

> 詳說

○ 況意至此.
'하물며'의 의미는 여기까지이다.

> 集傳

當商之季, 禮義不明, 人紀廢壞,
상(商)나라의 말세에 예의가 밝지 못하고 인륜이 무너졌으니,

詳說

○ 先添三句.

세 구를 더하였다.

集傳

子不敬事其父

자식이 그 아버지를 공경히 섬기지 아니하여

詳說

○ 服, 事, 謂服勞也.

경문에서 '복(服)'이 '사(事)'이니, 따르며 힘쓴다는 말이다.

集傳

大傷父心

크게 아버지의 마음을 상하면

詳說

○ 古者, 考字, 通死生稱之.

옛날에 '고(考)'자는 돌아가시거나 살아계시거나 함께 칭했다.

集傳

父不能愛子, 乃疾惡其子, 是父子相夷也.

아버지는 자식을 사랑하지 아니하여 그 자식을 미워할 것이니, 이는 부자간에 서로 상하는 것이다.

詳說

○ 見孟子離婁.

『맹자』「이루」에 보인다.157)

---

157) 『맹자(孟子)』「이루상(離婁上)」: "공손추(公孫丑)가 '군자가 자식을 직접 가르치지 않는 것은 어째서입니까?' 하고 묻자, 맹자가 '형세상 되지 않을 일이기 때문이다. 가르치는 사람은 반드시 정도를 내세우게 마련이니, 정도로써 가르치는데 행해지지 않으면 노기가 뒤따르고, 노기가 뒤따르면 서로 해치게 된다. 「아

集傳

天顯, 猶孝經所謂天明, 尊卑顯然之序也.
'하늘에서 드러난 이치[天顯]'는 『효경(孝經)』에 이른바 '천명(天明)'과 같으니, 존비(尊卑)의 드러난 질서이다.

詳說

○ 于父于弟之于, 猶其也.
'우부(于父)'와 '우제于弟)'에서의 '우(于)'는 '기(其)'와 같다.

集傳

弟不念尊卑之序, 而不能敬其兄, 兄亦不念父母鞠養之勞,
아우가 존비(尊卑)의 질서를 생각하지 아니하여 그 형을 공경하지 않으면 형 또한 부모가 자식을 기른 수고로움을 생각하지 아니하여

詳說

○ 哀哀劬勞.
불쌍히 여기며 수고롭게 노고한 것이다.

○ 略子字, 而添父母字.
'자(子)'자를 생략하고 '부모(父母)'라는 말을 더하였다.

集傳

而大不友其弟, 是兄弟相賊也. 父子兄弟至於如此, 苟不於我爲政之人而得罪焉, 則天之與我民彝,
크게 아우에게 우애하지 않을 것이니, 이는 형제가 서로 해치는 것이다. 부자와 형제가 이와 같은 지경인데도 만일 우리 정사하는 사람에게 죄를 얻지 않는다면,

---

버지는 나를 정도로 가르치면서 정작 아버지의 행동은 정도에서 나오지 않는구나.'라고 하면 이는 부자간에 서로 해치게 되는 것이니, 부자간에 서로 해치게 되면 나쁜 것이다. 옛날에는 자식을 바꾸어서 가르쳤다. 부자간에는 잘하라고 요구해서는 안 되니, 잘하기를 요구하면 사이가 벌어지게 된다. 사이가 벌어지면 이보다 더 상서롭지 못한 일은 없다.'(公孫丑曰, 子之不敎子, 何也. 孟子曰, 勢不行也. 敎者必以正, 以正不行, 繼之以怒, 繼之以怒, 則反夷矣. 夫子敎我以正, 夫子未出於正也, 則是父子相夷也, 父子相夷, 則惡矣. 古者易子而敎之. 父子之間不責善, 責善則離. 離則不祥莫大焉.)"

하늘이 우리 인간에게 주신 떳떳한 도리가

> 詳說

○ 張氏曰 : "民之秉彝, 常性之謂也."
장씨(張氏)가 말하였다 : "백성들의 떳떳한 본성은 일정한 성품을 말함이다."158)

> 集傳

必大泯滅而紊亂矣. 曰者, 言如此則
반드시 크게 없어져서 문란해질 것이다. 왈(曰)은 이와 같으면,

> 詳說

○ 如此, 則之意也.
'이와 같으면'이라는 의미이다.

> 集傳

汝其速由文王作, 罰刑此,
너는 속히 문왕(文王)이 만든 법을 행하여 이들을 형벌하고

> 詳說

○ 此人.
'차(此)'는 이 사람들이다.

> 集傳

無赦而懲戒之, 不可緩也.
용서하지 말며 징계하고 늦추어서는 안되다는 말이다.

> 詳說

○ 蔡氏元度曰 : "周禮有不孝不弟之刑."

---

158) 『서경대전(書經大全)』, 「주서(周書)」·「강고(康誥)」, "장씨가 말하였다 : "백성들의 떳떳한 본성은 백성들의 떳떳하고 일정한 성품을 말함이다.(張氏曰 : 民之秉彝, 民彝常性之謂也.)"

채씨 원도(蔡氏元度)159)가 말하였다 : "『주례』에는 효도하지 않고 아우노릇하지 않은 것에 대한 형벌이 있다."160)

○ 呂氏曰 : "前言殷罰殷彝, 此言文王作罰, 以殷罰治殷俗, 因人情之所安也. 以文王罰刑不孝不友, 撥殷亂之所在也. 經紂之惡, 人倫戕敗, 文王於維持綱常之罰, 有作焉."

여씨(呂氏)가 말하였다 : "앞에서는 은나라의 벌과 은나라의 이륜을 말하고, 여기에서는 문왕이 벌을 만듦에 은나라의 형벌로 은나라의 풍속을 다스림을 말하였으니, 사람들이 마음으로 편안하게 여기기 때문이다. 문왕이 효도하지 않고 우애 있지 않은 것을 형벌하는 것으로 은의 혼란이 있는 것을 다스렸던 것이다. 주(紂)의 악함을 다스리고 인륜이 훼상됨에 문왕이 강상의 벌을 유지하면서 만든 것이 있는 것이다."161)

[9-4-9-17]

不率大夏, 矧惟外庶子訓人, 惟厥正人, 越小臣諸節, 乃別播敷, 造民大譽, 弗念弗庸, 瘝厥君. 時乃引惡, 惟朕憝, 已. 汝乃其速由茲義, 率殺.

따르지 않는 자들은 크게 법으로 다스려야 하니, 하물며 외서자(外庶子)로서 사람을 가르치는 자와 정인(正人)과 소신(小臣)으로서 여러 부절(符節)을 잡은 자들이 별도로 가르침을 펴서 백성들에게 큰 명예를 구하고, 군주를 생각하지 않고 법을 쓰지 않아 그 군주를 해침에

---

159) 원도(元度)는 송나라 채변(蔡卞)의 자(字)이다
160)『서경대전(書經大全)』,「주서(周書)」·「강고(康誥)」, "채씨 원도가 말하였다 : '먼저 자식이 불효하지 않은 다음에 부모가 자애롭지 않은 것을 책했고, 먼저 동생이 공손하지 않은 다음에 형이 우애가 있지 않은 것을 책했다.『주례』에 효도하지 않고 아우노릇하지 않은 것에 대한 형벌은 있지만 자애롭지 않고 우애가 있지 않은 것에 대한 죄는 없는 것이 바로 이런 의미이다.'(蔡氏元度曰 : 先責子之不孝, 然後責父之不慈, 先責弟之不恭, 然後責兄之不友. 周禮有不孝不弟之刑, 而無不慈不友之罪, 即此意也.)."
161)『서경대전(書經大全)』,「주서(周書)」·「강고(康誥)」, "여씨가 말하였다 : '앞에서는 은나라의 벌과 은나라의 이륜을 말하고, 여기에서는 문왕이 벌을 만듦을 말한 것은 은나라의 법을 항상 일삼아 사용하며 부자와 형제의 옥사에는 문왕의 법을 사용하였다는 것이다. 주(紂)의 악함을 다스리고 인륜이 훼상됨에 문왕이 강상의 벌을 유지하면서 만든 것이 있었으니, 이를테면 지관에서 효도하지 않고 공손하지 않은 형벌의 종류와 같은 것이다. 그러므로 은나라의 법으로 은나라의 풍속을 다스렸으니, 사람들이 마음으로 편안하게 여기기 때문이다. 문왕이 효도하지 않고 우애 있지 않은 것을 형벌하는 것으로 은의 혼란이 있는 것을 다스렸던 것이다.'(呂氏曰 : 前言殷罰殷彝, 此言文王作罰刑者, 殷法常事用之, 父子兄弟之獄, 則用文王之法. 經紂之惡, 人倫戕敗, 文王於維持綱常之罰, 有作焉, 如地官不孝不弟之刑之類. 故以殷法治殷俗, 因人情之所安也. 以文王罰刑誅不孝不友, 撥殷亂之所在也.)."

있어서랴. 이는 바로 악을 조장하는 것으로 짐이 미워하는 바이니, 그만둘 수 있겠는가! 너는 빨리 이 의를 따라 모두 죽이도록 하라.

詳說

○ 戛, 諺音誤.
　'알(戛)'은 『언해』의 음이 잘못되었다.

集傳

戛, 法也. 言民之不率敎者, 固可大寘之法矣,
알(戛)은 법(法)이다. 백성 중에 가르침을 따르지 않는 자들은 진실로 크게 법(法)에 두어야 하는데,

詳說

○ 新安陳氏曰 : "不率大戛一句, 或以屬上文, 或以屬下文."
　신안 진씨(新安陳氏)가 말하였다 : "'따르지 않는 자들은 크게 법으로 다스려야 한다.'는 한 구절은 혹 위의 글로 이어질 수도 있고 혹 아래의 글로도 이어질 수 있다."162)

○ 按, 此承上節不孝不友之刑言.
　살펴보건대, 여기는 위의 절에서 효도하지 않고 우애하지 않는 것을 형벌한다는 것163)을 이어서 말한 것이다.

---

162) 『서경대전(書經大全)』, 「주서(周書)」·「강고(康誥)」, "신안 진씨가 말하였다 : 「따르지 않는 자들은 크게 법으로 다스려야 한다.」는 한 구절은 혹 위의 글로 이어질 수도 있고 혹 아래의 글로도 이어질 수 있어 다른 설명이 나오는 것을 억누를 수 없으니, 여기의 구는 억지로 단정하지 않고 그냥 두는 것에 합한다. (新安陳氏曰 : 不率大戛一句, 或以屬上文, 或以屬下文, 不勝異說, 此句合缺疑.)"
163) 『서경대전(書經大全)』, 「주서(周書)」·「강고-16(康誥-16)」 : "왕이 말씀하였다. "봉(封)아! 큰 죄악은 크게 미워하니, 하물며 효도하지 않고 우애가 있지 않음에야 말해 무엇 하겠는가! 자식이 그 아버지의 일을 공경히 하지 아니하여 아버지의 마음을 크게 상하면 아버지는 그 자식을 사랑하지 아니하여 자식을 미워할 것이다. 그리고 아우가 하늘의 드러난 이치를 생각하지 아니하여 능히 그 형을 공경하지 않으면 형 또한 부모가 자식을 기른 수고로움을 생각하지 아니하여 크게 아우에게 우애있지 않을 것이다. 이런 지경에 이르고도 우리 정사하는 사람들에게 죄를 얻지 않으면 하늘이 우리 백성에게 주신 떳떳함이 크게 없어져 혼란할 것이니, 이러하거든 문왕이 만든 형벌을 빨리 행하여 이들을 형벌하고 용서하지 말라.王曰, 封元惡大憝, 矧惟不孝不友. 子弗祗服厥父事, 大傷厥考心, 于父 不能字厥子, 乃疾厥子. 于弟弗念天顯, 乃弗克恭厥兄, 兄亦不念鞠子哀, 大不友于弟, 惟弔茲, 不于我政人得罪, 天惟與我民彝, 大泯亂, 曰乃其速由文王作罰, 刑茲無赦.)"

集傳
況外庶子,

하물며 외서자(外庶子)로서

詳說
○ 官名.

관명이다.

集傳
以訓人爲職與庶官之長,

사람을 가르침을 직책으로 삼는 자와 서관(庶官)의 우두머리와

詳說
○ 上聲, 下同.

'장(長)'은 상성으로 아래에서도 같다.

集傳
及小臣之有符節者, 乃別布條敎, 違道干譽,

소신으로서 부절을 잡은 자들이 별도로 조교(條敎)를 펴서 도를 어기고 명예를 요구하며,

詳說
○ 四字, 見大禹謨.

'도(道)를 어기고 명예를 요구한다.'는 말은 「대우모」에 보인다.[164]

---

164) 『서경대전(書經大全)』, 「우서(虞書)」·「대우모6(大禹謨6)」: "익(益)이 말하였다. "아! 경계하소서. 헤아림이 없을 때에 경계하시어 법도를 잃지 마시고 편안함에 놀지 마시고 즐거움에 지나치지 마시며, 어진 자에게 맡기되 두 마음을 품지 마시고 사악한 자를 제거하되 의심하지 마소서. 의심스러운 계책을 이루지 마셔야 백 가지 생각이 넓어질 것입니다. 도를 어기면서 백성들의 칭찬을 구하지 마시며 백성들을 거스르면서 자신이 바라는 것을 따르지 마소서. 게으르게 하지 않고 황폐하지 않으면 사방의 오랑캐들도 와서 왕으로 받들 것입니다.(益曰, 吁戒哉, 儆戒無虞, 罔失法度, 罔遊于逸, 罔淫于樂, 任賢勿貳, 去邪勿疑. 疑謀, 勿成, 百志惟熙. 罔違道, 以干百姓之譽, 罔百姓, 以從己之欲, 無怠無荒, 四夷來王.)"

> [集傳]
> **弗念其君, 弗用其法,**
> 군주를 생각하지 않고 법을 따르지 않으며

>> [詳說]
>> ○ 庸.
>> '용(用)'은 '용(庸)'이다.

>> ○ 添君法字.
>> '군(君)'자와 '법(法)'자를 더하였다.

> [集傳]
> **以病君上. 是乃長惡於下**
> 군상(君上)을 해침에 있어서야 말해 무엇 하겠는가? 이는 바로 아래에서 악을 조장함이니,

>> [詳說]
>> ○ 引
>> '장(長)'은 '인(引)'이다.

>> ○ 添下字.
>> '하(下)'자를 더하였다.

> [集傳]
> **我之所深惡也.**
> 내가 깊이 미워하는 바이다.

>> [詳說]
>> ○ 去聲
>> '오(惡)'는 거성이다.

| 集傳 |

臣之不忠如此, 刑其可已乎.
신하의 불충이 이와 같으면 형벌을 그만둘 수 있겠는가?

| 詳說 |

○ 添刑字.
'형(刑)'자를 더하였다.

○ 此已字, 與前節已字語意, 微異.
여기에서의 '이(已)'자는 앞의 절의 '이(已)'자에서의 말과 의미와는 살짝 다르다.

| 集傳 |

汝其速由此義,
너는 속히 이 의(義)를 따라

| 詳說 |

○ 王氏日休曰 :"指文王之義刑義殺."
왕씨 일휴(王氏日休)165)가 말하였다 : "문왕의 의(義)로 형벌하고 의(義)로 죽일 것을 가리킨 것이다."166)

| 集傳 |

而率以誅戮之可也 ○ 按, 上言民不孝不友, 則速由文王作罰刑, 玆無赦, 此言外庶子正人小臣背上,

---

165) 왕일휴(王日休, ? ~ 1173) : 남송 여주(廬州) 용서(龍舒) 사람으로 호는 일휴고, 자는 허중(虛中)이다. 『춘추(春秋)』를 깊이 연구하여 일찍이 좌씨(左氏), 공양(公羊), 곡량(穀梁) 3전(傳)과 손복(孫復)의 해석이 지닌 실책에 대해 저술했다. 고종(高宗) 때 국학진사(國學進士)가 되었다. 저서에 『역해(易解)』와 『춘추해(春秋解)』, 『춘추명의(春秋名義)』, 『양현록(養賢錄)』, 『모해서(模楷書)』 등이 있다. 나중에 염불(念佛)을 하며 날마다 천 번씩 절을 했다. 소흥(紹興) 30년(1160) 『대아미타경(大阿彌陀經)』을 교정했고, 『정토문(淨土文)』 10권을 지었다.
166) 『서경대전(書經大全)』, 「주서(周書)」·「강고(康誥)」, "왕씨 일휴가 말하였다 : '앞에서는 문왕이 만든 형벌을 빨리 행하라고 말하였고, 여기에서는 빨리 이 의(義)를 따르라고 하였으니, 어찌 문왕의 의(義)로 형벌하고 의(義)로 죽일 것을 가리킨 것이 아니겠는가?'(王氏日休曰 : 前言速由文王作罰, 此速由玆義, 豈非指文王之義刑義殺乎.)"

모두 주륙(誅戮)해야 한다. ○ 살펴보건대, 위에서는 "백성들이 효도하지 않고 우애있지 않으면 속히 문왕이 만든 벌을 행하여 이들을 형벌하고 용서하지 말라."라고 하였으며, 여기서는 "외서자(外庶子)와 정인(正人)과 소신(小臣)들이 상(上)을 배반하고

詳說

○ 皆也.
'솔(率)'은 모두이다.

○ 音佩.
'패(背)'는 음이 '패(佩)'이다.

集傳

立私, 則速由茲義率殺, 其曰刑曰殺, 若用法峻急者, 蓋殷之臣民化紂之惡, 父子兄弟之無其親,
사(私)를 세우면 속히 이 의(義)를 따라 모두 죽이라."라고 하였으니, 형벌하라고 하고 죽이라고 하며, 법(法)을 씀이 준엄하고 급박한 듯한 것은 은(殷)나라의 신하와 백성들이 주(紂)의 악(惡)에 교화되어 부자간과 형제간에 친함이 없고

詳說

○ 上節.
위의 절이다.167)

集傳

---

167) 『서경대전(書經大全)』, 「주서(周書)」·「강고-16(康誥-16)」 : "왕이 말씀하였다. "봉(封)아! 큰 죄악은 크게 미워하니, 하물며 효도하지 않고 우애가 있지 않음에야 말해 무엇 하겠는가! 자식이 그 아버지의 일을 공경히 하지 아니하여 아버지의 마음을 크게 상하면 아버지는 그 자식을 사랑하지 아니하여 자식을 미워할 것이다. 그리고 아우가 하늘의 드러난 이치를 생각하지 아니하여 능히 그 형을 공경하지 않으면 형 또한 부모가 자식을 기른 수고로움을 생각하지 아니하여 크게 아우에게 우애있지 않을 것이다. 이런 지경에 이르고도 우리 정사하는 사람들에게 죄를 얻지 않으면 하늘이 우리 백성에게 주신 떳떳함이 크게 없어져 혼란할 것이니, 이러하거든 문왕이 만든 형벌을 빨리 행하여 이들을 형벌하고 용서하지 말라.王曰, 封元惡大憝, 矧惟不孝不友. 子弗祗服厥父事, 大傷厥考心, 于父 不能字厥子, 乃疾厥子. 于弟弗念天顯, 乃弗克恭厥兄, 兄亦不念鞠子哀, 大不友于弟, 惟弔茲, 不于我政人得罪, 天惟與我民彝, 大泯亂, 曰乃其速由文王作罰, 刑茲無赦.)"

君臣上下之無其義,
군신간과 상하간에 의로움이 없으니,

詳說
○ 此節.
여기의 절이다.

集傳
非繩之以法, 示之以威, 殷民, 孰知不孝不義之不可干哉, 周禮
법으로써 다스리고 위엄으로 보이지 않는다면 은(殷)나라 백성들이 불효(不孝)와 불의(不義)를 범할 수 없음을 어찌 알겠는가?『주례(周禮)』에

詳說
○ 大司寇.
「대사구」이다.

集傳
所謂刑亂國用重典者, 是也. 然曰速由文王, 曰速由茲義, 則其刑其罰, 亦仁厚而已矣
이른바 "어지러운 나라를 형벌할 때에는 중한 법을 쓴다."는 것이 이것이다. 그러나 "속히 문왕을 따르라."라고 하고, "속히 이 의를 따르라."라고 하였으니, 그 형벌과 그 벌이 또한 인후(仁厚)하게 하는 것일 뿐이다.

[9-4-9-18]
亦惟君惟長, 不能厥家人 越厥小臣外正, 惟威惟虐, 大放王命, 乃非德用乂.

또한 군주와 장이 그 집안 식구와 소신과 외정들을 다스리지 못하고 오직 위엄과 사나움으로 크게 왕명을 버리면 이는 바로 덕이 아닌 것으로 다스리는 것이다.

詳說

○ 長, 上聲,
'장(長)'은 상성이다.

集傳

君長, 指康叔而言也. 康叔而不能齊其家, 不能訓其臣,
군주(君主)와 장(長)은 강숙(康叔)을 가리켜 말한 것이다. 강숙(康叔)이 자기 집안을 가지런히 하지 못하고 그 신하를 가르치지 못하고서

詳說

○ 林氏曰 : "如左傳云, 不能其大夫, 至于君祖, 母以及國人也."
임씨(林氏)가 말하였다 : "이를테면 『좌전』에서 '그 대부에서 군조(君祖)께 할 수 없으면 나라 사람들에게 미치지 말라.'고 말하는 것이다."[168]

集傳

惟威惟虐, 大廢棄天子之命,
오직 위엄과 사나움으로 크게 천자의 명을 폐기한다면,

詳說

○ 放.
'기(棄)'는 '방(放)'이다.

集傳

乃欲以非德用治. 是康叔且不能用上命矣, 亦何以責其臣之瘝厥君也哉
이는 바로 덕이 아닌 것으로 다스리고자 하는 것이다. 이는 강숙 자신도 상(上)의 명(命)을 따르지 않는 것이니, 또한 어떻게 신하들이 군주를 해치는 것에 대해 꾸짖겠는가?

詳說

---

168) 『서경대전(書經大全)』, 「주서(周書)」·「강고(康誥)」, "임씨가 말하였다 : '「집안 사람들에게 다스릴 수 없다.」는 것은 이를테면 『좌전』에서 「그 대부에서 군조(君祖)께 할 수 없으면 나라 사람들에게 미치지 말라.」고 말하는 것과 같다.'(林氏曰 : 不能厥家人, 如左傳云, 不能其大, 夫至于君祖, 母以及國人也.)"

○ 二句, 論也.
두 구는 경문 의미 설명이다.

[9-4-9-19]
汝亦罔不克敬典, 乃由裕民, 惟文王之敬忌, 乃裕民, 曰我惟有及, 則予一人以懌.

너는 또한 법을 공경하지 않음이 없어 이로 말미암아 백성들을 편안히 하되, 오직 문왕의 백성을 공경하고 조심함으로 하여 이 백성들을 편안히 하고, '내 문왕에게 미침이 있다'라고 하면 나 한 사람이 기뻐할 것이다."

集傳
汝罔不能敬守國之常法, 由是而求裕民之道,
너는 나라의 떳떳한 법을 공경히 지키지 않음이 없어 이로 말미암아 백성을 편안히 하는 도를 구하되,

詳說
○ 添求道字.
'구(求)'자와 '도(道)'자를 더하였다.

集傳
惟文王之敬忌, 敬則有所不忽, 忌則有所不敢.
오직 문왕의 공경하고 조심함으로 할 것이니, 공경하면 소홀히 하지 않는 바가 있고, 조심하면 감히 하지 않는 바가 있다.

詳說
○ 唐孔氏曰 : "敬德忌刑."
당나라의 공씨(孔氏)가 말하였다 : "덕을 공경하고 형을 조심하는 것이다."[169]

---

169) 『서경대전(書經大全)』, 「주서(周書)」·「강고(康誥)」, "당나라의 공씨가 말하였다 : '공경하고 조심한다는 것은 덕을 공경하고 형을 조심한다는 말이다.'(唐孔氏曰 : 敬忌, 謂敬德忌刑.)"

○ 陳氏大猷曰 : "敬典忌刑."
진씨 대유(陳氏大猷)가 말하였다 : "법을 공경하고 형을 조심하는 것이다."

集傳

期裕其民, 曰我惟有及於文王, 則予一人以悅懌矣. 此言謹罰之終也, 穆王訓刑
이 백성들을 편안히 하기를 기약하고 말하기를 "내 문왕(文王)에게 미침이 있다."고 하면 나 한 사람이 기뻐할 것이다. 이는 근벌(謹罰)의 마침을 말한 것이니, 목왕(穆王)이 형벌을 가르침에,

詳說

○ 呂刑.
「여형」이다.

集傳

亦曰敬忌云.
또한 공경하고 조심하라고 하였다.

詳說

○ 論也. 與上新民註末, 相照應
경문의 의미 설명으로 위에서의 신민의 주의 끝170)과 서로 호응한다.

○ 新安陳氏曰 : "前兩言速由, 何其急速也. 此兩言乃裕, 又何其寬緩也. 始急終緩, 並行而不相悖也."
신안 진씨(新安陳氏)가 말하였다 : "앞에서 두 번 '빨리 행하라.'171)고 말한 것

---

170) 『서경대전(書經大全)』, 「주서(周書)」·「강고7(康誥7)」 주자의 주 : "이는 명덕(明德)의 마침을 말한 것이니, 『대학(大學)』에 덕(德)을 밝힘을 말함에 또한 백성을 새롭게 함을 들어 끝마쳤다.(此言明德之終也, 大學言明德, 亦舉新民終之.)"
171) 『서경대전(書經大全)』, 「주서(周書)」·「강고-16(康誥-16)」 : "왕이 말씀하였다. "봉(封)아! 큰 죄악은 크게 미워하니, 하물며 효도하지 않고 우애가 있지 않음에야 말해 무엇 하겠는가! 자식이 그 아버지의 일을 공경히 하지 아니하여 아버지의 마음을 크게 상하면 아버지는 그 자식을 사랑하지 아니하여 자식을 미워할 것이다. 그리고 아우가 하늘의 드러난 이치를 생각하지 아니하여 능히 그 형을 공경하지 않으면 형 또한 부모가 자식을 기른 수고로움을 생각하지 아니하여 크게 아우에게 우애있지 않을 것이다. 이런 지경에 이르고도 우리 정사하는 사람들에게 죄를 얻지 않으면 하늘이 우리 백성에게 주신 떳떳함이 크게 없어져 혼

은 '어찌하여 그리도 급히 빨리 하려는 것인가?'이고, 여기에서는 두 번 '편안히 하라.'고 말한 것은 '또 어찌 그리도 관대하고 느긋하게 하려는 것인가?'이다. 처음에는 급하게 하고 끝에는 느긋하게 하는 것이 병행해서 서로 어그러지지 않는 것이다."172)

○ 陳氏大猷曰 : "此上三節, 疑有錯簡."
진씨 대유(陳氏大猷)가 말하였다 : "이곳 위의 세 절에는 착간이 있는 것 같다."173)

[9-4-9-20]

王曰, 封. 爽惟, 民迪吉康, 我時其惟殷先哲王德, 用康乂民作求, 矧今民 罔迪不適. 不迪, 則罔政在厥邦.

왕(王)이 말씀하였다. "봉(封)아! 밝게 생각하건대 백성들은 길강(吉康)함으로 인도해야 하니, 나는 이 은(殷)나라 선철왕(先哲王)의 덕(德)으로써 백성들을 편안히 다스려 짝이 될 것이니, 하물며 지금 백성들이 인도함에 따르지 않는 자가 없음에랴. 그런데도 인도하지 않는다면 이는 정사가 그 나라에 없는 것이 된다."

란할 것이니, 이러하거든 문왕이 만든 형벌을 빨리 행하여 이들을 형벌하고 용서하지 말라.王曰, 封元惡大憝, 矧惟不孝不友. 子弗祗服厥父事, 大傷厥考心, 于父 不能字厥子, 乃疾厥子. 于弟弗念天顯, 乃弗克恭厥兄, 兄亦不念鞠子哀, 大不友于弟, 惟弔茲, 不于我政人得罪, 天惟與我民彝, 大泯亂, 曰乃其速由文王作罰, 刑茲無赦.)": 「강고-17(康誥-17)」: "따르지 않는 자들은 크게 법으로 다스려야 하니, 하물며 외서자(外庶子)로서 사람을 가르치는 자와 정인(正人)과 소신(小臣)으로서 여러 부절(符節)을 잡은 자들이 별도로 가르침을 펴서 백성들에게 큰 명예를 구하고, 군주를 생각하지 않고 법을 쓰지 않아 그 군주를 해침에 있어서랴. 이는 바로 악을 조장하는 것으로 짐이 미워하는 바이니, 그만둘 수 있겠는가! 너는 빨리 이 의를 따라 모두 죽이도록 하라.(不率大戛, 矧惟外庶子訓人, 惟厥正人, 越小臣諸節, 乃別播敷, 造民大譽, 弗念弗庸, 瘝厥君. 時乃引惡, 惟朕憝, 已. 汝乃其速由茲義, 率殺.)"
172) 『서경대전(書經大全)』, 「주서(周書)」·「강고(康誥)」, "신안 진씨가 말하였다 : '앞에서 「빨리 행하라.」고 말한 것은 「문왕이 만든 형벌 속히 행하라」고 하고, 「이 의를 따라 모두 죽이도록 하라.」고 한 것이다. 두 번 빨리 행하라고 한 것은 「어찌하여 그리도 급히 빨리 하려는 것인가?」이고, 여기에서 「이로 말미암아 백성들을 편안히 하라.」고 하고 「백성들을 편안히 하라.」고 하며 두 번 「편안히 하라.」고 말한 것은 또 「어찌하여 그리도 관대하고 느긋하게 하려는가?」이다. 처음에는 형벌로 그 백성들을 가지런히 하고자 해서 사람들의 악습을 징계하려는 것이고, 끝에는 자신으로 사람들을 인솔하고 해서 사람들의 선한 마음을 받아들여 기르려고 한 것이니, 그 급히 함과 느긋하게 함이 병행해서 서로 어그러지지 않는 것이다.'(新安陳氏曰 : 前言速由, 文王作罰速由, 茲義率殺. 兩言速由, 何其急速也. 此言乃由裕民, 乃裕民, 兩言乃裕, 又何其寬緩也. 始欲其以刑齊民, 以懲戒人之惡習, 終欲其以身率人, 以容養人之善心, 其急其緩竝行, 而不相悖也.)"
173) 『서경대전(書經大全)』, 「주서(周書)」·「강고(康誥)」, "진씨 대유가 말하였다 : '이곳 위의 세 절에는 착간이 있는 것 같으니, 대부분의 학자들은 모두 그럴 것이라고 생각하였다.'(陳氏大猷曰 : 此上三節疑有錯簡, 諸家皆意其然耳.)"

集傳

此下, 欲其以德用罰也.

이 이하는 덕으로써 형벌을 쓰고자 한 것이다.

> **詳說**
>
> ○ 總提二節
>> 총괄해서 두 절을 제시했다.

集傳

求

구(求)는

> **詳說**
>
> ○ 述通
>> '구(求)'는 '구(述)'과 통한다.

集傳

等也, 詩

동등(同等)함이니,『시경(詩經)』에

> **詳說**
>
> ○ 下武.
>> 「하무」이다.

集傳

曰世德作求. 言明思

"대대로 덕(德)을 쌓아 짝이 된다."174)라고 하였다. 밝게 생각하건대

---

174)『시경(詩經)』「하무(下武)」: "왕께서 서울에 계시니, 대대로 이어지는 덕을 구하셨다. 영원히 천명에 짝하시고, 왕의 믿음을 이루었다.(王配于京, 世德作求. 永言配命, 成王之孚.)"

詳說

○ 爽惟.
'명사(明思)'는 경문에서 '상유(爽惟)'이다.

集傳
夫民當開導之以吉康,
백성들은 마땅히 길강(吉康)함으로 개도하여야 하니,

詳說
○ 音扶.
'부(夫)'는 음이 '부(扶)'이다.

○ 迪.
'도(導)'는 경문에서 '적(迪)'이다.

○ 西山眞氏曰 : "導之以仁義孝弟, 而民趨之, 此所謂吉康也."
서산 진씨(西山眞氏)가 말하였다 : "인의와 효제로 인도해서 백성들은 따르는 것, 이것이 이른바 길강(吉康)이다."175)

集傳
我亦時
나 또한 이

詳說

---

175)『서경대전(書經大全)』,「주서(周書)」·「강고(康誥)」, "서산 진씨가 말하였다 : '길강으로 백성들을 인도하고자 하는 것은 어떻게 하는 것인가? 은(殷)나라 선철왕(先哲王)의 덕(德)으로써 백성들을 편안히 다스리는 것은 다스려서 짝이 되게 하려는 것일 뿐이다. 대개 은나라 선철왕이 다스린 것은 백성을 길강으로 인도하지 않음이 없는 도이다. 인의로 인도하고 백성들이 인의를 따르고, 효제로 인도해서 백성들이 효제를 따르니, 이것이 이른바 길강이다. 「정(政)」은 백성들을 바르게 하는 것인데, 백성들을 인도해서 가서 숭상할 것을 알게 할 수 없으면, 어디에 정(政)이 있는 것인가? 옛날의 이른바 정(政)은 교화와 합해서 말했는데, 후세의 이른바 정(政)은 교화와 분리해서 말하고 있다.'(西山眞氏曰 : 欲導民於吉康, 其何以哉. 惟於殷先哲王之德, 用以康乂民者, 作而求之而已. 蓋殷先哲王之所為, 無非導民吉康之道也. 導之以仁義, 而民趨於仁義, 導之以孝弟, 而民趨於孝弟, 此則所謂吉康也. 政者, 所以正民, 不能導民俾知所適尚, 何政之有. 古之所謂政者, 合敎化而言, 後世所謂政者, 離敎化而言.)"

○ 是也.
  '시(時)'는 '시(是)'이다.

集傳
其惟殷先哲王之德, 用以安治其民, 爲等匹於商先王也. 迪, 卽迪吉康之迪. 況今民無導之而不從者,
은(殷)나라 선철왕(先哲王)의 덕(德)으로써 백성들을 편안히 다스려 상(商)나라 선왕(先王)에게 짝이 되어야 한다. 적(迪)은 길강(吉康)으로 인도한다는 적(迪)이다. 하물며 지금 백성들이 인도함에 따르지 않는 자가 없으니,

詳說
○ 適.
  '종(從)'은 경문에서 '적(適)'이다.

集傳
苟不有以導之, 則爲無政於國矣
만약 인도하지 않는다면 나라에 정사(政事)가 없는 것이 된다.

詳說
○ 罔.
  '무(無)'는 경문에서 '망(罔)'이다.

集傳
迪言德, 而政言刑也.
적(迪)은 덕(德)을 말하고 정(政)은 형벌을 말한 것이다.

詳說
○ 西山眞氏曰 : "古所謂政, 合敎化而言, 後世所謂政, 離敎化而言."
서산 진씨(西山眞氏)가 말하였다 : "옛날의 이른바 정(政)은 교화와 합해서 말했

는데, 후세의 이른바 정(政)은 교화와 분리해서 말하고 있다."176)

集傳

前旣嚴之民,
앞에서는 이미 백성들을 두렵게 하고

詳說

○ 大憝節.
'크게 미워한다.'는 절이다.177)

集傳

又嚴之臣,
또 신하(臣下)들을 두렵게 하며,

詳說

○ 大戛節.
'크게 법으로 다스려야 한다.'178)는 절이다.

---

176) 『서경대전(書經大全)』, 「주서(周書)」·「강고(康誥)」. "서산 진씨가 말하였다 : '길강으로 백성들을 인도하고자 하는 것은 어떻게 하는 것인가? 은(殷)나라 선철왕(先哲王)의 덕(德)으로써 백성들을 편안히 다스리는 것은 다스려서 짝이 되게 하려는 것일 뿐이다. 대개 은나라 선철왕이 다스린 것은 백성을 길강으로 인도하지 않음이 없는 도이다. 인의로 인도하고 백성들이 인의를 따르고, 효제로 인도해서 백성들이 효제를 따르니, 이것이 이른바 길강이다. 「정(政)」은 백성들을 바르게 하는 것인데, 백성들을 인도해서 가서 숭상할 것을 알게 할 수 없으면, 어디에 정(政)이 있는 것인가? 옛날의 이른바 정(政)은 교화와 합해서 말했는데, 후세의 이른바 정(政)은 교화와 분리해서 말하고 있다.'(西山眞氏曰 : 欲導民於吉康, 其何以哉. 惟於殷先哲王之德, 用以康乂民者, 作而求之而已. 蓋殷先哲王之所爲, 無非導民吉康之道也. 導之以仁義, 而民趨於仁義, 導之以孝弟, 而民趨於孝弟, 此則所謂吉康也. 政者, 所以正民, 不能導民俾知所適尙, 何政之有. 古之所謂政者, 合敎化而言, 後世所謂政者, 離敎化而言.)"

177) 『서경대전(書經大全)』, 「주서(周書)」·「강고-16(康誥-16)」: "왕이 말씀하였다. "봉(封)아! 큰 죄악은 크게 미워하니, 하물며 효도하지 않고 우애가 있지 않음에야 말해 무엇 하겠는가! 자식이 그 아버지의 일을 공경히 하지 아니하여 아버지의 마음을 크게 상하면 아버지는 그 자식을 사랑하지 아니하여 자식을 미워할 것이다. 그리고 아우가 하늘의 드러난 이치를 생각하지 아니하여 능히 그 형을 공경하지 않으면 형 또한 부모가 자식을 기른 수고로움을 생각하지 아니하여 크게 아우에게 우애하지 않을 것이다. 이런 지경에 이르고도 우리 정사하는 사람들에게 죄를 얻지 않으면 하늘이 우리 백성에게 주신 떳떳함이 크게 없어져 혼란할 것이니, 이러하거든 문왕이 만든 형벌을 빨리 행하여 이들을 형벌하고 용서하지 말라.王曰, 封元惡大憝, 矧惟不孝不友. 子弗祗服厥父事, 大傷厥考心, 于父 不能字厥子, 乃疾厥子. 于弟弗念天顯, 乃弗克恭厥兄, 兄亦不念鞠子哀, 大不友于弟, 惟弔玆, 不于我政人得罪, 天惟與我民彛, 大泯亂, 曰乃其速由文王作罰, 刑玆無赦.)"

178) 『서경대전(書經大全)』, 「주서(周書)」·「강고-17(康誥-1)」: "따르지 않는 자들은 크게 법으로 다스려야 하니, 하물며 외서자(外庶子)로서 사람을 가르치는 자와 정인(正人)과 소신(小臣)으로서 여러 부절(符節)을 잡은 자들이 별도로 가르침을 펴서 백성들에게 큰 명예를 구하고, 군주를 생각하지 않고 법을 쓰지 않아 그

集傳

又嚴之康叔,

또 강숙(康叔)을 두렵게 하고,

詳說

○ 上二節.

위의 두 절이다.

集傳

此則武王之自嚴畏也.

여기서는 무왕(武王)이 스스로 두려워한 것이다.

詳說

○ 四句, 論也.

네 구는 경문의 의미 설명이다.

[9-4-9-21]

王曰, 封, 予惟不可不監. 告汝德之說于罰之行, 今惟民不靜, 未戾厥心, 迪屢未同. 爽惟, 天其罰殛我, 我其不怨. 惟厥罪, 無在大, 亦無在多, 矧曰其尙顯聞于天.

왕(王)이 말씀하였다. "봉(封)아! 나는 살펴보지 않을 수 없다. 너에게 덕(德)의 말로 형벌을 행함을 고하노니, 지금 백성들이 안정하지 아니하고 나쁜 마음을 그치지 아니하여 인도하기를 여러 번 하였으나 똑같이 다스려지지 않는다. 밝게 생각하건대, 하늘이 우리들을 형벌하여 죽이실 것이니, 우리는 원망하지 못할 것이다. 그 죄는 큰데 있지 않고 또한 많은데 있지 않으니, 하물며 나쁜 소문이 드러나 하늘에 알려짐에 있어서야 말해 무엇 하겠는가!"

詳說

군주를 해침에 있어서랴. 이는 바로 악을 조장하는 것으로 짐이 미워하는 바이니, 그만둘 수 있겠는가! 너는 빨리 이 의를 따라 모두 죽이도록 하라.(不率大戛, 矧惟外庶子訓人, 惟厥正人, 越小臣諸節, 乃別播敷, 造民大譽, 弗念弗庸, 瘝厥君. 時乃引惡, 惟朕憝, 已. 汝乃其速由玆義, 率殺.)"

○ 新安陳氏曰 : "我不可不監視文王明德愼罰之義. 故告汝以德之 說於罰之行之時. 蓋欲以德行罰而非以罰行罰也."
신안 진씨(新安陳氏)가 말하였다 : "나는 문왕이 덕을 밝히고 벌을 삼가는 의를 살펴보지 않을 수 없다. 그러므로 너에게 덕의 말로 형벌을 행할 때를 고하는 것이다. 대개 덕으로 벌을 행하고 벌로 벌을 행하려고 하는 것이 아니다."179)

○ 鄒氏季友曰 : "上四句, 元自作一章, 自有傳文, 後逸其傳文, 故遂以經文合於下章耳. 下章傳首, 又言二字可見."
추씨 계우(鄒氏季友)180)가 말하였다 : "위의 구에서 원래 한 장으로 되어 본래 전문(傳文)이 있었는데, 뒤에 그 전문을 잃었기 때문에 마침내 경문으로 아래의 장에 합한 것일 뿐이다. 아래 장의 전의 첫머리에서 또 두 글자만 말한 것으로 알 수 있다."

○ 德說罰行. 諺釋恐非文勢.
'덕의 말로 형벌을 행한다.'는 것. 『언해』의 해석은 어투가 아닌 것 같다.

---

179) 『서경대전(書經大全)』, 「주서(周書)」·「강고(康誥)」, "신안 진씨가 말하였다 : '나는 살펴보지 않을 수 없다.'는 것은 옛날의 의미 곧 문왕이 덕을 밝히고 벌을 삼가는 의미이다. 그러므로 너에게 덕의 말로 형벌을 행할 때를 고하는 것이다. 대개 덕으로 벌을 행하고 벌로 벌을 행하려고 하는 것이 아니다. 지금 백성들이 안정하지 아니하여 그 마음을 정하지 못하고, 인도하기를 여러 번 하였으나 여전히 같이 되지 않는다. 백성들이 안정되지 않아 똑같이 되지 않으니, 백성들을 죄주지 않고 백성들을 인도하는 자를 죄주려고 하는 것이다. 그러므로 밝고 명백하게 생각해보면, 하늘이 나를 벌하여 죽이려고 하나 나는 원망할 수 없는 것이다. 그 죄는 크고 많은 것에 있지 않고 한 터럭만큼 부진해서 또 죄가 되는 것이다. 그런데 하물며 이미 하늘에 드러나 알려져서 하늘이 벌주어 죽이려는 것을 피하려고 할지라도 할 수 있겠는가? '밝게 생각하건대, 하늘이 우리들을 형벌하여 죽이실 것이다.'는 것은 '밝게 생각하건대 백성들은 길강(吉康)함으로 인도해야 한다.'는 것과 같으니, '밝게 생각한다.'는 것은 대개 당시의 말이다. 여기서는 왕이 자신을 책해서 강숙을 권면하는 것이다. 요약하자면, 이런 말들은 대부분 억지로 해석할 필요가 없으니, 통하기 어려운 것들은 제쳐놓는 것만 못하다."(新安陳氏曰 : 我惟不可不監視, 古義, 即指文王明德愼罰之義. 故告汝以德之說於罰之行之時. 蓋欲以德行罰而非以罰行罰也. 今惟民不安靜, 未定其心, 廸之雖屢, 而猶未同. 民之不靜未同, 天將不罪民而罪導民者. 故爽明惟, 天其將伐殛我矣, 我其不當怨也. 惟其罪不在大與多, 一毫不盡, 且爲有罪. 況曰其已上顯聞于天, 而欲逭天之罰殛可乎. 爽惟天其罰殛我, 與爽惟民廸吉康同. 爽惟, 蓋當時語. 此王責己以勵康叔也. 要之此等語言, 多不可强解, 難通者, 不如缺之.)

180) 『서경대전(書經大全)』, 「상서(商書)」·「중훼지고(仲虺之誥)」에는 황보밀(皇甫謐)의 말로 되어 있다. 황보밀(皇甫謐, 215년 ~ 282년)은 서진(西晉) 안정(安定) 조나(朝那) 사람으로 자는 사안(士安)이고, 어릴 때 이름은 정(靜)이며, 자호는 현안선생(玄晏先生)이다. 황보숭(皇甫嵩)의 증손이다. 젊었을 때 거침없이 방탕하여 사람들이 미치광이라고 여겼다. 20살 무렵부터 부지런히 공부해 게으르지 않았다. 집이 가난해 직접 농사를 지었는데, 책을 읽으면서 밭갈이를 함으로써 수많은 서적들을 통독했다. 나중에 질병에 걸렸으면서도 손에서 책을 놓지 않고 저술에 전심하느라 밥 먹는 것도 잊어버려 사람들이 서음(書淫)이라 했다. 무제(武帝) 때 부름을 받았지만 나가지 않았다. 무제가 책 한 수레를 하사했다. 자신의 병을 고치려고 의학서를 읽어 가장 오랜 침구 관련서인 『침구갑을경(鍼灸甲乙經)』을 편찬했다. 역사에도 조예가 깊어 『제왕세기(帝王世紀)』와 『연력(年歷)』, 『고사전(高士傳)』, 『일사전(逸士傳)』, 『열녀전(列女傳)』, 『현안춘추(玄晏春秋)』 등을 지었다.

集傳

戾, 止也. 又言, 民不安靜, 未能止其心之很疾,

여(戾)는 그침이다. 또 말씀하기를 "백성들이 안정하지 아니하여 그 마음의 사나움과 미워함을 그치지 아니하여

詳說

○ 添二字.

사나움과 미워함이라는 말을 더하였다.

集傳

迪之者, 雖屢

인도(引導)하기를 여러 번 하였으나

詳說

○ 與多方迪屢同, 蓋古方言也. 諺釋不同, 更詳之.

「다방」에서 '여러 번 따른다.'[181]는 말과 같으니, 대개 옛날의 방언이다. 『언해』의 해석과 같지 않으니 다시 살펴봐야 할 것이다.

集傳

而未能使之上同乎治,

그가 위로 다스림을 함께 하지 못하게 하니,

詳說

○ 去聲.

'치(治)'는 거성이다.

○ 添上治字.

---

181) 『서경대전(書經大全)』, 「주서(周書)」·「다방-22(多方-22)」: "너희가 여러 번 안정하지 못함을 따르니, 너희 마음이 사랑하지 않는가? 너희는 천명을 크게 편안히 여기지 않는가? 너희는 천명을 하찮게 버리는가? 너희는 스스로 불법을 저지르면서 바름에 믿음을 받기를 도모하는가?(爾乃迪屢不靜, 爾心未愛. 爾乃不大宅天命. 爾乃屑播天命. 爾乃自作不典, 圖忱于正.)"

'상(上과)'자와 '치(治)'자를 더하였다.

集傳

明思, 天其罰殛我,
밝게 생각하건대 하늘이 우리를 형벌하여 죽이실 것이니,

詳說

○ 新安陳氏曰 : "與爽, 惟民迪吉康同. 爽惟, 蓋當時語也. 天將不罪民而罪導民者."
신안 진씨(新安陳氏)가 말하였다 : "「밝게 생각하건대」는 「밝게 생각하건대 백성들은 길강(吉康)함으로 인도해야 한다.」는 것과 같으니, 「밝게 생각한다.」는 것은 대개 당시의 말이다. 백성들을 죄주지 않고 백성들을 인도하는 자를 죄주려고 하는 것이다."182)

集傳

我何敢怨乎. 惟民之罪不在大, 亦不在多,
우리가 어찌 감히 원망하겠는가? 백성의 죄(罪)는 큰데 있지 않고 또한 많은데 있지 않으니,

詳說

○ 與怨不在大, 亦不在小, 語意相類.

---

182) 『서경대전(書經大全)』, 「주서(周書)」·「강고(康誥)」, "신안 진씨가 말하였다 : '「나는 살펴보지 않을 수 없다.」는 것은 옛날의 의미 곧 문왕이 덕을 밝히고 벌을 삼가는 의미이다. 그러므로 너에게 덕의 말로 형벌을 행할 때를 고하는 것이다. 대개 덕으로 벌을 행하고 벌로 벌을 행하려고 하는 것이 아니다. 지금 백성들이 안정하지 아니하여 그 마음을 정하지 못하고, 인도하기를 여러 번 하였으나 여전히 같이 되지 않는다. 백성들이 안정되지 않아 똑같이 되지 않으니, 백성들을 죄주지 않고 백성들을 인도하는 자를 죄주려고 하는 것이다. 그러므로 밝고 명백하게 생각해보면, 하늘이 나를 벌하여 죽이려고 하나 나는 원망할 수 없는 것이다. 그 죄는 크고 많은 것에 있지 않고 한 터럭만큼 부진해서 또 죄가 되는 것이다. 그런데 하물며 이미 하늘에 드러나 알려져서 하늘이 벌주어 죽이려는 것을 피하려고 할지라도 할 수 있겠는가? 「밝게 생각하건대, 하늘이 우리들을 형벌하여 죽이실 것이다.」는 것은 「밝게 생각하건대 백성들은 길강(吉康)함으로 인도해야 한다.」는 것과 같으니, 「밝게 생각한다.」는 것은 대개 당시의 말이다. 여기서는 왕이 자신을 책해서 강숙을 권면하는 것이다. 요약하자면, 이런 말들은 대부분 억지로 해석할 필요가 없으니, 통하기 어려운 것들은 제쳐놓는 것만 못하다.'(新安陳氏曰 : 我惟不可不監視, 古義, 即指文王明德愼罰之義. 故告汝以德之說於罰之行時. 蓋欲以德行罰而非以罰行罰也. 今惟民不安靜, 未定其心, 廸之雖屢, 而猶未同. 民之不靜未同, 天將不罪民而罪導民者. 故爽明惟, 天其將仮殛我矣, 我其不當怨也. 惟其罪不在大與多, 一毫不盡, 且爲有罪. 況曰其已上顯聞于天, 而欲逭天之罰殛可乎. 爽惟天其罰殛我, 與爽惟民迪吉康同. 爽惟, 蓋當時語. 此王責己以勵康叔也. 要之此等語言, 多不可强解, 難通者, 不如缺之.)"

'원망은 큰데 있지 않으며 또한 작은데 있지 않다.'183)는 말의 의미와 서로 유사하다.

集傳
苟爲有罪, 卽在朕躬.
만일 죄(罪)가 있으면 곧 짐(朕)의 몸에 있는 것이다.

詳說
○ 見論語堯曰.
『논어』「요왈」에 보인다.184)

○ 補二句.
두 구를 더하였다.

集傳
況曰, 今庶羣腥穢之德,
더구나 지금 여러 비린 냄새가 나며 더러운 덕이

詳說
○ 見酒誥.
「주고」에 보인다.185)

---

183) 『서경대전(書經大全)』, 「주서(周書)」·「강고6(康誥6)」: "왕(王)이 말씀하였다. "아! 소자(小子) 봉(封)아. 네 몸에 있는 병을 앓는 것처럼 여겨 공경할지어다. 천명(天命)은 두려울 만하나 정성스러우면 돕거니와 백성의 마음은 크게 볼 수 있으나 소인(小人)들은 보전하기 어려우니, 가서 네 마음을 다하고 편안히 하여 일예(逸豫)를 좋아하지 말아야 이에 백성을 다스릴 것이다. 내 들으니, 백성들의 원망은 큰데 있지 않으며 또한 작은데 있지 않다. 이치를 순히 하고 순히 하지 않으며 힘쓰고 힘쓰지 않음에 달려 있다고 한다.(王曰, 嗚呼, 小子封. 恫瘝乃身, 敬哉. 天畏棐忱, 民情大可見, 小人難保, 往盡乃心, 無康好逸豫, 乃其乂民. 我聞, 曰怨不在大, 亦不在小. 惠不惠, 懋不懋.)"
184) 『논어(論語)』「요왈(堯曰)」: "내 몸에 죄가 있다면 그것은 만방의 탓이 아니니, 만방에 죄가 있다면 그 죄는 내 몸에 있다.(朕躬有罪, 無以萬方, 萬方有罪, 罪在朕躬.)"
185) 『서경대전(書經大全)』, 「주서(周書)」·「주고-11(酒誥-11)」 주자의 주 : "상제를 섬기지 아니하여 향기로운 덕으로 하늘에 이름은 없고, 크게 백성들이 원망하여 오직 여러 가지 술주정을 하여 비린내 나고 더러운 덕이 상천에 알려졌다. 그러므로 상천이 은나라에 망함을 내려 사랑하는 뜻이 없었으니, 이는 또한 수(受)가 안일함에 방종한 때문이다. 하늘이 어찌 은나라를 사납게 대하였겠는가?(弗事上帝, 無馨香之德以格天, 大惟民怨, 惟羣腥穢之德, 以聞于上. 故上天降喪于殷, 無有眷愛之意者, 亦惟受縱逸故也. 天豈虐殷.)"

○ 添此句.
여기의 구를 더했다.

集傳

其尙顯聞于天乎.
오히려 드러나 하늘에 알려짐에 있어서야 말해 무엇 하겠는가!"라고 한 것이다.

詳說

○ 新安陳氏曰 : "其已上顯聞于天, 而欲逭天之罰殄可乎. 此王責己以厲康叔也. 語多不可强解, 難通者, 不如缺之."
신안 진씨(新安陳氏)가 말하였다 : "이미 하늘에 드러나 알려져서 하늘이 벌주어 죽이려는 것을 피하려고 할지라도 할 수 있겠는가? 여기서는 왕이 자신을 책해서 강숙을 권면하는 것이다. 말의 대부분은 억지로 해석할 필요가 없으니, 통하기 어려운 것들은 제쳐놓는 것만 못하다."[186]

[9-4-9-22]

王曰, 嗚呼, 封, 敬哉. 無作怨, 勿用非謀非彛, 蔽時忱, 丕則敏德, 用康乃心, 顧乃德, 遠乃猷, 裕乃以民寧, 不汝瑕殄.

왕(王)이 말씀하였다. "아! 봉(封)아. 공경할지어다. 원망스러운 일을 만들지 말고 나쁜 꾀와 떳떳하지 않은 법을 쓰지 말며, 결단하되 이 정성으로 하고, 덕에 힘쓴 자를 크게 본받아

---

186) 『서경대전(書經大全)』, 「주서(周書)」·「강고(康誥)」, "신안 진씨가 말하였다 : '「나는 살펴보지 않을 수 없다.」는 것은 옛날의 의미 곧 문왕이 덕을 밝히고 벌을 삼가는 의미이다. 그러므로 너에게 덕의 말로 형벌을 행할 때를 고하는 것이다. 대개 덕으로 벌을 행하고 벌로 벌을 행하려고 하는 것이 아니다. 지금 백성들이 안정하지 아니하여 그 마음을 정하지 못하고, 인도하기를 여러 번 하였으나 여전히 같이 되지 않는다. 백성들이 안정되지 않아 똑같이 되지 않으니, 백성들을 죄주지 않고 백성들을 인도하는 자를 죄주려고 하는 것이다. 그러므로 밝고 명백하게 생각해보면, 하늘이 나를 벌하여 죽이려고 하나 나는 원망할 수 없는 것이다. 그 죄는 크고 많은 것에 있지 않고 한 터럭만큼 부진해서 또 죄가 되는 것이다. 그런데 하물며 이미 하늘에 드러나 알려져서 하늘이 벌주어 죽이려는 것을 피하려고 할지라도 할 수 있겠는가? 「밝게 생각하건대, 하늘이 우리들을 형벌하여 죽이실 것이다.」는 것은 「밝게 생각하건대 백성들은 길강(吉康)함으로 인도해야 한다.」는 것과 같으니, 「밝게 생각한다.」는 것은 대개 당시의 말이다. 여기서는 왕이 자신을 책해서 강숙을 권면하는 것이다. 요약하자면, 이런 말들은 대부분 억지로 해석할 필요가 없으니, 통하기 어려운 것들은 제쳐놓는 것만 못하다.'(新安陳氏曰 : 我惟不可不監視, 古義, 卽指文王明德愼罰之義. 故告汝以德之說於罰之行時. 蓋欲以德行罰而非以罰行罰也. 今惟民不安静, 未定其心, 廸之雖屢, 而猶未同. 民之不静未同, 天將不罪民而罪導民者. 故爽明惟, 天其將伐殄我矣, 我其不當怨也. 惟其罪不在大與多, 一毫不盡, 且爲有罪. 況曰其已上顯聞于天, 而欲逭天之罰殄可乎. 爽惟其罰殄我, 與爽惟民廸吉康同. 爽惟, 蓋當時語. 此王責己以勵康叔也. 要之此等語言, 多不可强解, 難通者, 不如缺之.)"

네 마음을 편안히 하며, 네 덕을 돌아보고 네 꾀를 원대히 하며, 너그럽게 하여 백성들을 편안히 하면 너를 잘못한다고 하여 끊지 않을 것이다."

詳說

○ 無, 毋通.
'무(無)'는 '무(毋)'와 통한다.

集傳

此, 欲其不用罰, 而用德也.
여기에서는 형벌을 쓰지 말고 덕을 쓰고자 한 것이다.

詳說

○ 此節
'차(此)'는 여기의 절이다.

○ 總提.
총괄해서 제시한 것이다.

集傳

歎息言, 汝敬哉. 毋作可怨之事, 勿用非善之謀, 非常之法,
탄식하며 "너는 공경할지어다. 원망할 만한 일을 하지 말고, 좋지 않은 꾀와 떳떳하지 않은 법을 쓰지 말며,

詳說

○ 添法字.
'법(法)'자를 더하였다.

集傳

惟斷以是誠,
오직 결단하기를 이 정성으로 하고,

[詳說]
○ 忱.
'성(誠)'은 경문에서 '침(忱)'이다.

[集傳]
大法古人之敏德
옛사람 중에 덕(德)에 힘쓴 자를 크게 본받아

[詳說]
○ 丕則.
'대법(大法)'은 경문에서 '비칙(丕則)'이다.

○ 添古人字.
'고인(古人)'이라는 말을 더하였다.

[集傳]
用以安汝之心, 省汝之德,
네 마음을 편안히 하고 네 덕(德)을 살피며,

[詳說]
○ 悉井反.
'성(省)'은 음이 '실(悉)'과 '정(井)'의 반절이다.

○ 顧.
'성(省)'은 경문에서 '고(顧)'이다.

[集傳]
遠汝之謀, 寬裕不迫, 以待民之自安.
네 꾀를 원대히 하며 관유(寬裕)하고 급박하지 아니하여 백성들이 스스로 편안하기를 기다려야 할 것이다.

詳說

○ 以民寧, 諺釋要商.

'以民寧(以民寧)'은 『언해』의 해석을 다시 살펴봐야 할 것이다.

○ 陳氏雅言曰 : "非謀非彝, 卽作怨之事, 康心顧德, 遠猷裕寧, 皆敏德之事."

진씨 아언(陳氏雅言)이 말하였다 : "'나쁜 꾀와 떳떳하지 않은 법'은 곧 원망스러운 일을 만드는 것이다. '마음을 편안히 하고 덕을 돌아보며 꾀를 원대히 하고 너그럽게 하며 편안히 하는 것은 모두 덕에 힘쓰는 일이다.'"187)

○ 陳氏經曰 : "心不安, 則必喜異而厭常, 德不顧, 則無內省之實, 猷不遠, 則忘他日之患, 皆基於不誠也."

진씨 경(陳氏經)188)이 말하였다 : "마음이 불안하면 반드시 기이한 것을 좋아해서 떳떳한 것을 싫어하고, 덕을 돌아보지 않으면 안으로 살펴보는 참됨이 없으며, 쾌함이 원대하지 않으면 다른 날의 우환을 잊으니, 모두 성실하지 않음에 기반을 둔 것이다."189)

○ 陳氏大猷曰 : "王恐叔惑於邪說, 謂民難以德化, 易以刑服, 如封德彝之惑太宗者. 故戒以勿用, 而惟斷以至誠也. 否則古人之敏德, 如上章法文王明德, 作求殷先哲王德, 是也. 慮其悠悠,

---

187) 『서경대전(書經大全)』, 「주서(周書)」·「강고(康誥)」, "진씨 아언이 말하였다 : '나쁜 꾀와 떳떳하지 않은 법'은 곧 원망스러운 일을 만드는 것이다. 「네 마음을 편안히 하고 네 덕을 돌아보며 네 꾀를 원대히 하고 너그럽게 하여 백성들을 편안히 하는 것은 모두 덕에 힘쓰는 일이다.'(陳氏雅言曰 : 非謀非彝, 卽作怨之事. 用康乃心, 顧乃德, 遠乃猷, 裕乃以民寧, 皆敏德之事.)"

188) 진경(陳經, ?~?) : 송나라 길주(吉州) 안복(安福) 사람으로 자는 현지(顯之) 또는 정보(正甫)다. 영종(寧宗) 경원(慶元) 5년(1199)에 진사(進士)가 되어 봉의랑(奉議郞)과 천주박간(泉州泊幹)을 지냈다. 평생 독서를 좋아했고, 후학을 많이 계도했다. 저서에 『상서상해(尙書詳解)』와 『시강의(詩講義)』, 『존재어록(存齋語錄)』 등이 있다.

189) 『서경대전(書經大全)』, 「주서(周書)」·「강고(康誥)」, "진씨 경이 말하였다 : '원망하게 될 일을 만들지 말아야 한다. 일을 망치는 꾀함과 떳떳함을 변하게 하는 법을 쓰는 것은 모두 원망을 일으키는 길이다. 「결단한다.」는 말은 한 마디로 「요약한다.」고 할 때의 「요약한다.」는 것과 같다. 지극한 정성으로 결단하면 꾀함이 아니고 떳떳함이 아닌 것에 헷갈리지 않을 수 있다. 마음이 불안하면 반드시 기이한 것을 좋아해서 떳떳한 것을 싫어하고, 덕을 돌아보지 않으면 안으로 살펴보는 참됨이 없으며, 쾌함이 원대하지 않으면, 목전의 이익을 탐해 다른 날의 우환을 잊으니, 모두 성실하지 않음에 기반을 둔 것이다.'(陳氏經曰 : 毋作致怨之事, 用敗事之謀, 變常之法, 皆起怨之道也. 蔽, 如一言以蔽之蔽. 惟斷以至誠, 則能不惑於非謀非彝矣. 心之不安, 則必喜異而厭常. 德之不顧, 則無內省之實, 猷之不遠, 則貪目前之利, 忘他日之患, 凡此皆基於不誠也.)"

故以敏德言. 又恐其欲速, 故又欲其安, 庶能優遊寬裕, 而與民相安矣."

진씨 대유가 말하였다 : "왕은 숙이 나쁜 말에 미혹될 것을 염려하였으니, 백성들은 덕의 교화가 어렵고 형벌로 복종시키기 쉽다고 말하는 것으로 이를테면 봉이 덕의 떳떳함으로 태종을 미혹시킨 것이다. 그러므로 쓰지 말라고 경계하고 지극한 정성으로 결단하라고 한 것이다. 옛 사람들이 덕에 힘쓴 것을 크게 본받는다는 것은 위의 장에서 '문왕이 덕을 밝힌 것을 본받는다.'190)는 것과 '은나라 선철왕의 덕을 지어 구한다.'191)는 것이 여기에 해당한다. 유유한 것을 생각하기 때문에 덕에 힘씀으로 말한 것이다. 유유한 것을 염려했기 때문에 덕에 힘씀으로 말하고, 또 빨리 하고자 하는 것을 염려하기 때문에 또 편안하게 하도록 했으니, 너그럽게 노닐며 관대하게 해서 백성들과 서로 편안하기를 바란 것이다."192)

○ 西山眞氏曰 : "裕乃以民寧, 與前德裕乃身之裕同. 至此, 則不言用罰, 而純言用德矣."

서산 진씨(西山眞氏)가 말하였다 : "'너그럽게 하여 백성들을 편안히 한다.'는 것은 앞에서의 '덕이 너의 몸에 넉넉하다.'193)는 것에서 '넉넉하다.'는 것과 같

---

190) 『서경대전(書經大全)』, 「주서(周書)」·「강고3(康誥3)」 : "너의 크게 드러나신 아버지 문왕께서는 능히 덕을 밝히고 형벌을 삼가셨다.(惟乃丕顯考文王, 克明德愼罰.)"
191) 『서경대전(書經大全)』, 「주서(周書)」·「강고-20(康誥-20)」 : "왕(王)이 말씀하였다. "봉(封)아! 밝게 생각하건대 백성들은 길강(吉康)함으로 인도해야 하니, 나는 이 은(殷)나라 선철왕(先哲王)의 덕(德)으로써 백성을 편안히 다스려 짝이 될 것이니, 하물며 지금 백성들이 인도함에 따르지 않는 자가 없음에랴. 그런데도 인도하지 않는다면 이는 정사가 그 나라에 없는 것이 된다.(王曰, 封. 爽惟, 民迪吉康, 我時其惟殷先哲王德, 用康乂民作求, 矧今民 罔迪不適. 不迪, 則罔政在厥邦.)"
192) 『서경대전(書經大全)』, 「주서(周書)」·「강고(康誥)」 : 진씨 대유가 말하였다 : '다스림을 행하는 것에는 바꿀 수 없는 정론이 있으니, 떳떳한 도와 밝은 덕과 벌을 삼감을 통행하는 것이 여기에 해당한다. 이것을 버리면 나쁜 꾀와 떳떳하지 않은 법을 행한다. 왕은 숙이 나쁜 말과 기이한 술책에 미혹될 것을 염려하였으니, 백성들은 덕의 교화가 어렵고 형벌로 복종시키기 쉽다고 말하는 것으로 봉이 덕의 떳떳함으로 태종을 미혹시킨 것이다. 그러므로 쓰지 말라고 경계하고 지극한 정성으로 결단하라고 한 것이다. '덕에 힘쓴 자를 크게 본받는다.'는 것은 옛 사람들이 덕에 힘쓴 것을 크게 본받는다는 것으로 위의 장에서 「문왕이 덕을 밝힌 것을 본받는다.」는 것과 위의 장에서 「은나라 선철왕의 덕을 지어 구한다.」는 것이 여기에 해당한다. 유유한 것을 염려해서 급급하도록 했기 때문에 덕에 힘씀으로 말하고, 또 빨리 하고자 하는 것을 염려하기 때문에 또 너의 마음을 편안하게 하도록 한 것이다. 편안하면, 경계하고 반성하지 않은 것이 지극하지 않기 때문에 또 너의 덕을 되돌아보도록 한 것이다. 되돌아보면 또 너무 각박하게 살피고 염려할 것을 염려했기 때문에 또 너의 꾀함을 이끌어 멀리하게 하도록 하면서 너그럽게 노닐며 관대하게 해서 백성들과 서로 편안하기를 바란 것이다.(陳氏大猷曰 : 爲治, 有不易之定論, 通行之常道明德愼罰, 是也. 捨是, 則爲非謀非彝, 王恐叔惑於邪說異術. 謂民難以德化, 易以刑服, 如封德彝之惑太宗者. 故戒以勿用, 而惟斷以至誠也. 丕則敏德, 大法古人之敏德, 如上章法文王之明德, 作求殷先哲王德, 是也. 慮其悠悠, 而欲其汲汲, 故以敏德言, 又恐其欲速也. 故又欲其安汝心. 安則恐其警省不至也, 故又欲其回顧汝德. 顧則又恐其察慮之太廹也, 故又欲其弘遠汝謀, 庶能優游寬裕而與民相安矣.)"
193) 『서경대전(書經大全)』, 「주서(周書)」·「강고5(康誥5)」 : "왕(王)이 말씀하였다. '아! 봉(封)아. 너는 생각할지어다. 지금 백성들을 다스림은 장차 네가 문고(文考)를 공경히 따름에 있으니, 너는 옛날에 들은 것을 이

다. 여기에서는 형벌을 씀을 말하지 않고 순수하게 덕을 씀을 말하였다."194)

集傳

若是, 則不汝瑕疵, 而棄絶矣.

이와 같이 하면 너를 잘못한다 하여 끊어 버리지 않을 것이다."라고 한 것이다.

詳說

○ 西山眞氏曰 : "民不瑕絶之也."

서산 진씨(西山眞氏)가 말하였다 : "백성들이 잘못한다고 해서 끊어버릴 수 있는 것이 아니다."195)

[9-4-9-23]

王曰, 嗚呼, 肆汝小子封. 惟命不于常, 汝念哉, 無我殄享, 明乃服命, 高乃聽, 用康乂民.

왕(王)이 말씀하였다. "아! 너 소자 봉(封)아! 천명(天命)은 일정하지 않으니, 너는 생각하여 내가 나라를 누리게 해준 것을 끊지 말아서 너의 복명(服命)을 밝히고 너의 들음을 높여 백성들을 편안히 다스려라."

으며, 덕언(德言)을 행하도록 하라. 가서 은나라의 선철왕(先哲王)을 널리 구하여 백성들을 보호하여 다스리며, 너는 크게 상나라의 노성(老成)한 사람들을 멀리 생각하여 마음을 편안히 하고 가르침을 알며, 별도로 구하여 옛 선철왕(先哲王)의 일을 듣고서 행하여 백성들을 편안히 보호하라. 천리를 넓혀 네 덕이 너의 몸에 넉넉하여야 왕에게 있는 명을 폐하지 않을 것이다.'(王曰. 嗚呼. 封汝念哉. 今民將在祇遹乃文考, 紹聞衣德言. 往敷求于殷先哲王, 用保乂民, 汝丕遠惟商耈成人, 宅心知訓, 別求聞由古先哲王, 用康保民. 弘于天, 若德裕乃身, 不廢在王命.)"

194) 『서경대전(書經大全)』, 「주서(周書)」·「강고(康誥)」, "서산 진씨가 말하였다 : '너그럽게 하여 백성들을 편안히 한다.'는 것은 관대한 정치를 행하는 것으로 말할 필요가 없다. 다만 「원망스러운 일을 만들지 말라.」것에서 이하의 몇 구는 행함이 너그러운 것으로 곧 백성들을 편안함으로 나아가게 하는 것이니, 백성들이 잘못한다고 해서 끊어버릴 수 있는 것이 아니다. 대개 선을 행하면 넉넉함에 이르지 못해도 모두 힘쓰며 굳세게 하는 것이니, 앞에서의 「덕이 너의 몸에 넉넉하다.」는 것에서 「넉넉하다.」는 것과 같다. 여기에서는 형벌을 씀을 말하지 않고 순수하게 덕을 씀을 말하였다.'(西山眞氏曰 : 裕乃以民寧, 不必言行寬政. 但自無作怨以下數句, 行之優裕, 即所以致民之寧, 而民不瑕絶之也. 蓋爲善未至於優裕, 皆勉強也, 與前德裕乃身之裕同. 至此, 則不言用罰, 而純言用德矣.)"

195) 『서경대전(書經大全)』, 「주서(周書)」·「강고(康誥)」, "서산 진씨가 말하였다 : '너그럽게 하여 백성들을 편안히 한다.'는 것은 관대한 정치를 행하는 것으로 말할 필요가 없다. 다만 「원망스러운 일을 만들지 말라.」것에서 이하의 몇 구는 행함이 너그러운 것으로 곧 백성들을 편안함으로 나아가게 하는 것이니, 백성들이 잘못한다고 해서 끊어버릴 수 있는 것이 아니다. 대개 선을 행하면 넉넉함에 이르지 못해도 모두 힘쓰며 굳세게 하는 것이니, 앞에서의 「덕이 너의 몸에 넉넉하다.」는 것에서 「넉넉하다.」는 것과 같다. 여기에서는 형벌을 씀을 말하지 않고 순수하게 덕을 씀을 말하였다.'(西山眞氏曰 : 裕乃以民寧, 不必言行寬政. 但自無作怨以下數句, 行之優裕, 即所以致民之寧, 而民不瑕絶之也. 蓋爲善未至於優裕, 皆勉強也, 與前德裕乃身之裕同. 至此, 則不言用罰, 而純言用德矣.)"

詳說

○ 無, 毋通.
'무(無)'는 '무(毋)'와 통한다.

○ 此下以天命殷民結之.
여기 이하에서는 천명과 은나라 백성으로 매듭지었다.

集傳

肆, 未詳.
사(肆)는 미상(未詳)이다.

詳說

○ 不可與前節肆汝之肆同訓.
앞 절에서의 '사여(肆汝)'196)의 '사(肆)'와 똑같이 풀이해서는 안된다.

○ 鄒氏季友曰 : "梓材從爾雅訓肆爲今, 當從之."
추씨 계우가 말하였다 : "「자재」에서는 『이아』에 따라 '사(肆)'를 '금(今)'으로 풀이했으니,197) 그것을 따라야 한다."

○ 復齋董氏曰 : "肆, 語辭, 如肆徂厥敬勞, 肆往姦宄, 皆語辭也."
복재 동씨가 말하였다 : "'사(肆)'는 어사(語辭)이니, 이를테면 '가서 공경하여 위로하라. 지난날 간궤[姦宄]하다.'198)는 것은 모두 어사이다."199)

---

196) 『서경대전(書經大全)』, 「주서(周書)」·「강고4(康誥4)」 : "감히 홀아비와 과부를 업신여기지 않으시며, 등용하여야 할 사람을 등용하고 공경하여야 할 사람을 공경하고 위엄을 보여야 할 사람에게 위엄을 보이시어 덕이 백성들에게 드러나시어 우리 구하(區夏)[중국(中國)]를 조조(肇造)[창조(創造)]하시자, 우리 한두 나라가 닦여지며 우리 서토(西土)가 이에 믿고 무릅써서 상제(上帝)에게 알려지시니, 상제(上帝)가 아름답게 여기셨다. 하늘이 마침내 문왕(文王)을 크게 명하여 은(殷)나라를 쳐서 멸하게 하시므로 그 명을 크게 받으시니, 그 나라와 백성들이 이에 펴지므로 네 과형(寡兄)이 힘썼다. 그러므로 너 소자(小子) 봉(封)이 이 동토(東土)에 있게 되었다.(不敢侮鰥寡, 庸庸, 祇祇, 威威, 顯民, 用肇造我區夏, 越我一二邦, 以脩 我西土, 惟時怙冒, 聞于上帝, 帝休. 天乃大命文王, 殪戎殷, 誕受厥命, 越厥邦厥民, 惟時敘, 乃寡兄勗. 肆汝小子封, 在玆東土.)"

197) 『서경대전(書經大全)』, 「주서(周書)」·자재7(梓材7)」 : "이제 왕께서는 밝은 덕을 쓰시어 혼미한 백성들을 화열(和悅)하게 하고 위로하여 천명을 받으신 선왕을 기쁘게 하소서.(肆王, 惟德, 用 和懌後迷民, 用懌先王受命.)" 주자의 주, "사(肆)'는 이제이다.(肆, 今也.)"

集傳

惟命不于常,

천명(天命)은 일정하지 아니하여

詳說

○ 不常于一.

한결 같음에 일정하지 않은 것이다.

集傳

善則得之, 不善則失之.

선(善)하면 얻고 선(善)하지 못하면 잃는다.

詳說

○ 見大學.

『대학』에 보인다.200)

○ 大學亦引用惟命不于常句, 凡於此篇四引用之, 其祖述審矣.

『대학』에서 또한 "천명은 일정하지 않다."201)는 구를 인용하였고, 대개 여기의 편에서는 네 번 인용하였으니, 조술이 자세한 것이다.

集傳

汝其念哉, 毋我殄絶所享之國也.

---

198) 『서경대전(書經大全)』, 「주서(周書)」·자재2(梓材2) : "네가 만일 항상 신하들과 더불어 말하기를 '내 관사(官師)로 스승삼는 자는 사도(司徒)와 사마(司馬)와 사공(司空)과 윤(尹)과 여(旅)이니, 내 사람을 사납게 하여 죽이지 않는다.'고 하라. 또한 군주가 먼저 공경하여 위로하여야 하니, 가서 공경하여 위로하라. 지난날 간궤(姦宄)하고 사람을 죽이거나 죄인을 숨겨준 자를 용서하면 마침내 신하들이 또한 군주의 하는 일을 보고서 사람을 상해(傷害)한 자를 용서할 것이다.(汝若恒越曰, 我有師師, 司徒·司馬·司空·尹·旅, 曰予罔厲殺人. 亦厥君先敬勞, 肆徂厥敬勞, 肆往姦宄殺人歷人, 宥, 肆亦見厥君事, 戕敗人, 宥.))"

199) 『서경대전(書經大全)』, 「주서(周書)」·강고(康誥)」, "복재 동씨가 말하였다 : "'사(肆)'는 어사(語辭)이니, 이를테면 「가서 공경하여 위로하라. 지난날 간궤[姦宄]하다.」는 것은 모두 어사이다."(復齋董氏曰 : 肆, 語辭, 如肆徂厥敬勞, 肆往姦宄, 皆語辭也.)"

200) 『대학장구』 전 10장 : "선하면 천명을 얻고 선하지 못하면 천명을 잃는다는 말이다.(道善則得之, 不善則失之矣.)"

201) 『대학장구』 전 10장 : "천명(天命)은 일정하지 않으니, 선하면 얻고 선하지 않으면 잃는다는 말이다.(惟命不于常, 道善則得之, 不善則失之矣.)"

너는 이것을 생각하여 내가 누리게 해준 바의 나라를 끊지 말아라.

詳說

○ 猶言自我失之也, 我爲康叔而言.

나로부터 잃는다고 말하는 것과 같으니, 내가 강숙을 위해 말하는 것이다.

集傳

明汝侯國服命,

너는 후국(侯國)의 복식(服飾)과 작명(爵命)을 밝히고,

詳說

○ 上篇言愼, 此篇言明.

위의 편에서는 삼감[202]을 말하였고, 여기의 편에서는 밝음을 말하였다.

集傳

高其聽, 不可卑忽我言,

너의 들음을 높여 내 말을 낮게 여기고 소홀히 하지 말아서

詳說

○ 陳氏大猷曰 : "猶尊所聞."

진씨 대유(陳氏大猷)가 말하였다 : "들은 것을 높이는 것과 같다."[203]

集傳

用安治爾民也.

이 백성을 편안히 다스려라.

詳說

---

202) 『서경대전(書經大全)』, 「주서(周書)」・「강고3(康誥3)」 : "너의 크게 드러나신 아버지 문왕께서는 능히 덕을 밝히고 형벌을 삼가셨다.(惟乃丕顯考文王, 克明德愼罰.)"
203) 『서경대전(書經大全)』, 「주서(周書)」・「강고(康誥)」, "진씨 대유가 말하였다 : '…. 복명은 곧 받은 고명에 따르는 것이고, 너의 들음을 높이는 것은 들은 것을 높이는 것과 같다.'(陳氏大猷曰 : …. 服命, 卽所服受之誥命, 高乃聽, 猶尊所聞.)"

○ 此篇有三康乂, 又有曰保乂, 曰康保, 曰其乂, 曰用乂, 曰吉康, 皆一意也.

여기의 편에는 세 번의 '편안히 다스리라.'204)는 말이 있고, 또 '보호하여 다스리라.'205)는 말이 있으며, '편안히 보호하라.'206)는 말이 있고, '이에 다스릴 것이다.'207)는 말이 있으며, '다스리는 것이다.'208)라는 말이 있고, '길강하다.'209)는 말이 있으니, 모두 하나의 의미이다.

---

204) 『서경대전(書經大全)』, 「주서(周書)」·「강고9(康誥9)」: "왕(王)이 말씀하였다. "아! 봉(封)아. 형벌에 차서(次序)가 있어야 이에 크게 밝혀 굴복시켜서 백성들이 서로 경계하여 화(和)를 힘쓸 것이다. 마치 몸에 병이 있는 것처럼 여기면 백성들이 모두 허물을 버릴 것이며, 마치 적자(赤子)를 보호하듯이 하면 백성을 편안히 다스려질 것이다.(王曰. 嗚呼. 封. 有叙, 時乃大明服, 惟民其勑懋和. 若有疾, 惟民其畢棄咎, 若保赤子, 惟民其乂.)"; 「강고-20(康誥-20)」: "왕(王)이 말씀하였다. '봉(封)아! 밝게 생각하건대 백성들은 길강(吉康)함으로 인도해야 하니, 나는 이 은(殷)나라 선철왕(先哲王)의 덕(德)으로써 백성들을 편안히 다스려 짝이 될 것이니, 하물며 지금 백성들이 인도함에 따르지 않는 자가 없음에랴. 그런데도 인도하지 않는다면 이는 정사가 그 나라에 없는 것이 된다.'(王曰, 封. 爽惟, 民迪吉康, 我時其惟殷先哲王德, 用康乂民作求, 矧今民 罔迪不適. 不迪, 則罔政在厥邦.)"; 「강고-23(康誥-23)」: "왕(王)이 말씀하였다. '아! 너 소자 봉(封)아! 천명(天命)은 일정하지 않으니, 너는 생각하여 내가 나라를 누리게 해준 것을 끊지 말아서 너의 복명(服命)을 밝히고 너의 들음을 높여 백성을 편안히 다스려라.'(王曰, 嗚呼, 肆汝小子封. 惟命不于常, 汝念哉, 無我殄享, 明乃服命, 高乃聽, 用康乂民.)"

205) 『서경대전(書經大全)』, 「주서(周書)」·「강고5(康誥5)」: "왕(王)이 말씀하였다. '아! 봉(封)아. 너는 생각할지어다. 지금 백성들을 다스림은 장차 네가 문고(文考)를 공경히 따름에 있으니, 너는 옛날에 들은 것을 이으며, 덕언(德言)을 행하도록 하라. 가서 은나라의 선철왕(先哲王)을 널리 구하여 백성들을 보호하여 다스리며, 너는 크게 상나라의 노성(老成)한 사람들을 멀리 생각하여 마음을 편안히 하고 가르침을 알며, 별도로 구하여 옛 선철왕(先哲王)의 일을 듣고서 행하여 백성들을 편안히 보호하라. 천리를 넓혀 네 덕이 너의 몸에 넉넉하여야 왕에게 있는 명을 폐하지 않을 것이다.'(王曰. 嗚呼. 封汝念哉. 今民將祗遹乃文考, 紹聞衣德言. 往敷求于殷先哲, 用保乂民, 汝丕遠惟商耈成人, 宅心知訓, 別求聞由古先哲王, 用康保民. 弘于天, 若德裕乃身, 不廢在王命.)"

206) 『서경대전(書經大全)』, 「주서(周書)」·「강고5(康誥5)」: "왕(王)이 말씀하였다. '아! 봉(封)아. 너는 생각할지어다. 지금 백성들을 다스림은 장차 네가 문고(文考)를 공경히 따름에 있으니, 너는 옛날에 들은 것을 이으며, 덕언(德言)을 행하도록 하라. 가서 은나라의 선철왕(先哲王)을 널리 구하여 백성들을 보호하여 다스리며, 너는 크게 상나라의 노성(老成)한 사람들을 멀리 생각하여 마음을 편안히 하고 가르침을 알며, 별도로 구하여 옛 선철왕(先哲王)의 일을 듣고서 행하여 백성들을 편안히 보호하라. 천리를 넓혀 네 덕이 너의 몸에 넉넉하여야 왕에게 있는 명을 폐하지 않을 것이다.'(王曰. 嗚呼. 封汝念哉. 今民將祗遹乃文考, 紹聞衣德言. 往敷求于殷先哲, 用保乂民, 汝丕遠惟商耈成人, 宅心知訓, 別求聞由古先哲王, 用康保民. 弘于天, 若德裕乃身, 不廢在王命.)"

207) 『서경대전(書經大全)』, 「주서(周書)」·「강고6(康誥6)」: "왕(王)이 말씀하였다. "아! 소자(小子) 봉(封)아. 네 몸에 있는 병을 앓는 것처럼 여겨 공경할지어다. 천명(天命)은 두려울 만하나 정성스러우면 돕거니와 백성의 마음은 크게 볼 수 있으나 소인(小人)들은 보전하기 어려우니, 가서 네 마음을 다하고 편안히 하여 일예(逸豫)를 좋아하지 말아야 이에 백성을 다스릴 것이다. 내 들으니, 백성들의 원망은 큰데 있지 않으며 또한 작은데 있지 않다. 이치를 순히 하고 순히 하지 않으며 힘쓰고 힘쓰지 않음에 달려 있다고 한다.(王曰. 嗚呼, 小子封. 恫瘝乃身, 敬哉. 天畏棐忱, 民情大可見, 小人難保, 往盡乃心, 無康好逸豫, 乃其乂民. 我聞, 曰怨不在大, 亦不在小. 惠不惠, 懋不懋.)"

208) 『서경대전(書經大全)』, 「주서(周書)」·「강고-18(康誥-18)」: "또한 군주와 장이 그 집안 식구와 소신과 외정들을 다스리지 못하고 오직 위엄과 사나움으로 크게 왕명을 버리면 이는 바로 덕이 아닌 것으로 다스리는 것이다.(亦惟君惟長, 不能厥家人 越厥小臣外正, 惟威惟虐, 大放王命, 乃非德用乂.)"

209) 『서경대전(書經大全)』, 「주서(周書)」·「강고-20(康誥-20)」: "왕(王)이 말씀하였다. "봉(封)아! 밝게 생각하건대 백성들은 길강(吉康)함으로 인도해야 하니, 나는 이 은(殷)나라 선철왕(先哲王)의 덕(德)으로써 백성들을 편안히 다스려 짝이 될 것이니, 하물며 지금 백성들이 인도함에 따르지 않는 자가 없음에랴. 그런데도 인도하지 않는다면 이는 정사가 그 나라에 없는 것이 된다.(王曰. 封. 爽惟, 民迪吉康, 我時其惟殷先哲王德, 用康乂民作求, 矧今民 罔迪不適. 不迪, 則罔政在厥邦.)"

[9-4-9-24]

王若曰, 往哉封. 勿替敬典, 聽朕告汝, 乃以殷民世享.

왕(王)이 대략 다음과 같이 말씀하였다. "가거라 봉(封)아! 공경해야 할 법(法)을 폐하지 말아서 짐(朕)이 너에게 고한 말을 들어야 마침내 은(殷)나라 백성들을 데리고 대대로 누릴 것이다."

集傳

勿廢其所敬之常法,
공경해야 할 떳떳한 법을 폐하지 말아서

詳說

○ 新安陳氏曰 : "勿替所當敬之典常, 卽所謂罔不克敬典者, 篇將終, 復申言之."

신안 진씨(新安陳氏)가 말하였다 : "'공경해야 할 법을 폐하지 말라.'는 것은 곧 이른바 '법을 공경하지 않음이 없다.'210)는 것으로 편에서 끝내려고 다시 거듭 말한 것이다."211)

○ 李氏杞曰 : "康誥一篇, 始終以敬哉, 敬典爲言, 康叔所以化商民之綱要, 莫大於此."

---

210) 『서경대전(書經大全)』, 「주서(周書)」·「강고-19(康誥-19)」 : "너는 또한 법을 공경하지 않음이 없어 이로 말미암아 백성들을 편안히 하되, 오직 문왕의 백성을 공경하고 조심함으로 하여 이 백성들을 편안히 하고, '내 문왕에게 미침이 있다'라고 하면 나 한 사람이 기뻐할 것이다.(汝亦罔不克敬典, 乃由裕民, 惟文王之敬忌, 乃裕民, 曰我惟有及, 則予一人以懌.)"
211) 『서경대전(書經大全)』, 「주서(周書)」·「강고(康誥)」 : "신안 진씨가 말하였다 : '상나라 백성들이 효도하지 않고 우애하지 않으니, 교화시키는 근본이 오전을 공경하는 것에 있을 뿐이다. 「공경해야 할 법을 폐하지 말라.」는 것은 곧 이른바 「법을 공경하지 않음이 없다.」는 것으로 편에서 끝내려고 다시 거듭 말한 것으로 『대학』에서 「천명(天命)은 일정하지 않다.」는 말을 인용하고 결단해서 선하면 얻고 선하지 않으면 잃는다.」고 한 것이다. 들은 것을 높이지 않으면 누리게 해준 것을 끊으니, 선하지 않아 잃게 되는 것이다. 공경해야 할 법으로 고하는 것을 들으면 대대로 누릴 것이니, 선하면 얻는 것이다. 무왕이 강숙을 봉하고 정성스럽게 문왕이 덕을 밝히고 벌을 삼가는 가법을 반복했으니, 수백의 말로 염려할 것이 없이 끝에서 다시 천명이 일정하지 않아 나라를 누리는 어려움으로 기필할 것은 경계한 것이다. 강숙이 실로 경청하고 그 말을 힘써 행할 수 있어 위나라가 나라를 누렸으니, 마침내 주나라 왕가와 서로 장구했던 것이 아! 어찌 우연이었겠는가?'(新安陳氏曰 : 商民不孝不友, 化之之本, 在於敬五典耳. 勿替所當敬之典常, 卽前所謂罔不克敬典者, 篇將終復申言之, 大學引惟命不于常, 而斷之曰, 道善則得之, 不善則失之矣. 弗高聽, 則殄享, 不善而失之也. 敬典聽告, 則世享, 善則得之也. 武王封康叔, 拳拳反覆於文王明德愼罰之家法, 無慮數百言, 末復以天命之無常, 享國之難必者, 警戒之. 康叔實能敬聽而力行其言, 衛之享國, 卒與周家, 相爲長久, 吁豈偶然哉.)"

이씨 기(李氏杞)가 말하였다 : "「강고」한 편에서는 '공경할지어다[敬哉]'²¹²)로써 시작하고 끝마쳤으니, 공경해야 할 법으로 말을 하면, 강숙이 상나라 백성들을 교화하는 요지로 이것보다 큰 것이 없다."²¹³)

集傳

聽我所命而服行之,
내가 명한 말을 들어 복행(服行)하여야

詳說

○ 添服行字.
'복행(服行)'이라는 말을 더하였다.

集傳

乃能以殷民, 而世享其國也. 世享, 對上文殄享而言.
은(殷)나라 백성들을 데리고 대대로 그 나라를 누릴 것이다. 대대로 누린다는 것은 위의 글에서 '누리게 해준 것을 끊어지게 한다.'²¹⁴)는 말을 상대하여 말한 것이다.

詳說

---

212) 『서경대전(書經大全)』, 「주서(周書)」・「강고6(康誥6)」 : "왕(王)이 말씀하였다. "아! 소자(小子) 봉(封)아. 네 몸에 있는 병을 앓는 것처럼 여겨 공경할지어다. 천명(天命)은 두려울 만하나 정성스러우면 돕거니와 백성의 마음은 크게 볼 수 있으나 소인(小人)들은 보전하기 어려우니, 가서 네 마음을 다하여 편안히 하여 일예(逸豫)를 좋아하지 말아야 이에 백성을 다스릴 것이다. 내 들으니, 백성들의 원망은 큰데 있지 않으며 또한 작은데 있지 않다. 이치를 순히 하고 순히 하지 않으며 힘쓰고 힘쓰지 않음에 달려 있다고 한다.(王曰. 嗚呼, 小子封. 恫瘝乃身, 敬哉. 天畏棐忱, 民情大可見, 小人難保, 往盡乃心, 無康好逸豫, 乃其乂民. 我聞, 曰怨不在大, 亦不在小. 惠不惠, 懋不懋.)";「강고-22(康誥-22)」 : "왕(王)이 말씀하였다. "아! 봉(封)아. 공경할지어다. 원망스러운 일을 만들지 말고 나쁜 꾀와 떳떳하지 않은 법을 쓰지 말며, 결단하되 이 정성으로 하고, 덕에 힘쓴 자를 크게 본받아 네 마음을 편안히 하며, 네 덕을 돌아보고 네 꾀를 원대히 하며, 너그럽게 하여 백성들을 편안히 하면 너를 잘못한다고 하여 끊지 않을 것이다.(王曰, 嗚呼, 封, 敬哉. 無作怨, 勿用非謀非彛, 蔽時忱, 丕則敏德, 用康乃心, 顧乃德, 遠乃猷, 裕乃以民寧, 不汝瑕殄.)"
213) 『서경대전(書經大全)』, 「주서(周書)」・「강고(康誥)」, "이씨 기(李氏杞)가 말하였다 : "「강고」한 편에서는 '공경할지어다[敬哉]'로써 시작하고 끝마쳤다. 공경해야 할 법으로 말을 하면, 공경을 다하는 도리가 자신을 닦고 백성들을 다스리는 근본임을 아는 것이니, 강숙이 상나라 백성들을 교화하는 요지로 이것보다 큰 것이 없다.(李氏杞曰 : 康誥一篇, 始終以敬哉. 敬典爲言, 是知致敬之道, 乃修身治民之本, 康叔所以化商民之綱要, 莫大於此.)"
214) 『서경대전(書經大全)』, 「주서(周書)」・「강고-23(康誥-23)」 : "왕(王)이 말씀하였다. '아! 너 소자 봉(封)아! 천명(天命)이 일정하지 않으니, 너는 생각하여 내가 나라를 누리게 해준 것을 끊지 말아서 너의 복명(服命)을 밝히고 너의 들음을 높여 백성들을 편안이 다스리라.(王曰, 嗚呼, 肆汝小子封. 惟命不于常, 汝念哉, 無我殄享, 明乃服命, 高乃聽, 用康乂民.)"

○ 此句論也.
여기의 구는 경문의 의미 설명이다.

○ 新安陳氏曰 : "殄享, 不善則失之矣. 世享, 善則得之也. 武王封康叔, 拳拳反覆於文王明德愼罰之家法, 無慮數百言, 末復以天命之無常, 享國之難必者, 警戒之, 康叔實能敬聽, 而力行其言, 衞之享國, 卒與周家相爲長久, 吁豈偶然哉."
신안 진씨(新安陳氏)가 말하였다 : "누리게 해준 것을 끊으니, 선하지 않아 잃게 되는 것이다. 대대로 누릴 것이니, 선하면 얻는 것이다. 무왕이 강숙을 봉하고 정성스럽게 문왕이 덕을 밝히고 벌을 삼가는 가법을 반복했으니, 수백의 말로 염려할 것이 없이 끝에서 다시 천명이 일정하지 않아 나라를 누리는 어려움으로 기필한 것은 경계한 것이다. 강숙이 실로 경청하고 그 말을 힘써 행할 수 있어 위나라가 나라를 누렸으니, 마침내 주나라 왕가와 서로 장구했던 것이 아! 어찌 우연이었겠는가?"215)

○ 按, 周之諸侯, 衞最久傳, 後周而亡.
내가 살펴보건대, 주나라의 제후로는 위(衞)가 가장 오래도록 이어져 주(周)의 뒤에 망했다.

---

215)『서경대전(書經大全)』,「주서(周書)」·「강고(康誥)」, "신안 진씨가 말하였다 : '상나라 백성들이 효도하지 않고 우애하지 않으니, 교화시키는 근본이 오전을 공경하는 것에 있을 뿐이다.「공경해야 할 법을 폐하지 말라.」는 것은 곧 이른바「법을 공경하지 않음이 없다.」는 것으로 편에서 끝내려고 다시 거듭 말한 것으로「대학」에서「천명(天命)은 일정하지 않다.」는 말을 인용하고 결단해서「선하면 얻고 선하지 않으면 잃는다.」고 한 것이다. 들은 것을 높이지 않으면 누리게 해준 것을 끊으니, 선하지 않아 잃게 되는 것이다. 공경해야 할 법으로 고하는 것을 들으면 대대로 누릴 것이니, 선하면 얻는 것이다. 무왕이 강숙을 봉하고 정성스럽게 문왕이 덕을 밝히고 벌을 삼가는 가법을 반복했으니, 수백의 말로 염려할 것이 없이 끝에서 다시 천명이 일정하지 않아 나라를 누리는 어려움으로 기필한 것은 경계한 것이다. 강숙이 실로 경청하고 그 말을 힘써 행할 수 있어 위나라가 나라를 누렸으니, 마침내 주나라 왕가와 서로 장구했던 것이 아! 어찌 우연이었겠는가?'(新安陳氏曰 : 商民不孝不友, 化之之本, 在於敬五典耳. 勿替所當敬之典常, 即前所謂罔不克敬典者, 篇將終復申言之, 大學引惟命不于常, 而斷之曰, 道善則得之, 不善則失之矣. 弗高聽, 則殄享, 不善而失之也. 敬典聽告, 則世享, 善則得之也. 武王封康叔, 拳拳反覆於文王明德愼罰之家法, 無慮數百言, 末復以天命之無常, 享國之難必者, 警戒之. 康叔實能敬聽而力行其言, 衞之享國, 卒與周家, 相爲長久, 吁豈偶然哉.)"

[9-4-10]
「주고(酒誥)」

集傳
商受酗酒, 天下化之, 妹土, 商之都邑, 其染惡尤甚.
상왕(商王) 수(受)가 술주정을 하자 천하가 그것에 따라 변화하니, 매토(妹土)는 상나라의 도읍으로 악에 물듦이 더욱 심하였다.

> **詳說**
> ○ 林氏曰 : "餘習猶存."
> 임씨(林氏)가 말하였다 : "남아 있는 풍습이 여전히 남아 있었다."216)

集傳
武王以其地封康叔, 故作書誥敎之云. 今文古文皆有.
무왕이 이 땅을 강숙(康叔)에게 봉하였기 때문에 글을 지어 가르쳤다. 금문(今文)과 고문(古文)에 모두 있다.

○ 按,
살펴보건대,

> **詳說**
> ○ 恐衍.
> 연문인 것 같다.

集傳
吳氏曰, 酒誥一書, 本是兩書, 以其皆爲酒而誥,
오씨(吳氏)가 "「주고(酒誥)」의 한 편은 본래 두 편이었지만, 그것이 모두 술 때문

---

216) 『서경대전(書經大全)』, 「주서(周書)」·「주고(酒誥)」, "임씨가 말하였다 : '주임금이 술로 나라를 망쳤는데, 여습이 여전히 남아 있었다. 「주고」는 그 때문에 지어진 것이다.'(林氏曰 : 紂以酒亡國, 餘習猶存. 酒誥所以作也.)"

에 가르친 것이기

詳說

○ 去聲, 下並同.
'위(爲)'는 거성으로 아래에서도 모두 같다.

集傳

故誤合而爲一.
때문에 잘못 합해서 하나로 만들었던 것이다.

詳說

○ 如字,
'위(爲)'는 본래의 음 대로 읽는다..

集傳

自王若曰明大命于妹邦以下, 武王告受故都之書也, 自王曰封我西土邦君以下, 武王告康叔之書也. 書之體, 爲一人而作, 則首稱其人, 爲衆人而作, 則首稱其衆, 爲一方而作, 則首稱一方, 爲天下而作, 則首稱天下. 君奭書, 首稱君奭, 君陳書, 首稱君陳, 爲一人而作也. 甘誓, 首稱六事之人, 湯誓, 首稱格汝衆, 此爲衆人而作也. 湯誥, 首稱萬方有衆, 大誥, 首稱大誥多邦, 此爲天下而作也. 多方書, 爲四國,
"왕이 대략 '큰 명을 매방(妹邦)에 밝히노라.'라고 말씀하셨다.[王若曰, 明大命于妹邦.]"[217]로부터 이하는 무왕이 수(受)의 옛 도읍에 고한 글이고, "왕이 우리 서토에서의 방군[王曰,封我西土邦君]'[218]으로부터 이하는 무왕이 강숙(康叔)에게 고한 글이다. 글의 체(體)가 한 사람을 위하여 지었으면 첫머리에 그 사람을 칭하고, 여러 사람을 위하여 지었으면 첫머리에 그 사람들을 칭하며, 한 지방을 위하여 지었으면 첫머리에 그 지방을 칭하고, 천하를 위하여 지었으면 첫머리에 천하를 칭한

---

217) 『서경대전(書經大全)』, 「주서(周書)」·「주고1(酒誥1)」 : "왕(王)이 대략 다음과 같이 말씀하였다. "큰 명(命)을 매방(妹邦)에 밝히노라.(王曰, 明大命于妹邦.)"
218) 『서경대전(書經大全)』, 「주서(周書)」·「주고8(酒誥8)」 : "왕(王)이 말씀하였다. '봉(封)아. 우리 서토(西土)에서 돕던 지난날의 방군(邦君)과 어사(御事)와 소자(小子)들이 거의 능히 문왕(文王)의 가르침을 따라 술에 빠지지 않았으므로 내 지금에 이르러 은(殷)나라의 명(命)을 받은 것이다.'(王曰, 封, 我西土棐徂邦君御事小子, 尙克用文王敎, 不腆于酒, 故我至于今, 克受殷之命.)"

다. 「군석(君奭)」의 글에는 첫머리에 군석(君奭)을 칭했고,²¹⁹⁾ 「군진(君陳)」의 글에는 첫머리에 군진(君陳)을 칭하였으니,²²⁰⁾ 이는 한 사람을 위하여 지은 것이다. 「감서(甘誓)」는 첫머리에 육사(六事)의 사람을 칭하였고,²²¹⁾ 「탕서(湯誓)」는 첫머리에 '이리 오너라. 너희 대중들아.[格汝衆]'라고 칭하였으니,²²²⁾ 이는 여러 사람들을 위하여 지은 것이다. 「탕고(湯誥)」는 첫머리에 '만방의 무리들아[萬方有衆]'라고 칭하였고,²²³⁾ 「대고(大誥)」는 첫머리에 '많은 나라에 크게 고하노라[大誥多邦]'라고 칭하였으니,²²⁴⁾ 이는 천하를 위하여 지은 것이다. 「다방(多方)」의 글은 사방(四方)을 위하여

詳說

○ 管蔡奄商.
관(管)과 채(蔡)와 엄(奄)과 상(商)이다.

集傳

而作 則首稱四國, 多士書 爲多士而作 則首稱多士 今酒誥 爲妹邦而作 故로 首言明大命于妹邦하니 其自爲一書

지었으니, 첫머리에 네 나라를 칭하였고,²²⁵⁾ 「다사(多士)」의 글은 다사(多士)를 위

---

219) 『서경대전(書經大全)』, 「주서(周書)」・「군석1(君奭1)」 : "주공(周公)이 대략 다음과 같이 말씀하였다. '군석(君奭)아!(周公若曰, 君奭.)"
220) 『서경대전(書經大全)』, 「주서(周書)」・「군진1(君陳1)」 : "왕(王)이 다음과 같이 말씀하였다. '군진(君陳)아! 너의 훌륭한 덕은 효도와 공손함이니, 효도하고 형제에게 우애하여 능히 정사에 시행하기에 너에게 명하여 이 동교(東郊)를 다스리게 하노니, 공경하라.(王若曰, 君陳. 惟爾令德孝恭, 惟孝友于兄弟, 克施有政, 命汝, 尹玆東郊, 敬哉.)"
221) 『서경대전(書經大全)』, 「하서(夏書)」・「감서1(甘誓1)」 : "감(甘)땅에서 크게 싸울 적에 마침내 육경(六卿)을 부르셨다.(大戰于甘, 乃召六卿.)"
222) 『서경대전(書經大全)』, 「상서(商書)」・「탕서1(湯誓1)」 : "왕(王)이 다음과 같이 말씀하였다. "이리 오라. 너희 무리들아! 모두 짐의 말을 들어라. 나 소자(小子)가 감히 군대를 동원하여 난리를 일으키려는 것이 아니라, 유하(有夏)가 죄가 많아 하늘이 명하여 정벌하게 하시는 것이다.(王曰, 格, 爾衆庶. 悉聽朕言. 非台小子, 敢行稱亂, 有夏多罪, 天命之.)"
223) 『서경대전(書經大全)』, 「상서(商書)」・「탕고2(湯誥2)」 : "왕(王)이 다음과 같이 말씀하였다. '아! 너희 만방의 무리들아. 나 한 사람의 가르침을 분명히 들어라. 훌륭하신 상제가 하민(下民)들에게 충(衷)을 내려주어 순히 하여 떳떳한 성을 소유하였으니, 능히 그 도에 편안하게 하는 이는 군주인 것이다.(王曰, 嗟爾萬方有衆. 明聽予一人誥. 惟皇上帝降衷于下民, 若有恒性, 克綏厥猷, 惟后.)"
224) 『서경대전(書經大全)』, 「주서(周書)」・「대고1(大誥1)」 : " 왕(王)이 대략 다음과 같이 말씀하였다. '아! 너희 많은 나라와 너희 어사(御事)들에게 크게 고하노라. 하늘로부터 구휼을 받지 못하여 하늘이 우리나라에 해를 내려 조금도 기다려 주지 않으신다. 크게 생각하건대 나같이 어린 사람이 끝없이 큰 역복(歷服)을 이어서 명철함에 나아가 백성들을 편안한 곳으로 인도하지 못하였는데, 하물며 천명을 연구하여 안다고 말할 수 있겠는가!'(王若曰, 猷, 大誥爾多邦, 越爾御事. 弗弔天, 降割于我家, 不少延. 洪惟我幼冲人, 嗣無疆大歷服, 弗造哲, 迪民康, 矧曰其有能格知天命.)"
225) 『서경대전(書經大全)』, 「주서(周書)」・「다방2(多方2)」 : " 주공(周公)이 다음과 같이 말씀하였다. '왕이 대략

하여 지었으니 첫머리에 많은 선비들을 칭하였다.226) 이제 「주고(酒誥)」는 매방(妹邦)을 위하여 지었기 때문에 첫머리에 '대명(大命)을 매방(妹邦)에 밝힌다.'고 말한 것이니, 별도로 한 편이 됨을

詳說
○ 如字.
'위(爲)'는 본래의 음 대로 읽는다.

集傳
無疑. 按吳氏分篇
의심할 것이 없다."라고 하였다. 살펴보건대 오씨(吳氏)는 편(篇)을 나누고

詳說
○ 分爲二書.
나눠 두 편으로 한 것이다.

集傳
引證 固爲明甚,
인증(引證)함이 진실로 매우 분명하나

詳說
○ 如字.
'위(爲)'는 본래의 음 대로 읽는다.

集傳

이렇게 말씀하였다. '아! 너희 네 나라와 여러 지방에 고하노라. 너희 은후로서 백성을 맡은 자들아! 내가 크게 죄를 강등하여 너희 목숨을 살려주었으니, 너희들은 알지 않음이 없어야 할 것이다.'(周公曰, 王若曰 猷, 告爾四國多方. 惟爾殷侯尹民 .我惟大降爾命, 爾罔不知.)"

226) 『서경대전(書經大全)』, 「주서(周書)」·「다사2(多士2)」: "왕(王)이 대략 다음과 같이 말씀하였다. '너 은나라에 남은 많은 선비들아. 하늘에게 가엾게 여김을 받지 못하였다. 그리하여 하늘이 크게 은나라에 망함을 내리셔서 우리 주나라가 도와주는 명을 받고 하늘의 밝은 위엄을 받들며 왕의 벌을 이루어서 은나라 명을 바로잡아 상제의 일을 끝마쳤노라.(王若曰, 爾殷遺多士. 弗弔旻天. 大降喪于殷, 我有周佑命, 將天明威, 致王罰, 勅殷命, 終于帝.)"

但旣謂專誥毖妹邦, 不應有乃穆考文王之語.
다만 오로지 매방(妹邦)을 가르치고 경계했다고 한다면 응당 "네 목고(穆考)이신 문왕(文王)"이라는 말이 있을 수 없다.

詳說
○ 平聲.
'응(應)'은 평성이다.

○ 不當云汝穆考.
네 목고(穆考)라고 말해서는 안된다.

集傳
意酒誥, 專爲妹邦而作, 而妹邦在康叔封圻之內.
짐작컨대 「주고(酒誥)」는 오로지 매방(妹邦)을 위하여 지은 것이니, 매방(妹邦)이 강숙(康叔)의 봉기(封圻) 안에 있었다.

詳說
○ 畿同
'기(圻)'는 '기(畿)'와 같다.

集傳
則明大命之責, 康叔實任之, 故篇首專以妹邦爲稱,
그렇다면 대명(大命)을 밝히는 책임을 강숙(康叔)이 실로 맡았기 때문에 편의 머리에는 오로지 매방(妹邦)을 칭하였고,227)

詳說
○ 如字, 下並同.
'위(爲)'는 본래의 음 대로 읽고, 아래에서도 모두 같다.

---

227) 『서경대전(書經大全)』, 「주서(周書)」·「주고1(酒誥1)」: "왕(王)이 대략 다음과 같이 말씀하였다. "큰 명(命)을 매방(妹邦)에 밝히노라.(王若曰, 明大命于妹邦.)"

| 集傳 |

至中篇, 始名康叔,
편 가운데에서야 비로소 강숙(康叔)을 이름으로 불러228)

| 詳說 |

○ 名呼.
'명(名)'은 이름으로 부른 것이다.

| 集傳 |

以致誥, 其曰尙克用文王敎者, 亦申言首章文王誥毖之意.
가르침을 지극히 하였으니, "거의 문왕의 가르침을 따르라."229)고 말한 것은 또한 첫 장에 문왕이 가르치고 삼간 뜻을 거듭 말씀한 것이다.

| 詳說 |

○ 若果二書, 則必無此照應.
과연 두 책이라면 굳이 이런 호응은 없을 것이다.

| 集傳 |

其事, 則主於妹邦, 其書則付之康叔,
그 일은 매방(妹邦)을 위주로 하였으나 그 글은 강숙(康叔)에게 붙여준 것이니,

| 詳說 |

○ 使之申戒.

---

228) 『서경대전(書經大全)』, 「주서(周書)」·「주고9(酒誥9)」: "왕(王)이 말씀하였다. '봉(封)아. 내가 들으니 이르기를 「옛날 은나라의 선철왕(先哲王)이 하늘의 밝은 명과 소민(小民)들을 두려워하여 덕을 떳떳이 간직하고 밝음을 잡아서 성탕(成湯)으로부터 제을(帝乙)에 이르기까지 왕의 덕을 이루고 보상(輔相)을 공경하여서 어사(御事)들이 도움에 공손함을 두고 감히 스스로 한가하고 스스로 안일하지 못하였으니, 하물며 감히 술마심을 숭상한다.」라고 하겠는가!'(王曰. 封. 我聞, 惟曰在昔殷先哲王, 迪畏天顯小民, 經德秉哲, 自成湯咸至于帝乙, 成王畏相, 惟御事, 厥棐有恭, 不敢自暇自逸, 矧曰其敢崇飮.)"; 『서경대전(書經大全)』, 「주서(周書)」·「강고02(康誥2)」 주자의 주: "봉(封)은 강숙(康叔)의 이름이다.(封은 康叔名.)"
229) 『서경대전(書經大全)』, 「주서(周書)」·「주고8(酒誥8)」: "왕(王)이 말씀하였다. '봉(封)아. 우리 서토(西土)에서 돕던 지난날의 방군(邦君)과 어사(御事)와 소자(小子)들이 거의 능히 문왕(文王)의 가르침을 따라 술에 빠지지 않았으므로 내 지금에 이르러 은(殷)나라의 명(命)을 받은 것이다.'(王曰. 封. 我西土棐徂邦君御事小子, 尙克用文王敎, 不腆于酒, 故我至于今, 克受殷之命.)"

그에게 거듭 경계하게 한 것이다.

集傳

雖若二篇, 而實爲一書, 雖若二事, 而實相首尾, 反復參究,
비록 두 편(篇)인 것 같으나 실제는 한 글이고, 비록 두 일인 것 같으나 실제는 서로 머리가 되고 꼬리가 되니, 반복하여 상고해 보면,

詳說

○ 覆同.
'부(復)'은 '복(覆)'과 같다.

集傳

蓋自爲書之一體也.
스스로 글의 한 체(體)가 된다.

詳說

○ 非如梓材之判爲二書.
「자재(梓材)」가 나뉘 두 책이 되는 것과는 같지 않다.

○ 新安陳氏曰 : "此篇初以酗酒戒妹土之人, 不專爲康叔言. 但責之康叔, 使明戒酒之命於國人. 後方呼康叔名, 以丁寧之至, 末云矧汝剛制于酒, 則專戒康叔之身, 欲其以身率國人也."
신안 진씨가 말하였다 : "여기의 편에서는 술에 빠지는 것으로 매토의 사람들에게 경계하였으니, 강숙만 위해 말한 것은 아니다. 단지 강숙에게 책한 것은 나라 사람들에게 술에 대한 경계를 밝힌 것이다. 뒤에서 강숙의 이름을 부르면서230) 간곡함을 지극하게 하였고, 끝에서 '네 자신이 술을 굳게 제재해야 함에

---

230) 『서경대전(書經大全)』, 「주서(周書)」·「주고9(酒誥9)」: "왕(王)이 말씀하였다. '봉(封)아. 내가 들으니 이르기를 「옛날 은나라의 선철왕(先哲王)이 하늘의 밝은 명과 소민(小民)들을 두려워하여 덕을 떳떳이 간직하고 밝음을 잡아서 성탕(成湯)으로부터 제을(帝乙)에 이르기까지 왕의 덕을 이루고 보상(輔相)을 공경하여서 어사(御事)들이 도움에 공손함을 두고 감히 스스로 한가하고 스스로 안일하지 못하였으니, 하물며 감히 술 마심을 숭상하랴.」라고 하겠는가!'(王曰, 封. 我聞, 惟曰在昔殷先哲王, 迪畏天顯小民, 經德秉哲, 自成湯咸至于帝乙, 成王畏相, 惟御事, 厥棐有恭, 不敢自暇自逸, 矧曰其敢崇飮.)"; 『서경대전(書經大全)』, 「주서(周書)」·「강고02(康誥2)」 주자의 주 : "봉(封)은 강숙(康叔)의 이름이다.(封은 康叔名.)"

있어서랴.'231)라고 말했다면, 오로지 강숙 자신에게 경계해서 그 자신이 나라 사람들을 솔선하게 한 것이다."232)

○ 史氏漸曰 : "幽王之世, 上下沈酒 衛武公作賓之初筵, 衛人何其服酒誥之訓. 傳爲子孫戒, 世守於無窮也."
사씨 점(史氏漸)이 말하였다 : "유왕의 세대에 위아래로 술에 빠졌다. 위의 무공이 「빈지초연(賓之初筵)」을 지었으니, 위나라 사람들은 어쩌면 그리도 「주고」의 가르침에 복종하는가! 자손의 경계로 전해주어 대대로 지킴이 무궁하다."233)

[9-4-10-1]
王若曰, 明大命于妹邦.

왕(王)이 대략 다음과 같이 말씀하였다. "큰 명(命)을 매방(妹邦)에 밝히노라.

集傳
妹邦, 卽詩
매방(妹邦)은 곧 『시경(詩經)』에

---

231) 『서경대전(書經大全)』, 「주서(周書)」·「주고-13(酒誥-13)」 : "予惟曰, 汝劼毖殷獻臣, 侯甸男衛, 矧太史友, 內史友, 越獻臣百宗工. 矧惟爾事服休服采. 矧惟若疇圻父薄違, 農父若保, 宏父定辟. 矧汝剛制于酒.(내 다음과 같이 말하였다. '너는 은(殷)나라의 헌신(獻臣)과 후(侯)·전(甸)·남(男)·위(衛)의 제후(諸侯)들을 힘써 경계할 것이니, 하물며 네가 벗으로 대하는 자인 태사(太史)와 내사(內史)와 헌신(獻臣)과 백종공(百宗工)에 있어서랴. 하물며 네가 섬기는 자인 복휴(服休)와 복채(服采)에 있어서랴. 하물며 너의 짝인 기보(圻父)로서 법(法)을 어기는 자를 축출(逐出)하는 자와 농보(農父)로서 백성들을 순히 하여 보존하는 자와 굉보(宏父)로서 땅을 열어 경계를 정해주는 자에 있어서랴. 더구나 네 자신이 술을 굳게 제재해야 함에 있어서랴.')"
232) 『서경대전(書經大全)』, 「주서(周書)」·「주고(酒誥)」, "신안 진씨가 말하였다 : "여기의 편에서는 술에 빠지는 것으로 매토의 사람들에게 경계하였으니, 강숙만 위해 말한 것은 아니다. 단지 강숙에게 책한 것은 나라 사람들에게 술에 대한 경계를 밝힌 것이다. 뒤에서 강숙의 이름을 부르면서 간곡함을 지극하게 하였고, 끝에서 '네 자신이 술을 굳게 제재해야 함에 있어서랴.'라고 말했다면, 오로지 강숙 자신에게 경계해서 그 자신이 나라 사람들을 솔선하게 한 것이다.(新安陳氏曰 : 此篇初以酗酒戒妹土之人, 不專爲康叔言. 但責之康叔, 使明戒酒之命於國人. 後方呼康叔名, 以丁寧之至, 末云, 矧汝剛制于酒, 則專戒康叔之身, 欲其以身率國人也.)"
233) 『서경대전(書經大全)』, 「주서(周書)」·「주고(酒誥)」, "사씨 점이 말하였다 : '나는 위나라 사람들을 아주 좋아하니, 어쩌면 그리도 「주고」의 가르침에 복종하는가! 대대로 무궁하게 지키는구나. 처음에 상나라 풍속은 술에 빠져 있었으니, 무왕이 주고로 경계시켰는데, 유왕의 세대에 와서 위아래로 술에 빠졌다. 위의 무공이 「빈지초연(賓之初筵)」을 지어 위나라 사람들에게 드러낸 것은 한 때에 들은 교훈만은 아니어서 감히 스스로 금지와 방비를 넘어서지 못했던 것이고, 또 그것으로 금지하고 방비할 수 있었기 때문에 자손에게 법으로 전해졌던 것이다.'(史氏漸曰 : 吾切喜衛人, 何其服酒誥之訓. 世守於無窮也. 始也商俗淫酒, 武王以酒誥戒之, 逮幽王之世, 上下沈湎. 衛武公作賓之初筵以見衛人, 非特一時聞訓, 不敢自越於禁防, 又能以其所以爲禁防者, 傳爲子孫法焉.)"

詳說

○ 桑中.
「상중(桑中)」이다.234)

集傳

所謂沬鄕.
말한 매향(沬鄕)이다.

詳說

○ 音妹.
'매(沬)'는 음이 '매(妹)'이다.

○ 孔氏曰："紂所都朝歌以北, 是."
공씨(孔氏)가 말하였다 : "주(紂)가 도읍한 주가 이북이 여기에 해당한다."235)

○ 薛氏曰："沬, 水名, 因水名地."
설씨(薛氏)가 말하였다 : "매(沬)'는 강의 이름이니, 강에 따라 땅에 이름을 붙인 것이다."236)

集傳

篇首稱妹邦者, 誥命專爲妹邦發也.
편(篇) 머리에 매방(妹邦)을 칭한 것은 고명(誥命)이 오로지 매방(妹邦)을 위하여 나왔기 때문이다.

---

234) 『시경(詩經)』「용풍(鄘風)」: "이때에 새삼을 캐려고 매읍의 시골로 갔도다. 그 누구를 사모했는가. 아름다운 맹강이로다. 뽕밭에서 만날 기약을. 상궁에서 나를 맞았고, 기수의 물가에서 나를 배웅하였도다.(爰采唐矣, 沬之鄕矣. 云誰之思. 美孟姜矣. 期我乎桑中, 要我乎上宮, 送我乎淇之上矣.)" 주자의 주 : "('매(沬)'는 위(衛)나라 고을이니, 『서경(書經)』에 이른바 '매방(妹邦)'이라는 것이다.(沬, 衛邑也, 書所謂妹邦者也.)"
235) 『서경대전(書經大全)』, 「주서(周書)」·「주고(酒誥)」, "공씨가 말하였다 : '매지(妹地)는 주(紂)가 도읍한 주가 이북이 여기에 해당한다.'(孔氏曰 : 妹地, 紂所都朝歌以北, 是.)"
236) 『서경대전(書經大全)』, 「주서(周書)」·「주고(酒誥)」, "설씨가 말하였다 : '「매(妹)」는 옛날에 '매(沬)'자였다. 「매(沬)」는 강의 이름이니, 강에 따라 땅에 이름을 붙인 것이다.'(薛氏曰 : 妹, 古沬字. 沬, 水名, 因水名地.)"

詳說

○ 去聲.

'위(爲)'는 거성이다.

○ 新安陳氏曰 : "大命, 卽下文, 是."

신안 진씨가 말하였다 : "큰 명은 곧 아래의 글이 여기에 해당한다."237)

[9-4-10-2]

乃穆考文王, 肇國在西土, 厥誥毖庶邦庶士, 越少正御事, 朝夕曰, 祀玆酒, 惟天降命, 肇我民, 惟元祀.

네 목고(穆考)이신 문왕이 처음 나라를 창건하여 서토(西土)에 계실 적에 여러 나라의 여러 선비들과 소정(少正)과 어사(御事)들을 가르치고 경계하시어 아침저녁으로 당부하시기를 '제사(祭祀)에만 이 술을 쓸 것이니, 하늘이 명(命)을 내리시어 우리 백성들에게 처음 술을 만들게 하신 것은 오직 큰 제사(祭祀)에 쓰게 하려 하신 것이다.' 라고 하셨다.

詳說

○ 少, 去聲.

'소(少)'는 거성이다.

集傳

穆, 敬也, 詩

목(穆)은 공경함이니, 『시경(詩經)』에

詳說

○ 文王.

「문왕(文王)」이다.

---

237) 『서경대전(書經大全)』, 「주서(周書)」·「주고(酒誥)」, "신안 진씨가 말하였다 : '머리말을 제기해서 이제 매 방에 큰 명령을 밝힌 것이다. 큰 명령은 곧 아래의 글이 여기에 해당한다.'(新安陳氏曰 : 提起頭說, 今明 大命令于妹邦. 大命, 卽下文, 是.)"

[集傳]

曰, 穆穆文王, 是也. 上篇言文王明德, 則曰顯考, 此篇言文王誥毖, 則曰穆考,

"목목(穆穆)하신 문왕(文王)"이라 한 것이 여기에 해당한다. 상편(上篇)에 문왕(文王)이 덕(德)을 밝힘을 말할 때에는 '현고(顯考)'라 하였고,238) 이 편에 문왕(文王)이 가르치고 경계함을 말할 때에는 '목고(穆考)'라 하였으니,

[詳說]

○ 戒謹, 卽敬也.
경계하고 삼감이 곧 공경이다.

[集傳]

言各有當也. 或曰, 文王世次爲穆, 亦通.
말에 각각 마땅함이 있는 것이다. 어떤 이는 "문왕(文王)은 세차(世次)에 있어 목(穆)이 된다."라고 하였으니, 또한 통한다.

[詳說]

○ 新安陳氏曰 : "昭穆之穆, 與左傳合, 不易之論. 以爲穆穆之穆, 則詩稱武王曰, 昭考, 此昭字, 又如何訓耶. 穆穆之證, 非也."
신안 진씨가 말하였다 : "'소목(昭穆)'의 '목(穆)'은 『좌전』과 합하니, 바꿀 수 없는 설명이다. '목목(穆穆)'의 '목(穆)'239)으로 여긴다면, 『시경』에서 무왕을 칭하여 '소고(昭考)'240)라고 하였으니, 여기에서의 '소(昭)'자를 또 어떻게 설명할 것인가? '목목(穆穆)'으로 증빙한 것은 잘못된 것이다."241)

---

238) 『서경대전(書經大全)』, 「주서(周書)」·「강고3(康誥3)」: "너의 크게 드러나신 아버지 문왕께서는 능히 덕을 밝히고 형벌을 삼가셨다.(惟乃丕顯考文王, 克明德愼罰.)"
239) 『시경(詩經)』, 「대아(大雅)」·「문왕지십(文王之什)」 "거룩하신 문왕이여, 끊임없이 경을 밝히셨도다.(穆穆文王, 於緝熙敬止.)"
240) 『시경(詩經)』, 「주송(周頌)」·「재견(載見)」: "제후들을 거느리고 소고께 빈다.(率見昭考)"; 『시경』, 「주송(周頌)」·「방락(訪落)」: "내 처음 시작할 때 물어서 이 소고를 따르려 한다.(訪予落止, 率時昭考.)"
241) 『서경대전(書經大全)』, 「주서(周書)」·「주고(酒誥)」, "신안 진씨가 말하였다 : '살펴보건대, 「소목(昭穆)」의 「목(穆)」은 「좌전」과 합하니, 바꿀 수 없는 설명이다. 「목고(穆考)」를 「목목(穆穆)」의 「목(穆)」으로 여긴다면, 『시경』에서 무왕을 칭하여 '제후들을 거느리고 소고께 빈다[率見昭考]'라고 하였으니, 여기에서의 「소(昭)」자를 또 어떻게 설명할 것인가? 「목목(穆穆)」으로 증빙한 것은 잘못된 것이다.'(新安陳氏曰 : 按, 昭穆之穆, 與左傳合, 不易之論. 以穆考爲穆穆之穆, 則詩稱武王曰率見昭考, 此昭字, 又如何訓耶. 穆穆之證, 非也.)"

集傳

毖, 戒謹也. 少正, 官之副貳也.

비(毖)는 경계하고 삼가함이다. 소정(少正)은 관원의 부이(副貳)이다.

詳說

○ 王氏炎曰 : "官正曰長, 亞曰少, 御事治事之人也, 有正有少."

왕씨 염(王氏炎)242)이 말하였다 : "관정(官正)을 장(長)이라고 하고 아(亞)를 소(少)라고 하니, 어사로 일을 다스리는 사람들로 정(正)이 있고 소(少)가 있는 것이다."243)

集傳

文王朝夕勅戒之曰, 惟祭祀, 則用此酒,

문왕이 조석으로 경계하여 "오직 제사에만 이 술을 쓸 것이니,

詳說

○ 猶言祀方酒.

제사 때에 바야흐로 술을 쓰는 것이라고 말하는 것과 같다.

集傳

天始

하늘이 처음

詳說

○ 肇.

---

242) 왕염(王炎, 1137 ~ 1218) : 송나라 휘주(徽州, 강서성) 무원(婺源) 사람으로 자는 회숙(晦叔) 또는 회중(晦仲)이고, 호는 쌍계(雙溪)이다. 효종(孝宗) 건도(乾道) 5년(1169) 진사(進士)가 되었다. 장식(張栻)이 강릉(江陵)을 다스릴 때 그의 현명함을 듣고 막부(幕府)에 들게 했다. 담주교수(潭州教授)를 지냈고, 임상지주(臨湘知州)로 옮겼다. 영종(寧宗) 경원(慶元) 연간에 호주지주(湖州知州)에 올랐는데, 호족이나 귀척(貴戚)을 두려워하지 않았다. 군기소감(軍器少監)까지 올랐다. 경사(經史)에 정통했고, 주희(朱熹)와 절친했다. 시문에도 뛰어났으며, 저서가 대단히 많았다. 저서에 『쌍계집(雙溪集)』과 『독역필기(讀易筆記)』, 『상서소전(尙書小傳)』 등이 있었고, 『역해(易解)』를 저술하다가 마치지 못하고 죽었다.

243) 『서경대전(書經大全)』, 「주서(周書)」·「주고(酒誥)」, "왕씨 염이 말하였다 : "관정(官正)을 장(長)이라고 하고 아(亞)를 소(少)라고 하니, 어사로 일을 다스리는 사람들로 정(正)이 있고 소(少)가 있는 것이다.(王氏炎曰 : 官正曰長, 亞曰少, 御事治事之臣也, 有正有少.)"

'시(始)'는 경문에서 '조(肇)'이다.

集傳
令民作酒者,
백성들이 술을 만들도록 한 것은

詳說
○ 命
'령(令)'은 경문에서 '명(命)'이다.

○ 唐孔氏曰 : "世本云, 儀狄造酒, 又云杜康造酒. 本人以意爲之, 今言天降命, 蓋人爲亦天之所使也."
당의 공씨가 말하였다 : "『세본』에서 '의적(儀狄)이 술을 만들었다.'고 하고, 또 '두강(杜康)이 술을 만들었다.'고 하였다. 본인들이 의도적으로 그것을 만든 것을 이제 하늘이 명을 내리신 것이라고 말했으니, 대개 사람들이 그것을 만드는 것도 하늘이 시켰기 때문이라는 것이다."244)

集傳
爲大祭祀而已.
큰 제사(祭祀)를 위해서일 뿐이다."라고 하였다.

詳說
○ 去聲.
'위(爲)'는 거성이다.

○ 林氏曰 : "非大祭而用酒, 則非天之所以降命之本意."
임씨(林氏)가 말하였다 : "큰 제사가 아닌데 술을 쓰면 하늘이 명을 내린 본래

---

244) 『서경대전(書經大全)』, 「주서(周書)」·「주고(酒誥)」, "당의 공씨가 말하였다 : '『세본』에서 「의적(儀狄)이 술을 만들었다.」고 하고, 또 「두강(杜康)이 술을 만들었다.」고 하였다. 본인들이 의도적으로 그것을 만든 것을 이제 하늘이 명을 내리신 것이라고 말했으니, 대개 사람들이 그것을 만드는 것도 하늘이 시켰기 때문이라는 것이다.'(唐孔氏曰 : 世本云, 儀狄造酒, 又云杜康造酒, 本人以意爲之. 今言天降命, 蓋人爲, 亦天之所使也.)"

의 의미가 아닌 것이다."245)

集傳

西土庶邦, 遠去商邑, 文王誥毖, 亦諄諄以酒爲戒,
서토(西土)의 여러 나라는 멀리 상(商)나라 도읍과 떨어져 있었는데도 문왕(文王)이 가르치고 경계할 적에 또한 순순(諄諄)히 술로써 경계하였으니,

詳說

○ 恐其化於紂.
그들이 주(紂)임금을 따라 변화하는 것을 염려하였다.

集傳

則商邑可知矣.
상(商)나라 도읍을 알 만하다.

詳說

○ 補此句.
이 구를 더하였다.

○ 卽所謂染惡尤甚者.
곧 이른바 '악에 물든 것이 더욱 심한 것이다.'246)

集傳

文王爲西伯, 故得誥毖庶邦云.
문왕이 서백이 되었기 때문에 여러 나라를 가르치고 경계한 것이다.

詳說

---

245) 『서경대전(書經大全)』, 「주서(周書)」·「주고(酒誥)」, "임씨가 말하였다 : '큰 제사가 아닌데 술을 쓰면 하늘이 명을 내린 본래의 의미가 아닌 것이다.'(林氏曰 : 非大祀而用酒, 則非天之所以降命之本意矣.)"
246) 『서경대전(書經大全)』, 「주서(周書)」·「주고서(酒誥序)」 주자의 주, "상왕(商王) 수(受)가 술주정을 하자 천하가 그것에 따라 변화하니, 매토(妹土)는 상나라의 도읍으로 악에 물듦이 더욱 심하였다.(商受酒, 天下化之, 妹土, 商之都邑, 其染惡尤甚.)"

○ 始國在西土, 主始爲西伯而言也.
처음 나라가 서토에 있었으니, 처음 서백이 된 것을 위주(西伯)로 말한 것이다.

[9-4-10-3]
天降威, 我民用大亂喪德, 亦罔非酒惟行, 越小大邦用喪, 亦罔非酒惟辜.

하늘이 위엄을 내리시어 우리 백성들이 크게 혼란하여 덕을 잃음이 술의 행해짐 아님이 없으며, 작은 나라와 큰 나라가 망함이 또한 술의 허물 아님이 없다.

詳說
○ 喪行, 並去聲
'상(喪)'과 '행(行)'은 모두 거성이다.

集傳
酒之禍人也, 而以爲天降威者, 禍亂之成, 是亦天爾.
술이 사람에게 화를 끼쳤는데 하늘이 위엄을 내렸다고 말한 것은 화란(禍亂)의 이루어짐이 또한 하늘이기 때문이다.

詳說
○ 新安陳氏曰 : "天降命, 天降威, 當對觀."
신안 진씨(新安陳氏)가 말하였다 : "'하늘이 명을 내리는 것'247)과 '하늘이 위엄을 내리는 것'은 짝으로 봐야 한다."248)

---

247) 『서경대전(書經大全)』, 「주서(周書)」·「주고2(酒誥2)」 : "네 목고(穆考)이신 문왕이 처음 나라를 창건하여 서토(西土)에 계실 적에 서방(庶邦)의 여러 선비들과 소정(少正)과 어사(御事)들을 가르치고 경계하시어 아침저녁으로 당부하시기를 '제사(祭祀)에만 이 술을 쓸 것이니, 하늘이 명(命)을 내리시어 우리 백성들에게 처음 술을 만들게 하신 것은 오직 큰 제사(祭祀)에 쓰게 하려 하신 것이다.'라고 하셨다.(乃穆考文王, 肇國在西土, 厥誥毖庶邦庶士, 越少正御事, 朝夕曰, 祀茲酒, 惟天降命, 肇我民, 惟元祀.)"

248) 『서경대전(書經大全)』, 「주서(周書)」·「주고(酒誥)」, "신안 진씨가 말하였다 : '하늘이 명을 내리는 것'과 '하늘이 위엄을 내리는 것'은 짝으로 봐야 한다. 술을 베푼 처음의 의도는 본래 제사를 위한 것으로 하늘이 명을 내린 것이다. 술이 재앙을 낳는 것으로 흐름도 하늘이 위엄을 내리는 것이다. 술은 하나일 뿐으로 제사에 쓰는 것도 이 술이고, 덕을 나라를 잃는 것도 이 술이다. 천리와 인욕이 함께 흐르며 실정을 달리하는 것이니, 사람이 술에 대해서는 그 제사를 지내면서 명을 내린 하늘에 근본한 것임을 알고, 또 잔치에서 마시고 의젓하게 위엄을 내린 하늘이 있음을 알 수 있으면, 천리는 행해지고 인욕은 멈추어 바야흐로 술의 재앙이 없을 것이다.'(新安陳氏曰 : 天降命, 與天降, 威當對觀. 設酒之初意, 本爲祭祀, 乃天之降命也.

○ 林氏曰 : "古人於事之成敗, 未嘗不歸之天. 人之起居動靜, 未有不與天俱者."
임씨(林氏)가 말하였다 : "옛 사람들은 일의 성패에 대해 하늘에 돌리지 않은 적이 없으니, 사람들의 기거동작은 하늘과 함께 하지 않는 경우가 없는 것이다."249)

集傳

箕子言受酗酒, 亦曰天毒降災,
기자(箕子)가 수(受)가 술주정함을 말할 때에도 또한 "하늘이 독하게 재앙을 내렸다."고 하였으니,

詳說

○ 見微子.
「미자」에 보인다.250)

集傳

正此意也. 民之喪德, 君之喪邦,
바로 이러한 뜻이다. 백성이 덕(德)을 잃음과 군주(君主)가 나라를 잃음이

詳說

○ 諸侯.
'군(君)'은 제후이다.

酒之流生禍, 亦天之降威也. 酒一而已, 用以祀者, 此酒也, 喪德喪邦者, 亦此酒也. 天理人欲, 同行異情, 人之於酒, 知其祭祀, 而本於降命之天, 又能於燕飲而凜然, 知有降威之天, 則天理行而人欲窒, 方無酒禍矣.)"
249) 『서경대전(書經大全)』, 「주서(周書)」·「주고(酒誥)」, "임씨가 말하였다 : '성인이 하는 것인데, 하늘이 명을 내린 것으로 여기고, 사람들이 술로 덕을 잃고 나라를 잃는 것은 모두 스스로 재앙을 만든 것인데, 하늘이 위엄을 내린 것으로 여겼다. 옛 사람들은 일의 성패에 대해 하늘에 돌리지 않은 적이 없다. 하늘이 높이 위에 있어 사람들의 기거동작은 하늘과 함께 하지 않는 경우가 없으니, 사람들이 하는 것은 어느 것인들 하늘이 하는 것이 아니겠는가!'(林氏曰 : 聖人所爲, 而以爲天降命, 人以酒喪德喪邦, 皆自作孽, 而以爲天降威. 蓋古人於事之成敗, 未嘗不歸之天. 天雖高高在上, 人之起居動靜, 未有不與之俱者, 則人之所爲, 孰非天之所爲哉.)"
250) 『서경대전(書經大全)』, 「상서(商書)」·「미자4(微子4)」 : "부사(父師)께서 말씀하였다. '왕자여! 하늘이 독하게 재앙을 내려 은나라를 황폐하게 함이 막 일어나는데, 술에 빠져 주정하는구나.'(父師若曰, 王子, 天毒降災, 荒殷邦方興, 沉酗于酒.)"

集傳

皆由於酒. 喪德, 故言行,

모두 술에서 연유한다. 덕(德)을 잃기 때문에 행(行)이라 말하였고,

詳說

○ 惡行.

'행(行)'은 악행이다.

集傳

喪邦, 故言辜.

나라를 잃기 때문에 고(辜)라고 말한 것이다.

詳說

○ 陳氏曰：“朝夕曰之下此文王誥毖庶邦庶士之辭.”

진씨가 말하였다：“'아침저녁으로 ~라고 하였다.'251)는 것은 여기 문왕의 '여러 나라의 여러 선비들'이라는 말로 이어져야 한다.”252)

[9-4-10-4]

文王誥敎小子有正有事, 無彛酒, 越庶國. 飮惟祀, 德將無醉.

문왕(文王)이 소자(小子)와 벼슬을 맡고 일을 맡은 사람들을 가르치시되 '술에 항상하지 말라. 여러 나라가 술을 마시되 오직 제사 때에만 할 것이니, 덕으로 이어가 취하지 말라.'라고 하셨다.

集傳

小子, 少子之稱,

---

251) 『서경대전(書經大全)』, 「주서(周書)」·「주고2(酒誥2)」：“네 목고(穆考)이신 문왕이 처음 나라를 창건하여 서토(西土)에 계실 적에 서방(庶邦)의 여러 선비들과 소정(少正)과 어사(御事)들을 가르치고 경계하시어 아침저녁으로 당부하시기를 '제사(祭祀)에만 이 술을 쓸 것이니, 하늘이 명(命)을 내리시어 우리 백성들에게 처음 술을 만들게 하신 것은 오직 큰 제사(祭祀)에 쓰게 하려 하신 것이다.'라고 하셨다.(乃穆考文王, 肇國在西土, 厥誥毖庶邦庶士, 越少正御事, 朝夕曰, 祀玆酒, 惟天降命, 肇我民, 惟元祀.)”

252) 『서경대전(書經大全)』, 「주서(周書)」·「주고(酒誥)」, "진씨가 말하였다 : '아침저녁으로 ~라고 하였다.'는 것은 여기 문왕의 '여러 나라의 여러 선비들'이라는 말로 이어져야 한다.'(陳氏曰：朝夕曰之下此文王誥毖庶邦庶士之辭.)"

소자(小子)는 소자(少子)의 칭호이니,

詳說
○ 去聲.
'소(少)'는 거성이다.

○ 幼少之稱
어리다는 칭호이다.

○ 孔氏曰 : "民之子孫."
공씨(孔氏)가 말하였다 : "백성들의 자손이다."253)

集傳
以其血氣未定,
혈기가 아직 안정되지 않아

詳說
○ 四字, 出論語季氏.
'혈기가 안정되지 않았다.'는 말은 『논어』「계씨」가 출처이다.254)

集傳
尤易縱酒喪德, 故文王專誥敎之.
더욱 술에 방종하여 덕을 잃기 쉬우므로 문왕이 오로지 가르친 것이다.

詳說
○ 去聲.

---

253) 『상서찬전(尙書纂傳)』, 「주서(周書)」·「주고(酒誥)」, "한나라 공씨가 말하였다 : '소자는 백성들의 자손이다. ….'(漢孔氏曰 : 小子民之子孫也. ….)"
254) 『논어(論語)』「계씨(季氏)」: "군자에게 세 가지 경계함이 있으니, 젊을 때에는 혈기가 정해지지 않았으므로 경계함이 여색에 있고, 장성해서는 혈기가 한창 강하므로 경계함이 싸움에 있으며, 늙어서는 혈기가 쇠하므로 경계함이 얻음에 있다.(君子有三戒, 少之時, 血氣未定, 戒之在色, 及其壯也, 血氣方剛, 戒之在鬪, 及其老也, 血氣旣衰, 戒之在得.)"

'이(易)'는 거성이다.

○ 陳氏大猷曰：“此文王又誥敎庶邦庶士之小子.”
　　진씨 대유(陳氏大猷)255)가 말하였다：“이것은 문왕이 또 여러 나라와 여러 선비의 소자들에게 가르친 것이다.”256)

○ 林氏曰：“禁於未發之謂豫. 故湯訓蒙士, 文王敎小子, 穆王告幼子童孫, 與易養蒙一也.”
　　임씨(林氏)가 말하였다：“아직 발생하기 전에 막는 것을 예방이라고 한다. 그러므로 탕이 어린 선비일 적에 가르치시고,257) 문왕이 소자에게 가르치시며, 목왕이 유자와 동손258)에게 고했으니, 『역경』에서 어린이를 기르는 것과 하나이다.”259)

---

255) 진씨 대유(陳氏大猷, ?~?)：송나라 남강군(南康軍) 도창(都倉) 사람으로 자는 문헌(文獻)이고, 호는 동재(東齋)다. 이종(理宗) 개경(開慶) 원년(1259) 진사(進士)가 되고, 종정랑(從政郞)과 황주군(黃州軍) 판관(判官) 등을 지냈다. 『서경』에 조예가 깊었다. 저서에 『상서집전혹문(尚書集傳或問)』과 『상서집전회통(尚書集傳會通)』 등이 있다.
256) 『서경대전(書經大全)』, 「주서(周書)」・「주고(酒誥)」：“진씨 대유가 말하였다：'이것은 문왕이 또 여러 나라와 여러 선비의 소자들에게 가르친 것이다.'(陳氏大猷曰： 此文王又告敎庶邦庶士之小子.)”
257) 『서경대전(書經大全)』, 「상서(商書)」・「이훈7「伊訓7)」：“관부(官府)의 형벌을 만드시어 지위에 있는 자들을 경계하기를：'감히 궁중(宮中)에서 항상 춤을 추고 집에서 취하여 노래함이 있으면 이것을 무풍(巫風)이라 이르며, 감히 재화와 여색에 빠지고 유람과 사냥을 늘 일삼으면 이것을 음풍(淫風)이라 이르며, 감히 성인의 말씀을 업신여기고 충직한 말을 거스르며 나이 많고 덕이 있는 이를 멀리하고 우둔하고 무지한 사람을 가까이 함이 있으면 이것을 난풍(亂風)이라 이르니, 이 삼풍(三風)과 열 가지 잘못 중에 경사(卿士)가 몸에 한 가지가 있으면 집이 반드시 망하고, 나라의 군주가 몸에 한 가지가 있으면 나라가 반드시 망하니, 신하가 이것을 바로잡지 않으면 그 형벌이 묵형(墨刑)이다'라고 하여 어린 선비일 적에 자세히 가르치셔야 할 것입니다.(制官刑, 儆于有位, 曰敢有恆舞于宮, 酣歌于室, 時謂巫風, 敢有殉于貨色, 恆于遊畋, 時謂淫風, 敢有侮聖言, 逆忠直, 遠耆德, 比頑童, 時謂亂風, 惟玆三風十愆, 卿士有一于身, 家必喪, 邦君有一于身, 國必亡, 臣下不匡, 其刑墨, 具訓于蒙士.)”
258) 『서경대전(書經大全)』, 「주서(周書)」・「여형-13(呂刑-13)」：“왕(王)이 말씀하였다. '아! 생각할지어다. 백부(伯父)와 백형(伯兄)과 중숙(仲叔)과 계제(季弟)와 유자(幼子)와 동손(童孫)들아. 모두 짐(朕)의 말을 들어라. 거의 지극한 명령이 있을 것이다. 지금 네가 말미암아 위로함이 날로 부지런하지 않음이 없으니, 너는 혹시라도 부지런하지 않음을 경계하지 말라. 하늘이 백성들을 가지런히 하기 위하여 내가 하루만 형벌을 쓰게 하신 것이니, 종(終)이 아님과 종(終)인 것이 사람에게 있으니, 너는 부디 천명(天命)을 공경하여 맞이해서 나 한 사람을 받들어라. 그리하여 내가 비록 형벌하라 하더라도 형벌하지 말고 내가 비록 아름답게 용서하라 하더라도 용서하지 말아서 오형(五刑)을 공경하여 삼덕(三德)을 이루면 나 한 사람이 경사가 있을 것이며, 조민(兆民)들이 힘입어 그 편안함이 영원할 것이다.'(王曰, 嗚呼, 念之哉. 伯父伯兄, 仲叔季弟, 幼子童孫, 皆聽朕言. 庶有格命. 今爾罔不由慰日勤, 爾罔或不勤. 天齊于民, 俾我一日, 非終惟終 在人, 爾尙敬逆天命, 以奉我一人. 雖畏勿畏, 雖休勿休, 惟敬五刑, 以成三德, 一人有慶, 兆民賴之, 其寧惟永.)”
259) 『서경대전(書經大全)』, 「주서(周書)」・「주고(酒誥)」：“임씨가 말하였다：'아직 발생하기 전에 막는 것을 예방이라고 한다. 발생한 다음에 막으면 저촉되어 이기기 어렵다. 그러므로 탕이 어린 선비일 적에 가르치시고, 문왕이 소자에게 가르치시며, 목왕이 유자와 동손에게 고했으니, 『역경』에서 어린이를 기르는 것과 하나이다.'(林氏曰： 禁於未發之謂豫. 發然後禁, 則扞格而難勝. 故湯訓蒙士, 文王敎小子, 穆王告幼子童孫, 與易養蒙一也.)”

集傳

有正, 有官守者, 有事, 有職業者.
유정(有正)은 관수(官守)를 둔 자이고, 유사(有事)는 직업이 있는 자이다.

詳說

○ 陳氏曰：“有官則不敢飮, 有事則不暇飮.”
진씨가 말하였다 "관직이 있으면 감히 술마실 수 없고, 일이 있으면 마실 겨를이 없다."

集傳

無, 毋同. 彝, 常也. 毋常於酒, 其飮惟於祭祀之時.
무(無)는 무(毋)와 같다. 이(彝)는 항상함이다. 술에 항상하지 말고 술을 마심을 오직 제사 때에만 하여야 한다.

詳說

○ 林氏曰：“於庶國之飮者, 惟因賜祭胙而已.”
임씨(林氏)가 말하였다 : "여러 나라에서 마시는 자들은 오직 제사에서 준 것을 따라야 한다는 것이다."260)

○ 屢言祀以致丁寧之意.
누차 제사에 마시라고 한 것은 간곡하게 의미이다.

集傳

然亦必以德將之, 無至於醉也.
그러나 또한 반드시 덕으로 이어가 취하게 되지 말아야 한다.

詳說

---

260) 『서경대전(書經大全)』, 「주서(周書)」·「주고(酒誥)」, "임씨가 말하였다 : '항상 하지 말라는 것은 마시지 않는 것이 아니라 대개 마셔야 되지 않을 수 없어 마신다는 것이다. 여러 나라에서 마시는 자들은 오직 제사에서 준 것을 따라야 한다는 것이다. 그러므로 여러 나라에서 마시는 자들은 오직 제사에서 준 것을 따라야 한다는 것이다.'(林氏曰 : 無常者, 非不飮也, 蓋不可非所當飮而飮之. 故於庶國之飮者, 惟因賜祀胙而已.)"

○ 新安陳氏曰："天理足以制人欲也. 及亂而燕喪威儀, 無德以將之故耳."
신안 진씨가 말하였다 : "천리는 충분히 인욕을 제어할 수 있다. 어지럽게 되어 잔치에서 위의를 잃는 것은 덕이 없는 것으로 이어가기 때문일 뿐이다."261)

[9-4-10-5]

惟曰, 我民迪小子, 惟土物愛, 厥心臧, 聰聽祖考之彛訓, 越小大德, 小子 惟一.

'우리 백성들이 소자(小子)를 인도하되 오직 토산물을 사랑하게 하면 그 마음이 선해질 것이니, 조고(祖考)의 떳떳한 가르침을 잘 들어서 작은 덕과 큰 덕을 소자(小子)들은 한결같이 여기도록 하라.' 라고 말씀하셨다.

集傳
文王言, 我民
문왕이 "우리 백성들이

詳說
○ 經文蒙上節文王字.
경문은 위의 절에서 문왕262)이라는 말을 이어받은 것이다.

集傳
亦常訓導其子孫
또한 항상 그 자손들을 훈도하되

詳說

---

261) 『서경대전(書經大全)』, 「주서(周書)」·「주고(酒誥)」, "신안 진씨가 말하였다 : '덕으로 이어가 취하게 되지 말아야 하니, 천리가 충분히 인욕을 제어할 수 있기 때문이다. 어지럽게 되어 잔치에서 위의를 잃는 것은 덕이 없는 것으로 이어가기 때문일 뿐이다.'(新安陳氏曰 : 以德將之, 不至於醉, 天理足以制人欲也. 及亂而燕喪威儀, 無德以將之故耳.)"
262) 『서경대전(書經大全)』, 「주서(周書)」·「주고4(酒誥4)」 : "문왕(文王)이 소자(小子)와 벼슬을 맡고 일을 맡은 사람들을 가르치시되 '술에 항상지 말라. 여러 나라가 술을 마시되 오직 제사 때에만 할 것이니, 덕으로 이어가 취하지 말라.'라고 하셨다.(文王誥教小子有正有事, 無彛酒, 越庶國. 飲惟祀, 德將無醉.)"

○ 迪.
'훈도(訓導)'는 경문에서 '적(迪)'이다.

集傳

惟土物之愛, 勤稼穡服田畝, 無外慕,
오직 토산물을 사랑하며 부지런히 농사지어 전무(田畝)에서 일하고 외물(外物)을 사모함이 없게 하면,

詳說

○ 薛氏曰 : "糜穀爲酒, 非愛土物也."
설씨(薛氏)가 말하였다 : "미곡으로 술을 만드는 것은 토산물을 사랑하는 것이 아니다."263)

○ 西山眞氏曰 : "一溺於酒, 則必旁求珍異以自奉."
서산 진씨(西山眞氏)가 말하였다 : "한 번이라도 술에 빠지면 반드시 널리 진귀한 것들을 구해 스스로 봉양한다."264)

集傳

則心之所守者, 正而善日生.
마음에 지키는 것이 바르게 되어 선(善)이 날로 생길 것이다.

詳說

○ 臧.

---

263)『서경대전(書經大全)』,「주서(周書)」·「주고(酒誥)」, "설씨가 말하였다 : '미곡으로 술을 만드는 것은 토산물을 사랑하는 것이 아니다.'(薛氏曰 : 糜穀爲酒, 非愛土物也.)"

264)『서경대전(書經大全)』,「주서(周書)」·「주고(酒誥)」, "서산 진씨가 말하였다 : '백성들이 문왕의 교화에 힘입어 또한 각기 자제들을 훈도하는 것이다. 토지에서 나온 것만 사랑하기 때문에 그 마음이 착하다. 한 번이라도 술에 빠지면 반드시 널리 진귀한 것들을 구해 스스로 봉양하니, 그 욕심이 많아지면 그 마음이 좀먹기 때문이다. 이때에 자제들이 또한 각기 조고의 떳떳한 가르침을 잘 들었다. 가르침이 일정하면 귀로 들어가는 것이 익숙하게 되고, 듣는 것이 밝으면 마음에 뜻하는 것에 삼간다. 그러므로 크고 작은 덕에서 보는 것을 한결같이 여기고, 술을 삼가는 것을 작다고 여기지 않는다. 술을 삼가는 것이 작은 덕이 아니라면, 술에 빠지는 것이 작은 잘못이 아님이 또한 분명하다.'(西山眞氏曰 : 民蒙文王之化, 亦各訓廸子弟. 惟土地所生之物是愛, 故其心臧. 蓋一溺於酒, 則必旁求珍異以自奉, 其欲廣, 則其心蠹矣. 是時爲子弟者, 亦各聽聽祖考之常訓. 訓之常, 則入于耳者熟. 聽之聽則志於心也恪. 故於小大之德視之, 惟一, 不以謹酒爲小焉. 謹酒, 非小德, 則酗酒非小過, 亦明矣.)"

'선(善)'은 경문에서 '장(臧)'이다.

집전

爲子孫者,
자손들이

상설

○ 補此句.
여기의 구를 더하였다.

집전

亦當聽聽其祖父之常訓, 不可以謹酒爲小德, 小德大德, 小子惟一視之可也.
또한 조고(祖考)의 떳떳한 교훈을 잘 들어야 하고, 술을 삼감을 작은 덕으로 여겨서는 안되니, 작은 덕과 큰 덕을 소자들은 똑같이 여겨야 한다."라고 하셨다.

상설

○ 呂氏曰 : "飮酒者, 必以爲小德無害於事, 但於大德用力足矣. 故欲其合而爲一, 不可分彼爲大德此爲小德也."
여씨(呂氏)가 말하였다 : "술을 마시는 자들은 반드시 작은 덕은 일에 무해하고 단지 큰 덕에 힘써야 충분하다고 여긴다. 그러므로 합해서 한결같이 여기고, 저것을 큰 덕으로 이것을 작은 덕으로 나눠서는 안되는 것이다."265)

[9-4-10-6]

妹土, 嗣爾股肱, 純其藝黍稷, 奔走事厥考厥長, 肇牽車牛, 遠

---

265) 『서경대전(書經大全)』, 「주서(周書)」·「주고(酒誥)」, "여씨가 말하였다 : '대체로 방종하게 술을 마시는 자들은 대부분 농사일에 전념해서 부지런히 농사짓지 않는다. 마음이 착한 자들은 반드시 방종하게 술 마실 틈이 없다. 듣는 것은 귀 밝은 것을 귀하게 여기니, 귀가 밝지 않으면 가르치기를 정성을 다해 반복하면 듣는 것이 아름다워진다. 당시에 술을 마시는 자들은 반드시 작은 덕은 일에 무해하고 단지 큰 덕에 힘써야 충분하다고 여겼으니, 술 마시는 것을 작은 덕으로 여기는 것이 바로 병의 근원인데, 작다고 경계하지 않으면 반드시 방종해서 그칠 수 없게 됨을 전혀 모른 것이다. 그러므로 합해서 한결같이 여기고, 저것을 큰 덕으로 이것을 작은 덕으로 나눠서는 안되는 것이다.'(呂氏曰 : 大抵縱酒者, 多不事稼穡勤稼. 心臧者, 必不暇縱酒. 聽貴聰, 不聰則誨諄諄, 聽藐藐矣. 當時飮酒者, 必以爲小德無害於事, 但於大德用力足矣, 殊不知以酒爲小德, 正病之根源也, 以爲小而不戒, 必至縱而不已. 故欲其合而爲一. 不可分彼爲大德此爲小德, 當以一體觀之也.)"

|服賈, 用孝養厥父母, 厥父母慶, 自洗腆, 致用酒.|

매토(妹土)의 사람들아! 너희들의 팔다리를 계속해서 놀리며 크게 서직(黍稷)을 심어 분주히 그 부모와 어른을 섬기고, 민첩하게 수레와 소를 끌고 멀리 장사하며 효도로 그 부모를 봉양해서 부모가 기뻐하거든 스스로 깨끗이 하고 후하게 하여 술을 쓰도록 하라.

詳說

○ 長, 上聲, 賈, 音古. 養, 去聲, 洗先上聲, 腆, 音典.

'장(長)'은 상성이고, '고(賈)'는 음이 '고(古)'이다. '양(養)'은 거성이고, '선(洗)'은 음이 '선(先)'으로 상성이고, '전(腆)'은 음이 '전(典)'이다.

集傳

此武王教妹土之民也.

이는 무왕이 매토(妹土)의 백성을 가르친 것이다.

詳說

○ 先總提.

먼저 총괄해서 제시했다.

○ 新安陳氏曰: "此以下, 通教妹土之民, 與臣及康叔也."

신안 진씨(新安陳氏)가 말하였다: "여기 이하에서는 매토의 백성들과 신하 및 강숙을 모두 가르친 것이다."266)

集傳

嗣, 續, 純, 大,

---

266) 『서경대전(書經大全)』, 「주서(周書)」·「주고(酒誥)」, "신안 진씨가 말하였다: '여기 이하는 무왕이 매토의 백성들과 신하 및 강숙을 모두 가르친 것이다. 대개 매토의 신민과 강숙이 먼저 기장을 심고, 뒤에 멀리 장사하며 팔다리의 힘을 계속해서 마음 씀을 고장(考長)을 섬기고 부모를 봉양함에 두고, 감히 마음을 나눠 다른 곳으로 가게 하지 않는다. 먼저 기장에 마음을 쓰고 여력으로 비로소 장사에 종사하는 것은 근본에 힘씀을 서둘러 하고 말엽을 좇는 것에 급급하지 않는 것이니, 또한 풍속의 두터움이다. 농사를 짓고 장사를 하는 것은 모두 효도로 봉양함을 우선으로 하는 것이니, 오히려 어찌 방종하며 술 마실 겨를이 있겠는가!'(新安陳氏曰: 此以下, 武王通教妹土之民與臣及康叔也. 蓋欲妹土臣民與康叔. 蓋欲妹土臣民與康叔, 先藝黍稷, 後遠服賈, 以嗣續其股肱之力, 而凡用心惟在於事考長養父母, 不敢分心於他適也. 先用心於黍稷, 餘力始從事於服賈, 見急於務本, 而不急於逐末, 亦風俗之厚也. 服田與服賈者, 皆以孝養為先, 尚奚暇於縱酒哉.)"

사(嗣)는 계속함이고, 순(純)은 큼이며,

> 詳說

○ 鄒氏季友曰 : "專一之義, 訓大, 未安."

추씨 계우(鄒氏季友)267)가 말하였다 : "전일하다는 의미이니, 큼으로 풀이한 것은 잘못이다."

> 集傳

肇, 敏, 服, 事也. 言妹土民, 當嗣續汝四肢之力, 無有怠惰, 大修農功, 服勞田畝,

조(肇)는 민첩함이고, 복(服)은 일함이다. 매토(妹土)의 백성들은 마땅히 너희들의 사지(四肢)의 힘을 계속해서 놀리며 게으르게 하지 않아 농사일을 크게 닦고 전무(田畝)에서 수고롭게 일하며

> 詳說

○ 藝, 種也.

심는다는 것은 씨를 뿌린다는 것이다.

> 集傳

奔走以事其父兄

분주히 그 부형(父兄)을 섬기고,

> 詳說

○ 長.

---

267) 『서경대전(書經大全)』, 「상서(商書)」·「중훼지고(仲虺之誥)」에는 황보밀(皇甫謐)의 말로 되어 있다. 황보밀(皇甫謐, 215년 ~ 282년)은 서진(西晉) 안정(安定) 조나(朝那) 사람으로 자는 사안(士安)이고, 어릴 때 이름은 정(靜)이며, 자호는 현안선생(玄晏先生)이다. 황보숭(皇甫嵩)의 증손이다. 젊었을 때 거침없이 방탕하여 사람들이 미치광이라고 여겼다. 20살 무렵부터 부지런히 공부해 게으르지 않았다. 집이 가난해 직접 농사를 지었는데, 책을 읽으면서 밭갈이를 함으로써 수많은 서적들을 통독했다. 나중에 질병에 걸렸으면서도 손에서 책을 놓지 않고 저술에 전심하느라 밥 먹는 것도 잊어버려 사람들이 서음(書淫)이라 했다. 무제(武帝) 때 부름을 받았지만 나가지 않았다. 무제가 책 한 수레를 하사했다. 자신의 병을 고치려고 의학서를 읽어 가장 오랜 침구 관련서인 『침구갑을경(鍼灸甲乙經)』을 편찬했다. 역사에도 조예가 깊어 『제왕세기(帝王世紀)』와 『연력(年歷)』, 『고사전(高士傳)』, 『일사전(逸士傳)』, 『열녀전(列女傳)』, 『현안춘추(玄晏春秋)』 등을 지었다.

부형은 어른이다.

集傳

或敏於貿易, 牽車牛, 遠事賈, 以孝養其父母,
혹 무역에 민첩하여 수레와 소를 끌고 멀리 장사하여 효도로 그 부모를 봉양하면서

詳說

○ 新安陳氏曰 : "先用心於黍稷, 餘力服賈, 見急於務本, 而不急於逐末也."
신안 진씨(新安陳氏)가 말하였다 : "먼저 기장에 마음을 쓰고 여력으로 비로소 장사하는 것은 근본에 힘씀을 서둘러 하고 말엽을 쫓는 것에 급급하지 않는 것이다."268)

集傳

父母喜慶然後, 可自洗腆致用酒, 洗以致其潔, 腆以致其厚也. 薛氏曰, 或大修農功, 或遠服商賈, 以養父母, 父母慶, 則汝可以用酒也.
부모가 기뻐한 뒤에야 스스로 깨끗이 하고 후하게 하여 술을 쓸 수 있으니, 씻어서 그 깨끗함을 지극히 하고, 후하게 하여 그 후함을 지극히 하는 것이다. 설씨(薛氏)가 말하였다. "혹은 크게 농사일을 닦고 혹은 멀리 장사일을 하며 부모를 봉양해서 부모가 기뻐하면 너희들이 술을 쓸 수 있는 것이다."

詳說

○ 此申釋也.

---

268) 『서경대전(書經大全)』, 「주서(周書)」·「주고(酒誥)」, "신안 진씨가 말하였다 : '여기 이하는 무왕이 매토의 백성들과 신하 및 강숙을 모두 가르친 것이다. 대개 매토의 신민과 강숙이 먼저 기장을 심고, 뒤에 멀리 장사하며 팔다리의 힘을 계속해서 마음 씀을 고장(考長)을 섬기고 부모를 봉양함에 두고, 감히 마음을 나눠 다른 곳으로 가게 하지 않는다. 먼저 기장에 마음을 쓰고 여력으로 비로소 장사에 종사하는 것은 근본에 힘씀을 서둘러 하고 말엽을 쫓는 것에 급급하지 않는 것이니, 또한 풍속의 두터움이다. 농사를 짓고 장사를 하는 것은 모두 효도로 봉양함을 우선으로 하는 것이니, 오히려 어찌 방종하며 술 마실 겨를이 있겠는가!'(新安陳氏曰 : 此以下, 武王通敎妹土之民與臣及康叔也. 蓋欲妹土臣民與康叔, 蓋欲妹土臣民與康叔, 先藝黍稷, 後遠服賈, 以嗣續其股肱之力, 而凡用心惟在於事考長養父母, 不敢分心於他適也. 先用心於黍稷, 餘力始從事於服賈, 見急於務本, 而不急於逐末, 亦風俗之厚也. 服田與服賈者, 皆以孝養爲先, 尙奚暇於縱酒哉.)"

이것은 거듭 풀이한 것이다.

○ 呂氏曰:"前所以閉其飮酒之門者多矣. 故開其一, 而使之有節, 不可踰耳."
여씨(呂氏)가 말하였다 : "앞에서 술 마실 길을 닫는 것이 많았기 때문에 그 하나를 열어주어 절도 있게 하고 법도를 넘어가지 못하게 하였다."269)

[9-4-10-7]

庶士有正, 越庶伯君子, 其爾, 典聽朕敎. 爾大克羞耉惟君, 爾乃飮食醉飽. 丕惟曰爾克永觀省, 作稽中德, 爾尙克羞饋祀, 爾乃自介用逸. 茲乃允惟王正事之臣, 茲亦惟天, 若元德, 永不忘, 在王家.

서사(庶士)와 벼슬아치들과 여러 우두머리 군자들아! 너희들은 떳떳이 짐의 가르침을 들어라. 너희들은 노인을 크게 봉양하고서야 너희들의 음식을 먹어 취하고 배부르도록 하라. 크게 말하기를 "너희들은 길이 보고 살펴서 행동함에 중정의 덕에 상고하고서야 너희들은 거의 궤사(饋祀)를 올릴 수 있으니, 너희들이 스스로 도와 연악(宴樂)할 수 있을 것이다. 이렇게 하면 진실로 왕의 일을 바로잡는 신하이며, 이렇게 하면 또한 하늘이 큰 덕을 순히 하여 영원히 잊지 않음이 왕가에 있을 것이다."

詳說
○ 省, 悉井反. 稽, 平聲.
'성(省)'은 음이 '실(悉)'과 '정(井)'의 반절이다. '계(稽)'는 평성이다.

集傳
此武王敎妹土之臣也.

---

269) 『서경대전(書經大全)』, 「주서(周書)」·「주고(酒誥)」, "여씨가 말하였다 : '앞에서 술을 금하는 것이 이처럼 엄격하게 하였는데, 여기에서 다시 술을 쓰도록 가르친 것이다. 성인의 교화가 인정을 단절하는 데 이르게 되면 행해지지 않기 때문에 술 마실 길을 닫는 것이 많게 하고는 일부러 그 하나를 열어주어 절도 있게 하고 단지 이 법도를 넘어가지 못하게 하였던 것일 뿐이다.'(呂氏曰 : 前禁酒, 如此之嚴, 至此復敎之使用酒ము. 聖人之敎, 至於斷絶人情, 則不行. 所以閉其飮酒之門者, 多矣, 故開其一, 而使之有節, 但不可踰此節耳.)"

이것은 무왕(武王)이 매토(妹土)의 신하(臣下)를 가르친 것이다.

詳說

○ 先總提.
먼저 총괄해서 제시한 것이다.

集傳

伯, 長也.
백(伯)은 우두머리이다.

詳說

○ 上聲.
'장(長)'은 상성이다.

集傳

曰君子者, 賢之也. 典, 常也. 羞, 養也, 言其大能養老也. 惟君, 未詳.
군자(君子)라고 말한 것은 어질게 여긴 것이다. 전(典)은 떳떳함이다. 수(羞)는 봉양함이니, 크게 노인을 봉양함을 말한다. 유군(惟君)은 미상(未詳)이다.

詳說

○ 鄒氏季友曰: "能以膳羞奉耆老, 供君上也. 庶民享君之禮, 觀七月卒章, 則古亦或有之, 況都邑鄕遂之長於庶民, 亦有君臣之義矣.
추씨 계우(鄒氏季友)가 말하였다: "능히 노인들께 찬을 올려 봉양하고 군상에 공손히 한다. 서민들이 임금의 예를 누리는 것은 「칠월(七月)」의 끝장을 보면, 옛날에도 혹 있었으니, 하물며 도읍과 향수의 장이 서민에게는 또한 군신의 의리가 있었던 것이다."

集傳

丕惟曰者, 大言也.

비유왈(丕惟曰)은 크게 말한 것이다.

詳說

○ 所以起聽者也.
　듣는 자들을 일으키는 것이다.

集傳

介, 助也, 用逸者, 用以宴樂也.
개(介)는 도움이요, 용일(用逸)은 써 연악(宴樂)하는 것이다.

詳說

○ 音洛, 下同.
　'락(樂)'은 음이 '락(洛)'으로 아래에서도 같다.

集傳

言爾能常, 常反觀內省, 使念慮之發營爲之際,
너희들이 항상 돌이켜보고 안으로 살펴 생각이 나옴과 경영하는 즈음에

詳說

○ 西山眞氏曰 : "每有動作."
　서산 진씨(西山眞氏)가 말하였다 : "매번 동작함이 있다."270)

集傳

悉稽乎中正之德, 而無過不及之差, 則德全於身, 而可以交於神明矣. 如是, 則庶幾能進饋祀,
모두 중정한 덕에 상고하여 과와 불급의 잘못이 없게 하면 덕이 몸에 온전하여 신명을 사귈 수 있을 것이다. 이와 같이 하면 거의 궤사(饋祀)를 올릴 수 있으니,

---

270) 『서경대전(書經大全)』, 「주서(周書)」·「주고(酒誥)」, "서산 진씨가 말하였다 : '이것은 바로 무왕이 벼슬아치들과 여러 우두머리를 가르치는 말이니, 그들이 능히 우두머리가 되어 매번 동작이 있을 때마다 보고 살펴 반드시 과불급이 없는 중덕을 상고하라는 것이다. 중덕은 중도이니, 자신으로 말하면 중덕이고 일로 말하면 중도이다.'(西山眞氏曰 ： 此乃武王誥敎庶正庶伯之詞, 欲其能長自觀省每有動作, 必稽乎中德無過與不及也. 中德, 即中道也, 即身而言則曰中德, 即事而言則曰中道.)"

詳說

○ 鄒氏季友曰 : "能以膳羞饋祀鬼神也. 羞字, 蔡氏, 前訓養, 後訓進, 均言克羞, 而異訓不可也."
추씨 계우(鄒氏季友)가 말하였다 : "능히 봉양하고 귀신에게 궤사할 수 있는 것이다. '수(羞)'자는 채씨가 앞에서는 봉양으로 풀이하고 뒤에서는 바침으로 풀이했으니, 극수(克羞)를 고르게 말하면서 풀이를 달리하는 것은 안된다."

集傳

爾亦可自副
너희들이 또한 스스로 도와서

詳說

○ 猶言其次.
'부(副)'는 '기차(其次)'라고 말하는 것과 같다.

集傳

而用宴樂也. 如此, 則信爲王治事之臣,
연악(宴樂)할 수 있을 것이다. 이와 같다면 진실로 왕이 다스리는 일의 신하가 되고,

詳說

○ 允惟.
'신위(信爲)'는 경문에서 '윤유(允惟)'이다.

○ 正
'치(治)'는 경문에서 '정(正)이다.

集傳

如此, 亦惟天順元德
이와 같다면 또한 하늘이 큰 덕(德)을 순히 하여

詳說

○ 林氏曰 : "喪德喪邦, 皆以爲天之降威, 則永觀省稽中德者, 天安得不若其元德乎."
  임씨가 말하였다 : "덕을 잃고 나라를 잃는 것이 모두 하늘이 위엄을 내린 것으로 여긴다면, 영원한 덕은 중덕으로 보고 살피는 것이니, 하늘이 어찌 그 큰 덕만 못하게 할 수 있겠는가!"271)

○ 新安陳氏曰 : "此數句以稽中德爲主. 能稽中德, 則由中德可充之爲大德也. 德之一字, 爲酒誥一篇之綱領. 譬之數千丈渾之一寸膠也, 與上文之德, 將下文之經德德顯德馨, 實互相照應云."
  신안 진씨(新安陳氏)가 말하였다 : "여기의 몇 구는 중덕을 상고하는 것을 위주로 하였다. 중덕을 상고할 수 있으면 중덕으로 말미암아 채워서 큰 덕을 만들 수 있는 것이다. '덕(德)'이라는 한 글자는 「주고」 한 편의 강령이다. 비유한다면 수천 길의 물길에서 한 마디의 아교이니, 위의 글에서 '덕'272)과 아래의 글에서의 '덕을 떳떳이 간직한다.'273)는 것과 '덕을 드러낸다.'274)는 것과 '덕으로 말미암은 향기'275)는 실로 서로 호응하는 것들이다."276)

---

271) 『서경대전(書經大全)』, 「주서(周書)」·「주고(酒誥)」, "임씨가 말하였다 : '선왕이 노인을 봉양하는 예는 젓갈을 가지고 술잔을 들고 희생을 나누고 제기를 받드는 것으로 모두 취하게 하고 배부르게 하는 것이다. 일어나서 중덕을 상고하여 지나치게 받지지 않으면, 거의 조끔께 음식을 바칠 수 있으니, 스스로 도와 연악(宴樂)할 수 있는 것이다. 덕을 잃고 나라를 잃는 것이 모두 하늘이 위엄을 내린 것으로 여긴다면, 영원한 덕은 중덕으로 보고 살피는 것이니, 하늘이 어찌 그 큰 덕만 못하게 할 수 있겠는가!'(林氏曰 : 先王養老之禮, 執醬執爵, 割牲奉俎, 凡以致其醉飽耳. 作而稽於中德, 未嘗過差, 則庶幾能進饋食於祖考, 乃自助而用逸也. 喪德喪邦, 皆以爲天之降威, 則永德, 省稽中德者, 天安得不若其元德乎.)"
272) 『서경대전(書經大全)』, 「주서(周書)」·「주고4(酒誥4)」 : "문왕(文王)이 소자(小子)와 벼슬을 맡고 일을 맡은 사람들을 가르치시되 '술에 항상하지 말라. 여러 나라가 술을 마시되 오직 제사 때에만 할 것이니, 덕으로 이어가 취하지 말라.'라고 하셨다.(文王誥教小子有正有事, 無彛酒, 越庶國, 飲惟祀, 德將無醉.)"
273) 『서경대전(書經大全)』, 「주서(周書)」·「주고9(酒誥9)」 : " 왕(王)이 말씀하였다. "봉(封)아. 내가 들으니 이르기를 '옛날 은나라의 선철왕(先哲王)이 하늘의 밝은 명과 소민(小民)들을 두려워하여 덕을 떳떳이 간직하고 밝음을 잡아서 성탕(成湯)으로부터 제을(帝乙)에 이르기까지 왕의 덕을 이루고 보상(輔相)을 공경하여서 어사(御事)들이 도움에 공손함을 두고 감히 스스로 한가하고 스스로 안일하지 못하였으니, 하물며 감히 술마심을 숭상한다'라고 하겠는가!(王曰. 封. 我聞, 惟曰在昔殷先哲王, 迪畏天顯小民, 經德秉哲, 自成湯咸至于帝乙, 成王畏相, 惟御事, 厥棐有恭, 不敢自暇自逸, 矧曰其敢崇飲.)"
274) 『서경대전(書經大全)』, 「주서(周書)」·「주고-10(酒誥-10)」 : "외복(外服)에 있는 후(侯)·전(甸)·남(男)·위(衛)의 제후(諸侯)와 방백(邦伯) 및 내복(內服)에 있는 백료(百僚)와 서윤(庶尹)과 아(亞)와 복(服)과 종공(宗工)과 백성과 마을에 거주하는 자에 이르기까지 감히 술에 빠진 이가 없었으니, 다만 감히 하지 못할 뿐만 아니라 또한 할 겨를이 없었고, 오직 왕(王)의 덕(德)을 이루어 드러나게 하며 윤인(尹人)들이 임금을 공경함을 도왔다.(越在外服 侯甸男衛邦伯 越在內服 百僚庶尹 惟亞惟服 宗工 越百姓里居 罔敢湎于酒 不惟不敢 亦不暇 惟助成王德顯 越尹人祗辟.)"
275) 『서경대전(書經大全)』, 「주서(周書)」·「주고-11(酒誥-11)」 : "내 들으니 또한 이르기를 지금 후사왕(後嗣王)에 있어 몸을 술에 빠뜨려 명령이 백성에게 드러나지 못하고, 공경하여 보존함이 원망에 미치는데도 이를 바꾸지 않으며, 음일(淫泆)함을 떳떳하지 않은 일에 크게 방종하게 하여 안일로써 위의를 상실하였다. 그

集傳

而永不忘在王家矣.
영원히 잊지 않음이 왕가(王家)에 있을 것이다.

詳說

○ **凡書中如此在字, 及不廢在王命等在字, 皆近於語辭 讀者勿深求其義可也.**
책 안에서 이와 같은 '재(在)'자와 '왕에게 있는 명을 폐하지 않을 것이다.[不廢在王命]'277)라는 등에서의 '재(在)'자는 모두 어사에 가까우니, 독자들은 깊이 그 의미를 구하지 않아도 된다.

集傳

按, 上文父母慶, 則可飮酒,
살펴보건대 위의 글에서 부모가 기뻐하면 술을 마실 수 있다고 하였고,

리하여 백성들이 모두 상심해 하지 않는 이가 없는데도 황폐하여 술에 빠져 스스로 안일함을 그칠 것을 생각하지 않으며, 그 마음이 미워하고 사나와서 죽음을 두려워하지 않으며, 허물이 상나라 도읍에 있어 은나라가 망하는데도 근심하지 않으니, 덕으로 말미암은 향기로운 제사가 하늘에 올라가 알려지지 못하고, 크게 백성들이 원망하여 술로부터 풍겨 나오는 모든 더러움이 상천에 알려졌다. 그러므로 하늘이 은나라에 망함을 내리시어 은나라를 사랑하지 않으시는 것은 안일한 탓이니, 하늘이 사나운 것이 아니라 사람들이 스스로 허물을 부른 것이다.(我聞, 亦惟曰, 在今後嗣王, 酣身, 厥命, 罔顯于民, 祗保, 越怨, 不易, 誕惟厥縱淫泆于非彛, 用燕喪威儀. 民罔不盡傷心, 惟荒腆于酒, 不惟自息乃逸, 厥心疾狠, 不克畏死, 辜在商邑, 越殷國滅無罹, 弗惟德馨香祀 登聞于天, 誕惟民怨庶羣自酒腥, 聞在上. 故天降喪于殷, 罔愛于殷, 惟逸, 天非虐, 惟民自速辜.)"

276) 『서경대전(書經大全)』, 「주서(周書)」·「주고(酒誥)」, "신안 진씨가 말하였다 : '여기의 몇 구는 중덕을 상고하는 것을 위주로 하고, 능히 중덕을 상고할 수 있으면, 중덕으로 과하거나 미흡하게 마심이 없음을 궤사를 바치고 제사가 아니면 마시지 않는 것에 드러냈다. 이것으로 왕의 일을 바르게 하는 신하가 될 수 있고, 이것으로 하늘이 또한 큰 덕과 같이 여기니, 중덕으로 말미암아 채워서 큰 덕을 만들 수 있는 것이다. 「덕(德)」이라는 한 글자는 「주고」 한 편의 강령이다. 비유한다면 천 길의 물길에서 한 마디의 아교를 건져 올리는 것이니, 위의 글에서 「덕으로 이어가 취하지 말라」는 말과 아래의 글에서의 「덕을 떳떳이 간직한다.」는 것과 「덕을 드러낸다.」는 것과 「덕으로 말미암은 향기」는 실로 서로 호응하는 것들이다.'(新安陳氏曰 : 此數句以稽中德爲主, 能稽中德, 則無過不及飮, 惟見於羞饋祀而非祀不飮. 以此乃可爲王正事之臣, 以此天亦若其元德. 由中德可充之爲大德也. 德之一字, 爲酒誥一篇之綱領, 譬之救千丈渾一寸膠也. 上文之德將無醉, 下文之經德, 德顯德馨, 與此之稽中德, 若元德, 實互相照應云.)"

277) 『서경대전(書經大全)』, 「주서(周書)」·「강고5(康誥5)」 : "왕(王)이 말씀하였다. '아! 봉(封)아. 너는 생각할지어다. 지금 백성들을 다스림은 장차 네가 문고(文考)를 공경히 따름에 있으니, 너는 옛날에 들은 것을 이으며, 덕언(德言)을 행하도록 하라. 가서 은나라의 선철왕(先哲王)을 널리 구하여 백성들을 보호하여 다스리며, 너는 크게 상나라의 노성(老成)한 사람을 멀리 생각하여 마음을 편안히 하고 가르침을 알며, 별도로 구하여 옛 선철왕(先哲王)의 일을 듣고서 행하여 백성들을 편안히 보호하라. 천리를 넓혀 네 덕이 너의 몸에 넉넉하여야 왕에게 있는 명을 폐하지 않을 것이다.'(王曰. 嗚呼. 封汝念哉. 今民將在祗遹乃文考, 紹聞衣德言. 往敷求于殷先哲王, 用保乂民, 汝丕遠惟商耇成人, 宅心知訓, 別求聞由古先哲王, 用康保民. 弘于天, 若德裕乃身, 不廢在王命.)"

詳說

○ 上節.
위의 절이다.278)

集傳

克羞耇, 則可飮酒, 羞饋祀則可飮酒
능히 노인을 봉양하면 술을 마실 수 있다고 하였으며, 궤사(饋祀)를 올리면 술을 마실 수 있다고 하였으니,

詳說

○ 此節.
여기의 절이다.

集傳

本欲禁絶其飮, 今乃反開其端者, 不禁之禁也, 聖人之敎不迫, 而民從者, 此也. 孝養羞耇饋祀, 皆因其良心之發, 而導之. 人果能盡此三者, 且爲成德之士矣而何憂其湎酒也哉
본래는 술마시는 것을 금하고 끊고자 하였는데 이제 도리어 그 단서를 열어준 것은 금하지 않는 금함이니, 성인의 가르침이 급박하지 않아 백성들이 따르는 것은 이 때문이다. 효도로 봉양하고 노인을 봉양하고 궤사(饋祀)함은 모두 그 양심이 발함을 따라 인도한 것이다. 사람이 과연 이 세 가지를 다한다면, 또한 덕을 이룬 선비가 될 것이니, 어찌 술에 빠짐을 걱정하겠는가!

詳說

○ 按以下, 論也.
'안(按)' 이하는 경문의 의미 설명이다.

---

278) 『서경대전(書經大全)』, 「주서(周書)」・「주고6(酒誥6)」 : "매토(妹土)의 사람들아! 너희들의 팔다리를 계속해서 놀리며 크게 서직(黍稷)을 심어 분주히 그 부모와 어른을 섬기고, 민첩하게 수레와 소를 끌고 멀리 장사하며 효도로 그 부모를 봉양해서 부모가 기뻐하거든 스스로 깨끗이 하고 후하게 하여 술을 쓰도록 하라.(妹土, 嗣爾股肱, 純其藝黍稷, 奔走事厥考厥長, 肇牽車牛, 遠服賈, 用孝養厥父母, 厥父母慶, 自洗腆, 致用酒.)"

書集傳詳說 卷之九 245

[9-4-10-8]

王曰, 封, 我西土棐徂邦君御事小子, 尚克用文王敎, 不腆于酒, 故我至于今, 克受殷之命.

왕(王)이 말씀하였다. "봉(封)아. 우리 서토(西土)에서 돕던 지난날의 방군(邦君)과 어사(御事)와 소자(小子)들이 거의 능히 문왕의 가르침을 따라 술에 빠지지 않았으므로 내 지금에 이르러 은나라의 명을 받은 것이다."

集傳

徂, 往也. 輔佐文王往日之邦君御事小子也,

조(徂)는 지나간 것이다. 문왕을 보좌하던 지난날의 방군(邦君)과 어사(御事)와 소자(小子)이니,

詳說

○ 尚, 猶也

'상(尚)'은 '유(猶)'이다.

集傳

言文王戒酒之敎, 其大如此.

문왕이 술을 경계한 가르침이 이처럼 크다는 말이다.

詳說

○ 西山眞氏曰 : "觀幽厲陳隋之上下, 沈酣以致失天命, 則謹酒而受天命, 復何疑哉."

서산 진씨(西山眞氏)가 말하였다 : "유(幽)와 여(厲), 진(陳)과 수(隋)의 상하가 술에 빠져 천명을 잃은 것을 살피면, 술을 삼가 천명을 받은 것을 다시 어찌 의심하겠는가?"[279]

---

279) 『서경대전(書經大全)』, 「주서(周書)」·「주고(酒誥)」, "서산 진씨가 말하였다 : '유사가 술에 빠지지 않는 것을 천명에서 무엇을 예상하겠으며, 왕이 바로 은나라의 천명을 받음을 직분으로 한 것, 이것은 무엇으로 말미암은 것이겠는가? 오직 유(幽)와 여(厲), 진(陳)과 수(隋)의 조정이 상하로 술에 빠져 천명을 잃은 것을 살피면, 술을 삼가 천명을 받은 것을 다시 어찌 의심하겠는가?'(西山眞氏曰 : 夫有司之不腆酒, 於天命, 何預, 而王乃以克受殷命為職, 此之由何耶. 但觀幽厲陳隋之朝, 上下沈酣以致墜失天命, 則謹酒而受天命, 復何

○ 呂氏曰 : "凡稱我, 皆武王自謂也, 三篇, 皆武王書. 觀此一節, 可無疑矣. 若果周公之言, 則乃周公受殷命, 無是理矣."
여씨(呂氏)가 말하였다 : "나라고 한 것은 모두 무왕이 자신을 말한 것이니, 세 편은 모두 무왕의 글이다. 여기 한 절을 보면 의심할 것이 없다. 과연 주공의 말이라면, 바로 주공이 은의 명을 받은 것이니, 이런 이치는 없다."280)

[9-4-10-9]

王曰, 封. 我聞, 惟曰在昔殷先哲王, 迪畏天顯小民, 經德秉哲, 自成湯咸至于帝乙, 成王畏相, 惟御事, 厥棐有恭, 不敢自暇自逸, 矧曰其敢崇飮.

왕(王)이 말씀하였다. "봉(封)아. 내가 들으니 이르기를 '옛날 은나라의 선철왕(先哲王)이 하늘의 밝은 명과 소민(小民)들을 두려워하여 덕을 떳떳이 간직하고 밝음을 잡아서 성탕(成湯)으로부터 제을(帝乙)에 이르기까지 왕의 덕을 이루고 보상(輔相)을 공경하여 어사(御事)들이 도움에 공손함을 두고 감히 스스로 한가하고 스스로 안일하지 못하였으니, 하물며 감히 술마심을 숭상한다' 라고 하겠는가!

詳說

○ 相, 去聲.
'상(相)'은 거성이다.

集傳

以商君臣之不暇逸者, 告康叔也.
상(商)나라 군신(君臣)들이 한가하고 안일하지 않음을 가지고 강숙(康叔)에게 고한

疑哉.)"
280) 『서경대전(書經大全)』, 「주서(周書)」·「주고(酒誥)」, "오씨(吳氏)가 말하였다 : '나라고 한 것은 모두 무왕이 자신을 말한 것이다. 나는 세 편이 모두 무왕의 글이라고 말하겠으니, 여기 한 절을 보면 의심할 수 없다. 어떤 이는 끝내 주공이 성왕의 말을 대신한 것이라고 하는데, 어째서 세 편에는 무왕과 주공의 달효(達孝)에 대해 한 마디도 언급하지 않는가! 호응하지 않아 갑자기 다하는 것이 이와 같다. 과연 주공의 말이라면, 「거의 능히 문왕의 가르침을 따라 술에 빠지지 않는다.」는 말 아래에 오직 「그러므로 내 지금에 이르러 은나라의 명을 받은 것이다.」로 이어 간 것은 바로 주공이 은의 명을 받은 것이고 무왕이 함께 하지 않은 것이니, 이런 이치는 없다.'(吳氏曰 : 凡稱我, 皆武王自謂也. 余謂三篇皆武王書. 觀此一節, 可以無疑矣. 或者, 終謂周公代成王之言, 何爲三篇無一言及武王周公達孝. 不應遽忘之, 若是也. 若果周公之言, 則尙克用文王教不腆于酒之下, 但繼以故我至於今克受殷之命, 乃周公受之, 而武王不與也, 無是理矣.)"

것이다.

詳說

○ 先總提, 並該下節.
총괄해서 제시하며 아울러 아래의 절을 갖추었다.

○ 唐孔氏曰 : "周受命於殷, 兼衛居殷地, 故舉殷代以酒興亡爲戒."
당의 공씨(孔氏)가 말하였다 : "주나라가 은나라에서 명을 받으며 겸하여 위를 은의 탕에 두었기 때문에 은대(殷代)가 술로 흥하고 망한 것으로 경계한 것이다."[281]

○ 新安陳氏曰 : "上文言周受殷命, 故舉殷以酒興亡爲戒."
신안 진씨(新安陳氏)가 말하였다 : "위의 글에서 주나라가 은나라의 명을 받았다고 말했기 때문에 은나라를 들어 주로 흥하고 망함을 경계한 것이다."[282]

集傳

殷先哲王, 湯也.

---

281) 『서경대전(書經大全)』, 「주서(周書)」·「주고(酒誥)」, "당의 공씨가 말하였다 : '주나라가 은나라에서 명을 받으며 겸하여 위를 은의 탕에 두었기 때문에 은대(殷代)가 술로 흥하고 망한 것으로 경계한 것이다.'(唐孔氏曰 : 周受命於殷, 兼衛居殷地, 故舉殷代以酒興亡爲戒.)"

282) 『서경대전(書經大全)』, 「주서(周書)」·「주고(酒誥)」, "신안 진씨가 말하였다 : '위의 글에서는 주나라가 은나라의 명을 받았음을 말하였기 때문에 은나라가 술 때문에 흥하고 망하는 것을 들어 경계했다. 여기에서는 먼저 은나라의 선왕이 술에 빠지지 않아 흥한 것을 말했다. 「두려워한다[迪畏]」는 말 이하의 몇 구는 음주를 숭상하는 것과 상반된다. 하늘과 백성을 두려워하는 것은 언제나 상제가 너에게 임하여 항상 소인들이 보전하기 어려움을 보고 있는 듯이 하는 것이니, 감히 술을 방송하게 술을 마시겠는가? 한결같이 방종하게 술을 마시면, 익숙해져서 하늘의 밝은 명을 두려워할 줄 모른다. 비록 두려워할지라도 즐겨 술을 마시면, 소민들을 돌아볼 겨를이 없고, 비록 두려워할지라도 즐겨 술을 마시면, 구휼할 겨를이 없다. 그 덕을 일정하게 하고 그 밝음을 유지하면 지키는 것이 있어 어두워지지 않으니, 반드시 방종하게 술 마시지 않을 것이다. 한결같이 방송하게 술을 마시면 술의 덕에 빠지고 지키는 것이 변해 술로 황폐하게 되어 보는 것이 어두워진다. 서로 도움에 공손함을 두려워하면 연악(宴樂)할 겨를이 없으니, 굳이 방송하게 술 마시지 않는다. 한결같이 방송하게 술을 마시면 군신이 모두 술 마시며 즐기는 곳으로 빠지고 황폐하게 즐겨 돌아볼 겨를이 없다. 상나라 사람들이 공경을 숭상하는 것으로 법을 삼고 술 마시는 것을 숭상하는 것으로 경계를 삼는다 두려워한다고 하고 공손하게 한다고 하는 것은 모두 공경을 숭상한다는 말이다. 공경을 숭상하면 모든 선함이 이루어지고 술 마심을 숭상하면 모든 해악이 생긴다.'(新安陳氏曰 : 上文言周受殷命, 故舉殷之以酒興亡以爲戒. 此先言殷先王以不湎酒而興也. 迪畏以下數句, 與崇飮相反. 迪畏天民, 則常若上帝之臨汝, 常見小人之難保, 敢縱酒乎. 一縱酒, 則玩而不知畏天顯. 雖可畏, 酗飮, 則不暇顧小民. 雖可畏, 酗飮, 則不暇恤矣. 常其德, 持其哲, 則有守而不昏, 必不縱酒. 一縱酒, 則酗于酒德, 而所守變, 荒迷于酒, 而所見昏矣. 畏相棐恭, 不暇不逸, 則有敬畏, 無暇逸, 必不縱酒. 一縱酒, 則君臣淪胥醺酗之場, 而荒酖逸豫, 不暇顧矣. 商人以尚敬爲法, 尚飮爲戒, 曰畏曰恭, 皆尚敬之謂也. 尚敬則百善成, 尚飮則百邪生.)"

은(殷)나라의 선철왕(先哲王)은 탕왕(湯王)이다.

詳說

○ 與康誥者所指, 有廣狹.

「강고」에서 가리키는 것과는 넓고 좁음이 있다.283)

集傳

迪畏者, 畏之而見於行也,

적외(迪畏)는 두려워하여 행실에 나타남이니,

詳說

○ 音現.

'현(見)'은 음이 '현(現)'이다.

○ 去聲.

'행(行)'은 거성이다.

---

283) 『서경대전(書經大全)』, 「주서(周書)」·「강고5(康誥5)」: "왕(王)이 말씀하였다. '아! 봉(封)아. 너는 생각할지어다. 지금 백성들을 다스림은 장차 내가 문고(文考)를 공경하여 따름에 있으니, 너는 옛날에 들은 것을 이으며, 덕언(德言)을 행하도록 하라. 가서 은나라의 선철왕(先哲王)을 널리 구하여 백성들을 보호하여 다스리며, 너는 크게 상나라의 노성(老成)한 사람들을 멀리 생각하여 마음을 편안히 하고 가르침을 알며, 별도로 구하여 옛 선철왕(先哲王)의 일을 들고서 행하여 백성들을 편안히 보호하라. 천리를 넓혀 네 덕이 너의 몸에 넉넉하여야 왕에게 있는 명을 폐하지 않을 것이다.'(王曰. 嗚呼. 封汝念哉. 今民將在祗遹乃文考, 紹聞衣德言. 往敷求于殷先哲王, 用保乂民, 汝丕遠惟商耈成人, 宅心知訓, 別求聞由古先哲王, 用康保民. 弘于天, 若德裕乃身, 不廢在王命.)"; 「강고9(康誥9)」: "왕(王)이 말씀하였다. '아! 봉(封)아. 형벌에 차서(次序)가 있어야 이에 크게 밝혀 굴복시켜서 백성들이 서로 경계하여 화(和)를 힘쓸 것이다. 마치 몸에 병이 있는 것처럼 여기면 백성들이 모두 허물을 버릴 것이고, 마치 적자(赤子)를 보호하듯이 하면 백성들이 편안히 다스려질 것이다.(王曰, 嗚呼, 封. 有敘, 時乃大明服, 惟其勅懋和. 若有疾, 惟民其畢棄咎, 若保赤子, 惟民其康乂.)"; 「강고-20(康誥-20)」: "왕(王)이 말씀하였다. '봉(封)아! 밝게 생각하건대 백성들은 길강(吉康)함으로 인도해야 하니, 나는 이 은(殷)나라 선철왕(先哲王)의 덕(德)으로써 백성들을 편안히 다스려 짝이 될 것이니, 하물며 지금 백성들이 인도함에 따르지 않는 자가 없음에야. 그런데도 인도하지 않는다면 이는 정사가 그 나라에 없는 것이 된다.'(王曰, 封. 爽惟, 民迪吉康, 我時其惟殷先哲王德, 用康乂民作求, 矧今民 罔迪不適. 不迪, 則罔政在厥邦.)"; 「강고-23(康誥-23)」: "왕(王)이 말씀하였다. '아! 너 소자 봉(封)아! 천명(天命)은 일정하지 않으니, 너는 생각하여 내가 나라를 누리게 해준 것을 끊지 말아서 너의 복명(服命)을 밝히고 너의 들음을 높여 백성들을 편안히 다스려라.'(王曰, 嗚呼, 肆汝小子封. 惟命不于常, 汝念哉, 無我殄享, 明乃服命, 高乃聽, 用康乂民.)"; 「강고-20(康誥-20)」: "왕(王)이 말씀하였다. '봉(封)아! 밝게 생각하건대 백성들은 길강(吉康)함으로 인도해야 하니, 나는 이 은(殷)나라 선철왕(先哲王)의 덕(德)으로써 백성들을 편안히 다스려 짝이 될 것이니, 하물며 지금 백성들이 인도함에 따르지 않는 자가 없음에랴. 그런데도 인도하지 않는다면 이는 정사가 그 나라에 없는 것이 된다.'(王曰, 封. 爽惟, 民迪吉康, 我時其惟殷先哲王德, 用康乂民作求, 矧今民 罔迪不適. 不迪, 則罔政在厥邦.)"

○ 迪.
'행(行)'은 경문에서 '적(迪)'이다.

集傳
畏天之明命,
하늘의 밝은 명을 두려워하고

詳說
○ 顯.
'명명(明命)'은 경문에서 '현(顯)'이다.

○ 見太甲及論語季氏.
「태갑」284)과 『논어』「계씨」285)에 보인다.

集傳
畏小民之難保.
소민(小民)의 보존하기 어려움을 두려워한 것이다.

詳說
○ 見康誥
「강고」에 보인다.286)

---

284) 『서경대전(書經大全)』, 「상서(商書)」·「태갑상2(太甲上2)」 : "이윤(伊尹)이 다음과 같은 글을 지었다. '선왕이 이 하늘의 밝은 명을 돌아보사 상하의 신기(神祇)를 받드시며, 사직과 종묘를 공경하고 엄숙히 하지 않음이 없으시니, 하늘이 그 덕을 살펴보시고 대명(大命)을 모아 만방을 어루만지고 편안하게 하셨습니다. 이에 제가 몸소 능히 군주를 좌우에서 보필하여 여러 무리들을 편안히 살게 하니, 사왕(嗣王)께서 기서(基緒)를 크게 계승하게 되신 것입니다.'(伊尹作書曰, 先王顧諟天之明命, 以承上下神祇, 社稷宗廟, 罔不祇肅, 天監厥德, 用集大命, 撫綏萬方. 惟尹躬克左右厥辟, 宅師, 肆嗣王, 丕承基緒.)"

285) 『논어(論語)』「계씨()」 : "공자(孔子)께서 말씀하셨다. "군자(君子)는 세 가지 두려워함이 있으니, 천명(天命)을 두려워하며, 대인(大人)을 두려워하며, 성인(聖人)의 말씀을 두려워한다.(孔子曰, 君子有三畏, 畏天命, 畏大人, 畏聖人之言.)"

286) 『서경대전(書經大全)』, 「주서(周書)」·「강고6(康誥6)」 : "왕(王)이 말씀하였다. "아! 소자(小子) 봉(封)아. 네 몸에 있는 병을 앓는 것처럼 여겨 공경할지어다. 천명(天命)은 두려울 만하나 정성스러우면 돕거니와 백성의 마음은 크게 볼 수 있으나 소인(小人)들은 보전하기 어려우니, 가서 네 마음을 다하고 편안히 하여 일예(逸豫)를 좋아하지 말아야 이에 백성을 다스릴 것이다. 내 들으니, 백성들의 원망은 큰데 있지 않으며 또한 작은데 있지 않다. 이치를 순히 하고 순히 하지 않으며 힘쓰고 힘쓰지 않음에 달려 있다고 한다.(王曰, 嗚呼, 小子封, 恫瘝乃身, 敬哉. 天畏棐忱, 民情大可見, 小人難保, 往盡乃心, 無康好逸豫, 乃其乂民. 我聞, 曰怨不在大, 亦不在小. 惠不惠, 懋不懋.)"

> [集傳]
>
> 經其德而不變, 所以處己也,
>
> 그 덕(德)을 떳떳이 하여 변치 않음은 자신을 처신하는 것이고,

>> [詳說]
>>
>> ○ 常也.
>> '경(經)'은 '상(常)'이다.
>>
>> ○ 上聲.
>> '처(處)'는 상성이다.

> [集傳]
>
> 秉其哲
>
> 밝음을 잡아

>> [詳說]
>>
>> ○ 明也.
>> 경문에서 '철(哲)'은 '명(明)'이다.

> [集傳]
>
> 而不惑, 所以用人也.
>
> 의혹하지 않음은 사람을 등용한 것이다.

>> [詳說]
>>
>> ○ 添處己用人字.
>> 자신을 처신한다는 것과 사람을 등용한다는 말을 더하였다.
>>
>> ○ 陳氏大猷曰 : "經德秉哲, 乃畏天畏民之實."
>> 진씨 대유(陳氏大猷)가 말하였다 : "'덕을 떳떳이 간직하고 밝음을 잡는다.'는 것이 바로 하늘을 두려워하고 백성을 두려워하는 실증이다."[287]

集傳

湯之垂統如此. 故自湯至于帝乙, 賢聖之君六七作,
탕왕(湯王)이 전통을 드리움이 이와 같았다. 그러므로 탕왕(湯王)으로부터 제을(帝乙)에 이르기까지 어질고 성스러운 군주(君主)가 6~7명이 나왔으니,

詳說

○ 出孟子公孫丑.
『맹자』「공손추」가 출처이다.288)

集傳

雖世代不同而皆
비록 세대가 똑같지 않으나 모두

詳說

○ 始釋咸字.
비로소 '함(咸)'자를 해석하였다.

集傳

能成就君德
군주의 덕(德)을 성취하고

詳說

○ 添德字.
'덕(德)'자를 더하였다.

集傳

---

287) 『서경대전(書經大全)』, 「주서(周書)」·「주고(酒誥)」, "진씨 대유가 말하였다 : 「덕을 떳떳이 간직하고 밝음을 잡는다.」는 것이 바로 하늘을 두려워하고 백성을 두려워하는 실증이다.'(陳氏大猷曰 : 經德秉哲, 乃畏天畏民之實.)"
288) 『맹자(孟子)』「공손추상(公孫丑上)」: "맹자가 말하기를 '탕(湯) 임금으로부터 무정(武丁)에 이르기까지 어질고 착한 임금이 6, 7명이 일어났으니, 천하가 은(殷)나라로 돌아간 지가 오래되었다.(由湯至於武丁, 賢聖之君六七作, 天下歸殷久矣.)"

敬畏輔相. 故當時御事之臣
보상(輔相)들을 공경하였다. 그러므로 당시에 일을 다스리는 신하(臣下)들

詳說

○ 王氏曰 : "凡經言御事兼小大之臣, 皆可稱也."
왕씨(王氏)가 말하였다 : "대체로 경에서 '어사(御事)'라고 하는 것은 대소의 신하를 겸하여 모두 칭할 수 있는 것이다."289)

集傳

亦皆盡忠, 輔翼
또한 모두 충성을 다하여 보익(輔翼)해서

詳說

○ 棐.
'보익(輔翼)'은 경에서 '비(棐)'이다.

集傳

而有責難之恭
어려움으로 책하는 공손함을 두어,

詳說

○ 見孟子離婁.
『맹자』「이루」에 보인다.290)

集傳

---

289) 『서경대전(書經大全)』, 「주서(周書)」·「주고(酒誥)」, "왕씨가 말하였다 : '「어사(御事)」는 「치사(治事)」라고 말하는 것과 같으니, 대체로 경에서 어사라고 하는 것은 대소의 신하를 겸하여 모두 칭할 수 있는 것이다.'(王氏炎曰 : 御事, 猶言治事, 凡經言御事, 兼小大之臣, 皆可稱也.)"
290) 『맹자(孟子)』, 「이루상(離婁上)」 : "인군을 섬김에 의가 없고 진퇴함에 예가 없으며, 말을 하면 선왕의 도를 비방하는 자가 답답히 함과 같은 것이다. 그러므로 '어려운 일을 인군에게 책하는 것을 공(恭)이라 이르고, 선(善)한 것을 말하여 사심(邪心)을 막는 것을 경(敬)이라 이르고, 우리 군주는 불가능하다 하는 것을 적(賊)이라 이른다.' 한 것이다.(事君無義, 進退無禮, 言則非先王之道者, 猶沓沓也. 故曰, 責難於君, 謂之恭, 陳善閉邪, 謂之敬, 吾君不能, 謂之賊.)"

自暇自逸
스스로 한가하고 스스로 안일함도

詳說

○ 汎言.
범범하게 말한 것이다.

集傳

猶且不敢, 況曰其敢尚飮乎.
오히려 또한 감히 하지 못하였는데, 하물며 감히 술 마심을 숭상한다고 하겠는가?

詳說

○ 西山眞氏曰 : "此章乃一篇之根本, 凡人敬則不縱欲. 商之君臣, 旣一於敬, 擧天下之物, 不足以動之."
서산 진씨(西山眞氏)가 말하였다 : "여기의 장은 바로 한 편의 근본으로 대체로 사람들은 공경하면 욕심을 따르지 않는다는 것이다. 상나라의 군신들이 이미 공경을 한결같이 하였을 때는 천하라는 것을 들어도 움직이기에 부족했다."291)

○ 新安陳氏曰 : "曰畏曰恭, 皆尚敬之謂也."
신안 진씨(新安陳氏)가 말하였다 : "위의 글에서 주나라가 은나라의 명을 받았다고 말했기 때문에 은나라를 들어 주로 흥하고 망함을 경계한 것이다."292)

---

291) 『서경대전(書經大全)』, 「주서(周書)」·「주고(酒誥)」, "서산 진씨가 말하였다 : '여기의 장은 바로 한 편의 근본으로 대체로 사람들은 공경하면 욕심을 따르지 않고 욕심을 따르면 공경하지 않는다는 것이다. 상나라의 군신들이 이미 공경을 한결같이 하였을 때는 천하라는 것을 들어도 움직이기에 부족했다. 그런데 하물며 술로 황폐하게 되었을 때야 말해 무엇 하겠는가! 이것은 바로 천리와 인욕이 서로 소장하는 기틀이 된다는 것이니 깊이 음미해야 하는 것이다.'(西山眞氏曰 : 此章乃一篇之根本, 凡人敬, 則不縱欲. 縱欲則不敬. 商之君臣, 旣一於敬, 擧天下之物不足以動之. 況荒敗於酒乎. 此正天理人欲, 相爲消長之幾, 宜深味之.)"
292) 『서경대전(書經大全)』, 「주서(周書)」·「주고(酒誥)」, "신안 진씨가 말하였다 : '위의 글에서는 주나라가 은나라의 명을 받음을 말하였기 때문에 은나라가 술 때문에 흥하고 망하는 것을 들어 경계했다. 여기에서는 먼저 은나라의 선왕이 술에 빠지지 않아 흥한 것을 말했다. 「두려워한다(迪畏)」는 말 이하의 몇 구는 음주를 숭상하는 것과 상반된다. 하늘과 백성을 두려워하는 것은 언제나 상제가 너에게 임하여 항상 소인들이 보전하기 어려움을 보고 있는 듯이 하는 것이니, 감히 술을 방종하게 술을 마시겠는가? 한결같이 방종하게 술을 마시면, 익숙해져서 하늘의 밝은 명을 두려워할 줄 모른다. 비록 두려워할지라도 즐겨 술을 마시면, 소민들을 돌아볼 겨를이 없고, 비록 두려워할지라도 즐겨 술을 마시면, 구휼할 겨를이 없다. 그 덕을 일정하게 하고 그 밝음을 유지하면 지키는 것이 있어 어두워지지 않으니, 반드시 방종하게 술 마시지 않을 것이다. 한결같이 방종하게 술을 마시면 술의 덕에 빠지고 지키는 것이 변해 술로 황폐하게 되어

[9-4-10-10]

越在外服, 侯甸男衛邦伯, 越在內服, 百僚庶尹, 惟亞惟服, 宗工, 越百姓里居, 罔敢湎于酒, 不惟不敢, 亦不暇, 惟助成王德顯, 越尹人祗辟.

외복(外服)에 있는 후(侯)·전(甸)·남(男)·위(衛)의 제후(諸侯)와 방백(邦伯) 및 내복(內服)에 있는 백료(百僚)와 서윤(庶尹)과 아(亞)와 복(服)과 종공(宗工)과 백성과 마을에 거주하는 자에 이르기까지 감히 술에 빠진 이가 없었으니, 다만 감히 하지 못할 뿐만 아니라 또한 할 겨를이 없었고, 오직 왕의 덕을 이루어 드러나게 하며 윤인(尹人)들이 임금을 공경함을 도왔다.

集傳

自御事而下,

어사(御事)로부터 이하로

詳說

○ 承上節.

위의 절을 이어받았다.

集傳

在外服, 則有侯甸男衛諸侯與其長伯,

외복(外服)에 있어서는 후(侯)·전(甸)·남(男)·위(衛)의 제후(諸侯)와 장백(長伯)이 있고,

보는 것이 어두워진다. 서로 도움에 공손함을 두려워하면 연악(宴樂)할 겨를이 없으니, 굳이 방종하게 술 마시지 않는다. 한결같이 방종하게 술을 마시면 군신이 모두 술 마시며 즐기는 곳으로 빠지고 황폐하게 즐겨 돌아볼 겨를이 없다. 상나라 사람들이 공경을 숭상하는 것으로 법을 삼고 술 마시는 것을 숭상하는 것으로 경계를 삼고는 두려워한다고 하고 공손하게 한다고 하는 것은 모두 공경을 숭상한다는 말이다. 공경을 숭상하면 모든 선함이 이루어지고 술 마심을 숭상하면 모든 해악이 생긴다.'(新安陳氏曰 : 上文言周受殷命, 故舉殷之以酒興亡以爲戒. 此先言殷先王以不湎酒而興也. 迪畏以下數句, 與崇飲相反. 迪畏天ನ, 則常若上帝之臨汝, 常見小人之難保, 敢縱酒乎. 一縱酒, 則玩而不知畏天顯. 雖可畏, 酣飮, 則不暇顧小民. 雖可畏, 酣飮, 則不暇恤矣. 常其德, 持其哲, 則有守而不昏, 必不縱酒. 一縱酒, 則酗于酒德, 而所守變, 荒迷于酒, 而所見昏矣. 畏相棐恭, 不暇不逸, 則有敬畏, 無暇逸, 必不縱酒. 一縱酒, 則君臣淪胥醼酣之場, 而荒酣逸豫, 不暇顧矣. 商人以尚敬爲法, 尚飲爲戒, 曰畏曰恭, 皆尚敬之謂也. 尚敬則百善成, 尚飲則百邪生.)"

詳說

○ 上聲, 下同.

'장(長)'은 상성으로 아래에서도 같다.

集傳

在內服, 則有百僚庶尹惟亞惟服宗工國中百姓與夫里居者,

내복(內服)에 있어서는 백료(百僚)와 서윤(庶尹)과 아(亞)와 복(服)과 종공(宗工)과 국중(國中)의 백성과 마을에 거주하는 자가 있는데,

詳說

○ 音扶.

'부(夫)'는 음이 '부(扶)'이다.

○ 陳氏大猷曰 : "越, 及也. 伯, 諸侯之長. 內服, 畿內也. 庶尹, 衆官之正, 亞, 次大夫. 惟服, 奔走服事之人, 下士, 府史之屬, 宗工, 尊官及百官, 族姓, 不仕而居閭里者."

진씨 대유(陳氏大猷)가 말하였다 : "'월(越)'은 '급(及)'이고, '백(伯)'은 제후의 장이다. '내복(內服)'은 '기내(畿內)'이다. '서윤(庶尹)'은 여러 관의 정(正)이고, '아(亞)'는 다음 대부이다. '유복(惟服)'은 분주하게 일을 하는 사람이니, 하사(下士)로 부사(府史)의 벼슬아치이다. '종공(宗工)'은 존관(尊官)과 백관(百官)이고, '족성(族姓)'은 벼슬하지 않고 마을에 거주하는 자이다."293)

集傳

---

293) 『서경대전(書經大全)』, 「주서(周書)」·「주고(酒誥)」, "진씨 대유가 말하였다 : '「월(越)」은 「급(及)」이고, 「백(伯)」은 제후의 장이다. 「내복(內服)」은 「기내(畿內)」이다. 「서윤(庶尹)」은 여러 관의 정(正)으로 악정(樂正)이나 주정(酒正)과 같은 것들이다. 「아(亞)」는 다음 대부이니, 하사(下士)로 부사(府史)의 벼슬아치이다. 「종공(宗工)」은 존관(尊官)과 백관(百官)이고, 「족성(族姓)」은 벼슬하지 않고 마을에 거주하는 자이다. 조정의 군신이 바람처럼 변화하는 것이 이처럼 마땅하니, 안팎으로 모두 감히 술에 빠지지 않은 것이다. 감히 하지 못하는 것은 두려워서 감히 방종하지 못할 뿐인 것이다. 겨를이 없다는 것은 직이 있는 자는 직분에 힘쓰고, 직분이 없는 자는 덕에 힘쓰니, 스스로 술 마시며 방종하게 할 겨를이 없고, 또한 하지 않는다는 것이다. 「임금의 공경함을 돕는다.」는 것은 임금을 공경하는 것이다.'(陳氏大猷曰 : 越, 及也. 伯, 諸侯之長. 內服, 畿內也. 庶尹, 衆官之正, 樂正酒正之類. 亞, 次大夫. 惟服, 奔走服事之人, 下士, 府史之屬. 宗工, 尊官及百官, 族姓, 不仕而居閭里者. 朝廷君臣, 風化如此, 宜乎. 內外, 皆不敢湎于酒, 不敢, 畏而不敢縱耳. 不暇, 則有職者, 勤于職, 無職者, 勤於德, 自不暇飮縱之爲, 亦不爲也. 祇辟, 敬君也.)"

亦皆不敢沈湎于酒, 不惟不敢, 亦不暇. 不敢者, 有所畏, 不暇者有所勉.
또한 모두 감히 술에 빠지지 않았으니, 다만 감히 하지 못할 뿐만 아니라 또한 할 겨를이 없었다. 감히 하지 못한다는 것은 두려워하는 바가 있는 것이고, 할 겨를이 없다는 것은 힘쓰는 바가 있는 것이다.

詳說

○ 陳氏大猷曰 : "有職者, 勤於職, 無職者, 勤於德."
진씨 대유(陳氏大猷)가 말하였다 : "직이 있는 자는 직분에 힘쓰고, 직분이 없는 자는 덕에 힘쓴다."294)

集傳

惟欲上以助成君德, 而使之昭著,
오직 위로는 군주의 덕을 이룸을 도와서 드러나게 하고,

詳說

○ 顯.
'소저(昭著)'는 경문에서 '현(顯)'이다.

集傳

下以助尹人祇辟,
아래로는 윤인(尹人)이 군주(君主)를 공경함을 도와서

詳說

---

294)『서경대전(書經大全)』,『주서(周書)』·「주고(酒誥)」, "진씨 대유가 말하였다 : '「월(越)」은 「급(及)」이고, 「백(伯)」은 제후의 장이다. 「내복(內服)」은 「기내(畿內)」이다. 「서윤(庶尹)」은 여러 관의 정(正)으로 악정(樂正)이나 주정(酒正)과 같은 것들이다. 「아(亞)」는 다음 대부이다. 「유복(惟服)」은 분주하게 일을 하는 사람이니, 하사(下士)로 부사(府史)의 벼슬아치이다. 「종공(宗工)」은 존관(尊官)과 백관(百官)이고, 「족성(族姓)」은 벼슬하지 않고 마을에 거주하는 자이다. 조정의 군신이 바람처럼 변화하는 것이 이처럼 마땅하니, 안팎으로 모두 감히 술에 빠지지 않은 것이다. 감히 하지 못하는 것은 두려워서 감히 방종하지 못할 뿐인 것이다. 겨를이 없다는 것은 직이 있는 자는 직분에 힘쓰고, 직분이 없는 자는 덕에 힘쓰니, 스스로 술 마시며 방종하게 할 겨를이 없고, 또한 하지 않는다는 것이다. 「임금의 공경함을 돕는다.」는 것은 임금을 공경하는 것이다.'(陳氏大猷曰 : 越, 及也. 伯, 諸侯之長. 內服, 畿內也. 庶尹, 衆官之正, 樂正酒正之類. 亞, 次大夫. 惟服, 奔走服事之人. 下士, 府史之屬. 宗工, 尊官及百官, 族姓, 不仕而居閭里者. 朝廷君臣, 風化如此, 宜乎. 內外, 皆不敢湎于酒, 不敢, 畏而不敢縱耳. 不暇, 則有職者, 勤于職, 無職者, 勤於德, 自不暇飲縱之爲, 亦不爲也. 祇辟, 敬君也.)."

○ 助字兩釋.

'조(助)'자는 두 번 해석한 것이다.

集傳

而使之益不怠耳. 成王, 顧上文成王而言,

더욱 게을리 하지 않게 할 뿐이었다. 성왕(成王)은 위의 글에서 성왕(成王)을 염두에 두고 말한 것이며,

詳說

○ 上言自成, 此言助成.

위에서는 스스로 이룸을 말하였고, 여기서는 도와서 이룸을 말하였다.

集傳

祗辟, 顧上文有恭而言.

지벽(祗辟)은 위의 글에서 공손함을 둠을 염두에 두고 말한 것이다.

詳說

○ 陳氏大猷曰 : "祗辟, 敬君也."

진씨 대유(陳氏大猷)가 말하였다 : "'임금의 공경함을 돕는다.'는 것은 임금을 공경하는 것이다."[295]

○ 陳氏經曰 : "敬其法."

진씨 경(陳氏經)[296]이 말하였다 : "그 법을 공경하는 것이다."[297]

---

295) 『서경대전(書經大全)』, 「주서(周書)」·「주고(酒誥)」, "진씨 대유가 말하였다 : '「월(越)」은 「급(及)」이고, 「백(伯)」은 제후의 장이다. 「내복(內服)」은 「기내(畿內)」이다. 「서윤(庶尹)」은 여러 관의 정(正)으로 악정(樂正)이나 주정(酒正)과 같은 것들이다. 「아(亞)」는 다음 대부이다. 「유복(惟服)」은 분주하게 일을 하는 사람이니, 하사(下士)로 부사(府史)의 벼슬아치이다. 「종공(宗工)」은 존관(尊官)과 백관(百官)이고, 「족성(族姓)」은 벼슬하지 않고 마을에 거주하는 자이다. 조정의 군신이 바람처럼 변화하는 것이 이처럼 마땅하니, 안팎으로 모두 감히 술에 빠지지 않은 것이다. 감히 하지 못하는 것은 두려워서 감히 방종하지 못할 뿐인 것이다. 겨를이 없다는 것은 직이 있는 자는 직분에 힘쓰고, 직분이 없는 자는 덕에 힘쓰니, 스스로 술 마시며 방종하게 할 겨를이 없고, 또한 하지 않는다는 것이다. 「임금의 공경함을 돕는다.」는 것은 임금을 공경하는 것이다.'(陳氏大猷曰 : 越, 及也. 伯, 諸侯之長. 內服, 畿內也. 庶尹, 衆官之正. 樂正酒正之類. 亞, 次大夫. 惟服, 奔走服事之人, 下士, 府史之屬. 宗工, 尊官及百官, 族姓, 不仕而居閭里者. 朝廷君臣, 風化如此, 宜乎. 內外, 皆不敢湎于酒, 不敢, 畏而不敢縱耳. 不暇, 則有職者, 勤于職, 無職者, 勤於德, 自不暇飲縱之爲, 亦不為也. 祗辟, 敬君也.)"

296) 진경(陳經, ?~?) : 송나라 길주(吉州) 안복(安福) 사람으로 자는 현지(顯之) 또는 정보(正甫)이다. 영종(寧

集傳

呂氏曰 : 尹人者, 百官諸侯之長也, 指上文御事而言.

여씨(呂氏)가 말하였다. "윤인(尹人)은 백관(百官)과 제후(諸侯)의 우두머리이니, 위의 글에서 어사(御事)를 가리켜 말한 것이다."

詳說

○ 成王以下, 論也.

'성왕(成王)' 이하는 경문의 의미 설명이다.

○ 新安陳氏曰 : "此一全章, 言商先王君臣, 內外皆以敬畏修德爲心, 故不暇湎酒而興, 欲康叔法其所以興也."

신안 진씨(新安陳氏)가 말하였다 : "여기 하나의 전체 장에서는 상나라 선왕의 군신들이 내외로 모두 공경과 두려움으로 덕을 닦는 것을 마음으로 삼았기 때문에 술에 빠지지 않고 흥했음을 말했으니, 강숙이 그 흥하게 된 까닭을 본받게 하려는 것이다."298)

[9-4-10-11]

我聞, 亦惟曰, 在今後嗣王, 酣身, 厥命, 罔顯于民, 祗保, 越怨, 不易, 誕惟厥縱淫泆于非彛, 用燕喪威儀. 民罔不盡傷心, 惟荒腆于酒, 不惟自息乃逸, 厥心疾狠, 不克畏死, 辜在商邑, 越殷國滅無罹, 弗惟德馨香祀 登聞于天, 誕惟民怨庶羣自酒腥,

---

宗) 경원(慶元) 5년(1199)에 진사(進士)가 되어 봉의랑(奉議郎)과 천주박간(泉州泊幹)을 지냈다. 평생 독서를 좋아했고, 후학을 많이 계도했다. 저서에 『상서상해(尙書詳解)』와 『시강의(詩講義)』, 『존재어록(存齋語錄)』 등이 있다.

297) 『서경대전(書經大全)』, 「주서(周書)」·「주고(酒誥)」, "진씨 경이 말하였다 : '···. 위로 임금의 덕이 밝게 드러나는 것을 도와 이루고, 아래로는 사람을 바르게 하는 도를 극진하게 해서 스스로 그 법을 공경하는 것일 뿐이다.'(陳氏經曰 : ···. 上以助成君德之顯明, 下以盡正人之道, 而自敬其法而已矣.)"

298) 『서경대전(書經大全)』, 「주서(周書)」·「주고(酒誥)」, "신안 진씨가 말하였다 : '여기 하나의 전체 장에서는 상나라 선왕의 전후로 있는 신하들이 내외로 한결같이 모두 공경과 두려움으로 덕을 닦는 것을 마음으로 삼았기 때문에 술에 빠지지 않고 흥했음을 말했으니, 강숙이 그 흥하게 된 까닭을 본받게 하려는 것이다.' (新安陳氏曰 : 此一全章, 言商先王之前後居臣, 內外一皆以敬畏修德為心, 故不暇湎酒而興, 欲康叔法其所以興也.)"

| 聞在上. 故天降喪于殷, 罔愛于殷, 惟逸, 天非虐, 惟民自速辜.

내 들으니 또한 이르기를 지금 후사왕(後嗣王)에 있어 몸을 술에 빠뜨려 명령이 백성에게 드러나지 못하고, 공경하여 보존함이 원망에 미치는데도 이를 바꾸지 않으며, 음일(淫洪)함을 떳떳하지 않은 일에 크게 방종하게 하여 안일로써 위의를 상실하였다. 그리하여 백성들이 모두 상심해 하지 않는 이가 없는데도 황망하여 술에 빠져 스스로 안일함을 그칠 것을 생각하지 않으며, 그 마음이 미워하고 사나워서 죽음을 두려워하지 않으며, 허물이 상나라 도읍에 있어 은나라가 망하는데도 근심하지 않으니, 덕으로 말미암은 향기로운 제사가 하늘에 올라가 알려지지 못하고, 크게 백성들이 원망하여 술로부터 풍겨 나오는 모든 더러움이 상천에 알려졌다. 그러므로 하늘이 은나라에 망함을 내리시어 은나라를 사랑하지 않으시는 것은 안일한 탓이니, 하늘이 사나운 것이 아니라 사람들이 스스로 허물을 부른 것이다."

詳說

○ 洪, 音溢. 喪, 去聲. 畫, 迄力反. 很, 下懇反. 罹, 鄰知反. 聞如字.

'일(洪)'은 음이 '일(溢)'이다. '상(喪)'은 거성이다. '혁(畫)'은 음이 '흘(迄)'과 '력(力)'의 반절이다. '흔(很)'은 '하(下)'와 '간(懇)'의 반절이다. '리(罹)'는 '린(鄰)'과 '지(知)'의 반절이다. '문(聞)'은 본래의 음 대로 읽는다.

集傳

以商受, 荒腆于酒者, 告康叔也.
상왕(商王) 수(受)가 황폐하여 술에 빠진 것을 가지고 강숙(康叔)에게 고한 것이다.

詳說

○ 先總提

먼저 총괄해서 제시했다.

集傳

後嗣王, 受也. 受沈酗其身, 昏迷於政, 命令不著於民,
후사왕(後嗣王)은 수(受)이다. 수(受)가 그 몸을 술에 빠뜨려 정사(政事)에 혼미해서 명령이 백성에게 드러나지 못하였고,

詳說
○ 顯.
'저(著)'는 경문에서 '현(顯)'이다.

集傳
其所祇保者
공경하여 보존하는 것이

詳說
○ 敬而保守者.
공경해서 보존하여 지키는 것이다.

集傳
惟在於作怨之事,
오직 원망을 만드는 일에 있는데도

詳說
○ 二字, 釋越字.
'재어(在於)'는 경문에서 '월(越)'자를 해석한 것이다.

集傳
不肯悛改,
이를 개전(改悛)하려 하지 않고,

詳說
○ 音銓.
'전(悛)'은 음이 '전(銓)'이다.

○ 易.
'개(改)'는 경문에서 '역(易)'이다.

集傳
大惟縱淫泆于非彝,
떳떳하지 않은 것에 크게 방종하고 음일(淫泆)하였으니,

詳說
○ 不經之事.
떳떳하지 않은 일이다.

集傳
泰誓, 所謂奇技淫巧也. 燕, 安也. 用安逸而喪其威儀, 史記
「태서(泰誓)」에 이른바 '기이한 기예(技藝)와 지나친 재주'라는 것이다. 연(燕)은 편안함이다. 안일(安逸)로써 그 위의(威儀)를 상실하였으니, 『사기(史記)』에

詳說
○ 殷紀.
「은기」이다.

集傳
受爲酒池肉林, 使男女裸,
"수(受)가 주지육림을 만들고는 남녀들이 옷을 벗고

詳說
○ 魯果反.
'라(裸)'는 음이 '로(魯)'와 '과(果)'의 반절이다.

集傳
而相逐, 其威儀之喪如此. 此民所以無不痛傷其心,
서로 따르게 했다."라고 하였으니, 그 위의(威儀)를 잃음이 이와 같았다. 이것이 백성들이 모두 그 마음에 애통해 하고 서글퍼하여

詳說

○ 盡, 痛也.

경문에서 '혁(盡)'이 '통(痛)'이다.

集傳

悼國之將亾也. 而受方且荒怠益厚于酒

나라가 망할 것을 슬퍼한 까닭이다. 그런데도 수(受)는 바야흐로 황폐하고 태만하게 더욱 술을 후하게 해서

詳說

○ 與洗腆之腆, 有善惡之殊

'스스로 깨끗이 하고 후하게 한다.'299)고 할 때의 '후하게 한다.'는 것과는 선악의 차이가 있다.

集傳

不思自息其逸,

스스로 그 안일함을 그칠 것을 생각하지 아니하여

詳說

○ 乃.

'기(其)'는 경문에서 '내(乃)'이다.

集傳

力行無度,

법도(法度)가 아닌 일을 힘써 행하며,

詳說

---

299) 『서경대전(書經大全)』, 「주서(周書)」·「주고6(酒誥6)」 : "매토(妹土)의 사람들아! 너희들의 팔다리를 계속해서 놀리며 크게 서직(黍稷)을 심어 분주히 그 부모와 어른을 섬기고, 민첩하게 수레와 소를 끌고 멀리 장사하며 효도로 그 부모를 봉양해서 부모가 기뻐하거든 스스로 깨끗이 하고 후하게 하여 술을 쓰도록 하라.(妹土, 嗣爾股肱, 純其藝黍稷, 奔走事厥考厥長, 肇牽車牛, 遠服賈, 用孝養厥父母, 厥父母慶, 自洗腆, 致用酒.)"

○ 四字, 見泰誓.
　　'법도(法度)가 아닌 일을 힘써 행한다.'는 것은 「태서」에 보인다.300)

集傳
其心疾很, 雖殺身而不畏也,
그 마음이 미워하고 사나워서 비록 몸이 죽더라도 두려워하지 않으며,

詳說
○ 與譬不畏死, 同意.
　　'완강하여 죽음을 두려워하지 않는 자'301)와 같은 의미이다.

集傳
辜在商邑
허물이 상(商)나라 도읍에 있어

詳說
○ 越, 及也.
　　경문에서 '월(越)'은 '급(及)'이다.

集傳
雖滅國而不憂也.
비록 나라가 망하더라도 근심하지 않았다.

詳說

---

300) 『서경대전(書經大全)』, 「주서(周書)」·「태서중3(泰誓中3)」: "나는 '길한 사람은 선행을 하되 날마다 부족하게 여기거늘 흉한 사람은 날마다 불선을 하되 또한 날마다 부족하게 여긴다.'라고 들었다. 지금 상왕(商王) 수(受)가 법도가 없는 일을 힘써 행하여 노인들을 버리고 죄인들을 가까이하며, 음탕하게 술주정하며 사나움을 부리니, 신하들이 이에 변화하여 집집마다 붕당을 짓고 원수가 되며 권세를 빌어 위협하며 서로 멸하니, 죄 없는 자들이 하늘에 부르짖어 더러운 덕이 위에 드러나 알려졌다.(我聞, 吉人爲善, 惟日不足, 凶人爲不善, 亦惟日不足. 今商王受, 力行無度, 播棄犂老, 昵比罪人, 淫酗肆虐, 臣下化之, 朋家作仇, 脅權相滅, 無辜籲天, 穢德彰聞.)"

301) 『서경대전(書經大全)』, 「주서(周書)」·「강고-15(康誥-15)」: "백성들이 스스로 죄를 만들어 강탈하고 불법을 저지르며 사람을 죽이거나 쓰러뜨려 재물을 취하며 완강하여 죽음을 두려워하지 않는 자를 미워하지 않는 이가 없다.(凡民自得罪, 寇攘姦宄, 殺越人于貨, 譬不畏死, 罔弗憝.)"

○ 罹.
'우(憂)'는 경문에서 '리(罹)'이다.

集傳
弗事上帝,
상제를 섬기지 아니하여

詳說
○ 亦見泰誓.
또한 「태서」에 보인다.302)

集傳
無馨香之德以格天,
향기로운 덕으로 하늘에 이름은 없고,

詳說
○ 登聞
'격(格)'은 경문에서 '등문(登聞)'이다.

○ 弗惟字, 不必泥.
'불유(弗惟)'라는 글자에 구애될 필요는 없다.

集傳
大惟民怨, 惟羣酗
크게 백성들이 원망하여 오직 여러 가지 술주정을 하여

---

302) 『서경대전(書經大全)』, 「주서(周書)」·「태서상6(泰誓上6)」: "그러므로 나 소자(小子) 발(發)이 너희 우방의 총군(冢君)을 거느리고 상나라의 정사를 살펴보았다. 수(受)가 개전(改悛)할 마음이 없어 걸터앉아 있으면서 상제와 신기(神祇)를 섬기지 않고, 선조의 종묘를 버려두고 제사하지 아니하며 희생(犧牲)과 자성(粢盛)을 흉악한 도적에게 이미 모두 빼앗겼는데도 '내 백성을 소유하고 천명(天命)을 소유했다'라고 하면서 업신여김을 징계하지 않는구나.(肆予小子發, 以爾友邦冢君, 觀政于商. 惟受罔有悛心, 乃夷居, 弗事上帝神祇, 遺厥先宗廟弗祀, 犧牲粢盛, 既于凶盜, 乃曰吾有民有命, 罔懲其侮.)"

[詳說]
○ 胥.
'유(惟)'는 경문에서 '서(胥)'이다.

[集傳]
腥穢之德
비린내 나고 더러운 덕이

[詳說]
○ 凶德.
흉한 덕이다.

○ 自, 由也.
경문에서 '자(自)'는 '유(由)'이다.

[集傳]
以聞于上. 故上天降喪于殷, 無有眷愛之意者, 亦惟受縱逸故也. 天豈虐殷.
惟殷人
상천(上天)에 알려졌다. 그러므로 상천이 은나라에 망함을 내려 사랑하는 뜻이 없었으니, 또한 수(受)가 안일함에 방종한 때문이다. 하늘이 어찌 은나라를 사납게 대하였겠는가. 오직 은나라 사람들이

[詳說]
○ 民.
'인(人)'은 경문에서 '민(民)'이다.

[集傳]
酗酒, 自速其辜爾. 曰民者, 猶曰先民,
술에 빠져 스스로 그 죄(罪)를 불렀을 뿐이다. 민(民)이라고 말한 것은 선민(先民)이라고 하는 것과 같으니,

詳說

○ 見伊訓.
「이훈」에 보인다.303)

集傳

君臣之通稱也.
군신(君臣)의 통칭(通稱)이다.

詳說

○ 新安陳氏曰：“此繼言紂之君臣以湎酒而亾, 欲康叔戒其所以亾也. 此章與前多相反相應. 前曰祀茲酒, 此曰弗惟香祀, 前曰天降喪, 酒惟辜, 此曰天降喪自速辜, 前曰用逸自逸, 此曰乃逸惟逸.”

신안 진씨(新安陳氏)가 말하였다 : “여기에서는 주(紂)의 군신이 술에 빠져 망하는 것을 이어 말해서 강숙이 망하게 되는 것을 경계하도록 했다. 여기의 장은 앞과 대부분 서로 상반되면서 호응한다. 앞에서는 '제사에 이 술을 쓴다.'304)고 하고, 여기에서는 '향기로운 제사가 ~하지 못하다.'라고 하며, 앞에서는 '하늘이 망함을 내리셨다.'305)고 하고, '술의 허물이다.'306)라고 하며, 여기에서는 '하늘

---

303) 『서경대전(書經大全)』,「상서(商書)」·「이훈5(伊訓5)」: "아! 선왕(先王)께서 처음으로 인륜을 닦으시어 간언을 따르고 어기지 않으시며 선민(先民)에게 이에 순종하시고, 위에 있어서는 능히 밝게 하시고 아래가 되어서는 능히 충성하시며, 사람을 허여하되 완비하기를 요구하지 않고 몸을 검속하되 미치지 못할 듯이 하시어 만방을 소유함에 이르렀으니, 이것이 어려운 것입니다.(嗚呼, 先王肇修人紀, 從諫弗咈, 先民時若, 居上克明, 爲下克忠, 與人不求備, 檢身若不及, 以至于有萬邦, 茲惟艱哉.)"
304) 『서경대전(書經大全)』,「주서(周書)」·「주고2(酒誥2)」: "네 목고(穆考)이신 문왕이 처음 나라를 창건하여 서토(西土)에 계실 적에 여러 나라의 여러 선비들과 소정(少正)과 어사(御事)들을 가르치고 경계하시어 아침저녁으로 당부하시기를 '제사(祭祀)에만 이 술을 쓸 것이니, 하늘이 명(命)을 내리시어 우리 백성들에게 처음 술을 만들게 하신 것은 오직 큰 제사(祭祀)에 쓰게 하려 하신 것이다.'라고 하셨다.(乃穆考文王, 肇國在西土, 厥誥毖庶邦庶士, 越少正御事, 朝夕曰, 祀茲酒, 惟天降命, 肇我民, 惟元祀.)"
305) 『서경대전(書經大全)』,「주서(周書)」·「주고-11(酒誥-11)」: "내 들으니 또한 이르기를 지금 후사왕(後嗣王)에 있어 몸을 술에 빠뜨려 명령이 백성에게 드러나지 못하고, 공경하여 보존함이 원망에 미치는데도 이를 바꾸지 않으며, 음일(淫泆)함을 떳떳하지 않은 일에 크게 방종하게 하여 안일로써 위의를 상실하였다. 그리하여 백성들이 모두 상심하 하지 않는 이가 없는데도 황폐하여 술에 빠져 스스로 안일함을 그칠 것을 생각하지 않으며, 그 마음이 미워하고 사나워서 죽음을 두려워하지 않으며, 허물이 상나라 도읍에 있어 은나라가 망하는데도 근심하지 않으니, 덕으로 말미암아 향기로운 제사가 하늘에 올라 알려지지 못하고, 크게 백성들이 원망하여 술로부터 풍겨 나오는 모든 더러움이 상천에 알려졌다. 그러므로 하늘이 은나라에 망함을 내리시어 은나라를 사랑하지 않으시는 것은 안일한 탓이니, 하늘이 사나운 것이 아니라 사람들이 스스로 허물을 부른 것이다.(我聞, 亦惟曰, 在今後嗣王, 酣身, 厥命, 罔顯于民, 祇保, 越怨, 不易, 誕惟厥縱淫泆于非彛, 用燕喪威儀. 民罔不盡傷心, 惟荒腆于酒, 不惟自息乃逸, 厥心疾狠, 不克畏死, 辜在商邑, 越殷國滅無罹, 弗惟德馨香祀 登聞于天, 誕惟民怨庶羣自酒腥, 聞在上. 故天降喪于殷, 罔愛于殷, 惟逸, 天

이 망함을 내리시어 …, 스스로 허물을 부른 것이다.'라고 하며, 앞에서는 '연악((宴樂)을 한다.'307)라고 하고, 스스로 안일한다.'308)고 하고, 여기에서는 '안일함을 … 안일한 탓이다.'라고 하였다."309)

[9-4-10-12]

王曰, 封. 予不惟若茲多誥. 古人有言曰, 人無於水監, 當於民監. 今惟殷 墜厥命, 我其可不大監撫于時.

왕이 말씀하였다. "봉(封)아. 나는 이와 같이 말을 많이 하려는 것이 아니다. 옛사람이 '사람은 물에서 보지 말고 마땅히 백성에게서 보라.' 라고 하였으니, 지금 은나라가 천명을 실

非虐, 惟民自速辜.)"
306) 『서경대전(書經大全)』, 「주서(周書)」·「주고3(酒誥3)」 : "하늘이 위엄을 내리시어 우리 백성들이 크게 혼란하여 덕을 잃음이 술의 행해짐 아님이 없으며, 작은 나라와 큰 나라가 망함이 또한 술의 허물 아님이 없다.(天降威, 我民用大亂喪德, 亦罔非酒惟行, 越小大邦喪, 亦罔非酒惟辜.)"
307) 『서경대전(書經大全)』, 「주서(周書)」·「주고7(酒誥7)」 : "서사(庶士)와 벼슬아치들과 여러 우두머리 군자들아! 너희들은 떳떳이 짐의 가르침을 들어라. 너희들은 노인을 크게 봉양하고서야 너희들의 음식을 먹어 취하고 배부르도록 하라. 크게 말하기를 '너희들은 길이 보고 살펴서 행동함에 중정의 덕에 상고하고서야 너희들은 거의 궤사(饋祀)를 올릴 수 있으니, 너희들이 스스로 도와 연악(宴樂)할 수 있을 것이다. 이렇게 하면 진실로 왕의 일을 바로잡는 신하이며, 이렇게 하면 또한 하늘이 큰 덕을 순히 하여 영원히 잊지 않음이 왕가에 있을 것이다.'(庶士有正, 越庶伯君子, 其爾, 典聽朕教. 爾大克羞耇惟君, 爾乃飲食醉飽. 丕惟曰爾克永觀省, 作稽中德, 爾尙克羞饋祀, 爾乃自介用逸. 玆乃允惟王正事之臣, 玆亦惟天, 若元德, 永不忘, 在王家.)"
308) 『서경대전(書經大全)』, 「주서(周書)」·「주고9(酒誥9)」 : "왕(王)이 말씀하였다. '봉(封)아. 내가 들으니 이르기를 「옛날 은나라의 선철왕(先哲王)이 하늘의 밝은 명과 소민(小民)들을 두려워하여 덕을 떳떳이 간직하고 밝음을 잡아서 성탕(成湯)으로부터 제을(帝乙)에 이르기까지 왕의 덕을 이루고 보상(輔相)을 공경하여 어사(御事)들이 도움에 공손함을 두고 감히 스스로 한가하고 스스로 안일하지 못하였으니, 하물며 감히 술마심을 숭상한다.」라고 하겠는가!'(王曰, 封. 我聞, 惟曰在昔殷先哲王, 迪畏天顯小民, 經德秉哲, 自成湯咸至于帝乙, 成王畏相, 惟御事, 厥棐有恭, 不敢自暇自逸, 矧曰其敢崇飲.) ; 『서경대전(書經大全)』, 「주서(周書)」·「강고02(康誥2)」 주자의 주 : "봉(封)은 강숙(康叔)의 이름이다.(封은 康叔名.)"
309) 『서경대전(書經大全)』, 「주서(周書)」·「주고(酒誥)」 : "여기에서는 주(紂)의 군신이 술에 빠져 망하는 것을 이어 말해서 강숙이 망하게 되는 것을 경계하도록 했다. 주임금의 군신은 상하로 한결같이 주색에 탐닉하는 것을 마음으로 삼았기 때문에 술에 빠져 망했으니, 강숙이 망하게 되는 것을 경계하도록 했다. 여기의 장은 앞과 대부분 서로 상반되면서 호응한다. 앞에서는 「제사에 이 술을 쓴다.」고 하고, 여기에서는 「덕으로 말미암은 향기로운 제사가 ~하지 못하고, 술로부터 풍겨나오는 모든 더러움이 상천에 알려졌다.」라고 하였으니, 술을 베푼 처음의 의미는 본래 제사하는 것인데, 이제 제사하지 않고 여러 사람들이 마시는 데에 사용해서 풍겨 나오는 향기가 알려짐이 없고 더러움이 알려졌으니, 망하지 않음을 어찌 바라겠는가? 앞에서는 「하늘이 망함을 내리셨다.」고 하고, 「작은 나라와 큰 나라가 망함이 또한 술의 허물 아님이 없다.」라고 하며, 여기에서는 「하늘이 은나라에 망함을 내리시어 …, 사람들이 스스로 허물을 부른 것이다.」라고 하였으니, 앞에서는 범범하게 그 이치를 말했고, 여기에서는 오로지 은나라의 망한 일을 가리켜 그 말을 실증했던 것이다. 앞에서는 「스스로 도와 연악((宴樂)을 한다.」라고 하고, 이어 감히 「스스로 안일하지 못하였다.」고 하고, 여기에서는 또 「스스로 안일함을 그칠 것을 생각하지 않고, 은나라를 사랑하지 않으시는 것은 안일한 탓이다.」라고 하였으니, ….'(新安陳氏曰 : 此繼言紂以湎酒而亡也. 紂之君臣, 上下一以荒淫為心, 故沈湎于酒而亡, 欲康叔戒其所以亡也. 此章與前多相反相應. 前曰祀玆酒, 此曰弗惟德馨香祀, 庶羣自酒腥, 聞在上, 設酒初意, 本以祭祀, 今不以祭祀, 而惟用於羣飲, 無馨香之聞, 而惟腥穢之聞, 不亡何待. 前曰天降喪小大邦用喪罔非酒惟辜, 此曰天降喪于殷, 惟民自速辜. 前乃泛言其理, 此專指殷亡之事, 以實其說也. 前曰自介用逸, 繼曰不敢自逸, 此又曰不惟自息乃逸, 罔愛于殷惟逸, ….)"

추하였으니, 내 크게 거울로 삼아 이때를 어루만지지 않을 수 있겠는가!"

詳說

○ 無毋通.

'무(無)'는 '무(毋)'와 통용된다.

集傳

我不惟如此多言, 所以言湯言受, 如此其詳者,

나는 이와 같이 말을 많이 하려는 것이 아닌데, 탕왕(湯王)을 말하고 수(受)를 말하기를 이와 같이 상세히 하는 까닭은

詳說

○ 添此句.

이 구를 더하였다.

集傳

古人謂人無於水監, 水能見人之妍醜而已, 當於民監, 則其得失可知. 今殷民自速辜,

고인(古人)이 "사람은 물에서 보지 말 것이니 물은 사람의 곱고 추함을 드러낼 뿐이며, 마땅히 백성에게서 볼 것이니 득실을 알 수 있다."라고 하였다. 이제 은나라 백성들이 스스로 허물을 재촉해서

詳說

○ 承上節.

위의 절을 이어받았다.

集傳

旣墜厥命矣, 我其可不以殷民之失爲大監戒, 以撫安斯時乎.

이미 천명을 실추하였으니, 내 은(殷)나라 백성의 잘못을 큰 본보기 경계로 삼아 이때를 어루만져 편안히 하지 않을 수 있겠는가!

詳說
○ 于.
'사(斯)'는 경문에서 '우(于)'이다.

○ 新安陳氏曰 : "此總結上文, 殷先哲王後嗣王兩章而起下章, 欲康叔率羣臣以剛制酒之意."
신안 진씨가 말하였다 : "여기의 장에서는 위의 글은나라 선철왕310)과 후사왕311) 두 장을 총괄해서 매듭지으면서 아래의 장을 일으켰으니, 강숙이 여러 신하들을 이끌고 술을 굳게 제재하도록 하려는 의도이다."312)

[9-4-10-13]

予惟曰, 汝劼毖殷獻臣, 侯甸男衛, 矧太史友, 內史友, 越獻臣百宗工. 矧惟爾事服休服采. 矧惟若疇圻父薄違, 農父若保, 宏父定辟. 矧汝剛制于酒.

내 다음과 같이 말하였다. "너는 은나라 헌신(獻臣)과 후(侯)·전(甸)·남(男)·위(衛)의 제후(諸侯)들을 힘써 경계할 것이니, 하물며 네가 벗으로 대하는 자인 태사(太史)와 내사(內

---

310) 『서경대전(書經大全)』, 「주서(周書)」·「주고9(酒誥9)」 : " 왕(王)이 말씀하였다. '봉(封)아. 내가 들으니 이르기를 '옛날 은나라의 선철왕(先哲王)이 하늘의 밝은 명과 소민(小民)들을 두려워하여 덕을 떳떳이 간직하고 밝음을 잡아서 성탕(成湯)으로부터 제을(帝乙)에 이르기까지 왕의 덕을 이루고 보상(輔相)을 공경하여서 어사(御事)들이 도움에 공손함을 두고 감히 스스로 한가하고 스스로 안일하지 못하였으니, 하물며 감히 술마심을 숭상한다', 라고 하겠는가」(王曰, 封. 我聞, 惟曰在昔殷先哲王, 迪畏天顯小民, 經德秉哲, 自成湯咸至于帝乙, 成王畏相, 惟御事, 厥棐有恭, 不敢自暇自逸, 矧曰其敢崇飲.)"
311) 『서경대전(書經大全)』, 「주서(周書)」·「주고-11(酒誥-11)」 : "내 들으니 또한 이르기를 지금 후사왕(後嗣王)에 있어 몸을 술에 빠뜨려 명령이 백성에게 드러나지 못하고, 공경하여 보존함이 원망에 미치는데도 이를 바꾸지 않으며, 음일(淫泆)함을 떳떳하지 않은 일에 크게 방종하게 하여 안일로써 위의를 상실하였다. 그리하여 백성들이 모두 상심해 하지 않는 이가 없는데도 황폐하여 술에 빠져 스스로 안일함을 그칠 것을 생각하지 않으며, 그 마음이 미워하고 사나워서 죽음을 두려워하지 않으며, 허물이 상나라 도읍에 있어 은나라가 망하는데도 근심하지 않으니, 덕으로 말미암아 향기로운 제사가 하늘에 올라가 알려지지 못하고, 크게 백성들이 원망하여 술로부터 풍겨 나오는 모든 더러움이 상천에 알려졌다. 그러므로 하늘이 은나라에 망함을 내리시어 은나라를 사랑하지 않으시는 것은 안일한 탓이니, 하늘이 사나운 것이 아니라 사람들이 스스로 허물을 부른 것이다.(我聞, 亦惟曰, 在今後嗣王, 酣身, 厥命, 罔顯于民, 祇保, 越怨, 不易, 誕惟厥縱淫泆于非彛, 用燕喪威儀. 民罔不盡傷心, 惟荒腆于酒, 不惟自息乃逸, 厥心疾狠, 不克畏死, 辜在商邑, 越殷國滅無罹, 弗惟德馨香祀 登聞于天, 誕惟民怨庶羣自酒腥, 聞在上. 故天降喪于殷, 罔愛于殷, 惟逸, 天非虐, 惟民自速辜.)"
312) 『서경대전(書經大全)』, 「주서(周書)」·「주고(酒誥)」, "신안 진씨가 말하였다 : '여기의 장에서는 위의 글을 총괄해서 매듭지으려고 은나라 선철왕과 후사왕 두 장을 인용하면서 아래의 장을 일으켰으니, 강숙이 여러 신하들을 이끌고 술을 굳게 제재하도록 하려는 의도이다.'(新安陳氏曰 : 此總結上文, 引殷先哲王後嗣王兩章, 而起下章, 欲康叔率羣臣以剛制酒之意.)"

史)와 헌신(獻臣)과 백종공(百宗工)에 있어서랴. 하물며 네가 섬기는 자인 복휴(服休)와 복채(服采)에 있어서랴. 하물며 너의 짝인 기보(圻父)로서 법(法)을 어기는 자를 축출(逐出)하는 자와 농보(農父)로서 백성들을 순히 하여 보존하는 자와 굉보(宏父)로서 땅을 열어 경계를 정해주는 자에 있어서랴. 더구나 네 자신이 술을 굳게 제재해야 함에 있어서랴.

詳說
○ 劼, 丘八反. 圻, 畿同. 父, 音甫. 薄, 必各反. 宏, 諺音誤. 辟, 婢亦反.

'갈(劼)'은 '구(丘)'와 '팔(八)'의 반절이다. '기(圻)'는 '기(畿)'와 같다. '보(父)'는 음이 '보(甫)'이다. '박(薄)'은 '필(必)'과 '각(各)'의 반절이다. '굉(宏)'은 『언해』의 음이 잘못되었다. '벽(辟)'은 '비(婢)'와 '역(亦)'의 반절이다.

集傳
劼, 用力也. 汝當用力, 戒謹殷之賢臣,

갈(劼)은 힘을 쓰는 것이다. 너는 마땅히 힘을 써서 은나라의 현신과

詳說
○ 獻.

'현(賢)'은 경문에서 '헌(獻)'이다.

集傳
與鄰國之侯甸男衛, 使之不湎于酒也.

이웃 나라의 후(侯)·전(甸)·남(男)·위(衛)의 제후들을 경계하고 삼가서 술에 빠지지 않게 하여야 한다.

詳說
○ 添此句, 下並同.

이 구를 더했고, 아래에서도 모두 같다.

集傳
慗殷獻臣侯甸男衛, 與文王慗庶邦庶士, 同義.

은(殷)나라의 헌신(獻臣)과 후(侯)·전(甸)·남(男)·위(衛)의 제후들을 경계한다는 것은 문왕이 서방(庶邦)의 서사(庶士)를 경계한 것과 똑같은 뜻이다.

詳說

○ 照前節.
앞의 절을 참조하라.

集傳

殷之賢臣諸侯, 固欲知所謹矣,
은(殷)나라의 현신(賢臣)과 제후(諸侯)들도 진실로 삼갈 바를 알고자 하는데,

詳說

○ 從矧字, 而添此句, 下並同.
'신(矧)'자를 따라 이 구를 더했고, 아래에서도 모두 같다.

集傳

況太史掌六典八法八則, 內史掌八柄之法,
하물며 태사(太史)로서 육전(六典)·팔법(八法)·팔칙(八則)을 관장하고, 내사(內史)로서 팔병(八柄)의 법(法)을 관장하여

詳說

○ 沙溪曰 : "八法, 官屬官職, 官聯官常, 官成官法, 官刑官計, 八柄, 爵祿予置, 生奪廢誅, 六典八則, 見五子之歌."
사계(沙溪)313)가 말하였다 : "팔법은 관속·관직·관련·관상·관성·관법·관형·관계이고, 팔병은 작록의 주고 그만 두게 함, 살리고 빼앗으며 폐하고 죽이는 육전과 팔칙으로 「오자지가(五子之歌)」에 있다."

集傳

---

313) 김장생(金長生, 1548~1631) : 조선 중기의 문신으로 자는 희원(希元)익, 호는 사계(沙溪)이다. 이이의 제자이자 송시열의 스승으로, 조선 예학(禮學)의 태두이다. 저서에 『의례문해(疑禮問解)』, 『근사록석의(近思錄釋疑)』, 『경서변의(經書辨疑)』 등이 있다.

汝之所友者, 及其賢臣
네가 벗으로 대하는 자와 현신(賢臣)과

詳說

○ 越.
'급(及)'은 경문에서 '월(越)'이다.

集傳

百僚大臣, 可不謹於酒乎. 太史內史, 獻臣百宗工, 固欲知所謹矣, 況爾之所事, 服休坐而論道之臣, 服采起而作事之臣, 可不謹於酒乎. 曰友曰事者, 國君, 有所友有所事也. 然盛德有不可友者. 故孟子
백료(百僚)와 대신들이 술을 삼가지 않아서야 되겠는가? 태사(太史)·내사(內史)·헌신(獻臣)·백종공(百宗工)도 진실로 삼갈 바를 알고자 하는데, 하물며 네가 섬기는 사람 중에 복휴(服休)로서 앉아서 도를 논하는 신하와 복채(服采)로서 일어나 일하는 신하들이 술을 삼가지 않아서야 되겠는가? 우(友)라 말하고 사(事)라 말한 것은 나라의 군주는 벗으로 대하는 자가 있고 섬기는 자가 있기 때문이다. 그러나 훌륭한 덕이 있는 사람은 벗으로 대해서는 안 되는 경우가 있다. 그러므로 『맹자(孟子)』에서

詳說

○ 萬章.
「만장」이다. 314)

---

314) 『맹자(孟子)』「만장하(萬章下)」: "'또 군주가 그를 만나보고자 함은 어째서인가?' 대답하였다. '그 문견이 많기 때문이고 그 어질기 때문입니다.' '문견이 많기 때문이라면 천자도 스승을 부르지 않는데, 하물며 제후왕에 있어서랴! 어질기 때문이라면 내 현자를 만나보고자 하면서 불렀다는 말은 들어보지 못하였다. 옛날에 노목공(魯繆公)이 자주 자사(子思)를 빕고 「옛날에 천승(千乘)의 국군(國君)이 선비와 벗하였으니, 어떻습니까?」 하자 자사(子思)가 기뻐하지 않으시며 「옛사람의 말에 이르기를 섬긴다고는 하였을지언정 어찌 벗한다고 하였겠습니까?」라고 말씀하셨으니, 자사께서 기뻐하지 않으신 것은 어찌 「지위로 보면 그대는 군주이고, 나는 신하이니, 내 어찌 감히 군주와 벗할 수 있으며, 덕으로 보면 그대는 나를 섬기는 자이니, 어찌 나와 더불어 벗할 수 있으리오?」라고 생각하신 것이 아니시겠는가! 천승의 군주가 더불어 벗하기를 구하여도 될 수 없는데, 하물며 함부로 부를 수 있단 말인가!'(且君之欲見之也, 何爲也哉. 曰, 爲其多聞也, 爲其賢也. 曰, 爲其多聞, 則天子不召師, 而況諸侯乎. 爲其賢也, 則吾未聞欲見賢而召之也. 繆公亟見於子思, 曰, 古千乘之國, 以友士, 何如. 子思不悅曰, 古之人有言曰, 事之云乎, 豈曰友之云乎. 子思之不悅也, 豈不曰, 以位則子君也, 我臣也, 何敢與君友也, 以德則子事我者也, 奚可以與我友. 千乘之君, 求與之友, 而不可得也, 而況可召與.)"

集傳

曰古之人曰事之云乎, 豈曰友之云乎.
"옛사람의 말에 '섬길지언정 어찌 벗으로 대하겠는가.'라고 말했다."라고 하였다.

詳說

○ 六句, 論也.
여섯 구는 경문의 의미 설명이다.

集傳

服休服采, 固欲知所謹矣, 況爾之疇匹,
복휴(服休)와 복채(服采)도 진실로 삼갈 바를 알고자 하는데, 하물며 너의 짝으로

詳說

○ 類也.
'주(疇)'는 동류이다.

集傳

而位三卿者, 若圻父迫逐違命者乎.
삼경(三卿)의 지위에 있는 자 중에 기보(圻父)로서 명(命)을 어김을 박축(迫逐)하는 자에 있어서야 말해 무엇 하겠는가!

詳說

○ 薄, 迫也.
경문에서 '박(薄)'이 '박(迫)'이다.

集傳

若農父之順保萬民者乎.
농보(農父)로서 만민(萬民)을 순히 보호하는 자에 있어서야 말해 무엇 하겠는가!

詳說

○ 若.
'순(順)'은 경문에서 '약(若)'이다.

○ 添民字.
'민(民)'자를 더하였다.

集傳
若宏父之制其經界,
굉보(宏父)로서 경계를 만들어

詳說
○ 添四字.
'경계를 만든다.'는 말을 더하였다.

集傳
以定法者乎.
법(法)을 정하는 자에 있어서야 말해 무엇 하겠는가!

詳說
○ 辟, 法也.
경문에서 '벽(辟)'이 '법(法)'이다.

○ 朱子曰 : "古註父字絶句, 荊公從違保辟絶句, 敻出諸儒之表."
주자(朱子)315)가 말하였다 : "옛 주에서는 「보(父)」자에서 구두를 끊었으나, 형

---

315) 주희(朱熹, 1130~1200) : 자는 원회(元晦)·중회(仲晦)이고, 호는 회암(晦庵)·회옹(晦翁)·고정(考亭)·자양(紫陽)·둔옹(遯翁) 등이다. 송대 무원(婺源 : 현 강서성 무원현) 사람으로 건양(建陽 : 현 복건성 건양현)에서 살았다. 1148년에 진사에 급제하여 동안주부(同安主簿)·비서랑(秘書郎)·지남강군(知南康軍)·강서제형(江西提刑)·보문각대제(寶文閣待制)·시강(侍講) 등을 역임하였다. 스승 이동(李侗)을 통해 이정(二程)의 신유학을 전수받고, 북송 유학자들의 철학사상을 집대성하여 신유학의 체계를 정립하였다. 1179~1181년 강서성(江西省) 남강(南康)의 지사(知事)로 근무하면서 9세기에 건립되어 10세기에 번성했다가 폐허가 된 백록동서원(白鹿洞書院)을 재건했다. 만년에 이르러 정적(政敵)인 한탁주(韓侂冑)의 모함을 받아 죽을 때까지 정치활동이 금지되고 그의 학문이 거짓 학문으로 폄훼를 받다가 그가 죽은 뒤에 곧 회복되었다. 저서로는 『정씨유서(程氏遺書)』, 『정씨외서(程氏外書)』, 『이락연원록(伊洛淵源錄)』, 『고금가제례(古今家祭禮)』, 『근사록(近思錄)』 등의 편찬과 『사서집주(四書集注)』, 『서명해(西銘解)』, 『태극도설해(太極圖說解)』, 『통서해(通書解)』, 『

공(荊公)은 「위(違)」・「보(保)」・「벽(辟)」에서 구두를 끊었으니, 여러 선비들의 밖으로 멀리 나아간 것이다."316)

○ 王氏曰：“殷獻臣, 嘗仕商, 而今里居者. 戒康叔劼毖于酒, 先當劼毖所賓所友所事之人, 亦畏相之類也.”
왕씨(王氏)가 말하였다："은나라 헌신(獻臣)은 일찍이 상나라에 벼슬했으나 지금은 마을에 거주하는 자들이다. 강숙에게 술을 삼갈 것을 경계하려면, 먼저 손님으로 하고 벗으로 하며 섬기는 사람들을 경계해야 했으니, 또한 보상을 공경하는 것들이다."317)

○ 林氏曰：“康叔爲諸侯長, 故劼毖及侯甸男衛. 下言獻臣之爲百宗工者, 乃周官之致仕里居者.”
임씨(林氏)가 말하였다：“강숙은 제후의 장이기 때문에 삼감이 후(侯)・전(甸)・남(男)・위(衛)에 미쳤던 것이다. 아래로 헌신의 백종공인 자들을 말한 것은 바로 주나라의 관직에서 벼슬을 그만두고 마을에 거주하는 자들인 것이다."318)

○ 劉氏貞曰：“太史以下, 皆康叔之百官有司也.”
유씨 정(劉氏貞)이 말하였다：“태사 이하는 모두 강숙의 백관과 유사이다."319)

사서혹문(四書或問)』,『시집전(詩集傳)』,『주역본의(周易本義)』,『역학계몽(易學啓蒙)』,『효경간오(孝經刊誤)』』,『소학서(小學書)』,『초사집주(楚辭集注)』,『자치통감강목(資治通鑑綱目)』,『팔조명신언행록(八朝名臣言行錄)』 등이 있다. 막내아들 주재(朱在)가 편찬한 『주문공문집(朱文公文集)』(100권, 속집 11권, 별집 10권)과 여정덕(黎靖德)이 편찬한 『주자어류(朱子語類)』(140권)가 있다.

316)『서경대전(書經大全)』,「주서(周書)」・「주고(酒誥)」,"주자가 책에 구두점을 찍는 것 때문에 논하면서 말하였다 : '사람들은 형공이 천착했다고 말하는데, 다만 잘된 것은 또한 그에게 공을 돌려야 한다. 또 「하물며 너의 짝」부터 「땅을 열어 정해주는 자」까지는 옛 주에서는 「보(父)」자에서 구두를 끊었으나, 형공(荊公)은 「위(違)」・「보(保)」・「벽(辟)」에서 구두를 끊었으니, 여러 선비들의 밖으로 멀리 나아간 것이다.'(朱子因論點書曰, 人說荊公穿鑿, 只是好處, 亦用還他. 且如矧惟若疇至定辟, 古註從父字絶句, 荊公從違保辟絶句, 夐出諸儒之表.)"
317)『서경대전(書經大全)』,「주서(周書)」・「주고(酒誥)」,"여씨가 말하였다 : '은나라 헌신(獻臣)은 일찍이 상나라에 벼슬했으나 지금은 마을에 인접한 자들이다. 복휴(服休)는 덕을 일로 삼으니, 지위에 있는 자들을 말한다. 복채(服采)는 일을 일로 삼으니, 직분에 있는 자들을 말한다. 강숙에게 술을 삼갈 것을 경계하려면, 먼저 소속하고 벗으로 하며 섬기는 사람들을 경계해야 했으니, 또한 보상을 공경하는 것들이다.'(呂氏曰 : 殷獻臣, 謂獻臣嘗仕商, 而今里居者. 侯甸男衛, 謂四方諸侯, 接於衛者. 服休者, 以德爲事, 謂在位者也. 服采者, 以事爲事, 謂在職者也. 戒康叔毖劼于酒, 先當劼毖所屬所友所事之人, 亦畏相之類也.)"
318)『서경대전(書經大全)』,「주서(周書)」・「주고(酒誥)」,"임씨가 말하였다 : '강숙은 제후의 장이기 때문에 삼감이 후(侯)・전(甸)・남(男)・위(衛)에 미쳤던 것이다. 위로 은나라의 헌신을 말하고 아래로 헌신의 백종공인 자들을 말하였으니, 여기의 헌신은 바로 주나라의 관직에서 벼슬을 그만두고 마을에 거주하는 자들인 것이다.(林氏曰 : 康叔爲諸侯長, 故劼毖及侯甸男衛. 上言殷獻臣, 下言獻臣之爲百宗工者, 此獻臣乃周官之致仕里居者.)"

○ 陳氏傳良曰 : "諸侯無內史, 是商故臣也."

진씨 전량(陳氏傳良)이 말하였다 : "제후에는 내사가 없으니, 상나라의 옛 신하이다."320)

集傳

皆不可不謹于酒也. 圻父, 政官, 司馬也, 主封圻,

이들은 모두 술을 삼가지 않으면 안 된다. 기보(圻父)는 정사(政事)를 다스리는 벼슬로 사마(司馬)이니 봉기(封圻)를 주관하며,

詳說

○ 周禮注曰 : "畿, 猶限也."

『주례』의 주에서 말하였다 : "'기(畿)'는 '한(限)'과 같다."

集傳

農父, 敎官, 司徒也, 主農, 宏父

농보(農父)는 가르치는 벼슬로 사도(司徒)이니 농사를 주관하며, 굉보(宏父)는

詳說

○ 大也.

'굉(宏)'은 크다는 것이다.

---

319) 『서경대전(書經大全)』, 「주서(周書)」·「주고(酒誥)」, "유씨 정이 말하였다 : '여기의 책에서는 상나라 백성들이 술에 빠진 것을 책하지 않고, 지위가 있어 몸소 교화할 상나라의 옛 도읍의 대가와 세족이 여전히 많음을 책했고, 강숙의 백관과 유사가 주나라 이후부터 또한 있었으니, 「하물며 네가 벗으로 대하는 자인 태사」 이하는 모두 강숙의 백관과 유사이다. 「떼 지어 술 마신다.」는 것은 이 무리를 가리킨다. 가령 백성들이 떼 지어 술 마시는 것이라면 유사의 일일 뿐이지만, 강숙이 나라의 임금으로 그들을 다스리는 것이 어찌 「불가해서 하필 경사로 돌아오라.」라고 하는가? 「붙잡아 구속해서 주나라로 돌아오라.」는 것은 또한 강숙이 마음대로 죽일 것을 염려하는 것이고, 「내가 죽이거나 하리라.」라고 하는 것은 형벌을 엄격하게 할지라도 반드시 죽이지는 않는다는 것이니, 충후한 의도를 준엄하게 하라는 말에 붙인 것이 어찌 분명하지 않겠는가? 한 편에서 시작하고 끝내는 의미가 모두 지위에 있는 자가 하는 것으로 말하였으니, 풀이하는 자들이 살펴서 다하지 못하고 백성으로 말하는 것은 잘못이다.'"(劉氏眞曰 : 此書不責商民之湎淫, 而責在位之舊化商之故都大家世族猶多, 而康叔之百官有司, 自周而往者, 亦有之, 自矧太史友以下, 皆康叔之百官有司也. 曰羣飮, 指此輩也. 使民為羣飮, 有司之事耳, 康叔以國君治之, 豈曰不可, 而何必歸之于京師平. 執歸于周, 亦恐康叔之專殺, 日予其殺, 嚴為之刑, 而未必殺也. 忠厚之意, 寓於嚴厲之言, 豈不明哉. 一篇始終之意, 皆以在位者為言, 而解者不察盡, 以民言之過矣.)

320) 『서경대전(書經大全)』, 「주서(周書)」·「주고(酒誥)」, "진씨 전량이 말하였다 : '제후에는 태사가 있고 내사가 없다. 내사는 단지 천자가 둔 내사이니, 상나라의 옛 신하로 강숙이 가까이 해서 벗으로 해야 할 자이다.'(陳氏傳良曰 : 諸侯有太史無內史. 內史惟天子有之內史, 是商故臣, 康叔所當親之為友者也.)

集傳

事官, 司空也, 主廓地

일하는 벼슬로 사공(司空)이니 땅을 넓혀

詳說

○ 空地也. 地大, 故謂之宏. 或曰, 以王制考之, 廓或度之訛, 蓋大相度土也.

'곽지(廓地)'는 비어 있는 땅이다. 땅이 크기 때문에 '굉(宏)'이라고 한다. 어떤 이는 "「왕제」에 상고해 보면, '곽(廓)'은 혹 '도(度)'가 와전된 것일 수 있다."고 했다. 대개 대상(大相)이 땅을 헤아리는 것이다.

集傳

居民. 謂之父者, 尊之也. 先言圻父者, 制殷人湎酒, 以政爲急也.

백성을 거주하게 함을 주관한다. 보(父)라고 말한 것은 높이는 것이다. 먼저 기보(圻父)를 말한 것은 은(殷)나라 사람들이 술에 빠짐을 제재함에 정사(政事)를 급하게 여겼기 때문이다.

詳說

○ 刑政.

'정(政)'은 '형정(刑政)'이다.

集傳

圻父農父宏父, 固欲知所謹矣, 況汝之身所以爲一國之視傚者,

기보(圻父)·농보(農父)·굉보(宏父)도 진실로 삼갈 바를 알고자 하는데, 하물며 너 자신은 한 나라의 보고 본받음이 되는 자이니,

詳說

○ 音效, 一作效.

'효(傚)'는 음이 '효(效)'이고, 어떤 판본에는 '효(效)'로 되어 있다.

◈ 集傳

可不謹於酒乎. 故曰, 矧汝剛制于酒.

술을 삼가지 않아서야 되겠는가! 그러므로 "더구나 네 자신이 술을 굳게 제재(制裁)해야 함에 있어서야 말해 무엇 하겠는가!"라고 한 것이다.

◈ 詳說

○ 新安陳氏曰 : "此章四矧字, 一節重於一節, 所職愈重, 則所戒愈嚴."

신안 진씨(新安陳氏)가 말하였다 : "여기의 장에서 네 번의 '하물며[矧]'라는 말은 한 절이 다른 한 절보다 무거우니, 직분이 무거울수록 경계하는 것이 더욱 엄하기 때문이다."321)

◈ 集傳

剛制, 亦劼毖之意, 剛果用力以制之也.

굳게 제재한다는 것은 또한 힘써 경계하는 뜻이니, 강하고 과단성 있게 힘을 써서 제재하는 것이다.

◈ 詳說

○ 新安陳氏曰 : "固劼毖之意, 而用力加重. 劼毖, 以上所戒勑言, 剛制, 以己所檢制言."

신안 진씨가 말하였다 : "진실로 삼가라는 의미이고, 힘씀에 더욱 무겁게 하라는 것이다. '삼간다.'는 것은 위에서 경계하고 타이르는 것으로 말하였고, '굳게 제재한다.'는 것은 자신이 검속하고 제재해야 할 것으로 말하였다."322)

---

321) 『서경대전(書經大全)』, 「주서(周書)」·「주고(酒誥)」, "신안 진씨가 말하였다 : '굳게 제재한다.'는 것은 진실로 삼가라는 의미이고, 힘씀에 더욱 무겁게 하라는 것이다, 또한 앞에서 「스스로 돕는다.」는 의미이다. 여기의 장에서 네 번의 「하물며[矧]」라는 말은 한 절이 다른 한 절보다 무거우니, 직분이 무거울수록 더욱 경계해야 하기 때문이다. 「은나라를 삼간다.」는 것은 위에서 경계하고 타이르는 것으로 말하였고, 「굳게 제재한다」는 것은 자신이 검속하고 제재해야 할 것으로 말하였다. 여러 신하들에게서는 위로 삼가야 하는 경계이고, 강숙에게서는 자신의 욕심을 방비해야 하는 것이니, 자신에게 엄격하게 해서 그 아래를 통솔하라는 말이다.(新安陳氏曰 : 剛制, 固劼毖之意, 而用力加重, 亦前自介之意也. 此章有四矧字, 一節重於一節, 所職愈重, 則所戒愈. 殷劼毖, 以上所戒勑言, 剛制, 以己所檢制言. 在羣臣, 則當謹上之戒, 在康叔, 則當防己之欲, 嚴于身以率其下也.)"

322) 『서경대전(書經大全)』, 「주서(周書)」·「주고(酒誥)」, "신안 진씨가 말하였다 : '굳게 제재한다.'는 것은 진실로 삼가라는 의미이고, 힘씀에 더욱 무겁게 하라는 것이다, 또한 앞에서 「스스로 돕는다.」는 의미이다. 여기의 장에서 네 번의 「하물며[矧]」라는 말은 한 절이 다른 한 절보다 무거우니, 직분이 무거울수록 더욱 경계해야 하기 때문이다. 「은나라를 삼간다.」는 것은 위에서 경계하고 타이르는 것으로 말하였고, 「굳게 제재한다」는 것은 자신이 검속하고 제재해야 할 것으로 말하였다. 여러 신하들에게서는 위로 삼가야 하는

○ 呂氏曰 : "剛制二字, 最有意."
여씨(呂氏)가 말하였다 : "'굳게 제재한다.'는 말에 가장 의미가 있다."323)

○ 蘇氏曰 : "酒, 非剛者, 不能制."
소씨가 말하였다 : "술은 굳센 자가 아니면 제재할 수 없다."324)

集傳

此章自遠而近, 自卑而尊, 等而上之, 則欲其自康叔之身, 始以是
이 장(章)은 멂으로부터 가까움에 이르고 낮음으로부터 높음에 이르러 등급에 따라 올라가니, 이는 강숙(康叔)의 몸으로부터 시작하여 이것으로

詳說

○ 指以身始.
자신으로 시작함을 가리켰다.

○ 汎論他事.
넓게 다른 일을 논했다.

集傳

爲治. 孰能禦之.
다스림을 하고자 한 것이다. 그 누가 이것을 막겠는가!

詳說

○ 四字, 出孟子梁惠王.
'그 누가 이것을 막겠는가!'라는 말은 『맹자』「양혜왕」이 출처이다.325)

경계이고, 강숙에게서는 자신의 욕심을 방비해야 하는 것이니, 자신에게 엄격하게 해서 그 아래를 통솔하라는 말이다. '新安陳氏曰 : 剛制, 固劫毖之意, 而用力加重焉, 亦前自介之意也. 此章有四矧字, 一節重於一節, 所職愈重, 則所戒愈. 殷劫毖, 以上所戒勅言, 剛制, 以己所檢制言. 在羣臣, 則當謹上之戒, 在康叔, 則當防己之欲, 嚴于身以率其下也.)"

323) 『서경대전(書經大全)』, 「주서(周書)」·「주고(酒誥)」, "여씨가 말하였다 : '굳게 제재한다.'는 말에 가장 의미가 있다. 당시 술로 인한 병통이 아주 심각했으니, 범범하고 느긋해서는 제압할 수 없는 것이었다.'(呂氏曰 : 剛制二字, 最有意. 當時酒之為病甚深. 苟泛泛悠悠, 則不能制.)"

324) 『서경대전(書經大全)』, 「주서(周書)」·「주고(酒誥)」, "소씨가 말하였다 : '술은 굳센 자가 아니면 제재할 수 없다.'(蘇氏曰 : 酒, 非剛者, 不能制.)"

集傳

而況毖於酒德也哉.
더구나 주덕(酒德)을 삼감에 있어서야 말해 무엇 하겠는가!

詳說

○ 以身始毖, 則人豈有不毖者乎.
자신으로 삼감을 시작하면 남들이 어찌 삼가지 않겠는가?

○ 此章以下, 論也.
여기의 장 이하는 경문의 의미 설명이다.

[9-4-10-14]
厥或誥曰, 羣飮, 汝勿佚, 盡執拘, 以歸于周. 予其殺.
그 혹시라도 가르치기를 '떼 지어 술을 마시거든 너는 놓치지 말고 모두 붙잡아 구속해서 주나라로 돌아오라. 내 죽이거나 하리라' 라고 말하라.

詳說

○ 佚, 音逸.
'일(佚)'은 음이 '일(逸)'이다.

○ 厥, 或汎指人也. 誥, 告也.
'궐(厥)'은 혹 넓게 사람을 가리키기도 한다. '고(誥)'는 고하는 것이다.

集傳

羣飮者, 商民
떼 지어 술 마시는 것은 상(商)나라 백성들이

詳說

---

325) 『맹자(孟子)』「양혜왕상(梁惠王上)」: "그 기세가 이와 같으면 누가 이것을 막을 수 있겠습니까?其如是, 孰能禦之.)"

○ 照下節, 而補二字.

아래의 절을 참조해서 '상나라 백성들'이라는 말을 더하였다.

集傳
羣聚而飮, 爲姦惡者也. 佚, 失也. 其者, 未定辭也. 蘇氏曰, 予其殺者, 未必殺也, 猶今法曰當斬者, 皆具獄以待命,

떼 지어 모여 술을 마시고서 간악한 짓을 하는 것이다. 일(佚)은 놓치는 것이다. 기(其)는 정하지 않은 말이다. 소씨(蘇氏)가 말하였다. "'내 그 죽이거나 하리라.'라는 것은 반드시 죽인다는 말은 아니니, 지금 법(法)에 '참형(斬刑)에 처해야 할 자들이 모두 옥사(獄事)를 갖추어 명령을 기다린다.'는 것과 같으니,

詳說
○ 今法似止於此, 或曰至於死也.

지금의 법은 여기까지 인 것 같다. 어떤 이는 "'죽인다[死也]'까지이다."라고 하였다.

集傳
不必死也. 然必立法者, 欲人畏而不敢犯也.

반드시 죽이는 것은 아니다. 그러나 반드시 법(法)을 세우는 것은 사람들이 두려워하여 감히 범하지 않게 하고자 하는 것이다."

詳說
○ 添二句.

두 구를 더하였다.

○ 蘇說似止此. 或曰至末, 或曰止於殺也.

소씨의 설명은 여기까지인 것 같다. 어떤 이는 "끝까지이다."라고 하였고, 어떤 이는 "'죽인다[殺也]'까지이다."라고 하였다.

○ 劉氏貞曰:"執歸于周, 恐康叔之專殺, 曰予其殺, 嚴爲之刑而未必殺也."

유씨 정이 말하였다 : "'붙잡아 구속해서 주나라로 돌아오라.'는 것은 강숙이 마음대로 죽일 것을 염려하는 것이고, '내가 죽이거나 하리라.'라고 하는 것은 형벌을 엄격하게 할지라도 반드시 죽이지는 않는다는 것이다."326)

集傳

羣飮, 蓋亦當時之法, 有羣聚飮酒, 謀爲大姦者, 其詳不可得而聞矣. 如今之法有曰, 夜聚曉散者, 皆死罪, 蓋聚而爲妖惡者也. 使後世不知其詳, 而徒聞其名

떼 지어 술 마시는 것은 또한 당시의 법에 떼 지어 술을 마시고서 큰 간악함을 모의하는 자들이 있었던 것이니, 그 자세한 것은 들을 수 없다. 지금 법에 밤에 모였다가 새벽에 흩어지는 자는 모두 죽을죄라고 말한 것과 같으니, 모여서 괴이하게 악한 짓을 하는 자들이기 때문이다. 후세에는 그 자세한 내용은 알지 못하고 한갓 그 명칭만을 듣고서

詳說

○ 死罪之名.

죽을죄라는 명칭이다.

集傳

凡民夜相過者,

대체로 백성들 중에 밤에 서로 방문하는 자는

---

326) 『서경대전(書經大全)』, 「주서(周書)」·「주고(酒誥)」, "유씨 정이 말하였다 : '여기의 책에서는 상나라 백성들이 술에 빠진 것을 책하지 않고, 지위가 있어 몸소 교화할 상나라의 옛 도읍의 대가와 세족이 여전히 많음을 책했으니, 강숙의 백관과 유사가 주나라 이후부터 또한 있었으니, 「하물며 네가 벗으로 대하는 자인 태사」 이하는 모두 강숙의 백관과 유사이다. 「떼 지어 술 마신다.」는 것은 이 무리를 가리킨다. 가령 백성들이 떼 지어 술 마시는 것이라면 유사의 일일 뿐이지만, 강숙이 나라의 임금으로 그들을 다스리는 것이 어찌 「불가해서 하필 경사로 돌아오라.」라고 하는가? 「붙잡아 구속해서 주나라로 돌아오라.」는 것은 또한 강숙이 마음대로 죽일 것을 염려하는 것이고, 「내가 죽이거나 하리라.」라고 하는 것은 형벌을 엄격하게 할지라도 반드시 죽이지는 않는다는 것이니, 충후한 의도를 준엄하게 하라는 말에 붙인 것이 어찌 분명하지 않겠는가? 한 편에서 시작하고 끝내는 의미가 모두 지위에 있는 자가 하는 것으로 말하였으니, 풀이하는 자들이 살펴서 다하지 못하고 백성으로 말하는 것은 잘못이다."(劉氏眞曰 : 此書不責商民之湎淫, 而責在位之躬化商之故都大家世族猶多, 而康叔之百官有司, 自周而往者, 亦有之, 自矧太史友以下, 皆康叔之百官有司也. 曰羣飮, 指此輩也. 使民爲羣飮, 有司之事耳, 康叔以國君治之, 豈曰不可, 而何必歸之于京師乎. 執歸于周, 亦恐康叔之專殺, 曰予其殺, 嚴爲之刑, 而未必殺也. 忠厚之意, 寓於嚴厲之言, 豈不明哉. 一篇始終之意, 皆以在位者爲言, 而解者不察盡, 以民言之過矣.)

詳說

○ 音戈.
'과(過)'는 음이 '과(戈)'이다.

集傳

輒殺之, 可乎.
곧 바로 죽이게 하였으니, 되겠는가!

詳說

○ 羣飮以下, 論也.
'떼 지어 마신다.'는 말 이하는 경문의 의미 설명이다.

[9-4-10-15]
又惟殷之迪諸臣惟工, 乃湎于酒, 勿庸殺之, 姑惟敎之.

또 은(殷)나라 수(受)가 악(惡)으로 인도한 여러 신하들과 벼슬아치들이 술에 빠지거든 죽이지 말고 너는 우선 가르쳐라.

集傳

殷受導迪爲惡之諸臣百工, 雖湎于酒未能遽革,
은(殷)나라 수(受)가 인도하여 악행을 하도록 한 여러 신하들과 백관들은 비록 술에 빠져 대번에 고치지 못하더라도

詳說

○ 雖義至此.
'비록[雖]'의 의미는 여기까지이다.

集傳

而非羣聚爲姦惡者
떼 지어 모여서 간악한 짓을 한 자가 아니면

詳說

○ 承上節, 而補此句.
위의 절을 이어받아 여기의 구를 더하였다.

集傳

無庸殺之, 且
죽이지 말고 우선

詳說

○ 姑.
'차(且)'는 경문에서 '고(姑)'이다.

集傳

惟敎之.
가르쳐라.

詳說

○ 新安陳氏曰 : "以其染惡深, 而被化淺也."
신안 진씨(新安陳氏)가 말하였다 : "악에 물든 것은 심하지만 교화를 입은 것은 약하다는 것이다."327)

[9-4-10-16]

有斯, 明享, 乃不用我敎辭, 惟我一人弗恤, 弗蠲乃事, 時同于殺.

네가 이것을 기억하고 있으면 밝게 연향을 베풀어주겠지만 네가 나의 가르치는 말을 따르지 않으면 나 한 사람은 너를 구휼하지 않고 네가 하는 일을 좋게 여기지 아니하여 이에 죽이는 죄와 똑같이 다스릴 것이다.

---

327) 『서경대전(書經大全)』, 「주서(周書)」·「주고(酒誥)」, "신안 진씨가 말하였다 : '은나라의 신하들 중에 술에 빠진 자들을 죽이지 말고 우선 가르치라는 악에 물든 것은 심하지만 교화를 입은 것은 약하기 때문이라는 것이다.'(新安陳氏曰 : 殷諸臣湎酒者, 勿殺而姑敎之, 以其染惡深, 而被化淺也.)"

書集傳詳說 卷之九   285

[詳說]
○ 䌷, 音涓.
'견(䌷)'은 음이 '연(涓)'이다.

[集傳]
有者, 不忘之也.
유(有)는 잊지 않는 것이다.

[詳說]
○ 識有也.
기억해 두는 것이다.

[集傳]
斯, 此也,
사(斯)는 이것이니,

[詳說]
○ 非如則義也.
'~같이 하면'의 의미가 아니다.

[集傳]
指敎辭而言.
가르친 말을 가리켜 말한 것이다.

[詳說]
○ 經文下蒙.
경문이 아래로 이어진 것이다.

[集傳]

享, 上享下之享.
향(享)은 윗사람이 아랫사람에게 연향한다는 향(享)이다.

|詳說|
○ 享, 本下奉上之名, 而亦爲上與下之稱.
'향(享)'은 본래 아랫사람이 윗사람을 봉양한다는 명칭인데, 또 윗사람이 아랫사람과 함께 한다는 명칭도 된다.

|集傳|
言殷諸臣百工,
은나라의 여러 신하와 백관들이

|詳說|
○ 承上節.
위의 절을 이어받았다.328)

|集傳|
不怠敎辭, 不湎于酒, 我則明享之,
가르친 말을 잊지 아니하여 술에 빠지지 않으면 나는 밝게 연향을 베풀어 줄 것이나

|詳說|
○ 呂氏曰 : "彰明使享祿位, 以示勸也."
여씨(呂氏)가 말하였다 : "녹위(祿位)를 누리도록 함을 드러내서 권장함을 내보이는 것이다."329)

---

328)『서경대전(書經大全)』,「주서(周書)」·「주고-15(酒誥-15)」: "또 은(殷)나라 수(受)가 악(惡)으로 인도한 여러 신하들과 벼슬아치들이 술에 빠지거든 죽이지 말고 너는 우선 가르쳐라.(又惟殷之迪諸臣惟工, 乃湎于酒, 勿庸殺之, 姑惟敎之.)"
329)『서경대전(書經大全)』,「주서(周書)」·「주고(酒誥)」, "여씨가 말하였다 : 「밝게 연향을 베풀어준다.」는 것은 제후들이 녹위를 누리도록 함을 드러내서 권장함을 내보이는 것이다.(呂氏曰 : 明享, 彰明侯享祿位, 以使勸也.)"

集傳

其不用我教辭, 惟我一人不恤於汝, 不潔汝事,
나의 가르치는 말을 따르지 않으면 나 한 사람은 너를 구휼하지 않고, 네가 하는 일을 좋게 여기지 아니하여

詳說

○ 蠲, 潔也.
경문 '견(蠲)'이 '결(潔)'이다.

○ 乃.
'여(汝)'는 경문에서 '내(乃)'이다.

○ 指殷臣工.
은나라의 군신과 백관을 가리킨다.

集傳

時則同汝于羣飲誅殺之罪矣.
이에 너를 떼 지어 술 마시면 주살(誅殺)하는 죄(罪)와 똑같이 다스릴 것이다.

詳說

○ 照前節.
앞의 절을 참조하라.330)

[9-4-10-17]

王曰, 封, 汝, 典聽朕毖, 勿辯乃司, 民湎于酒.

왕이 말씀하였다. "봉(封)아! 너는 나의 경계를 떳떳이 들어라. 네 유사(有司)들을 다스리지 못하면 백성들이 술에 빠질 것이다."

---

330) 『서경대전(書經大全)』, 「주서(周書)」·「주고-14(酒誥-14)」 : "그 혹시라도 가르치기를 '떼 지어 술을 마시거든 너는 놓치지 말고 모두 붙잡아 구속해서 주나라로 돌아오라. 내 죽이거나 하리라'라고 말하라.(厥或誥曰, 羣飮, 汝勿佚, 盡執拘, 以歸于周. 予其殺.)"

詳說

○ 唐氏曰 : "曰誥毖, 曰典聽朕教, 曰典聽朕毖, 毖者, 爲教之心, 教者, 爲毖之辭."

당씨(唐氏)가 말하였다 : "'가르치고 경계한다.'331)라고 하고, '떳떳이 짐의 가르침을 들어라.'332)라고 하며, '나의 경계를 떳떳이 들어라.'라고 했는데, '경계'라는 것은 가르침을 행하는 마음이고, '가르침'이라는 것은 경계를 행하는 말이다."333)

○ 新安陳氏曰 : "酒誥一篇, 始終以毖言, 曰誥毖, 曰劼毖, 曰朕毖, 三提要, 以致諄切之意云."

신안 진씨(新安陳氏)가 말하였다 : "「주고」 한 편에서는 시종 경계를 말하였으니, '가르치고 경계한다.'334)라고 하였고, '힘써 경계한다.'335)라고 하였으며, '나의 경계'라고 하였으니, 세 번 요점을 제시해서 간절하게 하려는 의미이다."336)

---

331) 『서경대전(書經大全)』, 「주서(周書)」·「주고2(酒誥2)」 : "네 목고(穆考)이신 문왕이 처음 나라를 창건하여 서토(西土)에 계실 적에 여러 나라의 여러 선비들과 소정(少正)과 어사(御事)들을 가르치고 경계하시어 아침저녁으로 당부하시기를 '제사(祭祀)에만 이 술을 쓸 것이니, 하늘이 명(命)을 내리시어 우리 백성들에게 처음 술을 만들게 하신 것은 오직 큰 제사(祭祀)에 쓰려 하신 것이다.'라고 하셨다.(乃穆考文王, 肇國在西土, 厥誥毖庶邦庶士, 越少正御事, 朝夕曰, 祀茲酒, 惟天降命, 肇我民, 惟元祀.)"

332) 『서경대전(書經大全)』, 「주서(周書)」·「주고7(酒誥7)」 : "서사(庶士)와 벼슬아치들과 여러 우두머리 군자들아! 너희들은 떳떳이 짐의 가르침을 들어라. 너희들은 노인을 크게 봉양하고서야 너희들의 음식을 먹어 취하고 배부르도록 하라. 크게 말하기를 '너희들은 길이 보고 살펴서 행동함에 중정의 덕에 상고하고서야 너희들은 거의 궤사(饋祀)를 올릴 수 있으니, 너희들이 스스로 도와 연악(宴樂)할 수 있을 것이다. 이렇게 하면 진실로 왕의 일을 바로잡는 신하이며, 이렇게 하면 또한 하늘이 큰 덕을 순히 하여 영원히 잊지 않음이 왕가에 있을 것이다.'(庶士有正, 越庶伯君子, 其爾, 典聽朕教. 爾大克羞耈惟君, 爾乃飲食醉飽. 丕惟曰 爾克永觀省, 作稽中德, 爾尚克羞饋祀, 爾乃自介用逸. 茲乃允惟王正事之臣, 茲亦惟天, 若元德, 永不忘, 在王家.)"

333) 『서경대전(書經大全)』, 「주서(周書)」·「주고(酒誥)」, "당씨가 말하였다 : '혹 「가르치고 경계한다.」라고 하기도 하고, 혹 「떳떳이 짐의 가르침을 들어라.」라고 하기도 하며, 혹 「나의 경계를 떳떳이 들어라.」라고 하기도 하는 것은 무엇 때문인가? 「경계」라고 한 것은 가르침을 행하는 마음이고, 「가르침」이라고 한 것은 경계를 행하는 말이다.'(唐氏曰 : 或曰誥毖, 或曰典聽朕教, 或曰典聽朕毖, 何也. 曰毖者, 為教之心, 教者為毖之辭.)"

334) 『서경대전(書經大全)』, 「주서(周書)」·「주고2(酒誥2)」 : "네 목고(穆考)이신 문왕이 처음 나라를 창건하여 서토(西土)에 계실 적에 여러 나라의 여러 선비들과 소정(少正)과 어사(御事)들을 가르치고 경계하시어 아침저녁으로 당부하시기를 '제사(祭祀)에만 이 술을 쓸 것이니, 하늘이 명(命)을 내리시어 우리 백성들에게 처음 술을 만들게 하신 것은 오직 큰 제사(祭祀)에 쓰려 하신 것이다.'라고 하셨다.(乃穆考文王, 肇國在西土, 厥誥毖庶邦庶士, 越少正御事, 朝夕曰, 祀茲酒, 惟天降命, 肇我民, 惟元祀.)"

335) 『서경대전(書經大全)』, 「주서(周書)」·「주고-13(酒誥-13)」 : "予惟曰, 汝劼毖殷獻臣, 侯甸男衛, 矧太史友, 內史友, 越獻臣百宗工. 矧惟爾事服休服采. 矧惟若疇圻父薄違, 農父若保, 宏父定辟. 矧汝剛制于酒.(내 다음과 같이 말하였다. '너는 은(殷)나라의 헌신(獻臣)과 후(侯)·전(甸)·남(男)·위(衛)의 제후(諸侯)들을 힘써 경계할 것이니, 하물며 네가 벗으로 대하는 자인 태사(太史)와 내사(內史)와 헌신(獻臣)과 백종공(百宗工)에 있어서랴. 하물며 네가 섬기는 자인 복휴(服休)와 복채(服采)에 있어서랴. 하물며 너의 짝인 기보(圻父)로서 법(法)을 어기는 자를 축출(逐出)하는 자와 농보(農父)로서 백성들을 순히 하여 보존하는 자와 굉보(宏父)로서 땅을 열어 경계를 정해주는 자에 있어서랴. 더구나 네 자신이 술을 굳게 제재해야 함에 있어서랴.')"

集傳

辯, 治也. 乃司, 有司也, 卽上文諸臣百工之類. 言康叔不治其諸臣百工之湎酒,

변(辨)은 다스림이다. 내사(乃司)는 유사(有司)이니, 곧 위의 글에서 제신(諸臣)·백공(百工)의 유(類)이다. 강숙(康叔)이 여러 신하와 백공들이 술에 빠짐을 다스리지 못하면,

詳說

○ 勿

'부(不)'는 경문에서 '물(勿)'이다.

集傳

則民之湎酒者, 不可禁矣.

백성들이 술에 빠짐을 금할 수 없다는 말이다.

詳說

○ 補此句.

이 구를 더하였다.

○ 新安陳氏曰 : "勿辯二句, 說者不同, 句讀亦異. 蔡氏最優, 然此句, 恐有脫誤, 不如缺之."

신안 진씨(新安陳氏)가 말하였다 : "'다스리지 못하면'이라는 두 구는 설명이 같지 않아 구두도 다르다. 채씨가 가장 뛰어나지만 여기의 구절에는 탈오가 있는 듯하니, 제쳐놓는 것만 못하다."337)

---

336) 『서경대전(書經大全)』, 「주서(周書)」·「주고(酒誥)」, "신안 진씨가 말하였다 : '너는 내가 경계하고 삼가는 말에 대해 듣는 것을 언제나 주로 해야 한다. 「주고」 한 편은 시종 경계하고 삼가는 것에 대해 말하였으니, 처음에는 「여러 나라의 여러 선비들을 가르치고 경계한다.」라고 하였고, 끝내려고 할 때에는 「은나라의 헌신을 힘써 경계한다.」라고 하였으며, 「너는 나의 경계를 떳떳이 들어라.」라고 하였다. 「경계한다.」는 한 마디는 한 편에서 세 번 뜻을 전하면서 또 요점을 제시해서 간절하게 하려는 훈계이다. 살펴보건대, 「네 유사(有司)들을 다스리지 못하면 백성들이 술에 빠질 것이다.[勿辯乃司, 民湎于酒.]」라는 구절은 설명이 같지 않아 구두도 다르다. …. 채씨는 「물변(勿辯)」에 구두하여 「내사(乃司)」를 구로 하였으니, 그 설명이 여러 학자들 중에서 가장 뛰어나다. 그러나 여기의 구는 탈오가 있는 듯하니, 제쳐놓는 것만 못하다.'…'. 新安氏曰 : 汝當常主於聽我惎謹之言也. 酒誥一篇, 終始以惎慎言, 始曰, 厥誥毖庶邦庶士, 將終曰, 劼毖殷獻臣, 篇終, 又曰汝典聽朕毖. 毖之一辭, 一篇三致意, 又提其要, 以致諄切之訓云. 按, 勿辯乃司, 民湎于酒, 說者不同, 句讀亦異. …. 蔡氏讀勿辯, 乃司為句, 其說最優於諸家. 然此句, 恐有脫誤, 不如缺之"

○ 董氏鼎曰 : "亡國之君, 敗家之子, 接踵於後世, 何莫由斯. 然則文王之敎, 不惟當明於妹邦, 家寫一通, 猶恐覆車之不戒也.

동씨 정(董氏鼎)338)이 말하였다. "망국의 임금과 패가의 자식이 후세로 이어진다면 누군들 이것을 따르지 않겠는가? 그렇다면 문왕의 가르침은 매방에 밝힐 뿐만 아니라 여전히 집집마다 한통씩 베껴놓고 일의 실패를 경계하지 않는 것에 대한 염려로 해야 할 것이다."339)

---

337) 『서경대전(書經大全)』, 「주서(周書)」·「주고(酒誥)」, "신안 진씨가 말하였다 : '너는 내가 경계하고 삼가는 말에 대해 듣는 것을 언제나 주로 해야 한다. 「주고」 한 편은 시종 경계하고 삼가는 것에 대해 말하였으니, 처음에는 「여러 나라의 여러 선비들을 가르치고 경계한다.」라고 하였고, 끝내려고 할 때에는 「은나라의 헌신을 힘써 경계한다.」라고 하였으며, 「너는 나의 경계를 떳떳이 들어라.」라고 하였다. 「경계한다.」는 한 마디는 한 편에서 세 번 뜻을 전하면서 또 요점을 제시해서 간절하게 하려는 훈계이다. 살펴보건대, 「네 유사(有司)들을 다스리지 못하면 백성들이 술에 빠질 것이다.[勿辯乃司, 民湎于酒.]」라는 구절은 설명이 같지 않아 구두도 다르다. …. 채씨는 「물변(勿辯)」에 구두하여 「내사(乃司)」를 구로 하였으니, 그 설명이 여러 학자들 중에서 가장 뛰어나다. 그러나 여기의 구는 탈오가 있는 듯하니, 제쳐놓는 것만 못하다.'….'
新安陳氏曰 : 汝當常主於聽我毖謹之言也. 酒誥一篇, 終始以毖慎言, 始曰, 厥誥毖庶邦庶士, 將終曰, 劼毖殷獻臣, 篇終, 又曰汝典聽朕毖. 毖之一辭, 一篇三致意, 又提其要, 以致諄切之訓云. 按, 勿辯乃司, 民湎于酒, 說者不同, 句讀亦異. …. 蔡氏讀勿辯, 乃司爲句, 其說最優於諸家. 然此句, 恐有脱誤, 不如缺之)"

338) 동정(董鼎, ?~?) 원나라 요주(饒州) 파양(鄱陽) 사람으로 자는 계형(季亨)이고, 별호는 심산(深山)이다. 동몽정(董夢程)의 먼 친척이고, 주희(朱熹)의 재전제자(再傳弟子)다. 황간(黃幹), 동수(董銖)를 사숙했다. 저서에 『서전집록찬소(書傳輯錄纂疏)』와 『효경대의(孝經大義)』가 있다. 『서전집록찬소』는 여러 학자의 설을 두루 모아 어느 한 사람의 설에만 얽매이지 않았다고 평가된다.

339) 『서경대전(書經大全)』, 「주서(周書)」·「주고(酒誥)」, "동씨 정이 말하였다 : '….' 또 말하였다 : '종일 술을 마셔도 취하지 않으면 잘못하지 않은 것이다. …, 망국의 임금과 패가의 자식이 후세로 이어진다면 누군들 이것을 따르지 않겠는가? 그렇다면 문왕의 가르침은 매방에 밝힐 뿐만 아니라 여전히 집집마다 한통씩 베껴놓고 일의 실패를 경계하지 않는 것에 대한 염려로 해야 할 것이다.'(董氏鼎曰 : …. 又曰 : 終日飲酒, 而不得醉焉, 未嘗過也. …, 而亡國之君, 敗家之子, 接踵於後世, 何莫由斯. 然則文王之敎, 不惟當明於妹邦, 家寫一通, 猶恐覆車之不戒也.)"

서집전상설 10권
書集傳詳說 卷之十

[10-4-11]
「자재(梓材)」

集傳
亦武王誥康叔之書.
역시 무왕(武王)이 강숙(康叔)을 가르친 글이다.

詳說
○ 主丹雘以上而言.
　단확 이상340)을 위주로 말한 것이다.

○ 照上二節而言亦.
　위의 두 절을 참조해서 '역시'라고 말한 것이다.

集傳
諭以治國之理, 欲其通上下之情,
치국의 도리를 말하여 상하의 정(情)을 통하고

詳說
○ 首節.
　첫 절이다.341)

集傳
寬刑辟之用.

---

340)『서경대전(書經大全)』,「주서(周書)」·「자재4(梓材4)」: "밭을 다스림에 이미 부지런히 널리 잡초를 제거했으면 펴고 닦아 밭두둑과 물길을 냄과 같으며, 집을 지음에 이미 부지런히 담을 쌓았으면 진흙을 바르고 지붕을 해 이는 것과 같으며, 자재(梓材)를 만듦에 이미 부지런히 나무를 다스리고 깎았으면 단청[丹雘]을 칠함과 같다.(惟曰若稽田, 旣勤敷菑, 惟其陳修, 爲厥疆畎, 若作室家, 旣勤垣墉, 惟其塗墍茨, 若作梓材, 旣勤樸斲, 惟其塗丹雘.)"

341)『서경대전(書經大全)』,「주서(周書)」·「자재1(梓材1)」: "왕(王)이 말씀하였다. '봉(封)아. 그 서민과 그 신하로써 대가에 이르게 하며 그 신하로써 왕에게 이르게 함은 오직 방군(邦君)이다.'(王曰, 封. 以厥庶民, 曁厥臣, 達大家, 以厥臣, 達王, 惟邦君.)"

형벌(刑罰)의 씀을 너그럽게 하고자 한 것이다.

詳說

○ 婢亦反.

'벽(辟)'은 음이 '비(婢)'와 '역(亦)'의 반절이다.

○ 次二節.

다음 두 번째 절이다.342)

○ 梓材節, 蓋合而言之.

「자재」의 절은 대개 합해서 말한 것이다.

集傳

而篇中, 有梓材二字, 比稽田作室

편(篇) 가운데 '자재(梓材)'라는 두 글자가 있으니, '밭을 다스림[稽田]'·'집을 지음 [作室]'보다

詳說

○ 平聲.

'계(稽)'는 평성이다.

集傳

爲雅.

고상하다.

詳說

---

342) 『서경대전(書經大全)』, 「주서(周書)」·「자재2(梓材2)」: "네가 만일 항상 신하들과 더불어 말하기를 '내 관사(官師)로 스승 삼는 자는 사도(司徒)와 사마(司馬)와 사공(司空)과 윤(尹)과 여(旅)이니, 내 사람을 사납게 하여 죽이지 않는다.'고 하라. 또한 군주가 먼저 공경하여 위로하여야 하니, 가서 공경하여 위로하라. 지난날 간궤(姦)하고 사람을 죽이거나 죄인을 숨겨준 자를 용서하면 마침내 신하들이 또한 군주의 하는 일을 보고서 사람을 상해(傷害)한 자를 용서할 것이다.(汝若恒越曰, 我有師師, 司徒·司馬·司空·尹·旅, 曰予罔厲殺人. 亦厥君先敬勞, 肆徂厥敬勞, 肆往姦宄殺人歷人, 宥, 肆亦見厥君事, 戕敗人, 宥.)"

○ 語不俗.
말이 속되지 않다.

集傳
故以爲簡編之別,
그러므로 간편(簡編)의 구별을 삼은 것이지,

詳說
○ 彼列反.
'별(別)'은 음이 '피(彼)'와 '열(列)'의 반절이다.

集傳
非有他義也. 今文古文皆有.
다른 뜻이 있는 것은 아니다. 금문(今文)과 고문(古文)에 모두 있다.

詳說
○ 朱子曰:"言語句讀中, 有不曉者缺之."
주자(朱子)가 말하였다:"언어와 구두에서 이해할 수 없는 것이 있으면 제쳐둘 뿐이다."343)

集傳
○ 按, 此篇文多不類, 自今王惟曰以下, 若人臣進戒之辭. 以書例推之, 曰今王惟曰者 猶洛誥之今王卽命曰也, 肆王惟德用者, 猶召誥之肆惟王其疾敬德, 王其德之用也, 已若玆監者, 猶無逸嗣王其監于玆也, 惟王子子孫孫永保民者, 猶召誥惟王受命無疆惟休也. 反覆
○ 살펴보건대 이 편(篇)은 글이 많이 똑같지 않은 것이 많으니, '왕께서 ~라고 말씀하셨다[今王惟曰]'344)로부터 이하는 인신(人臣)이 진계(進戒)한 말인 듯하다. 『서

---

343) 『서경대전(書經大全)』, 「주서(周書)」·「자재(梓材)」: "주자가 말하였다: '…. 다만 언어와 구두에서 이해할 수 없는 것이 있으면 제쳐둘 뿐이다.'(…. 只得於言語句讀中, 有不曉者缺之.)"
344) 『서경대전(書經大全)』, 「주서(周書)」·「자재5(梓材5)」: "이제 왕께서 '선왕이 모두 부지런히 밝은 덕을 써서 회유하여 가까이 하시니, 여러 나라가 물건을 바치며 형제가 되고 사방에서 와서 또한 모두 밝은 덕을 썼으며, 후왕이 떳떳한 법을 써서 백성들을 편안하게 하겠다.'라고 말씀하시면 여러 나라가 크게 물건을

경(書經)』의 준례(準例)로 미루어 보건대 '왕께서 ~라고 말씀하셨다[今王惟曰]'는 것은 「낙고(洛誥)」에서 '이제 왕께서 곧 명령하셨다[今王卽命曰]'345)는 것과 같고, '이제 왕께서는 덕을 쓰시어[肆王惟德用]'346)라는 것은 「소고(召誥)」에서 '왕께서는 빨리 덕을 공경하소서. 왕께서 덕을 씀이[肆惟王其疾敬德]'347)라는 것과 같으며, '이와 같이 살펴보소서[已若茲監]348)라는 것은 「무일(無逸)」에서 '사왕은 이것은 살펴보소서[嗣王其監于茲]349)는 것과 같고, '왕노릇하시어 자자손손이 길이 백성을 보호하시소서[惟王子子孫孫永保民]'350)라는 것은 「소고(召誥)」에서 '왕께서 천명을 받은 것이 끝없는 아름다움이시다[惟王受命無疆惟休]'351)는 것과 같다. 반복해서

詳說

○ 音福, 下同.

'복(覆)'은 음이 '복(福)'이고, 아래에서도 같다.

集傳

參考, 與周公召公進戒之言, 若出一口. 意者, 此篇,

바칠 것입니다.(今王惟曰, 先王旣勤用明德, 懷爲夾, 庶邦享, 作兄弟方來, 亦旣用明德, 后式典集, 庶邦丕享.)"

345) 『서경대전(書經大全)』, 「주서(周書)」·「낙고7(洛誥7)」: "이제 왕께서 곧 태사(太史)에게 명령하시기를 '공이 높은 자를 기록하여 공로에 따라 원사(元祀)를 만들라.'라고 하시고, 또 공신(功臣)들에게 명령하시기를 '너희들이 포상하는 명령을 받았을진댄 돈독히 보필하라.'라고 하소서.(今王卽命曰, 記功宗, 以功, 作元祀, 惟命曰, 汝受命, 篤弼.)"

346) 『서경대전(書經大全)』, 「주서(周書)」·「자재7(梓材7)」: "이제 왕께서는 밝은 덕을 쓰시어 혼미한 백성들을 화열(和悅)하게 하고 위로하여 천명을 받으신 선왕을 기쁘게 하소서.(肆王, 惟德, 用, 和懌先後迷民, 用懌先王受命.)"

347) 『서경대전(書經大全)』, 「주서(周書)」·「소고-20(召誥-20)」: "새 도읍에 머무시어 왕께서는 빨리 덕을 공경하소서. 왕께서 덕을 씀이 하늘의 영원한 명을 비는 것입니다.(宅新邑, 肆惟王, 其疾敬德. 王其德之用, 祈天永命.)"

348) 『서경대전(書經大全)』, 「주서(周書)」·「자재8(梓材8)」: "이와 같이 살펴보소서. 만년에 이르도록 왕노릇하시어 자자손손이 길이 백성을 보호하시기 바라노이다.(已若茲監. 惟曰欲至于萬年惟王, 子子孫孫, 永保民.)"

349) 『서경대전(書經大全)』, 「주서(周書)」·「무일-19(無逸-19)」: "주공(周公)이 말씀하였다. '아! 사왕(嗣王)은 이것을 잘 살펴보소서.'(周公曰 : 嗚呼, 嗣王, 其監于茲.)"

350) 『서경대전(書經大全)』, 「주서(周書)」·「자재8(梓材8)」: "이와 같이 살펴보소서. 만년에 이르도록 왕노릇하시어 자자손손이 길이 백성을 보호하시기 바라노이다.(已若茲監. 惟曰欲至于萬年惟王, 子子孫孫, 永保民.)"

351) 『서경대전(書經大全)』, 「주서(周書)」·「소고9(召誥9)」: "아! 황천의 상제께서 그 원자(元子)와 이 대국인 은나라의 명을 바꾸셨으니, 왕께서 천명을 받은 것이 끝없는 아름다움이시나 또한 끝없는 근심이시니, 아! 어찌하여야 합니까? 어찌 공경(恭敬)하지 않을 수 있겠습니까?(嗚呼, 皇天上帝, 改厥元子茲大國殷之命, 惟王受命, 無疆惟休, 亦無疆惟恤, 嗚呼曷其. 奈何弗敬.)"

참고(參考)해 보건대 주공(周公)과 소공(召公)이 진계(進戒)한 말씀과 한 입에서 나온 듯하다. 짐작컨대 이 편(篇)은

詳說
○ 丹雘以上
　단확 이상352)이다.

集傳
得於簡編斷爛之中, 文旣不全,
간편(簡編)이 끊어지고 무드러진 가운데 얻어서 글이 이미 완전하지 못하고,

詳說
○ 全篇, 當不止於喩語.
　전체의 편이 깨우쳐주는 말에 그치지 않아야 한다.

集傳
而進戒爛簡
진계(進戒)한 글의 끊겨진 간편(簡編)에

詳說
○ 今王以下.
　'이제 왕께서'353) 이하이다.

集傳

---

352) 『서경대전(書經大全)』, 「주서(周書)」·「자재4(梓材4)」: "밭을 다스림에 이미 부지런히 널리 잡초를 제거했으면 펴고 닦아 밭두둑과 물길을 냄과 같으며, 집을 지음에 이미 부지런히 담을 쌓았으면 진흙을 바르고 지붕을 해 이는 것과 같으며, 자재(梓材)를 만듦에 이미 부지런히 나무를 다스리고 깎았으면 단청[丹雘]을 칠함과 같다.(惟曰若稽田, 旣勤敷菑, 惟其陳修, 爲厥疆畎, 若作室家, 旣勤垣墉, 惟其塗墍茨, 若作梓材, 旣勤樸斲, 惟其塗丹雘.)"
353) 『서경대전(書經大全)』, 「주서(周書)」·「자재5(梓材5)」: "이제 왕께서 '선왕이 모두 부지런히 밝은 덕을 써서 회유하여 가까이 하시니, 여러 나라가 물건을 바치며 형제가 되고 사방에서 와서 또한 모두 밝은 덕을 썼으며, 후왕이 떳떳한 법을 써서 백성들을 편안하게 하겠다.'라고 말씀하시면 여러 나라가 크게 물건을 바칠 것입니다.(今王惟曰, 先王旣勤用明德, 懷爲夾, 庶邦享, 作兄弟方來, 亦旣用明德, 后式典集, 庶邦丕享.)"

有用明德之語, 編書者
명덕(明德)을 쓰라는 말이 있으니, 책을 엮는 자가

> 詳說
>
> ○ 必非當時史官.
> > 굳이 당시의 사관일 필요는 없다.

集傳
以與罔殺人等意合, 又武王之誥
'사람을 사납게 하여 죽이지 않는다[罔厲殺人]'354) 등의 뜻과 부합된다고 여기고, 또 무왕(武王)의 가르침에

> 詳說
>
> ○ 丹雘以上
> > 단확 이상355)이다.

集傳
有曰王曰監云者,
'왕(王)'이라고 하고 '감(監)'이라는 말하는 것이 있는데,

> 詳說
>
> ○ 平聲
> > '감(監)'은 평성이다.

---

354) 『서경대전(書經大全)』, 「주서(周書)」·「자재2(梓材2)」: "네가 만일 항상 신하들과 더불어 말하기를 '내 관사(官師)로 스승 삼는 자는 사도(司徒)와 사마(司馬)와 사공(司空)과 윤(尹)과 여(旅)이니, 내 사람을 사납게 하여 죽이지 않는다.'고 하라. 또한 군주가 먼저 공경하여 위로하여야 하니, 가서 공경하여 위로하라. 지난날 간궤(姦)하고 사람을 죽이거나 죄인을 숨겨준 자를 용서하면 마침내 신하들이 또한 군주의 하는 일을 보고서 사람을 상해(傷害)한 자를 용서할 것이다.(汝若恒越曰, 我有師師, 司徒·司馬·司空·尹·旅, 曰予罔厲殺人. 亦厥君先敬勞, 肆徂厥敬勞, 肆往姦宄殺人歷人, 宥, 肆亦見厥君事, 戕敗人, 宥.)"

355) 『서경대전(書經大全)』, 「주서(周書)」·「자재4(梓材4)」: "밭을 다스림에 이미 부지런히 널리 잡초를 제거했으면 펴고 닦아 밭두둑과 물길을 냄과 같으며, 집을 지음에 이미 부지런히 담을 쌓았으면 진흙을 바르고 지붕을 해 이는 것과 같으며, 자재(梓材)를 만듦에 이미 부지런히 나무를 다스리고 깎았으면 단청[丹雘]을 칠함과 같다.(惟曰若稽田, 旣勤敷菑, 惟其陳修, 爲厥疆畎, 若作室家, 旣勤垣墉, 惟其塗墍茨, 若作梓材, 旣勤樸斲, 惟其塗丹雘.)"

○ 稱王稱監.
왕을 칭하고 감을 칭한 것이다.

集傳

而進戒之書
진계(進戒)한 글에

詳說

○ 今王以下
'이제 왕께서'356) 이하이다.

集傳

亦有曰王曰監云者, 遂以爲文意相屬,
또한 "왕(王)"이라고 하고 '감(監)'이라는 말하는 것이 있으니, 마침내 글의 뜻이 서로 연결된다고 생각하여

詳說

○ 音燭.
'촉(屬)'은 음이 '촉(燭)'이다.

集傳

編次其後, 而不知前之所謂王者, 指先王而言, 非若今王之爲自稱也, 後之所謂監者, 乃監視之監, 而非啓監,
그 뒤에 편차(編次)하였는데, 앞의 이른바 왕(王)은 선왕(先王)을 가리켜 말한 것이어서 이제 왕이 자칭(自稱)한 것과 같지 않으며, 뒤의 이른바 감(監)이라는 것은 바로 감시(監視)의 감(監)이고 계감(啓監)의

---

356) 『서경대전(書經大全)』, 「주서(周書)」·「자재5(梓材5)」 : "이제 왕께서 '선왕이 모두 부지런히 밝은 덕을 써서 회유하여 가까이 하시니, 여러 나라가 물건을 바치며 형제가 되고 사방에서 와서 또한 모두 밝은 덕을 썼으며, 후왕이 떳떳한 법을 써서 백성들을 편안하게 하겠다.'라고 말씀하시면 여러 나라가 크게 물건을 바칠 것입니다.(今王惟曰, 先王旣勤用明德, 懷爲夾, 庶邦享, 作兄弟方來, 亦旣用明德, 后式典集, 庶邦丕享.)"

| 詳說 |

○ 平聲, 下同.
평성으로 아래에서도 같다.

| 集傳 |

之監也, 其非命康叔之書, 亦明矣. 讀書者, 優游涵泳, 沈潛反覆, 繹其文義, 審其語脈, 一篇之中, 前則尊諭卑之辭, 後則臣告君之語, 蓋有不可得而强
감(監)이 아닌 것을 알지 못한 것이다. 이는 강숙(康叔)에게 명(命)한 글이 아님이 또한 분명하다. 글을 읽는 자가 우유(優游)하고 함영(涵泳)하며 침잠(沈潛)하고 반복하여 글의 뜻을 깊이 연구하고 문맥을 살펴보면, 한 편 가운데 앞부분은 높은 사람이 낮은 사람을 효유한 말이고, 뒷부분은 신하(臣下)가 군주(君主)에게 아뢴 말이니, 억지로

| 詳說 |

○ 上聲.
'강(强)'은 상성이다.

| 集傳 |

合者矣.
합할 수 없는 것이 있다.

[10-4-11-1]

王曰, 封. 以厥庶民, 暨厥臣, 達大家, 以厥臣, 達王, 惟邦君.

왕(王)이 말씀하였다. "봉(封)아. 그 서민과 그 신하로써 대가에 이르게 하며 그 신하로써 왕에게 이르게 함은 오직 방군(邦君)이다.

| 集傳 |

大家, 巨室也.
대가(大家)는 거실(巨室)이다.

詳說

○ 陳氏大猷曰 : 如晉六卿, 魯三桓, 齊田, 楚昭屈景之類. 左傳載封康叔, 分以殷民七族, 卽衞之大家也.

진씨 대유(陳氏大猷)357)가 말하였다 : "이를테면 진(晉)의 육경(六卿), 노(魯)의 삼환(三桓), 제(齊)의 전(田), 초(楚)의 소(昭)·굴(屈)·경(景)과 같은 것들이다. 『좌전』에는 봉 강숙이 은의 백성을 칠족으로 나눴다고 싣고 있으니, 곧 위(衞)의 대가(大家)이다."358)

集傳

孟子

『맹자(孟子)』에서

詳說

○ 離婁.

「이루」이다.

集傳

曰, 爲政不難, 不得罪於巨室, 孔氏曰卿大夫

"정사(政事)를 다스림이 어렵지 않으니, 거실(巨室)에 죄(罪)를 얻지 말라."359)라고 하였는데, 공씨(孔氏)는 "경대부(卿大夫)

詳說

---

357) 진씨 대유(陳氏大猷, ?~?) : 송나라 남강군(南康軍) 도창(都倉) 사람으로 자는 문헌(文獻)이고, 호는 동재(東齋)다. 이종(理宗) 개경(開慶) 원년(1259) 진사(進士)가 되고, 종정랑(從政郞)과 황주군(黃州軍) 판관(判官) 등을 지냈다. 『서경』에 조예가 깊었다. 저서에 『상서집전혹문(尙書集傳或問)』과 『상서집전회통(尙書集傳會通)』 등이 있다.
358) 『서경대전(書經大全)』, 「주서(周書)」·「자재(梓材)」 : "진씨 대유가 말하였다 : '대가(大家)는 이를테면 진(晉)의 육경(六卿), 노(魯)의 삼환(三桓), 제(齊)의 전(田), 초(楚)의 소(昭)·굴(屈)·경(景)과 같은 것들이다. 『좌전』에는 봉 강숙이 은의 백성을 칠족으로 나눠 도(陶)씨에서 종규(終葵)씨까지 싣고 있으니, 곧 위(衞)의 대가이다. ….'(陳氏大猷曰 : 大家, 如晉六卿, 魯三桓, 齊田楚, 楚昭屈景之類. 左傳載封康叔分以殷民七族, 自陶氏至終葵氏, 卽衞之大家也. ….)"
359) 『맹자(孟子)』, 「양혜왕하(梁惠王下)」 : "정사(政事)를 다스림이 어렵지 않으니, 거실(巨室)에 죄(罪)를 얻지 말라. 거실이 사모하는 바를 한 나라가 사모하고, 온 나라가 사모하는 바를 천하가 사모한다. 그러므로 덕으로써 교화하는 정치가 성대하게 사해에 넘치는 것이다.(爲政不難, 不得罪於巨室. 巨室之所慕, 一國慕之, 一國之所慕, 天下慕之. 故沛然德敎, 溢乎四海.)"

○ 大

'경대부(卿大夫)'는 경문에서 '대(大)'이다.

|集傳|

及都家也

및 도가(都家)이다."라고 하였다.

|詳說|

○ 家.

'도가(都家)'는 경문에서 '가(家)'이다.

○ 周禮, 都司馬家. 司馬注曰, 都謂王子弟所封, 及三公采地, 家謂卿大夫采地.

『주례』에서 '도(都)'는 사마가(司馬家)이다. 사마(司馬)의 주에서 "'도(都)'는 왕의 자제를 봉한 곳과 삼공의 채지(采地)를 말하고 '가(家)'는 대부의 채지를 말한다."라고 하였다.

|集傳|

以厥庶民曁厥臣達大家, 則下之情無不通矣,

그 서민과 신하로써 대가에 이르게 하면 아래의 정(情)이 통하지 않음이 없고,

|詳說|

○ 達大家, 則必達於康叔矣.

대가에 이르면 반드시 강숙에게 이르게 된다.

|集傳|

以厥臣達王, 則上之情無不通矣.

그 신하로써 왕에게 이르게 하면 위의 정(情)이 통하지 않음이 없게 된다.

|詳說|

○ 達王, 則先已達於康叔矣.
왕에게 이르게 되었다면 먼저 이미 강숙에게 이르게 된 것이다.

集傳
王言臣而不言民者, 率土之濱莫非王臣也.
왕이 신하만 말하고 백성을 말하지 않은 것은 온 해내(海內)의 땅이 왕의 신하 아닌 이가 없기 때문이다.

詳說
○ 見詩祈父.
『시경』「기부(祈父)」에 보인다.360)

○ 三句, 論也.
세 구는 경문의 의미 설명이다.

○ 呂氏曰 : 自康叔言, 則有臣民大家三等, 自王言, 則但言臣皆在其中矣
여씨(呂氏)가 말하였다 : "강숙으로 말하면 신하와 백성과 대가의 삼등이 있고, 왕으로부터 말하면 단지 신하만 말해도 모두 그 속에 있다."361)

集傳
邦君上有天子, 下有大家, 能通上下之情而使之無間者,
방군(邦君)은 위로는 천자가 있고 아래로는 대가(大家)가 있으니, 상하의 정(情)을 통하여 간격이 없게 하는 자는

---

360) 『시전대전(詩傳大全)』「소아(小雅)·「북산지십(北山之什)·「북산(北山)」 : "넓고 너른 하늘 아래 두루 왕의 토지가 아님이 없으며, 온 땅의 물가에 이르기까지 왕의 신하가 아님이 없도다. 대부가 균등히 하지 못해서 나 홀로 일하느라 애쓰노라.(溥天之下, 莫非王土; 率土之濱, 莫非王臣. 大夫不均, 我從事獨賢.)"
361) 『서경대전(書經大全)』,「주서(周書)」·「자재(梓材)」 : "여씨(呂氏)가 말하였다 : '강숙으로 말하면 신하와 백성과 대가의 삼등이 있고, 왕으로부터 말하면 온나라가 모두 신하여서, 신하만 말해도 모두 그 속에 있다.'(呂氏曰 : 自康叔言, 則有臣民大家三等, 自王言之, 則率土皆王臣, 但言厥臣, 皆在其中矣.)"

詳說

○ 去聲.

'간(間)'은 거성이다.

集傳

惟邦君也.

오직 방군(邦君)이다.

詳說

○ 新安陳氏曰 : "邦君處上下之間, 達王, 必自達大家始, 以其下達者而上達, 其流通, 無留滯必矣."

신안 진씨(新安陳氏)가 말하였다 : "방군(邦君)이 상하의 사이에 있어 왕에게 이르는 것은 반드시 대가에 이르는 것에서 시작하니, 그 아래에서 이른 것을 위로 이르게 하는 것은 그 유통에 지체함이 없음을 기필해야 한다."362)

[10-4-11-2]

汝若恒越曰, 我有師師, 司徒·司馬·司空·尹·旅, 曰予罔厲殺人. 亦厥君先敬勞, 肆徂厥敬勞, 肆往姦宄殺人歷人, 宥, 肆亦見厥君事, 戕敗人, 宥.

네가 만일 항상 분발해서 말하기를 '내 관사(官師)로 스승 삼는 자는 사도(司徒)와 사마(司馬)와 사공(司空)과 윤(尹)과 여(旅)이니, 내 사람을 사납게 하여 죽이지 않는다.'고 하라. 또한 군주가 먼저 공경하여 위로하여야 하니, 가서 공경하여 위로하라. 지난날 간궤(姦)하고 사람을 죽이거나 죄인을 숨겨준 자를 용서하면 마침내 신하들이 또한 군주의 하는 일을 보고

---

362) 『서경대전(書經大全)』, 「주서(周書)」·「자재(梓材)」: "신안 진씨가 말하였다 : '방군(邦君)이 상하의 사이에 있으니, 왕에게 이르는 것은 반드시 대가에 이르는 것에서 시작한다. 거실에 죄를 얻은 것을 공정하게 하지 않아 백성들의 마음을 복종함이 없게 하면 강한 힘으로 다스리기 어렵지만, 공평한 마음으로 교화해서 서민과 신하가 이르면, 방군 한 사람의 마음이 그 공정함으로 한 나라 천만인의 마음에 한 나라 신민의 천만인의 마음으로 이르게 할 수 있는 것이다. 대가의 마음에 이르게 하는 것은 그 아래에서 이른 것을 위로 이르게 하는 것이니, 그 유통하면서 지체함이 없음을 기필해야 한다.'(新安陳氏曰 : 邦君處上下之間, 達王, 必自達大家始. 得罪於巨室者, 不公正而無以服其心也 巨室難以强力服, 而可以公心化. 以庶民及臣達之, 是邦君一人之心, 其公正能通乎一國千萬人之心, 以一國臣民千萬人之心. 通達於大家之心. 以其下達者而上達, 其流通而無留滯也必矣.)"

서 사람을 상해(傷害)한 자를 용서할 것이다.

詳說

○ 勞, 去聲. 戕, 慈良反.

'노(勞)'는 거성이다. '장(戕)'은 '자(慈)'와 '량(良)'의 반절이다.

集傳

恒, 常也. 師師, 以官師爲師也.

항(恒)은 항상이다. 사사(師師)는 관사(官師)로써 스승을 삼는 것이다.

詳說

○ 與大禹謨, 微子之釋, 異同更詳之.

「대우모」363)와 「미자」364)에서의 해석과 차이를 다시 살펴봐야 한다.

集傳

尹, 正官之長,

윤(尹)은 정관(正官)의 우두머리이고,

詳說

○ 上聲.

'장(長)'은 상성이다.

---

363) 『서경대전(書經大全)』, 「우서(虞書)」·「皐陶謨4(고요모4)」: "날마다 세 가지 덕을 밝힐진댄 밤낮으로 소유한 집을 다스려 밝힐 것이며, 날마다 두려워하여 여섯 가지 덕을 공경할진댄 소유한 나라의 일을 밝힐 것이니, 모아서 받고 펴서 베풀면 아홉 가지 덕을 가진 사람들이 다 일하여 준예(俊乂)가 관직에 있어서 백료(百僚)가 서로 스승으로 삼으며 백공(百工)이 때에 따라 오신(五辰)을 순히 하여 모든 공적이 이루어질 것입니다.(日宣三德, 夙夜, 浚明有家, 日嚴祗敬六德, 亮采有邦, 翕受敷施, 九德, 咸事, 俊乂在官, 百僚師師, 百工, 惟時, 撫于五辰, 庶績, 其凝.)" 주자의 주: "사사(師師)는 서로 스승삼고 법받는 것이니, 백료(百僚)가 모두 서로 스승삼고 법받아서 백공(百工)이 다 때에 미쳐 일에 달려가는 것이다. 백료(百僚)와 백공(百工)은 다 백관(百官)을 이른다. 사람이 서로 스승삼는 것으로 말하면 백료라 하고, 사람이 일에 달려감으로 말하면 백공이라 하니, 실제는 하나이다.(師師, 相師法也, 言百僚皆相師法, 而百工, 皆及時以趨事也. 百僚百工, 皆謂百官. 言其人之相師, 則曰百僚, 言其人之趨事, 則曰百工, 其實, 一也.)"

364) 『서경대전(書經大全)』, 「상서(商書)」·「微子2」: "은나라는 작은 사람이나 큰 사람이나 가릴 것 없이 좀도둑질과 위법을 좋아하고, 경사(卿士)들은 법도가 아닌 것을 서로 본받습니다. 죄 있는 자들이 떳떳이 죄를 받지 않으니, 소민(小民)들이 막 일어나 서로 대적하여 원수가 되고 있습니다. 지금 은나라가 빠져 망함은 큰물을 건넘에 나루터와 물가가 없는 것과 같으니, 은나라가 마침내 망함이 지금에 이르게 되었습니다.(殷罔不小大, 好草竊姦宄, 卿士師師非度. 凡有辜罪乃罔恒獲, 小民方興 相爲敵讐. 今殷其淪喪, 若涉大水, 其無津涯, 殷遂喪越至于今.)"

集傳
旅, 衆大夫也. 敬勞, 恭敬勞來也.
여(旅)는 여러 대부(大夫)이다. 경로(敬勞)는 공경하여 위로함이다.

詳說
○ 去聲.
'래(來)'는 거성이다.

集傳
徂, 往也.
조(徂)는 감이다.

詳說
○ 非往日也.
지난날이 아니다.

集傳
歷人者, 罪人所過,
역인(歷人)은 죄인(罪人)이 지나간 곳이니,

詳說
○ 音戈.
'과(過)'는 음이 '과(戈)'이다.

集傳
律, 所謂知情藏匿資給也.
형률(刑律)에 이른바 "실정(實情)을 알고 숨겨주고 물자(物資)를 준다."는 것이다.

詳說
○ 知其情實, 而藏匿之, 且資給以送之.

그 실정을 알면서도 숨겨주고 또 물자를 공급해주는 것이다.

集傳

戕敗者, 毀傷四肢面目, 漢律所謂疻也.
장패戕(敗)는 사지(四肢)와 면목(面目)을 훼상(毀傷)함이니, 한(漢)나라 형률(刑律)에 이른바 지(疻)라는 것이다.

詳說

○ 音咫.
'지(疻)'는 음이 '지(咫)'이다.

○ 見漢書薛宣傳.
『한서』「설선전(薛宣傳)」에 보인다.

集傳

此章文, 多未詳.
이 장(章)은 글이 자세히 밝힐 수 없는 부분이 많다.

詳說

○ 朱子曰 : "都不成文理, 不可曉."
주자(朱子)가 말하였다 : "모두 문리가 없어 알 수 없다."365)

○ 新安陳氏曰 : "汝若常發越, 謂羣臣言, 我有交相師師之三卿, 與正長之尹, 衆大夫之旅. 我意, 言我欲無虐殺人耳. 亦以其君先恭敬勞來其民. 爲臣者, 亦遂往效君, 以敬勞. 遂與往日爲姦宄殺人者, 罪人所經歷者, 今皆寬宥與之爲新, 羣臣遂, 亦見其君之事, 凡戕傷人毀敗人物者, 亦寬宥之矣. 君宥其大者, 臣亦

---

365) 『서경대전(書經大全)』, 「주서(周書)」・「자재(梓材)」 : "주자가 말하였다 : 「또한 군주가 먼저 공경하여 위로하여야 한다.」는 것에서 「사람을 상해(傷害)한 자를 용서할 것이다.」는 것까지는 모두 문리가 없어 알 수 없다.'(朱子曰 : 亦厥君先敬勞, 至戕敗人宥之類, 都不成文理不可曉.)"

宥其小者, 大意欲康叔率其臣, 以戒虐殺, 施寬宥也."

신안 진씨(新安陳氏)가 말하였다 : "'네가 만일 항상 분발해서 말한다.'는 것은 여러 신하들에게 일러 말한 것으로 「나는 서로 관사(官師)를 스승으로 삼는 삼경(三卿)과 정장(正長)의 윤(尹)과 중대부(衆大夫)의 여(旅)를 소유하였다.」라고 하고, 네 뜻을 말하기를 「나는 사람을 학살하는 일이 없고자 할 뿐이다.」라고 하라. 또한 임금으로서 그 백성들을 먼저 공경하고 위로해주고 오도록 하라. 그러면 신하된 자들도 결국 그 곳에 가서 임금을 본받아 백성들을 공경하고 위로할 것이다. 따라서 지난날 간궤하고 사람을 죽였거나 죄인을 숨겨준 자들을 지금 모두 너그럽게 용서하여 그들과 더불어 쇄신을 하면 여러 신하들도 결국에 또한 임금의 하는 일을 보고서 사람을 상해했거나 남의 물건을 손상한 자들을 또한 너그럽게 용서할 것이다. 임금이 그 큰 죄를 용서하면 신하는 또한 그 작은 죄를 용서할 것이라는 것이다. 대의는 康叔이 그 신하들을 거느리고 가서 포학하게 죽이는 것을 경계하고 너그럽게 용서를 베풀도록 한 것이다."366)

○ 按, 諺釋只依陳說, 而敬勞二句, 乃違其意, 何也. 蓋肆往句, 所以申先敬勞句, 肆亦句, 所以申厥敬勞句也.

살펴보건대, 『언해』의 해석은 진(陳)씨의 설명만 따라 '공경하고 위로하라.'는 두 구절이 그 의미에 어긋나니, 무엇 때문인가? 대개 지난날의 구절은 앞에서의 '공경하여 위로하라.' 구절을 거듭한 것이고, '또한' 구절도 '공경하고 위로하라.'는 구절을 거듭한 것이다.

○ 越, 謂奮發其意也.

'월(越)'은 그 뜻을 분발하는 것을 말한다.

---

366) 『서경대전(書經大全)』, 「주서(周書)」·「자재(梓材)」 : "신안 진씨가 말하였다 : '채씨의 전에서는 글자만 겨우 풀이하고 「여기의 장에서의 글은 대부분 자세하지 않다.」고 하였으니, 진실로 제쳐놓아야 한다. 지금 우선 여러 說을 모아서 풀이하기를 「네가 만일 항상 분발해서 말한다.」는 것은 여러 신하들에게 일러 말한 것으로 「나는 서로 관사(官師)를 스승으로 삼는 삼경(三卿)과 정장(正長)의 윤(尹)과 중대부(衆大夫)의 여(旅)를 소유하였다.」라고 하고, 네 뜻을 말하기를 「나는 사람을 학살하는 일이 없고자 할 뿐이다.」라고 하라. 또한 임금으로서 그 백성들을 먼저 공경하고 위로해주고 오도록 하라. 그러면 신하된 자들도 결국 그 곳에 가서 임금을 본받아 백성들을 공경하고 위로할 것이다. 따라서 지난날 간궤하고 사람을 죽였거나 죄인을 숨겨준 자들을 지금 모두 너그럽게 용서하여 그들과 더불어 쇄신을 하면 여러 신하들도 결국에 또한 임금의 하는 일을 보고서 사람을 상해했거나 남의 물건을 손상한 자들을 또한 너그럽게 용서할 것이다. 임금이 그 큰 죄를 용서하면 신하는 또한 그 작은 죄를 용서할 것이라는 것이다. 대의는 康叔이 그 신하들을 거느리고 가서 포학하게 죽이는 것을 경계하고 너그럽게 용서를 베풀도록 한 것이다.'(新安陳氏曰 : 蔡傳, 僅訓字而云此章文多未詳. 信當缺之. 今姑采合諸說解之, 曰汝若常發越, 謂羣臣言, 我有交相師師之三卿與正長之尹衆大夫之旅, 汝言我欲無虐殺人耳. 亦以其君先恭敬勞來其民, 爲臣者, 遂往效其君以敬勞, 遂與往日為姦宄殺人者, 罪人所經歷者, 今皆寬宥, 與之為新, 羣臣遂亦見其君之事, 凡戕傷人毀敗人物者, 亦寬宥之矣. 君宥其大者, 臣亦宥其小者, 大意欲康叔, 率其臣, 以戒虐殺施寬宥也.)"

[10-4-11-3]

|王啓監, 厥亂, 爲民, 曰無胥戕, 無胥虐, 至于敬寡, 至于屬婦,|
|合由以容. 王, 其效邦君越御事, 厥命, 曷以. 引養引恬. 自古,|
|王若茲, 監, 罔攸辟.|

왕이 감(監)을 처음 두심은 그 다스림이 백성을 위해서이니, 감(監)을 경계하여 말하기를 '서로 해치지 말고 서로 포학히 하지 말아서 과약(寡弱)한 자를 공경함에 이르며 외로운 부인(婦人)을 연속함에 이르러 백성을 보합(保合)하여 이것을 따라 용납하도록 하라.'라고 하였다. 왕이 방군(邦君)과 어사(御事)들에게 공효(功效)를 책할진댄 그 명령(命令)은 어떻게 하는가? 백성을 길러주도록 인도하고 편안하도록 인도하는 것이다. 예로부터 왕(王)이 경계함은 이와 같으니, 감(監)은 형벌(刑罰)함이 없다.

詳說
○ 監, 平聲, 爲, 去聲. 無, 毋通, 屬, 音燭, 諺音誤. 茲句絶, 辟, 婢亦反.

'감(監)'은 평성이고, '위(爲)'는 거성이다. '무(無)'는 '무(毋)'와 통하고, '촉(屬)'은 음이 '촉(燭)'이니, 『언해』의 음이 잘못되었다. '자(茲)'에서 구두하여 끊는다. '벽(辟)'은 '비(婢)'와 '역(亦)'의 반절이다.

集傳
監, 三監之監.

감(監)은 삼감(三監)의 감(監)이다.

詳說
○ 見大誥篇題.

「대고」의 편제에 있다.

集傳
康叔所封, 亦受畿內之民,

강숙(康叔)을 봉(封)한 것은 또한 수(受)의 기내(畿內)의 백성이니,

詳說

○ 九畿之畿也. 受其畿之內之民.
'구기(九畿)'에서의 '기(畿)'이다. 받은 기내의 백성들이다.

集傳

當時, 亦謂之監,
당시에 또한 감(監)이라고 일렀기

詳說

○ 陳氏大猷曰 : "周禮建牧立監, 以維邦國, 自黃帝已立左右監, 以監視萬國, 乃諸侯之長也. 康叔孟侯, 故稱之爲監."
진씨 대유가 말하였다 : "『주례』에서 목(牧)을 세우고 감(監)을 세워서 방국을 유지했으니, 황제 때부터 좌우의 감을 세워 만국을 감시하게 한 것은 바로 제후의 장이기 때문이다. 강숙은 맹후이기 때문에 그를 감(監)이라고 칭한 것이다."367)

集傳

故武王以先王啓監意而告之也. 言王者, 所以開置監國者
때문에 무왕(武王)이 선왕(先王)이 감(監)을 둔 뜻을 가지고 고한 것이다. 왕자(王者)가 감국(監國)하는 자를 개치(開置)한 까닭은

詳說

○ 創設.
'개치(開置)'는 '창설(創設)'이다.

集傳

其治

---

367) 『서경대전(書經大全)』, 「주서(周書)」·「자재(梓材)」: "진씨 대유가 말하였다 : '『주례』에서 목(牧)을 세우고 감(監)을 세워서 방국을 유지했으니, 황제 때부터 좌우의 감을 세워 만국을 감시하게 한 것은 바로 제후의 장이기 때문이다. 강숙은 맹후이기 때문에 그를 감(監)이라고 칭한 것이다.'(陳氏大猷曰 : 周禮建牧立監, 以維邦國, 自黃帝已立左右監, 以監視萬國, 乃諸侯之長也. 康叔孟侯, 故稱之爲監.)"

그 다스림이

詳說
○ 亂.
'치(治)'는 경문에서 '난(亂)'이다.

集傳
本爲民而已. 其命監之辭, 蓋曰無相與戕殺其民, 無相與虐害其民,
본래 백성을 위해서일 뿐이다. 그 감(監)에게 명(命)한 말에 이르기를 "서로 더불어 백성을 죽이지 말고 서로 더불어 백성을 학해(虐害)하지 말아서

詳說
○ 添民字.
'민(民)'자를 더하였다.

集傳
人之寡弱者則哀敬之, 使不失其所, 婦之窮獨者, 則聯屬之, 使有所歸, 保合其民, 率
사람 중에 과약(寡弱)한 자를 불쌍히 여기고 공경하여 살 곳을 잃지 않게 하고, 부인(婦人) 중에 곤궁(困窮)하고 외로운 자를 연속(聯屬)하여 돌아갈 곳이 있게 해서 백성들을 보합(保合)하여 모두

詳說
○ 皆也.
'솔(率)'은 '모두'이다.

集傳
由是
이를 따라

詳說
○ 敬屬.
공경함과 연속함이다.

集傳
而容畜之也.
용납하고 길러야 한다."라고 하였다.

詳說
○ 許六反.
'휵(畜)'은 음이 '허(許)'와 '육(六)'의 반절이다.

集傳
且王所以責效邦君御事者, 其命何以哉亦. 惟欲其引掖斯民於生養安全之地而已.
또 왕(王)이 방군(邦君)과 어사(御事)들에게 공효(功效)를 책하는 것은 그 명령(命令)을 어떻게 하는가? 또한 이 백성을 생양(生養)하고 안전(安全)한 곳으로 인도하고 붙들어 주고자 할 뿐이다.

詳說
○ 恬, 安也.
경문에서 '념(恬)'이 '안(安)'이다.

集傳
自古王者之命監,
예로부터 왕자(王者)가 감(監)에게 명(命)한 것이

詳說
○ 補二字.
두 글자를 더하였다.

集傳
若此, 汝今爲監,

이와 같으니, 네가 이제 감(監)이 됨에

詳說
○ 添汝爲字.

'여(汝)'자와 '위(爲)'자를 더하였다.

集傳
其無所用乎刑辟, 以戕虐人可也.

형벌(刑罰)을 사용하여 사람을 해치고 포악히 함이 없어야 할 것이다.

詳說
○ 添此句.

여기의 구를 더하였다.

○ 新安陳氏曰 : "三篇意, 相承而相濟, 康誥酒誥, 多及於刑, 非得已也. 至梓材, 告戒終矣, 慮其偏倚於刑, 故以尙寬宥無刑辟爲言."

신안 진씨(新安陳氏)가 말하였다 : "세 편의 의미는 서로 이어지면서 서로 돕는 것이다. 「강고」와 「주고」에서 형벌을 언급한 것이 많은 것은 부득이한 것이다. 「자재」에 와서 경계를 고하는 것은 끝나니, 형벌에 치우치게 의지할 것을 염려했기 때문에 여기의 편에서 관대하게 용서하고 형벌하지 말라는 것으로 말을 한 것이다."368)

---

368) 『서경대전(書經大全)』, 「주서(周書)」·「자재(梓材)」 : "신안 진씨가 말하였다 : '세 편의 의미는 서로 이어지면서 서로 돕는 것이다. 강숙은 위후(衛侯)로 사구(司寇)이기 때문에 무왕의 명이 대부분 형을 언급한 것이다. 「강고」에서는 덕을 밝히고 벌을 삼가는 것에 대해 반복해서 다하면서 부득이하게 「문왕의 형벌을 빨리 행하라.」라고 하고 「빨리 의를 따라 모두 죽이도록 하라.'라고 했다. 「주고」에서는 또 떼 지어 술 마시는 것에 대해 징계하는 것을 의무로 하면서 「내가 죽일 때에 죽이는 죄와 똑 같이 한다.'고 한 것은 부득이한 것이다. 「자재」에서 경계를 고하는 것은 여기에서 끝난다. 강숙이 앞의 두 편에서 자주 죽이라고 언급한 것을 따라 아마 혹 형벌에 치우치게 의지할 것을 염려했기 때문에 여기의 편에서 관대하게 용서하고 형벌하지 말라는 것으로 말을 했으니, 어질구나! 무왕의 마음이여. 이것은 제순(帝舜)이 형벌을 하면서 형벌이 없기를 바란다고 하는 마음일 것이다.'(新安陳氏曰 : 三篇意, 相承而相濟. 康叔以衛侯爲司寇, 故武

[10-4-11-4]

惟曰若稽田, 旣勤敷菑, 惟其陳修, 爲厥疆畎, 若作室家, 旣勤垣墉, 惟其塗墍茨, 若作梓材, 旣勤樸斲, 惟其塗丹雘.

밭을 다스림에 이미 부지런히 널리 잡초를 제거했으면 펴고 닦아 밭두둑과 물길을 냄과 같으며, 집을 지음에 이미 부지런히 담을 쌓았으면 진흙을 바르고 지붕을 해 이는 것과 같으며, 자재(梓材)를 만듦에 이미 부지런히 나무를 다스리고 깎았으면 단청(丹靑)을 칠함과 같다.

詳說

○ 稽, 平聲. 墍, 奇寄反, 茨, 才資反. 梓斲, 並諺音誤. 雘, 屋郭反.

'계(稽)'는 평성이다. '기(墍)'는 음이 '기(奇)'와 '기(寄)'의 반절이고, '자(茨)'는 음이 '재(才)'와 '자(茨)'의 반절이다. '재(梓)'와 '착(斲)'은 모두 『언해』의 음이 잘못되었다. '확(雘)'은 음이 '옥(屋)'과 '곽(郭)'의 반절이다.

集傳

稽, 治也. 敷菑, 廣去草棘也.

계(稽)는 다스림이다. 부치(敷菑)는 풀과 가시나무를 널리 제거함이다.

詳說

○ 上聲.

'거(去)'는 상성이다.

集傳

疆, 畔也. 畎, 通水渠也. 塗墍, 泥飾也,

강(疆)은 밭두둑이고, 견(畎)은 물을 통하게 하는 도랑이다. 도기(塗墍)는 진흙으로 꾸밈이고,

王命之多及于刑. 康誥, 反覆於明德愼罰悉矣, 不得已而及于速由文王罰刑速由茲義率殺. 酒誥, 又以懲羣飮爲務, 而日予其殺時同于殺, 皆非得已也. 逮至梓材, 告戒於此終矣. 慮康叔因前二篇之屢及於殺, 而意或偏倚於刑也, 故此篇惟以尙寬宥無刑辟爲言, 仁哉. 武王之心. 其帝舜刑期于無刑之心歟.)"

詳說

○ 說文曰 : "墍, 仰塗也."

『설문』에서 말하였다 : "'기(墍)'는 위를 쳐다보며 흙칠을 하는 것이다."369)

集傳

茨, 蓋也. 梓, 良材, 可爲器者.

자(茨)는 지붕을 덮는 것이다. 재(梓)는 훌륭한 재목이니 그릇을 만들 수 있는 것이다.

詳說

○ 專以造器言.

오로지 그릇을 만드는 것으로 말하였다.

集傳

雘, 采色之名.

확(雘)은 채색(彩色)의 이름이다.

詳說

○ 唐孔氏曰 : "朱色."

당의 공씨(孔氏)가 말하였다 : "붉은 색이다."370)

集傳

敷菑, 以喩除惡, 垣墉,

부치(敷菑)는 악(惡)을 제거함을 비유하고 원용(垣墉)은

詳說

○ 馬氏曰 : "卑曰垣, 高曰墉."

---

369) 『서경대전(書經大全)』, 「주서(周書)」·「자재(梓材)」 : "『설문』에서 '기(墍)'는 위를 쳐다보며 흙칠을 하는 것이다.(說文墍仰塗也.)"
370) 『서경대전(書經大全)』, 「주서(周書)」·「자재(梓材)」 : "당의 공씨(孔氏)가 말하였다 : '확(雘)은 채색(彩色)의 이름으로 푸른색과 있고 붉은 색이 있는데, 확(雘)은 붉은 색이다.'(唐孔氏曰 : 雘, 是采色之名, 有靑有朱丹, 雘則是朱色者.)"

마씨(馬氏)가 말하였다 : "낮으면 '담(垣)'이라고 하고 높으면 '용(墉)'이라고 한다."371)

集傳
以喩立國, 樸斲,
나라를 세움을 비유하고 박착(樸斲)은

詳說
○ 陳氏大猷曰 : "具粗曰樸, 致巧曰斲."
　　진씨 대유(陳氏大猷)가 말하였다 : "거친 그대로 늘어놓은 것을 '박(樸)'이라고 하고, 예쁘게 한 것을 해놓은 것을 '착(斲)'이라고 한다."372)

集傳
以喩制度, 武王之所已爲也, 疆畎, 墍茨, 丹雘, 則望康叔以成終云爾.
법도(法度)를 만듦을 비유하였으니 이는 무왕(武王)이 이미 만든 것이며, 강견(疆)과 기자(茨)와 단확(丹)은 강숙(康叔)이 종(終)을 이루기를 바란 것이다.

詳說
○ 一作耳.
　　'이(爾)'는 어떤 판본에는 '이(耳)'로 되어 있다.

○ 此節總言, 通上下宥刑辟之道, 所謂諭以治國之理者也.
　　여기의 절에서 총괄해서

○ 朱子曰 : "梓材一篇, 有可疑者. 如稽田垣墉之喩, 與無胥戕胥虐之類, 不相似. 後半篇, 又似洛誥之文, 乃臣戒君之辭, 吳才老考究得好.)"

---

371) 『서경대전(書經大全)』, 「주서(周書)」·「자재(梓材)」: "마씨가 말하였다 : '낮으면 담(垣)이라고 하고 높으면 용(墉)이라고 한다. 『곡량전(穀梁傳)』에서 「옹문(雍門)의 지붕을 덮은 풀이 타고 있다.」는 것의 범영(范寧)의 주에서 지붕을 덮은 풀에 대해 띠풀로 지붕을 덮은 것이라고 했다.'(馬氏曰 : 卑曰垣, 高曰墉, 穀梁傳, 焚雍門之茨, 范寧註, 茨, 謂茅蓋屋也.)"

372) 『서경대전(書經大全)』, 「주서(周書)」·「자재(梓材)」: "진씨 대유(陳氏大猷)가 말하였다 : '거친 그대로 늘어놓은 것을 「박(樸)」이라고 하고, 예쁘게 한 것을 해놓은 것을 「착(斲)」이라고 한다.(陳氏大猷曰 : 具粗曰樸, 致巧曰斲.)"

주자(朱子)373)가 말하였다 : "「자재」한 편에는 의심스러운 것이 있으니, 이를테면 '밭을 다스리고 담을 쌓는 것'의 비유는 '서로 해치지 말고 서로 포학히 하지 말라.'374)는 것들과 서로 비슷하지 않다. 후반의 편은 또 「낙고」의 글과 같고, 바로 신하가 임금을 경계하는 말이니, 오재로가 고찰하고 연구한 것이 좋다."375)

○ 梓材, 本篇, 止此.
「자재」는 본편이 여기까지 이다.

[10-4-11-5]

今王惟曰, 先王旣勤用明德, 懷爲夾, 庶邦享, 作兄弟方來, 亦旣用明德, 后式典集, 庶邦丕享.

이제 왕께서 '선왕이 모두 부지런히 밝은 덕을 써서 회유하여 가까이 하시니, 여러 나라가 물건을 바치며 형제가 되고 사방에서 와서 또한 모두 밝은 덕을 썼으며, 후왕이 떳떳한 법을

---

373) 주희(朱熹, 1130~1200) : 자는 원회(元晦)·중회(仲晦)이고, 호는 회암(晦庵)·회옹(晦翁)·고정(考亭)·자양(紫陽)·둔옹(遯翁) 등이다. 송대 무원(婺源 : 현 강서성 무원현) 사람으로 건양(建陽 : 현 복건성 건양현)에서 살았다. 1148년에 진사에 급제하여 동안주부(同安主簿)·비서랑(秘書郞)·지남강군(知南康軍)·강서제형(江西提刑)·보문각대제(寶文閣待制)·시강(侍講) 등을 역임하였다. 스승 이동(李侗)을 통해 이정(二程)의 신유학을 전수받고, 북송 유학자들의 철학사상을 집대성하여 신유학의 체계를 정립하였다. 1179~1181년 강서성(江西省) 남강(南康)의 지사(知事)로 근무하면서 9세기에 건립되어 10세기에 번성했다가 폐허가 된 백록동서원(白鹿洞書院)을 재건했다. 만년에 이르러 정적(政敵)인 한탁주(韓侂)의 모함을 받아 죽을 때까지 정치활동이 금지되고 그의 학문이 거짓 학문으로 폄훼를 받다가 그가 죽은 뒤에 곧 회복되었다. 저서로는 『정씨유서(程氏遺書)』, 『정씨외서(程氏外書)』, 『이락연원록(伊洛淵源錄)』, 『고금가제례(古今家祭禮)』, 『근사록(近思錄)』 등의 편찬과 『사서집주(四書集註)』, 『서명해(西銘解)』, 『태극도설해(太極圖說解)』, 『통서해(通書解)』, 『사서혹문(四書或問)』, 『시집전(詩集傳)』, 『주역본의(周易本義)』, 『역학계몽(易學啓蒙)』, 『효경간오(孝經刊誤)』, 『소학서(小學書)』, 『초사집주(楚辭集注)』, 『자치통감강목(資治通鑑綱目)』, 『팔조명신언행록(八朝名臣言行錄)』 등이 있다. 막내아들 주재(朱在)가 편찬한 『주문공문집(朱文公文集)』(100권, 속집 11권, 별집 10권)과 여정덕(黎靖德)이 편찬한 『주자어류(朱子語類)』(140권)이 있다.
374) 『서경대전(書經大全)』, 『주서(周書)』·「자재3(梓材3)」: "왕이 감(監)을 처음 두심은 그 다스림이 백성을 위해서이니, 감(監)을 경계하여 말하기를 '서로 해치지 말고 포학하지 말아서 과약(寡弱)한 자를 공경함에 이르며 외로운 부인(婦人)을 연속함에 이르러 백성을 보합(保合)하여 이것을 따라 용납하도록 하라.'라고 하였다. 왕이 방군(邦君)과 어사(御事)들에게 공효(功效)를 책망진댄 그 명령(命令)은 어떻게 하는가? 백성을 길러주도록 인도하고 편안하도록 인도하는 것이다. 예로부터 왕(王)이 경계함은 이와 같으니, 감(監)은 형벌(刑罰)함이 없다.(王啓監, 厥亂, 爲民, 曰無胥戕, 無胥虐, 至于敬寡, 至于屬婦, 合由以容. 王, 其效邦君越御事, 厥命, 曷以. 引養引恬. 自古, 王若玆, 監, 罔攸辟.)"
375) 『서경대전(書經大全)』, 『주서(周書)』·「자재(梓材)」: "주자가 말하였다 : '「자재」한 편에는 의심스러운 것이 있으니, 이를테면 '밭을 다스리고 담을 쌓는 것'의 비유는 또 '서로 해치지 말고 서로 포학히 하지 말라.'는 것들과 서로 비슷하지 않다. 심지어 「만년에 이르도록 왕노릇하시어 자자손손이 길이 백성을 보호하시기 바라노이다.'는 것은 도리어 「낙고」의 글과 같아 신하가 임금을 경계하는 말이니, 「주고」의 말이 아니다.'(朱子曰 : 梓材一篇, 有可疑者, 如稽田垣墉之喩, 却與無胥戕無胥虐之類, 不相似. 以至於欲至于萬年惟王子子孫孫永保民, 却又似洛誥之文, 乃臣戒君之辭, 非酒誥語也.)"

써서 백성들을 편안하게 하겠다.'라고 말씀하시면 여러 나라가 크게 물건을 바칠 것입니다.

詳說
○ 夾, 音協.
'협(夾)'은 음이 '협(協)'이다.

集傳
先王, 文王武王也. 夾, 近也.
선왕(先王)은 문왕(文王)과 무왕(武王)이다. 협(夾)은 가까움이니,

詳說
○ 唐孔氏曰 : "是人左右而夾之, 故言近."
당의 공씨(孔氏)가 말하였다 : "사람이 좌우로 있어 끼는 것이기 때문에 가깝다고 말한 것이다."376)

集傳
懷遠爲近也.
먼 데 있는 자를 회유하여 가깝게 만드는 것이다.

詳說
○ 添遠字.
'원(遠)'자를 더하였다.

集傳
兄弟, 言友愛也. 泰誓曰, 友邦冢君. 方來者, 方方而來也.
형제(兄弟)는 우애함을 말한 것이니, 「태서(泰誓)」에서 "우방(友邦)의 총군(君)이다."라고 하였다. 방래(方來)는 사방에서 오는 것이다.

---

376) 『서경대전(書經大全)』, 「주서(周書)」·「자재(梓材)」 : "당의 공씨가 말하였다 : '「협(夾)」은 사람이 좌우로 있어 끼는 것이기 때문에 가깝다고 말한 것이다. 음은 「협(協)」이다.'(唐孔氏曰, 夾者, 是人左右而夾之, 故言近夾. 音協.)"

詳說

○ 陳氏曰 : "庶邦親若兄弟, 各以其方來享."
  진씨(陳氏)가 말하였다 : "서방(庶邦)이 친하기가 형제와 같아 각기 사방에서 와서 물건을 바치는 것이다."377)

集傳

既, 盡也. 先王盡勤用明德, 而懷來于上, 諸侯, 亦盡用明德, 而視效於下也.
기(旣)는 모두이다. 선왕(先王)이 모두 부지런히 밝은 덕(德)을 써서 위에서 회유하여 오게 하니, 제후(諸侯)들 또한 모두 밝은 덕(德)을 써서 아래에서 본받았다.

詳說

○ 此句釋, 亦字意
  여기에서의 구의 해석도 글자의 의미이다.

集傳

后, 後王也. 式, 用也. 典, 舊典也. 集, 和輯也.
후(后)는 후왕(後王)이다. 식(式)은 씀이다. 전(典)은 옛 법이고, 집(集)은 화집(和輯)함이다.

詳說

○ 陳氏曰 : "前之庶邦享, 未盡丕享, 今曰丕享, 則無乎不享也."
  진씨(陳氏)가 말하였다 : "앞에서 서방이 물건을 바치는 것은 크게 바치는 것에서는 미진했는데, 이제 크게 바친다고 말했으니, 바치지 않음이 없는 것이다."378)

---

377)『서경대전(書經大全)』,「주서(周書)」·「자재(梓材)」: "진씨가 말하였다 : '…. 서방(庶邦)이 위로 물건을 바치고 친하기가 형제와 같아 각기 사방에서 온다. 와서 물건을 바치는 것도 모두 밝은 덕을 다 쓴 것이지 힘써서 그렇게 하는 것이 아니다. 「식(式)」은 법으로 하는 것이다. 밝은 덕을 써서 선왕의 덕을 본다는 것은 후왕이 선왕의 밝은 덕을 쓴 것을 법으로 본받을 뿐인 것이다. 이와 같이 하면, 서방이 크게 바칠 것이다. 앞에서 서방이 물건을 바치는 것은 크게 바치는 것에서는 미진했는데, 이제 크게 바친다고 말했으니, 바치지 않음이 없는 것이다.'(陳氏曰 : …. 庶邦享上, 親若兄弟, 各以其方而來. 其來享也, 亦皆盡用明德, 非勉强而然也. 式, 法也. 用明德, 則先王之典也, 後王式典法先王之用明德而已. 如是, 則集庶邦丕享矣. 前之庶邦享未盡丕享, 今曰, 丕享, 則無乎不享也.)"

378)『서경대전(書經大全)』,「주서(周書)」·「자재(梓材)」: "진씨가 말하였다 : '…. 서방(庶邦)이 위로 물건을 바치고 친하기가 형제와 같아 각기 사방에서 온다. 와서 물건을 바치는 것도 모두 밝은 덕을 다 쓴 것이지 힘써서 그렇게 하는 것이 아니다. 「식(式)」은 법으로 하는 것이다. 밝은 덕을 써서 선왕의 덕을 본다는 것

集傳

此章以後, 若臣下進戒之辭, 疑簡脫誤於此.
이 장(章) 이후는 신하(臣下)가 진계(進戒)한 말인 듯하니, 의심컨대 간편(簡編)이 여기에서 빠져 오류가 있는 듯하다.

詳說

○ 論也.
경문의 의미 설명이다.

○ 新安陳氏曰 : "不當復以武王命康叔解之."
신안 진씨(新安陳氏)가 말하였다 : "다시 무왕이 강숙에게 명한 것으로 해석해서는 안된다."379)

[10-4-11-6]

皇天, 旣付中國民, 越厥疆土, 于先王,

황천(皇天)이 이미 중국(中國)의 백성과 그 강토(疆土)를 선왕(先王)에게 맡겨 주셨으니,

詳說

○ 朱子曰 : "是一句."
주자(朱子)가 말하였다 : "하나의 구이다."380)

集傳

은 후왕이 선왕의 밝은 덕을 쓴 것을 법으로 본받을 뿐인 것이다. 이와 같이 하면, 서방이 크게 바칠 것이다. 앞에서 서방이 물건을 바치는 것은 크게 바치는 것에서는 미진했는데, 이제 크게 바친다고 말했으니, 바치지 않음이 없는 것이다.'(陳氏曰 : …. 庶邦享上, 親若兄弟, 各以其方而來. 其來享也, 亦皆盡用明德, 非勉强而然也. 式, 法也. 用明德, 則先王之典也, 後王式典法先王之用明德而已. 如是, 則集庶邦丕享矣. 前之庶邦享未盡丕享, 今曰, 丕享, 則無乎不享也.)
379) 『서경대전(書經大全)』, 「주서(周書)」·「자재(梓材)」 : "신안 진씨가 말하였다 : '주자가 이미 여기의 장 뒤로는 다른 책이 착간으로 잘못 여기에 이어졌다고 했으니, 다시 무왕이 강숙에게 명한 것으로 해석해서는 안된다. 다만 신하들이 임금에게 고한 말로 하는 것은 괜찮다.'(新安陳氏曰 : 朱子旣謂自此章以後, 爲他書錯簡誤綴於此, 則不當復以武王命康叔解之.只作臣告君之辭可也.)"
380) 『서경대전(書經大全)』, 「주서(周書)」·「자재(梓材)」 : "주자가 말하였다 : '『상서』에는 구두가 긴 것이 있으니, 이를테면 「황천(皇天)이 이미 중국(中國)의 백성과 그 강토(疆土)를 선왕(先王)에게 맡겨 주셨다.」는 것은 하나의 구이다.'(朱子曰 : 尙書句讀有長者, 如皇天旣付中國民越厥疆土于先王, 是一句.)"

越及也皇天旣付中國民及其疆土于先王也
월(越)은 및이다. 황천(皇天)이 이미 중국(中國)의 백성과 그 강토(疆土)를 선왕(先王)에게 맡겨주었다.

[10-4-11-7]
肆王, 惟德, 用 和懌先後迷民, 用懌先王受命.

이제 왕께서는 밝은 덕을 쓰시어 혼미한 백성들을 화열(和悅)하게 하고 위로하여 천명을 받으신 선왕을 기쁘게 하소서.

詳說
○ 先後, 並去聲.
'선(先)'과 '후(後)'는 모두 거성이다.

集傳
肆, 今也.
사(肆)는 이제이다.

詳說
○ 新安陳氏曰 : "訓今, 未安, 肆, 故也遂也. 朱子曰, 承上起下之辭. 書中肆字在句首者, 皆故與遂之意耳."
신안 진씨(新安陳氏)가 말하였다 : "'이제[今]'로 풀이한 것은 편하지 않다. '사(肆)'는 '고(故)'이고 '수(遂)'이다. 주자가 말하였다 : '위로 이어받아 아래로 일으키는 말이다. 글 중에 사(肆)자가 구의 앞에 있는 경우는 모두 수(遂)의 의미일 뿐이다.'"381)

---

381)『서경대전(書經大全)』,「주서(周書)」·「자재(梓材)」: "신안 진씨가 말하였다 : '채씨가 「이제[今]」로 풀이한 것은 편하지 않다. 「사(肆)」는 「고(故)」이고 「수(遂)」이다. 주자가 말하였다 : 「위로 이어받아 아래로 일으키는 말이다. 글 중에 사(肆)자가 구의 앞에 있는 경우는 이를테면 <드디어 상제에게 유제사를 지내신다.[肆類于上帝]> <드디어 사왕께서 크게 계승하게 되신 것입니다.[肆嗣王丕承基緖]> <왕께서는 빨리 덕을 공경하소서.[肆惟王, 其疾敬德]>라는 것과 위의 글에서 <지난날의 간궤이다.[肆往奸宄]>.라는 것에서 사(肆)는 또한 그 임금의 일을 드러내는 것으로 모두 모두 수(遂)의 의미일 뿐이니 굳이 이제[今]로 풀이할 필요는 없다.」'(新安陳氏曰 : 蔡氏訓肆為今, 未安. 肆, 故也遂也. 朱子曰, 承上起下之辭. 書中肆字在句首者, 如肆類于上帝, 肆嗣王丕承基緖, 肆惟王, 其疾敬德, 與上文肆往奸宄, 肆亦見厥君事, 皆故與遂之意耳, 不必訓為今也.)"

集傳

德用, 用明德也.

덕용(德用)은 명덕(明德)을 쓰는 것이다.

詳說

○ 新安陳氏曰:"先王諸侯後王, 均用此明德."

신안 진씨(新安陳氏)가 말하였다 : "선왕과 제후와 후왕이 모두 이 밝은 덕을 쓰는 것이다."

集傳

和懌,

화예(和懌)는

詳說

○ 一無和字.

어떤 판본에는 '화(和)'자가 없다.

集傳

和悅之也. 先後, 勞來之也,

화하고 기뻐하는 것이다. 선후(先後)는 오는 수고를 위로하는 것이고,

詳說

○ 並去聲.

'노래(勞來)'는 모두 거성이다.

集傳

迷民, 迷惑染惡之民也. 命, 天命也, 用慰悅先王之克受天命者也.

미민(迷民)은 미혹되어 악(惡)에 물든 백성이다. 명(命)은 천명(天命)이니, 선왕이 천명(天命)을 받은 것을 위로하고 기쁘게 하는 것이다.

[10-4-11-8]

> 已若茲監. 惟曰欲至于萬年惟王, 子子孫孫, 永保民.

이와 같이 살펴보소서. 만년에 이르도록 왕 노릇하시어 자자손손이 길이 백성을 보호하시기 바라노이다.

詳說

○ 監, 如字.

'감(監)'은 본래의 음 대로 읽는다.

集傳

已, 語辭.

이(已)는 어조사이다.

詳說

○ 茲, 指先王受命

'자(茲)'는 선왕이 천명을 받은 것을 가리킨다.

集傳

監, 視也. 此, 人臣祈君永命之辭也.

감(監)은 살펴봄이다. 이는 인신(人臣)이 군주(君主)에게 천명(天命)이 영원하기를 바라는 말이다.

詳說

○ 見召誥.

「소고」에 보인다.

○ 新安陳氏曰 : "已乎君其監觀于茲, 臣所祈於君, 惟曰自今至于萬年, 當爲天下王, 王之子子孫孫, 永保民而已. 其忠愛無窮之心歟."

신안 진씨(新安陳氏)가 말하였다 : "이미 임금이 여기에서 살펴보셨으니, 신하들이 임금에게 바라는 것은 지금부터 만년까지 당연히 천하의 왕이 되시어 왕의 자자손손이 영원히 백성을 보호하기를 바라는 것일 뿐이다. 그 충성과 사랑의 무궁한 마음일 것이다."382)

集傳

按, 梓材, 有自古王若茲監,
살펴보건대, 「자재(梓材)」에 '예로부터 왕(王)이 경계함은 이와 같으니, 감(監)은 형벌(刑罰)함이 없다.[自古, 王若茲, 監, 罔攸辟]'383)라는 말이 있는데,

詳說

○ 平聲, 下並同.
'감(監)'은 평성으로 아래에서 모두 같다.

集傳

罔攸辟之言, 而編書者, 誤以監爲句讀,
책을 엮는 자가 잘못 구두(句讀)를 떼고,

詳說

○ 音豆, 下同.

---

382) 『서경대전(書經大全)』, 「주서(周書)」·「자재(梓材)」: "신안 진씨가 말하였다 : '「이와 같이 살펴보소서[己若茲監]」라는 말은 「예로부터 왕(王)이 경계함은 이와 같으니, 감(監)은[自古王若茲, 監]」이라는 말과 서로 비슷하지만 실은 같지 않다. 위의 글에서 「감(監)」은 평성이고, 「삼감(三監)」의 「감(監)」과 여기의 「감(監)」은 거성으로 「감관(監觀)」에서의 「감(監)」이다. 이미 임금이 여기에서 살펴보셨으니, 신하들이 임금에게 바라는 것은 지금부터 만년까지 당연히 천하의 왕이 되시어 왕의 자자손손이 영원히 백성을 보호하기를 바라는 것이다. 「만년에 이르도록 왕 노릇한다.」는 것은 단지 길이 천하를 소유한다는 것과 같다. 「자자손손 길이 백성을 보호한다.」는 것은 대대로 왕이 길이 천하를 보호해서 편안하게 하도록 하라는 것이니, 아마 실로 공적으로 하고 왕가에 사적으로 하지 않아야 한다는 것일 것이다. 그 신하들이 임금의 천명을 길이 하기를 바란 것은 충성과 사랑의 무궁한 마음일 것이다. ….'(新安陳氏曰 : 己若茲監, 與自古王若茲監相似, 而實不同. 上文之監, 平聲, 三監之監, 此之監, 去聲, 監觀之監. 己乎君其監觀于茲, 臣所祈於君, 惟曰欲自今至于萬年, 當爲天下王, 王之子子孫孫, 永保民而已. 日萬年惟王. 若止於長有天下. 日子子孫孫永保民, 則繼世王之長保安天下也. 意實公而非私於王家也. 其人臣祈君永命, 忠愛無窮之心歟. ….)"
383) 『서경대전(書經大全)』, 「주서(周書)」·「자재3(梓材3)」: "왕이 감(監)을 처음 두심은 그 다스림이 백성을 위해서이니, 감(監)을 경계하여 말하기를 '서로 해치지 말고 포학히 하지 말아서 과약(寡弱)한 자를 공경함에 이르며 외로운 부인(婦人)을 연속함에 이르러 백성을 보합(保合)하여 이것을 따라 용납하도록 하라.'라고 하였다. 왕이 방군(邦君)과 어사(御事)들에게 공효(功效)를 책할진댄 그 명령(命令)은 어떻게 하는가? 백성을 길러주도록 인도하고 편안하도록 인도하는 것이다. 예로부터 왕(王)이 경계함은 이와 같으니, 감(監)은 형벌(刑罰)함이 없다.(王啓監, 厥亂, 爲民, 曰無胥戕, 無胥虐, 至于敬寡, 至于屬婦, 合由以容. 王, 其效邦君越御事, 厥命, 曷以. 引養引恬. 自古, 王若茲, 監, 罔攸辟.)"

書集傳詳說 卷之十　325

'두(讀)'는 음이 '두(豆)'로 아래에서도 같다.

集傳
而爛簡適有已若玆監,
끊긴 간편(簡編)에 마침 '이와 같이 살펴보소서[已若玆監]'384)라는

詳說
○ 如字.
'감(監)'은 본래의 음 대로 읽는다.

集傳
之語, 以爲語意相類, 合爲一篇, 而不知其句讀之本不同, 文義之本不類也.
孔氏依阿其說
말이 있고, 말뜻이 서로 유사하다고 여겨 한 편(篇)으로 합하였으니, 그 구두(句讀)가 본래 똑같지 않고 글뜻이 본래 같지 않음을 알지 못한 것이다. 공씨(孔氏)는 그 말에 의거하여

詳說
○ 所編之文.
엮은 글이다.

集傳
於篇意無所發明, 王氏謂, 成王自言必稱王者, 以覲禮
편(篇)의 뜻에서 드러내 밝힌 것이 없고, 왕씨(王氏)는 "성왕(成王)이 스스로 말할 적에 반드시 왕(王)이라고 칭하는 경우는 근례(覲禮)를 가지고

詳說
○ 儀禮.

---

384) 『서경대전(書經大全)』, 「주서(周書)」·「자재8(梓材8)」: "이와 같이 살펴보소서. 만년에 이르도록 왕노릇하시어 자자손손이 길이 백성을 보호하시기 바라노이다.(已若玆監. 惟曰欲至于萬年惟王, 子子孫孫, 永保民.)"

'근례(覲禮)'는 의례(儀禮)이다.

集傳

考之, 天子以正遏諸侯
상고해 보면, 천자(天子)가 정사로써 제후(諸侯)들을 막을 때에는

詳說

○ 猶服也.
'알(遏)'은 '복(服)'과 같다.

集傳

則稱王, 亦強
왕(王)이라고 칭한다."라고 하였으니, 또한 억지로

詳說

○ 上聲.
'강(强)'은 상성이다.

集傳

釋難通. 獨吳氏以爲誤簡者, 爲得之, 但謂王啓監以下, 卽非武王之誥, 則未必然也.
해석하여 통하기 어렵다. 유독 오씨(吳氏)가 "잘못된 간편(簡編)이다."라고 한 것만이 맞으나 다만 '왕계감(王戒監)' 이하는 곧 무왕(武王)의 가르침이 아니라고 말했으니, 이것은 반드시 그렇지는 않을 것이다.

詳說

○ 按以下, 申篇題之論.
'안(按)' 이하는 편제에 대한 설명을 거듭한 것이다.

[10-4-12]
「소고(召誥)」

集傳
左傳曰
『좌전(左傳)』에

詳說
○ 桓二年.
환공 2년이다.

集傳
武王克商, 遷九鼎于洛邑, 史記
"무왕(武王)이 상(商)나라를 이기고 구정(九鼎)을 낙읍(洛邑)으로 옮겼다."라고 하였고, 『사기(史記)』에

詳說
○ 周記
「주기」이다.

集傳
載武王言, 我南望三途,
무왕(武王)의 말씀을 기재(記載)하기를 "'내 남쪽으로 삼도산(三途山)을 바라보고,

詳說
○ 左傳注曰 : "河南山名."
『좌전』의 주에서 말하였다 : "하남의 산 이름이다."

集傳
北望嶽鄙,

북쪽으로 악(嶽)과 비(鄙)를 바라보며,

詳說

○ 史記註曰 : "嶽, 謂河北太行, 鄙, 謂都鄙近嶽之地.
『사기』의 주에서 말하였다 : "'악(嶽)'은 북쪽의 태행산을 말하고, '비(鄙)'는 도읍과 시골이 '악(嶽)'에 가까운 곳을 말한다."

集傳

顧詹有河, 粵
유하(有河)를 돌아보고

詳說

○ 瞻同. 一作瞻, 下同.
'첨(詹)'은 '첨(瞻)'과 같다. 어떤 판본에는 '첨(瞻)'으로 되어 있고 아래에서도 같다.

○ 音越, 猶面也.
'월(粵)'은 음이 '월(越)'이고 '면(面)'이다.

集傳

詹洛伊,
낙수(洛水)와 이수(伊水)를 바라보았으니,

詳說

○ 二水.
두 강이다.

集傳

毋遠天室.
천실(天室)에서 멀리하지 말라.'라고 하고는

詳說

○ 沙溪曰 : "或曰, 嵩山太室少室峯. 或曰營室星. 按史記, 此文之上, 有依天室之文, 註天之宮室."

사계가 말하였다 : "어떤 이는 '숭산 태실(太室)의 소실봉(少室峯)을 말한다.'고 하였고, 어떤 이는 「영실성(營室星)이다.」라고 하였다. 『사기』를 살펴보면, 여기 글의 위에 '천실(天室)에 의지하였다.'는 말이 있고, '하늘의 궁실에 의지하였다.'고 주하였다."385)

集傳

營周, 居于洛邑而後去.

주(周)나라를 경영하여 낙읍(洛邑)에 거한 뒤에 떠나갔다."라고 하였다.

詳說

○ 武王嘗言如此. 蓋有志未就而崩云.

무왕이 이처럼 말하였던 것이니, 대개 뜻은 있었으나 이루지 못하고 돌아가신 것이다.

集傳

則宅洛者, 武王之志, 周公成王成之,

그렇다면 낙읍(洛邑)에 거한 것은 무왕(武王)의 뜻을 주공(周公)과 성왕(成王)이 이룬 것이며,

詳說

○ 王氏曰 : "洛邑, 非特朝聘道里均而已, 懲三監之難, 毖殷頑民, 作王都, 則易以鎭服也. 然鎬京宗廟社稷官俱在, 不可遷, 故於洛會諸侯而已."

---

385) 『운계만고(雲溪漫稿)』 12권, 「차록(箚錄)」·「소고(召誥)」: "사계가 말하였다 : '삼도(三途)는 육혼(陸渾)의 남쪽에 있다. 악비(岳鄙)에서 악(岳)은 대개 하북의 태행산이고, 비(鄙)는 「도읍과 시골[都鄙]」의 비(鄙)이니, 악(岳)에서 가까운 읍을 말한다. 천실(天室)은 어떤 이가 「숭산 태실(太室)의 소실봉(少室峯)을 말한다.」고 하였고, 어떤 이는 「영실성(營室星)이다.」라고 하였다. 『사기』에는 여기 글의 위에 「천실(天室)에 의지하였다.」는 말이 있고, 「하늘의 궁실에 의지하였다.」고 주하였다.' 沙溪曰 : 三途, 在陸渾南. 岳鄙에서 岳盖河北太行山, 鄙, 都鄙之鄙, 謂近岳之邑. 天室, 或曰, 謂嵩山太室少室峯. 或曰, 營室星. 史記此文之上, 有依天室之文, 註依天之宮室也.)"

왕씨(王氏)가 말하였다 : "낙읍은 조빙하는 노정이 균일할 뿐만 아니라 삼감의 난을 징계하고 완악한 은나라 백성을 근신시켰으니, 진압해서 복종시키기 쉽기 때문이다. 그러나 호경은 고종의 종묘사직과 관리들이 모두 있어 옮길 수 없기 때문에 낙에서 제후와 모였던 것일 뿐이다."386)

○ 陳氏大猷曰 : "宅土中以承天地沖和之氣, 都鎬京據上游形勝. 漢唐竝建兩京, 蓋亦識成王周公之遺意歟."
진씨 대유(陳氏大猷)가 말하였다 : "토의 중앙을 택해서 천지의 충화한 기운을 이어받고, 호경에 도읍해서 위로 노니는 형세의 우세함에 의거했다. 한·당과 나란히 두 서울을 건립한 것은 대개 또한 성왕과 주공의 유의를 알았기 때문일 것이다."387)

集傳
召公實先經理之.
소공(召公)이 실로 먼저 경영하여 다스린 것이다.

詳說

---

386) 『서경대전(書經大全)』, 「주서(周書)」·「소고(召誥)」 : "왕씨(王氏)가 말하였다 : '낙(洛)은 천하의 중앙이니, 하늘의 일로 말하면 해가 동쪽에서 밝아오면 저녁에 그림자가 드리워져 바람이 많고, 해가 서쪽에서 밝아오면 아침에 그림자가 드리워져 음지가 많으며, 해가 남쪽에서 밝아오면 그림자가 짧아 더운 날이 많고, 해가 북쪽에서 밝아오면 그림자가 길어 추운 날이 많다. 사람의 일로 말하면 사방에서 조빙하고 공물과 부세를 바치는 노정이 균일하다. 이와 같을 뿐만 아니라 삼감의 난을 징계하고 완악한 은나라 백성을 근신시키려고 낙읍 가까이로 옮겼던 것이다. 매방과 거리가 가까우면 부리기 쉽고, 옮겨서 왕도를 만들면 쉽게 진압해서 복종시킬 수 있다. 그렇다고는 하지만 호경은 고종의 종묘사직과 관부와 궁실이 모두 있어 옮길 수 없기 때문에 낙에서 제후와 모였던 것일 뿐이다.'(王氏曰 : 洛者, 天下之中, 以天事言, 則日東景夕多風, 日西景朝多陰, 日南景短多暑, 日北景長多寒. 以人事言, 則四方朝聘貢賦道理均焉. 非特如此而已, 懲三監之難, 毖殷頑民, 遷以自近洛. 距妹邦爲近, 則易使之, 遷作王都焉, 則易以鎭服也. 雖然鎬京宗廟社稷官府宮室具在, 不可遷也, 故於洛邑會諸侯而已.)"
387) 『서경대전(書經大全)』, 「주서(周書)」·「소고(召誥)」 : "진씨 대유가 말하였다 : '성왕이 실로 호경에 도읍한 것은 오직 왕래하며 제후를 조회하고 낙에서 청묘에 제사하려는 것이다. 그러므로 호경을 종주(宗周)라고 하니, 그것이 천하의 종(宗)이기 때문이다. 낙읍을 동도(東都)라고 하고, 또 성주(成周)라고 하니 주나라의 도가 여기에서 이루어졌기 때문이다. 낙읍(洛邑)은 천하의 지극한 중앙이고, 풍(豐)과 호(鎬)는 천하에서 지극히 험한 곳이다. 성왕이 낙읍에서 왕조를 건립해서 제후를 조회하는 것은 천지의 충화한 기운을 이어받아 토의 중앙에 자리에서 사해에 임하는 것이고, 공이 호경에 도읍을 정해서 그 기업을 성하게 한 것은 천하의 지형이 우세한 곳에 의거해서 위로 노닐며 육합을 제어하려는 것으로 천하를 염려하는 것이다. 한·당과 멀리 있으면서 나란히 두 서울을 건립한 것은 형세가 있는 곳을 알아 성왕과 주공의 유의를 얻었기 때문일 것이다.'(陳氏大猷曰 : 成王實都鎬京, 特往來朝諸侯, 祀淸廟於洛, 故鎬京謂之宗周, 以其爲天下所宗也. 洛邑謂之東都, 又謂之成周, 以周道就於此也. 洛邑, 天下之至中, 豐鎬, 天下之至險. 成王於洛邑定鼎, 以朝諸侯, 所以承天地沖和之氣, 宅土中以莅四海, 其示天下也, 公於鎬京定都, 以壯基本, 所以據天下形勝處, 上游以制六合, 其慮天下也. 遠漢唐竝建兩京, 蓋亦識形勢之所在, 而有得於成王周公之遺意歟.)"

○ 營作司空之事. 蓋召公時以司空兼太保耳.
사공의 일을 경영하여 하는 것은 소공 때에 사공이 태보를 겸했기 때문일 뿐이다.

集傳
洛邑旣成, 成王始政,
낙읍(洛邑)이 이루어진 다음에 성왕(成王)이 처음 정사(政事)를 하니,

詳說
○ 親政.
친정한 것이다.

集傳
召公, 因周公之歸, 作書致告, 達之於王. 其書拳拳於歷年之久近, 反復乎夏商之廢興,
소공(召公)이 주공(周公)의 돌아감에 따라 글을 지어 아뢰어서 왕에게 전달하게 하였던 것이다. 이 글은 역년(歷年)의 오래됨과 가까움에 권권(拳拳)하고, 하(夏)나라와 상(商)나라의 폐하고 흥함을 반복하였으니,

詳說
○ 覆同, 一作覆.
'복(復)'은 '복(覆)'과 같고, 어떤 판본에는 '복(覆)'으로 되어 있다.

集傳
究其歸, 則以諴小民
그 귀결을 연구해보면 소민(小民)을 화(和)하는 것으로

詳說
○ 音咸.
'함(諴)'은 음이 '함(咸)'이다.

集傳

爲祈天命之本, 以疾敬德爲諴小民之本, 一篇之中, 屢致意焉.
천명(天命)을 비는 근본을 삼고, 빨리 덕(德)을 공경하는 것으로 소민(小民)을 화(和)하는 근본을 삼아 한 편(篇) 가운데 여러 번 뜻을 지극히 하였다.

詳說

○ 新安陳氏曰 : "敬不敬之異效, 凡七言之."
신안 진씨가 말하였다 : "공경과 불경의 다른 효험은 모두 일곱 가지로 말한다."388)

集傳

古之大臣, 其爲國家,
옛날 대신들은 국가를 위하여

詳說

○ 去聲.
'위(爲)'는 거성이다.

集傳

長遠慮, 蓋如此. 以召公之書,
길고 멀리 생각함이 이와 같았다. 소공(召公)의 글이라

詳說

○ 召公作書.
소공이 글을 지은 것이다.

集傳

---

388) 『서경대전(書經大全)』, 「주서(周書)」·「소고(召誥)」: "(신안 진씨가 말하였다 : '…. 소공이 권권하며 덕을 공경하고 명을 계승할 것을 왕에게 경계한 것이다. 공경과 불경의 다른 효험은 모두 일곱 가지로 말한다. 심지어 덕을 공경하지 않으면 반드시 천명을 실추한다고 말했으니, 그 말이 아주 위태로운 것은 대공을 유지하여 안정시키기가 아주 어려움을 드러내려는 것이다.'新安陳氏曰 : …. 召公拳拳以敬德承命戒王. 敬不敬之異效凡七言之, 至謂不敬德, 則必墜厥命, 其辭甚危, 見保大定功之尤難也.)"

因以召誥名篇,
그에 따라 「소고(召誥)」로 편명(篇名)을 하였으니,

詳說

○ 農巖曰 : "誥體, 自上誥下, 乃其本體也. 下誥上及人臣相告語, 亦以此爲名者, 蓋誥是告戒之義, 用之上下, 皆通也. 然人臣告戒之辭, 旣以訓稱矣. 復或稱誥, 何也. 豈亦有體格之不同歟."
농암(農巖)389)이 말하였다 : "고(誥)체는 위에서 아래에 고하는 것이 본래의 형체이다. 아래에서 위로 고하는 것과 신하들이 서로 고하는 것도 이것으로 이름을 붙인 것은 '고(誥)'자가 고하여 경계한다는 뜻으로 위아래로 모두 쓸 수 있기 때문이다. 그러나 신하가 임금에게 고하여 경계하는 말에 대해서는 이미 훈(訓)이라고 칭하였는데, 다시 간혹 고(誥)라고도 칭한 것은 무엇 때문인가? 아마도 또한 문체의 격식이 같지 않기 때문일 것이다."390)

集傳

今文古文皆有.
금문(今文)과 고문(古文)에 모두 있다.

詳說

○ 朱子曰 : "周誥辭語艱澁, 艾軒以爲方言. 誥是與民語, 似今官

---

389) 김창협(金昌協, 1651~1708) : 자는 중화(仲和)이고, 호는 농암(農巖)·삼주(三洲)이다. 조선 중기의 학자·문신 숙종 8년(1682)에 문과에 급제하고 집의(執義)·대사성을 지냈으나, 아버지 김수항이 기사환국 때 사사(賜死)되자 벼슬을 버리고 은거하며 성리학 연구에 몰두하였다. 당대의 문장가이며 서예에도 능하였다. 저서에 『농암집』·『사단칠정변(四端七情辨)』 등이 있다.
390) 『농암집(農巖集)』 31권 「잡식(雜識)」 : "「소고(召誥)」·「낙고(洛誥)」 등의 편은 아래에서 위에 고하는 말이고, 또 「미자(微子)」·「군석(君奭)」 같은 편들은 신하가 서로 고하는 말이니, 전하는 자들도 고체라고 하였다. 이들이 비록 똑같이 고(誥)로 이름 붙였지만 체제는 각기 다르다. 『주례(周禮)』에 의거하면, 고체는 본디 회동에 쓰는 것으로 군사들에게 쓰는 서체(誓體)와 함께 모두 대중에게 고하는 말이라고 하였으니, 위에서 아래에 고해 주는 것이 고체의 본래 형체이다. 그런데 아래에서 위에 고하는 것과 신하들이 서로 고하는 말에도 고(誥)라는 이름 붙인 것은 '고(誥)'자가 고하여 경계한다는 뜻으로 위아래로 모두 쓸 수 있기 때문이다. 그러나 신하가 임금에게 고하여 경계하는 말에 대해서는 이미 훈(訓)이라고 칭하였는데, 간혹 고(誥)라고도 칭한 것은 무엇 때문인가? 예를 들어 「고종융일(高宗肜日)」·「서백감려(西伯戡黎)」·「무일(無逸)」·「입정(立政)」 등의 편이 모두 고하여 경계하는 말인데 혹은 훈체라 칭하기도 하고 혹은 고체라 칭하기도 했으니, 아마도 또한 문체의 격식이 같지 않기 때문일 것이다.(召誥洛誥諸篇, 是自下誥上之辭, 又如微子君奭諸篇. 是人臣自相告語之辭, 而傳者亦以爲誥體. 雖同名誥, 而事體則各不同矣. 據周禮, 誥本用之會同, 與軍旅用誓, 同爲喩衆之辭, 則自上誥下, 乃其本體也. 而下誥上, 及人臣相告語, 亦以此爲名者, 蓋誥是告戒之義, 用之上下, 皆通也. 然人臣告戒之辭, 旣以訓稱矣, 復或稱誥, 何也. 如高宗肜日, 西伯戡黎無逸立政篇, 同爲告戒之辭, 而或稱訓體, 或稱誥體, 豈亦有體格之不同者歟.)"

司行移曉諭文字, 有帶時語在其中, 當時人便曉得, 今便曉不得."

주자가 말하였다 : "주나라의 고하는 말은 말이 어려운 것에 대해 애헌은 방언이라고 여겼다. 고(誥)는 백성들과 말하는 것으로 지금 관사(官司)에서 공문을 돌려 깨우치는 문자이니, 당시의 사람들은 알 수 있으나 지금에는 알 수 없는 것이다."391)

[10-4-12-1]

惟二月旣望, 越六日乙未, 王朝步自周, 則至于豐.

2월 기망(旣望)에서 6일이 지난 을미일(乙未日)에 왕(王)이 아침에 주(周)나라로부터 와서 풍(豐)에 이르셨다.

集傳

日月相望, 謂之望, 旣望十六日也

해와 달이 서로 바라봄을 보름[望]이라 하니 기망(旣望)은 16일이다.

詳說

○ 漢志曰 : "周公攝政七年, 二月乙亥朔, 庚寅旣望."

『한지』에서 말하였다 : "주공이 섭정한 7년 2월의 을해(乙亥)가 초하루이니, 경인(庚寅)이 기망이다."392)

---

391) 『서경대전(書經大全)』, 「주서(周書)」·「소고(召誥)」: "물었다 : '주나라의 고하는 말은 말이 어려우니 어떻게 봐야 합니까?' 주자가 말하였다 : '이런 것들은 알 수 없는 것입니다.' 임문(林文)은 '애헌(艾軒)이 방언으로 여겼다.'고 하였습니다.' 말하였다 : '다만 옛말은 이와 같을 뿐입니다. 가만히 생각건대, 당시 풍속에 이와 같이 말하면 사람들이 모두 알았을 것입니다. 이런 물건은 이런 물건이라고 부르는데, 지금 풍속에서 이런 물건이라고 부르지 않으면 곧 그것을 이해할 수 없습니다. 「채중지명」이나 「군아」와 같은 등의 편은 바로 당시 사대부들과 말한 것으로 지금의 한림(翰林)에서 제고(制誥)한 문장과 같기 때문에 매우 이해하기 쉽습니다. 이를테면 고(誥)는 백성들과 말하는 것으로 지금 관사(官司)에서 공문을 돌려 깨우치는 문자인데, 그 가운데 당시의 말을 붙여 있으니, 이제 단지 다만 이해할만한 것은 이해하고 이해할 수 없는 것은 남겨두는 것이 좋습니다. 이를테면 『시경』의 「경산의 주위가 모두 대하이다[景員維河]와 같은 것은 위아래 문장은 모두 이해하기 쉬우나 도리어 이 한 구절은 이해할 수 없습니다. 또 이를테면 '삼수로 벗을 삼다[三壽作朋].]는 것은 삼수가 무엇 입니까? 구양수(歐陽脩)는 옛말에 '삼수(三壽)'의 설명이 있다고 기록하였으니, 아마 당시에는 본래 이런 말들이 있어서 사람들이 모두 알았으나, 지금은 알 수 없는 것일 겁니다.'(問, 周誥辭語艱澁, 如何看. 朱子曰, 此等是不可曉. 林文說, 艾軒以為方言. 曰, 只是古語如此. 切意當時風俗恁地說話, 人便都曉得. 如這物事喚做這物事, 今風俗不喚做這物事, 便曉不得. 如蔡仲之命君牙等篇, 乃當時與士大夫語, 似今翰林所作制誥之文, 故甚易曉. 如誥, 是與民語, 乃今官司行移曉諭文字, 有帶時語在其中, 今但曉其可曉者, 不可曉處則闕之可也. 如詩景員維河, 上下文皆易曉, 却此一句不可曉. 又如三壽作朋, 三壽是何物. 歐陽記古語亦有三壽之說, 想當時自有必般說話, 人都曉得, 只是今不可曉.)"

○ 王氏曰 : "以朏望明魄紀月, 以甲子紀日, 書法也."
　왕씨(王氏)가 말하였다 : "초승과 보름의 달빛으로 기월하고 갑자로 기일하는 것이 서법이다."393)

集傳
乙未, 二十一日也. 周, 鎬京也. 去豐二十五里, 文武
을미일(乙未日)은 21일이다. 주(周)는 호경(鎬京)이니, 풍(豊)과 25리 떨어져 있으니, 문왕(文王)·무왕(武王)의

詳說
○ 一作王.
　어떤 판본에는 왕으로 되어 있다.

集傳
廟在焉. 成王至豐,
사당(祠堂)이 여기에 있다. 성왕(成王)이 풍(豊)에 이르러

詳說
○ 步, 猶行也.
　경문에서 '보(步)'는 '행(行)'과 같다.

集傳
以宅洛之事告廟也.
낙읍(洛邑)에 거하는 일을 사당(祠堂)에 고(告)한 것이다.

詳說
○ 補此句.

---

392) 『서경대전(書經大全)』, 「주서(周書)」·「소고(召誥)」: "임씨가 말하였다 : 『한지』에서 「주공이 섭정한 7년 2월의 을해(乙亥)가 초하루이니, 경인(庚寅)이 기망이다.」라고 하였다.'(林氏曰 : 漢志曰, 周公攝政七年, 二月乙亥朔, 庚寅旣望.)"
393) 『서경대전(書經大全)』, 「주서(周書)」·「소고(召誥)」: "왕씨가 말하였다 : '초승과 보름의 달빛으로 기월하고 갑자로 기일하는 것이 서법이다.'(王氏曰 : 以朏望明魄紀月, 以甲子紀日, 書法也.)"

이 구를 더하였다.

[10-4-12-2]

惟太保, 先周公相宅. 越若來三月, 惟丙午朏, 越三月戊申, 太保朝至于洛, 卜宅, 厥旣得卜, 則經營.

태보(太保)가 주공(周公)보다 먼저 가서 집터를 보았다. 그리하여 월약래(越若來) 3월(月) 병오일(丙午日) 초사흘에서 3일이 지난 무신일(戊申日)에 태보(太保)가 아침에 낙읍(洛邑)에 이르러 집터를 점쳐 이미 길(吉)한 점괘(占卦)를 얻고서 경영(經營)하였다.

詳說

○ 先相, 並去聲. 朏, 敷尾反.
'선(先)'과 '상(相)'은 모두 거성이다. '비(朏)'는 '부(敷)'와 '미(尾)'의 반절이다.

○ 孔氏曰 : "太保, 官名, 召公也."
공씨(孔氏)가 말하였다 "태보는 관명이고 소공이다."

集傳

成王在豐, 使召公先周公行,
성왕(成王)이 풍(豐)에 있으면서 소공(召公)을 시켜 주공(周公)보다 먼저 가서

詳說

○ 先周公, 諺釋誤, 豈泥於此使字歟, 抑傳寫之訛歟.
'선주공(先周公)'은 『언해』의 해석이 잘못되었다. 어찌 여기의 '사(使)'자에 구애되겠는가? 아니면 전하여 베끼면서 잘못된 것인가?

集傳

相視洛邑. 越若來, 古語辭, 言召公於豐迤邐而來也.
낙읍(洛邑)을 보게 하였다. 월약래(越若來)는 옛날의 어조사(語助辭)이니, 소공(召公)이 풍(豐)에서 돌아옴을 말한 것이다.

詳說

○ 迻爾反.

'이(迻)'는 음이 '이(移)'와 '이(爾)'의 반절이다.

○ 邐紙反.

'리(邐)'는 음이 '력(力)'과 '지(紙)'의 반절이다.

○ 行也.

'리(邐)'는 '행(行)'이다.

○ 朱子曰:"劉諫議云, 越若, 發語辭, 來三月, 猶言明三月也."

주자(朱子)가 말하였다:"유간의(劉諫議)394)가 '「월약(越若)」은 발어사이고,「래삼월(來三月)」은「명삼월(明三月)」이라고 말하는 것과 같다.'라고 하였다.

○ 鄒氏季友曰:"堯典傳引此, 而此乃異釋, 何也. 劉說, 尤有證, 不當復釋爲迻邐而來也."

추씨 계우(鄒氏季友)395)가 말하였다:"「요전(堯典)」의 전(傳)에서 이것을 인용하였는데,396) 여기에서 그야말로 해석을 달리한 것은 무엇 때문인가? 유씨의 설

---

394) 유안세(劉安世, 1048 ~ 1125):"위(魏)나라 사람으로 자는 기지(器之)이고, 호는 원성(元城), 독역노인(讀易老人)이다. 북송(北宋) 시대의 관리이자 학자이다. 직간(直諫)을 잘하는 신하로 당시 사람들은 전상호(殿上虎, 궁전의 호랑이)로 일컬었다. 진사(進士) 출신으로 사마광(司馬光)에게 배웠고, 사마광이 재상이 되자 추천을 받아서 비서성정자(秘書省正字)가 되었다. 그 후 좌간의대부(左諫議大夫), 추밀도승지(樞密都承旨), 지형(知衡), 지정(知鼎), 지운주(知鄆州), 지진정부(知鎭定府) 등을 지냈다. 저서로『진언집(盡言集)』이 있다.

395)『서경대전(書經大全)』,『상서(商書)』·『중훼지고(仲虺之誥)』에는 황보밀(皇甫謐)의 말로 되어 있다. 황보밀(皇甫謐, 215년 ~ 282년)은 서진(西晉) 안정(安定) 조나(朝那) 사람으로 자는 사안(士安)이고, 어릴 때 이름은 정(靜)이며, 자호는 현안선생(玄晏先生)이다. 황보숭(皇甫嵩)의 증손이다. 젊었을 때 거침없이 방탕하여 사람들이 미치광이라고 여겼다. 20살 무렵부터 부지런히 공부해 게으르지 않았다. 집이 가난해 직접 농사를 지었는데, 책을 읽으면서 밭갈이를 함으로써 수많은 서적들을 통독했다. 나중에 질병에 걸렸으면서도 손에서 책을 놓지 않고 저술에 전심하느라 밥 먹는 것도 잊어버려 사람들이 서음(書淫)이라 했다. 무제(武帝) 때 부름을 받았지만 나가지 않았다. 무제가 책 한 수레를 하사했다. 자신의 병을 고치려고 의학서를 읽어 가장 오랜 침구 관련서인『침구갑을경(鍼灸甲乙經)』을 편찬했다. 역사에도 조예가 깊어『제왕세기(帝王世紀)』와『연력(年歷)』,『고사전(高士傳)』,『일사전(逸士傳)』,『열녀전(列女傳)』,『현안춘추(玄晏春秋)』등을 지었다.

396)『서경대전(書經大全)』,『우서(虞書)』·『요전1(召誥1)』:"옛 제요(帝堯)를 상고하건대 공이 큼이시니, 공경하고 밝고 문채롭고 생각함이 편안하고 편안하시며 진실로 공손하고 능히 겸양하시어 광채가 사표(四表)에 입혀지시며 상하(上下)에 이르셨다.(曰若稽古帝堯, 曰放勳, 欽明文思安安, 允恭克讓, 光被四表, 格于上下.)"; 주자주, "왈(曰)은 월(越)과 통한다. 고문(古文)에는 월(越)로 되어 있는바, 왈약(曰若)은 발어사이니,『주서(周書)』의 '월약래삼월(越若來三月)'도 이러한 예(例)이다.(曰, 越通. 古文作越, 曰若者, 發語辭,

명으로 더욱 논증함이 있으니, 다시 '돌아옴'으로 해석해서는 안된다."

○ 按, 旣云古語辭, 又云迤邐來, 上下文不免自相矛盾, 當以上說
爲正.
살펴보건대, 이미 '옛날의 어조사'라고 말해놓고, 또 '돌아옴'이라고 말하면 상하의 글이 모순됨을 면하지 못하니, 앞의 설명을 바른 것으로 여겨야 한다.

<집전>
朏, 孟康曰, 月出也, 三日明生之名.
비(朏)는 맹강(孟康)이 "달이 나오는 것이니, 초사흘에 밝은 달이 나옴을 이름함이다."라고 하였다.

<상설>
○ 孟說, 蓋止此.
맹강의 설명은 여기까지이다.

<집전>
戊申, 三月五日也.
무신일(戊申日)은 3월 5일이다.

<상설>
○ 漢志曰 : "三月, 甲辰朔."
『한지』에서 말하였다 : "3월은 갑진 초하루이다."[397]

<집전>
卜宅者, 用龜卜宅都之地.
복택(卜宅)은 거북을 사용하여 도읍(都邑)할 땅을 점치는 것이다.

周書越若來三月, 亦此例也.)"
[397] 『서경대전(書經大全)』, 「주서(周書)」·「소고(召誥)」: "『한지』에서 말하였다 : '『한지』에서 「3월은 갑진 초하루이고, 3일은 병오이다.」라고 하였다.'(林氏曰 : 漢志曰, 三月, 甲辰朔, 三日, 丙午.)"

詳說

○ 林氏曰 : "君臣旣有定議, 故至洛乃卜. 太王胥宇, 而後契龜, 衞文望楚, 而後卜吉, 皆此類也."

임씨(林氏)가 말하였다 : "임금과 신하들에게는 이미 정해진 논의가 있었기 때문에 낙에 와서 바로 점을 친 것이다. 태왕이 집터를 본 다음에 거북점과 부합했고, 위문공이 초를 본 다음에 점을 쳐서 길하다는 것이 모두 이와 같은 것들이다."398)

集傳

旣得吉卜, 則經營規度其城郭宗廟郊社朝市之位

이미 길(吉)한 점괘를 얻었으니, 그 성곽(城郭)과 종묘(宗廟), 교사(郊社)와 조시(朝市)의 위치를 경영(經營)하고 헤아린 것이다.

詳說

○ 入聲.

'도(度)'는 입성이다.

○ 音潮, 下同.

'조(朝)'는 음이 '조(潮)'로 아래에서도 같다.

[10-4-12-3]

越三日庚戌, 太保乃以庶殷, 攻位于洛汭, 越五日甲寅, 位成.

3일이 지난 경술일(庚戌日)에 태보(太保)가 마침내 여러 은(殷)나라 백성들을 데리고 낙예(洛汭)에서 집터를 다스리게 하니, 5일이 지난 갑인일(甲寅日)에 집터가 완성되었다.

---

398) 『서경대전(書經大全)』, 「주서(周書)」·「소고(召誥)」 : "임씨가 말하였다 : '반경이 박으로 천도하고, 태왕이 기산으로 천도하며 위문공이 초구로 천도하면서 점을 치지 않은 적이 없다. 그러나 임금과 신하들에게는 이미 정해진 논의가 있었기 때문에 낙에 와서 바로 점을 친 것이니, 「홍범」에서 너의 마음과 경사와 서민에게 먼저 한 다음에 점을 치라는 것이다. 태왕이 집터를 본 다음에 이에 우리 거북점과 부합했고, 위문공이 초와 당을 본 다음에 점에서 길하다고 한 것이 모두 이와 같은 것이다.'(林氏曰 : 盤庚之遷亳, 太王之遷岐, 衞文王遷楚丘, 未嘗不卜. 然君臣旣有定議, 故至洛乃卜, 洪範所以先乃卿士庶民, 而後卜筮也. 太王來胥宇, 而後爰契我龜, 衞文望楚與堂, 而後卜云其吉, 皆此類也.)"

詳說

○ 唐孔氏曰 : "庚戌三月七日."
　　당 공씨(孔氏)가 말하였다 : "경술은 3월 7일이다."399)

集傳

庶殷, 殷之衆庶也, 用庶殷者, 意是時殷民已遷于洛, 故就役之也.
서은(庶殷)은 은(殷)나라의 여러 백성들이니, 서은(庶殷)을 쓴 것은 짐작컨대 이 때에 은(殷)나라 백성들이 이미 낙읍(洛邑)으로 옮겨왔으므로 나아가 부역(賦役)하게 한 듯하다.

詳說

○ 就其居而役之.
　　자리할 곳으로 나아가 부역하게 한 것이다.

○ 葉氏曰 : "攻位者, 開荊棘平高下, 以定所經營之位也. 讎民爲役, 則友民可知."
　　섭씨(葉氏)가 말하였다 : "집터를 다스렸다는 것은 잡초 있는 것을 개간하고 높낮이를 고르게 해서 경영할 집터를 정하는 것이다. 원수의 백성들이 부역하였다면 우방의 백성들은 알만하다."400)

○ 臨川吳氏曰 : "但用殷民, 何也. 蓋洛邑, 畿內之民, 不征其力, 諸侯四方之民, 又未至洛, 惟殷民遷在洛者, 可役, 而攻位之功力, 亦省且易故也."
　　임천 오씨(臨川吳氏)가 말하였다 : "은나라 백성만 쓴 것은 무엇 때문인가? 낙읍은 기내의 백성들이어서 그 힘을 취하지 않는 것이고, 제후의 사방의 백성들은 또 낙에 오지 못하니, 은나라 백성들 중에 낙으로 옮겨온 자들만 부역하게 할 수 있으면, 집터를 다스리는 공력도 줄이고 또 편하기 때문이다."401)

---

399) 『서경대전(書經大全)』, 「주서(周書)」·「소고(召誥)」 : "당 공씨가 말하였다 : '경술은 3월 7일이고, 갑인은 3월 11일이다.'(唐孔氏曰 : 庚戌三月七日, 甲寅三月十一日.)"
400) 『서경대전(書經大全)』, 「주서(周書)」·「소고(召誥)」 : "섭씨가 말하였다 : '집터를 다스렸다는 것은 잡초 있는 것을 개간하고 높낮이를 고르게 해서 경영할 집터를 정하는 것이다. 여러 은나라 백성들은 옮긴 은나라 백성들이다. 원수의 백성들이 부역하였다면 우방의 백성들은 알만하다.'(葉氏曰 : 攻位者, 開荊棘平高下, 以定所經營之位也. 庶殷, 所遷殷民也. 讎民爲役, 則友民可知.)"

○ 攻, 治也.

경문에서 '공(攻)'은 다스림이다.

○ 朱子曰 : "洛汭, 洛北之水內."

주자가 말하였다 : "'낙예(洛汭)'는 락수 북쪽의 물 안쪽이다."

○ 唐孔氏曰 : "甲寅, 三月十一日."

당 공씨(孔氏)가 말하였다 : "갑인은 3월 11일이다."402)

集傳

位成者, 左祖右社前朝後市之位, 成也

집터가 이루어졌다는 것은 왼쪽에는 선조(先祖)의 사당(祠堂)이 있고 오른쪽에는 사(社)가 있으며, 앞에는 조정(朝廷)이 있고 뒤에는 시장이 있는 위치가 이루어진 것이다.

詳說

○ 音潮.

'조(朝)'는 음이 '조(潮)'이다.

○ 見周禮匠人.

『주례』「장인」에 보인다.

○ 照上註末.

위위 주 끝을 참조하라.403)

---

401) 『서경대전(書經大全)』, 「주서(周書)」·「소고(召誥)」 : "임천 오씨가 말하였다 : '소공이 집터를 다스림에 은나라 백성만 쓰고 주나라 백성은 쓰지 않았으니, 무엇 때문인가? 낙읍은 기내의 백성들이어서 그 힘을 취하지 않는 것이고, 제후의 사방의 백성들은 또 낙에 오지 못하니, 은나라 백성들 중에 낙으로 옮겨온 자들만 부역하게 할 수 있으면, 집터를 다스리는 공력도 줄이고 또 편하기 때문이다.'(臨川吳氏曰 : 召公之攻位, 但用殷民, 不用周民, 何也. 蓋洛邑, 畿內之民, 不征其力, 諸侯四方之民, 又未至洛, 惟殷遷在洛者, 可役, 而攻位之攻力, 亦省且易故也.)"

402) 『서경대전(書經大全)』, 「주서(周書)」·「소고(召誥)」 : "당 공씨가 말하였다 : '경술은 3월 7일이고, 갑인은 3월 11일이다.'(唐孔氏曰 : 庚戌三月七日, 甲寅三月十一日.)"

403) 『서경대전(書經大全)』, 「주서(周書)」·「소고3(召誥3)」 : "이미 길(吉)한 점괘를 얻었으니, 그 성곽(城郭)과 종묘(宗廟), 교사(郊社)와 조시(朝市)의 위치를 경영(經營)하고 헤아린 것이다.(旣得吉卜, 則經營規度其城郭宗廟郊社朝市之位.)"

[10-4-12-4]
若翼日乙卯, 周公朝至于洛, 則達觀于新邑營.

다음날인 을묘일(乙卯日)에 주공(周公)이 아침에 낙읍(洛邑)에 이르러 새 도읍(都邑)에 경영한 위치를 두루 살펴보았다.

詳說
○ 唐孔氏曰 : "乙卯十二日."
당의 공씨(孔氏)가 말하였다 : "을묘 12일이다."404)

集傳
周公至, 則徧
주공(周公)이 이르러 두루

詳說
○ 達.
'편(徧)'은 경문에서 '달(達)'이다.

集傳
觀新邑所經營之位.
새 도읍(都邑)에 경영한 집터를 살펴본 것이다.

詳說
○ 照上註末.
위의 주 끝을 참조하라.

○ 邑營, 諺釋作將營誤矣, 是召公所已營者也.
경문에서 '읍영(邑營)'은 『언해』에서 '경영할 것'으로 해석한 것은 잘못된 것이다.

---
404) 『서경대전(書經大全)』, 「주서(周書)」·「소고(召誥)」 : "당의 공씨(孔氏)가 말하였다 : '을묘 12일이다.'(唐孔氏曰 : 乙卯十二日也.)"

○ 呂氏曰 : "召公已成位, 周公方來觀, 上相之體然也."
　여씨(呂氏)가 말하였다 : "소공이 집터를 완성한 다음에 주공이 바야흐로 와서 살펴봤으니, 위에서 보는 격식은 그런 것이다."405)

○ 蘇氏曰 : "按, 後篇, 是日再卜."
　소씨(蘇氏)가 말하였다 : "살펴보건대, 후편은 이날 다시 점친 것이다.406)"407)

○ 新安陳氏曰 : "再卜, 此不言者, 周公之吉卜, 不殊召公之吉卜, 兼洛誥自詳之此可略也. 丙辰不言事, 蓋將行大禮, 養精神也."
　신안 진씨(新安陳氏)가 말하였다 : "다시 점친 것을 여기에서 말하지 않은 것은 주공의 길한 점이 소공의 길한 점과 다르지 않고, 「낙고」와 겸해 자세히 말했기 때문에 여기에서는 생략해도 되기 때문이다. 병진일에 일을 말하지 않은 것은 큰 예를 행할 때는 정신을 기르기 때문이다."408)

---

405)『서경대전(書經大全)』,「주서(周書)」·「소고(召誥)」: "여씨(呂氏)가 말하였다 : '소공이 집터를 완성한 다음에 주공이 바야흐로 와서 살펴봤으니, 위에서 보는 격식은 그런 것이다.'(呂氏曰 : 召公已成位, 周公方來觀, 上相之體然也.)"

406)『서경대전(書經大全)』,「주서(周書)」·「낙고3(洛誥3)」: "내가 을묘일(乙卯日) 아침에 낙사(洛師)에 이르러 내 하삭(河朔)과 여수(黎水)를 점쳐보고 내 간수(澗水)의 동쪽과 전수(水)의 서쪽을 점쳐봄에 낙읍(洛邑)을 먹어 들어가며, 내 또 전수(水)의 동쪽을 점쳐봄에 또한 낙읍(洛邑)을 먹어 들어가니, 사람을 보내와서 지도(地圖)와 점괘(占卦)를 올리는 것입니다.(予惟乙卯, 朝至于洛師, 我卜河朔黎水, 我卜澗水東瀍水西, 惟洛食, 我又卜瀍水東, 亦惟洛食, 伻來, 以圖及獻卜.)"

407)『서경대전(書經大全)』,「주서(周書)」·「소고(召誥)」: "소씨가 말하였다 : '살펴보건대, 후편은 어느 날 다시 점친 것이다.'(蘇氏曰 : 按, 後篇, 是日再卜.)"

408)『서경대전(書經大全)』,「주서(周書)」·「소고(召誥)」: "신안 진씨가 말하였다 : '여기를 보면 은나라 백성들을 옮긴 것은 아직 낙읍을 만들기 전임이 분명하다. 여기를 읽을 때는 「낙고」를 참고해서 봐야 하니, 「낙고」에서 '내가 을묘일 아침에 낙사에 이르렀다.'고 하고, 여기에서는 '을묘일에 주공이 아침에 낙에 이르렀다.'고 하니, 그 날이 같다. 다만 「낙고」에서는 이 날 다시 점친 것을 말했는데, 여기에서 말하지 않은 것은 주공의 길한 점이 소공의 길한 점과 다르지 않고, 「낙고」와 겸해 자세히 말했기 때문에 여기에서는 생략해도 되기 때문이다. 을묘에서 갑자까지가 십일로 을묘일에 점치고 새로 경영한 곳을 두루 보면서 병진일에 일을 말하지 않은 것은 정사일과 무오일에는 교사(郊社)를 행하려고 한 것으로 큰 예의 하루 전에는 정신을 기르며 아무 일도 하지 않기 때문이다. 기미부터 계해까지 오일에 또 일을 말하지 않은 것은 바로 글로 크게 일할 것을 명해 정신을 다해 일을 하기 때문이다. 여기의 오일 중에 반드시 신하와 백성을 모아 장수(丈數)를 헤아리고 고한 등을 재어 사역을 구분하고 일정함을 기록한 다음에 갑자일 아침에 반포한 것이다. 「낙고」에서 빠진 간편이 「강고」에 있는 것은 '3월 재생백(哉生魄)에 주공이 처음 터전을 잡아 크게 다스림을 고하였다.'라고 한 것이 곧 3월 16일 기미이니, 무오 제사 후 하루이다. '크게 다스림을 고하였다.'는 것은 곧 글로 크게 일할 것을 명한 것이다. 자세히 살펴보면, 꼭 맞아 틈이 없으니, 누가 천편단간(殘編斷簡)으로는 성인이 경영하고 다스린 은밀한 것을 알 수 없다고 말하겠는가?'(新安陳氏曰 : 觀此, 則殷民之遷在未作洛之前, 明矣. 讀此當參看洛誥, 洛誥曰, 予惟乙卯朝至于洛師, 此云乙卯周公朝至于洛, 其日同. 但洛誥是日再卜, 此不言者, 周公之吉卜, 不殊召公之吉卜也, 兼洛誥自詳之, 此可略也. 乙卯至甲子十日, 乙卯卜, 及達觀新營, 丙辰不言事, 蓋丁巳戊午將行郊社, 大禮前一日, 養精神以無爲也. 己未至癸亥, 五日又不言事, 方將用書命丕作, 竭精神以有爲也. 此五日中, 必會集臣庶, 計丈數揣高卑, 等事役書一定, 然後甲子朝頒布之. 洛誥脫簡之在康誥者, 曰惟三月哉生魄, 周公初基. 至乃洪太誥治, 即是三月十六日己未, 戊午祭社後一日也. 曰洪大誥治, 即用書命丕作也. 細而考之, 脗合無間, 誰謂殘編斷簡, 不可見聖人經理之微密哉.)"

[10-4-12-5]

越三日丁巳, 用牲于郊, 牛二. 越翼日戊午, 乃社于新邑, 牛一 羊一豕一.

3일이 지난 정사일(丁巳日)에 교제(郊祭)에 희생(犧牲)을 쓰시니, 소 두 마리였다. 다음날인 무오일(戊午日)에 새 도읍에서 사제(社祭)를 지내시니, 소 한 마리 양 한 마리 돼지 한 마리였다.

集傳

郊祭, 天地也, 故用二牛,
교제(郊祭)는 천지(天地)에 제사하는 것이므로 두 마리 소를 쓴 것이며,

詳說

○ 陳氏澔曰 : "蔡氏以爲祭天地非也."
진씨 호(陳氏澔)가 말하였다 : "채씨가 천지에 제사지내는 것으로 여기는 것은 잘못된 것이다."

○ 鄒氏季友曰 : "泰誓傳云, 郊, 祭天, 社, 祭地, 下文社于新邑, 是祭地, 則此但是祭天也. 孔傳云, 郊以后稷配, 故二牛. 孔疏云, 郊特牲及公羊傳, 皆云帝牛稷牛."
추씨 계우가 말하였다 : "「태서」의 전에서 '교(郊)는 하늘에 제사하는 것이고, 사(社)는 땅에 제사하는 것이다.'409)라고 하였다. 아래의 글에서 새 읍에 사(社) 제사를 하는 것이 땅에 제사하는 것이라면 이것은 하늘에 제사하는 것일 뿐이다. 공씨의 전에서는 '교(郊) 제사에 후직을 함께 지냈기 때문에 두 마리 소인 것이다.'라고 하였고, 공씨의 소에서는 '「교특생(郊特牲)」과 『공양전』에서는 모

---

409) 『서경대전(書經大全)』,「주서(周書)」·「태서하3(泰誓下3)」: "아침에 물을 건너가는 자의 정강이를 찍고, 어진 사람의 배를 갈라 심장을 도려내며, 위엄을 세워 살륙으로 천하에 해독을 끼치고, 간사한 사람을 높이고 믿으며 사보들을 추방하고 내치며, 전형을 버리고 바른 선비들을 가두어 노예로 삼으며, 교(郊)·사(社)를 닦지 않고 종묘를 제향하지 않으며, 기이한 재주와 도에 지나친 솜씨를 만들어 부인을 기쁘게 하였다. 이에 상제가 불순하게 여기시어 단연코 이 망함을 내리시니, 너희들은 부지런히 힘써서 나 한 사람을 받들어 공손히 천벌을 행하라.(斮朝涉之脛, 剖賢人之心, 作威殺戮, 毒痡四海, 崇信姦回, 放黜師保, 屛棄典刑, 囚奴正士, 郊社不修, 宗廟不享, 作奇技淫巧, 以悅婦人. 上帝弗順, 祝降時喪, 爾其孜孜, 奉予一人, 恭行天罰.)" 주자주, "교(郊)는 하늘에 제사(祭祀)하는 것이고, 사(社)는 땅에 제사(祭祀)하는 것이다.(郊, 所以祭天, 社所以祭地.)"

두 「제(帝)의 소이고 직(稷)의 소이다.」'라고 하였다."

○ 陳氏經曰 : "郊不曰新邑者, 郊在國外, 社在國內故也."
진씨 경(陳氏經)410)이 말하였다 : "교 제사를 새 읍이라고 하지 않은 것은 교 제사는 국외에 있고 사 제사는 국내에 있기 때문이다."411)

○ 唐孔氏曰 : "丁巳十四日, 戊午十五日."
당의 공씨(孔氏)가 말하였다 : "정사는 14일이고, 무오는 15일이다."412)

集傳
社祭用太牢,
사제(社祭)에 태뢰(太牢)를 사용하는 것은

詳說
○ 牛羊豕.
소·양·돼지이다.

集傳
禮也,
예(禮)이니,

詳說
○ 孔氏曰 : "社稷共牢."
공씨가 말하였다 : "사직에서는 모두 뢰이다."413)

---

410) 진경(陳經, ?~?) : 송나라 길주(吉州) 안복(安福) 사람으로 자는 현지(顯之) 또는 정보(正甫)이다. 영종(寧宗) 경원(慶元) 5년(1199)에 진사(進士)가 되어 봉의랑(奉議郎)과 천주박간(泉州泊幹)을 지냈다. 평생 독서를 좋아했고, 후학을 많이 계도했다. 저서에 『상서상해(尙書詳解)』와 『시강의(詩講義)』, 『존재어록(存齋語錄)』 등이 있다.
411) 『서경대전(書經大全)』, 「주서(周書)」·「소고(召誥)」: "진씨 경(陳氏經)이 말하였다 : '교 제사를 새 읍이라고 하지 않은 것은 교 제사는 국외에 있고 사 제사는 국내에 있기 때문이다.'(陳氏經曰 : 郊不曰新邑者, 郊在國外, 社在國內故也.)
412) 『서경대전(書經大全)』, 「주서(周書)」·「소고(召誥)」: "당의 공씨가 말하였다 : '정사는 14일이고, 무오는 15일이다.'(唐孔氏曰 : 丁巳十四日也, 戊午十五日也.)"
413) 『서경대전(書經大全)』, 「주서(周書)」·「소고(召誥)」: "공씨가 말하였다 : '사직에서는 그 뢰이다.'(孔氏曰 : 社稷其牢.)"

○ 馬氏曰 : "言社, 則稷在其中."
마씨(馬氏)가 말하였다 : "사(社)를 말하였다는 직(稷)은 그 속에 있다."414)

○ 按, 此稷指穀神.
살펴보건대, 여기에서의 '직(稷)'은 곡신을 가리킨다.

○ 王氏曰 : "於尊以簡爲誠, 於卑以豐爲貴, 故郊特牲, 而社稷太牢."
왕씨(王氏)가 말하였다 : "존귀한 것에게는 간편함을 정성으로 하고 낮은 것에서는 풍성함을 귀함으로 하기 때문에 교제에서는 특생으로 하고 사직에서는 태뢰로 하는 것이다."415)

集傳
皆告以營洛之事.
모두 낙읍(洛邑)을 경영(經營)하는 일을 고(告)한 것이다.

詳說
○ 補此句.
이 구를 더하였다.

○ 陳氏大猷曰 : "此蓋卽洛邑新立之, 郊社以告作洛於天地. 不告廟者, 在豐已告也. 時洛邑宗廟未成, 故至十二月, 始烝祭宗廟."
진씨 대유(陳氏大猷)416)가 말하였다 : "이것은 대개 낙읍을 새로 세우고 교제사

---

414) 『서경대전(書經大全)』, 「주서(周書)」・「소고(召誥)」 : "마씨가 말하였다 : '사를 말하였다는 직은 그 속에 있다.'(馬氏曰 : 言社, 則稷在其中.)"
415) 『서경대전(書經大全)』, 「주서(周書)」・「소고(召誥)」 : "왕씨가 말하였다 : '존귀한 것에게는 간편함을 정성으로 하고 낮은 것에서는 풍성함을 귀함으로 하기 때문에 교제에서는 특생으로 하고 사직에서는 태뢰로 하는 것이다. 먼저 교제사와 사제사에서 고한 다음에 공을 사용하는 것이다.(王氏曰 : 於尊以簡爲誠, 於卑以豐爲貴, 故郊特牲, 而社稷太牢, 先祭告於郊社, 然後用工.)"
416) 진씨 대유(陳氏大猷, ?~?) : 송나라 남강군(南康軍) 도창(都倉) 사람으로 자는 문헌(文獻)이고, 호는 동재(東齋)다. 이종(理宗) 개경(開慶) 원년(1259) 진사(進士)가 되고, 종정랑(從政郞)과 황주군(黃州軍) 판관(判官) 등을 지냈다. 『서경』에 조예가 깊었다. 저서에 『상서집전혹문(尙書集傳或問)』과 『상서집전회통(尙書集傳會通)』 등이 있다.

로 천지에 낙읍을 만들었음을 고한 것이다. 종묘에 고하지 않은 것은 풍에서 이
미 고했기 때문이다. 당시 낙읍의 종묘가 아직 완성되지 않았기 때문에 12월에
야 비로소 종묘에 증제사를 지내는 것이다."417)

○ 王氏曰 : "旣祭告於郊社, 然後用工."
왕씨(王氏)가 말하였다 : "이미 교제사와 사제사에서 고한 다음에 공을 사용하는 것이다"418)

○ 新安陳氏曰 : "己未至癸亥, 五日不言事, 必會集臣庶定役書,
然後甲子朝頒布之.
신안 진씨(新安陳氏)가 말하였다 : "기미부터 계해까지 오일 동안 일을 말하지
않았으니, 반드시 신하와 백성을 모으고 사역의 문서를 정한 다음에 갑자일 아
침에 반포했기 때문이다."419)

---

417) 『서경대전(書經大全)』, 「주서(周書)」·「소고(召誥)」 : "진씨 대유가 말하였다 : '이것은 대개 낙읍을 새로
세우고 교제사로 천지에 낙읍을 만들었음을 고한 것이다. 종묘에 고하지 않은 것은 풍에서 이미 고했기
때문이다. 당시 낙읍의 종묘가 아직 완성되지 않았기 때문에 12월에야 비로소 종묘에 증제사를 지내는 것
이다.'(陳氏大猷曰 : 此蓋卽洛邑新立之, 郊社以告作洛於天地. 不告廟者, 在豐已告也. 時洛邑宗廟未成, 故
至十二月, 始烝祭宗廟也..)"
418) 『서경대전(書經大全)』, 「주서(周書)」·「소고(召誥)」: "왕씨가 말하였다 : '존귀한 것에게는 간편함을 정성
으로 하고 낮은 것에서는 풍성함을 귀함으로 하기 때문에 교제에서는 특생으로 하고 사직에서는 태뢰로
하는 것이다. 먼저 교제사와 사제사에서 고한 다음에 공을 사용하는 것이다.(王氏曰 : 於尊以簡爲誠, 於卑
以豐爲貴. 故郊特牲, 而社稷太牢, 先祭告於郊社, 然後用工.)"
419) 『서경대전書經大全』, 「주서(周書)」·「소고(召誥)」: "신안 진씨가 말하였다 : "'여기를 보면 은나라 백성
들을 옮긴 것은 아직 낙읍을 만들기 전임이 분명하다. 여기를 읽을 때는 「낙고」를 참고해서 봐야 하니, 「
낙고」에서 「내가 을묘일 아침에 낙사에 이르렀다.」고 하고, 여기에서는 「을묘일에 주공이 아침에 낙에 이
르렀다.」고 하니, 그 날이 같다. 다만 「낙고」에서는 이 날 다시 점친 것을 말했는데, 여기에서 말하지 않
은 것은 주공의 길한 점이 소공의 길한 점과 다르지 않고, 「낙고」와 겸해 자세히 말해서 여기에서는 생략
해도 되기 때문이다. 을묘에서 갑자까지가 십일로 을묘일에 점치고 새로 경영한 곳을 두루 보면서 병진일
에 일을 말하지 않은 것은 정사일과 무오일에는 교사(郊社)를 행하려고 한 것으로 큰 예의 하루 전에는 정
신을 기르며 아무 일도 하지 않기 때문이다. 기미부터 계해까지 오일에 또 일을 말하지 않은 것은 바로
글로 크게 일할 것을 명해 정신을 다해 일을 하기 때문이다. 여기의 오일 중에 반드시 신하와 백성을 모
아 장수(丈數)를 헤아리고 고한 등을 재어 사역을 구분하고 일정함을 기록한 다음에 갑자일 아침에 반포한
것이다. 「낙고」에서 빠진 간편이 「강고」에 있는 것은 「3월 재생백(哉生魄)에 주공이 처음 터전을 잡아 크
게 다스림을 고하였다.」라고 한 것이 곧 3월 16일 기미이니, 무오 제사 후 하루이다. 「크게 다스림을 고하
였다.」는 것은 곧 글로 크게 일할 것을 명한 것이다. 자세히 살펴보면, 꼭 맞아 틈이 없으니, 누가 천편단
간(殘編斷簡)으로는 성인이 경영하고 다스린 은밀한 것을 알 수 없다고 말하겠는가?'(新安陳氏曰 : 勸此,
則殷民之遷在未作洛之前, 明矣. 讀此當參看洛誥, 洛誥曰, 予惟乙卯朝至于洛師, 此云乙卯周公朝至于洛, 其
日同. 但洛誥言是日再卜, 此不言者, 周公之吉卜, 不殊召公之吉卜也, 兼洛誥自詳之, 此可略也. 乙卯至甲子
十日, 乙卯卜, 及達觀新營, 丙辰不言事, 蓋丁戊午將行郊社, 大禮前一日, 養精神以無爲也. 己未至癸
亥, 五日又不言事, 乃將用書命丕作, 竭精神以有爲也. 此五日中, 必會集臣庶, 計丈數揣高卑, 等事役書一
定, 然後甲子朝頒布之. 洛誥脫簡之在康誥者, 曰惟三月哉生魄, 周公初基. 至乃洪大誥治, 卽是三月十六日己
未, 戊午祭社後一日也. 曰洪大誥治, 卽用書命丕作也. 細而考之, 脗合無間, 誰謂殘編斷簡, 不可見聖人經理
之微密哉..)"

[10-4-12-6]

越七日甲子, 周公乃朝用書, 命庶殷侯甸男邦伯.

7일이 지난 갑자일(甲子日)에 주공(周公)이 아침에 부역시키는 글로써 서은(庶殷)과 후복(侯服)·전복(甸服)·남복(男服)의 방백(邦伯)들에게 명(命)하였다.

詳說

○ 唐孔氏曰:"甲子, 二十一日."
　당의 공씨(孔氏)가 말하였다:"갑자는 21일이다."420)

集傳

書, 役書也.
서(書)는 부역시키는 글이다.

詳說

○ 唐孔氏曰:"賦功屬役之書."
　당의 공씨(孔氏)가 말하였다:"공사와 인부에 관한 글이다."421)
○ 國家擧事, 必用朝, 故至此凡四言朝.
　나라에서 일을 할 때에는 반드시 아침에 하기 때문에 여기까지 모두 네 번 아침을 말하였다.

集傳

春秋傳
『춘추전(春秋傳)』에

詳說

---

420)『서경대전(書經大全)』,「주서(周書)」·「소고(召誥)」:"(당의 공씨가 말하였다:'갑자는 21일이다. 글[書]는 공사와 인부에 관한 글이다. 후복(侯服)·전복(甸服)·남복(男服)의 방백(邦伯)들은 오복(五服)을 두루 든 것이 아니니 글이 생략된 것일 뿐이다. 방백은「주의 목[州牧]」이다.'(孔氏曰:甲子二十一日也. 書, 賦功屬役之書也. 侯甸男服之邦伯, 不徧擧五服者, 文略耳. 邦伯, 州牧也.)"
421)『서경대전(書經大全)』,「주서(周書)」·「소고(召誥)」:"(당의 공씨가 말하였다:'갑자는 21일이다. 글[書]는 공사와 인부에 관한 글이다. 후복(侯服)·전복(甸服)·남복(男服)의 방백(邦伯)들은 오복(五服)을 두루 든 것이 아니니 글이 생략된 것일 뿐이다. 방백은「주의 목[州牧]」이다.'(孔氏曰:甲子二十一日也. 書, 賦功屬役之書也. 侯甸男服之邦伯, 不徧擧五服者, 文略耳. 邦伯, 州牧也.)"

○ 左昭三十二年.
『좌전』 소공 32년이다.

集傳
曰士彌牟營成周,
"사미모(士彌牟)가 성주(成周)를 경영(經營)할 적에

詳說
○ 晉大夫.
"사미모(士彌牟)'는 진의 대부이다.

○ 城之也.
'영(營)'은 성을 만드는 것이다.

集傳
計丈數, 揣高低, 度厚薄,
장수(丈數)를 계산하고 고저(高低)를 헤아리며, 후박(厚薄)을 헤아리고

詳說
○ 楚委反.
'췌(揣)'는 음이 '초(楚)'와 '위(委)'의 반절이다.

○ 入聲.
'탁(度)'은 입성이다.

集傳
仞溝洫
구혁(溝)의 길이를 재며,

詳說

○ 而振反.
　'인(仞)'은 음이 '이(而)'와 '진(振)'의 반절이다.

○ 左傳注曰 : "度深曰仞."
　『좌전』의 주에서 말하였다 : "깊이를 재는 것을 길[仞]이라고 한다."

集傳

物土方,
토지(土地)의 방위(方位)를 살펴보고

詳說

○ 退溪曰 : "物辨意."
　퇴계(退溪)가 말하였다 : "사물을 분별하는 의미이다."

集傳

議遠邇, 量事期, 計徒庸
거리의 원근(遠近)을 의논하며, 공기(工期)를 헤아리고 인부를 계산하며,

詳說

○ 役人.
　인부이다.

集傳

慮材用, 書餱糧
재용(材用)을 생각하고 후량(餱糧)을 써서

詳說

○ 音侯.
　'후(餱)'는 음이 '후(侯)'이다.

집傳

以令役於諸侯, 亦此意.
제후(諸侯)들에게 부역(賦役)하게 했다."라고 하였으니, 또한 이러한 뜻이다.

詳說

○ 引後世諸侯城成周事以明周公營洛事.
후세에 제후들이 성을 만들고 일을 이룬 것을 인용해서 주공이 낙읍을 경영한 일을 밝혔다.

集傳

王氏曰, 邦伯者, 侯甸男服之邦伯也.
왕씨(王氏)가 말하였다. "방백(邦伯)은 후복(侯服)·전복(甸服)·남복(男服)의 방백(邦伯)이다.

詳說

○ 唐孔氏曰 : "邦伯, 州牧也. 不徧擧五服者, 文略耳."
당의 공씨(孔氏)가 말하였다 : "방백은 「주의 목[州牧]」이다. 오복(五服)을 두루 들지 않은 것은 글이 생략된 것일 뿐이다."[422]

○ 葉氏曰 : "不及采衛者, 不以遠役衆也."
섭씨(葉氏)가 말하였다 : "채위(采衛)를 언급하지 않은 것은 멀리 사람들을 사역시킬 수 없기 때문이다."[423]

集傳

庶邦冢君咸在, 而獨命邦伯者, 公以書命邦伯, 而邦伯以公命命諸侯也.
여러 나라의 총군(君)들이 모두 있었는데 유독 방백(邦伯)에게 명(命)한 것은 주공

---

[422] 『서경대전(書經大全)』,「주서(周書)」·「소고(召誥)」: "(당의 공씨가 말하였다 : '갑자는 21일이다. 글[書]는 공사와 인부에 관한 글이다. 후복(侯服)·전복(甸服)·남복(男服)의 방백(邦伯)들은 오복(五服)을 두루 든 것이 아니니 글이 생략된 것일 뿐이다. 방백은 「주의 목[州牧]」이다.'(唐孔氏曰 : 甲子二十一日也. 書, 賦功屬役之書也. 侯甸男服之邦伯, 不徧擧五服者, 文略耳. 邦伯, 州牧也.)"

[423] 『서경대전(書經大全)』,「주서(周書)」·「소고(召誥)」: "섭씨가 말하였다 : '채위(采衛)를 언급하지 않은 것은 멀리 사람들을 사역시킬 수 없기 때문이다.'(葉氏曰 : 不及采衛者, 不以遠役衆也.)"

(周公)은 글로써 방백(邦伯)에게 명(命)하고 방백(邦伯)은 주공(周公)의 명령으로 제후(諸侯)들을 명한 것이다."

詳說
○ 添此句.
이 구를 더하였다.

[10-4-12-7]
厥旣命殷庶, 庶殷丕作.

이미 서은(庶殷)에게 명하시니, 서은이 크게 일하였다.

詳說
○ 殷庶, 庶殷, 蓋互言耳.
'은서(殷庶)'는 '서은(庶殷)'으로 대개 서로 보완해서 말한 것일 뿐이다.

集傳
丕作者, 言皆趨事赴功也. 殷之頑民, 若未易役使者,
비작(丕作)은 모두 사공(事功)에 달려감을 말한 것이다. 은(殷)나라의 완악한 백성들이 사역(使役)시키기 쉽지 않을 듯하지만

詳說
○ 去聲.
'이(易)'는 거성이다.

集傳
然召公率以攻位而位成,
소공(召公)이 거느리고 집터를 다스리게 하자 집터가 이루어졌고,

詳說

○ 照前節.
앞의 절을 참조하라.424)

集傳
周公用以書命
주공(周公)이 글로 명령하자

詳說
○ 用書以命.
글로 명령한 것이다.

集傳
而丕作. 殷民之難化者, 猶且如此, 則其悅以使民,
크게 일하였다. 교화(敎化)하기 어려운 은(殷)나라 백성들도 오히려 이와 같았으니, 기뻐함으로 백성을 부렸음을

詳說
○ 見易兌象傳.
『역』의 태(兌) 단전에 보인다.

集傳
可知也.
알 수 있는 것이다.

詳說
○ 殷以下, 論也.
'은(殷)' 이하는 경문의 의미 설명이다.

---

424)『서경대전(書經大全)』,「주서(周書)」·「소공3(召誥)」: "3일이 지난 경술일(庚戌日)에 태보(太保)가 마침내 여러 은(殷)나라 백성들을 데리고 낙예(洛汭)에서 집터를 다스리게 하니, 5일이 지난 갑인일(甲寅日)에 집터가 완성되었다.(越三日庚戌, 太保乃以庶殷, 攻位于洛汭, 越五日甲寅, 位成.)"

○ 陳氏大猷曰："獨言庶殷丕作，則諸侯可知."

진씨 대유(陳氏大猷)가 말하였다 : "유독 서은(庶殷)이 크게 일어났다고 말했다면, 제후들은 알만하다."425)

○ 林氏曰："召公營洛, 自戊申至甲寅七日而成, 周公繼至, 自乙卯距甲子, 十日而用書丕作. 周召之敏如此, 萬年之業, 成於一月之間, 豈後世可及哉."

임씨(林氏)가 말하였다 : "소공이 낙읍을 경영한 것은 무신일부터 갑인일까지 7일에 이룬 것이고, 주공이 이어 이르러 을묘일부터 갑자일까지 열흘에 글로 크게 일으켰다. 주공과 소공의 민첩함이 이와 같으니, 만년의 기업이 한 달 사이에 이루어졌으니, 어찌 후세에 미칠 수 있는 것이겠는가?"426)

○ 新安陳氏曰："觀此, 則殷民之遷, 在未作洛之前, 明矣. 讀此, 當叅觀洛誥, 洛誥曰乙卯朝至于洛師, 此云乙卯朝至于洛. 洛誥脫簡曰, 三月哉生魄洪大誥治, 卽此用書丕作也

신안 진씨(新安陳氏)가 말하였다 : "여기를 보면 은나라 백성들을 옮긴 것은 아직 낙읍을 만들기 전임이 분명하다. 여기를 읽을 때는 「낙고」를 참고해서 봐야 하니, 「낙고」에서 '내가 을묘일 아침에 낙사에 이르렀다.'427)고 하고, 여기에서는 '을묘일에 주공이 아침에 낙에 이르렀다.'고 하였다. 「낙고」에서 빠진 간편에서 '3월 재생백(哉生魄)에 크게 다스림을 고하였다.'428)라고 한 것이 곧 3월 16

---

425) 『서경대전(書經大全)』, 「주서(周書)」·「소고(召誥)」 : "진씨 대유가 말하였다 : "유독 서은(庶殷)이 크게 일어났다고 말했다면, 제후들은 알만하다(陳氏大猷曰: 獨言庶殷丕作, 則諸侯可知.)"
426) 『서경대전(書經大全)』, 「주서(周書)」·「소고(召誥)」 : "임씨(林氏)가 말하였다 : "소공이 낙읍을 경영한 것은 무신일부터 갑인일까지 7일에 이룬 것이고, 주공이 이어 이르러 을묘일부터 갑자일까지 열흘에 글로 크게 일으켰다. 주공과 소공의 규모는 민첩함이 이와 같다. 총계로 계산하면 성왕이 풍에 이른 것부터 갑자일까지가 모두 한 달일 뿐이다. 만년의 기업이 한 달 사이에 이루어졌으니, 이것을 어찌 후세에 미칠 수 있는 것이겠는가?(林氏曰 : 召公營洛, 自戊申至甲寅, 七日而成, 周公繼至, 自乙卯距甲子, 十日而用書, 庶殷丕作, 周召之規模, 其敏如此. 總而計之, 自成王至豐, 距甲子凡一月耳. 萬年之業, 成於一月之間, 此豈後世可及哉.)"
427) 『서경대전(書經大全)』, 「주서(周書)」·「낙고3(洛誥3)」 : "내가 을묘일(乙卯日) 아침에 낙사(洛師)에 이르러 내 하삭(河朔)과 여수(黎水)를 점쳐보고 내 간수(澗水)의 동쪽과 전수(瀍水)의 서쪽을 점쳐봄에 낙읍(洛邑)을 먹어 들어가며, 내 또 전수(水)의 동쪽을 점쳐봄에 또한 낙읍(洛邑)을 먹어가니, 사람을 보내와서 지도(地圖)와 점괘(占卦)를 올리는 것입니다.(予惟乙卯, 朝至于洛師, 我卜河朔黎水, 我卜澗水東瀍水西, 惟洛食, 我又卜瀍水東, 亦惟洛食, 伻來, 以圖及獻卜.)"
428) 『서경대전(書經大全)』, 「주서(周書)」·「강고1(康誥1)」 : " 3월 재생백(哉生魄)에 주공이 처음 터전을 잡아 새로운 대읍(大邑)을 동국(東國)에 낙(洛)에 만드셨다. 사방의 백성들이 크게 화합하여 모이자, 후(侯)·전(甸)·남(男)·방(邦)·채(采)·위(衛)와 백공(百工)들이 인화(人和)를 전파하여 주나라에 와서 뵙고 일하였다. 주공이 모두 수고함에 크게 다스림을 고하였다.(惟三月哉生魄, 周公初基, 作新大邑于東國洛. 四方民大和會, 侯甸男邦采衛, 百工播民和, 見士于周, 周公咸勤, 乃洪大誥治.)"

일 기미이니, 무오 제사 후 하루이다. '크게 다스림을 고하였다.'는 것은 곧 글
로 크게 일할 것을 명한 것이다."429)

[10-4-12-8]
太保, 乃以庶邦冢君, 出取幣, 乃復入錫周公, 曰拜手稽首, 旅
王若公誥告庶殷, 越自乃御事.

태보(太保)가 서방(庶邦)의 총군(冢君)들과 나가서 폐백(幣帛)을 취하여 다시 들어와 주공(周公)에게 주고 다음과 같이 말하였다. "배수계수(拜手稽首)하여 왕(王)과 공(公)에게 아뢰노니, 서은(庶殷)을 가르침은 당신의 어사(御事)로부터 시작하여야 합니다.

詳說

○ 復, 去聲.
'부(復)'는 거성이다.

集傳

呂氏曰, 洛邑事畢, 周公將歸宗周,
여씨(呂氏)가 말하였다. "낙읍의 일이 끝나고 주공이 종주(宗周)로 돌아가려 하니,

---

429) 『서경대전(書經大全)』, 「주서(周書)」·「소고(召誥)」: "신안 진씨가 말하였다 : '여기를 보면 은나라 백성들을 옮긴 것은 아직 낙읍을 만들기 전임이 분명하다. 여기를 읽을 때는 「낙고」를 참고해서 봐야 하니, 「낙고」에서 「내가 을묘일 아침에 낙사에 이르렀다.」고 하니, 여기에서는 「을묘일에 주공이 아침에 낙에 이르렀다.」고 하니, 그 날이 같다. 다만 「낙고」에서는 이 날 다시 점친 것을 말했는데, 여기에서 말하지 않은 것은 주공의 길한 점이 소공의 길한 점과 다르지 않고, 「낙고」와 겸해 자세히 말해서 여기에서는 생략해도 되기 때문이다. 을묘에서 갑자까지가 십일로 을묘일에 점치고 새로 경영한 곳을 두루 보면서 병진일에 일을 말하지 않은 것은 정사일과 무오일에는 교사(郊祀)를 행하려고 한 것으로 큰 예의 하루 전에는 정신을 기르며 아무 일도 하지 않기 때문이다. 기미부터 계해까지 오일에 또 일을 말하지 않은 것은 바로 글로 크게 일할 것을 명해 정신을 다해 일을 하기 때문이다. 여기의 오일 중에 반드시 신하와 백성을 모아 장수(丈數)를 헤아리고 고한 등을 재어 사역을 구분하고 일정함을 기록한 다음에 갑자일 아침에 반포한 것이다. 「낙고」에서 빠진 간편이 「강고」에 있는 것은 「3월 재생백(哉生魄)에 주공이 처음 터전을 잡아 크게 다스림을 고하였다.」라고 한 것이 곧 3월 16일 기미이니, 무오 제사 후 하루이다. 「크게 다스림을 고하였다.」는 것은 곧 글로 크게 일할 것을 명한 것이다. 자세히 살펴보면, 꼭 맞아 틈이 없으니, 누가 천편단간(殘編斷簡)으로는 성인이 경영하고 다스린 은밀한 것을 알 수 없다고 말하겠는가?'(新安陳氏曰 : 觀此, 則殷民之遷在未作洛之前, 明矣. 讀此當參看洛誥, 洛誥曰, 予惟乙卯朝至于洛師, 此云乙卯周公朝至于洛, 其日同. 但洛誥言是日再卜, 此不言者, 周公之吉卜, 不殊召公之吉卜也, 兼洛誥自詳, 此可略也. 乙卯至甲子十日, 乙卯卜, 及達觀新營, 丙辰不言事, 蓋丁巳戊午將行郊社, 大禮前一日, 養精神以無為也. 己未至癸亥, 五日又不言事, 乃將用書命丕作, 竭精神以有為也. 此五日中, 必會集民庶, 計丈數揣高卑, 等事役書一定, 然後甲子朝頒布之. 洛誥脫簡之在康誥者, 曰惟三月哉生魄, 周公初基. 至乃洪大誥治, 即是三月十六日己未, 戊午祭社後一日也. 曰洪大誥治, 即用書命丕作也. 細而考之, 脗合無間, 誰謂殘編斷簡, 不可見聖人經理之微密哉.)"

詳說
○ 未必蒙上甲子之文, 蓋自丕作至事畢, 又當費時月耳.
굳이 위의 갑자의 글을 이어받지 않아도 크게 일으키고 일이 끝나는 것까지는 또 때를 쓴 월에 해당할 뿐이다.

集傳
召公因陳戒成王,
소공이 그 때문에 성왕에게 경계의 말을 올릴 적에

詳說
○ 先總提.
먼저 총괄해서 제시한 것이다.

集傳
乃取諸侯贄見幣物,
제후들의 임금을 뵈올 때 바치는 예물의 폐백을 취하여

詳說
○ 音現,
'현(見)'은 음이 '현(現)'으로 폐물이다.

○ 以, 猶率也.
경문에서 '이(以)'는 '솔(率)'과 같다.

○ 王氏曰 : "諸侯會洛者, 洛邑成而獻幣, 所以爲禮且致敬也."
왕씨(王氏)가 말하였다 : "제후들이 낙읍에 모인 것은 낙읍이 완성되어 폐백을 올려 예를 행하고 공경을 다하려는 것이다."430)

---

430) 『서경대전(書經大全)』, 「주서(周書)」·「소고(召誥)」 : "왕씨가 말하였다 : "서방과 총군과 제후들이 낙읍에 모인 것은 낙읍이 완성되어 폐백을 올려 예를 행하고 공경을 다하려는 것이다.(王氏曰 : 庶邦冢君諸侯會 于洛者, 洛邑成而獻弊, 所以爲禮且致慶也.)"

○ 雖未見王, 旣以幣達王, 則與見同云.
왕을 알현하지 못했을지라도 폐백이 이미 왕께 이르렀다면 알현한 것과 같다.

○ 新安陳氏曰 : "篇末奉幣供王, 卽此出取之幣, 前後相照應."
신안 진씨(新安陳氏)가 말하였다 : "편의 끝에서 폐백을 받들어 왕을 공양한 것431)은 곧 여기에서 나가서 폐백(幣帛)을 취한 것으로 전후로 서로 호응하는 것이다."432)

集傳
以與周公
주공에게 주고,

詳說
○ 錫.
'여(與)'는 경문에서 '석(錫)'이다.

集傳
且言其拜手稽首, 所以陳王及公之意.
또 배수계수(拜手稽首)하여 왕과 주공에게 아뢴 뜻을 말한 것이다."

詳說

---

431) 『서경대전(書經大全)』, 「주서(周書)」·「소고-24(「召誥-24)」 : "배수계수(拜手稽首)하여 아뢰옵니다. "나 소신은 감히 왕의 원수 백성인 은나라 백성과 여러 군자와 우민(友民)들을 데리고 왕의 위명(威命)과 명덕(明德)을 보존하고 받게 하노니, 왕께서 마침내 이루어진 명을 소유하시면 왕이 또한 후세에 드러내실 것입니다. 내 감히 수고롭게 여기는 것이 아니오라 오직 공손히 폐백을 받들어 왕께서 하늘의 영명을 기원함에 바치나이다.(拜手稽首曰, 予小臣, 敢以王之讎民, 百君子, 越友民, 保受王威命明德, 王末有成命, 王亦顯, 我非敢勤, 惟恭奉幣, 用供王, 能祈天永命.)"
432) 『서경대전(書經大全)』, 「주서(周書)」·「소고(召誥)」 : "신안 진씨가 말하였다 : '낙읍을 만드는 급한 일은 은나라 사람들을 교화시키는 데 있고, 은나라 사람들을 교화시키는 큰 근본은 자신에게 있다. 아래의 글에서 자세히 말한 것으로 여기서 소공이 충성을 헌납하는 큰 것은 폐백으로 특히 공경에 의지하는 것일 뿐이다. 폐백을 취한 것에 서방(庶邦)만 말하고 서은(庶殷)을 언급하지 않은 것은 대개 글로 명해 크게 일한 것에 서은에 간격을 두지 않았으니, 폐백을 취하여 왕에게 베풂에 서은을 언급하지 않은 것일 것이다. 편의 끝에서 폐백을 받들어 왕을 공양한 것은 곧 여기에서 나가서 폐백(幣帛)을 취한 것으로 전후로 서로 호응하는 것이다.'(新安陳氏曰 : 作洛之急務, 在化殷人, 而化殷之大本, 在於王身. 下文遂詳言之, 此召公納忠之大者, 幣特恭敬之寓焉耳. 取幣獨言庶邦, 而不及庶殷者, 蓋用書命丕作, 無間於庶殷, 而取幣陳王, 不及庶殷歟. 篇末奉幣供王, 卽此出取之幣, 前後相照應.)"

○ 若.

'급(及)'은 경문에서 '약(若)'이다.

○ 朱子曰 : "陳氏云, 旅, 陳也. 王在鎬, 諸侯以幣陳王, 以及周公者, 周公攝王事故也, 此說最善. 葉曰, 禮諸侯朝王, 旣致幣, 復以束帛, 大夫私相見, 君臣不同時, 今旅王及公, 非常禮也."
주자(朱子)433)가 말하였다 : "진씨가 「려(旅)」는 진언하는 것이다. 왕이 호경에 있어 제후와 폐백을 왕께 올리면서 주공에게 말한 것은 주공이 왕의 일을 보좌하고 있었기 때문이다.'라고 하였으니, 이것은 아주 훌륭한 설명이다. 섭이 '예에 제후가 왕을 뵈올 때에 폐백을 바친 다음에 다시 속백(束帛)을 쓰고, 대부가 사사롭게 서로 볼 때에 군신이 동시에 있지 않는다.'라고 하였으니, 지금 왕과 공에게 아뢰는 것은 일상적인 예가 아니다."

集傳

蓋召公雖與周公言, 乃欲周公聯諸侯之幣與召公之誥, 倂達之王. 謂洛邑已定,
이는 소공이 비록 주공에게 말한 것이나 주공이 제후들의 폐백과 소공의 가르침에 따라 함께 왕에게 전달하게 하고자 한 것이다. 낙읍이 이미 정해짐에

詳說

○ 添五字.
다섯 글자를 더하였다.

---

433) 주희(朱熹, 1130~1200) : 자는 원회(元晦)·중회(仲晦)이고, 호는 회암(晦庵)·회옹(晦翁)·고정(考亭)·자양(紫陽)·둔옹(遯翁) 등이다. 송대 무원(婺源 : 현 강서성 무원현) 사람으로 건양(建陽 : 현 복건성 건양현)에서 살았다. 1148년에 진사에 급제하여 동안주부(同安主簿)·비서랑(秘書郎)·지남강군(知南康軍)·강서제형(江西提刑)·보문각대제(寶文閣待制)·시강(侍講) 등을 역임하였다. 스승 이동(李侗)을 통해 이정(二程)의 신유학을 전수받고, 북송 유학자들의 철학사상을 집대성하여 신유학의 체계를 정립하였다. 1179~1181년 강서성(江西省) 남강(南康)의 지사(知事)로 근무하면서 9세기에 건립되어 10세기에 번성했다가 폐허가 된 백록동서원(白鹿洞書院)을 재건했다. 만년에 이르러 정적(政敵)인 한탁주(韓侂冑)의 모함을 받아 죽을 때까지 정치활동이 금지되고 그의 학문이 거짓 학문으로 폄훼를 받다가 그가 죽은 뒤에 곧 회복되었다. 저서로는 『정씨유서(程氏遺書)』, 『정씨외서(程氏外書)』, 『이락연원록(伊洛淵源錄)』, 『고금가제례(古今家祭禮)』, 『근사록(近思錄)』 등의 편찬과 『사서집주(四書集注)』, 『서명해(西銘解)』, 『태극도설해(太極圖說解)』, 『통서해(通書解)』, 『사서혹문(四書或問)』, 『시집전(詩集傳)』, 『주역본의(周易本義)』, 『역학계몽(易學啓蒙)』, 『효경간오(孝經刊誤)』, 『소학서(小學書)』, 『초사집주(楚辭集注)』, 『자치통감강목(資治通鑑綱目)』, 『팔조명신언행록(八朝名臣言行錄)』 등이 있다. 막내아들 주재(朱在)가 편찬한 『주문공문집(朱文公文集)』(100권, 속집 11권, 별집 10권)과 여정덕(黎靖德)이 편찬한 『주자어류(朱子語類)』(140권)가 있다.

集傳
欲誥告殷民, 其根本乃
은(殷)나라 백성들을 가르치고 고하려고 할진댄 그 근본은 바로

詳說
○ 越.
'내(乃)'는 경문에서 '월(越)'이다.

集傳
自爾
당신의

詳說
○ 乃.
'자이(自爾)'는 경문에서 '내(乃)'이다.

集傳
御事.
어사(御事)로부터 해야 함을 말한 것이다.

詳說
○ 爾君者, 親之也.
당신의 임금은 친밀하게 한 것이다.

○ 新安陳氏曰 : "作洛之急務, 在化殷人, 而化殷之大本, 在於王身. 下文遂詳言之, 此召公納忠之大者."
신안 진씨(新安陳氏)가 말하였다 : "낙읍을 만드는 급한 일은 은나라 사람들을 교화시키는 데 있고, 은나라 사람들을 교화시키는 큰 근본은 자신에게 있다. 아래의 글에서 자세히 말했으니, 이것은 소공이 충성을 헌납하는 큰 것이다."[434]

---
434) 『서경대전(書經大全)』, 「주서(周書)」·「소고(召誥)」 : "신안 진씨가 말하였다 : '낙읍을 만드는 급한 일은

集傳

不敢指言成王, 謂之御事, 猶今稱人爲執事也.

감히 성왕을 가리켜 말하지 않고 어사라고 말한 것은 지금 사람을 칭할 적에 집사라고 하는 것과 같다.

詳說

○ 論也.

경문의 의미 설명이다.

[10-4-12-9]

嗚呼, 皇天上帝, 改厥元子玆大國殷之命, 惟王受命, 無疆惟休, 亦無疆惟恤, 嗚呼曷其. 奈何弗敬.

아! 황천의 상제께서 그 원자(元子)와 이 대국인 은나라의 명을 바꾸셨으니, 왕께서 천명을 받은 것이 끝없는 아름다움이시나 또한 끝없는 근심이시니, 아! 어찌하여야 합니까? 어찌 공경하지 않을 수 있겠습니까?

集傳

此下, 皆告成王之辭, 託周公, 達之王也.

이 이하는 모두 성왕에게 고한 말이니, 주공에게 의탁하여 왕에게 전달하게 한 것이다.

詳說

○ 總提終篇.

총괄해서 끝 편을 제시한 것이다.

은나라 사람들을 교화시키는 데 있고, 은나라 사람들을 교화시키는 큰 근본은 자신에게 있다. 아래의 글에서 자세히 말한 것으로 여기서 소공이 충성을 헌납하는 큰 것은 폐백으로 특히 공경에 의지하는 것일 뿐이다. 폐백을 취한 것에 서방(庶邦)만 말하고 서은(庶殷)을 언급하지 않은 것은 대개 글로 명해 크게 일한 것에 서은에 간격을 두지 않았으니, 폐백을 취하여 왕에게 베풂은 서은을 언급하지 않은 것일 것이다. 편의 끝에서 폐백을 받들어 왕을 공양한 것은 곧 여기에서 나가서 폐백(幣帛)을 취한 것으로 전후로 서로 호응하는 것이다.'(新安陳氏曰 : 作洛之急務, 在化殷人, 而化殷之大本, 在於王身. 下文遂詳言之, 此召公納忠之大者, 幣特恭敬之寓焉耳. 取幣獨言庶邦, 而不及庶殷者, 蓋用書命丕作, 無間於庶殷, 而取幣陳王, 不及庶殷歟. 篇末奉幣供王, 即此出取之幣, 前後相照應.)"

集傳

曷, 何也. 其, 語辭. 商受, 嗣天位, 爲元子矣,

갈(曷)은 어찌이고 기(其)는 어조사이다. 상왕(商王) 수(受)가 천자의 지위를 이어 원자가 되었으니,

詳說

○ **朱子曰 : "天之元子."**

주자(朱子)가 말하였다 : "하늘의 원자이다."[435]

○ **呂氏曰 : "人君代天作長子."**

여씨가 말하였다 : "임금이 하늘을 대신해서 장자가 되는 것이다."[436]

○ **新安陳氏曰 : "後元子, 謂成王, 當對觀."**

신안 진씨(新安陳氏)가 말하였다 : "뒤의 원자는 성왕을 말하니,[437] 상대해서 살펴야 한다."[438]

集傳

元子不可改, 而天改之, 大國未易㐲,

---

435) 『서경대전(書經大全)』, 「주서(周書)」·「소고(召誥)」 : "주자가 말하였다 : '여기의 몇 구는 한 편의 큰 뜻이다. 원자는 하늘의 원자이다. 아래의 글에서 편의 끝까지는 반복해서 여기 몇 구의 의미를 미뤄 부연한 것일 뿐이다.'(朱子曰 : 此數句者, 一篇之大旨也. 元子者, 天之元子也. 下文至篇終, 反覆推衍此數句意耳.)"

436) 『서경대전(書經大全)』, 「주서(周書)」·「소고(召誥)」 : "여씨가 말하였다 : '임금이 하늘을 대신해서 장자가 되니 이것이 하늘의 장자인 것이다.'(呂氏曰 : 人君代天作子, 是為天之長子.)"

437) 『서경대전(書經大全)』, 「주서(周書)」·「소고-13(召誥-13)」 : "아! 왕(王)은 비록 나이가 어리시나 하늘의 원자(元子)이시니, 크게 소민(小民)들을 화(和)하여 이제 아름답게 하소서. 왕(王)은 감히 뒤늦게 하지 마시어 백성들의 험함을 돌아보고 두려워하소서.(嗚呼. 有王雖小, 元子哉, 其丕能誠于小民, 今休. 王不敢後, 用顧畏于民嵒.)"

438) 『서경대전(書經大全)』, 「주서(周書)」·「소고(召誥)」 : "신안 진씨가 말하였다 : '여기에서 「원자」라는 말은 뒤의 「원자이시다.」는 말과 상대해서 살펴야 한다. 원자는 하늘의 원자로 곧 대군이란 우리 부모가 종자(宗子)로 하는 의미이다. 여기에서의 원자는 은의 주(紂)를 말하고, 뒤의 원자는 성왕을 말한다. 천명은 일정하지 않으니, 임금이 천명을 보전하려면 공경하는 것일 뿐이다. 옛날에 은나라 원자가 천명을 받았으나, 하늘이 마침내 그 명을 바꿔 왕이 받았으니 진실로 무궁한 아름다움이 있다. 그렇지만 금일의 받음이 어찌 다른 날의 고침이 될지 알겠는가? 이것이 또한 무궁한 근심이니, 어찌 공경하지 않아서야 되겠는가! 여기의 1절에서 비로소 「아!」라고 하고 끝의 절에서 또 「아!」라고 한 것은 원로대신들이 정성을 다해 충성과 사랑으로 상의 마음을 찬탄하며 깊이 경계한 것이니, 스스로 그만둘 수 없는 지극한 정 때문이다.'(新安陳氏曰 : 此元子字, 當與下文元子哉, 對觀. 元子, 天之元子, 即大君者, 吾父母宗子之意. 此元子, 謂殷紂, 後元子謂成王. 天命靡常, 人君所以保天命, 惟有敬耳. 昔殷元子嘗受天命矣, 天竟改其命, 而王受之, 固有無窮之美. 然今日之受, 安知不為他日之改. 是亦有無窮之憂也. 何可以不敬哉. 此一節始曰, 嗚呼, 末又曰嗚呼, 元老大臣, 拳拳忠愛, 嗟嘆以深警上心, 不能自己之至情也.)"

원자(元子)는 바꿀 수가 없는데도 하늘이 바꾸었고, 대국(大國)은 망하기가 쉽지 않은데도

> 詳說

○ 去聲.
　'이(易)'는 거성이다.

> 集傳

而天以之, 皇天上帝其命之不可恃如此.
하늘이 망하게 하였으니, 황천(皇天) 상제(上帝)의 명(命)을 믿을 수 없음이 이와 같다.

> 詳說

○ 添此句.
　여기의 구를 더하였다.

○ 天命靡常, 無間於殷與周.
　천명은 항상되지 않은 것은 은과 주에 차이가 없다.

> 集傳

今王受命, 固有無窮之美, 然亦有無窮之憂.
이제 왕(王)이 천명(天命)을 받음은 진실로 무궁한 아름다움이 있으나 또한 무궁한 걱정이 있다.

> 詳說

○ 休.
　'미(美)'는 경문에서 '휴(休)'이다.

○ 恤.
　'우(憂)'는 경문에서 '휼(恤)'이다.

> 集傳

於是歎息言

이에 탄식하여 말하기를

> 詳說

○ 新安陳氏曰 : "此一節始曰, 嗚呼, 末又曰嗚呼, 元老大臣, 拳拳忠愛, 不能自已之至情也."

신안 진씨(新安陳氏)가 말하였다 : "여기의 1절에서 비로소 '아!'라고 하고 끝의 절에서 또 '아!'439)라고 한 것은 원로대신들이 정성을 다하는 충성과 사랑으로 스스로 그만둘 수 없는 지극한 정 때문이다."440)

> 集傳

王曷其, 柰何不敬乎.

"왕(王)은 어찌하여야 합니까? 어찌 공경하지 않을 수 있겠습니까."라고 하였으니,

> 詳說

○ 朱子曰 : "其可不敬乎."

주자가 말하였다 : "어찌 공경하지 않을 수 있겠는가?"

○ 按, 此曷其, 與五子歌之曷歸, 前篇之曷, 以其文勢不同, 當連

---

439) 『서경대전(書經大全)』, 「주서(周書)」·「소고-13(召誥-13)」 : "아! 왕(王)은 비록 나이가 어리시나 하늘의 원자(元子)이시니, 크게 소민(小民)들을 화(和)하여 이제 아름답게 하소서. 왕(王)은 감히 뒤늦게 하지 마시어 백성들의 험함을 돌아보고 두려워하소서.(嗚呼. 有王雖小, 元子哉, 其丕能諴于小民, 今休. 王不敢後, 用顧畏于民嵒.)" ; 「소고-19(召誥-19)」 : "아! 자식을 낳음에 처음 낳을 때에 달려 있어 스스로 밝은 명(命)을 받지 않음이 없음과 같으니, 이제 하늘이 우리에게 밝음을 명(命)할 것인가? 길흉(吉凶)을 명(命)할 것인가? 역년(歷年)을 명(命)할 것인가? 이것을 아는 것은 지금 우리가 처음 정사(政事)함에 달려 있습니다.(嗚呼, 若生子, 罔不在厥初生, 自貽哲命, 今天其命哲, 命吉凶, 命歷年, 知今我初服.)"

440) 『서경대전(書經大全)』, 「주서(周書)」·「소고(召誥)」 : "신안 진씨가 말하였다 : '여기에서 「원자」라는 말은 뒤의 「원자이시다.」는 말과 상대해서 살펴야 한다. 원자는 하늘의 원자로 곧 대군이란 우리 부모가 종자(宗子)로 하는 의미이다. 여기에서의 원자는 은의 주(紂)를 말하고, 뒤의 원자는 성왕을 말한다. 천명은 일정하지 않으니, 임금이 천명을 보전하려면 공경하는 것일 뿐이다. 옛날에 은나라 원자가 천명을 받았으나, 하늘이 마침내 그 명을 바꿔 왕이 받았으니 진실로 무궁한 아름다움이 있다. 그렇지만 금일의 받음이 어찌 다른 날의 고침이 될지 알겠는가? 이것이 또한 무궁한 근심이니, 어찌 공경하지 않아서야 되겠는가! 여기의 1절에서 비로소 「아」라고 하고 끝의 절에서 또 「아」라고 한 것은 원로대신들이 정성을 다해 충성과 사랑으로 상의 마음을 찬탄하며 깊이 경계한 것이니, 스스로 그만둘 수 없는 지극한 정 때문이다.'(新安陳氏曰 : 此元子字, 當與下文元子哉, 對觀. 元子, 天之元子, 即大君者, 吾父母宗子之意. 元子, 謂殷紂, 後元子謂成王. 天命靡常, 人君所以保天命, 惟有敬耳. 昔殷元子嘗受天命矣, 天竟改其命, 而王受之, 固有無窮之美. 然今日之受, 安知不為他日之改. 是亦有無窮之憂也. 何可以不敬哉. 此一節始曰, 嗚呼, 末又曰嗚呼, 元老大臣, 拳拳忠愛, 嗟嘆以深警上心, 不能自已之至情也.)"

下文, 作一句. 諺讀合, 更商.
살펴보건대, 여기에서의 '갈기(曷其)'441)는 「오자지가(五子之歌)」에서의 '갈귀(曷歸)'나 전편에서의 '갈(曷)'과는 그 문세가 같지 않으니, 아래의 글과 연결해서 하나의 구로 해야 한다. 『언해』의 구두와 합하는지 다시 살펴봐야 한다.

集傳

蓋深言不可以不敬也.
공경하지 않으면 안됨을 깊이 말한 것이다.

詳說

○ 朱子曰 : "此數句者, 一篇之大旨也. 下文至篇終, 反覆推衍此數句意."
주자(朱子)가 말하였다 : "여기의 몇 구는 한 편의 큰 뜻이다. 아래의 글에서 편의 끝까지는 반복해서 여기 몇 구의 의미를 미뤄 부연한 것일 뿐이다."442)

集傳

又按, 此篇專主敬言, 敬則誠實無妄, 視聽言動, 一循乎理, 好惡
또 살펴보건대 이 편(篇)은 오로지 경(敬)을 주장하여 말하였으니, 경(敬)하면 성실하고 망령됨이 없어서 보고 듣고 말하고 움직임이 한결같이 이치를 따르고, 좋아하고 미워하며

詳說

○ 並去聲.
'오(惡)'는 모두 거성이다.

---

441) 『서경대전(書經大全)』, 「하서(夏書)」·「오자지가9(五子之歌9)」: "그 다섯 번째는 다음과 같다. '아! 어디로 돌아갈까! 내 마음의 서글픔이여! 만성(萬姓)이 나를 원수로 여기니 내 장차 누구를 의지하겠는가! 슬프다. 내 심정이여! 얼굴이 두꺼워 부끄러운 마음이 있노라. 그 덕(德)을 삼가지 않았으니, 후회한들 따를 수 있겠는가?'(其五曰。嗚呼曷歸, 予懷之悲。萬姓仇予, 予將疇依。鬱陶乎予心, 顔厚有忸怩。弗愼厥德, 雖悔可追。)"

442) 『서경대전(書經大全)』, 「주서(周書)」·「소고(召誥)」: "주자가 말하였다 : '여기의 몇 구는 한 편의 큰 뜻이다. 원자는 하늘의 원자이다. 아래의 글에서 편의 끝까지는 반복해서 여기 몇 구의 의미를 미뤄 부연한 것일 뿐이다.'(朱子曰 : 此數句者, 一篇之大旨也. 元子者, 天之元子也. 下文至篇終, 反覆推衍此數句意耳.)"

> 集傳

用捨, 不違乎天, 與天同德, 固能受天明命也. 人君保有天命, 其有要於此哉. 伊尹亦言皇天無親, 克敬惟親.

쓰고 버림이 하늘을 어기지 아니하여 하늘과 덕(德)이 같아져서 진실로 하늘의 명명(明命)을 받을 수 있는 것이다. 인군(人君)이 천명(天命)을 보유함이 이보다 중요한 것이 있겠는가? 이윤(伊尹) 또한 "황천(皇天)은 친한 사람이 없어 능히 공경하는 사람과 친하다."고 말했으니,

> 詳說

○ 見太甲.
「태갑」에 보인다.443)

○ 皇當作惟皇, 是蔡仲之命中語.
'황(皇)'이 '유황(惟皇)'으로 되어야 한다는 것은 「채중지명(蔡仲之命)」 속의 말이다.

> 集傳

敬則天與我一矣, 尚何疏之有.
공경(恭敬)하면 하늘과 내가 하나가 되니, 어찌 소원함이 있겠는가?

> 詳說

○ 又以下論也.
'우(又)' 이하는 경문의 의미 설명이다.

[10-4-12-10]

天旣遐終大邦殷之命. 茲殷多先哲王在天, 越厥後王後民, 茲服

---

443) 『서경대전(書經大全)』, 「상서(商書)」·「태갑하1(太甲下1)」: "이윤이 다시 왕에게 다음과 같이 거듭 고하였다. 아! 하늘은 친히 하는 사람이 없어 능히 공경하는 자를 친하시며, 백성들은 일정하게 그리워하는 사람이 없어 어짊이 있는 이를 그리워하며, 귀신은 일정하게 흠향함이 없어 능히 정성스러운 자에게 흠향하니, 천자의 지위가 어렵습니다.(伊尹申誥于王曰, 嗚呼, 惟天無親, 克敬惟親, 民罔常懷, 懷于有仁, 鬼神無常享. 享于克誠, 天位艱哉.)"

|厥命, 厥終, 智藏瘝在, 夫知保抱攜持厥婦子, 以哀籲天, 徂厥亡出執. 嗚呼, 天亦哀于四方民, 其眷命用懋, 王其疾敬德.|

하늘이 이미 큰 나라인 은나라의 명을 크게 끊으셨습니다. 이에 은나라의 많은 선철왕의 영혼들도 하늘에 계시건만 후왕(後王)과 후민(後民)이 이 명(命)을 받아 종말에는 지혜로운 자가 숨고 백성을 괴롭히는 자가 지위에 있으므로 농부들이 그 처자를 안고 붙잡고는 슬피 하늘을 부르짖으며 나가 도망하다가 붙잡혔습니다. 아! 하늘 또한 사방의 백성을 불쌍히 여겨 돌아보아 명하심이 덕을 힘쓰는 자에게 하셨으니, 왕은 빨리 덕을 공경하소서.

[詳說]

○ 瘝, 諺音誤.

'환(瘝)'은 『언해』의 음이 잘못되었다.

[集傳]

後王後民, 指受也. 此章, 語多難解.

후왕(後王)과 후민(後民)은 수(受)를 가리킨 것이다. 이 장(章)은 말이 난해한 것이 많다.

[詳說]

○ 先總提.

먼저 총괄해서 제시하였다.

[集傳]

大意, 謂天旣欲遠絶大邦殷之命矣.

큰 의미는 하늘이 이미 큰 나라인 은나라의 명을 크게 끊고자 하였다는 것을 말한다.

[詳說]

○ 遐.

'원(遠)'은 경문에서 '하(遐)'이다.

○ 終.
'절(絶)'은 경문에서 '종(終)'이다.

○ 朱子曰 : 遏終者, 去而不返之辭
주자(朱子)가 말하였다 : "크게 끊었다는 것은 제거해서 돌려주지 않는다는 말이다."444)

集傳
而此殷先哲王,
이 은나라의 선철왕(先哲王)도

詳說
○ 多非一之辭.
많다는 것은 하나가 아니라는 말이다.

○ 朱子曰 : "賢聖之君六七也."
주자(朱子)가 말하였다 : "현명하고 성스러운 임금이 예닐곱 분이다."445)

---

444) 『회암집(晦庵集)』65권, 「잡저(雜著)」·「상서(尚書)」: "주자가 말하였다 : '…. 크게 끊었다는 것은 제거해서 돌려주지 않는다는 말이다. 「관(瘝)」은 아프게 하는 것이다. 「유(籲)」는 부르짖는 것이다. 하늘이 이미 은의 명을 끊었다. 이 은나라 초기에는 선철왕이 많았다는 것은 탕에서 무정까지 현명하고 성스러운 임금이 예닐곱 분이라는 것이다. ….(…. 遏終者, 去而不返之辭. 瘝, 病也, 籲, 呼也. 天旣絶殷命矣. 此殷之初, 多先哲王, 謂湯至武丁, 賢聖之君六七作也. ….)"

445) 『상서찬전(尚書纂傳)』, 「주서(周書)」·「소고(召誥)」: "주자가 말하였다 : '「질(疾)」은 「빨리」이다. 하늘이 이미 은나라의 명을 끊은 것이다. 이것은 은나라 초기에 많은 선철왕들로 탕부터 무정까지 현명하고 성스러운 임금이 예닐곱 일어났으니, 죽을지라도 그 정신이 하늘에 있기 때문에 그 후왕과 후민을 보우하고 미처 그들이 그 명령을 따르게 해서 그 뒤를 폐하지 않게 했다는 말이다. 주(紂)의 때에 와서 현명하고 지혜로운 사람들은 물러나 숨고, 백성들을 아프게 하는 사람이 지위를 차지해서 그 백성들이 학정에 곤궁하니, 괴로워서 하늘에 울부짖으며 가서 도망하다가 붙잡혔다. 하늘이 하민을 불쌍히 여겼기 때문에 힘써 공경하는 자에게서 명을 돌아보고 은나라의 지위를 대신해서 주나라 왕가가 받았다. 그러므로 왕은 빨리 덕을 공경하지 않으면 안되는 것이다. 하늘이 돌아보는 명령을 계승하지 않고 또 다시 주(紂)처럼 될 것을 염려한 것이다.'(朱子曰 : 疾, 速也. 天旣絶殷命矣. 此殷之初, 多先哲王, 謂湯至武丁, 賢聖之君六七作. 雖死而其精神在天, 故能保佑及其後王後民, 使之服其命, 而不替其後. 至紂之時, 賢智之人, 退藏, 病民之人在位, 其民困於虐政, 痛而呼天, 往而逃亡出見拘執. 天哀下民, 故眷命於能勉敬者, 以代殷位, 而周家受之. 故王不可不疾敬德. 恐無以承其眷命, 又復如紂也.)"; 『회암집(晦庵集)』65권, 「잡저(雜著)」·「상서(尚書)」: "주자가 말하였다 : '…. 「관(瘝)」은 아프게 하는 것이다. 「유(籲)」는 부르짖는 것이다. 하늘이 이미 은의 명을 끊었다. 이 은나라 초기에는 선철왕이 많았다는 것은 탕에서 무정까지 현명하고 성스러운 임금이 예닐곱 분이라는 것이다. ….(…. 遏終者, 去而不返之辭. 瘝, 病也, 籲, 呼也. 天旣絶殷命矣. 此殷之初, 多先哲王, 謂湯至武丁, 賢聖之君六七作也. ….)"

|集傳|
其精爽在天,
그 영혼이 하늘에 계시니,

|詳說|
○ 朱子曰 : "朱子發云, 衆人物欲蔽之, 故魂散而氣不能升. 惟聖人淸明在躬, 志氣如神, 故其死也, 精神在天, 與天爲一."
주자(朱子)가 말하였다. "주자발이 '일반 사람들은 물욕에 가려졌기 때문에 혼이 흩어지고 기운이 올라가지 못한다. 성인만이 맑고 밝음이 몸에 있어 지기(志氣)가 신과 같기 때문에 죽으면 정신이 하늘에 있으면서 하늘과 하나가 된다.'라고 하였다."446)

|集傳|
宜若可恃者, 而商紂受命, 卒
마땅히 믿을 만할 듯하나 상주(商紂)가 명(命)을 받아 끝내

|詳說|
○ 終.
'졸(卒)'은 경문에서 '종(終)'이다.

|集傳|
致賢智者退藏, 病民者在位,
어질고 지혜로운 자가 물러가 숨고 백성을 괴롭히는 자가 지위에 있게 하니,

|詳說|
○ 瘝

---

446) 『서경대전(書經大全)』, 「주서(周書)」·「소고(召誥)」 : "한상 주씨가 말하였다 : '사람이 죽으면 각기 그 근본으로 돌아간다. 몸의 혼은 음이기 때문에 내려와서 아래에 있고 혼의 기는 양이기 때문에 올라가서 위에 있다. 그렇다면 있지 않음이 없으나 일반 사람들은 물욕에 가려졌기 때문에 혼이 흩어지고 기운이 올라가지 못한다. 성인만이 맑고 밝음이 몸에 있어 지기(志氣)가 신과 같기 때문에 죽으면 정신이 하늘에 있으면서 하늘과 하나가 된다.'(漢上朱氏曰, 人之死, 各反其根. 體魄陰也, 故降而在下, 魂氣陽也, 故升而在上. 則無不之矣. 衆人物欲蔽之, 故魂散而氣不能升. 惟聖人淸明在躬, 志氣如神, 故其死也, 精神在天, 與天爲一.)"

'병(病)'은 경문에서 '환(瘝)'이다.

○ 添二者字.
두 글자를 더하였다.

集傳
民困虐政
백성들이 학정(虐政)에 곤궁하여

詳說
○ 夫
'민(民)'은 경문에서 '부(夫)'이다.

○ 唐孔氏曰 : "夫猶言人人也."
당 공씨(孔氏)가 말하였다 : "'부(夫)'는 사람들이라고 말하는 것과 같다."447)

集傳
保抱攜持其妻子
그 처자(妻子)들을 안고 붙잡고는

詳說
○ 抱子攜妻.
자식을 껴안고 처를 끌었다는 것이다.

集傳
哀號呼天,
슬피 울부짖으며 하늘을 부르면서

詳說

---

447) 『서전회선(書傳會選)』, 「주서(周書)」·「소고(召誥)」: "왕숙이 말하였다 : '필부이다. 공씨의 소에서는 「사람들이라고 말하는 것과 같다.」'라고 하였다.'(王肅云, 匹夫也孔疏云猶言人人也.)"

○ 平聲.

'호(號)'는 평성이다.

○ 去聲

'호(呼)'는 거성이다.

○ 籲.

'호(呼)'는 경문에서 '유(籲)'이다.

集傳

往而逃亾出見拘執

나가 도망하다가 구집(拘執)을 당하여

詳說

○ 徂.

'왕(往)'은 경문에서 '조(徂)'이다.

○ 添見字.

'견(見)'자를 더하였다.

集傳

無地自容. 故天亦哀民而眷, 命用歸於勉德者.

스스로 용납할 데가 없었다. 그러므로 하늘 또한 백성들을 불쌍히 여겨 돌아보아 명(命)함이 덕(德)을 힘쓰는 자에게 돌아간 것이다.

詳說

○ 眷顧之命.

돌아보는 명이다.

○ 懋.

· '면(勉)'은 경문에서 '무(懋)'이다.

○ 添歸德者字
'귀덕자(歸德者)'자라는 말을 더하였다.

集傳
天命不常如此, 今王其可不疾敬德乎.
천명의 무상(無常)함이 이와 같으니, 이제 왕은 빨리 덕을 공경하지 않을 수 있겠는가?

詳說
○ 袁氏曰 : "疾敬德者, 更無等待遲疑, 只今便下手."
원씨(袁氏)가 말하였다 : "'빨리 덕을 공경하소서.'라는 말은 다시 가만히 있으면서 머뭇거리며 거리지 말라는 것으로 오직 지금 바로 시작하라는 것이다."448)

○ 朱子曰 : "恐無以承天眷命, 又復如紂也."
주자가 말하였다 : "하늘이 돌아보는 명령을 계승하지 않고 또 다시 주(紂)처럼 될 것을 염려한 것이다."449)

○ 新安陳氏曰 : "祖宗之不可憑藉, 如此, 言外之意, 蓋謂成王今日安, 可盡恃太王王季文武也. 敬德而言疾最有力. 後又言肆惟

---

448) 『서경대전(書經大全)』, 「주서(周書)」·「소고(召誥)」 : "원씨가 말하였다 : 「빨리 덕을 공경하소서.」라는 말은 다시 가만히 있으면서 머뭇거리며 거리지 말라는 것으로 오직 지금 바로 시작하라는 것이다.'(袁氏曰 : 疾敬德者, 更無等待遲疑, 只今便下手.)"
449) 『상서찬전(尚書纂傳)』, 「주서(周書)」·「소고(召誥)」 : "주자가 말하였다 : 「질(疾)」은 「빨리」이다. 하늘이 이미 은나라의 명을 끊은 것이다. 이것은 은나라 초기에 많은 선철왕들로 탕부터 무정까지 현명하고 성스러운 임금이 예닐곱 일어났으니, 죽을지라도 그 정신이 하늘에 있기 때문에 그 후왕과 후민을 보우하고 미쳐 그들이 그 명령을 따르게 해서 그 뒤를 폐하지 않게 했다는 말이다. 주(紂)의 때에 와서 현명하고 지혜로운 사람들은 물러나 숨고, 백성들을 아프게 하는 사람이 지위를 차지해서 그 백성들이 학정에 곤궁하니, 괴로워서 하늘에 울부짖으며 가서 도망하다가 붙잡혔다. 하늘이 하민을 불쌍히 여겼기 때문에 힘써 공경하는 자에게서 명을 돌아보고 은나라의 지위를 대신해서 주나라 왕가가 받았다. 그러므로 왕은 빨리 덕을 공경하지 않으면 안되는 것이다. 하늘이 돌아보는 명령을 계승하지 않고 또 다시 주(紂)처럼 될 것을 염려한 것이다.'(朱子曰 : 疾, 速也. 天既絶殷命矣. 此殷之初, 多先哲王, 謂湯至武丁, 賢聖之君六七作. 雖死而其精神在天, 故能佑及其後王後民, 使之服其命, 而不替其後. 至紂之時, 賢智之人, 退藏, 病民之人在位, 其民困於虐政, 痛而呼天, 往而逃亡出見拘執. 天哀下民, 故眷命於能勉敬者, 以代殷位, 而周家受之. 故王不可不疾敬德. 恐無以承天眷命, 又復如紂也.)"

王其疾敬德. 一篇綱領在敬字, 而敬之工夫, 又在疾字."

신안 진씨(新安陳氏)가 말하였다 : "조종을 믿고 의지할 수 없는 것이 이와 같음은 말 밖의 의미이니, 대개 성왕이 금일에 편안하려면 태왕·왕계·문왕·무왕을 극진하게 믿어야 한다는 말이다. 덕을 공경하는 것인데, '빨리'라고 말한 것에 가장 힘이 있고, 뒤에서 또 '왕께서는 빨리 덕(德)을 공경하소서.'450)라고 말했으니, 한 편의 강령은 '경(敬)'자에 있고, '경(敬)' 공부는 또 '빨리'라는 말에 있다."451)

[10-4-12-11]

相古先民有夏, 天迪, 從子保, 面稽天, 今時, 旣墜厥命. 今相有殷, 天迪, 格保, 面稽天若, 今時, 旣墜厥命.

옛 선민(先民)인 하나라를 살펴보건대 하늘이 인도해 주시고 아들까지 보호해 주시자, 천심(天心)을 향하여 상고해서 순히 하였건만 지금에는 이미 천명을 실추하였습니다. 이제 은나라를 살펴보건대 하늘이 인도하시고 바로잡아 보전해 주시자, 천심을 향하여 상고해서 순히 하였건만 지금에는 이미 천명을 실추하였습니다.

詳說

○ 相, 去聲, 稽, 平聲. 下並同.

'상(相)'은 거성이고, '계(稽)'는 평성이다. 아래에서도 모두 같다.

集傳

---

450) 『서경대전(書經大全)』, 「주서(周書)」·「소고-20(召誥-20)」 : "새 도읍에 머무시어 왕께서는 빨리 덕(德)을 공경하소서. 왕께서 덕을 씀이 하늘의 영원한 명을 비는 것입니다.(宅新邑, 肆惟王, 其疾敬德. 王其德之用, 祈天永命.)"

451) 『서경대전(書經大全)』, 「주서(周書)」·「소고(召誥)」 : "신안 진씨가 말하였다 : '조종을 믿고 의지할 수 없는 것이 이와 같음은 말 밖의 의미이니, 대개 성왕이 금일에 편안하려면 태왕·왕계·문왕·무왕을 극진하게 믿어야 한다는 말이다. 여기의 장에서는 천명도 믿을 수 없고 조종도 믿을 수 없어 덕만을 공경해야 하니, 천명을 아주 한결같이 해서 조상의 덕을 맞아들어 이어가야 할 뿐이라는 말이다. 덕을 공경하는 것인데, 「빨리」라고 말한 것에 가장 힘이 있다. 대개 사람들이 마음으로 잡으면 보존되고, 버리면 잃어버리니, 정신을 단단하게 잡고 급급하게 공을 사용하면, 경(敬)을 성대하게 해서 날마다 강해서서 경할 수 있는 것이다. 만약 유휴히 태만하면 편안히 여기고 마음대로 하며 날마다 경시해서 경할 수 없는 것이다. 뒤에서 또 「왕께서는 빨리 덕(德)을 공경하소서.」라고 말했으니, 한 편의 강령은 「경(敬)」자에 있고, 「경(敬)」 공부는 또 「빨리」라는 말에 있다.'(新安陳氏曰 : 祖宗之不可憑藉, 如此, 言外之意, 蓋謂成王今日安, 可盡恃大王王季文武也. 此章言天命不可恃, 祖宗不可恃, 惟敬德. 庶可擬國命, 而迓續祖德爾. 敬德而言疾最有力. 蓋人心操則存, 捨則亡, 必緊著精神, 汲汲用工, 則莊敬日强而能敬. 苟悠悠玩愒則安肆日偸而不能敬矣. 後又言肆惟王其疾敬德, 一篇綱領在敬字, 而敬之工夫, 又在疾字.)"

從子保者, 從其子而保之, 謂禹傳之子也.
종자보(從子保)는 그 아들까지 보호함이니, 우왕(禹王)이 아들에게 지위를 전함을 말한 것이다.

詳說
○ 猶因也.
'종(從)'은 '인(因)'이다.

集傳
面, 鄕也.
면(面)은 향함이다.

詳說
○ 去聲.
'향(鄕)'은 거성이다.

○ 謂不背也.
등지지 않는다는 말이다.

集傳
視古先民有夏,
옛 선민(先民)인 하(夏)나라를 보건대

詳說
○ 相.
'시(視)'는 경문에서 '상(相)'이다.

集傳
天固啓迪之, 又從其子而保佑之,
하늘이 진실로 인도해 주시고 또 그 아들까지 보우하셨으며,

詳說
○ 朱子曰 : "敬德故也."
주자(朱子)가 말하였다 : "덕을 공경했기 때문이다."

○ 新安陳氏曰 : "卽孟子與子之意."
신안 진씨(新安陳氏)가 말하였다 : "곧 『맹자』에서 '자식에게 준다.'452)는 의미이다."453)

集傳
禹亦面考天心
우왕(禹王) 또한 천심(天心)을 향하여 상고해서

詳說
○ 添禹字
'우(禹)'자를 더하였다.

集傳
敬順
공경하고 순종하여

詳說
○ 若
'경(順)'은 경문에서 '약(若)'이다.

---

452) 『맹자(孟子)』「만장상(萬章上)」 : "하늘이 현자에게 주도록 하면 현자에게 주고 하늘이 자식에게 주도록 하면 자식에게 주는 것이다.(天與賢, 則與賢, 天與子, 則與子.)"
453) 『서경대전(書經大全)』, 「주서(周書)」·「소고(召誥)」 : "신안 진씨가 말하였다 : '「아들까지 보호해 준다.」는 것은 곧 『맹자』에서 「하늘이 자식에게 주도록 하면 자식에게 준다.」는 의미이다. 만세토록 자식에게 전해주는 단서를 우에게서 시작되었기 때문에 하(夏)에서는 「아들까지 보호해 주신다.」고 말하고 은(殷)에서는 단지 「바로 잡아 보전해 주신다.」고 하였으니, 위의 글을 이어받은 것이다. 두 번의 「천심을 향하여 상고한다.」는 것은 곧 하늘에 있는 뜻을 받들어 널리 알린다는 것이다. 여기 한 절은 대개 하늘과 조종은 모두 믿어서는 안된다는 말이다.' 新安陳氏曰 : 從其子而保之, 卽孟子天與子, 則與子之意. 開萬世傳子之端, 自禹始, 故於夏言從子保, 而於商只言格保, 蒙上文也. 兩面稽天若, 卽對越在天之意. 此一節, 蓋謂天與祖宗, 皆不可恃也.)"

集傳

無違, 宜若可爲後世憑藉者,
어김이 없었으니, 마땅히 후세에 빙자(憑藉)함이 될 만하나

詳說

○ 添此句. 下同.
여기의 구를 더하였다. 아래에서도 같다.

集傳

今時已墜厥命矣.
지금에 이미 천명을 실추하였다.

詳說

○ 朱子曰 : "後王不敬故也."
주자(朱子)가 말하였다 : "후왕이 공경하지 않기 때문이다."454)

集傳

今視有殷, 天固啓迪之, 又使其格正夏命,
지금 은나라를 보건대 하늘이 진실로 인도해 주시고 또 하나라의 명을 바로잡아

詳說

○ 猶革也
'격정(格正)'은 '혁(革)'과 같다.

集傳

---

454) 『회암집(晦庵集)』 65권, 「잡저(雜著)」·「상서(尙書)」 : "주자가 말하였다 : '여기 한 절은 간간히 알 수 없는 곳이 있다. 옛 설명에서는 하나라가 덕을 공경했기 때문에 천도가 또한 내려와 바로잡아 보전해 주셨다는 것이다. 「면(面)」은 향하는 것이고, 「계(稽)」는 상고하는 것이며, 「약(若)」은 순히 하는 것이다. 하늘을 향해 순히 하여 그 뜻을 상고한다는 것은 맞는지 모르겠으나 또한 큰 뜻에는 해가 되지 않는다. 은나라에서 이미 거울을 삼고 또 멀리 하나라를 보니, 역대의 흥망과 존패의 흔적이 덕을 공경하고 하늘에 순히 하면 하늘이 보전해서 돕는다는 것에 불과하다는 말이다. 후왕이 공경하지 않기 때문에 그 명을 실추하는 것이다.'(此一節, 間有不可曉處. 舊說有夏敬德, 故天道亦降格以保之. 面, 向也, 稽, 考也, 若, 順也. 嚮天所順而考其意也, 皆未知是否, 然亦不害大意. 言既監于殷, 又當遠觀有夏. 歷代廢興存亡之迹, 不過敬德順天, 則天保佑之. 後王不敬, 故墜其命也.)"

而保佑之,
보우하게 하였으며,

詳說

○ 新安陳氏曰："開萬世傳子之端, 自禹始, 故於夏言從子保, 而於商只言格保, 蒙上文也."
신안 진씨(新安陳氏)가 말하였다 : "만세토록 자식에게 전해주는 단서를 우에게서 시작되었기 때문에 하(夏)에서는 「아들까지 보호해 주신다.」고 말하고 은(殷)에서는 단지 「바로 잡아 보전해 주신다.」고 하였으니, 위의 글을 이어받은 것이다."455)

集傳

湯亦面考天心,
탕왕(湯王) 또한 천심(天心)을 향하여

詳說

○ 添湯字
'탕(湯)'자를 더하였다.

集傳

敬順無違, 㝢亦可爲後世憑藉者, 今時已墜厥命矣. 以此知天命, 誠不可恃以爲安也.
상고해서 공경하고 순종하여 어김이 없었으니, 마땅히 후세에 빙자(憑藉)함이 될 만하나 지금 이미 천명(天命)을 실추하였다. 이로써 천명(天命)은 진실로 믿고서 편안히 할 수 없음을 알 수 있다.

---

455) 『서경대전(書經大全)』, 「주서(周書)」·「소고(召誥)」: "신안 진씨가 말하였다 : '「아들까지 보호해 준다.」는 것은 곧 『맹자』에서 「하늘이 자식에게 주도록 하면 자식에게 준다.」는 의미이다. 만세토록 자식에게 전해주는 단서를 우에게서 시작되었기 때문에 하(夏)에서는 「아들까지 보호해 주신다.」고 말하고 은(殷)에서는 단지 「바로 잡아 보전해 주신다.」고 하였으니, 위의 글을 이어받은 것이다. 두 번의 「천심을 향하여 상고한다.」는 것은 곧 하늘에 있는 뜻을 받들어 널리 알린다는 것이다. 여기 한 절은 대개 하늘과 조종은 모두 믿어서는 안된다는 말이다.'新安陳氏曰 : 從其子而保之, 即孟子天與子, 則與子之意. 開萬世傳子之端, 自禹始, 故於夏言從子保, 而於商只言格保, 蒙上文也. 兩面稽天若, 即對越在天之意. 此一節, 蓋謂天與祖宗, 皆不可恃也.)"

詳說

○ 此句論也.
여기의 구는 경문의 의미 설명이다.

○ 新安陳氏曰 : "此一節, 蓋謂天與祖宗, 皆不可恃也."
신안 진씨(新安陳氏)가 말하였다 : "여기 한 절은 대개 하늘과 조종은 모두 믿어서는 안된다는 말이다."456)

○ 朱子曰 : "此一節, 間有不可曉處."
주자(朱子)가 말하였다 : "여기의 한 절에는 간간이 알 수 없는 곳이 있다."457)

[10-4-12-12]

今冲子嗣, 則無遺壽耈. 曰其稽我古人之德, 矧曰其有能稽謀自天.

이제 충자(沖子)가 지위를 이으셨으니, 노성(老成)한 사람들을 버리지 마소서. 우리 고인들의 덕을 상고한다고 말하더라도 버릴 수 없거늘 하물며 능히 계책을 상고하되 하늘로부터 한다고 말함에 있어서이겠습니까!

集傳

---

456) 『서경대전(書經大全)』, 「주서(周書)」·「소고(召誥)」 : "신안 진씨가 말하였다 : '「아들까지 보호해 준다.」는 것은 곧 『맹자』에서 「하늘이 자식에게 주도록 하면 자식에게 준다.」는 의미이다. 만세토록 자식에게 전해주는 단서를 우예게서 시작되었기 때문에 하(夏)에서는 「아들까지 보호해 주신다.」고 말하고 은(殷)에서는 단지 「바로 잡아 보전해 주신다.」고 하였으니, 위의 글을 이어받은 것이다. 두 번의 「천심을 향하여 상고한다.」는 것은 곧 하늘에 있는 뜻을 받들어 널리 알린다는 것이다. 여기 한 절은 대개 하늘과 조종은 모두 믿어서는 안된다는 말이.'新安陳氏曰 : 從其子而保之, 卽孟子天與之, 則與子之意. 開萬世傳子之端, 自禹始, 故於夏言從子保, 而於商只言格保, 蒙上文也. 兩面稽天若, 卽軼越在天之意. 此一節, 蓋謂天與祖宗, 皆不可恃也.)"

457) 『서경대전(書經大全)』, 「주서(周書)」·「소고(召誥)」 : "주자가 말하였다 : '여기의 한 절에는 간간이 알 수 없는 곳이 있다.'(朱子曰 : 此一節間有不可曉處.)"; 『회암집(晦庵集)』 65권, 「잡저(雜著)」·「상서(尚書)」 : "주자가 말하였다 : '여기 한 절은 간간히 알 수 없는 곳이 있다. 옛 설명에서는 하나라가 덕을 공경했기 때문에 천도가 또한 내려와 바로잡아 보전해 주셨다는 것이다. 「면(面)」은 향하는 것이고, 「계(稽)」는 상고하는 것이며, 「약(若)」은 순히 하는 것이다. 하늘을 향해 순히 하여 그 뜻을 상고한다는 것은 맞는지 모르겠으나 또한 큰 뜻에는 해가 되지 않는다. 은나라에서 이미 거울을 삼고 또 멀리 하나라를 보니, 역대의 흥망과 존패의 흔적이 덕을 공경하고 하늘에 순히 하면 하늘이 보전해서 돕는다는 것에 불과하다는 말이다. 후왕이 공경하지 않기 때문에 그 명을 실추하는 것이다.'(此一節, 間有不可曉處. 舊說有夏敬德, 故天道亦降格以保之. 面, 向也, 稽, 考也, 若, 順也. 嚮天所順而考其意也, 皆未知是否, 然亦不害大意. 言既監于殷, 又當遠觀有夏. 歷代廢興存亡之迹, 不過敬德順天, 則天保佑之. 後王不敬, 故墜其命也.)"

`稽, 考,`
계(稽)는 상고(詳考)함이고,

`詳說`
○ 並該上節.
　아울러 위의 구절을 갖추었다.

`集傳`
`矧, 況也. 幼冲之主, 於老成`
신(矧)은 하물며이다. 유충(幼冲)한 군주는 노성(老成)한

`詳說`
○ 壽考.
　'노성(老成)'은 오래 산 늙은 분들이다.

`集傳`
`之臣尤易疏遠.`
신하에 대하여 더욱 소원해지기 쉽다.

`詳說`
○ 去聲.
　'이(易)'는 거성이다.

`集傳`
`故召公言, 今王以童子嗣位. 不可遺棄老成.`
그러므로 소공이 "이제 왕이 동자(童子)로서 지위를 이었으니, 노성한 사람을 버려서는 안됩니다.

`詳說`
○ 新安陳氏曰 : "如太公周畢諸公."

신안 진씨(新安陳氏)가 말하였다 : "태보 주공 필공 등 여러 공과 같다."458)

集傳
言其能稽古人之德,
그들이 능히 고인(古人)의 덕(德)을 상고한다고 말하더라도

詳說
○ 老成.
'기(其)'는 노성(老成)이다.

○ 我古人. 猶孔子言我老彭也.
'우리 고인들'이라는 말은 공자가 '우리 노팽'459)이라고 한 말과 같다.

集傳
是固不可遺也,
이는 진실로 버릴 수 없거늘,

詳說
○ 添此句.
이 구를 더하였다.

集傳
況言其能考謀自天
하물며 그들이 능히 상고하고 도모하기를 하늘로부터 한다고 말하면

---

458) 『서경대전(書經大全)』, 「주서(周書)」·「소고(召誥)」 : "신안 진씨가 말하였다 : '노성한 사람들이 옛일을 알고 또 하늘을 아니, 의지해서 옛날의 도와 하늘의 도를 상고하는 것이니, 다행스럽게도 오래 산 늙은 분들이 계신다는 것은 태보 주공 필공 등 여러 공이 있는 것과 같으니, 버려서는 안되는 것이다. 옛날의 덕을 상고한다는 것은 오래 산 분들의 심원한 견문이 아니면, 하늘의 뜻을 질정하고 상고해서 정할 방법이 없다. 계책과 사려는 오래 사신 분들의 덕의 성대함과 지혜의 밝음이 아니면 결정할 수 없다.'(新安陳氏曰 : 老成知古, 又能知天, 所賴以稽古道天道, 幸有壽耈, 如太公周畢諸公在, 不可遺也. 稽考古德, 非壽耈者, 聞見之遠, 無所質稽考天意以定. 謀慮, 非壽耈者, 德盛智明, 不能決也.)"

459) 『논어(論語)』「술이(述而)」 : "옛것을 전술만 하고 창작하지 않으며, 옛것을 믿고 좋아하는 나를 조심스럽게 우리 노팽에게 견주어 본다.(述而不作, 信而好古, 竊比於我老彭.)"

> 詳說

○ 老成.
  '기(其)'는 노성(老成)이다.

○ 從也.
  '자(自)'는 '종(從)'이다.

> 集傳

是尤不可遺也.
이는 더욱 버릴 수 없습니다."라고 한 것이다.

> 詳說

○ 添此句.
  이 구를 더하였다.

> 集傳

稽古人之德, 則於事有所證, 稽謀自天, 則於理無所遺. 無遺壽耇, 蓋君天下者之要務. 故召公特首言之.
고인의 덕을 상고하면 일에 증거하는 바가 있을 것이요, 계책을 상고하되 하늘로부터 한다면 이치에 빠뜨린 바가 없을 것이다. 수구(壽耇)를 버리지 않는 것은 천하에 군주노릇 하는 자의 중요한 일이다. 그러므로 소공(召公)이 특별히 첫 번째로 말씀한 것이다.

> 詳說

○ 三句論也.
  세 구는 경문의 의미 설명이다.

○ 朱子曰 : "已陳夏商敬德, 墜命之所由, 又戒王也."
  주자(朱子)가 말하였다 : "하와 상이 덕을 공경하고 명을 실추한 연유를 진언해서 또 왕을 경계시킨 것이다."460)

[10-4-12-13]

嗚呼. 有王雖小, 元子哉, 其丕能誠于小民, 今休. 王不敢後, 用顧畏于民嵒.

아! 왕은 비록 나이가 어리시나 하늘의 원자이시니, 크게 소민(小民)들을 화(和)하여 이제 아름답게 하소서. 왕은 감히 뒤늦게 하지 마시어 백성들의 험함을 돌아보고 두려워하소서.

詳說

○ 嵒, 音巖.

'암(嵒)'은 음이 '암(巖)'이다.

集傳

召公歎息言, 王雖幼冲, 乃天之元子哉.

소공이 탄식하고 "왕은 비록 나이가 어리나 하늘의 원자(元子)입니다."라고 하였으니,

詳說

○ 蒙前節.

앞의 절을 이어 받았다.

○ 蘇氏曰 : "國之元子."

소씨(蘇氏)가 말하였다 : "나라의 원자이다."461)

集傳

謂其年雖小, 其任則大也. 其者, 期之辭也. 誠和, 嵒險也. 王其大

---

460) 『서경대전(書經大全)』, 「주서(周書)」·「소고(召誥)」: "주자가 말하였다 : "하와 상이 덕을 공경하고 명을 실추한 연유를 진언해서 또 왕을 경계시킨 것이다.(朱子曰 : 已陳夏商敬德, 墜命之所由, 又戒王也.)"
461) 『회암집(晦庵集)』 65권, 「잡저(雜著)」·「상서(尚書)」: "소씨가 말하였다 : '왕은 어리지만 나라의 원자여서 그 큼이 정성으로 백성들을 감화시킬 수 있으니, 이제 그 덕을 아름답게 해서 감히 뒤 늦게 하지 말아야 하는 것은 그 덕을 빨리 공경해서 감히 더디게 하지 않고, 백성들의 험함을 돌아보고 두려워하라는 것이다. '암(嵒)'은 험함이다. 백성들은 물과 같다. 물은 배를 실을 수도 있고 배를 엎을 수도 있으니, 사물에서 백성들보다 험한 것은 없다.'(蘇氏曰 : 王雖幼國之元子也, 其大能以誠感民矣, 當今, 休其德, 不敢後者, 疾敬其德, 不敢遲也, 用顧畏于民嵒者. 嵒, 險也. 民猶水也. 水能載舟, 亦能覆舟, 物無險於民者矣.)"

나이는 비록 어리나 그 임무가 큼을 말한 것이다. 기(其)는 기약(期約)하는 말이다. 함(諴)은 화함이고, 암(嵒)은 험함이다. 왕(王)은 크게

>詳說

○ 丕.
'대(大)'는 '비(丕)'이다.

>集傳

能諴和小民,
능히 소민(小民)들을 화하여

>詳說

○ 蘇氏曰 : "以誠感民."
소씨(蘇氏)가 말하였다 : "정성으로 백성들을 감화시키는 것이다."462)

>集傳

爲今之休美乎. 小民雖至微, 而至爲可畏, 王當不敢緩於敬德,
지금의 아름다움으로 삼아야 할 것이다. 소민(小民)들이 비록 지극히 미천하나 지극히 두려울 만하니, 왕은 덕을 공경함을 감히 늦추지 아니하여

>詳說

○ 後.
'완(緩)'은 '후(後)'이다.

○ 照前節, 而添二字.
앞의 절을 참고해서 두 글자를 더하였다.

---

462) 『회암집(晦庵集)』 65권, 「잡저(雜著)」·「상서(尚書)」 : "소씨가 말하였다 : '왕은 어리지만 나라의 원자여서 그 큼이 정성으로 백성들을 감화시킬 수 있으니, 이제 그 덕을 아름답게 해서 감히 뒤 늦게 하지 말아야 하는 것은 그 덕을 빨리 공경해서 감히 더디게 하지 않고, 백성들의 험함을 돌아보고 두려워하라는 것이다. 「암(嵒)」은 험함이다. 백성들은 물과 같다. 물은 배를 실을 수도 있고 배를 엎을 수도 있으니, 사물에서 백성들보다 험한 것은 없다.'(蘇氏曰 : 王雖幼國之元子也, 其大能以誠感民矣, 當及今, 休其德, 不敢後者, 疾敬其德, 不敢遲也, 用顧畏于民嵒者, 嵒, 險也. 民猶水也. 水能載舟, 亦能覆舟, 物無險於民者矣.)"

集傳

用顧畏于民之嵒險可也

백성들의 험함을 돌아보고 두려워하여야 한다.

詳說

○ 蘇氏曰 : "民猶水也. 水能載舟, 亦能覆舟, 物無險於民者."
소씨(蘇氏)가 말하였다 : "백성들은 물과 같다. 물은 배를 실을 수도 있고 배를 엎을 수도 있으니, 사물에서 백성들보다 험한 것은 없다."463)

○ 新安陳氏曰 : "福兮禍所伏, 是以莊生曰, 人心險於山川."
신안 진씨(新安陳氏)가 말하였다 : "'화는 복이 엎드려 있는 것'464)이기 때문에 장생이 '사람의 마음이 산천보다 험하다.'465)라고 한 것이다."466)

[10-4-12-14]

王來紹上帝, 自服于土中. 旦曰其作大邑, 其自時配皇天, 毖祀于上下, 其自時中乂, 王厥有成命, 治民今休.

왕이 와서 상제를 이으시어 스스로 토중(土中)에서 정사를 행하소서. 단(旦)도 '큰 읍을 만들어서 이로부터 황천을 대하고 상하의 신을 삼가 제사하며, 이로부터 중앙에서 다스린다.'라고 말하였으니, 왕이 하늘의 이루어진 명을 소유하시면 백성을 다스림이 이제 아름다울 것입니다.

---

463) 『회암집(晦庵集)』 65권, 「잡저(雜著)」・「상서(尙書)」: "소씨가 말하였다 : '왕은 어리지만 나라의 원자여서 그 큼이 정성으로 백성들을 감화시킬 수 있으니, 이제 그 덕을 아름답게 해서 감히 뒤 늦게 하지 말아야 하는 것은 그 덕을 빨리 공경해서 감히 더디게 하지 않고, 백성들의 험함을 돌아보고 두려워하라는 것이다. 「嵒」은 험함이다. 백성들은 물과 같다. 물은 배를 실을 수도 있고 배를 엎을 수도 있으니, 사물에서 백성들보다 험한 것은 없다.'(蘇氏曰 : 王雖幼國之元子, 其大能以誠感民矣, 當及今, 休其德, 不敢後者, 疾敬其德, 不敢遲也, 用顧畏于民嵒者. 嵒, 險也. 民猶水也. 水能載舟, 亦能覆舟, 物無險於民者矣.)"
464) 『노자(老子)』 58장 : "화는 복이 의지하는 곳이고 복은 화가 엎드리는 있는 곳이다.(禍兮福所倚, 福兮禍所伏.)"
465) 『장자(莊子)』・「열어구(列禦寇)」 : "공자가 말했다 : '사람의 마음이란 산천보다 험하고 하늘을 알기보다 어렵다.'(孔子曰 : 凡人心險於山川, 難於知天.)"
466) 『서경대전(書經大全)』, 「주서(周書)」・「소고(召誥)」: "신안 진씨가 말하였다 : 소민들을 화하여 이제 아름답게 한다는 것은 왕이 백성들의 험함에 급급하게 하도록 하는 것과 같으니, 백성들의 험함을 두려워해야 하는 것이다. 언제나 태화의 성대한 아름다움 가운데 엎드려 이미 화하고 또 아름다운 것에 의지하고 돌아보지 않는 것은 또한 염려하고 두려운 것이니, 화는 복이 엎드려 있는 것으로 이것이 험한 까닭이다. 이 때문에 장생이 「사람의 마음이 산천보다 험하다.」라고 한 것이다.'(新安陳氏 : 誠於小民, 而今休矣, 猶欲王汲汲於畏民嵒者. 蓋民之嵒險可畏. 常伏於太和盛美之中, 恃其已和且美, 而不回顧, 却慮以畏之, 則福兮禍所伏矣, 此所以爲險也. 是以莊生曰, 人心險於山川.)"

集傳

洛邑, 天地之中, 故謂之土中. 王來洛邑
낙읍(洛邑)은 천지의 중앙이므로 '토중(土中)'이라 이른 것이다. 왕(王)이 낙읍(洛邑)에 와서

詳說

○ 添二字.
　두 글자를 더하였다.

○ 朱子曰 : "林氏以此句王來爲王亦至洛之驗, 恐未必然. 但王命來此定邑耳."
　주자가 말하였다 : "임씨의 여기 구절에서 '왕이 와서'를 왕이 또한 낙읍에 이른 증험으로 여겼는데, 반드시 그런 것은 아닌 것 같다. 다만 왕의 명령이 와서 이에 읍을 정하는 것일 뿐이다."

集傳

繼天出治
하늘의 뜻을 이어 다스림을 내시니,

詳說

○ 紹.
　'계(繼)'는 경문에서 '소(紹)'이다.

○ 去聲, 下同.
　'치(治)'는 거성으로 아래에서도 같다.

集傳

當自服行於土中.
토중(土中)에서 스스로 일삼아 행하여야 한다.

詳說

○ 猶親也.
'자(自)' 친히 한다는 것과 같다.

○ 朱子曰 : "服事也."
주자(朱子)가 말하였다 : "'복(服)은 일삼는다는 것이다."

集傳
是時洛邑告成, 成王始政. 故召公以自服土中爲言, 又擧周公嘗言作此大邑, 自是可以對越上天,
이 때 낙읍(洛邑)이 완성을 고하여 성왕이 처음 정사를 하였다. 그러므로 소공이 스스로 토중(土中)에서 행함을 말하였고, 또 주공이 일찍이 "이 큰 읍을 만들어서 이로부터 상천(上天)을 대월(對越)하고

詳說
○ 旦周公名.
'단(旦)'은 주공의 이름이다.

○ 見詩淸廟, 謂與天作對也.
『시경』「청묘」에 있으니, 하늘과 짝이 되는 것을 말한다.

集傳
可以饗答神祇,
신기(神祇)에 제향(祭享)하여 답하며

詳說
○ 音岐.
'기(祇)'는 음이 '기(岐)'이다.

○ 朱子曰 : "愼祀上下神祇."
주자(朱子)가 말하였다 : "상하의 신기에게 삼가 제사하는 것이다."

集傳

自是可以宅中圖治.
이로부터 중앙에 머물러 정사를 도모한다."고 한 말씀을 든 것이다.

詳說

○ 乂.
'치(治)'는 경문에서 '예(乂)'이다.

○ 陳氏大猷曰 : "使仰無愧於天, 幽無愧於鬼神, 俯無愧於民. 周公所期如此之重. 王可不思, 所以稱之."
진씨 대유(陳氏大猷)467)가 말하였다 : "우러러 하늘에 부끄러움이 없고, 그윽하게 귀신에 부끄러움이 없으며 구부려 백성에게 부끄러움이 없게 하는 것이다. 주공이 기약하는 것은 이처럼 중요한데, 왕이 생각하지 않기 때문에 칭한 것이다."468)

集傳

成命者, 天之成命也.
성명(成命)은 하늘의 이루어진 명(命)이다.

詳說

○ 添天字.
'천(天)'자를 더하였다.

---

467) 진씨 대유(陳氏大猷, ?~?) : 송나라 남강군(南康軍) 도창(都倉) 사람으로 자는 문헌(文獻)이고, 호는 동재(東齋)다. 이종(理宗) 개경(開慶) 원년(1259) 진사(進士)가 되고, 종정랑(從政郎)과 황주군(黃州軍) 판관(判官) 등을 지냈다. 『서경』에 조예가 깊었다. 저서에 『상서집전혹문(尚書集傳或問)』과 『상서집전회통(尚書集傳會通)』 등이 있다.
468) 『서경대전(書經大全)』, 「주서(周書)」·「소고(召誥)」 : "진씨 대유가 말하였다 : '임금의 앞에서는 신하를 이름으로 부르기 때문에 단이라고 칭하고, 또 「주공의 말을 들어 고하며 이제 큰 읍을 만들어 이로부터 하늘에 짝해 우러러 하늘에 부끄러움이 없게 하고, 이로부터 삼가 상하로 제사지내 그윽하게 부끄러움이 없게 하며, 이로부터 중앙에 머물러 다스림을 행해 구부려 백성들에게 부끄러움이 없게 하니, 왕이 이루어진 명령을 가지고 백성들을 다스려 이제 아름다움이 가한 것이다.」라고 했다. 주공이 기약하는 것은 이처럼 중요한데, 왕이 생각하지 않기 때문에 칭한 것이다.'(陳氏大猷曰 : 君前臣名, 故稱旦曰, 又擧周公之言, 以告謂今作大邑, 其自是而配天, 使仰無愧於天, 自是而迷祀上下, 使幽無愧於鬼神, 自是而宅中為治, 使俯無愧於民, 王其有成命而治民, 今休可也. 周公所期如此之重, 王可不思, 所以稱之.)"

集傳

成王而能紹上帝, 服土中, 則庶幾天有成命,
성왕(成王)이 상제(上帝)를 이어 토중(土中)에서 정사(政事)를 행하면 거의 하늘이 성명(成命)을 소유하여

詳說

○ 諺讀, 恐非註意

『언해』의 구두는 주의 의미가 아닌 것 같다.

集傳

治民, 今卽休美矣.
백성을 다스림이 이제 곧 아름다울 것이다.

詳說

○ 申上節之休美.

위의 절에서 아름다움을 거듭한 것이다.

○ 新安陳氏曰 : "作洛之事, 召公任之而未嘗自言. 至此方擧周公之言, 以見其重如此. 蓋下文將自進其敬德祈天之忠言, 所以先引周公期望之語, 以開其端也."

신안 진씨가 말하였다 : "낙읍을 만드는 일을 소고잉 맡았지만 스스로 말한 적이 없었다. 여기에 와서야 주공의 말을 받들어 이처럼 그 중요함을 드러냈다. 대개 아래의 글에서 공경하는 덕을 스스로 힘쓰며 하늘에 비는 충언을 하려고 하기 때문에 먼저 주공이 바라는 말을 끌어와 그 단서를 여는 것이다."[469]

集傳

---

[469] 『서경대전(書經大全)』, 「주서(周書)」·「소고(召誥)」 : "신안 진씨가 말하였다 : '낙읍을 만드는 일을 소공이 맡았지만 분명히 말한 적이 없었다. 여기에 와서야 스스로 토중(土中)에서 정사를 행하라고 하면서 주공의 말을 받들어 낙읍을 만드는 것을 드러내기 때문에 상제를 대하고 받들어 제사하며 다스림의 공을 이뤄 천명을 엄하게 하는 것이 이와 같다는 것이다. 대개 아래의 글에서 공경하는 덕을 스스로 힘쓰며 하늘에 비는 충언을 하려고 하기 때문에 먼저 주공이 바라는 말을 끌어와 그 단서를 여는 것이다.'(新安陳氏曰 : 作洛之事, 召公任之而未嘗明言之. 至此方言服于土中, 而擧周公之言, 以見作洛, 所以配上帝奉祭祀成治功凝天命, 其重如此. 蓋下文將自進其敬德祈天之忠言, 所以先引周公期望之語, 以開其端也.)"

○ **王氏曰, 成王欲宅洛邑者, 以天事言, 則日東**
왕씨(王氏)가 말하였다. "성왕(成王)이 낙읍(洛邑)에 머물고자 한 것은 천사(天事)로 말하면 일동(日東)은

詳說
○ **日之東表也. 下推此.**
해가 동쪽으로 나타나는 것이다. 아래도 이렇게 미룬다.

集傳
景夕
저녁에 그림자가 드리워져

詳說
○ **古影字, 下並同.**
'경(景)'은 옛날의 '영(影)'자이다. 아래에서도 같다.

○ **主中表景中時而言也. 下景朝同.**
주로 그림자가 가운데인 때를 중앙에서 표시하여 말한 것이다. 아래에서의 그림자와 아침도 같다.

集傳
多風,
바람이 많고,

詳說
○ **近海故也.**
바다와 가깝기 때문이다.

集傳
日西景朝多陰,

일서(日西)는 아침에 그림자가 드리워져 음지(陰地)가 많고,

詳說

○ 連山故也.
산과 이어져있기 때문이다.

集傳
日南景短多暑,
일남(日南)은 그림자가 짧아 더위가 많고,

詳說

○ 近日故也.
태양과 가깝기 때문이다.

集傳
日北景長多寒,
일북(日北)은 그림자가 길어 추위가 많은데,

詳說

○ 遠日故也.
태양과 멀리 있기 때문이다.

○ 見周禮大司徒.
『주례』「대사도」에 보인다.

○ 沙溪曰 : "周公置五表測日景. 中表在穎川陽城, 地中, 近洛之地, 去中表千里外四方, 各置一表, 皆八尺, 必以夏至日中而測之. 中表之景, 正得中正, 而其長一尺五寸, 東表日方中而景已夕, 西表日方中而景尚朝, 南表之景, 一尺四寸, 北表之景, 一尺六寸. 蓋日景每千里差一寸. 或曰洛邑, 乃天之中, 非地之中.

東南近海地狹小, 西南塞外中. 愚謂洛陽通陸海, 而占其中, 天
竺之爲地中云者, 只據陸而言也."
사계(沙溪)470)가 말하였다 : "주공은 5표를 두어 해 그림자를 측정했다. 중표는 영천의 양성에 있고 땅의 가운데로 낙읍에 가까운 것이다. 중표에서 천리 밖 사방에 각기 하나의 표를 두었으니, 모두 8척으로 반드시 하지에 태양이 가운데로 왔을 때 재는 것이다. 중표의 그림자는 바로 중앙의 바름을 얻어 그 길이가 1척 5촌이면, 동표는 태양이 바야흐로 가운데이나 그림자는 이미 저녁이고, 서표는 태양이 바야흐로 가운데이나 그림자는 여전히 아침이며, 남표의 그림자는 1척 4촌이고, 북표의 그림자는 1척 6촌이다. 대개 태양의 그림자는 천리마다 1촌의 차이가 있는 것이다. 어떤 이는 '낙읍은 바로 하늘의 중앙이고 땅의 중앙이 아니다. 동남은 바다와 가까워 땅이 협소하고, 서남의 변방은 바깥 중앙이다.'라고 하였다. 내 생각에 낙양은 육지와 바다로 통해 그 중앙으로 점친 것이고, 천축을 땅의 중심으로 말한 것은 단지 땅에 의거해서 말한 것일 뿐이다."

集傳

洛天地之中, 風雨之所會, 陰陽之所和也. 以人事言, 則四方朝聘
낙읍은 천지의 중앙이라서 풍우가 모이고 음양이 조화로운 곳이다. 그리고 인사로 말하면 사방에서 조빙하고

詳說

○ 音潮.
'조(朝)'는 음이 '조(潮)'이다.

集傳

貢賦, 道里均焉.
공부(貢賦)함에 도로(道路)의 이수(里數)가 균등하다. 그러므로 토중(土中)이라고 말한 것이다.

詳說

---

470) 김장생(金長生, 1548~1631) : 조선 중기의 문신으로 자는 희원(希元)익, 호는 사계(沙溪)이다. 이이의 제자이자 송시열의 스승으로, 조선 예학(禮學)의 태두이다. 저서에 『의례문해(疑禮問解)』, 『근사록석의(近思錄釋疑)』, 『경서변의(經書辨疑)』 등이 있다.

○ 見史記周紀.

『사기』「주기」에 보인다.

集傳

故謂之土中.

그러므로 토중(土中)이라고 말한 것이다.

[10-4-12-15]

王先服殷御事, 比介于我有周御事, 節性惟日其邁.

왕이 먼저 은나라의 어사(御事)들을 복종시켜 우리 주나라의 어사들을 친근히 하고 돕게 하시어 나쁜 성질을 절제시키시면 날로 선에 매진할 것입니다.

詳說

○ 比, 必二反.

'비(比)'는 음이 '필(必)'과 '이(二)'의 반절이다.

集傳

言治人當先服乎臣也.

사람을 다스림에는 마땅히 먼저 신하를 복종시켜야 함을 말한 것이다.

詳說

○ 先總斷.

먼저 총괄해서 결단한 것이다.

集傳

王先服殷之御事,

왕은 먼저 은나라의 어사(御事)들을 복종시켜

詳說

○ 猶治也.

'복(服)'은 '치(治)'와 같다.

○ 林氏曰 : "周御事習於敎令, 無事於服之."
임씨(林氏)가 말하였다 : "주나라의 어사들은 교령에 익숙해서 복종함에 일이 없다."471)

集傳
以親近副貳我周之御事,
우리 주나라의 어사들을 친근히 돕게 해서

詳說
○ 去聲.
'근(近)'은 거성이다.

○ 朱子曰 : "或曰, 服亦事也, 猶任也. 任殷人爲御事, 使之佐我周之御事, 欲其共事相習."
주자(朱子)472)가 말하였다 : "어떤 이는 '복(服)은 또한 일삼는 것이다.'라고 하

---

471) 『서경대전(書經大全)』, 「주서(周書)」·「소고(召誥)」 : "임씨가 말하였다 : '주나라에서 은나라의 완악한 백성들을 낙읍으로 옮겨 낙읍의 옛 백성들과 함께 섞여 있게 함에 그들의 선악의 습성이 같지 않지만 하나로 화합해서 서로 편안히 거처하게 할 수 없는 것이 아니다. 그러므로 반드시 은나라의 어사들을 복종시켜 주나라의 어사들을 친근히 돕게 한 다음에 가한 것이다. 주나라의 어사들은 교령에 익숙해서 복종함에 일이 없다. 그러므로 은나라의 어사들을 복종시키는 것을 우선으로 하는 것이다. 그러나 은나라의 어사들을 복종시키는 것은 그 품성을 절제하는 것일 뿐이다. 사람의 본성은 선하지 않음이 없는데, 은나라 사람들은 주임금의 악에 변화된 것일 뿐이다. 이 때문에 의롭지 못한 습관이 마침내 본성으로 이루어지고 돌아가는 것을 잊은 것일 뿐이다. 위의 사람들이 절제해서 날마다 선으로 나아가게 하면, 주나라의 백성들과 무엇이 다르겠는가? 그러나 백성들의 품성을 절제하게 하는 것은 또 왕의 교화에 있기 때문에 왕이 또 공경을 처소로 삼아 덕을 공경하며 인솔하지 않아서는 안되는 것이니, 정사와 형벌로 미치는 것이 아니다.' (林氏曰 : 周遷殷頑民于洛, 蓋與洛之舊民雜居, 其善惡之習不同, 非有以和一之, 不能相安以處. 故必有以服殷御事, 使之親比介助於周之御事然後可. 蓋周御事習於敎令, 無事於服之. 故以服殷御事爲先也. 然服殷御事在節其性而已. 蓋人性無不善, 殷人特化紂之惡. 是以不義之習, 遂與性成, 而忘反耳. 上之人有以節之, 使日進於善, 則於周民, 亦何異哉. 然欲節民之性, 又在王之所化, 故王又當以敬爲所, 不可不敬德以率之, 非政刑所及也.)"

472) 주희(朱熹, 1130~1200) : 자는 원회(元晦)·중회(仲晦)이고, 호는 회암(晦庵)·회옹(晦翁)·고정(考亭)·자양(紫陽)·둔옹(遯翁) 등이다. 송대 무원(婺源 : 현 강서성 무원현) 사람으로 건양(建陽 : 현 복건성 건양현)에서 살았다. 1148년에 진사에 급제하여 동안주부(同安主簿)·비서랑(秘書郎)·지남강군(知南康軍)·강서제형(江西提刑)·보문각대제(寶文閣待制)·시강(侍講) 등을 역임하였다. 스승 이동(李侗)을 통해 이정(二程)의 신유학을 전수받고, 북송 유학자들의 철학사상을 집대성하여 신유학의 체계를 정립하였다. 1179~1181년 강서성(江西省) 남강(南康)의 지사(知事)로 근무하면서 9세기에 건립되어 10세기에 번성했다가 폐허가 된 백록동서원(白鹿洞書院)을 재건했다. 만년에 이르러 정적(政敵)인 한탁주(韓侂)의 모함을 받아 죽을 때까지 정치활동이 금지되고 그의 학문이 거짓 학문으로 폄훼를 받다가 그가 죽은 뒤에 곧 회복되었다. 저서로는 『정씨유서(程氏遺書)』, 『정씨외서(程氏外書)』, 『이락연원록(伊洛淵源錄)』, 『고금가제례(古今家祭禮)』, 『근사록(近思錄)』 등의 편찬과 『사서집주(四書集注)』, 『서명해(西銘解)』, 『태극도설해(太極圖說解)』, 『통서해(通書解)』, 『

였으니, 책임지는 것과 같다. 은나라 사람을 어사로 책임을 주어 그가 우리 주나라의 어사를 돕게 해놓고 일을 함께 하며 서로 익숙하게 되도록 하는 것이다."473)

集傳
使其漸染陶成,
점점 물들게 하고 도야(陶冶)하며 이루어서

詳說
○ 將廉反.
'점(漸)'은 음이 '장(將)'과 '염(廉)'의 반절이다.

集傳
相觀爲善, 以節其驕淫之性,
서로 보고 선을 하여 교만하고 음탕한 성질을 절제하게 하면,

詳說
○ 殷御事.
'기(其)'는 은나라의 어사들이다.

○ 氣質之性.
기질의 품성이다.

○ 林氏曰 : "服殷御事在節其性而已."

사서혹문(四書或問)』, 『시집전(詩集傳)』, 『주역본의(周易本義)』, 『역학계몽(易學啓蒙)』, 『효경간오(孝經刊誤)』』, 『소학서(小學書)』, 『초사집주(楚辭集注)』, 『자치통감강목(資治通鑑綱目)』, 『팔조명신언행록(八朝名臣言行錄)』 등이 있다. 막내아들 주재(朱在)가 편찬한 『주문공문집(朱文公文集)』(100권, 속집 11권, 별집 10권)과 여정덕(黎靖德)이 편찬한 『주자어류(朱子語類)』(140권)가 있다.
473) 『회암집(晦庵集)』 65권, 「잡저(雜著)」·「상서(尙書)」 : "주자가 말하였다 : '어떤 이는 「복(服)」은 또한 일삼는 것이다.」라고 하였으니, 책임지는 것과 같다. 은나라 사람을 어사로 책임을 주어 그가 우리 주나라의 어사를 돕게 하는 것이다. 대개 일을 함께 하며 서로 익숙하게 되어 선을 이루도록 하고, 또 상하로 서로 통하게 하면 정이 쉽게 행해지며 교화된다. 그런 다음에 그 품성을 절제해서 날마다 선으로 나아가면 왕은 단지 처소로 삼고 덕을 공경하며 인솔하지 않아서는 안된다.'(或曰, 服亦事也, 猶任也. 任殷人爲御事, 使之佐我周之御事. 盖欲其共事相習以成善, 且使上下相通, 情易以行化. 然後有以節其性, 而日進於善, 王則惟作所, 不可不敬德以率之而已.)"

임씨(林氏)가 말하였다 : "은나라의 어사들을 복종시켜 그 품성을 절제하는 것일 뿐이다."474)

集傳

則日進於善而不已矣.
날로 선에 나아가고 그치지 않을 것이다.

詳說

○ 邁.
'진(進)'은 경문에서 '매(邁)'이다.

○ 添善字.
'선(善)'자를 더하였다.

○ 林氏曰 : "日進於善, 則與周人何異哉."
임씨(林氏)가 말하였다 : "날마다 선으로 나아가게 하면, 주나라의 백성들과 무엇이 다르겠는가?"475)

---

474) 『서경대전(書經大全)』, 「주서(周書)」·「소고(召誥)」 : "임씨가 말하였다 : '주나라에서 은나라의 완악한 백성들을 낙읍으로 옮겨 낙읍의 옛 백성들과 함께 섞여 있게 함에 그들의 선악의 습성이 같지 않지만 하나로 화합해서 서로 편안히 거처하게 할 수 없는 것이 아니다. 그러므로 반드시 은나라의 어사들을 복종시켜 주나라의 어사들을 친근히 돕게 한 다음에 가한 것이다. 주나라의 어사들은 교령에 익숙해서 복종함에 일이 없다. 그러므로 은나라의 어사들을 복종시키는 것을 우선으로 하는 것이다. 그러나 은나라의 어사들을 복종시키는 것은 그 품성을 절제하는 것일 뿐이다. 사람의 본성은 선하지 않음이 없는데, 은나라 사람들은 주임금의 악에 변화된 것일 뿐이다. 이 때문에 의롭지 못한 습관이 마침내 본성으로 이루어지고 돌아가는 것을 잊은 것일 뿐이다. 위의 사람들이 절제해서 날마다 선으로 나아가게 하면, 주나라의 백성들과 무엇이 다르겠는가? 그러나 백성들의 품성을 절제하게 하는 것은 또 왕의 교화에 있기 때문에 왕이 또 공경을 처소로 삼아 덕을 공경하며 인솔하지 않아서는 안되는 것이니, 정사와 형벌로 미치는 것이 아니다.' (林氏曰 : 周遷殷頑民于洛, 蓋與洛之舊民雜居, 其善惡之習不同, 非有以和一之, 不能相安以處. 故必有以服殷御事, 使之親比介助於周之御事然後可. 蓋周御事習於教令, 無事於服之. 故以服殷御事為先也. 然服殷御事在節其性而已. 蓋人性無不善, 殷人特化紂之惡. 是以不義之習, 逐與性成, 而忘反耳. 上之人有以節之, 使日進於善, 則於周民, 亦何異哉. 然欲節民之性, 又在王之所化, 故王又當以敬為所, 不可不敬德以率之, 非政刑所及也..)"

475) 『서경대전(書經大全)』, 「주서(周書)」·「소고(召誥)」 : "임씨가 말하였다 : '주나라에서 은나라의 완악한 백성들을 낙읍으로 옮겨 낙읍의 옛 백성들과 함께 섞여 있게 함에 그들의 선악의 습성이 같지 않지만 하나로 화합해서 서로 편안히 거처하게 할 수 없는 것이 아니다. 그러므로 반드시 은나라의 어사들을 복종시켜 주나라의 어사들을 친근히 돕게 한 다음에 가한 것이다. 주나라의 어사들은 교령에 익숙해서 복종함에 일이 없다. 그러므로 은나라의 어사들을 복종시키는 것을 우선으로 하는 것이다. 그러나 은나라의 어사들을 복종시키는 것은 그 품성을 절제하는 것일 뿐이다. 사람의 본성은 선하지 않음이 없는데, 은나라 사람들은 주임금의 악에 변화된 것일 뿐이다. 이 때문에 의롭지 못한 습관이 마침내 본성으로 이루어지고 돌아가는 것을 잊은 것일 뿐이다. 위의 사람들이 절제해서 날마다 선으로 나아가게 하면, 주나라의 백성들과 무엇이 다르겠는가? 그러나 백성들의 품성을 절제하게 하는 것은 또 왕의 교화에 있기 때문에 왕이 또 공

[10-4-12-16]
王敬作所, 不可不敬德.

왕은 공경을 처소로 삼아야 하니, 덕을 공경하지 않으면 안됩니다.

集傳
言化臣必謹乎身也.

신하를 교화함은 반드시 자신을 삼가야 함을 말한 것이다.

詳說
○ 先總斷, 與上註首相照應.

먼저 총괄해서 결단했는데, 위의 주에서 처음과 서로 호응한다.

○ 林氏曰 : "欲節民之性, 又在王之所化."

임씨(林氏)가 말하였 : "백성들의 품성을 절제하게 하는 것은 또 왕의 교화에 있다."476)

集傳
所, 處所也.

경을 처소로 삼아 덕을 공경하며 인솔하지 않아서는 안되는 것이니, 정사와 형벌로 미치는 것이 아니다.'
(林氏曰 : 周遷殷頑民于洛, 蓋與洛之舊民雜居, 其善惡之習不同, 非有以和一之, 不能相安以處. 故必有以服殷御事, 使之親比介助於周之御事然後可. 蓋周御事習於教令, 無事於服. 故以服殷御事為先也. 然服殷御事在節其性而已. 蓋人性無不善, 殷人特化紂之惡. 是以不義之習, 遂與性成, 而忘反耳. 上之人有以節之, 使日進於善, 則於周民, 亦何異哉. 然欲節民之性, 又在王之所化, 故王又當以敬為所, 不可不敬德以率之, 非政刑所及也.)'

476) 『서경대전(書經大全)』, 「주서(周書)」·「소고(召誥)」: "임씨가 말하였 : '주나라에서 은나라의 완악한 백성들을 낙읍으로 옮겨 낙읍의 옛 백성들과 함께 섞여 있게 함에 그들의 선악의 습성이 같지 않지만 하나로 화합해서 서로 편안히 거처하게 할 수 있는 것이 아니다. 그러므로 반드시 은나라의 어사들을 복종시켜 주나라의 어사들을 친근히 돕게 한 다음에 가한 것이다. 주나라의 어사들은 교령에 익숙해서 복종함에 일이 없다. 그러므로 은나라의 어사들을 복종시키는 것을 우선으로 하는 것이다. 그러나 은나라의 어사들을 복종시키는 것은 그 품성을 절제하는 것일 뿐이다. 사람의 본성은 선하지 않음이 없는데, 은나라 사람들은 주임금의 악에 변화된 것일 뿐이다. 이 때문에 의롭지 못한 습관이 마침내 본성으로 이루어지고 돌아가는 것을 잊을 것일 뿐이다. 위의 사람들이 절제해서 날마다 선으로 나아가게 하면, 주나라의 백성들과 무엇이 다르겠는가? 그러나 백성들의 품성을 절제하게 하는 것은 또 왕의 교화에 있기 때문에 왕이 또 공경을 처소로 삼아 덕을 공경하며 인솔하지 않아서는 안되는 것이니, 정사와 형벌로 미치는 것이 아니다.'
(林氏曰 : 周遷殷頑民于洛, 蓋與洛之舊民雜居, 其善惡之習不同, 非有以和一之, 不能相安以處. 故必有以服殷御事, 使之親比介助於周之御事然後可. 蓋周御事習於教令, 無事於服. 故以服殷御事為先也. 然服殷御事在節其性而已. 蓋人性無不善, 殷人特化紂之惡. 是以不義之習, 遂與性成, 而忘反耳. 上之人有以節之, 使日進於善, 則於周民, 亦何異哉. 然欲節民之性, 又在王之所化, 故王又當以敬為所, 不可不敬德以率之, 非政刑所及也.)"

소(所)는 처소(處所)이니,

詳說

○ 去聲.

'처(處)'는 거성이다.

集傳

猶所其無逸之所.

「무일(無逸)」에서 '안일하지 않음을 처소로 삼는다.[所其無逸]'에서의 소(所)와 같다.

詳說

○ 見無逸.

「무일」에 보인다.477)

○ 鄒氏季友曰 : "朱子語錄云, 王敬作所, 不可不敬德, 只是一句, 又所其無逸, 亦不取. 呂氏說皆以其傷於巧也, 蔡氏皆從之何也. 蓋蔡傳之成, 朱子歿才十年, 羣弟子語錄, 未盡出, 蔡氏所未聞於朱子者, 不免引用他說, 非固背師訓也."

추씨 계우(鄒氏季友)478)가 말하였다 : "『주자어록』에서 '왕은 공경을 처소로 삼아야 하니, 덕을 공경하지 않으면 안된다.」는 것은 단지 하나의 구절일 뿐이고, 또 안일하지 않음을 처소로 삼는다는 것도 취하지 않았다. 여씨의 설명은 모두 그것을 가지고 교묘하게 하는 것에서 잘못되었는데, 채씨는 모두 따랐으니 무엇

---

477) 『서경대전(書經大全)』, 「주서(周書)」・「무일1(無逸1)」 : "주공(周公)이 말씀하였다. '아! 군자는 안일하지 않음을 처소로 삼습니다.'(周公曰, 嗚呼. 君子, 所其無逸.)"
478) 『서경대전(書經大全)』, 「상서(商書)」・「중훼지고(仲虺之誥)」에는 황보밀(皇甫謐)의 말로 되어 있다. 황보밀(皇甫謐, 215년 ~ 282년)은 서진(西晉) 안정(安定) 조나(朝那) 사람으로 자는 사안(士安)이고, 어릴 때 이름은 정(靜)이며, 자호는 현안선생(玄晏先生)이다. 황보숭(皇甫嵩)의 증손이다. 젊었을 때 거침없이 방탕하여 사람들이 미치광이라고 여겼다. 20살 무렵부터 부지런히 공부해 게으르지 않았다. 집이 가난해 직접 농사를 지었는데, 책을 읽으면서 밭갈이를 함으로써 수많은 서적들을 통독했다. 나중에 질병에 걸렸으면서도 손에서 책을 놓지 않고 저술에 전심하느라 밥 먹는 것도 잊어버려 사람들이 서음(書淫)이라 했다. 무제(武帝) 때 부름을 받았지만 나가지 않았다. 무제가 책 한 수레를 하사했다. 자신의 병을 고치려고 의학서를 읽어 가장 오랜 침구 관련서인 『침구갑을경(鍼灸甲乙經)』을 편찬했다. 역사에도 조예가 깊어 『제왕세기(帝王世紀)』와 『연력(年歷)』, 『고사전(高士傳)』, 『일사전(逸士傳)』, 『열녀전(列女傳)』, 『현안춘추(玄晏春秋)』 등을 지었다.

때문인가? 대개 채씨의 전이 이루어진 것은 주자 사후 겨우 10년이라 여러 제자들의 어록이 모두 나오지 않아 채씨가 주자에게 듣지 못한 것은 다른 사람의 말에서 인용하는 것을 면하지 못하였으니, 진실로 스승의 훈계를 배신한 것이 아니다."

集傳
王能以敬爲所, 則動靜語默出入起居, 無往而不居敬矣.
왕이 공경을 처소로 삼으면 동정(動靜)과 어묵(語默), 출입(出入)과 기거(起居)가 가는 곳마다 경(敬)에 거하지 않음이 없을 것이다.

詳說
○ 居敬, 出論語雍也.
'거경(居敬)'은 『논어』「옹야」가 출처이다.

集傳
不可不敬德者, 甚言德之不可不敬也.
'덕을 공경하지 않으면 안된다.'는 것은 덕(德)을 공경(恭敬)하지 않으면 안됨을 심하게 말한 것이다.

詳說
○ 此句, 蓋論也, 非其正釋, 而諺釋, 乃泥於此, 恐非文勢.
여기의 구절은 대개 경문의 의미 설명으로 바른 해석이 아닌데, 『언해』의 해석이 여기에 구애된 것은 어투가 아닌 것 같다.

○ 林氏曰 : "不可不敬德以率之, 非政刑所及也."
임씨(林氏)가 말하였다 : "덕을 공경하며 인솔하지 않아서는 안되는 것이니, 정사와 형벌로 미치는 것이 아니다."479)

---

479)『서경대전(書經大全)』,「주서(周書)」·「소고(召誥)」: "임씨가 말하였다 : '주나라에서 은나라의 완악한 백성들을 낙읍으로 옮겨 낙읍의 옛 백성들과 함께 섞여 있게 함에 그들의 선악의 습성이 같지 않지만 하나로 화합해서 서로 편안히 거처하게 할 수 없는 것이 아니다. 그러므로 반드시 은나라의 어사들을 복종시켜 주나라의 어사들을 친근히 돕게 한 다음에 가한 것이다. 주나라의 어사들은 교령에 익숙해서 복종함에 일이 없다. 그러므로 은나라의 어사들을 복종시키는 것을 우선으로 하는 것이다. 그러나 은나라의 어사들을 복종시키는 것은 그 품성을 절제하는 것일 뿐이다. 사람의 본성은 선하지 않음이 없는데, 은나라 사람

○ 新安陳氏曰 : "敬者, 人心所當然, 而不可不然者也."
신안 진씨(新安陳氏)가 말하였다 : "공경은 사람의 마음이 당연한 것이어서 그렇게 하지 않아서는 안되는 것이다."[480]

[10-4-12-17]

<u>我不可不監于有夏, 亦不可不監于有殷, 我不敢知, 曰有夏服天命, 惟有歷年, 我不敢知, 曰不其延. 惟不敬厥德, 乃早墜厥命. 我不敢知, 曰有殷 受天命, 惟有歷年. 我不敢知, 曰不其延. 惟不敬厥德, 乃早墜厥命.</u>

나는 하나라를 살펴보지 않을 수 없으며 또한 은나라를 살펴보지 않을 수 없다. 나는 감히 알지 못하노니 하나라가 천명을 간직하여 역년(歷年)을 둘 것인가? 나는 감히 알지 못하노니 연장하지 못할 것인가? 오직 덕을 공경하지 아니하여 일찍 천명을 실추하였습니다. 나는 감히 알지 못하노니 은나라가 천명을 받아 역년을 둘 것인가? 나는 감히 알지 못하노니 연장하지 못할 것인가? 오직 덕을 공경하지 아니하여 일찍 천명을 실추하였습니다.

集傳

夏商歷年長短,
하나라와 상나라의 역년(歷年)의 길고 짧음은

詳說

들은 주임금의 악에 변화된 것일 뿐이다. 이 때문에 의롭지 못한 습관이 마침내 본성으로 이루어지고 돌아가는 것을 잊은 것일 뿐이다. 위의 사람들이 절제해서 날마다 선으로 나아가게 하면, 주나라의 백성들과 무엇이 다르겠는가? 그러나 백성들의 품성을 절제하게 하는 것은 또 왕의 교화에 있기 때문에 왕이 또 공경을 처소로 삼아 덕을 공경하며 인솔하지 않아서는 안되는 것이니, 정사와 형벌로 미치는 것이 아니다.'(林氏曰 : 周遷殷頑民于洛, 蓋與洛之舊民雜居, 其善惡之習不同, 非有以和一之, 不能相安以處. 故必有以服殷御事, 使之親比介助於周之御事然後可. 蓋周御事習於敎令, 無事於服之. 故以服御事為先也. 然服殷御事在節其性而已. 蓋人性無不善, 殷人特化紂之惡. 是以不義之習, 遂與性成, 而忘反耳. 上之人有以節之, 使日進於善, 則於周民, 亦何異哉. 然欲節民之性, 又在王之所化, 故王又當以敬為所, 不可不敬德以率之, 非政刑所及也.)

[480] 『서경대전(書經大全)』, 「주서(周書)」・「소고(召誥)」: "신안 진씨가 말하였다 : '…. 대개 공경은 사람의 마음이 당연한 것이어서 그렇게 하지 않아서는 안되는 것으로 힘써서 억지로 할 수 있는 것이 아니다. 이를테면 배고프면 먹고 목마르면 마시는 것처럼 항상 어떻게 하지 않고 하는 것이다. 이와 같이 할 수 있게 되면 여기에서 공경이 다해 저기에서 사람들이 감화되는 것이다.'(新安陳氏曰 : …. 蓋敬者, 人心所當然, 而不可不然者, 非有所勉強而然. 如饑食渴飲之, 常無所為而為者也. 能如是, 則敬盡於此, 而人化於彼矣.)"

○ 有歷.
    '장(長)'은 경문에서 '유력(有歷)'이다.

○ 不延.
    '단(短)'은 경문에서 '부정(不延)'이다.

集傳
所不敢知,
감히 알 수 없는 것이고,

詳說
○ 錯釋.
    번갈아가며 해석하였다.

○ 林氏曰 : "疑之也."
    임씨(林氏)가 말하였다 : "의심하는 것이다."481)

○ 服與受, 是互言.
    '간직한다[服]'는 것과 '받는다[受]'는 것은 서로 의미를 드러내는 말이다.

集傳
我所知者,
내가 알 수 있는 것은

詳說
○ 添此句.
    여기의 구를 더하였다.

---

481) 『서경대전(書經大全)』, 「주서(周書)」·「소고(召誥)」 : "임씨가 말하였다 : '옛 사람들은 천명이 반드시 있는 것으로 여기지도 않았고 반드시 없는 것으로 여기지도 않았기 때문에 소공이 역년을 둘 것인지 연장하지 못할 것인지에 대해 모두 알지 못한다는 것은 의심하는 것이다. 덕을 공경하게 되면 역년이 있고 덕을 공경하지 않으면 그 명을 실추한다는 것은 대개 의심할 수 없다는 것이다.'(林氏曰 : 古人於天命, 不以為必有, 不以為必無, 故召公於歷年不其延, 皆不敢知者, 疑之也. 至於敬德, 則有歷年, 不敬德則墜厥命, 蓋無可疑者.)"

集傳
惟不敬厥德, 卽
오직 그 덕(德)을 공경하지 않으면 즉시

詳說
○ 早.
'즉(卽)'은 경문에서 '조(早)'이다.

集傳
墜其命也.
천명을 실추한다는 것이다.

詳說
○ 林氏曰:"無可疑者."
임씨(林氏)가 말하였다:"의심할 수 없다는 것이다."482)

集傳
與上章相古先民之意,
위의 장에서 옛 선민(先民)을 본다는 뜻과

詳說
○ 去聲.
'상(相)'은 거성이다.

集傳
相爲出入, 但上章主言天眷之不足恃, 此則直言不敬德, 則墜厥命爾.

---

482) 『서경대전(書經大全)』, 「주서(周書)」·「소고(召誥)」: "임씨가 말하였다: '옛 사람들은 천명이 반드시 있는 것으로 여기지도 않았고 반드시 없는 것으로 여기지도 않았기 때문에 소공이 역년을 둘 것인지 연장하지 못할 것인지에 대해 모두 알지 못한다는 것은 의심하는 것이다. 덕을 공경하게 되면 역년이 있고 덕을 공경하지 않으면 그 명을 실추한다는 것은 대개 의심할 수 없다는 것이다.'(林氏曰: 古人於天命, 不以爲必有, 不以爲必無, 故召公於歷年不其延, 皆不敢知者, 疑之也. 至於敬德, 則有歷年, 不敬德則墜厥命, 蓋無可疑者.)"

서로 출입이 있으나, 다만 위의 장에서는 하늘의 돌아봄을 족히 믿을 수 없음을 주로 말하였고, 여기서는 덕을 공경하지 않으면 천명을 실추함을 곧바로 말한 것이다.

詳說

○ 論也.
경문의 의미 설명이다.

[10-4-12-18]
今王嗣受厥命, 我亦惟茲二國命, 嗣若功, 王乃初服.

이제 왕이 이어서 천명을 받으셨으니, 나는 또한 이 두 나라의 명에 훌륭한 공이 있는 자를 이을 것이라고 하노니, 하물며 왕이 처음 행함이겠습니까!

集傳

今王繼受天命, 我謂亦惟此夏商之命, 當嗣其有功者,

이제 왕이 이어서 천명을 받았으니, 나는 또한 하나라와 상나라의 명에 마땅히 그 공이 있는 자를 이을 것이라고 하노니,

詳說

○ 若.
'기(其)'는 경문에서 '약(若)'이다.

集傳

謂繼其能敬德而歷年者也.
이는 능히 덕(德)을 공경하여 역년(歷年)한 자를 이음을 말한 것이다.

詳說

○ 照上節.
위의 절을 참조하라.[483]

集傳

況王乃新邑初政, 服行敎化之始乎.

하물며 왕이 새 도읍에서 처음 정사함에 교화를 행하는 처음이겠는가!

詳說

○ 添新邑字.

'신읍(新邑)'이라는 말을 더하였다.

○ 陳氏大猷曰 : "此章言尤懇切."

진씨 대유(陳氏大猷)가 말하였다 : "여기의 장에서는 더욱 간절함을 말하였다."484)

○ 新安陳氏曰 : "此句呂蔡以屬上章. 孔朱眞陳以冠下章, 使與初生初服宅新邑爲一套語, 亦通. 但此句實結上, 生下若生子一段議論, 實因此句而申明之."

신안 진씨(新安陳氏)가 말하였다 : "여기의 구는 여(呂)씨나 채(蔡)씨는 위의 장에 소속시켰다. 공(孔)씨나 주(朱)씨나 진(眞)씨나 진(陳)씨는 아래의 장으로 이어 '처음 낳는다.'는 것과 '처음 행함에 있다.'485)는 것과 '새 도읍에 머물다.'486)는 것과 이어지는 말이 되게 한 것도 통한다. 다만 여기의 구는 실로 위를 매듭지으며 아래로 '처음 낳을 때에 ~와 같다.'487)는 한 단락의 의론을 내놓

---

483) 『서경대전(書經大全)』, 「주서(周書)」·「소고-17(召誥-17)」: "나는 하나라를 살펴보지 않을 수 없으며 또한 은나라를 살펴보지 않을 수 없다. 나는 감히 알지 못하노니 하나라가 천명을 간직하여 역년(歷年)을 둘 것인가? 나는 감히 알지 못하노니 연장하지 못할 것인가? 오직 덕을 공경하지 아니하여 일찍 천명을 실추하였습니다. 나는 감히 알지 못하노니 은나라가 천명을 받아 역년을 둘 것인가? 나는 감히 알지 못하노니 연장하지 못할 것인가? 오직 덕을 공경하지 아니하여 일찍 천명을 실추하였습니다.(我不可不監于有夏, 亦不可不監于有殷, 我不敢知, 曰有夏服天命, 惟有歷年, 我不敢知, 曰不其延. 惟不敬厥德, 乃早墜厥命. 我不敢知, 曰有殷 受天命, 惟有歷年. 我不敢知, 曰不其延. 惟不敬厥德, 乃早墜厥命.)"

484) 『서경대전(書經大全)』, 「주서(周書)」·「소고(召誥)」: "진씨 대유가 말하였다 : '여기의 장에서는 더욱 간절함을 말하였다.'(陳氏大猷曰此章言尤懇切.)"

485) 『서경대전(書經大全)』, 「주서(周書)」·「소고-19(召誥-19)」: "아! 자식을 낳음에 처음 낳을 때에 달려 있어 스스로 밝은 명을 받지 않음이 없음과 같으니, 이제 하늘이 우리에게 밝음을 명할 것인가? 길흉을 명할 것인가? 역년을 명할 것인가? 이것을 아는 것은 지금 우리가 처음 행함에 있습니다.(嗚呼, 若生子, 罔不在厥初生, 自貽哲命, 今天其命哲, 命吉凶, 命歷年, 知今我初服.)"

486) 『서경대전(書經大全)』, 「주서(周書)」·「소고-20(召誥-20)」: "새 도읍에 머무시어 왕께서는 빨리 덕(德)을 공경하소서. 왕께서 덕을 씀이 하늘의 영원한 명을 비는 것입니다.(宅新邑, 肆惟王, 其疾敬德. 王其德之用, 祈天永命.)"

487) 『서경대전(書經大全)』, 「주서(周書)」·「소고-19(召誥-19)」: "아! 자식을 낳음에 처음 낳을 때에 달려 있어 스스로 밝은 명을 받지 않음이 없음과 같으니, 이제 하늘이 우리에게 밝음을 명할 것인가? 길흉을 명할

앉으니, 실로 이 구를 따라 거듭 밝히는 것이다."488)

[10-4-12-19]
嗚呼, 若生子, 罔不在厥初生, 自貽哲命, 今天其命哲, 命吉凶, 命歷年, 知今我初服.

아! 자식을 낳음에 처음 낳을 때에 달려 있어 스스로 밝은 명을 받지 않음이 없음과 같으니, 이제 하늘이 우리에게 밝음을 명할 것인가? 길흉을 명할 것인가? 역년을 명할 것인가? 이것을 아는 것은 지금 우리가 처음 행함에 있습니다.

集傳
歎息言, 王之初服, 若生子無不在於初生
탄식하고 "왕이 처음 행함은 자식을 낳음에 처음 낳을 때에

詳說
○ 朱子曰 : "王之初服, 不可不愼其習, 猶子之初生, 不可不愼其所敎."
주자가 말하였다 : "왕의 처음 행함에 그 익힘을 삼가지 않아서는 안되는 것은 자식을 처음 낳음에 그 교훈을 삼가지 않아서는 안되는 것과 같다."489)

것인가? 역년을 명할 것인가? 이것을 아는 것은 지금 우리가 처음 행함에 있습니다.(嗚呼, 若生子, 罔不在厥初生, 自貽哲命, 今天其命哲, 命吉凶, 命歷年, 知今我初服.)"
488) 『서경대전(書經大全)』, 「주서(周書)」·「소고(召誥)」: "「신안 진씨가 말하였다 : 『하물며 왕이 처음 행함이겠습니까!』라는 것은 시작을 훌륭하게 하는 것이 끝을 점칠 수 있다는 것으로 두 나라에서 덕을 공경해서 역년이 있었으니, 더욱 삼가 처음에 행해야 한다는 것이다. 여기의 구는 여(呂)씨나 채(蔡)씨는 위의 장에 소속시켰다. 공(孔)씨나 주(朱)씨나 진(眞)씨나 진(陳)씨는 아래의 장으로 이어 「처음 낳는다.」는 것과 「처음 행함에 있다.」는 것과 「새 도읍에 머문다.」는 것과 이어지는 말이 되게 한 것도 통한다. 다만 여기의 구는 실로 위를 매듭지으며 아래로 「새 도읍에 낳을 때에 ~와 같다.」는 한 단락의 의론을 내놓았으니, 실로 이 구를 따라 거듭 밝히는 것이다.'(新安陳氏曰 : 王乃初服者, 善始, 可以占終. 法二國之敬德而歷年, 尤當謹之初服也. 此句呂蔡以屬上章, 孔朱眞陳以冠下章, 使與初生初服宅新邑爲一套語, 亦通. 但此句實結上, 生下若生子一段議論, 實因此句而申明之.)"
489) 『서경대전(書經大全)』, 「주서(周書)」·「소고(召誥)」: "주자가 말하였다 : '왕의 처음 행함에 그 익힘을 삼가지 않아서는 안되는 것은 자식을 처음 낳음에 처음 그 교훈하는 것을 삼가지 않아서는 안되는 것과 같다. 대개 위로 익히면 지혜롭게 되고 아래로 익히면 어리석게 된다. 그러므로 천명은 바로 처음 행하는 때에 덕을 공경하면 밝고 길하고 역년이 있는 것이고, 공경하지 않으면 어리석고 흉하고 단절되는 것이다.'(朱子曰 : 王之初服, 不可不謹其習, 猶之初生, 不可不愼其初所敎, 蓋習於上則智, 習于下則愚矣. 故今天命正在初服之時, 敬德則哲則吉則歷年, 不敬則愚則凶則短折也.)"

○ 生子, 諺釋恐合更商.
자식을 낳는다는 것은 『언해』의 해석이 합하는지 다시 살펴봐야 한다.

集傳

習爲善, 則善矣, 自貽其哲命,
선을 함을 익히면 선해져서 스스로 밝은 명을 받지 않음이 없음과 같으니,

詳說

○ 習爲善則善, 是自貽哲命也.
선을 함을 익히면 선해진다는 것은 스스로 밝은 명을 받는 것이다.

○ 葉氏曰 : "哲命, 以哲爲天所命也."
섭씨(葉氏)가 말하였다 : "밝은 명은 밝음을 하늘이 명한 것으로 여기는 것이다."490)

○ 新安陳氏曰 : "呂林, 皆以哲命爲性命之命, 然哲命之哲, 不應, 遽有性命眷命之分, 當以葉說爲正."
신안 진씨(新安陳氏)가 말하였다 : "여씨와 임씨는 모두 '철명(哲命)'을 성명(性命)의 명(命)으로 여겼는데, '철명(哲命)'의 '철(哲)'과는 호응하지 않아 느닷없이 성명(性命)과 권명(眷命)으로 나누었으니, 섭씨의 설을 바른 것으로 해야 한다."491)

○ 林氏曰 : "下愚爲自暴自棄, 則上智, 豈非自貽乎."
임씨(林氏)가 말하였다 : "하우는 자포자기하니, 상지는 어찌 스스로 이어받지 않겠는가!"492)

---

490) 『서경대전(書經大全)』, 「주서(周書)」·「소고(召誥)」 : "섭씨가 말하였다 : '밝은 명은 밝음을 하늘이 명한 것으로 여기는 것이다.'(葉氏曰 : 哲命以哲爲天所命也.)"
491) 『서경대전(書經大全)』, 「주서(周書)」·「소고(召誥)」 : "신안 진씨가 말하였다 : '살펴보건대, 여씨와 임씨는 모두 「철명(哲命)」을 성명(性命)의 명(命)으로 여겼는데, 「철명(哲命)」의 「철(哲)」과는 호응하지 않아 느닷없이 성명(性命)과 권명(眷命)으로 나누었으니, 섭씨의 설을 바른 것으로 해야 한다.'(新安陳氏曰 : 按, 呂林皆以哲命爲性命之命, 然哲命之哲不應, 遽有性命眷命之分, 當以葉氏之說爲正.)"
492) 『서경대전(書經大全)』, 「주서(周書)」·「소고(召誥)」 : "임씨가 말하였다 : '하늘이 바른 성으로 사람들에게 명해 애초에 지혜로움과 어리석음의 차이가 없는데, 지혜로움과 어리석음이 있게 되는 것은 자신이 취한 것일 뿐이다. 하우는 자포자기하니, 상지는 어찌 스스로 이어받지 않겠는가!'(林氏曰 : 天以正性命人, 初無智愚之別, 所以有智愚者, 於己取之而已. 下愚爲自暴自棄, 則上智, 豈非自貽乎.)"

集傳

爲政之道, 亦猶是也.

정사(政事)를 행하는 도리도 이와 같다.

詳說

○ 添此句.

여기의 구를 더하였다.

集傳

今天其命王以哲乎,

이제 하늘이 왕에게 밝음을 명할 것인가?

詳說

○ 添王字.

'왕(王)'자를 더하였다.

集傳

命以吉凶乎,

길흉(吉凶)을 명(命)할 것인가?

詳說

○ 善則三言之, 而凶只一及者, 所以歆動王心也.

선함은 세 번 말하면서 흉함은 단지 한 번 언급한 것은 왕의 마음을 기쁘게 움직이기 위함이다.

集傳

命以歷年乎, 皆不可知,

역년(歷年)을 명(命)할 것인가? 모두가 알 수 없고,

詳說

○ 添此句.
여기의 구를 더하였다.

集傳
所可知者, 今我初服, 如何耳.
알 수 있는 것은 지금 우리가 처음 행하는 것이 무엇인가 그 뿐인 것이다."라고 하였다.

詳說
○ 諺釋, 恐泥於此註.
『언해』의 해석은 여기의 주에 장애가 된 것 같다.

集傳
初服而敬德,
처음 행하면서 덕을 공경하면,

詳說
○ 照前節.
앞의 절을 참조하라.493)

集傳
則亦自貽哲命, 而吉與歷年矣.
또한 스스로 밝은 명(命)을 받아 길(吉)하고 역년(歷年)할 것이다.

詳說
○ 三句, 論也.
세 구는 경문의 의미 설명이다.

---

493) 『서경대전(書經大全)』, 「주서(周書)」·「소고-18(召誥-18)」 : "이제 왕이 이어서 천명을 받으셨으니, 나는 또한 이 두 나라의 명에 훌륭한 공이 있는 자를 이을 것이라고 하노니, 하물며 왕이 처음 행함이겠습니까!(今王嗣受厥命, 我亦惟兹二國命, 嗣若功, 王乃初服.)"

書集傳詳說 卷之十   407

○ 按, 知今我初服句, 朱子, 亦以冠下節.
살펴보건대, '이것을 아는 것은 지금 우리가 처음 행함에 있다.'는 구절은 주자도 아래의 절로 이었다.

[10-4-12-20]
宅新邑, 肆惟王, 其疾敬德. 王其德之用, 祈天永命.

새 도읍에 머무시어 왕께서는 빨리 덕을 공경하소서. 왕께서 덕을 씀이 하늘의 영원한 명을 비는 것입니다.

集傳
宅新邑, 所謂初服也.
새 도읍(都邑)에 머묾이 이른바 처음 행함이다.

詳說
○ 照上節末.
위의 절 끝을 참조하라.[494]

集傳
王其疾敬德, 容可緩乎. 王其德之用
왕은 빨리 덕을 공경하여야 하니, 어찌 늦출 수 있겠는가. 왕은 덕을 써서

詳說
○ 二其字, 亦期辭.
두 번의 '기(其)'자는 또한 기대하는 말이다.

○ 諺讀, 恐違註意.
『언해』의 구두는 주의 의미와 어긋나는 것 같다.

---

[494] 『서경대전(書經大全)』, 「주서(周書)」·「소고-19(召誥-19)」 : "아! 자식을 낳음에 처음 낳을 때에 달려 있어 스스로 밝은 명을 받지 않음이 없음과 같으니, 이제 하늘이 우리에게 밝음을 명할 것인가? 길흉을 명할 것인가? 역년을 명할 것인가? 이것을 아는 것은 지금 우리가 처음 행함에 있습니다.(嗚呼, 若生子, 罔不在厥初生, 自貽哲命, 今天其命哲, 命吉凶, 命歷年, 知今我初服.)"

集傳

而祈天以歷年也.
하늘에게 역년(歷年)을 빌어야 할 것이다.

詳說

○ 朱子曰 : "所以求天永命者, 只在德而已."
주자(朱子)가 말하였다 : "하늘의 영원한 명을 구하는 것은 덕에 있을 뿐이다."495)

○ 西山眞氏曰 : "天命至公, 不可求而得, 曰祈者, 蓋一於用德, 乃不祈之祈也."
서산 진씨(西山眞氏)가 말하였다 : "하늘의 명은 지극히 공평해서 구해서 얻을 수 없는데, '빈다.'고 한 것은 대개 덕을 씀을 한결같이 하는 것이 바로 빌지 않는 빎이라는 것이다."496)

○ 呂氏曰 : "祈者, 欲王知天命之未定也."
여씨(呂氏)가 말하였다 : "빈다는 것은 왕이 천명이 미정이라는 것을 알게 한다는 것이다."497)

○ 新安陳氏曰 : "此一節, 發明王乃初服之意. 蓋作邑, 乃中天下定四海之一初也. 肆惟王其疾敬德, 申上文王其疾敬德之語, 而致重複懇切之意."
신안 진씨(新安陳氏)가 말하였다 : "여기의 한 절은 왕이 처음 행하는 의미를 드러내 밝힌 것이다. 대개 낙읍을 만드는 것은 바로 천하를 중앙으로 사해를 안

---

495) 『서경대전(書經大全)』, 「주서(周書)」·「소고(召誥)」: "주자가 말하였다 : '하늘은 어떤 것도 몸으로 하지 않음이 없어 이미 내가 처음 행함과 낙읍에 거함을 알고 있으니, 왕은 덕을 빨리 행하지 않아서야 되겠는가! 하늘의 영원한 명을 구하는 것은 덕에 있을 뿐이다.'(天無一物之體, 已知我初服宅洛矣. 王其可不疾敬德哉, 所以求天永命者, 只在德而已矣.)"
496) 『서경대전(書經大全)』, 「주서(周書)」·「소고(召誥)」: "서산 진씨가 말하였다 : '하늘의 명은 지극히 공평해서 구해서 얻을 수 없는데, 「빈다.」고 한 것은 대개 덕을 씀을 한결같이 하는 것이 바로 빌지 않는 빎이라는 것이다.'(西山眞氏曰 : 天命至公, 不可求而得得也, 曰祈者, 蓋一於用德, 乃不祈之祈也.)"
497) 『서경대전(書經大全)』, 「주서(周書)」·「소고(召誥)」: "여씨가 말하였다 : '「영원한 명을 빈다.」는 것은 다른 방법이 아니라 덕을 공경함으로 가할 뿐이다. 「빈다.」고 한 것은 왕이 천명이 미정이라는 것을 알게 한다는 것이다.'(呂氏曰 : 祈永命, 無他術, 惟敬德為可耳. 曰祈者, 欲王知天命之未定也.)"

정시키는 초기이다. '왕께서 빨리 덕을 공경하소서.'라는 것은 위의 글에서 '왕은 빨리 그 덕을 공경하소서.'498)라는 말을 거듭해서 간절함을 중복해서 이루려는 의미이다."499)

[10-4-12-21]
其惟王, 勿以小民淫用非彝, 亦敢殄戮用乂. 民若有功.

왕께서는 소민(小民)들이 법이 아닌 것을 지나치게 쓴다고 하여 또한 죽임을 과감하게 결단하여 다스리지 마소서. 백성들을 순히 하여야 공이 있을 것입니다.

集傳
刑者, 德之反, 疾於敬德, 則當緩於用刑.

형벌(刑罰)은 덕(德)의 반대이니, 덕(德)을 공경함을 빨리 하면 마땅히 형벌(刑罰)을 씀을 늦출 것이다.

詳說
○ 承上節, 而先總斷.

위의 절을 이어 먼저 총괄해서 결단하였다.

集傳
勿以小民過用非法之故

소민(小民)들이 법이 아닌 것을 지나치게 쓴다는 이유로

---

498)『서경대전(書經大全)』,「주서(周書)」·「소고-10(召誥-10)」: "하늘이 이미 큰 나라인 은나라의 명을 크게 끊으셨습니다. 이에 은나라의 많은 선철왕의 영혼들도 하늘에 계시건만 후왕(後王)과 후민(後民)이 이 명(命)을 받아 종말에는 지혜로운 자가 숨고 백성을 괴롭히는 자가 지위에 있으므로 농부들이 그 처자를 안고 붙잡고는 슬피 하늘을 부르짖으며 나가 도망하다가 붙잡혔습니다. 아! 하늘 또한 사방의 백성을 불쌍히 여겨 돌아보아 명하심이 덕을 힘쓰는 자에게 하셨으니, 왕은 빨리 덕을 공경하소서.(天旣遐終大邦殷之命. 玆殷多先哲王在天, 越厥後王後民, 玆服厥命, 厥終, 智藏瘝在, 夫知保抱攜持厥婦子, 以哀籲天, 徂厥亡出執. 嗚呼, 天亦哀于四方民, 其眷命用懋, 王其疾敬德.)"
499)『서경대전(書經大全)』,「주서(周書)」·「소고(召誥)」: "신안 진씨가 말하였다 : "여기의 한 절은 왕이 처음 행하는 의미를 드러내 밝힌 것이다. 대개 금일에 낙읍을 만들어 스스로 토중(土中)에서 행하는 것은 바로 처음 행하는 것으로 천하를 중앙으로 사해를 안정시키는 초기이다. …. 「왕께서 빨리 덕을 공경하소서.」라는 것은 위의 글에서 '왕은 빨리 그 덕을 공경하소서.'라는 말을 거듭해서 간절함을 중복해서 이루려는 의미이다.(新安陳氏曰 : '…. 此一節, 發明王乃初服之意. 蓋今日作邑而自服土中, 乃所謂初服, 是又中天下定四海之一初也. …. 肆惟王其疾敬德, 蓋申上文王其疾敬德之語, 而致重復懇切之意云.')"

詳說

○ 淫.

'과(過)'는 경문에서 '음(淫)'이다.

○ 彝.

'법(法)'은 경문에서 '이(彝)'이다.

集傳

亦敢於殄戮用治之也,
또한 죽임을 과감하게 결단하여 다스리지 말 것이고,

詳說

○ 乂.

'치(治)'는 경문에서 '예(乂)'이다.

集傳

惟順導民,
오직 백성들을 순히 인도하면

詳說

○ 若.

'순(順)'은 경문에서 '약(若)'이다.

集傳

則可有功.
공(功)이 있을 것이다.

詳說

○ 民者, 順導, 然後可有功也. 諺釋恐泥此註.
백성들은 순이 인도한 다음에 공이 있는 것이다. 『언해』의 해석은 여기의 주에 구애되었다.

[集傳]
民猶水也, 水汎濫橫流
백성은 물과 같으니, 물이 범람하여 멋대로 흐름은

[詳說]
○ 去聲.
'횡(橫)'은 거성이다.

[集傳]
失其性矣.
물의 본성(本性)을 잃은 것이다.

[詳說]
○ 如民之淫用非彝.
백성들이 지나치게 법이 아닌 것을 쓰는 것과 같다.

[集傳]
然壅而遏之,
그러나 막아서 흐르지 못하게 하면

[詳說]
○ 如君之殄戮.
임금이 죽이는 것과 같다.

[集傳]
則害愈甚, 惟順而導之, 則可以成功.
폐해가 더욱 심해지니, 오직 순히 하여 인도하면 공을 이룰 수 있는 것이다.

詳說

○ 以水論之.
물로 경문의 의미를 설명하였다.

[10-4-12-22]
其惟王位在德元, 小民乃惟刑, 用于天下, 越王顯.

왕의 지위가 덕이 으뜸인 자에게 있으면 소민(小民)들이 이를 본받아 천하에 써서 왕의 덕에 더욱 빛날 것입니다.

集傳

元, 首也. 居天下之上, 必有首天下之德,
원(元)은 으뜸이다. 천하의 위에 있으면 반드시 천하에 으뜸인 덕(德)이 있어야 하니,

詳說

○ 元.
'수(首)'는 경문에서 '원(元)'이다.

○ 德位當相稱.
덕과 지위는 서로 걸맞아야 하는 것이다.

○ 經文語微倒.
경문의 말이 살짝 도치되었다.

集傳

王位在德元,
왕의 지위가 덕이 으뜸인 자에게 있으면,

詳說

○ 陳氏大猷曰 : "王位不在於土地人民, 惟在德元而已. 德元, 猶

乾元坤元之始生萬物者也."

진씨 대유(陳氏大猷)가 말하였다 : "왕의 지위가 토지와 인민에 있지 않고 오직 덕의 으뜸에 있을 뿐이다. 덕의 으뜸은 건원(乾元)과 곤원(坤元)이 처음 만물을 생하는 것과 같다."500)

○ 呂氏曰 : "人君之德, 止於好生元者, 善之長, 安可以小民淫用 遂損君德."

여씨(呂氏)가 말하였다 : "임금의 덕이 으뜸을 생함을 좋아함에 그치는 것이 선의 뛰어남이니, 어찌 소민들이 지나치게 써서 마침내 임금의 덕을 훼손하겠는가!"501)

○ 蘇氏曰 : "王之位, 民德之先倡也."

소씨(蘇氏)가 말하였다 : "왕의 지위는 백성들의 덕이 선창하는 것이다."502)

集傳

則小民皆儀刑
소민(小民)들이 모두 본받아 아래에서

詳說

○ 法之

---

500) 『서경대전(書經大全)』, 「주서(周書)」・「소고(召誥)」 : "진씨 대유(陳氏大猷)가 말하였다 : '하나라와 상나라의 공이 있는 자들을 순히 하는 것은 위에서 「훌륭한 공이 있는 자를 잇는다.」고 말하는 것과 같다. 왕의 지위가 자리에 있지 않고 백성을 순히 하는 것은 오직 덕의 으뜸에 있을 뿐이다. 덕의 으뜸은 또한 건원(乾元)과 곤원(坤元)이 처음 만물을 생하는 것과 같다.'(陳氏大猷曰 : 順夏商之有功者, 猶上言嗣若功. 王位不在於位也, 順民, 惟在德元而已. 德元, 亦猶乾元坤元之始生萬物者也.)"
501) 『서경대전(書經大全)』, 「주서(周書)」・「소고(召誥)」 : "여씨가 말하였다 : '소민이 법이 아닌 것을 지나치게 쓴다고 죽임에 과감해서 한 평생 분노하고 미워하면 임금의 덕을 훼손한다. 임금의 덕이 으뜸을 생함을 좋아함에 그치는 것이 선의 뛰어남이니, 임금이 덕의 으뜸으로 천하를 뒤집어 덮으면, 어찌 소민들이 지나치게 써서 마침내 임금의 덕을 훼손하겠는가!'(呂氏曰 : 以小民淫用非彝, 而敢於殄戮, 忿嫉一生, 則損君德矣. 人君之德, 止於好生元者, 善之長, 君以德元覆冒天下, 安可以小民淫用, 遂損君德.)"
502) 『서경대전(書經大全)』, 「주서(周書)」・「소고(召誥)」 : "소씨가 말하였다 : '상나라의 풍속이 느슨해져서 지나치게 씀이 일상이 아닌지 오래되었다. 소공이 왕에게 소민들이 일상이 아닌 것을 지나치게 쓴다는 이유로 또한 과감하게 법외의 죽임으로 다스리지 말라고 경계하였다. 백성들에게 지나친 죄가 있는 것은 실로 자신에게 있는 것이고, 그들에게 공이 있다면 왕이 또한 덕이 있다는 것은 무엇 때문인가? 왕의 지위는 백성들의 덕이 선창하는 것이기 때문이다. 이와 같이 하면 천하에 법이 행해져서 왕도 드러날 것이다.'(蘇氏曰 : 商俗靡靡, 其過用, 非常也久矣. 召公戒王勿以小民過用非常之故, 亦敢於法外殄戮以治之. 蓋民之有過罪, 實在我, 及其有功, 則王亦有德, 何也. 王之位, 民德之先倡也. 如此, 則法行於天下, 而王亦顯矣.)"

'의형(儀刑)'은 본받는 것이다.

集傳

用德于下, 於王之德, 益以顯矣.
덕(德)을 쓸 것이니, 왕(王)의 덕(德)에 더욱 빛날 것이다.

詳說

○ 越.
'어(於)'는 경문에서 '월(越)'이다.

○ 經文下三句, 皆蒙上德字.
경문에서 아래의 세 구는 모두 위의 '덕(德)'자를 이어받은 것이다.

○ 朱子曰 : "其惟王勿以小民, 至越王顯, 爲一節."
주자(朱子)가 말하였다 : "'왕께서는 소민들이 ~하지 마소서'[503]부터 '왕의 덕에 더욱 빛날 것입니다.'까지는 하나의 절이다."[504]

○ 新安陳氏曰 : "至此, 則非彝之小民, 化爲用德之小民, 正所謂若有功者, 王奚以尙刑, 不尙德爲哉."
신안 진씨(新安陳氏)가 말하였다 : "여기에 오면 법대로 하지 않는 소민을 덕을 쓰는 소민으로 교화시키는 것으로 바로 이른바 '백성들을 순히 하여야 공이 있을 것입니다.'라는 것이니, 왕이 어찌 형벌을 숭상하고 덕으로 다스림을 숭상하지 않겠는가!"[505]

---

503) 『서경대전(書經大全)』, 「주서(周書)」·「소고-21(召誥-21)」 : "왕께서는 소민(小民)들이 법이 아닌 것을 지나치게 쓴다고 하여 또한 죽임을 과감하게 결단하여 다스리지 마소서. 백성들을 순히 하여야 공이 있을 것입니다.(其惟王, 勿以小民淫用非彝, 亦敢殄戮用乂. 民若有功.)"
504) 『서경대전(書經大全)』, 「주서(周書)」·「소고(召誥)」 : "주자가 말하였다 : '왕께서는 소민들이 ~하지 마소서'부터 '왕의 덕에 더욱 빛날 것입니다.'까지는 하나의 절이다.'(朱子曰 : 其惟王勿以小民, 至越王顯, 爲一節.)"
505) 『서경대전(書經大全)』, 「주서(周書)」·「소고(召誥)」 : "신안 진씨가 말하였다 : '여기에 오면 법대로 하지 않는 소민을 덕을 쓰는 소민으로 교화시키는 것으로 바로 이른바 「백성들을 순히 하여야 공이 있을 것입니다.」라는 것이니, 왕이 어찌 형벌을 숭상하고 덕으로 다스림을 숭상하지 않겠는가!'(新安陳氏曰 : 至此, 則非彝之小民, 化爲用德之小民, 正所謂若順導之而有功者, 王奚以尙刑, 不尙德爲哉.)"

[10-4-12-23]

上下勤恤, 其曰, 我受天命, 丕若有夏歷年, 式勿替有殷歷年, 欲王以小民受天永命.

상하(上下)가 근로하고 기약하며 '우리가 천명을 받음이 크게 하나라의 역년과 같으며 은나라의 역년을 폐하지 말라.'라고 하니, 왕께서는 소민들을 거느리고 하늘의 영원한 명을 받기를 바라옵니다."

集傳
其, 亦期之辭也.
기(其)는 또한 기약(期約)하는 말이다.

詳說
○ 照前註.
앞의 주를 참조하라.

集傳
君臣勤勞,
군신이 근로(勤勞)하고

詳說
○ 恤.
'로(勞)'는 '휼(恤)'과 같다.

集傳
期曰, 我受天命, 大如有夏歷年, 用勿替有殷歷年,
기약하며 "우리가 천명을 받음이 크게 하나라의 역년과 같으며 은나라의 역년을 폐하지 말라."라고 하니,

詳說

○ 式.

'용(用)'은 경문에서 '식(用)'이다.

○ 廢也.

'체(替)'는 '폐하는 것'이다.

集傳

欲兼夏殷歷年之永也. 召公又繼以欲王以小民,

이는 하나라와 은나라의 역년의 긺을 겸하고자 한 것이다. 소공은 또 이어서 왕이 소민들을 거느리고,

詳說

○ 朱子曰 : "如以某師之以."

주자(朱子)가 말하였다 : "'어떤 군대를 거느린다.'고 할 때의 '거느린다.'는 것과 같다."506)

集傳

受天永命,

하늘의 영원한 명(命)을 받기를 바랐으니,

詳說

○ 陳氏曰 : "小民之心歸, 則受天永命矣."

진씨(陳氏)가 말하였다 : "소민들의 마음이 돌아오면, 하늘의 영원한 명을 받는 것이다."507)

集傳

蓋以小民者, 勤恤之實, 受天永命者, 歷年之實也. 蘇氏曰, 君臣一心以勤恤

---

506) 『서경대전(書經大全)』, 「주서(周書)」·「소고(召誥)」: "주자가 말하였다 : '「소민들을 거느린다.」는 것은 「어떤 군대를 거느린다.」고 할 때의 「거느린다.」는 것과 같다.'(朱子曰 : 以小民, 如以某師之以.)"

507) 『회암집(晦庵集)』 65권, 「잡저(雜著)」·「상서(尚書)」: "진씨가 말하였다 : '소민들의 마음이 돌아오면, 하늘의 영원한 명을 받는 것이다.'(陳曰 : 小民之心歸, 則受天永命矣.)"

民,
소민(小民)들을 데리고 하는 것은 근로하는 실제이고, 하늘의 영명(永命)을 받는 것은 역년(歷年)의 실제이다. 소씨(蘇氏)가 말하였다. "군신(君臣)이 한 마음이 되어서 백성들을 부지런히 근로하니,

詳說
○ 句.
구두한다.

集傳
庶幾王受命歷年, 如夏商, 且
거의 왕이 천명을 받아 역년(歷年)함이 하(夏)·상(商)과 같을 것이고, 또

詳說
○ 姑也.
'차(且)'는 '우선'이다.

集傳
以民心爲天命也.
민심(民心)을 천심(天心)으로 삼을 것이다."

詳說
○ 西山眞氏曰 : "前言王其德之用祈天永命, 此言以小民受天永命. 永命之道, 惟修德與愛民而已. 天無心, 以民爲心耳, 周家卜世卜年, 過於夏商, 然後知召公之言, 眞人主之藥石國家之蓍龜也."
서산 진씨(西山眞氏)가 말하였다 : "앞에서는 '왕께서 덕을 씀이 하늘의 영원한 명을 비는 것입니다.'[508]라고 말하였고, 여기에서는 '소민들을 거느리고 하늘의

---

508) 『서경대전(書經大全)』, 「주서(周書)」·「소고-20(召誥-20)」: "새 도읍에 머무시어 왕께서는 빨리 덕을 공경하소서. 왕께서 덕을 씀이 하늘의 영원한 명을 비는 것입니다.(宅新邑, 肆惟王, 其疾敬德. 王其德之用, 祈天永命.)"

영원한 명을 받기를 바라옵니다.'라고 말하였다. 영원한 명의 도는 오직 덕을 닦고 백성을 사랑하는 것일 뿐이다. 하늘은 무심해서 백성을 마음으로 삼을 뿐이니, 주나라 왕가는 세상을 점치고 해를 점쳐서 하나라와 상나라를 넘어간 다음에 소공의 말이 진실로 임금의 약이고 국가의 교훈임을 알 것이다."509)

○ 新安陳氏曰 : "三節三言小民, 以之者, 何. 惟尙德, 不尙刑也."

신안 진씨(新安陳氏)가 말하였다 : "3절에서 세 번 소민을 말하고 그들을 거느리게 한 것은 무엇 때문인가? 오직 덕을 숭상하고 형벌을 숭상하지 않아야 하기 때문이다."510)

○ 臨川吳氏曰 : "欲王以小民受天永命一語, 通結上三節, 與王其德之用祈天永命一語, 相始終."

임천 오씨(臨川吳氏)가 말하였다 : "'왕께서는 소민들을 거느리고 하늘의 영원한 명을 받기를 바라옵니다.'라는 한 마디는 위의 세 절을 모두 매듭지었는데, '왕께서 덕을 씀이 하늘의 영원한 명을 비는 것입니다.'라는 한 마디와 서로 시종이 되는 것이다."511)

---

509) 『서경대전(書經大全)』, 「주서(周書)」・「소고(召誥)」 : "서산 진씨가 말하였다 : '앞에서는 「왕께서 덕을 씀이 하늘의 영원한 명을 비는 것입니다.」라고 말하였다. 여기에서는 「왕께서는 소민들을 거느리고 하늘의 영원한 명을 받기를 바라옵니다.」라고 말하였다. 대개 영원한 명의 도는 다름이 아니라 오직 덕을 닦고 백성을 사랑하는 것일 뿐이다. 명이 하늘에 있는데 소민들과 어떻게 함께 하는가? 대개 하늘은 무심해서 백성을 마음으로 삼을 뿐이다. 한 편의 가운데에서 경을 말한 것은 일고여덟 번으로 「어찌하여야 합니까? 어찌 공경(恭敬)하지 않을 수 있겠습니까?」라고 하였고, 「왕은 공경을 처소로 삼아야 한다.」고 하였으며, 「덕을 공경하지 않으면 안된다.」고 하였고, 「왕께서는 빨리 덕을 공경하소서.」라고 하였으며, 「오직 덕을 공경하지 아니하여 일찍 천명을 실추하였습니다.」라고 두 번 말하였고, 「왕께서는 빨리 덕을 공경하소서.」라고 하였다. 말에서 순수한 바람의 절실함이고, 노신이 어린 군주를 섬기는 정성스런 마음이다. 이후에 성왕이 문왕의 법도를 지키는 훌륭한 왕이 되어 주나라 왕가가 세상을 점치고 해를 점쳐서 하나라와 상나라를 넘어가고 또 그 역년을 넘어간 다음에 소공의 말이 진실로 임금의 약이고 국가의 교훈임을 알 것이다.'(西山眞氏曰 : 前言王其德之用祈天永命, 此言欲王以小民受天永命. 蓋永命之道, 無他惟修德與愛民而已. 命在天, 於小民何與. 蓋天無心, 以民爲心耳. 一篇之中言敬者, 凡七八, 曰曷其奈何弗敬, 曰王敬作所, 曰不可不敬德, 曰王其疾敬德, 兩言惟不敬厥德, 乃早墜厥命, 曰肆惟王其疾敬德. 言之諄望之切, 老臣事少主倦倦之心也. 異時成王為守文令主, 而周家卜世卜年, 過於夏商, 且過其歷然後, 知召公之言, 眞人主之藥石, 國家之蓍龜也哉.)"

510) 『서경대전(書經大全)』, 「주서(周書)」・「소고(召誥)」 : "신안 진씨가 말하였다 : '…. 3절에서는 세 번 소민을 말해 비로소 왕이 법이 아닌 죽임으로 이어가는 것을 경계하고, 으뜸의 덕과 의형의 끝으로 거느리고, 영원한 명을 받는 것으로 거느리도록 했으니, 무엇 때문인가? 오직 덕을 숭상하고 형벌을 숭상하지 않았으니, 그 삶이 지극히 미천할지라도 천명과 관계된 것은 지극히 크고 지극히 영구함을 알아야 하기 때문이다.'(新安陳氏曰 : …. 三節三言小民, 始戒王以非彝殄戮之繼, 欲以元德義刑之末欲以之, 而受永命以之者, 何. 惟尙德不尙刑, 知其生雖至微, 而關於天命者, 至大至久也.)"

511) 『서경대전(書經大全)』, 「주서(周書)」・「소고(召誥)」 : "임천 오씨가 말하였다 : '「근로한다.」는 말은 「제전(帝典)」에서 「공경하고 공경하며 형벌을 신중히 하였다.」는 것과 같다. 「왕께서는 소민들을 거느리고 하늘의 영원한 명을 받기를 바라옵니다.」라는 한 마디는 위의 세 절을 모두 매듭지었는데, 「왕께서 덕을 씀이 하늘의 영원한 명을 비는 것입니다.」라는 한 마디와 서로 시종이 되는 것이다.'(臨川吳氏曰 : 勤恤, 猶帝

[10-4-12-24]

拜手稽首曰, 予小臣, 敢以王之讎民, 百君子, 越友民, 保受王
威命明德, 王末有成命, 王亦顯, 我非敢勤, 惟恭奉幣, 用供王,
能祈天永命.

배수계수(拜手稽首)하여 아뢰옵니다. "나 소신은 감히 왕의 원수 백성인 은나라 백성과 여러 군자와 우민(友民)들을 거느리고 왕의 위명(威命)과 명덕(明德)을 보존하고 받게 하오니, 왕께서 마침내 이루어진 명을 소유하시면 왕이 또한 후세에 드러나실 것입니다. 내 감히 수고롭게 여기는 것이 아니오라 오직 공손히 폐백을 받들어 왕께서 하늘의 영명을 기원함에 바치나이다.

集傳
讎民殷之頑民, 與三監
수민(讎民)은 은나라의 완악한 백성으로 삼감(三監)과 함께 배반한

詳說
○ 平聲.
'감(監)'은 평성이다.

集傳
叛者, 百君子, 殷之御事庶士也,
자들이고, 백군자(百君子)는 은나라의 일을 다스리는 서사(庶士)이며,

詳說
○ 林氏曰 : "讎民百君子, 猶頑民而謂之多士."
임씨(林氏)가 말하였다 : "수민(讎民)과 백군자(百君子)는 완악한 백성과 같아 다사(多士)라고 말한 것이다."[512]

典言欽哉欽哉, 惟刑之恤. 欲王以小民受天永命一語, 通結上三節, 與王其德之用祈天永命一語, 相始終.")
512) 『회암집(晦庵集)』 65권, 「잡저(雜著)」・「상서(尙書)」 : "임씨(林氏)가 말하였다 : '수민(讎民)과 백군자(百君子)는 완악한 백성과 같아 다사(多士)라고 말한 것이다.'(林曰, 讎民百君子, 猶頑民而謂之多士也.)"

集傳

友民, 周之友順民也. 保者, 保而不失,
우민(友民)은 주(周)나라의 순종하는 백성이다. 보(保)는 보존하여 잃지 않음이고,

詳說

○ 守也.
잃지 않음은 지키는 것이다.

集傳

受者, 受而無拒. 威命明德者, 德威德明也.
수(受)는 받아서 막지 않는 것이다. 위명(威命)과 명덕(明德)은 덕의 위엄과 덕의 밝음이다.

詳說

○ 見呂刑.
「여형」에 보인다.513)

集傳

末, 終也. 召公於篇終致敬,
말(末)은 마침이다. 소공(召公)이 편(篇)의 끝에 공경을 지극히 하며

詳說

○ 拜手稽首.
배수계수(拜手稽首)하는 것이다.

集傳

言予小臣敢以殷周臣民
"나 소신은 감히 은나라와 주나라의 신민들을 거느리고

---

513) 『서경대전(書經大全)』, 「주서(周書)」·「여형7(呂刑7)」: "황제(皇帝)께서 하민(下民)들에게 겸허히 물으시니, 환과(鰥寡)가 묘(苗)에 원망하는 말이 있었다. 황제께서 덕(德)으로 위엄을 보이시자 두려워하고, 덕(德)으로 밝히시자 밝아졌다.(皇帝淸問下民, 鰥寡有辭于苗. 德威惟畏, 德明惟明.)"

詳說

○ 陳氏大猷曰 : "敢以者, 自任之辭."
진씨 대유(陳氏大猷)가 말하였다 : "「감히 ~를 거느리고」는 자임하는 말이다."514)

○ 薛氏曰 : "先讐民後友民者, 作洛以鎭靜商人爲先也, 與前言先服殷御事, 同意."
설씨(薛氏)가 말하였다 : "원수 백성을 먼저 하고 우민(友民)을 뒤로 한 것은 낙읍을 만듦에 상나라 사람들을 진정시키는 것을 우선으로 한 것이니, 앞에서 '은나라 어사들을 복종시킨다.'515)는 것과 같은 의미이다."516)

集傳

保受王威命明德
왕의 위명(威命)과 명덕(明德)을 보존하고 받게 하노니,

詳說

○ 陳氏經曰 : "保受王之威德, 奉行之, 此臣之職也."
진씨 경(陳氏經)517)이 말하였다 : "왕의 위명(威命)과 명덕(明德)을 보존하고 받게 하여 봉행하니, 이것은 신하의 직분이다."518)

---

514) 『서경대전(書經大全)』, 「주서(周書)」·「소고(召誥)」 : "진씨 대유가 말하였다 : '편의 끝에서 다시 시작과 끝의 요점을 총괄해서 왕에게 고한 것이다. 감히 원수 백성 등을 거느리고 위명(威命)과 명덕(明德)을 보존하고 받는다.'는 것은 서은(庶殷)과 후복(侯服)·전복(甸服)이 화합하면 모여 낙읍을 만드는 것에 따라 말한 것이다. 「감히 ~를 거느리고」는 자임하는 말이다. ….'(陳氏大猷曰 : 篇終復總始末之要以告王. 敢以讐民等, 保受威命明德者, 因庶殷侯甸和會作洛而言. 敢以者, 自任之辭. ….)"
515) 『서경대전(書經大全)』, 「주서(周書)」·「소고-15(召誥-15)」 : "왕이 먼저 은나라의 어사(御事)들을 복종시켜 우리 주나라의 어사들을 친근히 하고 돕게 하시어 나쁜 성질을 절제시키시면 날로 선에 매진할 것입니다. (王先服殷御事, 比介于我有周御事, 節性惟日其邁.)"
516) 『서경대전(書經大全)』, 「주서(周書)」·「소고(召誥)」 : "설씨가 말하였다 : '원수 백성을 먼저 하고 우민(友民)을 뒤로 한 것은 낙읍을 만듦에 상나라 사람들을 진정시키는 것을 우선으로 한 것이니, 앞에서 「은나라 어사들을 복종시킨다.」는 것과 같은 의미이다.'(薛氏曰 : 先讐民後友民者, 作洛以鎭靜商人爲先也, 與前言先服殷御事, 同意.)"
517) 진경(陳經, ?~?) : 송나라 길주(吉州) 안복(安福) 사람으로 자는 현지(顯之) 또는 정보(正甫)이다. 영종(寧宗) 경원(慶元) 5년(1199)에 진사(進士)가 되어 봉의랑(奉議郞)과 천주박간(泉州泊幹)을 지냈다. 평생 독서를 좋아했고, 후학을 많이 계도했다. 저서에 『상서상해(尙書詳解)』와 『시강의(詩講義)』, 『존재어록(存齋語錄)』 등이 있다.
518) 『서경대전(書經大全)』, 「주서(周書)」·「소고(召誥)」 : "진씨 경이 말하였다 : '왕의 위명(威命)과 명덕(明德)을 보존하고 받게 하여 봉행하니, 이것은 신하의 직분이다. 왕이 이미 이루어진 명을 소유했으면 영원한 명을 구해야 한다. ….'(陳氏經曰 : 保受王之威德, 奉行之, 此臣之職也. 王旣有成命, 當求所以永命. ….)"

○ 諺釋, 恐非註意.
　『언해』의 해석은 주의 의미가 아닌 것 같다.

[集傳]
王當終有天之成命
왕(王)은 마침내 하늘의 이루어진 명(命)을 소유하여

[詳說]
○ 陳氏大猷曰 : "與厥有成命相應."
　진씨 대유(陳氏大猷)가 말하였다 : "'이루어진 명을 소유하신다.'519)는 것과 서로 호응한다."520)

[集傳]
以顯于後世,
후세에 드러나실 것이니,

[詳說]
○ 添二字.
　두 글자를 더하였다.

○ 陳氏大猷曰 : "與上越王顯, 相應."
　진씨 대유(陳氏大猷)가 말하였다 : "위에서 '왕의 덕에 더욱 빛날 것입니다.'521)

---

519) 『서경대전(書經大全)』, 「주서(周書)」·「소고-14(召誥-14)」 : "왕이 와서 상제를 이으시어 스스로 토중(土中)에서 정사를 행하소서. 단(旦)도 '큰 읍을 만들어서 이로부터 황천을 대하고 상하의 신을 삼가 제사하며, 이로부터 중앙에서 다스린다.'라고 말하였으니, 왕이 하늘의 이루어진 명을 소유하시면 백성을 다스림이 이제 아름다울 것입니다.(王來紹上帝, 自服于土中. 旦曰其作大邑, 其自時配皇天, 毖祀于上下, 其自時中乂, 王厥有成命, 治民今休.)"
520) 『서경대전(書經大全)』, 「주서(周書)」·「소고(召誥)」 : "진씨 대유가 말하였다 : 편의 끝에서 다시 시작과 끝의 요점을 총괄해서 왕에게 고한 것이다. 감히 원수 백성 등을 거느리고 위명(威命)과 명덕(明德)을 보존하고 받는다.'는 것은 서은(庶殷)과 후복(侯服)·전복(甸服)이 화합하며 모여 낙읍을 만드는 것에 따라 말한 것이다. '감히 ~를 거느리고'는 자임하는 말이다. …. '왕께서 마침내 이루어진 명을 소유하신다.'는 것은 '왕이 이루어진 명을 소유하신다.'는 것과 서로 호응한다. ….'(陳氏大猷曰 : 篇終復總始末之要以告王. 敢以讐民等, 保受威命明德者, 因庶殷侯甸和會作洛而言. 敢以者, 自任之辭. …. 王末有成命, 與上王厥有成命相應. ….)"
521) 『서경대전(書經大全)』, 「주서(周書)」·「소고-22(召誥-22)」 : "왕의 지위가 덕이 으뜸인 자에게 있으면 소민(小民)들이 이를 본받아 천하에 써서 왕의 덕에 더욱 빛날 것입니다.(其惟王位在德元, 小民乃惟刑, 用于天

와 서로 호응한다."522)

集傳

我非敢以此爲勤
내가 감히 이것을 수고롭게 여기는 것이 아니오라

詳說

○ 陳氏經曰:"召公不敢自以治洛爲功勞也, 至此則責望於王之身者, 甚重恐王專依恃臣下也."
진씨 경(陳氏經)이 말하였다 : "소공이 감히 스스로 낙읍을 다스린 것을 공로로 하지 못하다가 여기에 와서 왕의 몸에 책망한 것은 성왕이 전적으로 신하들에게 맡겨 의지하는 것에 대해 더욱 신중하게 염려한 것이다."523)

集傳

惟恭奉幣帛, 用供王能祈天永命而已.
오직 공손히 폐백을 받들어 왕께서 하늘의 영명(永命)을 기원함에 바칠 뿐입니다."라고 한 것이다.

詳說

下, 越王顯.)"
522) 『서경대전(書經大全)』, 「주서(周書)」·「소고(召誥)」: "진씨 대유가 말하였다 : '편의 끝에서 다시 시작과 끝의 요점을 총괄하여 왕에게 고한 것이다. 감히 원수 백성 등을 거느리고 위명(威命)과 명덕(明德)을 보존하고 받든다.'는 것은 서은(庶殷)과 후복(侯服)·전복(甸服)이 화합하며 모여 낙읍을 만드는 것에 따라 말한 것이다. 「감히 ~를 거느리고」는 자임하는 말이다. …. 「왕께서 마침내 이루어진 명을 소유하신다.」는 것은 '왕이 이루어진 명을 소유하신다.」는 것과 서로 호응한다. 「왕이 또한 후세에 드러낼 것입니다.」라는 것은 위에서 '왕의 덕에 더욱 빛날 것입니다.'와 서로 호응한다. ….'(陳氏大猷曰 : 篇終復總始末之要以告王. 敢以譬民等, 保受威命明德者, 因庶殷侯甸和會作洛而言. 敢以者, 自任之辭. …. 王末有成命, 與上王厥有成命相應. 王亦顯, 與上越王顯相應. ….)"
523) 『서경대전(書經大全)』, 「주서(周書)」·「소고(召誥)」: "진씨 경이 말하였다 : '왕의 위명(威命)과 명덕(明德)을 보존하고 받들어 하여 봉행하니, 이것은 신하의 직분이다. 왕이 이미 이루어진 명을 소유했으면 영원한 명을 구해야 한다. 이루어진 명은 금일에 있고 영원한 명은 자손에게 있다. 왕의 위명을 보존하는 것은 신하가 할 수 있는 것이나, 하늘의 영원한 명을 비는 것은 신하가 할 수 있는 것이 아니라 임금에게 달려 있다. 빨리 덕을 공경해서 하늘의 명을 비는 것은 내가 감히 부지런히 할 수 있는 것이 아니다. 소공이 감히 스스로 낙읍을 다스린 것을 공로로 하지 못하다가 여기에 와서 왕의 몸에 책망한 것은 성왕이 전적으로 신하들에게 맡겨 의지하는 것에 대해 더욱 신중하게 염려한 것이다. ….'(陳氏經曰 : 保受王之威德, 奉行之, 此臣之職也. 王旣有成命, 當求所以永命. 成命在今日, 永命在子孫. 保受王之威德者, 臣下之所能, 至於祈天永命, 則非人臣之所能, 在人君. 疾敬德以祈天命, 我非敢勤者. 召公不敢自以治洛爲功勞也, 至此則責望於王之身者, 甚重恐成王專倚恃臣下也. ….)"

○ 王氏曰 : "奉幣以供王, 毖祀上帝而祈永命."
　　왕씨(王氏)가 말하였다 : "폐백을 받들어 왕에게 바치고 삼가 상제께 제사해서 영원한 명령을 기원한다."

○ 陳氏經曰 : "成命在今日, 永命在子孫."
　　진씨 경(陳氏經)이 말하였다 : "이루어진 명은 금일에 있고 영원한 명은 자손에게 있다."524)

○ 陳氏大猷曰 : "篇終復總始末之要以告, 期望不已之意."
　　진씨 대유(陳氏大猷)가 말하였다 : "편의 끝에서 다시 시말의 요점을 총괄해서 고했으니, 바람을 기약함이 끝이 없는 의미이다."525)

○ 新安陳氏曰 : "所謂能祈天永命, 不過上文敬德愛小民之事, 上文已盡之, 故特以能字該之."
　　신안 진씨(新安陳氏)가 말하였다 : "이른바 '하늘의 영명을 기원함에 바치나이다.'라는 것은 위의 글에서 덕을 공경하고 소민을 사랑하는 일에 불과한 것으로 위의 글에서 이미 다했기 때문에 편의 끝에서 특히 능(能)자로 갖추었던 것이다."526)

○ 臨川吳氏曰 : "以結一篇之意."
　　임천 오씨(臨川吳氏)가 말하였다 : "한편의 의미를 매듭지은 것이다."527)

---

524) 『서경대전(書經大全)』, 「주서(周書)」·「소고(召誥)」 : "진씨 경이 말하였다 : '왕의 위명(威命)과 명덕(明德)을 보존하고 받게 하여 봉행하니, 이것은 신하의 직분이다. 왕이 이미 이루어진 명을 소유했으면 영원한 명을 구해야 한다. 이루어진 명은 금일에 있고 영원한 명은 자손에게 있다. ….'(陳氏經曰 : 保受王之威德, 奉行之, 此臣之職也. 王旣有成命, 當求所以永命. 成命在今日, 永命在子孫. ….)"

525) 『서경대전(書經大全)』, 「주서(周書)」·「소고(召誥)」 : "진씨 대유가 말하였다 : "편의 끝에서 다시 시말의 요점을 총괄해서 왕에게 고했다. …. 왕에게 기약함이 끝이 없는 의미로 은근하면서도 돈독하다고 할 수 있다. ….(陳氏大猷曰 : 篇終復總始末之要以告王. …. 期王不已之意, 可謂婉而篤矣. ….)"

526) 『서경대전(書經大全)』, 「주서(周書)」·「소고(召誥)」 : "신안 진씨가 말하였다 : '이른바 「하늘의 영명을 기원함에 바치나이다.」라는 것은 위의 글에서 덕을 공경하고 소민을 사랑하는 일에 불과한 것이다. 덕을 공경하고 소민을 사랑하는 것은 곧 영원한 명을 기원할 능히 하는 것으로 위의 글에서 이미 다했기 때문에 편의 끝에서 특히 능(能)자로 갖추었던 것이다.'(新安陳氏曰 : 所謂能祈天永命, 不過上文敬德愛小民之事. 敬德愛小民, 即祈天永命之能也. 上文已盡之, 故於篇特以能字該之.)"

527) 『서경대전(書經大全)』, 「주서(周書)」·「소고(召誥)」 : "임천 오씨가 말하였다 : '「왕이 마침내 이루어진 명을 소유한다.」는 것은 위의 글에서 「왕이 이루어진 명령을 소유하시면」에 따라 말한 것이다. 「드러난다.」는 말과 「수고롭다.」는 말은 위의 글에서 「왕의 덕이 더욱 빛날 것입니다.」 「상하가 근로하다.」는 말에 따라 말한 것이다. 「공손히 폐백을 받들다.」는 것은 위의 글에서 「폐백을 취하여 … 왕과 공에게 아뢴다.」는 말에 따라 말한 것이다. 「하늘의 영명을 기원함에 바치나이다.」는 것도 위의 글에 말함으로써 한편의 의미

> 集傳

蓋奉幣之禮, 臣職之所當恭, 而祈天之實, 則在王之所自盡也. 又按, 恭奉幣, 意卽上文取幣以錫周公而旅王者, 蓋當時成王將擧新邑之祀,
폐백을 받드는 예는 신하의 직분에 마땅히 공손히 해야 할 일이며, 하늘의 영명(永命)을 기원하는 실제는 왕이 스스로 다함에 달려 있는 것이다. 또 살펴보건대 공손히 폐백을 받든다는 것은 짐작컨대 곧 위의 글에 '폐백을 취하여 주공(周公)에게 주고 왕에게 아뢴 뜻을 말하게 한 것'이니, 아마도 당시에 성왕(成王)이 새 도읍의 제사를 거행하려 하였기

> 詳說

○ 卽下篇祀于新邑者.
곧 아래의 편에서 새 도읍에서 제사하는 것이다.528)

> 集傳

故召公奉以助祭云.
때문에 소공(召公)이 받들어 제사를 도운 듯하다.

> 詳說

○ 蓋以下, 論也.
'개(蓋)' 이하는 경문의 의미 설명이다.

를 매듭지은 것이다.'(臨川吳氏曰 : 王末有成命, 因上文王厥有成命而言. 顯字勤字, 因上文越王顯, 上下勤恤而言. 恭奉幣, 因上文取幣旅王若公而言. 能祈天永命, 亦因上文而言以結一篇之意.)"
528)『서경대전(書經大全)』, 「주서(周書)」・「낙고5(洛誥5)」: "주공이 말씀하였다. '왕께서 처음 성대한 예를 거행하여 새 도읍에서 제사하시되 사전(祀典)에 기재되지 않은 것까지 모두 차례로 제사하소서.(周公曰, 王肇稱殷禮, 祀于新邑, 咸秩無文.)"

[10-4-13]
「낙고(洛誥)」

集傳
洛邑旣定, 周公遣使
낙읍이 정해진 다음에 주공이 사자(使者)를 보내어

詳說
○ 去聲, 下並同.
'사(使)'는 거성으로 아래에서도 같다.

集傳
告卜, 史氏錄之以爲洛誥,
점괘를 아뢰니, 사관(史官)이 이것을 기록하여 「낙고(洛誥)」라 하고,

詳說
○ 文非一事, 而書本爲告卜而作, 故特以此爲主, 如金縢之以請命爲主耳.
글은 하나의 일이 아니고 책이 본래 점을 고하기 위해 만들어졌기 때문에 특이 이것을 위주로 했으니, 「금등」에서 명을 청하는 것을 위주로 한 것과 같다.

集傳
又幷記其君臣答問, 及成王命周公留治洛之事. 今文古文皆有.
또 군신간에 문답한 것과 성왕이 주공에게 명하여 머물러서 낙읍을 다스리게 한 일을 함께 기록하였다. 금문과 고문에 모두 있다.

詳說
○ 去聲.
'병(幷)'은 거성이다.

○ 葉氏曰 : "此篇當與召誥叅看, 蓋非一時之言, 必序次本末以示後世."
    섭씨(葉氏)가 말하였다 : "여기의 편은 「소고」와 참고해서 봐야 하고, 대개 한 때의 말이 아니니, 반드시 본말을 순서대로 해서 후세에 보이기 위한 것이다."529)

○ 王氏曰 : "此誥有不可知者, 當缺之, 而釋其可知者."
    왕씨(王氏)가 말하였다 : "여기의 「고(誥)」에서는 알 수 없는 것은 제쳐놔야 하고 알 수 있는 것을 해석해야 한다."530)

集傳
○ 按, 周公拜手稽首以下,
살펴보건대 '주공배수계수(周公拜手稽首)'531) 이하는

詳說
○ 三節.
    세 절이다.

集傳
周公授使者, 告卜之辭也, 王拜手稽首以下
주공이 사자에게 주어서 점괘를 아뢴 말이고, '왕이 배수계수하여[王拜手稽首]'532)

---

529) 『서경대전(書經大全)』, 「주서(周書)」·「낙고(洛誥)」 : "섭씨(葉氏)가 말하였다 : '여기의 편은 「소고」와 참고해서 봐야 하고, 대개 한 때의 말은 아니다. 사관이 주공이 점을 얻고 심지어 사자를 보내 점괘를 아룀에 서로 함께 왕래하며 경계를 고한 것을 취했으니, 반드시 본말을 순서대로 해서 후세에 보이기 위한 것이다.'(葉氏曰 : 此篇當與召誥叅看. 蓋非一時之言, 史取周公得卜, 至遣使告卜, 相與往來告戒, 本末序次之, 以示後世也.)"
530) 『서경대전(書經大全)』, 「주서(周書)」·「낙고(洛誥)」 : "왕씨 안석(王氏安石)이 말하였다 : '여기의 고에서는 알 수 없는 것은 제쳐놔야 하고 알 수 있는 것을 해석해야 한다.(王氏安石曰 : 此誥有不可知者, 當缺之, 而釋其可知者.)"
531) 『서경대전(書經大全)』, 「주서(周書)」·「낙고1(洛誥1)」 : "주공이 배수계수(拜手稽首)하고 말씀하였다. "나는 그대 밝은 군주께 복명하노이다.(周公拜手稽首曰, 朕復子明辟.)"
532) 『서경대전(書經大全)』, 「주서(周書)」·「낙고4(洛誥4)」 : "왕이 배수계수(拜手稽首)하여 말씀하였다. '공이 감히 하늘의 아름다움을 공경하지 않을 수 없으시어 와서 집터를 살펴보시니, 주나라에 짝할 만한 아름다운 땅을 만드셨습니다. 공이 이미 집터를 정하시고 사람을 보내 와서 나에게 점괘가 아름답고 항상 길함을 보여주시니, 우리 두 사람이 함께 마땅할 것입니다. 공이 나로써 만억년을 하늘의 아름다움을 공경하게 하시기에 배수계수(拜手稽首)하여 가르쳐주신 말씀에 경의를 표합니다.'(王拜手稽首曰, 公不敢不敬天之休, 來相宅, 其作周匹休. 公旣定宅, 伻來來視予卜休恒吉, 我二人共貞. 公其以予萬億年敬天之休, 拜手稽首誨言.)"

이하는

詳說
○ 一節.
한 절이다.

集傳
成王授使者, 復公之辭也,
성왕(成王)이 사자(使者)에게 주어서 공(公)에게 답한 말이고,

詳說
○ 皆三月, 周公在洛時事.
모두 삼월로 주공이 낙읍에 있을 때의 일이다.

集傳
王肇稱殷禮以下,
'왕께서 성대한 예를 거행하여[王肇稱殷禮]'533) 이하는

詳說
○ 九節.
아홉 절이다.

集傳
周公敎成王宅洛之事也,
주공이 성왕에게 낙읍에 머무는 일을 가르친 것이고,

詳說
○ 宅洛後, 所當行之事, 卽擧祀發政也. 蓋周公於洛, 以召公奉幣而歸鎬, 至洛邑告成, 復從王至洛有此事, 而書中逸王與周公至

---

533) 『서경대전(書經大全)』, 「주서(周書)」·「낙고1(洛誥5)」: "주공이 말씀하였다. '왕께서 처음 성대한 예를 거행하여 새 도읍에서 제사하시되 사전(祀典)에 기재되지 않은 것까지 모두 차례로 제사하소서.'(周公曰, 王肇稱殷禮, 祀于新邑, 咸秩無文.)"

洛之事及其擧祀之事.

낙읍에 머문 다음에 행해야 할 일은 곧 제사를 거행하고 정사를 발하는 것이다. 대개 주공이 낙읍에서 소공을 모시고 폐백을 받들어 호경으로 돌아와서는 낙읍에 와서 이룸을 고하고, 다시 왕을 따라 낙읍에 이름에 이런 일이 있을 것을 아뢰었는데, 책 중에 왕과 주공이 낙읍에 온 일과 제사를 거행한 일은 없다.

集傳

公明保予沖子以下

'공께서 나 충자를 밝히고[公明保予沖子]'[534) 이하는

詳說

○ 八節.

여덟 절이다.

集傳

成王命公留後治洛之事也. 王命予來以下,

성왕이 공에게 뒤에 머물러 낙읍을 다스리게 한 일을 명한 것이며, '왕께서는 나를 명하여 낙읍에 오게 하시어[王命予來]'[535) 이하는

詳說

○ 三節.

세 절이다.

集傳

周公許成王留洛, 君臣各盡其責難之辭也. 伻來以下,

주공이 성왕에게 낙읍에 머물 것을 허락하여 군신이 각기 어려운 일로 책함을 다

---

534) 『서경대전(書經大全)』, 「주서(周書)」·「낙고-14(洛誥-14)」: "왕이 대략 다음과 같이 말씀하였다. '공께서 나 충자(沖子)를 밝히고 보우하시어 공께서는 크게 드러난 덕을 들어서 나 소자로 하여금 문왕(文王)·무왕(武王)의 공렬을 드날리고 천명을 받들어 답하며, 사방의 백성들을 화하게 하고 항구하게 하여 무리를 거하게 하셨습니다.'(王若曰, 公明保予沖子, 公稱丕顯德, 以予小子, 揚文武烈, 奉答天命, 和恒四方民, 居師.)"

535) 『서경대전(書經大全)』, 「주서(周書)」·「낙고-22(洛誥-22)」: "주공이 배수계수(拜手稽首)하고 말씀하였다. '왕(王)께서는 나를 명(命)하여 낙읍(洛邑)에 오게 하시어 그대의 문조(文祖)께서 명(命)을 받은 백성과 그대의 광렬(光烈)이신 무왕(武王)을 계승하여 보존하게 하시니, 나의 공손함을 크게 여기신 것입니다.'(周公拜手稽首曰, 王命予來, 承保乃文祖受命民, 越乃光烈考武王, 弘朕恭.)"

한 말이고, '사람을 보내와서[伻來]'536) 이하는

> 詳說

○ 四節.
네 절이다.

> 集傳

成王錫命, 戒殷命寧之事也. 戊辰以下,
성왕이 명을 내려 은나라를 경계하고 편안하게 함을 명령한 일이며, '무진(戊辰)'537) 이하는

> 詳說

○ 三節.
세 절이다.

> 集傳

史又記其祭祀冊誥等事
사관(史官)이 또 제사(祭祀)하고 책고(冊誥)한 등등의 일과

> 詳說

○ 告周公留洛事.
주공이 낙읍에 머문 일을 고한 것이다.

> 集傳

---

536) 『서경대전(書經大全)』, 「주서(周書)」·「낙고3(洛誥3)」: "내가 을묘일(乙卯日) 아침에 낙사(洛師)에 이르러 내 하삭(河朔)과 여수(黎水)를 점쳐보고 내 간수(澗水)의 동쪽과 전수(水)의 서쪽을 점쳐봄에 낙읍(洛邑)을 먹어 들어가며, 내 또 전수(水)의 동쪽을 점쳐봄에 또한 낙읍(洛邑)을 먹어 들어가니, 사람을 보내와서 지도(地圖)와 점괘(占卦)를 올리는 것입니다.(予惟乙卯, 朝至于洛師, 我卜河朔黎水, 我乃卜澗水東瀍水西, 惟洛食, 我又卜瀍水東, 亦惟洛食, 伻來, 以圖及獻卜.)"

537) 『서경대전(書經大全)』, 「주서(周書)」·「낙고-29(洛誥-29)」: "무진일에 왕이 새 도읍에 계시면서 증제(烝祭)를 올리시니, 해마다 하는 것으로 문왕(文王)에게 붉은 소 한 마리이고, 무왕(武王)에게 붉은 소 한 마리였다. 왕이 명하여 책을 지으라 하시니, 사관 일(逸)이 축문을 책에 쓰니, 주공에게 뒤에 남아 낙읍을 다스리게 한 일을 고한 것이었다. 왕의 손님들이 희생을 잡아 제사함에 모두 오니, 왕이 태실에 들어가 강신제를 올리셨다.(戊辰, 王在新邑烝祭, 歲, 文王騂牛一, 武王騂牛一. 王命作冊, 逸祝冊, 惟告周公其後. 王賓殺禋咸格, 王入太室祼.)"

及周公居洛歲月久近以附之
주공(周公)이 낙읍(洛邑)에 거한 세월의 오램과 가까움을 기록하여 붙여서

詳說

○ 總括始終.
시종을 총괄했다.

集傳

以見周公作洛之始終, 而成王擧祀發政之後, 卽歸于周, 而未嘗都洛也.
주공이 낙읍을 만든 시종을 나타낸 것이니, 성왕은 제사를 거행하고 정사를 발한 뒤에 즉시 주나라로 돌아왔고, 일찍이 낙읍에 도읍하지는 않았다.

詳說

○ 音現.
'현(見)'은 '음'이 '현(現)'이다.

○ 新安陳氏曰 : "此篇大可疑者, 惟有公告王宅洛行祀出命之辭, 而不載王至洛之事, 與其日月. 觀十二月在洛祭告命, 周公留治洛之事, 尚謹書之, 則自三月後至十二月前, 此數月中, 至洛之大事, 其當書也必矣, 又此篇首章九句, 脫簡在康誥之首, 則首至洛之事, 其脫簡, 又可想矣."
신안 진씨(新安陳氏)가 말하였다 : "여기의 편에서 크게 의심할 수 있는 것은 공이 왕이 낙읍에 있으면서 제사를 행하고 명을 낸 말에 있는데, 왕이 낙읍에 온 일과 그 일월은 기재하지 않았다는 것이다. 12월에 낙읍에서 제사하면서 명을 고한 것을 보면 주공이 낙읍에 머물며 다스린 일은 여전히 삼가 책으로 해놨으니, 3월 후부터 12월 전까지 이 몇 개월 중에 낙읍에 온 큰일은 반드시 책으로 해놔야 하는 것이고 또 여기의 편 첫 장 아홉 구에는 탈간이 「강고」의 처음에 있으니, 처음 낙읍에 온 일은 그 탈간을 또 생각할 수 있는 것이다."[538]

---

[538] 『서경대전(書經大全)』, 「주서(周書)」·「낙고(洛誥)」: "신안 진씨가 말하였다 : '여기의 편에서 크게 의심할 수 있는 것은 공이 왕이 낙읍에 있으면서 제사를 행하고 명을 낸 말에 있는데, 왕이 낙읍에 온 일과 그 일월은 기재하지 않았다는 것이다. 12월에 낙읍에서 제사하면서 명을 고한 것을 보면 주공이 낙읍에 머물며 다스린 일은 여전히 삼가 책으로 해놨으니, 3월 후부터 12월 전까지 이 몇 개월 중에 낙읍에 온 큰일은 반드시 책으로 해놔야 하는 것이고 또 여기의 편 첫 장 아홉 구에는 탈간이 「강고」의 처음에 있으니,

[10-4-13-1]

周公拜手稽首曰, 朕復子明辟.

주공이 배수계수(拜手稽首)하고 말씀하였다. "나는 그대 밝은 군주께 복명하노이다.

集傳

此下, 周公授使者, 告卜之辭也.

여기 이하는 주공이 사자에게 주어서 점괘를 고한 말이다.

詳說

○ 去聲, 下同.

'사(使)'는 거성으로 아래에서도 같다.

○ 總提三節.

총괄해서 세 절을 제시했다.

集傳

拜手稽首者, 史記周公遣使之禮也.

배수계수(拜手稽首)는 사관이 주공이 사자를 보내는 예를 기록한 것이다.

詳說

○ 史官.

'사(史)'는 사관이다.

集傳

처음 낙읍에 온 일은 그 탈간을 또 생각할 수 있는 것이다. 또 「유자께서 친구에게처럼 하시겠습니까?」와 「그대 충자는 끝마치셔야 할 것입니다.」 등의 곳은 글이 어려워 통하기 어렵고, 또 「왕이 말씀하였다. 공(公)의 공(功)은 나를 돕고 인도함이 돈독하다.」는 것의 아래에 주공의 답하는 말이 없는데, 곧 또 「왕이 말하였다.」로 이어지니, 어찌 이런 곳에 탈간과 착간이 있는 것이 아니겠는가?'(新安陳氏曰 : 此篇大可疑者, 惟有公告王宅洛行祀出命之辭, 而不載王至洛之事與其日月. 觀十二月在洛祭告命, 周公留治洛之事, 尙謹書之, 則自三月後至十二月前, 此數月中, 至洛之大事, 其當書也必矣, 又此篇首章九句, 脫簡在康誥之首, 則首至洛之事, 其脫簡, 又可想矣. 且孺子其朋, 及汝惟冲子惟終等處, 聱牙難通, 又王曰公功棐迪篤之下, 無周公答辭, 而即又繼以王曰, 豈非此等處, 有脫簡錯簡耶.)"

復, 如逆復之復.
복(復)은 역복(逆復)의 복(復)과 같다.

詳說

○ 王氏曰：“如復逆之復.”
왕씨(王氏)가 말하였다：“복역(復逆)의 복(復)과 같다.”539)

○ 見舜典註.
「순전」의 주에 보인다.540)

集傳

成王命周公, 往營成周,
성왕이 주공에게 명하여 가서 성주(成周)를 경영하게 하니,

詳說

○ 承康誥錯簡.
「강고」의 착간이 이어졌다.

集傳

周公得卜
주공(周公)이 점괘를 얻고는

詳說

○ 添此句.

---

539) 『서경대전(書經大全)』, 「주서(周書)」·「낙고(洛誥)」：“왕씨 안석이 말하였다：'복역(逆復)의 복(復)과 같다. 성왕이 공에게 가서 경영하고 완성하라고 명령하니, 주공이 점괘를 얻어 왕에게 명을 아뢰면서 「그대」라고 한 것은 친하게 여기는 것이고, 「밝은 군주」라고 한 것은 높인 것이다. ….'(王氏安石曰：復, 如復逆之復. 成王命公往營成, 周公得卜, 復命于王曰子, 親之也, 曰明辟, 尊之也. ….)"

540) 『서경대전(書經大全)』, 「우서(虞書)」·「순전-25(舜典-25)」：주자의 주 “명령과 정교를 반드시 살펴서 이미 진실한 뒤에 나오게 하면 참설(讒說)이 행해지지 못하여 거짓이 의탁할 곳이 없고, 펴서 아뢰고 '고하여 청함[復逆]'을 반드시 살펴서 이미 진실한 뒤에 들이게 하면 사벽함이 말미암아 나올 수가 없어 공의 실마리를 상고할 수 있을 것이다.(命令政教, 必使審之, 既允而後出, 則讒說不得行, 而矯偽無所託矣, 敷奏復逆을 必使審之하여 既允而後入이면 則邪僻無自進하여 而功緒有所稽矣.)”

여기의 구를 더하였다.

集傳

復命于王也.
왕에게 복명한 것이다.

詳說

○ 程子曰 : "猶言告嗣天子王."
정자(程子)가 말하였다 : "'사천자(嗣天子)인 왕께 아뢴다.'541)고 말하는 것과 같다."542)

集傳

謂成王爲子者, 親之也, 謂成王爲明辟者, 尊之也. 周公相成王,
성왕을 그대라고 말한 것은 친하게 여긴 것이고, 성왕을 밝은 군주라고 한 것은 높인 것이다. 주공이 성왕을 도왔으니,

詳說

○ 去聲
'상(相)'은 거성이다.

集傳

尊則君, 親則兄之子也. 明辟者, 明君之謂. 先儒謂成王幼, 周公代王爲辟, 至是反政成王, 故曰復子明辟, 夫有失然後有復,
존귀함으로는 군주이고, 친함으로는 형의 아들이다. 명벽(明辟)은 밝은 군주를 이른다. 선대의 학자들이 '성왕이 어려서 주공이 왕을 대신하여 군주가 되었는데, 이때에 정권을 성왕에게 돌려주었으므로 '그대 밝은 군주께 복명하노이다.[復子明

---

541) 『서경대전(書經大全)』, 「주서(周書)」·「입정1(立政1)」: "주공이 다음과 같이 말씀하였다. '배수계수(拜手稽首)하여 사천자(嗣天子)인 왕께 아뢰옵니다.' 〈여러 관원들이〉 함께 왕에게 경계하기를 '왕의 좌우에 있는 신하는 상백(常伯)과 상임(常任)과 준인(準人)과 철의(綴衣)와 호분(虎賁)입니다.'라고 하였다. 주공이 말씀하였다. '아! 이 관직이 아름다우나 근심할 줄을 아는 자가 적습니다.'(周公若曰, 拜手稽首, 告嗣天子王矣. 用咸戒于王曰, 王左右常伯常任準人綴衣虎賁. 周公曰, 嗚呼, 休茲知恤鮮哉.)"
542) 『서경대전(書經大全)』, 「주서(周書)」·「낙고(洛誥)」: "정자가 말하였다 : 「사천자(嗣天子)인 왕께 아뢴다.」고 말하는 것과 같다.'(程子曰 : 猶言告嗣天子王矣.)"

辟]'543)라고 하였으니, 잃음이 있은 뒤에 회복함이 있는 것이니,

詳說

○ 音扶.

'부(夫)'는 음이 '부(扶)'이다.

集傳

武王崩成王立, 未嘗一日不居君位, 何復之有哉. 蔡仲之命, 言周公位冢宰正百工, 則周公以冢宰總百工而已, 豈不彰彰明甚矣乎.

무왕이 죽고 성왕이 즉위함에 일찍이 하루도 임금의 지위에 거하지 않은 적이 없었으니, 어찌 회복함이 있겠는가!「채중지명(蔡仲之命)」에 "주공이 총재로 있으면서 백공을 바로잡았다."544)라고 하였으니, 주공이 총재로서 백공을 총괄하였을 뿐임이 어찌 드러나고 드러나서 아주 분명하지 않았겠는가!

詳說

○ 葉氏曰 : "復如孟子有復于王之復. 自孔氏謂歸政, 古今儒者不敢易, 獨王氏以爲不然. 以子考之, 周公踐天子位, 獨明堂位云爾, 明堂位, 非出吾夫子也."

섭씨(葉氏)가 말하였다 : "'복명한다[復]'는 것은 『맹자』에서 왕에게 아뢰는 자가 있다.'545)고 할 때의 '아뢴다[復]'는 것과 같다. 공씨가 정사를 되돌려주었다고 하면서부터 고금의 학자들은 감히 바꾸지 못했는데, 왕씨만 그렇지 않다고 하였다. '자[子]'로 상고해보면 주공이 천자의 지위를 따랐는데, 유독「명당위(明堂位)」에서 '이(爾)'라고 했는데. 우리 선생님께 나온 것이 아니다."546)

---

543) 『서경대전(書經大全)』,「주서(周書)」·「낙고1(洛誥1)」: "주공이 배수계수(拜手稽首)하고 말씀하였다. "나는 그대 밝은 군주께 복명하노이다.(周公拜手稽首曰, 朕復子明辟.)"

544) 『서경대전(書經大全)』,「주서(周書)」·「채중지명1(蔡仲之命1)」: "주공(周公)이 총재(宰)로 있으면서 백공(百工)을 바로잡자, 군숙(群叔)들이 유언비어를 퍼뜨렸다. 이에 관숙(管叔)을 상(商)나라에서 주륙하고 채숙(蔡叔)을 곽린(郭鄰)에 가두되 수레 일곱 대를 따르게 하고, 곽숙(霍叔)을 서인(庶人)으로 강등시켜 3년 동안 끼지 못하게 하였다. 채중(蔡仲)이 능히 떳떳이 덕을 공경하므로 주공(周公)이 경사(卿士)를 삼았는데, 그 후 채숙(蔡叔)이 죽자 왕(王)에게 명하여 채(蔡)에 나라를 소유하게 하였다.(惟周公, 位冢宰, 正百工, 羣叔流言, 乃致辟管叔于商, 囚蔡叔于郭鄰, 以車七乘, 降霍叔于庶人, 三年不齒. 蔡仲克庸祗德, 周公以爲卿士, 叔卒 乃命諸王, 邦之蔡.)"

545) 『맹자(孟子)』「양혜왕상(梁惠王上)」: "말하였다 : '왕에게 아뢰는 자가「내 힘이 충분히 백균(百鈞)을 들 수 있지만 깃털 하나를 들 수 없으며, 눈의 시력은 추호(秋毫)의 끝을 살필 수 있지만 수레에 실은 나무섶을 볼 수 없다.」고 한다면 왕은 이것을 인정하시겠습니까?' '아닙니다.' …. (曰, 有復於王者曰, 吾力足以擧百鈞, 而不足以擧一羽, 明足以察秋毫之末, 而不見輿薪, 則王許之乎. 曰, 否. ….)"

集傳

王莽居攝, 幾傾漢鼎, 皆儒者有以啓之,

왕망(王莽)이 섭정하며 거의 한(漢)나라의 국통을 기울이게 했던 것은 모두 유학자들이 계도함이 있었던 것이니,

詳說

○ 新安陳氏曰 : "莽廢儒子嬰, 執其手, 流涕曰, 昔周公攝位, 終得復于明辟, 今予獨迫皇天威命. 蓋因孔氏釋經之誤, 遂借此以文其姦."

신안 진씨(新安陳氏)가 말하였다 : "왕망이 유자 영을 폐하고 그 손을 잡고 눈물을 흘리며 '옛날에 주공이 지위를 대신하고 마침내 밝은 군주께 복명했으니, 이제 나도 오직 황천의 엄한 명령을 재촉하는 것이다.'라고 했다. 대개 공씨가 경을 해석한 잘못 때문에 마침내 이것을 빌어 그 간사함을 문식했던 것이다."547)

○ 按, 莽時孔傳未行, 蓋指他儒耳

살펴보건대, 왕망의 때에는 공씨의 전이 행해지지 않았으니, 다른 학자를 가리키는 것일 뿐이다.

---

546) 『서경대전(書經大全)』, 「주서(周書)」·「낙고(洛誥)」: "섭씨가 말하였다 : '「복명한다[復]」는 것은 『맹자』에서 왕에게 아뢰는 자가 있다.」고 할 때의 「아뢴다[復]」는 것과 같다. 공씨가 「그대 밝은 군주께 복명하노이다.」를 주공이 섭정을 하다가 정사를 되돌려주었다는 말이라고 하면서부터 고금의 학자들이 그것을 따르고 감히 바꾸지 못했다. 왕씨만 그렇지 않다고 하니, 세상에서 그것을 믿지 않았다. 「자식」으로 상고해보면 주공이 천자의 지위를 따라 천하를 다스렸는데, 애초에 경에 드러난 것은 없고, 유독 「명당위(明堂位)」에서 「이(爾)」라고 했으니, 우리 선생님께 나온 것이 아니다. 대개 무왕이 돌아가고 주공이 총재로 섭정을 했으니, 이것은 예의 떳떳함이다. 「섭(攝)」은 그 일을 대신한다는 것이지 그 자리를 대신한다는 것이 아니다. 세상에서는 주공이 상을 당해 대신한 것을 보고, 그가 성왕이 어려서 대신했기 때문에 낙읍을 점침에 이르러 여전히 정사를 되돌려주었다는 말이 있는 것이 아님을 알지 못한다. 그렇다면 왕씨의 말은 증거가 있음이 된다.'(葉氏曰 : 復如孟子有復于王之復. 自孔氏以復子明辟, 謂周公攝而歸政之辭, 古今儒者從之, 不敢易. 獨王氏以爲不然, 世或未之信焉, 以子考之, 周公踐天子位, 以治天下, 初無經見, 獨明堂位云爾, 明堂位, 非出吾夫子也. 蓋武王崩, 周公以冢宰攝政, 此禮之常. 攝者, 攝其事, 非攝其位. 世見周公在喪之攝, 不知其非以成王幼而攝, 故至卜洛, 猶有歸政之言. 則王氏之言為有證.)"

547) 『서경대전(書經大全)』, 「주서(周書)」·「낙고(洛誥)」: "신안 진씨가 말하였다 : "왕망이 유자 영을 폐해 안정공(安定公)으로 삼고 그 손을 잡고 눈물을 흘리며 '옛날에 주공이 지위를 대신하고 마침내 밝은 군주께 복명했으니, 이제 내가 오직 황천의 엄한 명령을 재촉하는 것은 뜻대로 할 수 없는 것이다.'라고 했다. 대개 공씨가 경을 해석한 잘못 때문에 왕망이 마침내 이것을 빌어 그 간사함을 문식했던 것이다.(新安陳氏曰 : 按, 王莽廢漢儒子嬰, 為安定公, 執其手, 流涕曰, 昔周公攝位, 終得復子明辟, 今予獨迫皇天威命, 不得如意. 蓋因孔氏釋經之誤, 莽遂借此以文其姦.)"

> 集傳

是不可以不辨.

이것을 분변하지 않을 수 없다.

> 詳說

○ 先以下, 論也.

'선(先)' 이하는 경문의 의미 설명이다.

○ 一無圈.

어떤 판본에는 '동그라미(圈 : ○)'가 없다.

> 集傳

蘇氏曰, 此上有脫簡在康誥, 自惟三月哉生魄, 至洪大誥治, 四十八字

소씨(蘇氏)가 말하였다. "이 위에 탈간된 것이 「강고(康誥)」에 있으니, '3월 재생백[惟三月哉生魄]'으로부터 '크게 다스림을 고하셨다[洪大誥治]'까지548)의 48자(字)이다.

> 詳說

○ 當移讀於此篇之首.

여기 편의 머리로 옮겨서 읽어야 한다.

[10-4-13-2]

王如弗敢及天基命定命, 予乃胤保, 大相東土, 其基作民明辟.

왕께서 감히 하늘의 기명(基命)과 정명(定命)을 미처 알지 못하는 듯이 하시기에 내 태보(太保)를 이어 크게 동토(東土)를 살펴보니, 백성의 밝은 군주가 될 터전이었습니다.

---

548) 『서경대전(書經大全)』, 「주서(周書)」·「강고1(康誥1)」 : " 3월 재생백(哉生魄)에 주공이 처음 터전을 잡아 새로운 대읍(大邑)을 동국(東國)인 낙(洛)에 만드셨다. 사방의 백성들이 크게 화합하여 모이자, 후(侯)·전(甸)·남(男)·방(邦)·채(采)·위(衛)와 백공(百工)들이 인화(人和)를 전파하여 주나라에 와서 뵙고 일하였다. 주공이 모두 수고함에 크게 다스림을 고하셨다.(惟三月哉生魄, 周公初基, 作新大邑于東國洛. 四方民大和會, 侯甸男邦采衛, 百工播民和, 見士于周, 周公咸勤, 乃洪大誥治.)"

詳說

○ 相去聲.

'상(相)'은 거성이다.

集傳

凡有造,

보통 집을 만들 적에는

詳說

○ 句.

구두해야 한다.

集傳

基之而後成

터를 닦은 뒤에 이루고

詳說

○ 始也.

터는 닦는 것은 시작하는 것이다.

集傳

成之而後定, 基命, 所以成始也, 定命, 所以成終也. 言成王幼冲退託, 如不敢及知天之基命定命,

이룬 뒤에 정(定)하니, 기명(基命)은 처음을 이루는 것이고, 정명(定命)은 종(終)을 이루는 것이다. 성왕이 어리고 퇴탁(退託)하여 감히 하늘의 기명(基命)과 정명(定命)을 미처 알지 못하는 것 같으시기에

詳說

○ 添知字.

'지(知)'자를 더하였다.

集傳

予乃繼太保而往,
내 태보(太保)를 이어 가서

詳說

○ 胤, 繼也.
경문에서 '윤(胤)'이 '계(繼)'이다.

集傳

大相洛邑,
크게 낙읍(洛邑)을 살펴보니,

詳說

○ 葵初王氏曰 : "朱子釋胤保, 不若傳順正, 與太保先周公相宅合."
계초 왕씨(葵初王氏)가 말하였다 : "주자가 '윤보(胤保)'를 해석한 것은 전에서의 순정(順正)함과 지 않으나 태보가 주공에 앞서 집터를 본 것과 합한다."549)

集傳

其庶幾爲王始作民明辟之地也. 洛邑在鎬京東, 故曰東土.
거의 왕이 처음으로 백성의 밝은 군주가 될 만한 땅이었다. 낙읍(洛邑)이 호경(鎬京)의 동쪽에 있으므로 동토(東土)라 한 것이다.

[10-4-13-3]

予惟乙卯, 朝至于洛師, 我卜河朔黎水, 我乃卜澗水東瀍水西, 惟洛食, 我又卜瀍水東, 亦惟洛食, 伻來, 以圖及獻卜.

---

549) 『서경대전(書經大全)』, 「주서(周書)」·「낙고(洛誥)」 : "계초 왕씨가 말하였다 : '주자가 「윤보(胤保)」를 해석한 것은 전에서의 순정(順正)함과 지 않으나 태보가 주공에 앞서 집터를 본 것과 합한다.'(葵初王氏曰 : 朱子釋胤保, 不若傳順正與太保先周公相宅合.)"

내가 을묘일 아침에 낙사(洛師)에 이르러 내 하삭(河朔)과 여수(黎水)를 점쳐보고 내 간수(澗水)의 동쪽과 전수(瀍水)의 서쪽을 점쳐봄에 낙읍(洛邑)을 먹어 들어가며, 내 또 전수(瀍水)의 동쪽을 점쳐봄에 또한 낙읍(洛邑)을 먹어 들어가니, 사람을 보내와서 지도와 점괘를 올리는 것입니다."

詳說

○ 瀍, 音廛. 伻, 補耕反.
'전(瀍)'은 음이 '전(廛)'이다. '팽(伻)'은 음이 '보(補)'와 '경(耕)'의 반절이다.

集傳

乙卯, 卽召誥之乙卯也.
을묘(乙卯)는 곧 「소고(召誥)」의 을묘일(乙卯日)이다.550)

詳說

○ 達觀之日.
두루 살펴본 날이다.

集傳

洛師, 猶言京師也.
낙사(洛師)는 경사(京師)라는 말과 같다.

詳說

○ 見詩公劉.
『시경』「공유(公劉)」에 보인다.

○ 張氏曰:"王者以民爲重, 故曰師."
장씨(張氏)가 말하였다:"왕은 백성을 중요하게 여기기 때문에 '사(師)'라고 한 것이다."551)

---

550)『서경대전(書經大全)』,「주서(周書)」·「소고4(召誥4)」:" 다음날인 을묘일(乙卯日)에 주공(周公)이 아침에 낙읍(洛邑)에 이르러 새 도읍(都邑)에 경영한 위치를 두루 살펴보았다.(若翼日乙卯, 周公朝至于洛, 則達觀于新邑營.)"
551)『서경대전(書經大全)』,「주서(周書)」·「낙고(洛誥)」:"장씨가 말하였다:'왕은 백성을 중요하게 여기기 때

○ 師, 衆也. 衆所居也依山, 故曰京, 近水故曰洛.

'사(師)'는 무리이다. 무리가 거주하는 것은 산에 의지하기 때문에 경(京)이라고 하고, 물에 가깝기 때문에 '락(洛)'이라고 하는 것이다.

集傳

河朔黎水, 河北黎水交流之內也,

하삭(河朔)과 여수(黎水)는 하북(河北)과 여수(黎水)가 교류하는 곳의 안이며,

詳說

○ 諺釋作兩處, 恐失註意.

『언해』의 해석에서 두 곳으로 한 것은 주의 의미를 잃은 것 같다.

○ 蘇氏曰 : "今黎陽也. 營洛以處殷民. 民重遷, 以河朔爲近, 便卜不吉, 然後卜洛也."

소씨(蘇氏)가 말하였다 : "여수(黎水)는 지금의 여양(黎陽)이다. 낙읍을 경영해서 은나라 백성을 머무르게 했다. 백성들이 옮김을 무겁게 여기고 하삭(河朔)을 가깝게 여겨서 바로 점을 쳤으나 불길한 다음에 낙을 점친 것이다."552)

集傳

澗水東瀍水西, 王城也,

간수(澗水)의 동쪽과 전수(瀍水)의 서쪽은 왕성(王城)이니,

詳說

○ 史氏漸曰 : "今之河南是也, 是爲郟鄏之地."

사씨 점(史氏漸)이 말하였다 : "지금의 하남이 여기에 해당하니, 바로 겹욕(郟鄏)의 땅이다."553)

문에 「사(師)」라고 한 것이다.'(張氏曰 : 王者以民爲重, 故曰師.)"
552) 『서경대전(書經大全)』, 「주서(周書)」·「낙고(洛誥)」: "소씨가 말하였다 : '여수(黎水)는 지금의 여양(黎陽)이다. 낙읍을 경영해서 은나라 백성을 머무르게 했다. 백성들이 옮김을 무겁게 여기고 하삭(河朔)을 가깝게 여겨서 바로 점을 쳤으나 불길한 다음에 낙을 점친 것이다.'(蘇氏曰 : 黎水, 今黎陽也. 營洛以處殷民. 民重遷, 以河朔爲近, 便卜不吉, 然後卜洛也.)"
553) 『서경대전(書經大全)』, 「주서(周書)」·「낙고(洛誥)」: "사씨 점이 말하였다 : '…. 이곳은 겹욕(郟鄏)의 땅이니, 지금의 하남이 여기에 해당한다. ….'(史氏漸曰 : …. 是爲郟鄏之地, 今之河南是也. ….)"

集傳

朝會之地,
조회(朝會)하는 땅이고,

詳說

○ 音潮.
'조(朝)'는 음이 '조(潮)'이다.

集傳

瀍水東, 下都也,
전수(瀍水)의 동쪽은 하도(下都)이니,

詳說

○ 史氏漸曰:"名曰成周, 又曰東郊. 今之洛陽, 是也."
사씨 점(史氏漸)이 말하였다:"성주(成周)라고 이름붙였는데, 또 동교(東郊)라고 하기도 한다. 지금의 낙양(洛陽)이 여기에 해당한다."554)

集傳

處商民之地.
상(商)나라 백성들이 거주하는 땅이다.

詳說

○ 上聲.
'처(處)'는 상성이다.

集傳

王城, 在澗瀍之間, 下都, 在瀍水之外. 其地皆近洛水, 故兩云惟洛食也.
왕성(王城)은 간수(澗水)와 전수(瀍水)의 사이에 있고, 하도(下都)는 전수(瀍水)의 밖에 있다. 그 지역이 모두 낙수(洛水)에서 가까우므로 두 번 낙수(洛水)를 먹었다고 말

---

554) 『서경대전(書經大全)』, 「주서(周書)」·「낙고(洛誥)」:"사씨 점이 말하였다:'…, 마침내 하도(下都)를 경영하여 성주(成周)라고 이름 붙였는데, 또 동교(東郊)라고 하기도 하니, 은나라 백성들을 살게 한 것이다. 지금의 낙양(洛陽)이 여기에 해당한다. ….'(史氏漸曰 …, 遂營下都, 名曰成周, 又曰東郊, 以居殷民. 今之洛陽, 是也. ….)"

書集傳詳說 卷之十 443

한 것이다.

> 詳說

○ 葉氏曰 : "求吉, 不過乎三. 旣卜黎水, 又卜澗水東, 又卜瀍水西, 則三矣. 皆曰惟洛食, 是以卒從召公之卜爲定也."
섭씨(葉氏)가 말하였다 : "길함을 구함이 세 번에 불과하다. 여수를 점친 다음에 또 간수의 동쪽을 점쳤고, 전수의 서쪽을 점쳤으니, 세 번이다. 모두 낙수를 먹은 것으로 말하니, 이 때문에 마침내 소공이 점친 것을 따라 정한 것이다."

○ 鄒氏季友曰 : "王城在西, 下都在東, 相去二十里. 召公先營王城, 已於戊申得卜, 周公不應再卜, 周公之卜, 專爲定下都耳. 若卜王城則不應, 以河朔爲先. 黎水近紂都, 爲殷民懷土重遷, 故初卜河北不吉, 又欲處之瀍澗之間, 而卜又不吉. 惟卜洛爲吉, 又卜瀍水東, 而又不吉, 亦惟卜洛爲吉, 遂定下都於洛陽. 經文本自明白, 而孔氏亂之."
추씨 계우(鄒氏季友)가 말하였다 : "왕성(王城)은 서쪽에 있고, 하도(下都)는 동쪽에 있어 거리가 이십리이다. 소공이 먼저 왕성을 경영하고, 이미 무신일에 점괘를 얻었는데, 주공이 응하지 않아 다시 점쳤는데, 주공의 점은 오로지 하도로 정하는 것일 뿐이었다. 왕성을 점치면 응하지 않아 하삭(河朔)으로 우선한 것이다. 여수(黎水)는 주(紂)의 도성에서 가까워 은나라 백성들이 땅을 그리며 옮기기를 무겁게 여기기 때문에 처음 하북(河北)을 점쳤으나 불길해서 또 전수(瀍水)의 사이에 거쳐하려고 했으나 점이 또 불길했다. 낙읍을 점친 것만이 길하고, 또 전수의 동쪽을 점쳤으나 또 불길하며 또 낙읍을 점치면 길하였으니, 마침내 하도를 낙양에 정한 것이다. 경문이 본래 스스로 명백한데, 공씨가 혼란스럽게 한 것이다."

> 集傳

食者, 史先定墨,
식(食)은 사관(史官)이 먼저 먹줄을 정해 놓았는데

> 詳說

○ 見禮記玉藻.

『예기』「옥조(玉藻)」에 보인다.

集傳

而灼龜之兆, 正食其墨也.

거북껍질을 구운 조짐이 바로 그 먹줄을 먹은 것이다.

詳說

○ 朱子曰 : "卜必先以墨畫龜, 要拆, 依此墨灼之, 求其兆. 順食此墨畫之處, 謂之食."

주자가 말하였다 : "점을 칠 때는 반드시 먼저 거북의 등껍질에 먹으로 선을 긋고, 갈라짐을 구하려면, 여기 먹의 선에 따라 구워서 그 조짐을 구한다. 먹으로 그린 곳을 따라 먹은 것을 식이라고 한다.

○ 臨川吳氏曰 : "以兆食墨而明爲吉, 不食, 則其兆曖昧, 非吉兆也."

임천 오씨(臨川吳氏)가 말하였다 : "조짐이 먹 선을 먹어 들어가서 분명한 것을 길한 것으로 여기고, 먹어 들어가지 않은 것은 그 조짐이 흐리고 어두우니, 길한 조짐이 아니다."555)

○ 尤菴曰 : "卜法不傳於世, 不知其爲如何, 而大槩於龜背, 兩書洛瀍二字, 而以墨畫爲兩道, 合其末爲一. 然後以楚焞爇之, 則其火不爇瀍墨, 而食洛墨, 故知洛之吉."

우암(尤菴)이 말하였다 : "점치는 법이 세상에 전하지 않으니 어떻게 하는지는 알지 못하나 그 대략은 거북의 등껍질에 '낙(洛)'자와 '전(瀍)'자를 나란히 쓰고 먹으로 선을 그어 두 길을 만들어 그 끝을 하나로 합치고, 그런 뒤에 초돈(楚焞)으로 태우면 그 불이 '전'자의 먹선을 태우지 않고 '낙'자가 쓰인 먹을

---

555)『서경대전(書經大全)』,「주서(周書)」·「낙고(洛誥)」: "임천 오씨가 말하였다 : '거북점을 치는 방법은 지금 전해지지 않습니다. …. 집터를 점침에 조짐이 먹 선을 먹어 들어가서 분명한 것을 길한 것으로 여기고, 먹어 들어가지 않은 것은 그 조짐이 흐리고 어두우니, 길한 조짐이 아니다. 먼저 여양(黎陽)을 점침에 불길해서 바로 낙읍을 점쳤던 것이다. ….'(臨川吳氏曰 : 龜卜占法, 今不傳. …. 卜宅之占, 以兆食墨而明爲吉, 不食, 則其兆曖昧, 非吉兆也. 先卜黎陽不吉, 乃卜洛邑. ….)"

태웠기 때문에 낙읍이 길함을 안 것이다."

○ 若各卜則必當定單墨耳.
각기 점쳤다면 반드시 한 번의 먹줄로 정해야 할 뿐이다.

集傳
俾, 使也
팽(俾)은 사람을 부리는 것이다.

詳說
○ 去聲
'사(使)'는 거성이다.

集傳
圖洛之地圖也. 獻卜,
도(圖)는 낙수(洛水)의 지도이다. 헌복(獻卜)은

詳說
○ 二字古語倒, 諺釋可考.
두 글자는 옛날의 말로 도치된 것이니, 『언해』의 해석은 상고해봐야 한다.

集傳
獻其卜之兆辭也.
점친 징조의 말을 바친 것이다.

[10-4-13-4]
王拜手稽首曰, 公不敢不敬天之休, 來相宅, 其作周匹休. 公旣定宅, 俾來來視予卜休恒吉, 我二人共貞. 公其以予萬億年敬天之休, 拜手稽首誨言.

왕이 배수계수(拜手稽首)하여 말씀하였다. "공이 감히 하늘의 아름다움을 공경하지 않을 수 없으시어 와서 집터를 살펴보시니, 주나라에 짝할 만한 아름다운 땅을 만드셨습니다. 공이 이미 집터를 정하시고 사람을 보내 와서 나에게 접괘가 아름다워 항상 길함을 보여주시니, 우리 두 사람이 함께 마땅할 것입니다. 공이 나로써 만억년을 하늘의 아름다움을 공경하게 하시기에 배수계수(拜手稽首)하여 가르쳐주신 말씀에 경의를 표합니다."

詳說
○ 相, 去聲.
'상(相)'은 거성이다.

集傳
此王授使者
여기는 왕(王)이 사자(使者)에게 주어

詳說
○ 去聲.
'사(使)'는 거성이다.

集傳
復公之辭也.
공(公)에게 답한 말씀이다.

詳說
○ 總提.
총괄해서 제시했다.

集傳
王拜手稽首者, 成王尊異周公, 而重其禮也.
왕(王)이 배수계수(拜手稽首)한 것은 성왕(成王)이 주공(周公)을 존경하고 특별히 대우하여 그 예(禮)를 중히 여긴 것이다.

詳說

○ 去聲.
'중(重)'은 거성이다.

○ 後世, 如晉帝之於王導, 亦然.
후세에 이를테면 진(晉)의 제가 왕도(王導)에게 대한 것도 그렇다.

集傳

匹, 配也. 公不敢不敬天之休命, 來相宅,
필(匹)은 짝함이다. 공(公)이 감히 하늘의 아름다운 명(命)을 공경하지 않을 수 없어 와서 집터를 살펴보고서

詳說

○ 朱子曰:"或曰, 王不在洛, 言來者, 順公所在而言."
주자(朱子)556)가 말하였다 : "어떤 이가 '왕이 낙읍에 있지 않으면서 「와서」라고 한 것은 주공이 있는 곳에 따라 말한 것이다.'라고 하였다."557)

○ 此來字, 主洛言, 下二來字, 主鎬言.
여기에서의 '래(來)'자는 낙읍을 위주로 말한 것이고, 아래에서 두 번의 '래(來)'자는 호경을 위주로 말한 것이다.

---

556) 주희(朱熹, 1130~1200) : 자는 원회(元晦)·중회(仲晦)이고, 호는 회암(晦庵)·회옹(晦翁)·고정(考亭)·자양(紫陽)·둔옹(遯翁) 등이다. 송대 무원(婺源 : 현 강서성 무원현) 사람으로 건양(建陽 : 현 복건성 건양현)에서 살았다. 1148년에 진사에 급제하여 동안주부(同安主簿)·비서랑(秘書郞)·지남강군(知南康軍)·강서제형(江西提刑)·보문각대제(寶文閣待制)·시강(侍講) 등을 역임하였다. 스승 이동(李侗)을 통해 이정(二程)의 신유학을 전수받고, 북송 유학자들의 철학사상을 집대성하여 신유학의 체계를 정립하였다. 1179~1181년 강서성(江西省) 남강(南康)의 지사(知事)로 근무하면서 9세기에 건립되어 10세기에 번성했다가 폐허가 된 백록동서원(白鹿洞書院)을 재건했다. 만년에 이르러 정적(政敵)인 한탁주(韓侂胄)의 모함을 받아 죽을 때까지 정치활동이 금지되고 그의 학문이 거짓 학문으로 폄훼를 받다가 그가 죽은 뒤에 곧 회복되었다. 저서로는 『정씨유서(程氏遺書)』, 『정씨외서(程氏外書)』, 『이락연원록(伊洛淵源錄)』, 『고금가제례(古今家祭禮)』, 『근사록(近思錄)』 등의 편찬과 『사서집주(四書集注)』, 『서명해(西銘解)』, 『태극도설해(太極圖說解)』, 『통서해(通書解)』, 『사서혹문(四書或問)』, 『시집전(詩集傳)』, 『주역본의(周易本義)』, 『역학계몽(易學啓蒙)』, 『효경간오(孝經刊誤)』, 『소학서(小學書)』, 『초사집주(楚辭集注)』, 『자치통감강목(資治通鑑綱目)』, 『팔조명신언행록(八朝名臣言行錄)』 등이 있다. 막내아들 주재(朱在)가 편찬한 『주문공문집(朱文公文集)』(100권, 속집 11권, 별집 10권)과 여정덕(黎靖德)이 편찬한 『주자어류(朱子語類)』(140권)가 있다.

557) 『서경대전(書經大全)』, 『주서(周書)』·「낙고(洛誥)」 : "어떤 이가 '왕이 낙읍에 있지 않으면서 「와서」라고 한 것은 주공이 있는 곳에 따라 말한 것이다.'라고 하였다.(或曰 : 王不在洛, 言來者, 順公所在而言.)"

集傳

爲周匹休之地
주(周)나라에 짝할 만한 아름다운 땅을 만드셨으니,

詳說

○ 作.
'위(爲)'는 경문에서 '작(作)'이다.

○ 朱子曰：" 以配天之休命."
주자가 말하였다：" 하늘의 아름다운 명에 짝하는 것이다."

○ 王氏十朋曰：" 詩作豐伊匹, 與此匹休同意."
왕씨 십붕(王氏十朋)558)이 말하였다：" 『시경』에 '풍읍을 만듦에 그 짝에 걸맞게 한다.'559)는 것이 여기에서 짝할만한 아름다움이라는 것과 같은 의미이다."560)

集傳

言卜洛以配周命於無窮也.
낙읍(洛邑)을 점쳐 주(周)나라의 명(命)을 무궁함에 짝함을 말한 것이다.

詳說

---

558) 왕십붕(王十朋, 1112 ~ 1171)：송나라 온주(溫州, 절강성) 낙청(樂淸) 사람으로 자는 구령(龜齡)이고, 호는 매계(梅溪)이며, 시호는 충문(忠文)이다. 처음에 매계의 향촌에서 강의했지만 뒤에 태학(太學)에 들어갔다. 고종(高宗) 소흥(紹興) 17년(1157) 정시(廷試)에 합격하여 비서랑(秘書郞)에 올랐다. 여러 차례 조정을 정비할 것을 건의했고, 투항한 금나라의 장수들을 기용할 것을 주장했다. 용도각학사(龍圖閣學士) 등을 지냈다. 효종(孝宗) 때 관직이 시어사(侍御史)에 이르렀는데, 여러 차례 글을 올려 금나라에 대항하면서 국토를 회복할 계책을 올렸다. 요주(饒州)와 기주(夔州), 호주(湖州), 천주(泉州) 등의 고을을 맡아 다스렸다. 재앙을 구제하고 폐해를 없애는 등 치적을 올려 당시 사람들이 상을 그려 제사를 올렸다. 저서에 『매계집(梅溪集)』 54권과 『춘추해(春秋解)』, 『상서해(尙書解)』, 『논어해(論語解)』 등이 있다. 시사(詩詞)와 산문에 뛰어났고, 주희(朱熹)와 장혼(張混) 등의 추숭을 받았다.
559) 『시경』 「문왕유성(文王有聲)」："성을 쌓음에 도랑은 그대로 따르고 풍읍을 만듦에 그 짝에 걸맞게 하시니, 그 욕심을 빨리 이루려는 게 아니라 선인의 뜻에 따라 효를 이루는 것이다.(築城伊淢, 作豐伊匹, 匪棘其欲, 遹追來孝.)"
560) 『서경대전(書經大全)』, 「주서(周書)」·「낙고(洛誥)」："왕씨 십붕이 말하였다：'『시경』에 "풍읍을 만듦에 그 짝에 걸맞게 한다."는 것이 여기에서 짝할만한 아름다움이라는 것과 같은 의미이다.'(王氏十朋曰：詩之作豐伊匹, 與此匹休同意.)"

○ 配命, 見詩文王.

'명에 짝한다.[配命]'는 것은 『시경』「문왕」에 보인다.

|集傳|

視, 示也,

시(視)는 보여줌이니,

|詳說|

○ 新安陳氏曰 : 視示, 古通用. 漢書示字例, 作視.

신안 진씨(新安陳氏)가 말하였다 : "'시(視)'와 '시(示)'는 옛날에는 통용되었다. 『한서』에서 '시(示)'자의 사례는 '시(視)'로 되어 있다."561)

|集傳|

示我以卜之休美而常吉者也.

나에게 점괘가 아름다워 항상 길(吉)함을 보여준 것이다.

|詳說|

○ 猶永吉也.

영원히 길함과 같다.

|集傳|

二人, 成王周公也. 貞, 猶當也.

두 사람은 성왕(成王)과 주공(周公)이다. 정(貞)은 당(當)과 같다.

|詳說|

○ 夏氏曰 : "共當吉祥."

하씨(夏氏)가 말하였다 : "함께 길함과 상서로움에 합당한 것이다."562)

---

561) 『서경대전(書經大全)』, 「주서(周書)」· 「낙고(洛誥)」: "신안 진씨가 말하였다 : '「시(視)」와 「시(示)」는 같으니, 옛날에는 통용되었다. 『한서』에서 「시(示)」자의 사례는 「시(視)」로 되어 있다. ….'(新安陳氏曰 : 視與示同, 古通用. 漢書凡示字例作視. ….)"
562) 『서경대전(書經大全)』, 「주서(周書)」· 「낙고(洛誥)」: "하씨가 말하였다 : '정(貞)은 「그 부(賦)는 정(貞)이다.」라고 할 때의 「정(貞)」과 같으니, 서로 합당하다는 말이다. 왕이 공과 함께 여기의 길함과 상서로움에

集傳
十萬曰億.
십만(十萬)을 억(億)이라 한다.

詳說
○ 與泰誓註, 又不同.
「태서」의 주와는 또 같지 않다.563)

集傳
言周公宅洛, 規模宏遠, 以我萬億年, 敬天休命.
주공이 낙읍에 집터를 정함에 규모가 크고 원대하니, 나로써 만억년(萬億年)을 하늘의 아름다운 명(命)을 공경하게 한 것이다.

詳說
○ 呂氏曰:"以予者, 使之之辭."
여씨(呂氏)가 말하였다 : "'나로써'는 시키는 말이다."564)

集傳
故又拜手稽首, 以謝周公告卜之誨言.
그러므로 또 배수계수(拜手稽首)하여 주공(周公)이 점괘를 고하여 가르쳐 주신 말씀에 사례한 것이다.

詳說
○ 朱子曰:"猶禹拜昌言."
주자가 말하였다 : "우(禹)가 훌륭한 말에 절한 것과 같다.565)"566)

합당하게 하려는 것이다.'(夏氏曰 : 貞, 如厥賦貞之貞, 謂相當也. 王欲與公共當此吉祥.)"
563) 『서경대전(書經大全)』, 「주서(周書)」·「태서8(泰誓8)」: 주자의 주 : "백만(百萬)을 억(億)이라 한다.(百萬曰億.)"
564) 『서경대전(書經大全)』, 「주서(周書)」·「낙고(洛誥)」: "여씨가 말하였다 : '…. 「짝한다.」는 것은 종주에 짝하는 말이다. 「나로써」는 시키는 말이다. ….'(呂氏曰 : …. 匹者, 對宗周之辭. 以予者, 使之之辭. ….)"
565) 『서경대전(書經大全)』, 「우서(虞書)」·「대우모-21(大禹謨-21)」: "30일을 유묘(有苗)의 백성들이 명을 거역하자, 익(益)이 우(禹)를 도와 이르기를 '덕(德)은 하늘을 감동시켜 멀어도 이르지 않음이 없으니, 가득하면 덞을 부르고 겸손하면 더함을 받는 것이 이것이 바로 천도(天道)입니다. 제순(帝舜)이 처음 역산(歷山)에서

[10-4-13-5]

周公曰, 王肇稱殷禮, 祀于新邑, 咸秩無文.

주공이 말씀하였다. "왕께서 처음 성대한 예를 거행하여 새 도읍에서 제사하시되 사전(祀典)에 기재되지 않은 것까지 모두 차례로 제사하소서.

集傳

此下, 周公告成王宅洛之事也.

이 이하는 주공이 성왕에게 낙읍(洛邑)에 거하는 일을 고한 것이다.

詳說

○ 總提九節.

총괄해서 아홉 절로 제시했다.

○ 告宅洛後所當行之事, 謂擧祀與發政也.

낙을 집터로 한 다음 행해야 할 것을 고했으니, 제사를 거행하고 정사를 시작하라는 말이다.

○ 朱子曰 : "自此以下, 漸不可曉. 蓋不知是何時所言, 傳疏以爲王與公俱在洛對問之言."

주자(朱子)가 말하였다 : "여기 이하는 점점 알 수 없다. 대개 이것이 어느 때 말한 것인지 알 수 없으니, 전의 소에서는 왕이 공과 모두 낙읍에서 물음에 대답한 말로 여겼다."567)

밭에 가시어 날마다 하늘과 부모에게 울부짖으시어 죄를 떠맡고 악을 자신에게 돌리시어 공경히 일하여 고수를 뵙되 기기(夔夔)하여 공경하고 두려워하시니, 고수 또한 믿고 따랐습니다. 지극한 정성은 신명을 감동시키니, 하물며 이 유묘(有苗)이겠습니까.'라고 하였다. 우(禹)가 훌륭한 말에 절하며 '아! 너의 말이 옳다.'라고 하시고는 회군하고 군대를 거두자, 제순(帝舜)이 마침내 문덕(文德)을 크게 펴시어 방패와 깃일산으로 두 뜰에서 춤을 추셨는데, 70일 만에 유묘(有苗)가 와서 항복하였다.(三旬, 苗民逆命, 益贊于禹曰, 惟德動天, 無遠弗屆, 滿招損, 謙受益, 時乃天道. 帝初于歷山, 往于田, 日號泣于旻天于父母, 負罪引慝, 祗載見. 夔夔齊慄, 亦允若, 至誠神, 玆有苗. 禹拜昌言曰, 兪, 班師振旅, 帝乃誕敷文德, 舞干羽于兩階, 七旬, 有苗格.)

566) 『서경대전(書經大全)』, 「주서(周書)」· 「낙고(洛誥)」: "주자가 말하였다 : '공의 말에 배수계수한 것은 우가 훌륭한 말에 절한 것과 같다.'(朱子曰: 拜受公言, 猶禹之拜昌言也.)."

567) 『서경대전(書經大全)』, 「주서(周書)」· 「낙고(洛誥)」: "주자가 말하였다 : '여기 이하는 점점 알 수 없다. 대개 이것이 어느 때 말한 것인지 알 수 없으니, 전의 소에서는 왕이 공과 모두 낙읍에서 물음에 대답한 말로 여겼다. 채씨는 …, 모두 상고할 수 없다. …'(朱子曰: 自此以下, 漸不可曉. 蓋不知是何時所言, 傳疏以爲王與公俱在洛對問之言. 葉氏…, 皆不可考. ….)."

○ 新安陳氏曰 : "此下, 乃周公至鎬, 請王往新邑, 擧祀禮及朝諸侯. 孺子其朋以下, 必有脫簡, 王祀新邑必在此處."
신안 진씨(新安陳氏)가 말하였다 : "여기의 아래에는 바로 주공이 호경에 돌아와서 왕에게 새 도읍에 가서 제사의 예를 거행하고 제후들을 조회하라고 청한 것이다. '유자께서는 친구에게처럼 하시겠습니까!'568) 이하는 반드시 탈간이 있으니, '왕께서 새 도읍에 제사하시라.'는 것은 반드시 여기에 있어야 한다."569)

集傳
殷, 盛也, 與五年再殷祭之殷同.
은(殷)은 성대함이니, 5년에 두 번 성대한 제사를 지낸다는 은(殷)과 같다.

詳說
○ 見公羊文三年.
『공양전』 문공 3년에 보인다.

○ 復齋董氏曰 : "易曰, 殷薦之上帝."
복재 동씨(復齋董氏)가 말하였다 : "역에서 '성대하게 상제께 올린다.'570)라고 하였다."571)

集傳

---

568) 『서경대전(書經大全)』, 「주서(周書)」·「낙고9(洛誥9)」 : 유자(孺子)께서는 친구에게처럼 하시겠습니까! 유자께서 친구처럼 하시면 그 번져나감이 불이 처음에는 염염히 타오르나 그 타는 것이 차례로 먼저서 끊을 수 없는 것과 같지 않겠습니까?(孺子其朋. 孺子其朋, 其往無若火始焰焰, 厥攸灼叙弗其絶.)
569) 『서경대전(書經大全)』, 「주서(周書)」·「낙고(洛誥)」 : "신안 진씨가 말하였다 : '…. 여기서부터 「먼데 할 것이 없이 다 올 것입니다.」까지는 바로 낙읍이 완성된 다음에 주공이 낙읍에서 호경에 돌아와서 왕께 낙읍을 집터로 해서 행해야 할 일과 왕에게 퇴임하고자 하는 말을 고한 것이다. 「성대한 예를 거행한다.」는 것 이하는 주공이 호경에 와서 왕께 새 도읍에 가서 제사의 예를 거행하고 제후들을 조회하라고 청한 것이다. …. 「유자께서는 친구에게처럼 하시겠습니까!」 이하는 반드시 잘못되어 탈간과 누락이 있으니, 「왕께서 새 도읍에 제사하시라.」는 것은 반드시 여기에 있어야 함을 의심할 수 없다. ….'(新安陳氏曰 : …. 自此下至無遠用戾, 乃洛邑旣成, 公自洛歸鎬, 告王以宅洛所當行之事, 及欲退老之辭也. 肇稱殷禮以下, 乃周公至鎬, 請王往新邑, 擧祀禮及朝諸侯. … 孺子其朋以下, 必有訛誤脫簡漏却, 王祀新邑, 必在此處無疑也. ….)"
570) 『주역』「예괘」 : "상전에서 말하였다 : '우레가 땅에서 나와 분발함이 예(豫)이니, 선왕이 이를 보고서 음악을 지어 덕(德)을 높임으로써 성대하게 상제께 올려 조고(祖考)로 배향하였다.'(象曰 : 雷出地奮, 豫, 先王以作樂崇德, 殷薦之上帝, 以配祖考.)"
571) 『서경대전(書經大全)』, 「주서(周書)」·「낙고(洛誥)」 : "복재 동씨가 말하였다 : '역에서 「성대하게 상제께 올린다.」라고 하였다. 예는 은제(殷祭)와 은전(殷奠)이 있으니 모두 성대함을 취한 의미이다.'(齋董氏曰 : 易曰殷薦之上帝. 禮有殷祭殷奠, 皆取殷盛之義.)"

秩, 序也. 無文, 祀典不載也. 言王始擧盛禮,

질(秩)은 차례함이다. 무문(無文)은 사전(祀典)에 기재되지 않은 것이다. 왕이 처음 성대한 예(禮)를 거행하여

詳說

○ 肇稱.

'시거(始擧)'는 경문에서 '조칭(肇稱)'이다.

集傳

祀于洛邑, 皆序其所當祭者, 雖祀典不載, 而義當祀者, 亦序而祭之也.

낙읍(洛邑)에서 제사하되 모두 제사해야 할 것을 차례로 제사하고, 비록 사전(祀典)에 기재되지 않은 것이라도 의리상 제사해야 할 것은 또한 차례로 제사하는 것이다.

詳說

○ 新安陳氏曰 : "王氏謂此殷禮疑卽篇末戊辰之祭, 史述其語於前, 而記其事於後. 竊意十二月之祭, 不過以周公留治洛之事, 就冬烝以告文武耳. 此曰殷禮曰秩無文, 乃非常盛禮, 豈十二月之祀足以當之. 三月後以至十一月, 王必當親至洛, 行大祀, 今脫去矣."

신안 진씨(新安陳氏)가 말하였다 : "왕씨는 여기에서의 성대한 예는 아마 곧 편 끝의 무진일의 제사572)로 사관이 앞에 그 말을 기록하고 뒤에 그 일을 기록한 것이라고 했다. 곰곰이 생각해 보면 12월의 제사는 불과 주공이 낙읍에 머무르며 다스린 일로 동증(冬烝)에 문왕과 무왕께 고한 것이다. 여기에서는 「성대한 예」라고 하고 「기재되지 않은 것까지 차례로 하라.」고 한 것은 바로 비상의 성대한 예이니, 어찌 12월의 제사에 해당하겠는가? 3월 이후 11월까지 왕이 반드시 낙읍에 와서 큰 제사의 예를 거행했는데, 이제 빠진 것이다."573)

---

572)『서경대전(書經大全)』,「주서(周書)」·「낙고-29(「洛誥-29)」: "무진일에 왕이 새 도읍에 계시면서 증제(烝祭)를 올리시니, 해마다 하는 것으로 문왕(文王)에게 붉은 소 한 마리이고, 무왕(武王)에게 붉은 소 한 마리였다. 왕이 명하여 책을 지으라 하시니, 사관 일(逸)이 축문을 책에 쓰니, 주공에게 뒤에 남아 낙읍을 다스리게 한 일을 고한 것이었다. 왕의 손님들이 희생을 잡아 제사함에 모두 오니, 왕이 태실에 들어가 강신제를 올리셨다.(戊辰, 王在新邑烝祭, 歲, 文王騂牛一, 武王騂牛一. 王命作冊, 逸祝冊, 惟告周公其後. 王賓殺禋咸格, 王入太室祼.)"

集傳

呂氏曰 : 定都之初, 肇擧盛禮, 大饗羣祀, 雖祀典不載者, 咸秩序而祭之, 有告焉有報焉有祈焉. 始建新都, 昭假上下,

여씨(呂氏)가 말하였다. "도읍을 정한 초기에 처음 성대한 예를 거행하여 여러 제사에 크게 제향함에 비록 사전(祀典)에 기재되지 않은 것이라도 모두 질서에 따라 제사하면서 고유(告由)함이 있고 보답함이 있으며 기도함이 있었다. 처음 새 도읍을 세워 밝게 상하(上下)에 이름은

詳說

○ 格同.

'가(假)'는 '격(格)'과 같다.

集傳

告成事也, 雨暘時若,

이룬 일을 고유한 것이고, 비 오고 햇볕 남이 때에 따르고

詳說

○ 見洪範.

「홍범」에 있다.

集傳

大役以成, 報神賜也, 自今以始永奠中土, 祈鴻休也. 後世不知祭祀之義鬼神之德, 觀周公首以祀于新邑, 爲言若闊於事情者,

역사(役事)를 크게 해서 이룸은 신(神)의 은혜에 보답한 것이며, 지금으로부터 시작하여 길이 중토(中土)에 전거(奠居)함은 큰 아름다움을 기원한 것이다. 후세에는

---

573) 『서경대전(書經大全)』, 「주서(周書)」·「낙고(洛誥)」: "신안 진씨가 말하였다 : '왕씨는 여기에서의 성대한 예는 아마 곧 편 끝의 12월 무진일의 제사로 사관이 앞에 그 말을 기록하고 뒤에 그 일을 기록한 것이라고 했다. 곰곰이 생각해 보면 12월의 제사는 불과 주공이 낙읍에 머무르며 다스린 일로 동증(冬烝)에 문왕과 무왕께 고한 것이다. 여기에서는 「성대한 예」라고 하고 「기재되지 않은 것까지 차례로 하라.」고 한 것은 바로 비상의 성대한 예이니, 어찌 12월의 제사에 해당하겠는가? 3월 이후 11월까지 왕이 반드시 낙읍에 와서 큰 제사의 예를 거행했는데, 이제 빠진 것이다. ….'(新安陳氏曰 : 王氏謂此殷禮, 疑即篇末十二月戊辰之祭, 史述其語於前, 而記其事於後也. 竊意十二月之祭, 不過以周公留治洛之事, 就冬烝以告文武耳. 此曰殷禮, 曰秩無文, 乃非常盛禮, 豈十二月之祀足以當之. 三月後以至十一月, 王必當親至洛, 行大祀禮, 今脫去矣. ….)"

제사의 의의(意義)와 귀신(鬼神)의 덕(德)을 알지 못해 주공(周公)이 첫 번째 새 도읍에서 제사한 것을 보고서 마치 사정에 우활한 것처럼 말하니,

詳說
○ 此下, 有謂字意.
'위언(爲言)'의 아래에는 '위(謂)'자의 의미가 보인다.

集傳
抑不知人主臨鎭新都之始, 齊祓一心,
인주(人主)가 새 도읍에 임하여 진무(鎭撫)하는 초기에 한 마음을 공경하고 깨끗이 하고

詳說
○ 音齋.
'제(齊)'는 음이 '재(齋)'이다.

○ 音弗.
'볼(祓)'은 음이 '불(弗)'이다.

集傳
對越天地, 達此精明之德, 放諸四海
천지를 대월(對越)하면서 이 정명(精明)한 덕을 도달하게 해서 사해에 이르기까지

詳說
○ 上聲.
'방(放)'은 상성이다.

集傳
無所不準,
기준하지 않는 바가 없고,

> 詳說

○ 二句, 見禮記祭義.

두 구는 『예기(禮記)』 「제의(祭義)」에 있다.

> 集傳

而助祭諸侯, 下逮胞翟之賤,

제사를 돕는 제후로부터 아래로 악공과 백정이라는 천한 자에 이르기까지

> 詳說

○ 胞通.

'포(胞)'는 '포(庖)'와 통한다.

○ 禮記祭統注曰 : "胞, 肉吏之賤者, 翟, 樂吏之賤者."

『예기(禮記)』 「제통(祭統)」의 주에서 말하였다 : "포(胞)는 백정의 하급 관리이고, 적(翟)'은 악공의 하급 관리이다."

> 集傳

亦皆有孚顒若

또한 모두 정성이 있어 우러러보아

> 詳說

○ 出易觀卦.

『주역』「관괘」가 출처이다.574)

> 集傳

收其放

방심(放心)을 거두고

---

574) 『주역』「관괘(觀卦)」 : "손만 씻고 제수를 올리지 않았을 때처럼 하면 백성들이 정성을 다하여 우러러본다.(盥而不薦, 有孚顒若.)"

詳說

○ 如字.
'방(放)'은 본래의 음 대로 읽는다.

○ 出孟子告子.
『맹자』「고자」가 출처이다.575)

集傳

而合其離. 蓋格君心
이산(離散)됨을 합하게 하는 것임을 알지 못한 것이다. 군주의 마음을 바로잡고

詳說

○ 三字, 出孟子離婁.
'군주의 마음을 바로잡는다.'는 것은 『맹자』「이루」가 출처이다.576)

集傳

萃天下之道,
천하(天下)를 모으는 방도가

詳說

○ 易萃卦, 多論祭祀之道.
『주역』의 「췌괘(萃卦)」에는 제사의 도에 대해 논한 것이 많다.

集傳

莫要於此, 宜周公以爲首務也.
이보다 중요한 것이 없으니, 주공이 첫 번째 일로 삼음이 당연하다 하겠다.

---

575) 『맹자(孟子)』「고자상(告子上)」: "학문(學問)하는 방법은 다른 것이 없다. 그 방심(放心)을 찾는 것일 뿐이다.(問之道, 無他. 求其放心而已矣.)"
576) 『맹자(孟子)』「이루상(離婁上)」: "오직 대인만이 임금의 잘못된 마음을 바로잡을 수 있다. 임금이 인하면 인해지지 않는 일이 없고, 임금이 의로우면 의롭지 않은 일이 없으며, 임금이 바르면 바르게 되지 않는 일이 없으니, 한번 임금의 마음을 바르게 하면 나라가 안정되는 것이다.(惟大人爲能格君心之非. 君仁莫不仁, 君義莫不義, 君正莫不正, 一正君而國定矣.)"

詳說

○ 呂氏以下, 論也.

여씨 이하는 경문의 의미 설명이다.

[10-4-13-6]

予齊百工, 俾從王于周, 予惟曰庶有事.

나는 백공(百工)들을 정제하여 주나라에서 왕을 따르게 하고, 내 말하기를 '아마도 임금께서 일함이 있으실 것이다.'라고 하였습니다.

集傳

周公言, 予整齊百官使從成王于周,

주공이 "내 백관들을 정제하여 성왕을 주나라에서 따르게 했다."라고 하였으니,

詳說

○ 俾.

'사(使)'는 경문에서 '팽(俾)'이다.

集傳

謂將適洛時也.

낙읍으로 갔을 때를 말한 것이다.

詳說

○ 自周適洛, 故謂之從于周.

주나라에서 낙읍으로 갔기 때문에 주나라에서 따르게 했다고 말한 것이다.

○ 新安陳氏曰 : "使營洛之百官, 從王于宗周也."

신안 진씨(新安陳氏)가 말하였다 : "낙읍의 백관을 경영해서 종주에서 왕을 따르도록 하겠다는 것이다."577)

---

577) 『서경대전(書經大全)』, 「주서(周書)」·「낙고(洛誥)」: "신안 진씨가 말하였다 : '주공이 「내가 이제 낙읍의 백관을 정제하고 함께 경영해서 종주에서 왕을 따르도록 하겠다.」고 말한 것이다.'(新安陳氏曰 : 周公言我

> 集傳

予惟謂之曰, 庶幾其有所事乎,

내 이르기를 "아마도 임금께서 일하시는 바가 있을 것이다."라고 하였으니,

> 詳說

○ 新安陳氏曰 : "國之大事在祀, 故古人於祭祀, 皆曰有事."

신안 진씨(新安陳氏)가 말하였다 : "나라의 큰일은 제사에 있기 때문에 옛 사람들은 제사에 모두 '큰 일이 있다.'고 한다."578)

> 集傳

公但微示其意, 以待成王自敎詔之也.

공(公)이 단지 그 뜻을 살짝 보여서 성왕이 스스로 가르치기를 기다린 것이다.

> 詳說

○ 論也.

경문의 의미 설명이다.

○ 夏氏曰 : "欲禮樂自天子出也."

하씨(夏氏)가 말하였다 : "예와 악이 천자에게서 나오도록 하려는 것이다."579)

[10-4-13-7]

今王卽命曰, 記功宗, 以功, 作元祀, 惟命曰, 汝受命, 篤弼.

이제 왕께서 곧 태사(太史)에게 명령하시기를 '공이 높은 자를 기록하여 공로에 따라 원사(元祀)를 만들라.'라고 하시고, 또 공신(功臣)들에게 명령하시기를 '너희들이 포상하는 명령을 받았을진댄 돈독히 보필하라.'라고 하소서.

今整齊共營洛之百官, 使從王于宗周. ….)"
578) 『서경대전(書經大全)』, 「주서(周書)」·「낙고(洛誥)」 : "신안 진씨가 말하였다 : '…. 나라의 큰일은 제사와 정벌에 있기 때문에 옛 사람들은 제사에 모두 '큰 일이 있다.'고 한다. ….'(新安陳氏曰 : …. 國之大事在祀與戎, 故古人於祭祀, 皆曰有事. ….)"
579) 『서경대전(書經大全)』, 「주서(周書)」·「낙고(洛誥)」 : "하씨가 말하였다 : '…. 아마 반드시 임금께서 주나라에서 일함이 있으실 것이라는 것은 예와 악이 천자에게서 나오도록 하려는 것이다. ….'(夏氏曰 : …. 庶幾必有事於周, 欲禮樂自天子出也.)"

集傳

功宗, 功之尊顯者, 祭法

공종(功宗)은 공(功)이 높고 드러난 자이다. 「제법(祭法)」에

詳說

○ 禮記.

『예기』이다.

集傳

曰聖王之制祭祀也, 法施於民則祀之, 以死勤事則祀之, 以勞定國則祀之, 能禦大災則祀之, 能捍大患則祀之, 蓋功臣皆祭於大烝, 而勳勞之最尊顯者,則爲之冠.

"성왕(聖王)이 제사를 만들 적에 법(法)이 백성에게 시행되었으면 제사하고, 죽음으로써 일을 부지런히 하였으면 제사하며, 공로로써 나라를 안정시켰으면 제사하고, 큰 재앙을 막았으면 제사하며, 큰 화(禍)를 막았으면 제사한다."라고 하였으니, 공신(功臣)은 모두 큰 증제(烝祭)에 제사하되 훈로(勳勞)가 가장 높고 드러난 자를 으뜸으로 삼는다.

詳說

○ 去聲.

'관(冠)'은 거성이다.

集傳

故謂之元祀. 周公敎成王

그러므로 원사(元祀)라 이른 것이다. 주공(周公)이 성왕(成王)을 가르쳐 "왕께서

詳說

○ 一作告.

'교(敎)'는 어떤 판본에는 '고(告)'로 되어 있다.

集傳

卽命

곧 명령하시기를

詳說

○ 與金縢大誥者, 不同.

「금등(金縢)」・「대고(大誥)」의 것과는 같지 않다.

集傳

曰記功之尊顯者,

'공(功)이 높고 드러난 자를 기록하여

詳說

○ 王氏曰 : "記功, 若紀于太常, 藏在盟府之類."

왕씨(王氏)가 말하였다 : "'공을 기록한다.'는 것은 '태상에 기록되어 있다.'580)는 것과 '맹부에 간직되어 있다.'는 것들과 같다."581)

○ 呂氏曰 : "言宗, 則凡功臣可得而推矣."

여씨(呂氏)가 말하였다 : "으뜸을 말하면 모든 공신을 미뤄볼 수 있다."582)

集傳

以功作元祀矣,

공로(功勞)에 따라 원사(元祀)를 만들라.'라고 하시고,

---

580) 『서경대전(書經大全)』, 「주서(周書)」・「군아1(君牙1)」 : "왕이 다음과 같이 말씀하였다. '아! 군아(君牙)야. 네 할아버지와 네 아버지가 대대로 충정(忠貞)을 돈독히 하여 왕가에 수고롭게 일하며 그 이룩한 업적이 태상(太常)에 기록되어 있다.'(王若曰, 嗚呼. 君牙. 惟乃祖乃父, 世篤忠貞. 服勞王家 厥有成績 紀于太常.)."

581) 『상서찬전(尚書纂傳)』, 「주서(周書)」・「낙고(洛誥)」 : "왕씨가 말하였다 : '공을 기록한다.'는 것은「태상에 기록되어 있다.」는 것과「문서가 맹부에 간직되어 있다.」는 것들과 같다. ….'(王氏曰 : 記功, 若紀于太常, 載在盟府之類. ….)."

582) 『서경대전(書經大全)』, 「주서(周書)」・「낙고(洛誥)」 : "여씨가 말하였다 : '낙읍이 이미 이루어지고, 주나라의 공업이 이미 안정되었으니, 창업의 공훈을 논하는 것에 대해 뒤로 할 수 없다. …. 공을 논함에는 으뜸보다 앞서는 것이 없으니, 으뜸을 말하면 모든 공신을 미뤄볼 수 있고, 공을 갚음에는 제사보다 중한 것이 없으니, 제사를 말하면 모든 경상을 미뤄볼 수 있다.(呂氏曰 : 洛邑既成, 周業既定, 論創業之勳, 不可後也. …. 論功莫先於宗, 言宗, 則凡功臣可得而推矣. 報功莫重於祀, 言祀, 則凡慶賞可得而推矣.)."

詳說

○ 新安陳氏曰："創業功臣, 列之大祀, 使與享, 所以報功臣於旣往."

신안 진씨(新安陳氏)가 말하였다："창업공신을 큰 제사에 진열해서 함께 제사하게 하는 것은 과거를 공신에게 보답하기 위한 것이다."583)

集傳

又惟命之曰, 汝功臣受此褒賞之命,
또 명령하시기를 '너희 공신(功臣)들이 이 포상하는 명령을 받았을진댄

詳說

○ 添二字
'포상(褒賞)'이라는 말을 더하였다.

○ 當別有褒賞, 非必指元祀之典.
당연히 별도로 포상을 두라는 것이지 반드시 원사의 전을 두라는 것은 아니다.

集傳

當益厚輔王室. 蓋作元祀, 旣以慰答功臣, 而又勉其左右王室,
마땅히 더욱 왕실을 후하게 보필하라.'라고 하소서."라고 하였다. 대개 원사(元祀)를 만들어 이미 공신(功臣)들을 위로(慰勞)하고 보답하며, 또 왕실(王室)을 도와

詳說

○ 並去聲.

---

583) 『서경대전(書經大全)』,「주서(周書)」·「낙고(洛誥)」："신안 진씨가 말하였다：'주공이 왕께 고한 것에 따라 이제 바로 명령을 내려「새 읍에서의 제사는 창업공신의 으뜸 공로가 가장 드러난 자를 기록해서 그 공렬의 큰 제사에 함께 제사하게 하려는 것이다.」라고 하였고, 또 군신들에게 오로지 명령을 내려「너희가 명령을 받아 왕실을 두텁게 보좌할 수 있게 하는 것도 그 공을 크게 조술하려는 것이고, 책서에 기재해서 공으로 으뜸 제사를 하려는 것은 과거의 공신에게 보답하기 위한 것이다. 공훈의 문서를 크게 내보이는 것은 미래를 공신에게 장려하기 위한 것이고, 금일에 기재해서 또 제사하는 후일에 합당하게 하는 것이다.」라고 하였다. 주공은 또 ….'(新安陳氏：公因告王, 今當即出命曰, 新邑之祀, 將記錄創業功臣之宗勳勞最顯者, 以其功列之大祀吏與享矣. 又當專命羣臣曰, 汝之受命而能厚輔王室者, 亦將大祖其功, 而記載之於冊書, 以功作元祀者, 所以報功臣於旣往. 丕視功載者, 所以勸功臣於方來, 載之今日, 又當祀之後日也. 公又….)

'좌(左)'와 '우(右)'는 모두 거성이다.

集傳

益圖久大之業也.
더욱 오래고 큰 업(業)을 도모하라고 권면한 것이다.

詳說

○ 慰死者而勉生者.
죽은 자를 위로하고 산 자를 권면하라는 것이다.

○ 蓋以下, 論也.
'개(蓋)' 이하는 경문의 의미 설명이다.

[10-4-13-8]
丕視功載, 乃汝, 其悉自敎工.

공(功)을 기록한 재적(載籍)을 크게 보여줄 것이 당신께서 모두 스스로 백관(百官)들을 가르치는 것입니다.

集傳

丕, 大, 視, 示也. 功載者, 記功之載籍也.
비(丕)는 큼이고, 시(視)는 보여줌이다. 공재(功載)는 공(功)을 기록한 재적이다.

詳說

○ 呂氏曰:"已死者祀之, 其生者, 則載以旌賞之."
여씨(呂氏)가 말하였다 : "이미 돌아가신 분은 제사를 지내고, 살아계신 분이라면 실어서 기로 포상하는 것이다."584)

集傳

---

584) 『서경대전(書經大全)』, 「주서(周書)」・「낙고(洛誥)」: "오씨(吳氏)가 말하였다 : '이미 돌아가신 분은 제사를 지내고 살아계신 분이라면 실어서 기로 포상하는 것이다.'(吳氏曰: 已死者祀之, 其生者, 則載以旌賞之.)"

大視功載, 而無不公, 則百工效之, 亦皆公也, 大視功載, 而或出於私, 則百工效之, 亦皆私也.
크게 공재(功載)를 보여주어 공정하지 않음이 없으면 백공(百工)들이 이것을 본받아 또한 모두 공정할 것이며, 크게 공재(功載)를 보여주어 혹 사사로움에서 나왔으면 백관(百官)들이 이것을 본받아 또한 모두 사사로울 것이다.

詳說

○ 添公私字.
'공(公)'과 '사(私)'자를 더했다.

集傳

其公其私, 悉自汝敎之,
공정함과 사사로움이 모두 너로부터 가르치는 것이니,

詳說

○ 王也.
'여(汝)'는 왕이다.

集傳

所謂乃汝其悉自敎工也. 上章告以褒賞功臣,
이른바 네가 모두 스스로 백관(百官)들을 가르친다는 것이다. 위의 장에서 공신(功臣)들을 포상함을 말하였기

詳說

○ 受命.
포상하는 명령을 받았다는 것이다.585)

---

585) 『서경대전(書經大全)』, 「주서(周書)」·「낙고7(洛誥7)」: "이제 왕께서 곧 태사(太史)에게 명령하시기를 '공이 높은 자를 기록하여 공로에 따라 원사(元祀)를 만들라.'라고 하시고, 또 공신(功臣)들에게 명령하시기를 '너희들이 포상하는 명령을 받았을진댄 돈독히 보필하라.'라고 하소서.(今王卽命曰, 記功宗, 以功, 作元祀, 惟命曰, 汝受命, 篤弼.)"

集傳

故戒其大視功載者, 如此.
때문에 크게 공재(功載)를 보여줌을 경계함이 이와 같은 것이다.

詳說

○ 二句論也.
두 구는 경문의 의미 설명이다.

○ 新安陳氏曰 : "專命羣臣厚輔王室, 大視功載, 所以勵功臣於方來, 載之今日, 又當祀之後日也."
신안 진씨(新安陳氏)가 말하였다 : "오로지 군신들에게 왕실을 두텁게 보좌하라고 명령하고 공의 실음을 크게 보이는 것은 미래의 공신들에게 장려하기 위함이고, 금일에 기재해서 또 제사하는 후일에 합당하게 하는 것이다."586)

[10-4-13-9]

孺子其朋. 孺子其朋, 其往無若火始焰焰, 厥攸灼叙弗其絶.

유자(孺子)께서는 친구에게처럼 하시겠습니까! 유자께서 친구처럼 하시면 그 번져나감이 불이 처음에는 염염히 타오르나 그 타는 것이 차례로 번져서 끊을 수 없는 것과 같지 않겠습니까?

詳說

○ 焰, 以贍以冉二反
'염(焰)'은 '이(以)'와 '섬(贍)', '이(以)'와 '염(冉)', 두 가지 반절이다.

---

586) 『서경대전(書經大全)』, 「주서(周書)」·「낙고(洛誥)」 : "신안 진씨가 말하였다 : '주공이 왕께 고한 것에 따라 이제 바로 명령을 내려 「새 읍에서의 제사는 창업공신의 으뜸 공로가 가장 드러난 자를 기록해서 그 공렬의 큰 제사에 함께 제사하게 하려는 것이다.」라고 하였고, 또 군신들에게 오로지 명령을 내려 「너희가 명령을 받아 왕실을 두텁게 보좌할 수 있게 하는 것도 그 공을 크게 조술하려는 것이고, 책서에 기재해서 공으로 으뜸 제사를 하려는 것은 과거의 공신에게 보답하기 위한 것이다. 공훈의 문서를 크게 내보이는 것은 미래를 공신에게 장려하기 위한 것이고, 금일에 기재해서 또 제사하는 후일에 합당하게 하는 것이다.」라고 하였다. 주공은 또 ….'(新安陳氏曰 : 公因告王, 今當即出命曰, 新邑之祀, 將記錄創業功臣之宗勳勞最顯者, 以其功列之大祀吏與享矣. 又專命羣臣, 汝之受命而能厚輔王室者, 亦將大祖其功, 而記載之於冊, 以功作元祀者, 所以報功臣於既往. 丕視功載者, 所以勸功臣於方來, 載之今日, 又當祀之後日也. 公又….)"

集傳

孺子, 稚子也. 朋, 比也.
유자(孺子)는 어린 아들이다. 친구에게처럼 하는 것은 치우치게 따르는 것이다.

詳說

○ 必二反, 下並同.
'비(比)'는 음이 '필(必)'과 '이(二)'의 반절이고, 아래에서도 같다.

集傳

上文百工之視傚,
위의 글에서 백관(百官)들이 보고 본받음이

詳說

○ 一作效.
'효(傚)'가 어떤 판본에는 '효(效)'로 되어 있다.

集傳

如此, 則論功行賞, 孺子其可少徇比黨之私乎.
이와 같으니, 만일 논공행상(論功行賞)할 적에 유자(孺子)가 조금이라도 가깝게 지내는 자들의 사사로움을 따라서야 되겠는가!

詳說

○ 添乎字.
'호(乎)'자를 더했다.

集傳

孺子其少徇比黨之私,
유자(孺子)가 조금이라도 가깝게 지내는 자들의 사사로움을 따른다면,

詳說

○ 下添則字.
아래에 '즉(則)'자를 더했다.

集傳
則自是而往, 有若火然,
이로부터 이후로는 마치 불이 타오름과 같아서

詳說
○ 燃同.
'연(然)'은 '연(燃)'과 같다.

集傳
始雖燄燄尙微, 而其灼爍,
처음에는 비록 염염하여 아직 미미하나 그 불타오름이

詳說
○ 式約反.
'삭(爍)'은 음이 '식(式)'과 '약(約)'의 반절이다.

集傳
將次第
차례로

詳說
○ 敍.
'차제(次第)'는 경문에서 '서(敍)'이다.

集傳
延爇, 不可得而撲滅矣.
번지며 타올라서 박멸할 수 없을 것이다.

詳說

○ 普卜反.

'박(撲)'은 음이 '보(普)'와 '복(卜)'의 반절이다.

○ 見盤庚.

「반경」에 보인다.587)

集傳

言論功行賞, 徇私之害, 其初甚微, 其終至於不可遏絶, 所以嚴其辭而禁之於未然也.

논공행상(論功行賞)할 적에 사정(私情)을 따르는 폐해가 그 처음에는 심히 미미하나 그 종말에는 끊을 수 없음에 이름을 말한 것이니, 그 말을 엄하게 하여 미연(未然)에 금하기 위한 것이다.

詳說

○ 申論也.

경문의 의미 설명을 거듭한 것이다.

[10-4-13-10]

厥若彛及撫事, 如予, 惟以在周工, 往新邑, 伻嚮卽有僚, 明作有功, 惇大成裕, 汝永有辭.

떳떳한 도를 순히 하고 나라의 일을 어루만지기를 내가 정사할 때와 같이 하여 오직 현재 있는 주나라의 관리들을 데리고 새 도읍에 가시어 임금의 의향을 알아 관직에 나아가게 하며,

---

587) 『서경대전(書經大全)』, 「상서(商書)」·「반경상-12(盤庚上-12)」, "너희들이 화함과 길함을 백성들에게 말하지 않으니, 너희들이 스스로 해독을 끼치는 것이다. 패(敗)하고 화(禍)하며 간(姦)·궤(宄)함으로 스스로 자기 몸에 재앙을 끼쳐서 너희들이 이미 백성들에게 앞장서서 악을 저지르고 마침내 고통을 받고서야 너희들이 자신을 뉘우친들 어찌 미치겠는가? 이 소민(小民)들을 봄에 오히려 서로 경계하는 말을 돌아보더라도 말함에 잘못된 말이 있을까 두렵거든 하물며 내가 너희들의 짧고 긴 목숨을 제재(制裁)함에 있어서랴! 너희들은 어찌 나에게 고하지 않고, 서로 부언(浮言)으로 선동(煽動)하여 사람들을 공동(恐動)시키고 빠지게 하는가? 마치 불이 평원에 타올라 향하여 가까이 할 수 없으나 오히려 박멸할 수 있음과 같으니, 너희들이 스스로 안정하지 않음을 만드는 것이지, 내가 잘못이 있는 것이 아니다.(汝不和吉言于百姓, 惟汝自生毒. 乃敗禍姦宄, 以自災于厥身, 乃旣先惡于民, 乃奉其恫, 汝悔身何及. 相時憸民, 猶胥顧于箴言, 其發有逸口, 矧予制乃短長之命. 汝曷弗告朕, 而胥動以浮言, 恐沈于衆. 若火之燎于原, 不可嚮邇, 其猶可撲滅, 則惟爾衆, 自作弗靖, 非予 有咎.)"

명백히 하고 진작하여 공(功)을 두며, 돈후히 하고 크게 하여 풍속을 넉넉하게 하시면 당신은 영원히 칭찬하는 말이 있을 것입니다."

集傳
其順常道, 及撫國事, 常如我爲政之時, 惟用見在周官,
떳떳한 도를 순히 함과 나라의 일을 어루만짐을 항상 내가 정사(政事)할 때와 같이 하고, 오직 현재 있는 주나라 관리를 쓰고,

詳說
○ 音現.
'현(見)'은 음이 '현(現)'이다.

集傳
勿參以私人,
사사로운 사람들을 참여시키지 말며,

詳說
○ 添此句.
여기의 구를 더하였다.

集傳
往新邑
새 도읍에 가서

詳說
○ 此又似王方在鎬, 豈主周工而言歟.
여기는 또 왕이 바야흐로 호경에 있는 것 같으니, 아마 주나라의 백관을 위주로 말한 것일 것이다.

集傳
使百工知上意嚮

백관(百官)들이 상(上)의 의향을 알dk

> 詳說

○ 伻.

'사(使)'는 경문에서 '팽(伻)'이다.

○ 添百工知上意字.

'백공이 상의 의향을 알아[百工知上意]'라는 말을 더하였다.

> 集傳

各就有僚, 明白奮揚

각기 관직에 나아가게 하며, 명백(明白)히 하고 분양(奮揚)하여

> 詳說

○ 作.

'양(揚)'은 경문에서 '작(作)'이다.

> 集傳

而赴功, 惇厚博大, 以裕俗,

사공(事功)에 달려가게 하며, 돈후(敦厚)하고 박대(博大)하여 풍속을 넉넉하게 한다면,

> 詳說

○ 添俗字.

'속(俗)'자를 더하였다.

○ 新安陳氏曰 : "立精明之治功, 而有渾厚之治體."

신안 진씨(新安陳氏)가 말하였다 : "정밀하고 밝은 다스림의 공을 세워 두터운 다스림의 요체를 둔다."[588]

---

588) 『서경대전(書經大全)』, 「주서(周書)」·「낙고(洛誥)」: "陳氏)가 말하였다 : '드러나게 진작시켜 공적을 두고, 돈후하게 하고 광대하게 해서 풍속을 넉넉하게 하는 것이 바로 정밀하고 밝은 다스림의 공을 세워 두터운 다스림의 요체를 두는 것이다.'(陳氏曰 : 彰明振作以有功績, 而乂惇厚廣大以成寬裕, 是立精明之治功, 而存

○ 呂氏曰 : "漢文近於惇大, 漢宣近於明作."
여씨(呂氏)가 말하였다 : "한문제는 순후하고 박대한 것에 가깝고, 한선제는 명백히 하고 진작시키는 것에 가깝다."589)

集傳

則王之休聞,
왕(王)의 아름다운 명성(名聲)은

詳說

○ 去聲
'문(聞)'은 거성이다.

集傳

亦永有辭于後世矣.
또한 길이 후세에 말함이 있을 것이다.

[10-4-13-11]

公曰, 已, 汝惟冲子, 惟終.

공(公)이 말씀하였다. "아! 그대 충자(冲子)는 끝마치셔야 할 것입니다."

集傳

周之王業, 文武始之, 成王當終之也. 此上, 詳於記功敎工內治之事, 此下, 則統御諸侯, 敎養萬民之道也.
주나라의 왕업을 문왕과 무왕이 시작하였으니, 성왕이 끝마쳐야 하는 것이다. 이 이상에서는 공(功)을 기록하고 백관들을 가르치는 내치의 일을 자세히 말하였고, 이 이하에서는 제후들을 통어하며 만민을 교화시켜 기르는 방도이다.

渾厚之治體也.)"
589) 『서경대전(書經大全)』, 「주서(周書)」·「낙고(洛誥)」: "여씨가 말하였다 : '한문제는 순후하고 박대해서 풍속을 넉넉히 한 것에 가까우나 명백히 하고 진작해서 공을 두는 것은 없고, 한선제는 명백히 하고 진작시키는 것에 가까우나 후하고 박대해서 풍속을 넉넉히 한 것은 없다.'(呂氏曰 : 漢文近於惇大成裕, 而無所謂明作有功, 漢宣近於明作有功, 而無所謂惇大成裕.)"

詳說

○ 此上以下, 論也.
'차상(此上)' 이하는 경문의 의미 설명이다.

○ 此節, 則其結上, 生下者也.
여기의 절은 위를 매듭지으며, 아래로 나아가는 것이다.

[10-4-13-12]

汝其敬, 識百辟享, 亦識其有不享. 享, 多儀, 儀不及物, 惟曰不享. 惟不役志于享, 凡民惟曰不享, 惟事其爽侮.

당신께서 공경하여야 백벽(百辟)들의 향(享)함을 알고 또한 향(享)하지 않음을 아실 것이다. 향(享)은 예의(禮儀)가 많으니, 예의(禮儀)가 물건에 미치지 못하면 이것을 불향(不享)이라 이릅니다. 향(享)에 뜻을 쓰지 않으면 모든 백성들이 말하기를 '굳이 향(享)할 것이 없다.'라고 하니, 일이 어그러지고 업신여기게 될 것입니다.

集傳

此, 御諸侯之道也.
이것은 제후를 어거하는 방도이다.

詳說

○ 總提.
총괄해서 제시한 것이다.

集傳

百辟, 諸侯也. 享, 朝享也.
백벽(百辟)은 제후이다. 향(享)은 조회하고 물건을 바침이다.

詳說

○ 音潮
'조(朝)'는 음이 '조(潮)'이다.

○ 朝貢
조공하는 것이다.

集傳
儀, 禮, 物, 幣也. 諸侯享上, 有誠有僞, 惟人君克敬者, 能識之, 識其誠於享者, 亦識其不誠於享者.
의(儀)는 예(禮)이고, 물(物)은 폐백(幣帛)이다. 제후가 상(上)에게 물건을 바칠 때에 정성스러운 경우가 있고 거짓인 경우가 있으니, 인군(人君)이 능히 공경하는 자라야 이것을 알아서 향(享)에 정성스러운 자를 알고 또한 향(享)에 정성스럽지 않은 자를 아는 것이다.

詳說
○ 添誠字.
'성(誠)'자를 더하였다.

集傳
享不在幣,
향(享)은 폐백(幣帛)에 있지 않고

詳說
○ 添此句.
여기의 구를 더하였다.

集傳
而在於禮, 幣有餘, 而禮不足, 亦所謂不享也. 諸侯
예(禮)에 있으니, 폐백(幣帛)이 유여(有餘)하고 예(禮)가 부족(不足)하면 이 또한 이른바 '불향(不享)'이란 것이다. 제후들이

詳說
○ 添二字.

'제후(諸侯)'라는 두 글자를 더하였다.

集傳
惟不用志於享,
향(享)에 뜻을 쓰지 않으면

詳說
○ 役.
'용(用)'은 경문에서 '역(役)'이다.

集傳
則國人化之, 亦皆謂上不必享矣, 舉國無享上之誠, 則政事, 安得不至於差爽僭侮, 隳王度,
국인(國人)들이 이렇게 변화해서 또한 모두 "상(上)에게 굳이 향(享)할 것이 없다."라고 하면, 온 나라가 윗사람에게 바치는 정성이 없을 것이니, 정사가 어찌 어그러지고 참람하게 업신여기며 왕의 법도를 실추시켜

詳說
○ 許規反.
'휴(隳)'는 음이 '허(許)'와 '규(規)'의 반절이다.

○ 差爽.
잘못되게 하는 것이다.

集傳
而爲叛亂哉
반란을 함에 이르지 않겠는가?

詳說
○ 僭侮.

참람하게 업신여기는 것이다.

集傳

人君可不以敬存心, 辨之於早, 察之於微乎.
인군(人君)이 경(敬)으로써 마음을 두어 조기(早期)에 분변하고 미미할 때에 살피지 않을 수 있겠는가?

詳說

○ 三句, 論也.
세 구는 경문의 의미 설명이다.

○ 蘇氏曰 : "不役志于禮, 治亂之本, 故公特言之. 趙文子薄諸侯之幣, 而重其禮以弭兵. 唐方鎭貢羨餘, 而天子失政, 以至於亡, 周公之戒至矣."
소씨가 말하였다 : "예에 뜻을 쓰지 않는 것이 치란의 근본이기 때문에 공이 특히 말했던 것이다. 조문자가 제후의 폐백을 가볍게 하고 그 예를 중시해서 전쟁을 그치게 했다. 당의 방진이 조공에 넉넉한 것을 탐내면서 천자가 실정해서 망하게 되었으니, 주공의 경계는 지극한 것이다."590)

○ 新安陳氏曰 : "此因將往新邑朝諸侯而言, 亦因召公旅幣而言也."
신안 진씨(新安陳氏)가 말하였다 : "여기에서는 새 읍에 가서 제후를 조회하는 것에 따라 말하였고, 또한 소공이 폐백을 늘어세운 것에 따라 말하였다."591)

---

590) 『서경대전(書經大全)』, 「주서(周書)」・「낙고(洛誥)」 : "소씨가 말하였다 : '소인은 뇌물로 사람을 기쁘게 하고 반드시 예에는 태만하게 한다. 공은 왕에게 제후들이 예로써 하고 폐백으로 하지 않는 것에 대해 책하는 것을 경계시켰으니, 사물에 뜻을 쓰고 예에 뜻을 쓰지 않으면 제후들이 오만하게 되어 왕실이 가볍게 될 것을 염려한 것이다. 이것은 치란의 근본이기 때문에 공이 특히 말했던 것이다. 『춘추전』에서 「진의 조문자가 정사를 행함에 제후의 폐백을 가볍게 하고 그 예를 중시하니, 진의 목숙이 지금 이후로는 전쟁이 조금씩 그칠 것이라고 했다.」라고 했다. 열국의 경들이 폐백을 가볍게 하고 예를 중시하면 오히려 전쟁을 충분히 정지시키는데, 왕이면서 뇌물로 하는 것은 틀림없이 도적을 부르는 것이다. 당이 쇠퇴하면서 군주와 재상이 모두 뇌물을 취하고, 방진이 조공을 다투어 넉넉한 것을 탐내며 선물을 행하면서 천자가 실정해서 망하게 되었으니, 주공의 경계는 지극한 것이다.'(蘇氏曰 : 小人賄以悅人, 必簡於禮. 公戒王責諸侯以禮不以幣, 恐其役志乎物, 而不役志乎禮, 則諸侯慢, 而王室輕矣. 此治亂之本, 故公特言之. 春秋傳曰, 晉趙文子為政, 薄諸侯之幣, 而重其禮, 晉穆叔曰, 自今已往, 兵少弭矣. 夫以列國之卿, 輕幣重禮, 猶足以弭兵, 王而賄, 其致寇也必矣. 唐之衰, 君相皆可以賄取, 方鎭爭貢羨餘, 行苞苴, 而天子始失其政, 以至於亡, 周公之戒至矣.)"

○ 又曰 : "梓材庶邦享, 集丕享等語, 其爲敬識百辟享之上下文, 脫簡在彼乎."
  또 말하였다 : "「자재」에서 '여러 나라가 물건을 바치고, …, 여러 나라가 물건을 크게 바칠 것입니다.'592) 등의 말과 '공경하여야 백벽들의 향함'이라는 말에서 상하의 글에는 탈간이 저기에 있는 것이다."593)

[10-4-13-13]

乃惟孺子, 頒朕不暇, 聽朕敎汝于棐民彝. 汝乃是不蘉, 乃時惟不永哉. 篤叙乃正父, 罔不若予, 不敢廢乃命, 汝往敬哉. 玆予其明農哉, 彼裕我民, 無遠用戾.

그대 유자(孺子)는 나의 한가롭지 않음을 반포하여 내가 당신에게 백성의 떳떳한 성품을 도우라고 가르쳐준 것을 들으소서. 당신께서 이것을 힘쓰지 않으면 이에 영원하지 못할 것입니다. 당신의 정부(正父)를 돈독히 생각하고 차례를 따르되 나와 같이 하지 않음이 없으면 백성들이 감히 당신의 명(命)을 폐하지 않을 것이니, 당신은 낙읍(洛邑)에 가서 공경하소서. 나는 물러가 농사를 밝힐 것이니, 저 낙읍(洛邑)에서 우리 백성들을 편안히 하면 먼데 할 것이 없이 다 올 것입니다."

詳說

○ 蘉, 莫郞反.
  '망(蘉)'은 음이 '막(莫)'과 '랑(郞)'의 반절이다.

集傳

---

591) 『서경대전(書經大全)』, 「주서(周書)」·「낙고(洛誥)」 : "신안 진씨가 말하였다 : '여기에서는 새 읍에 가서 제후를 조회하는 것에 따라 말하였고, 또한 소공이 제후들의 폐백을 취해 폐백을 왕께 늘어세운 것에 따라 말하였다.'(新安陳氏曰 : 此因將往新邑, 朝諸侯而言, 亦因召公取諸侯之幣旅王而言也.)"
592) 『서경대전(書經大全)』, 「주서(周書)」·「자재5(梓材5)」 : "이제 왕께서 '선왕이 모두 부지런히 밝은 덕을 써서 회유하여 가까이 하시니, 여러 나라가 물건을 바치며 형제가 되고 사방에서 와서 또한 모두 밝은 덕을 썼으며, 후왕이 떳떳한 법을 써서 백성들을 편안하게 하겠다.'라고 말씀하시면 여러 나라가 크게 물건을 바칠 것입니다.(今王惟曰, 先王旣勤用明德, 懷爲夾, 庶邦享, 作兄弟方來, 亦旣用明德, 后式典集, 庶邦丕享.)"
593) 『서경대전(書經大全)』, 「주서(周書)」·「낙고(洛誥)」 : "신안 진씨가 말하였다 : '「자재」에서 「여러 나라가 물건을 바치고, …, 여러 나라가 물건을 크게 바칠 것입니다.」 등의 말과 「공경하여야 백벽들의 향함」이라는 말에서 상하의 글에는 탈간이 저기에 있는 것이 더욱 드러나는 것이다.'(新安陳氏曰 : …. 況梓材庶邦享集丕享等語, 其爲敬識百辟享之上下文, 脫簡在彼, 尤爲顯然乎.)"

此, 敎養萬民之道也.
이는 만민(萬民)을 교양(敎養)하는 방도이다.

詳說

○ 總提.
총괄해서 제시했다.

集傳

頒朕不暇, 未詳. 或曰, 成王當頒布我汲汲不暇者.
'반짐불가(頒朕不暇)'는 미상(未詳)이다. 혹자는 말하기를 "성왕(成王)께서는 내가 급급히 하여 한가롭지 않음을 반포(頒布)해야 한다."고 한다.

詳說

○ 陳氏經曰 : "頒我前日未暇爲之事一一行之."
진씨 경이 말하였다 : "내가 전날에 하는 일에 하나하나 행할 겨를이 없음을 반포하라는 것이다."594)

○ 朱子曰 : "棐, 輔也, 蠠, 勉也."
주자(朱子)595)가 말하였다 : "'비(棐)'는 돕는다는 것이고, '망(蠠)'은 힘쓴다는 것이다."

---

594) 『서경대전(書經大全)』, 「주서(周書)」·「낙고(洛誥)」 : "진씨 경이 말하였다 : '내가 전날에 하는 일에 하나하나 행할 겨를이 없음을 반포하라는 것이다.'(陳氏經曰 : 汝當頒我前日未暇爲之事一一行之.)"

595) 주희(朱熹, 1130~1200) : 자는 원회(元晦)·중회(仲晦)이고, 호는 회암(晦庵)·회옹(晦翁)·고정(考亭)·자양(紫陽)·둔옹(遯翁) 등이다. 송대 무원(婺源 : 현 강서성 무원현) 사람으로 건양(建陽 : 현 복건성 건양현)에서 살았다. 1148년에 진사에 급제하여 동안주부(同安主簿)·비서랑(秘書郎)·지남강군(知南康軍)·강서제형(江西提刑)·보문각대제(寶文閣待制)·시강(侍講) 등을 역임하였다. 스승 이동(李侗)을 통해 이정(二程)의 신유학을 전수받고, 북송 유학자들의 철학사상을 집대성하여 신유학의 체계를 정립하였다. 1179~1181년 강서성(江西省) 남강(南康)의 지사(知事)로 근무하면서 9세기에 건립되어 10세기에 번성했다가 폐허가 된 백록동서원(白鹿洞書院)을 재건했다. 만년에 이르러 정적(政敵)인 한탁주(韓侂)의 모함을 받아 죽을 때까지 정치활동이 금지되고 그의 학문이 거짓 학문으로 폄훼를 받다가 그가 죽은 뒤에 곧 회복되었다. 저서로는 『정씨유서(程氏遺書)』, 『정씨외서(程氏外書)』, 『이락연원록(伊洛淵源錄)』, 『고금가제례(古今家祭禮)』, 『근사록(近思錄)』 등의 편찬과 『사서집주(四書集注)』, 『서명해(西銘解)』, 『태극도설해(太極圖說解)』, 『통서해(通書解)』, 『사서혹문(四書或問)』, 『시집전(詩集傳)』, 『주역본의(周易本義)』, 『역학계몽(易學啓蒙)』, 『효경간오(孝經刊誤)』, 『소학서(小學書)』, 『초사집주(楚辭集注)』, 『자치통감강목(資治通鑑綱目)』, 『팔조명신언행록(八朝名臣言行錄)』 등이 있다. 막내아들 주재(朱在)가 편찬한 『주문공문집(朱文公文集)』(100권, 속집 11권, 별집 10권)과 여정덕(黎靖德)이 편찬한 『주자어류(朱子語類)』(140권)이 있다.

集傳

聽我敎汝所以輔民常性之道,
내가 당신에게 백성의 떳떳한 성품을 돕는 방도를 가르쳐 준 것을 들어야 하니,

詳說

○ 彝.
'상성(常性)'은 경문에서 '이(彝)'이다.

○ 添二字.
'지도(之道)'라는 말을 더하였다.

集傳

汝於是而不勉焉,
당신께서 이것을 힘쓰지 않으면

詳說

○ 先訓後釋, 此朱子註經之成法. 蔡氏乃於經中創見之字, 往往不訓, 而只釋之. 此其疏略處也. 此之覆及立政之勘之類, 是也.
먼저 풀이하고 후에 해석하는 것, 이것은 주자가 경을 주석하는 방법이다. 채씨는 이에 경 가운데 처음 나오는 글자는 왕왕 풀이하지 않고 단지 해석할 뿐이니, 이것은 소략하게 한 곳이다. 여기에서의 '망(覆)'과 「입정(立政)」에서의 '매(勘)'596)와 같은 것들이 여기에 해당한다.

集傳

則民彝泯亂, 而非所以長久之道矣. 正父, 武王也, 猶今稱先正云者.
백성의 떳떳한 성품이 혼란하게 되어 장구하게 되는 도(道)가 아니다. 정부(正父)는 무왕(武王)이니, 지금에 선정(先正)이라고 칭하는 것과 같다.

---

596) 『서경대전(書經大全)』, 「주서(周書)」·「입정-20(立政-20)」: "나라에서는 정사를 세울 적에 약삭빠른 사람을 쓰지 말아야 하니, 이들은 덕(德)에 순하지 못하므로 광현(光顯)하여 세상에 있지 못할 것입니다. 지금부터는 정사를 세울 적에 약삭빠른 사람을 쓰지 마시고 오직 길한 사람을 등용하시어 힘써 우리 국가를 돕게 하소서.(國則罔有立政, 用憸人, 不訓于德, 是罔顯在厥世. 繼自今, 立政, 其勿以憸人, 其惟吉士, 用勘相我國家.)"

詳說

○ 息齋余氏曰 : "說命, 訓先正爲先世長官之臣, 此指武王而引先正爲比, 何也. 或曰, 武王撥亂反正, 故稱正父."

식재 서씨(息齋余氏)가 말하였다 : "「열명」에서는 선정(先正)597)이 선세 장관의 신하라고 풀이하였고,598) 여기에서는 무왕을 가리키면서 선정을 인용한 것이 비교가 되니, 어떻게 된 것인가? 어떤 이는 '무왕이 난을 다스려 바름으로 돌아오기 때문에 정부(正父)라고 칭했다.'라고 했다."599)

集傳

篤者, 篤厚而不忘, 敍者, 先後之不紊, 言篤敍武王之道,

독(篤)은 독후(篤厚)히 하여 잊지 않음이고, 서(敍)는 선후가 문란하지 않음이니, 무왕(武王)의 도(道)를 돈독히 생각하고 차례를 따름에

詳說

○ 添二字.

'지도(之道)'라는 말을 더하였다.

集傳

無不如我, 則人不敢廢汝之命矣

나와 같이 하지 않음이 없으면 사람들이 감히 그대의 명(命)을 폐하지 않을 것이라는 말이다.

詳說

---

597) 『서경대전(書經大全)』, 「상서(商書)」·열명하-10(說命下-10)」: "옛날 선정(先正)인 보형(保衡)이 우리 선왕을 진작하여 '내 군주가 요순 같은 군주가 되도록 하지 못하면 마음에 부끄러워하여 시장에서 종아리를 맞는 듯이 여겼으며, 한 지아비라도 제 살 곳을 얻지 못하면 이는 나의 잘못이다.'라고 하면서 나의 열조(烈祖)를 도와서 공(功)이 황천(皇天)에 이르렀으니, 너는 부디 나를 밝게 보좌하여 아형(阿衡)이 상나라에 아름다움을 독차지하게 하지 말라.(昔先正保衡, 作我先王, 乃曰, 予弗克俾后, 惟堯舜, 其心愧恥, 若撻于市, 一夫不獲, 則曰時予之辜, 佑我烈祖, 格于皇天, 爾尚明保予, 罔俾阿衡, 專美有商.)"
598) 『서경대전(書經大全)』, 「상서(商書)」·열명하-10(說命下-10)」, 주자의 주 : "선정(先正)은 선세(先世)에 관(官)에서 으뜸 되는 신하(臣下)이다.(先正, 先世, 長官之臣.)"
599) 『서경대전(書經大全)』, 「주서(周書)」·낙고(洛誥)」: "식재 서씨가 말하였다 : '「열명」에서는 선정(先正)이 선세 장관의 신하라고 풀이하였고, 여기에서는 무왕을 가리키면서 선정을 인용하면서 말한 것은 무엇 때문인가? 어떤 이는 「무왕이 난을 다스려 바름으로 돌아오기 때문에 정부(正父)라고 칭했다.」라고 했다.'(息齋徐氏曰 : 說命, 先正訓為先世長官之臣, 此指武王, 而引先正為言, 何也. 或曰, 武王撥亂反正, 故稱正父.)"

○ 添人字.
'인(人)'자를 더하였다.

集傳
呂氏曰 : 武王沒, 周公如武王. 故天下不廢周公之命, 周公去, 成王如周公, 則天下不廢成王之命.
여씨(呂氏)가 말하였다. "무왕이 별세함에 주공이 무왕과 똑같이 하였다. 그러므로 천하가 주공의 명을 폐하지 않았으니, 주공이 떠남에 성왕이 주공과 똑같이 하면 천하가 성왕의 명을 폐하지 않을 것이다."

詳說
○ 呂論止此.
여씨의 설명은 여기까지이다.

集傳
戾, 至也. 王往洛邑, 其敬之哉. 我其退休田野,
여(戾)는 이름이다. "왕(王)은 낙읍(洛邑)에 가서 공경할지어다. 나는 물러가 전야(田野)에서 쉬면서

詳說
○ 添四字.
'퇴휴전야(退休田野)'라는 말을 더하였다.

集傳
惟明農事,
오직 농사를 밝힐 것이다."라고 하였으니,

詳說
○ 朱子曰 : "修后稷先公之業, 以敎民, 亦王業艱難之意也."
주자(朱子)가 말하였다 : "후직 선공의 업을 닦아 백성들을 다스린다는 것도 왕

업이 어렵다는 의미이다."600)

집전(集傳)
蓋公有歸老之志矣.
공이 돌아가 늙으려는 뜻이 있었던 것이다.

상설(詳說)
○ 此句, 論也.
여기의 구는 경문의 의미 설명이다.

집전(集傳)
彼, 謂洛邑也. 王於洛邑
피(彼)는 낙읍(洛邑)을 말한다. 왕(王)이 낙읍(洛邑)에서

상설(詳說)
○ 添王於字.
'왕어(王於)'라는 말을 더하였다.

집전(集傳)
和裕其民,
백성들을 화하고 넉넉하게 하면

상설(詳說)
○ 卽成裕之裕.
곧 '풍속을 넉넉하게 한다.'601)고 할 때의 넉넉하게 한다는 것이다.

---

600) 『회암집(晦庵集)』 65권 「잡저(雜著)」·「상서(尚書)」: "주자가 말하였다 : '…. 후직 선공의 업을 닦고 농사를 밝혀 백성들을 다스린다는 것도 왕업이 어렵다는 의미이다. ….'(…. 修后稷先公之業, 明農事, 以敎民, 亦王業艱難之意也. ….)."
601) 『서경대전(書經大全)』, 「주서(周書)」·「낙고-10(洛誥-10)」: "떳떳한 도를 순히 하고 나라의 일을 어루만지기를 내가 정사할 때와 같이 하여 오직 현재 있는 주나라의 관리들을 데리고 새 도읍에 가시어 임금의 의향을 알아 관직에 나아가게 하며, 명백히 하고 진작하여 공(功)을 두며, 돈후히 하고 크게 하여 풍속을 넉넉하게 하시면 당신은 영원히 칭찬하는 말이 있을 것입니다.(厥若彝及撫事, 如予, 惟以在周工, 往新邑, 伻嚮卽有僚, 明作有功, 惇大成裕, 汝永有辭.)."

集傳

則民將無遠,
백성들이 먼데 할 것이 없이

詳說

○ 猶言不遠千里.
천리를 멀다고 말하지 않는 것과 같다.

集傳

而至焉.
올 것이다.

詳說

○ 用.
'이(而)'는 경문에서 '용(用)'이다.,

○ 新安陳氏曰:"此一節, 除汝往敬哉茲予其明農哉二句外, 皆不可曉, 當缺之. 此章之下, 當必有公從王至新邑, 舉祀發命之事, 而今缺矣."
신안 진씨(新安陳氏)가 말하였다:"여기 한 절에는 '당신은 낙읍(洛邑)에 가서 공경하소서. 나는 물러가 농사를 밝힐 것이니.'라는 두 구 외에는 모두 알 수 없으니 제쳐놔야 한다. 여기 장의 아래에 공이 왕을 새 도읍에 와서 제사를 거행하고 명을 시작하는 일이 있어야 하는데 지금 빠졌다."602)

---

602) 『서경대전(書經大全)』,「주서(周書)」·「낙고(洛誥)」:"신안 진씨가 말하였다:'여기 한 절에는「당신은 낙읍(洛邑)에 가서 공경하소서. 나는 물러가 농사를 밝힐 것이니.」라는 두 구 외에는 모두 알 수 없으니 제쳐놔야 한다. 이 두 구절을 음미하면 알 수 있으니, 당은 당시 호경에 있으면서 왕이 새 도읍에 가도록 하고 자신은 물러나려고 한 것이다. 여기 장의 아래에 공이 왕을 새 도읍에 와서 제사를 거행하고 명을 시작하는 일이 있어야 하는데 지금 빠졌다.'(新安陳氏曰:此一節, 除汝往敬哉茲子其明農哉二句外, 皆不可曉, 皆當缺之. 味此二句可見, 公時在鎬, 欲王往新邑, 而已將退老也. 此章之下, 當必有公從王至新邑, 舉祀發命之事, 而今缺矣.)"

[10-4-13-14]

王若曰, 公明保予沖子, 公稱丕顯德, 以予小子, 揚文武烈, 奉答天命, 和恒四方民, 居師.

왕이 대략 다음과 같이 말씀하였다. "공께서 나 충자(沖子)를 밝히고 보우하시어 공께서는 크게 드러난 덕을 들어서 나 소자로 하여금 문왕·무왕의 공렬을 드날리고 천명을 받들어 답하며, 사방의 백성들을 화하게 하고 항구하게 하여 무리를 거하게 하셨습니다.

集傳

此下, 成王答周公及留公也,
이 이하는 성왕이 주공에게 답하고 공을 만류한 것이니,

詳說

○ 總提八節.
총괄해서 제시했으니, 여덟 절이다.

集傳

大抵與上章, 參錯相應.
대개 위의 장과 뒤섞이며 호응한다.

詳說

○ 論也.
경문의 의미 설명이다.

○ 略如微子篇之相應.
대략 이를테면 「미자」편과 호응한다.

集傳

明, 顯明之也. 保, 保佑之也. 稱, 擧也. 和者, 使不乖也, 恆者, 使可久也. 居師者, 宅其衆也

명(明)은 드러내어 밝힘이고, 보(保)는 보우(保佑)함이다. 칭(稱)은 듦이다. 화(和)는 어그러지지 않게 함이고, 항(恒)은 오래가게 함이다. 거사(居師)는 무리를 거하게 하는 것이다.

詳說

○ 朱子曰 : "營洛邑, 定民居."
주자(朱子)가 말하였다 : "낙읍을 경영하여 백성들의 주거를 안정시키는 것이다."603)

集傳

言周公明保成王, 擧大明德, 使其上之
주공이 성왕을 밝히고 보우(保佑)하며 크게 밝은 덕(德)을 들어서 위로는

詳說

○ 以予.
'기(其)'는 경문에서 '이여(以予)'이다.

集傳

不忝於文武, 仰不愧天, 俯不怍人也.
문왕(文王)·무왕(武王)에게 욕되지 않게 하며, 우러러 하늘에 부끄럽지 않고 굽어봄에 사람에게 부끄럽지 않게 하였음을 말한 것이다.

詳說

○ 二句, 出孟子盡心.
두 구는 『맹자』「진심」이 출처이다.

○ 新安陳氏曰 : "王旣至洛擧祀後, 將留公治洛, 先敍述公之功德, 以慰藉之也."
신안 진씨(新安陳氏)가 말하였다 : "왕이 이 낙읍에 와서 제사를 거행한 후에 공에

---

603) 『서경대전(書經大全)』, 「주서(周書)」·「낙고(洛誥)」: "주자가 말하였다 : '「거사(居師)」는 낙읍을 경영하여 백성들의 주거를 안정시키는 것이다.'(朱子曰 : 居師, 營洛邑, 定民居也.)"

게 머물며 낙읍을 다스리게 하면서 먼저 공의 공덕을 서술해서 위로했다."604)

[10-4-13-15]
惇宗將禮, 稱秩元祀, 咸秩無文.

공종(功宗)을 돈독히 하되 큰 예(禮)로 하여 원사(元祀)를 들어 차례로 제사하되 모두 사전(祀典)에 기재되지 않은 것까지 차례로 제사하였습니다.

集傳
宗, 功宗之宗也,
종(宗)은 공종(功宗)의 종(宗)이니,

詳說
○ 承前節.
앞의 절을 이어받았다.

集傳
下文宗禮同
아래의 글에서 종례(宗禮)와 같다.

詳說
○ 並訓後節.
아울러 뒤의 절을 설명했다.

集傳
將, 大也.
장(將)은 큼이다.

---

604) 『서경대전(書經大全)』,「주서(周書)」·「낙고(洛誥)」: "신안 진씨가 말하였다 : '왕이 이 낙읍에 와서 제사를 거행한 후에 다시 공과 함께 말하고 공에게 머물며 낙읍을 다스리게 하면서 먼저 공의 공덕을 서술해서 위로했다.'(新安陳氏曰 : 此王既至洛擧祀, 復與公言將留公治洛, 先敘述之功德, 以一慰藉之也.)"

> 詳說

○ 上節以字意貫至此.
위의 절에서 글자의 의미가 여기까지 관통한다.

○ 孔氏曰：“厚尊大禮, 擧秩大祀.”
공씨(孔氏)가 말하였다 : "큰 예를 두텁게 높이고 큰 제사를 들어 차례로 하였다."605)

○ 新安陳氏曰：“此述已行之事之辭, 即答公稱殷禮秩無文也
신안 진씨(新安陳氏)가 말하였다 : "여기에서 이미 행한 일을 기술하는 말이니, 곧 공에게 이른바 칭한 성대한 예와 사전에 기재되지 않은 것까지 차례로 제사하였다고 답한 것이다."606)

[10-4-13-16]

> 惟公德, 明光于上下, 勤施于四方, 旁作穆穆迓衡, 不迷文武勤教, 予冲子夙夜毖祀.

공의 덕이 상하에 밝게 빛나고 사방에 부지런히 베풀어져서 널리 목목(穆穆)함을 지어 치평(治平)함을 맞이해서 문왕·무왕이 애쓰신 가르침을 혼미하지 않게 하시니, 나 충자(冲子)는 밤낮으로 제사를 삼갈 뿐입니다."

> 詳說

○ 施, 去聲.
'시(施)'는 거성이다.

> 集傳

旁, 無方所也, 因上下四方爲言. 穆穆, 和敬也. 迓, 迎也. 言周公之德, 昭著

---

605) 『서경대전(書經大全)』, 「주서(周書)」·「낙고(洛誥)」 : 공씨(孔氏)가 말하였다 : '큰 예를 두텁게 높이고 큰 제사를 들어 차례로 하였다.'(孔氏曰 : 厚尊大禮, 擧秩大祀.)"
606) 『서경대전(書經大全)』, 「주서(周書)」·「낙고(洛誥)」 : "신안 진씨가 말하였다 : "여기에서는 왕이 이미 행한 일을 기술하는 말이니, 곧 공에게 이른바 처음 칭한 성대한 예를 새 도읍에 제사하고 모두 사전에 기재되지 않은 것까지 차례로 제사하였다고 답한 것이다.'(新安陳氏曰 : 此蓋王述已行之事之辭, 即答公所謂王肇稱殷禮, 祀于新邑, 咸秩無文也.)"

於上下, 勤施于四方, 旁作穆穆
방(旁)은 방소(方所)가 없는 것이니, 상하와 사방에 따라 말한 것이다. 목목(穆穆)은 화경(和敬)함이다. 아(迓)는 맞이함이다. 주공의 덕이 상하에 밝게 드러나고 사방에 부지런히 베풀어지고 널리 목목함을 지으며

詳說
○ 猶行也.
경문에서 '작(作)'은 '행(行)'과 같다.

集傳
以迎治平
치평(治平)함을 맞이해서

詳說
○ 迓
'영(迎)'은 경문에서 '아(迓)'이다.

○ 去聲
'치(治)'는 거성이다.

○ 衡.
'평(衡)'은 경문에서 '형(衡)'이다.

集傳
不迷失文武所勤之敎於天下,
문왕(文王)·무왕(武王)이 애쓰신 가르침을 천하(天下)에 혼미하지 않게 하시니,

詳說
○ 添三字.
세 글자를 더하였다.

○ 朱子曰:"不迷於先王之敎."
주자(朱子)가 말하였다:"선왕의 가르침을 혼미하지 않게 하는 것이다."607)

集傳

公之德敎加於時者如此. 予沖子夫何爲哉.
공(公)의 덕교(德敎)가 당시에 가해짐이 이와 같았다. 나 충자(沖子)는 무슨 일을 하겠는가?

詳說

○ 音扶.
'부(夫)'는 음이 '부(扶)'이다.

集傳

惟早夜以謹
오직 밤낮으로 삼가

詳說

○ 毖.
'근(謹)'은 경문에선 '비(毖)'이다.

集傳

祭祀而已.
제사할 뿐이다.

詳說

○ 蘇氏曰:"我歸宗周, 毖祀而已."
소씨(蘇氏)가 말하였다:"나는 종주로 돌아가 제사를 삼갈 뿐이다."608)

---

607) 『서경대전(書經大全)』, 「주서(周書)」·「낙고(洛誥)」:"주자가 말하였다:'목목(穆穆)은 화경(和敬)한 모양이다. 천자의 용모가 널리 지어지니, 주공이 자신의 덕을 돕고 이뤄 태평한 다스림을 맞이하고 선왕의 가르침을 혼미하지 않게 하는 것이다.'(朱子曰:穆穆, 和敬之貌. 天子之容, 旁作, 謂周公輔成己德, 以迎迓太平之治, 而不迷於先王之敎.)"
608) 『서경대전(書經大全)』, 「주서(周書)」·「낙고(洛誥)」:"소씨가 말하였다:'제사는 나 충자가 하고, 정사는

○ 唐孔氏曰:"衛獻公云, 政由甯氏. 祭則寡人, 亦猶是言."
당의 공씨(孔氏)가 말하였다 : "위의 헌공이 '정사는 영씨가 하고 제사는 과인이 한다.'고 말한 것도 이 말과 같다."609)

集傳
蓋成王知周公有退休之志, 故示其所以留之之意也.
성왕은 주공이 물러가 쉬려는 뜻이 있음을 알았기 때문에 만류하려는 뜻을 보인 것이다.

詳說
○ 論也.
경문의 의미 설명이다.

[10-4-13-17]
王曰, 公功棐迪篤, 罔不若時.
왕이 말씀하였다. "공(公)의 공(功)은 나를 돕고 인도함이 돈독하니, 이와 같이 하지 않음이 없을지어다."

集傳
言周公之功, 所以輔我啓我者, 厚矣,
주공의 공은 나를 보필하고 나를 계도함이 후한 것이니,

詳說
○ 添我字.
'아(我)'자를 더하였다.

주공이 하니, 성왕은 나는 종주로 돌아가 제사를 삼갈 뿐이라고 말한 것이다.'(蘇氏曰 : 祭則我沖子, 政則周公, 成王言我歸宗周, 毖祀而已.)』

609) 『서경대전(書經大全)』, 「주서(周書)」·「낙고(洛誥)」 : "당의 공씨가 말하였다 : '위의 헌공이 「정사는 영씨가 하고 제사는 과인이 한다.」고 말한 것도 대략 이 말과 같다. 제사는 나 소자가 하고, 태평을 맞이하고 교화를 밝히는 것은 모두 공에게 중함을 맡긴다는 것이다.'(唐孔氏曰: 衛獻公云, 政由甯氏, 祭則寡人, 亦略猶是言. 祭則我小子, 迓太平明敎化, 皆委重於公也.)"

|集傳|

當常如是
항상 이와 같이 해야 할 것이고,

|詳說|

○ 朱子曰:"上所稱也."
주자(朱子)가 말하였다:"위에서 칭한 것이다."610)

|集傳|

未可以言去也.
떠남을 말해서는 안 된다고 한 것이다.

|詳說|

○ 補此句.
이 구를 더하였다.

○ 朱子曰:"王曰兩段, 周公無答辭, 疑有缺文."
주자(朱子)가 말하였다:"'왕왈(王曰)'은 두 부분인데, 주공이 답하는 말이 없으니, 결문이 있는 것 같다."611)

[10-4-13-18]
|王曰, 公, 予小子, 其退, 卽辟于周, 命公後.|

왕(王)이 말씀하였다. "공(公)아! 나 소자(小子)는 물러가서 곧 주(周)나라에 군주노릇하고 공(公)에게 명(命)하여 뒤에 남게 하겠다.

---

610) 『서경대전(書經大全)』, 「주서(周書)」·「낙고(洛誥)」:"주자가 말하였다:'공의 공은 나를 보필하고 계도함이 이미 후한 것이어서 이와 같지 않음이 없으니, 위에서 칭한 것이다.'(朱子曰:公之功輔導我, 已厚矣. 無不若是, 以上所稱也.)"

611) 『서경대전(書經大全)』, 「주서(周書)」·「낙고(洛誥)」:"주자가 말하였다:'위의 글에서 「왕왈(王曰)」은 두 부분인데, 주공이 답하는 말이 없으니, 결문이 있는 것 같다. 성왕이 나는 돌아가야 한다고 말했으니, 곧 종주에서 정사를 하겠다는 것이고, 공에게 낙에 머물러 있으라고 명한 것은 당의 절도가 뒤에 머물러 있는 것과 같다.'(朱子曰:上文王曰兩段, 周公無答辭, 疑有缺文. 成王言我當歸, 卽政于宗周, 而命公留于洛, 猶唐節度留後之意.)"

集傳
此下, 成王留周公治洛也.
이 이하는 성왕이 주공(周公)을 머물게 하여 낙읍을 다스리게 한 것이다.

詳說
○ 又總提四節.
또 총괄해서 제시했으니, 네 절이다.

集傳
成王言我退
성왕(成王)이 "나는 물러가서

詳說
○ 新安陳氏曰 : "味退字, 則王時進在洛邑可知."
신안 진씨(新安陳氏)가 말하였다 : "'퇴(退)'자를 음미하면 왕이 당시 낙읍에 있었음을 알 수 있다."612)

集傳
卽居于周,
곧 주(周)나라에 거하고

詳說
○ 孔氏曰 : "就君於周."
공씨(孔氏)가 말하였다 : "가서 주나라에서 군주 노릇한다는 것이다."613)

○ 或疑居是君之訛, 以下居字考之, 蓋非訛耳.
혹 '거(居)'자는 '군(君)'자가 잘못된 것으로 생각하는데, 이하의 '거(居)'자로 상

---

612) 『서경대전(書經大全)』, 「주서(周書)」·「낙고(洛誥)」: "신안 진씨가 말하였다 : '성왕이 물러가서 곧 주나라에 군주 노릇한다고 스스로 말했니, 「퇴(退)」자 한 글자를 음미하면 왕이 당시 낙읍에 나아가 있었음을 알 수 있다.' ….'(新安陳氏曰 : 成王自謂, 其即辟于周, 味退之一字, 則王時進在洛邑可知. ….)"
613) 『상서찬전(尙書纂傳)』, 「주서(周書)」·「낙고(洛誥)」: "한의 공씨가 말하였다 : '나 소자는 자리에서 물러난 다음 바로 주나라에 가서 군주 노릇한다는 것이다. ….'(漢孔氏曰 : 我小子退坐之後, 便就君于周. ….)"

고해 보면 대가 잘못된 것이 아니다.

○ 朱子曰 : "卽政于宗周."
주자(朱子)가 말하였다 : "곧 종주에서 정사를 하겠다는 것이다."[614]

○ 諺釋卽字恐誤.
『언해』의 해석에 '즉(卽)'자는 잘못된 것 같다.

集傳
命公留後,
공(公)에게 명(命)하여 뒤에 남아

詳說
○ 留而後, 或曰留於後
머물러 뒤에 있으라는 것인데, 어떤 이는 '뒤에 머무는 것이다.'고 했다.

集傳
治洛. 蓋洛邑之作, 周公本欲成王遷都, 以宅天下之中, 而成王之意, 則未欲捨鎬京, 而廢祖宗之舊. 故於洛邑擧祀發政之後, 卽欲歸居于周, 而留周公治洛. 謂之後者, 先成王之辭,
낙읍(洛邑)을 다스리게 하겠다."라고 하였다. 낙읍(洛邑)을 만든 것은 주공(周公)이 본래 성왕(成王)이 천도(遷都)하여 천하(天下)의 중앙에 머물게 하고자 한 것이었는데, 성왕(成王)의 뜻은 호경(鎬京)을 버려 조종(祖宗)의 옛 터전을 폐하려고 하지 않았다. 그러므로 낙읍(洛邑)에서 제사를 거행하고 정사를 발한 뒤에 즉시 종주(宗周)로 돌아가 거하고 주공(周公)을 머물게 하여 낙읍(洛邑)을 다스리게 하고자 한 것이다. 뒤라고 말한 것은 성왕(成王)을 먼저 한 말이니,

---

614) 『서경대전(書經大全)』, 「주서(周書)」·「낙고(洛誥)」 : "주자가 말하였다 : '위의 글에서 「왕왈(王曰)」은 두 부분인데, 주공이 답하는 말이 없으니, 결문이 있는 것 같다. 성왕이 나는 돌아가야 한다고 말했으니, 곧 종주에서 정사를 하겠다는 것이고, 공에게 낙에 머물러 있으라고 명한 것은 당의 절도가 뒤에 머물러 있으라는 것과 같다.'(朱子 : 上文王曰兩段, 周公無答辭, 疑有缺文. 成王言我當歸, 卽政于宗周, 而命公留于洛, 猶唐節度留後之意.)"

詳說

○ 以王爲先.

왕을 먼저 한 것이다.

集傳

猶後世留守留後之義.

후세에 유수(留守)·유후(留後)의 뜻과 같다.

詳說

○ 朱子曰 : "猶唐節度留後之意."

주자(朱子)가 말하였다 : "당의 절도가 뒤에 머물러 있는 것과 같다."[615]

集傳

先儒, 謂封伯禽以爲魯侯者,

선유(先儒)들이 "백금(伯禽)을 봉하여 노(魯)나라의 후로 삼게 했다."고 말한 것은

詳說

○ 命公之後.

공의 뒤로 명했다는 것이다.

集傳

非是. 考之費誓

옳지 않다. 「비서(費誓)」를 상고해보면

詳說

○ 音秘

'비(費)'는 음이 '비(秘)'이다.

---

[615] 『서경대전(書經大全)』, 「주서(周書)」·「낙고(洛誥)」: "주자가 말하였다 : '위의 글에서 「왕왈(王曰)」은 두 부분인데, 주공이 답하는 말이 없으니, 결문이 있는 것 같다. 성왕이 나는 돌아가야 한다고 말했으니, 곧 종주에서 정사를 하겠다는 것이고, 공에게 낙에 머물러 있으라고 명한 것은 당의 절도가 뒤에 머물러 있는 것과 같다.'(朱子 : 上文王曰兩段, 周公無答辭, 疑有缺文. 成王言我當歸, 卽政于宗周, 而命公留于洛, 猶唐節度留後之意.)"

집傳

東郊不開
동교(東郊)가 개통되지 않은 것이

詳說

○ 見費誓序.
「비서」 서에 보인다.

集傳

乃在周公東征之時,
바로 주공(周公)이 동정(東征)할 때에 있었으니,

詳說

○ 史記魯世家曰 : "伯禽卽位之後, 管蔡等反, 淮夷徐戎, 亦並興."
『사기』「노세가」에서 말하였다 : "백금이 즉위한 다음에 관숙과 채숙 등이 모반했고, 회이와 서융도 함께 일어났다."

集傳

則伯禽就國蓋已久矣. 下文, 惟告周公其後, 其字之義, 益可見其爲周公, 不爲伯禽也.
백금(伯禽)이 노(魯)나라로 나아간 지가 이미 오래이다. 아래의 글에서 "주공(周公)에게 그 뒤에 남은 일을 고한 것이다."라고 하였으니, 기자(其字)의 뜻에서 더욱 주공(周公)이 되고 백금(伯禽)이 아님을 알 수 있다.

詳說

○ 去聲, 下同.
'위(爲)'는 거성으로 아래에서도 같다.

○ 蓋以下, 論也.

'개(蓋)' 이하는 경문의 의미 설명이다.

[10-4-13-19]
四方迪亂, 未定于宗禮. 亦未克敉公功.

사방이 개척되어 다스려졌으나 아직 공종(功宗)의 예를 정하지 못하였다. 그리하여 또한 공(公)의 공(功)을 편안히 하지 못하는 것이다.

詳說
○ 敉, 緜婢反.
'미(敉)'는 음이 '면(緜)'과 '비(婢)'의 반절이다.

集傳
宗禮, 卽功宗之禮也.
종례(宗禮)는 곧 공종(功宗)의 예(禮)이다.

詳說
○ 照前節.
앞의 절을 참조하라.

集傳
亂, 治也. 四方開
난(亂)은 다스림이다. 사방(四方)이 개척되어

詳說
○ 迪

○ 朱子曰 : "迪, 順也."
주자(朱子)가 말하였다 : "'적(迪)'은 '순(順)'이다."[616]

---

616) 『서경대전(書經大全)』, 「주서(周書)」·「낙고(洛誥)」: "주자가 말하였다 : 「'적(迪)」은 「순(順)」이다. 사방이 이미 순종하고 다스려졌을지라도 여전히 공을 높이는 예는 아직 정해지지 않아 공을 위무하고 다스리는

集傳

治, 公之功也,
다스려짐은 공(公)의 공(功)인데,

詳說

○ 去聲.
'치(治)'는 거성이다.

集傳

未定功宗之禮. 故未能救公功也.
아직 공종(功宗)의 예(禮)를 정하지 못하였다. 이 때문에 공(公)의 공(功)을 편안히 하지 못하는 것이다.

詳說

○ 公功當爲宗.
공의 공은 당연히 '종(宗)'이다.

集傳

救功者, 安定其功之謂, 卽下文命寧者也
미공(功)은 그 공(功)을 안정함을 이르니, 곧 아래의 글에서 '명(命)하여 편안하게 한다.'617)는 것이다.

詳說

○ 此句, 論也.
여기의 구는 경문의 의미 설명이다.

―――

공은 없었다.'(朱子曰 : 迪, 順也. 四方雖已順治, 猶未定于尊公之禮, 未有以撫治公之功.)"
617) 『서경대전(書經大全)』, 「주서(周書)」·「낙고-25(洛誥-25)」: "왕께서는 사람을 보내와 은나라 사람들을 경계하시고, 나를 명(命)하여 편안히 하시되 검은 기장과 울금으로 빚은 술 두 그릇으로 하시고, '밝게 공경하노니, 배수계수하며 아름답게 향례(享禮)를 올린다.'라고 하였습니다.(伻來毖殷, 乃命寧予, 以秬鬯二卣, 曰明禋, 拜手稽首, 休享.)"

[10-4-13-20]

迪將其後, 監我士師工, 誕保文武受民, 亂爲四輔.

그 뒤를 개척하여 크게 해서 우리 사(士)·사(師)와 백공(百工)들이 보도록 해서 문왕(文王)·무왕(武王)께서 하늘로부터 받으신 백성을 크게 보호하여 다스려 사보(四輔)가 될지어다."

集傳
將, 大也. 周公居洛
장(將)은 큼이다. 주공(周公)이 낙읍(洛邑)에 거하면서

詳說
○ 添此句.
이 구를 더하였다.

集傳
啓大其後
그 뒤를 개척하여 크게 해서

詳說
○ 迪.
'계(啓)'는 경문에서 '적(迪)'이다.

○ 卽前節之後.
곧 앞 절에서의 후이다.

集傳
使我士師工有所監視, 大保文武所受於天之民,
우리 사(士)·사(師)와 백공(百工)들이 보도록 하는 것이 있어 문왕·무왕께서 하늘에서 받은 백성을 크게 보호하고

詳說
○ 朱子曰 : "監我百官."
주자(朱子)가 말하였다 : "우리 백관들을 보라는 것이다."618)

○ 按, 監當爲平聲, 註釋監字, 恐費力.
살펴보건대, '감(監)'은 평성이어야 하는데, 주에서 '감(監)'자를 해석한 것은 힘만 뺀 것 같다.

○ 誕.
'대(大)'는 경문에서 '탄(誕)'이다.

集傳
而治, 爲宗周之四輔也
다스려 종주(宗周)의 사보(四輔)가 되라는 것이니,

詳說
○ 亂
'치(治)'는 경문에서 '난(亂)'이다.

○ 朱子曰 : "猶四鄰."
주자(朱子)가 말하였다 : "사린(四鄰)과 같다."619)

○ 新安陳氏曰 : "引王制之四輔, 輔弼疑丞, 解此四輔, 與朱子四鄰之說合. 王以治爲四輔之大臣望公, 下文公以治爲四方之新辟望王, 君臣交相期望.
신안 진씨가 말하였다 : "「왕제」의 사보(四輔)가 좌우로 보필(輔弼)하고 전후로

---

618) 『서경대전(書經大全)』, 「주서(周書)」·「낙고(洛誥)」: "주자가 말하였다 : '주공이 뒤에서 우리 백관들·사(士)·사(師)·공(工)을 보라는 것이다. 사보(四輔)는 사린(四鄰)과 같다.'(朱子曰 : 周公在後, 監我百官士也師也工也. 四輔, 猶四鄰.)"

619) 『서경대전(書經大全)』, 「주서(周書)」·「낙고(洛誥)」: "주자가 말하였다 : '주공이 뒤에서 우리 백관들·사(士)·사(師)·공(工)을 보라는 것이다. 사보(四輔)는 사린(四鄰)과 같다.'(朱子曰 : 周公在後, 監我百官士也師也工也. 四輔, 猶四鄰.)"

의승(疑丞)하는 것을 인용해서 여기에서의 사보(四輔)를 해석한 것은 주자의 사린(四鄰) 설과 부합한다. 왕이 그것으로 다스려 사방에서 돕는 대신이 되기를 공에게 원했고, 아래의 글에서 「공이 그것으로 다스려 사방의 새 군주가 되기를 왕에게 원했으니,」620) 군신이 서로 기약하며 원한 것이다."621)

集傳

漢三輔,
한(漢)나라의 삼보(三輔)는

詳說

○ 京兆尹, 左馮翊, 右扶風.
경조윤(京兆尹)·좌풍익(左馮翊)·우부풍(右扶風)이다.

集傳

蓋本諸此. 今按, 先言啓大其後, 而繼以亂爲四輔, 則命周公留後於洛明矣.
아마도 여기에서 근본한 듯하다. 이제 살펴보건대 "먼저 그 뒤를 열어 크게 하라." 하고, 뒤이어 "다스려 사보(四輔)가 되라."고 하였으니, 주공(周公)에게 낙읍(洛邑)에 유후(留後)가 되도록 명(命)한 것이 분명하다.

詳說

○ 申前註意.
앞에서 주의 의미를 거듭하였다.

---

620) 『서경대전(書經大全)』, 「주서(周書)」·「낙고-23(洛誥-23)」 : "'유자(孺子)께서 이곳에 와서 집터를 보시니, 전장(典章)과 은(殷)나라의 어진 백성을 크게 돈독히 하시어 다스려 사방(四方)의 새 군주(君主)가 되어 주(周)나라에 공손함의 솔선(率先)이 되소서.' 또 말씀하였다. '이로부터 중앙에서 다스려 만방(萬邦)이 모두 아름답게 되면 왕(王)께서는 훌륭한 성적(成績)이 있을 것입니다.'孺子來相宅, 其大惇典殷獻民, 亂爲四方新辟, 作周恭先. 曰其自時, 中乂, 萬邦咸休, 惟王有成績.)"
621) 『서경대전(書經大全)』, 「주서(周書)」·「낙고(洛誥)」 : "신안 진씨가 말하였다 : 「'왕제(王制)」에서 「사보(四輔)」와 「삼공(三公)」을 두니, 사보(四輔)는 좌우에서 보필하고 전후에서 의승(疑丞)하는 것이다.」라고 하였다. 「왕제」의 사보(四輔)를 인용해서 여기에서의 사보(四輔)를 해석한 것은 또한 주자의 사린(四鄰) 설과 부합한다. 왕이 그것으로 다스려 사방에서 돕는 대신이 되기를 공에게 원했고, 아래의 글에서 「공이 그것으로 다스려 사방의 새 군주가 되기를 왕에게 원했으니,」 군신이 서로 기약하며 원한 것이다.'(新安陳氏曰 : 王制曰, 設四輔及三公, 四輔, 左輔右弼, 前疑後丞也. 引王制之四輔, 解此四輔, 亦與朱子四鄰之說合. 王以治爲四輔之大臣望公, 下文公以治爲四方之新辟望王, 君臣交相期望也.)"

○ 漢以下, 論也.
　　한 이하는 경문의 의미 설명이다.

[10-4-13-21]

王曰, 公定, 予往已, 公功, 肅將祗歡, 公無困哉. 我惟無斁其康事, 公勿替刑, 四方其世享.

왕이 말씀하였다. "공이 이곳에 머물면 나는 종주로 갈 것이니, 공(公)의 공(功)을 백성들이 엄숙히 받들고 공경하여 기뻐하니, 공은 나를 곤궁하게 하지 말지어다. 나는 백성을 편안히 하는 일을 싫어함이 없을 것이니, 공이 모범이 됨을 폐하지 않으면 사방이 대대로 공의 덕을 누릴 것이다."

詳說
○ 公無之無, 毋通. 斁, 音亦.
　　'공무(公無)'의 '무(無)'는 '무(毋)'와 통한다. '역(斁)'은 음이 '역(亦)'이다.

集傳
定, 爾雅曰止也. 成王欲周公止洛, 而自歸往宗周.
정(定)은 『이아(爾雅)』에서 "그침이다."라고 하였다. 성왕은 주공이 낙읍에 머물러 있고 자신은 종주(宗周)로 돌아가고자 한 것이다.

詳說
○ 往已, 諺釋未瑩.
　　'왕이(往已)'라는 말은 『언해』의 해석이 분명하지 않다.

集傳
言周公之功, 人皆肅而將之欽而悅之,
주공(周公)의 공(功)을 사람들이 모두 엄숙히 받들고 공경하여 기뻐하니,

詳說

○ 奉之.
'장지(將之)'는 '봉지(奉之)'이다.

○ 祗
'흠(欽)'은 경문에서 '지(祗)'이다.

○ 歡
'열(悅)'은 경문에서 '환(歡)'이다.

集傳
互鎭撫洛邑, 以慰懌人心,
낙읍(洛邑)을 진무하여 사람들의 마음을 위로하고 기쁘게 해야 할 것이고,

詳說
○ 添二句.
두 구를 더하였다.

集傳
毋求去
떠나가기를 구하여

詳說
○ 添二字.
두 글자를 더하였다.

集傳
以困我也.
나를 곤궁하게 하지 말라.

詳說

○ 釋哉爲我, 然後證以呂說, 如孟子註賢否之否.
'재(哉)'자를 '아(我)'자로 해석한 다음에 여씨의 설명으로 증명한 것은『맹자』의 주에서 '현부(賢否)'의 '부(否)'와 같다.

集傳
我惟無厭其安民之事,
나는 백성을 편안히 하는 일을 싫어하지 않을 것이니,

詳說
○ 斁
'염(厭)'은 경문에서 '역(斁)'이다.

○ 公也.
'기(其)'는 '공(公)'이다.

集傳
公勿替所以監我士師工者,
공(公)이 우리 사(士)·사(師)와 백공(百工)들이 보도록 함을 폐하지 않으면,

詳說
○ 朱子曰 : "所以儀刑四方者."
주자가 말하였다 : "사방에 의형이 되는 것이다."622)

集傳
四方得以世世享公之德也. 吳氏曰, 前漢書
사방(四方)이 대대로 공(公)의 덕(德)을 누리게 될 것이다. 오씨(吳氏)가 말하였다. "『전한서(前漢書)』에

詳說

---

622)『서경대전(書經大全)』,「주서(周書)」·「낙고(洛誥)」: "주자가 말하였다 : '…. 사방에 의형이 되는 것은 사방이 대대로 공을 누린다는 것이다.'(朱子曰 : …. 所以儀刑四方者, 則四方其世享矣.)"

○ 杜周傳元后傳.

「두주전(杜周傳)」과 「원후전(元后傳)」이다.

集傳

兩引公無困哉, 皆以哉作我, 當以我爲正.

두 번 '공무곤재(公無困哉)'를 인용하였는데 모두 재(哉)자를 아(我)자로 썼으니, 마땅히 아(我)자를 바른 것으로 여겨야 할 것이다."

詳說

○ 乃正字誤.

그야말로 글자의 잘못을 바로 잡은 것이다.

○ 新安陳氏曰 : "此章之上, 必有公答王之辭. 蓋不許王留後之請也, 所以王言公無困我. 上章言予毖祀, 專倚重於公, 亥公未許留, 至此王以安天下自任, 亥公下章幡然許留也."

신안 진씨(新安陳氏)가 말하였다 : "여기 장의 위에 반드시 공이 왕에게 답하는 말이 있어야 한다. 대개 뒤에 머물러 있으라는 왕의 청을 불허했기 때문에 왕이 공에게 나를 곤궁하게 하지 말라고 말한 것이다. 위의 장에서 '나는 제사를 삼갈 뿐입니다.'623)라고 말한 것은 공에게 중요함을 오로지 의지한 것으로 당연히 공이 머물러 있을 것을 받아들이지 않은 것이고, 여기에 와서 왕이 천하를 편안히 하는 일을 자임한 것은 당연히 공이 아래의 장에서 마음을 고쳐 머물 것을 받아들인 것이기 때문이다."624)

---

623) 『서경대전(書經大全)』, 「주서(周書)」·「낙고-16(洛誥-16)」 : "공의 덕이 상하에 밝게 빛나고 사방에 부지런히 베풀어져서 널리 목목(穆穆)함을 지어 치평(治平)함을 맞이해서 문왕·무왕이 애쓰신 가르침을 혼미하지 않게 하시니, 나 충자(沖子)는 밤낮으로 제사를 삼갈 뿐입니다.(惟公德, 明光于上下, 勤施于四方, 旁作穆穆迓衡, 不迷文武勤敎, 予沖子夙夜毖祀.)"

624) 『서경대전(書經大全)』, 「주서(周書)」·「낙고(洛誥)」 : "신안 진씨가 말하였다 : '여기 장의 위에 반드시 공이 왕에게 답하는 말이 있어야 한다. 대개 뒤에 머물러 있으라는 왕의 청을 불허했기 때문에 「공이 이곳에 머물면 나는 종주로 갈 것이니, 공은 나를 곤궁하게 하지 말지어다.」라고 한 것이다. …, 또 위의 장에서 「나 충자는 밤낮으로 제사를 삼갈 뿐입니다.」라고 한 것은 성왕이 공에게 중요함을 전적으로 의지하고 삼가 제사를 주재한다는 것이니, 당연히 공이 아직 머물러 있을 것을 받아들이지 않은 것이다. 여기에 와서 「나는 백성들을 편안하게 하는 일에 게으르게 하지 않겠다는 것은 바로 왕이 천하를 편안히 하는 일을 자임해서 공에게 전적으로 의지하지 않은 것이니, 당연히 공이 아래의 장에서 마음을 고쳐 머물 것을 받아들인 것이다.'(新安陳氏曰 : 此章之上, 必有公答王之辭. 蓋不許王留後之請也, 所以王言公止我往歸周矣, 公無困我. …, 又上章言予沖子夙夜毖祀, 成王全倚重於公而已, 僅主祭, 宜公未許留. 至此曰我惟無倦於康安之事, 是王能以安天下自任, 而不全倚於公, 宜公下章幡然許留也.)"

[10-4-13-22]

周公拜手稽首曰, 王命予來, 承保乃文祖受命民, 越乃光烈考武王, 弘朕恭.

주공이 배수계수(拜手稽首)하고 말씀하였다. "왕(王)께서는 나를 명(命)하여 낙읍(洛邑)에 오게 하시어 그대의 문조(文祖)께서 명(命)을 받은 백성과 그대의 광렬고(光烈考)이신 무왕(武王)을 계승하여 보존하게 하시니, 나의 공손함을 크게 여기신 것입니다.

集傳

此下, 周公許成王留等事也.

이 이하는 주공이 성왕에게 낙읍에 머무는 등의 일을 허락한 것이다.

詳說

○ 總提三節.

총괄해서 제시했으니, 세 절이다.

集傳

來者, 來洛邑也. 承保乃文祖受命民, 及光烈考武王者, 答誕保文武受民之言也. 責難於君謂之恭,

내(來)는 낙읍(洛邑)에 온 것이다. 그대의 문조(文祖)께서 명(命)을 받은 백성과 광렬고(光烈考)인 무왕(武王)을 계승하여 보존한다는 것은 문왕·무왕께서 하늘로부터 받은 백성을 크게 보호하라는 말씀에 답한 것이다. 군주에게 어려운 일을 책(責)함을 공(恭)이라 이르니,

詳說

○ 越.

'급(及)'은 경문에서 '월(越)'이다.

○ 出孟子離婁.

『맹자』「이루」가 출처이다.625)

集傳

弘朕恭者, 大其責難之義也.
나의 공손함을 크게 여긴다는 것은 어려운 일을 책(責)하는 의(義)를 크게 여기는 것이다.

詳說

○ 大字, 釋於義. 或曰, 釋於難.
'대(大)'자를 '의(義)'에서 해석한다. 어떤 이는 "'난(難)'에서 해석한다."고 했다.

○ 陳氏曰 : "弘大我事君之恭."
진씨(陳氏)가 말하였다 : "내가 임금을 모시는 공손함을 크게 여긴다는 것이다."626)

[10-4-13-23]

孺子來相宅, 其大惇典殷獻民, 亂爲四方新辟, 作周恭先. 曰其自時, 中乂, 萬邦咸休, 惟王有成績.

유자(孺子)께서 이곳에 와서 집터를 보시니, 전장(典章)과 은나라의 어진 백성을 크게 돈독히 하시어 다스려 사방의 새 군주가 되어 주나라에 공손함의 솔선이 되소서." 또 말씀하였다. "이로부터 중앙에서 다스려 만방이 모두 아름답게 되면 왕께서는 훌륭한 성적이 있을 것입니다.

詳說

○ 相, 去聲.
'상(相)'은 거성이다.

集傳

---

625) 『맹자(孟子)』「이루상(離婁上)」: "어려운 일을 임금에게 행하도록 요구하는 것을 공(恭)이라 하고, 선한 것을 말하여 사악함을 막는 것을 경(敬)이라 하고, 우리 임금은 불가능하다고 하는 것을 적(賊)이라 한다. (責難於君謂之恭, 陳善閉邪謂之敬, 吾君不能謂之賊.)"
626) 『서경대전(書經大全)』, 「주서(周書)」·「낙고(洛誥)」: "진씨가 말하였다 : '내가 임금을 모시는 공손함을 크게 여긴다는 것이다.'(陳氏曰 : 弘大我事君之恭.)"

典, 典章也, 殷獻民, 殷之賢者也. 言當大厚其典章及殷之獻民,
전(典)은 전장(典章)이고, 은헌민(殷獻民)은 은(殷)나라의 어진 자이다. 마땅히 그 전장(典章)과 은(殷)나라의 헌민(獻民)을 크게 후하게 할 것이니,

詳說

○ 惇.
　'후(厚)'는 경문에서 '돈(惇)'이다.

集傳

蓋文
문적(文籍)과

詳說

○ 典章.
　전장이다.

集傳

獻者, 爲治之大要也. 亂, 治也, 言成王於新邑,
현자는 정치하는 대요이다. 난(亂)은 다스림이니, 성왕이 새 도읍에서

詳說

○ 新安陳氏曰 : "來相宅, 述王之此行也."
　신안 진씨(新安陳氏)가 말하였다 : "'이곳에 와서 집터를 보셨다.'는 것은 왕의 이곳으로 행차를 기술한 것이다."627)

集傳

致治爲四方新主也. 作周恭先者, 人君恭以接下, 以恭而倡後王也.
훌륭한 정치를 이룩하여 사방(四方)의 새로운 군주(君主)가 되라는 것이다. 주(周)

---

627) 『서경대전(書經大全)』, 「주서(周書)」·「낙고(洛誥)」 : "신안 진씨가 말하였다 : 「유자가 이곳에 와서 집터를 보셨다.」는 것은 바로 공이 왕의 이곳으로 행차를 기술한 것이다.(新安陳氏曰 : 孺子來相宅, 乃公述王之此行也. …….)"

나라에 공손함의 솔선(率先)이 되라는 것은 인군(人君)이 공손함으로써 아랫사람들을 접하여 공손함으로 후왕(後王)을 창도(倡導)하는 것이다.

詳說

○ 去聲, 下同.

'창(倡)'은 거성으로 아래에서도 같다.

集傳

公又言

공(公)이 또 말씀하기를

詳說

○ 新安陳氏曰 : "曰字, 公期望於王之辭."

신안 진씨(新安陳氏)가 말하였다 : "'왈(曰)'자는 공이 왕에게 기약하며 바라는 말이다."628)

集傳

其自是宅中圖治

"이로부터 중앙에 머물면서 정치를 도모하여

詳說

○ 與召誥之中乂同.

「소고」에서 '중앙에서 다스린다.'는 것과 같다.629)

集傳

---

628) 『서경대전(書經大全)』, 「주서(周書)」·「낙고(洛誥)」 : "신안 진씨가 말하였다 : '「유자가 이곳에 와서 집터를 보셨다.」는 것은 …. '왈(曰)'자는 공이 왕에게 기약하며 바라는 말이다.'(新安陳氏曰 : 孺子來相宅, 乃公述王之此行也. …. 曰者, 公期望於王之辭. ….)"
629) 『서경대전(書經大全)』, 「주서(周書)」·「소고-14(召誥-14)」 : "왕이 와서 상제를 이으시어 스스로 토중(土中)에서 정사를 행하소서. 단(旦)도 '큰 읍을 만들어서 이로부터 황천을 대하고 상하의 신을 삼가 제사하며, 이로부터 중앙에서 다스린다.'라고 말하였으니, 왕이 하늘의 이루어진 명을 소유하시면 백성을 다스림이 이제 아름다울 것입니다.(王來紹上帝, 自服于土中. 旦曰其作大邑, 其自時配皇天, 毖祀于上下, 其自時中乂, 王厥有成命, 治民今休.)"

萬邦咸底休美,
만방이 모두 아름다움을 이루면,

詳說

○ 致也.
'지(底)'는 이르다는 것이다.

集傳

則王其有成績矣. 此周公以治洛之效, 望之成王也
왕은 훌륭한 성적이 있을 것이다."라고 하였다, 이것은 주공이 낙읍을 다스리는 효험으로 성왕에게 바란 것이다.

詳說

○ 二句, 論也.
두 구는 경문의 의미 설명이다.

[10-4-13-24]

予旦, 以多子, 越御事, 篤前人成烈, 答其師, 作周孚先, 考朕昭子刑, 乃單文祖德.
나 단(旦)은 다자(多子)와 어사(御事)들과 함께 전인(前人)께서 이룩하신 공렬(功烈)을 돈독히 하고 백성들에게 보답하며 주나라에 성실함의 솔선(率先)이 되고 우리 소자(昭子)의 법을 이루어 문조(文祖)의 덕을 다할 것입니다.

詳說

○ 單, 殫通.
'단(單)'은 '천(殫)'과 통한다.

集傳

多子者, 衆卿大夫也. 唐孔氏曰, 子者, 有德之稱, 大夫, 皆稱子.

다자(多子)는 여러 경대부(卿大夫)이다. 당나라의 공씨(孔氏)가 "자(子)는 덕(德)이 있는 자의 칭호이니, 대부를 모두 자(子)라고 칭한다."라고 하였다.

詳說

○ 如漢書稱子大夫.
『한서』에서 '자대부(子大夫)'라고 칭하는 것과 같다.

集傳

師, 衆也. 周公言我以衆卿大夫及治事之臣,
사(師)는 무리이다. 주공이 말씀하기를 "내 여러 경대부와 일을 다스리는 신하들과

詳說

○ 越.
'급(及)'은 '경문에서 '월(越)'이다.

集傳

篤厚文武成功
문왕·무왕께서 이룩하신 공을 독후히 하여

詳說

○ 烈功也.
'성공(成功)'은 '공적[烈功]'이다.

集傳

以答天下之衆也.
천하의 무리에게 보답한다."라고 한 것이다.

詳說

○ 如詩言以對于天下.

『시경』에서 '천하가 바라는 마음에 보답하였다.'630)고 말하는 것과 같다.

集傳
孚, 信也, 作周孚先者, 人臣信以事上, 以信而倡後人也. 考, 成也. 昭子猶所謂明辟也,親之故曰子.
부(孚)는 성실함이니, 주나라에 성실함의 솔선이 된다는 것은 인신이 성실함으로써 윗사람을 섬겨서 성실함으로 후인(後人)을 창도하는 것이다. 고(考)는 이룸이다. 소자(昭子)는 이른바 밝은 군주란 말과 같으니, 친히 여기기 때문에 자(子)라고 말한 것이다.

詳說
○ **並照首節.**
아울러 첫 절을 참조하라.631)

集傳
刑, 儀刑也,
형(刑)은 본보기이며,

詳說
○ **法也.**
'의형(儀刑)'은 '법(法)'이다.

集傳
單, 殫也, 言成我明子儀刑, 而殫盡文王之德,
단(單)은 다함이니, 우리 소자(昭子)의 본보기를 이루어 문왕의 덕을 다한다는 것이니,

---

630) 『시경(詩經)』「대아(大雅)」·「황의(皇矣)」: "왕이 크게 노하여 곧 군병을 정돈하고는 완(阮)을 치러 가는 밀인(密人)의 군사를 막아 내어 주나라의 복을 두텁게 함으로써 천하가 바라는 마음에 보답하였다.(王赫斯怒, 爰整其旅, 以遏徂莒, 以篤周祜, 以對于天下.)"

631) 『서경대전(書經大全)』,「주서(周書)」·「낙고1(洛誥1)」: "주공이 배수계수(拜手稽首)하고 말씀하였다. '나는 그대 밝은 군주께 복명하노이다.'(周公拜手稽首曰, 朕復子明辟.)"

詳說
○ 盡行.
'탄진(殫盡)'은 다 행한다는 것이다.

○ 主成王而言祖.
성왕을 위주로 조상을 말한 것이다.

集傳
蓋周公與
주공(周公)이 여러 신하(臣下)들과 함께

詳說
○ 以.
'여(與)'는 경문에서 '이(以)'이다.

集傳
羣臣篤前人成烈者, 所以成成王之刑, 乃殫文祖德也. 此周公以治洛之事, 自效也.
전인(前人)이 이룩한 공렬을 돈독히 하는 것은 성왕의 본보기를 이루어 바로 문조(文祖)의 덕을 다하는 것이다. 이것은 주공이 낙읍을 다스리는 일로 스스로 책임진 것이다.

詳說
○ 此句與上註末, 相照應.
여기의 구는 위의 주 끝과 호응한다.

○ 蓋以下, 論也.
'개(蓋)' 이하는 경문의 의미 설명이다.

詳說

○ 新安陳氏曰 : "亂爲四方新辟, 當與亂爲四輔對觀, 作周孚先, 當與作周恭先對觀."

신안 진씨(新安陳氏)가 말하였다 : "'다스려 사방의 새 군주가 된다.'632)는 것은 '다스려 사보가 되라.'633)는 것과 상대해서 봐야 하고, '주나라에 성실함의 솔선(率先)이 된다.'는 것은 '주나라에 공손함의 솔선이 되라.'634)는 것과 상대해서 봐야 한다."635)

○ 陳氏大猷曰 : "此上下疑有缺文."

진씨 대유(陳氏大猷)636)가 말하였다 : "여기의 위아래로 빠진 글이 있는 듯하다."637)

[10-4-13-25]

伻來毖殷, 乃命寧予, 以秬鬯二卣, 曰明禋, 拜手稽首, 休享.

왕께서는 사람을 보내와 은나라 사람들을 경계하시고, 나를 명(命)하여 편안히 하시되, 검은 기장과 울금으로 빚은 술 두 그릇으로 하시고, '밝게 공경하노니, 배수계수하며 아름답게

---

632) 『서경대전(書經大全)』, 「주서(周書)」·「낙고-23(洛誥-23)」 : "'유자(孺子)께서 이곳에 와서 집터를 보시니, 전장(典章)과 은나라의 어진 백성을 크게 돈독히 하시어 다스려 사방의 새 군주가 되어 주나라에 공손함의 솔선이 되소서.' 또 말씀하였다. '이로부터 중앙에서 다스려 만방이 모두 아름답게 되면 왕께서는 훌륭한 성적이 있을 것입니다.'(孺子來相宅, 其大惇典殷獻民, 亂爲四方新辟, 作周恭先. 曰其自時, 中乂, 萬邦咸休, 惟王有成績.)"

633) 『서경대전(書經大全)』, 「주서(周書)」·「낙고-20(洛誥-20)」 : "그 뒤를 개척하여 크게 해서 우리 사(士)·사(師)와 백공(百工)들이 보도록 해서 문왕(文王)·무왕(武王)께서 하늘로부터 받으신 백성을 크게 보호하여 다스려 사보(四輔)가 될지어다.(迪將其後, 監我士師工, 誕保文武受民, 亂爲四輔.)"

634) 『서경대전(書經大全)』, 「주서(周書)」·「낙고-23(洛誥-23)」 : "'유자(孺子)께서 이곳에 와서 집터를 보시니, 전장(典章)과 은(殷)나라의 어진 백성을 크게 돈독히 하시어 다스려 사방의 새 군주(君主)가 되어 주(周)나라에 공손함의 솔선(率先)이 되소서.' 또 말씀하였다. '이로부터 중앙에서 다스려 만방(萬邦)이 모두 아름답게 되면 왕(王)께서는 훌륭한 성적(成績)이 있을 것입니다.'孺子來相宅, 其大惇典殷獻民, 亂爲四方新辟, 作周恭先. 曰其自時, 中乂, 萬邦咸休, 惟王有成績.)"

635) 『서경대전(書經大全)』, 「주서(周書)」·「낙고(洛誥)」 : "신안 진씨가 말하였다 : '주나라의 성실함의 솔선이 된다는 것은 주나라 왕가의 성실한 신하들의 솔선이 된다는 것이니, 성실함으로 선후의 신하들을 솔선한다는 것이다. 「다스려 사방의 새 군주가 된다.」는 것은 「다스려 사보가 되라.」는 것과 상대해서 봐야 하고, 「주나라에 성실함의 솔선(率先)이 된다.」는 것은 「주나라에 공손함의 솔선이 되라.」는 것과 상대해서 봐야 한다. 대개 공과 왕이 서로 기대하고 바라면 각기 책임을 다한다는 말이다.'(新安陳氏曰 : 作周孚先, 爲周家孚信之臣之先, 以信而率先後之爲臣者也. 亂爲四方新辟, 當與亂爲四輔對觀, 作周孚先, 當與作周恭先對觀. 蓋公與王交相期望, 各盡責任之辭也.)"

636) 진씨 대유(陳氏大猷, ?~?) : 송나라 남강군(南康軍) 도창(都倉) 사람으로 자는 문헌(文獻)이고, 호는 동재(東齋)다. 이종(理宗) 개경(開慶) 원년(1259) 진사(進士)가 되고, 종정랑(從政郎)과 황주군(黃州軍) 판관(判官) 등을 지냈다. 『서경』에 조예가 깊었다. 저서에 『상서집전혹문(尙書集傳或問)』과 『상서집전회통(尙書集傳會通)』 등이 있다.

637) 『서경대전(書經大全)』, 「주서(周書)」·「낙고(洛誥)」 : "진씨 대유가 말하였다 : '여기의 위아래로 빠진 글이 있는 듯하다.'(陳氏大猷曰此處下疑有缺文.)"

향례(享禮)를 올린다.'라고 하였습니다.

> 詳說

○ 絶句.
'내명녕여(乃命寧予)'에서 구를 끊어야 한다.

○ 秬, 臼許反, 鬯, 丑亮反, 卣, 以九反, 又音由, 禋音因.
'거(秬)'는 음이 '구(臼)'와 '허(許)'의 반절이고, '창(鬯)'은 음이 '축(丑)'과 '량(亮)'의 반절이며, '유(卣)'는 음이 '이(以)'와 '구(九)'의 반절이고, 또 음이 '유(由)'이며, '인(禋)'은 음이 '인(因)'이다.

> 集傳

此謹悉殷民, 而命寧周公也.
여기는 은나라 백성들을 삼가 경계하고 주공을 명하여 편안하게 한 것이다.

> 詳說

○ 總提四節.
총괄해서 제시했으니, 네 절이다.

> 集傳

秬, 黑黍也, 一稃
거(秬)는 검은 기장이니, 껍질 하나에 쌀이

> 詳說

○ 音孚, 穀皮也.
'부(稃)'는 음이 '부(孚)'로 곡식의 껍질이다.

> 集傳

二米, 和氣所生.
두 알이니, 화(和)한 기운에서 생긴 것이다.

詳說

○ 和氣所集, 故爲二米.
화한 기운이 모이기 때문에 두 알인 것이다.

集傳

鬯, 鬱金, 香草也. 卣, 中尊也.
창(鬯)은 울금(鬱金)이니, 향초(香草)이다. 유(卣)는 중간 크기의 술잔이다.

詳說

○ 爾雅注曰："彝爲上, 罍爲下."
『이아』의 주에서 말하였다："이(彝)가 위이고, 뢰(罍)가 아래이다."

集傳

明, 潔, 禋, 敬也, 以事神之禮事公也.
명(明)은 깨끗함이고 인(禋)은 공경함이니, 신(神)을 섬기는 예로 공을 섬긴 것이다.

詳說

○ 旣云事神, 則禋不必訓敬.
이미 신을 섬긴다고 말했다면, 제사에 굳이 공경을 가르칠 필요는 없다.

集傳

蘇氏曰, 以黑黍爲酒, 合以鬱鬯, 所以祼也,
소씨(蘇氏)가 말하였다. "검은 기장으로 술을 만들고 울창(鬱)을 합함은 강신(降神)하기 위한 것이니,

詳說

○ 音貫.
'관(祼)'은 음이 '관(貫)'이다.

集傳

宗廟之禮, 莫盛於祼. 王使人來戒勑庶殷,
종묘의 예는 강신(降神)보다 더 성대한 것이 없다. 왕이 사람을 시켜 와서 여러 은(殷)나라 사람들을 경계하고

詳說

○ 毖.
'계래(戒勑)'는 경문에서 '비(毖)'이다.

集傳

且以秬鬯二卣, 綏寧周公,
또 검은 기장과 울금으로 빚은 술 두 그릇으로 주공을 편안하게 하고는

詳說

○ 新安陳氏曰 : "如歸寧父母之寧."
신안 진씨(新安陳氏)가 말하였다 : "'돌아가 부모님을 편안하게 해 드리겠다.'638)고 할 때의 '편안하게 해 드린다.'는 것과 같다."639)

集傳

曰明禋曰休享者, 何也.
'밝게 공경한다.'라고 하고 '아름답게 향례(享禮)를 올린다.'라고 한 것은 어째서인가?

詳說

○ 新安陳氏曰 : "述王命使之辭."
신안 진씨(新安陳氏)가 말하였다 : "왕이 명하여 시킨 말을 기술한 것이다."640)

---

638) 『시경(詩經)』「갈담(葛覃)」에 "어느 것은 빨고 어느 것은 빨지 않을까! 돌아가 부모님을 편안하게 해드리리라.(害澣害否, 歸寧父母.)"

639) 『서경대전(書經大全)』, 「주서(周書)」·「낙고(洛誥)」: "신안 진씨가 말하였다 : 「편안하게 한다.」는 것은 「돌아가 부모님을 편안하게 해 드리겠다.」고 할 때의 「편안하게 해 드린다.」는 것과 같다. ….'(新安陳氏曰 : 寧, 如歸寧父母之寧. ….)"

640) 『서경대전(書經大全)』, 「주서(周書)」·「낙고(洛誥)」: "신안 진씨가 말하였다 : 「편안하게 한다.」는 것은 「돌아가 부모님을 편안하게 해 드리겠다.」고 할 때의 「편안하게 해 드린다.」는 것과 같다. 「밝게 공경하노니, 배수계수하며 아름답게 향례(享禮)를 올린다.」라고 한 것은 왕이 명하여 시킨 말을 기술한 것이다. ….'(新安陳氏曰 : 寧, 如歸寧父母之寧. 曰明禋拜手稽首休享者, 述王命使之辭. ….)"

[집전]
事周公如事神明也. 古者有大賓客, 以享禮禮之, 酒淸, 人渴而不飮, 肉乾,
주공 섬기기를 신명(神明)을 섬기듯이 한 것이다. 옛날에 큰 빈객(賓客)이 있으면 향례(享禮)로 예우하였으니, 술이 맑아지고 사람들이 목말라도 마시지 못하고, 고기가 마르고

[상설]
○ 音干.
'간(乾)'은 음이 '간(干)'이다.

[집전]
人飢而不食也.
사람들이 굶주려도 먹지 못한다.

[상설]
○ 二句, 出禮記聘義.
두 구는 『예기』「빙의」가 출처이다.

[집전]
故享有體薦
그러므로 향(享)에 통째로 올림이 있으니,

[상설]
○ 出左宣十六年.
『좌전』 선공 16년이 출처이다.

○ 鄒氏季友曰 : "半解其體而薦之, 亦謂之房烝."
추씨 계우(鄒氏季友)641)가 말하였다 : "몸을 반으로 해체해서 올리는 것을 또한

---
641) 『서경대전(書經大全)』, 「상서(商書)」・「중훼지고(仲虺之誥)」에는 황보밀(皇甫謐)의 말로 되어 있다. 황보밀(皇甫謐, 215년 ~ 282년)은 서진(西晉) 안정(安定) 조나(朝那) 사람으로 자는 사안(士安)이고, 어릴 때 이름은 정(靜)이며, 자호는 현안선생(玄晏先生)이다. 황보숭(皇甫嵩)의 증손이다. 젊었을 때 거침없이 방탕하여

'방증(房烝)'이라고 한다."

集傳

豈非敬之至者則其禮如祭也歟.
아마도 공경하기를 지극히 하는 자에게는 그 예를 제사와 같이 하는 것이 아니겠는가!"

詳說

○ 新安陳氏曰 : "傳有體薦, 一證也. 記曰, 君子敬, 則用祭器, 又一證也."
신안 진씨(新安陳氏)가 말하였다 : "『좌전』에 통째로 올림이 있다는 것도 하나의 증거이다. 『예기』에서 '군자가 공경하면 제기를 사용한다.'고 한 것도 또 하나의 증거이다."642)

○ 蘇氏以下, 論也.
'소씨(蘇氏)' 이하는 경문의 의미 설명이다.

[10-4-13-26]
予不敢宿, 則禮于文王武王.
저는 감히 이것을 받아 신에게 나아갈 수가 없어서 문왕·무왕에게 제사하였습니다.

集傳

사람들이 미치광이라고 여겼다. 20살 무렵부터 부지런히 공부해 게으르지 않았다. 집이 가난해 직접 농사를 지었는데, 책을 읽으면서 밭갈이를 함으로써 수많은 서적들을 통독했다. 나중에 질병에 걸렸으면서도 손에서 책을 놓지 않고 저술에 전심하느라 밥 먹는 것도 잊어버려 사람들이 서음(書淫)이라 했다. 무제(武帝) 때 부름을 받았지만 나가지 않았다. 무제가 책 한 수레를 하사했다. 자신의 병을 고치려고 의학서를 읽어 가장 오랜 침구 관련서인 『침구갑을경(鍼灸甲乙經)』을 편찬했다. 역사에도 조예가 깊어 『제왕세기(帝王世紀)』와 『연력(年歷)』, 『고사전(高士傳)』, 『일사전(逸士傳)』, 『열녀전(列女傳)』, 『현안춘추(玄晏春秋)』 등을 지었다.
642)『서경대전(書經大全)』, 「주서(周書)」·「낙고(洛誥)」: "신안 진씨가 말하였다 : '「편안하게 한다.」는 것은 「돌아가 부모님을 편안하게 해 드리겠다.」고 할 때의 「편안하게 해 드린다.」는 것과 같다. 「밝게 공경하노니, 배수계수하며 아름답게 향례(享禮)를 올린다.」라고 한 것은 왕이 명하여 시킨 말을 기술한 것이다. …. 「그 예를 제사와 같이 한다.」는 것은 『좌전』에서 '통째로 올림이 있다.」고 한 것도 하나의 증거이고, 『예기』에서 「군자가 공경하면 제기를 사용한다.」도 한 것도 또 하나의 증거이다.'(新安陳氏曰 : 寧, 如歸寧父母之寧. 曰明禋拜手稽首休享者, 述王命使之辭. …. 其禮如祭, 傳曰享有體薦, 一證也, 記曰, 君子敬, 則用祭器, 又一證也.)"

宿, 與顧命三宿之宿同.
숙(宿)은 「고명(顧命)」에서 삼숙(三宿)643)의 숙(宿)과 같다.

詳說
○ 息齋余氏曰 : "進爵."
식재 여씨(息齋余氏)가 말하였다 : "술잔을 올리는 것이다."644)

集傳
禋, 祭名, 周公不敢受此禮,
인(禋)은 제사의 이름이니, 주공이 감히 이 예를 받을 수가 없어서

詳說
○ 自飮.
스스로 마셨다는 것이다.

○ 張氏曰 : "觀此, 則天子禮樂, 公其敢安乎. 成王之賜, 伯禽之受, 其失可見."
장씨(張氏)가 말하였다 : "이것을 본다면 천자의 예악은 공이 어찌 감히 편안히 여길 수 있는 것이겠는가? 성왕이 주고 백금이 받은 것은 그 잘못을 알 수 있다."645)

集傳
而祭於文武也.

---

643) 『서경대전(書經大全)』, 「주서(周書)」·「고명-26(顧命-26)」 : "마침내 동(同)과 모(瑁)를 받아 왕이 세 번 술잔을 잡고 신(神)에게 나아가고 세 번 땅에 붓고 세 번 다시 술잔을 신(神)에게 올리시자, 상종(上宗)이 '흠향했노라.'라고 하였다.(乃受同瑁, 王三宿, 三祭三咤, 上宗曰饗.)"
644) 『서경대전(書經大全)』, 「주서(周書)」·「낙고(洛誥)」 : "식재 서씨(息齋徐氏)가 말하였다 : '「고명」에서 술잔을 올리는 것으로 풀이한 것은 공씨의 설명이다. 당의 공씨는 그 의미를 거듭해서 신의 앞으로 나아가 술잔을 올리는 것으로 여겼다.'(息齋徐氏曰 : 顧命宿訓爲進爵, 孔氏說也. 唐孔氏申其義, 以爲進爵於神前.)"
645) 『서경대전(書經大全)』, 「주서(周書)」·「낙고(洛誥)」 : "장씨(張氏)가 말하였다 : '여기의 글을 본다면, 주공은 감히 검은 기장과 울금의 예를 감당할 수 없었으니, 천자의 예악은 공이 어찌 감히 편안히 여길 수 있는 것이겠는가? 그래서 『춘추』에서 노나라의 교제는 모두 그 참람함을 물리친 것이다. 그렇다면 성왕이 주고 백금이 받았다는 것은 그 잘못을 알 수 있는 것으로 어찌 주공이 감히 편안히 여길 수 있는 것이겠는가!(張氏曰 : 觀此書, 周公不敢當成王秬鬯之禮, 則天子之禮樂, 公其敢當乎. 所以春秋於魯之郊禘, 皆貶其僭. 則成王之賜, 伯禽之受, 其失可見, 豈周公之所敢安乎.)"

문왕·무왕에게 제사한 것이다.

> 詳說

○ 鄒氏季友曰 : "按, 顧命進爵於神前, 非謂自飮而進爵也. 從孔傳不經宿爲優, 又禋, 前訓敬, 後訓祭, 未安. 營洛成, 成王以秬鬯命, 周公告文武而公卽以祭也."
추씨 계우(鄒氏季友)가 말하였다 : "살펴보건대, 「고명」에서 신의 앞으로 나아가 술잔을 올리는 것646)은 스스로 마시고 술잔을 올린다는 말이 아니다. 공씨의 전을 따라 숙을 떳떳하게 여기지 않았다는 뛰어나고, 또 '공경한다.'는 것은 앞에서 공경한다고 풀이하고 뒤에서 제사한다고 풀이한 것은 편안하지 않다. 낙읍의 완성을 경영해서 성왕이 검은 기장과 울금으로 명하니, 주공이 문왕과 무왕에게 고하고 공이 바로 제사한 것이다."

[10-4-13-27]

惠篤叙, 無有遘自疾, 萬年, 厭于乃德, 殷乃引考.

순히 돈독히 하여 잊지 않고 차례를 따라 스스로 병을 만남이 없으며 만년에 그대의 덕을 충만하게 하고, 은나라 사람들도 수명을 연장하게 하소서.

> 詳說

○ 遘, 居俟反, 厭, 於艶反.
'구(遘)'는 '거(居)'와 '사(俟)'의 반절이고 '염(厭)'은 '어(於)'와 '염(艶)'의 반절이다.

> 集傳

此, 祭之祝辭, 周公爲成王禱也.
여기는 제사(祭祀)의 축사(祝辭)이니, 주공(周公)이 성왕(成王)을 위하여 기도한 것이다.

---

646) 『서경대전(書經大全)』, 「주서(周書)」·「고명-26(顧命-26)」 : "마침내 동(同)과 모(瑁)를 받아 왕이 세 번 술잔을 잡고 신(神)에게 나아가고 세 번 땅에 붓고 세 번 다시 술잔을 신(神)에게 올리시자, 상종(上宗)이 '흠향했노라.'라고 하였다.(乃受同瑁, 王三宿, 三祭三咤, 上宗曰饗.)"

詳說

○ 去聲.
'위(爲)'는 거성이다.

○ 先總提
먼저 총괄해서 제시했다.

集傳

惠, 順也. 篤敍, 與篤敍乃正父同.
혜(惠)는 순함이다. 독서(篤敍)는 '당신의 정부(正父)를 돈독히 생각하고 차례를 따르라.[篤敍乃正父]'와 같다.

詳說

○ 照前節.
앞의 절을 참조하라.647)

集傳

順篤敍文武之道,
순히 문왕·무왕의 도를 독서(篤敍)하고

詳說

○ 添四字.
네 글자를 더하였다.

○ 陳氏大猷曰:"篤敍而行之."
진씨 대유(陳氏大猷曰)가 말하였다 : "돈독히 생각하고 차례를 따라 행한다는

---

647) 『서경대전(書經大全)』, 「주서(周書)」·「낙고-13(洛誥-13)」: "그대 유자(孺子)는 나의 한가롭지 않음을 반포하여 내가 당신에게 백성의 떳떳한 성품을 도우라고 가르쳐준 것을 들으소서. 당신께서 이것을 힘쓰지 않으면 이에 영원하지 못할 것입니다. 당신의 정부(正父)를 돈독히 생각하고 차례를 따르되 나와 같이 하지 않음이 없으면 백성들이 감히 당신의 명(命)을 폐하지 않을 것이니, 당신은 낙읍(洛邑)에 가서 공경하소서. 나는 물러가 농사를 밝힐 것이니, 저 낙읍(洛邑)에서 우리 백성들을 편안히 하면 먼데 할 것이 없이 다 올 것입니다.(乃惟孺子, 頒朕不暇, 聽朕敎汝于棐民彝. 汝乃是不蘉, 乃時惟不永哉. 篤敍乃正父, 罔不若予, 不敢廢乃命, 汝往敬哉. 茲予其明農哉, 彼裕我民, 無遠用戾.)"

것이다."648)

|集傳|
身其康强,
몸이 강강(康强)하며

|詳說|
○ 見洪範.
「홍범」에 보인다.

|集傳|
無有遘遇自罹疾害者
스스로 질병과 해에 걸림을 만남이 없어서

|詳說|
○ 添罹字.
'리(罹)'자를 더하였다.

|集傳|
子孫萬年
자손 만년에

|詳說|
○ 添子孫字.
'자손(子孫)'이라는 말을 더하였다.

|集傳|
厭飽乃德, 殷人亦

---

648) 『서경대전(書經大全)』, 「주서(周書)」·「낙고(洛誥)」: "진씨 대유가 말하였다 : '「문무의 도를 은혜롭게 따른다는 것은 돈독히 생각하고 차례를 따라 행한다는 것이다.(陳氏大猷曰 : 惠順文武之道, 篤叙而行之.)"

그대의 덕을 충만하게 하며, 은(殷)나라 사람들 또한

詳說

○ 乃.
'역(亦)'은 경문에서 '내(乃)'이다.

集傳

永壽考也.
길이 수고(壽考)하게 하라는 것이다.

詳說

○ 孔氏曰:"殷乃長成爲周."
공씨(孔氏)가 말하였다:"은나라가 바로 길이 이루어 주나라가 된다는 것이다."[649]

[10-4-13-28]

王伻殷, 乃承叙萬年, 其永觀朕子, 懷德.

왕께서는 은나라 사람들이 가르치는 차서(次敍)를 받들기를 만년토록 하여 길이 우리 유자(孺子)를 보고서 덕(德)을 생각하게 하도록 하소서."

詳說

○ 此又勉王.
여기는 또 왕에게 권한 것이다.

集傳

承, 聽受也. 叙, 教條次第也. 王使殷人承叙萬年, 其永觀法我孺子, 而懷其德也.

---

649)『상서찬전(尙書纂傳)』,「주서(周書)」·「낙고(洛誥)」:"한의 공씨가 말하였다:'…. 병을 만나는 도가 없으면, 천하에서 만년에 그대의 덕을 충만하게 하니, 은나라가 바로 길이 이루어 주나라가 된다는 것이다. ….'(漢孔氏曰:…, 無有遇用患疾之道者, 則天下萬年厭于汝德, 殷乃長成爲周. ….)"

승(承)은 따라 받듦이고, 서(敍)는 교조(敎條)의 차제(次第)이다. 왕께서는 은나라 사람들이 교조(敎條)의 차서(次敍)를 받들기를 만년(萬年)토록 하여 길이 우리 유자(孺子)를 보고 본받아서 그 덕(德)을 생각하게 하도록 하라는 것이다.

詳說
○ 孺子.
'기(其)'는 '유자(孺子)'이다.

集傳
蓋周公雖許成王留洛, 然且謂王伻殷者, 若曰遷洛之民, 我固任之, 至於使其承敍萬年, 則實繫于王也, 亦責難之意
주공이 비록 성왕에게 낙읍에 머물 것을 허락하였으나 또 "왕께서는 은나라 사람들이 ~하도록 하라"고 말한 것은 "낙읍으로 옮긴 백성은 내 진실로 책임지겠으나 이들이 가르치는 차서를 받들기를 만년토록 하는 것은 실로 왕에게 달려 있다."고 말씀한 것이니, 또한 어려운 것에 대해 책한 뜻으로

詳說
○ 照前註.
앞의 조를 참조하라.

集傳
與召誥末, 用供王能祈天命,
「소고(召誥)」의 끝에 "왕께서 하늘의 영명을 기원함에 바친다."[650]고 한 것과

詳說
○ 一有永字

---

[650] 『서경대전(書經大全)』, 「주서(周書)」·「소고-24(「召誥-24」) : "배수계수(拜手稽首)하여 아뢰옵니다. "나 소신은 감히 왕의 원수 백성인 은나라 백성과 여러 군자와 우민(友民)들을 데리고 왕의 위명(威命)과 명덕(明德)을 보존하고 받게 하노니, 왕께서 마침내 이루어진 명을 소유하시면 왕이 또한 후세에 드러나실 것입니다. 내 감히 수고롭게 여기는 것이 아니오라 오직 공손히 폐백을 받들어 왕께서 하늘의 영명을 기원함에 바치나이다.(拜手稽首曰, 予小臣, 敢以王之讐民, 百君子, 越友民, 保受王威命明德, 王末有成命, 王亦顯, 我非敢勤, 惟恭奉幣, 用供王, 能祈天永命.)"

'천(天)' 다음에 어떤 판본에는 '영(永)'자가 있다.

集傳
語脈相類.
어투가 서로 유사하다.

詳說
○ 蓋以下, 論也.
'개(蓋)' 이하는 경문의 의미 설명이다.

[10-4-13-29]

戊辰, 王在新邑烝祭, 歲, 文王騂牛一, 武王騂牛一. 王命作冊, 逸祝冊, 惟告周公其後. 王賓殺禋咸格, 王入太室祼.

무진일에 왕이 새 도읍에 계시면서 증제(烝祭)를 올리시니, 해마다 하는 것으로 문왕에게 붉은 소 한 마리이고, 무왕에게 붉은 소 한 마리였다. 왕이 명하여 책을 지으라 하시니, 사관 일(逸)이 축문을 책에 쓰니, 주공에게 뒤에 남아 낙읍을 다스리게 한 일을 고한 것이었다. 왕의 손님들이 희생을 잡아 제사함에 모두 오니, 왕이 태실에 들어가 강신제를 올리셨다.

詳說
○ 祼, 音貫.
'관(祼)'은 음이 '관(貫)'이다.

集傳
此下, 史官記祭祀冊誥等事, 以附篇末也.
이 이하는 사관(史官)이 제사하고 책으로 고(告)하는 등의 일을 기록하여 편(篇)의 끝에 붙인 것이다.

詳說
○ 總提三節.

총괄해서 제시했으니 세 절이다.

>[集傳]
>
>戊辰, 十二月
>
>무진(戊辰)은 12월의

>>[詳說]
>>
>>○ 下節.
>>
>>아래의 절이다.651)

>[集傳]
>
>之戊辰日也
>
>무진일(戊辰日)이다.

>>[詳說]
>>
>>○ 營洛之年.
>>
>>낙을 경영하던 때이다.

>[集傳]
>
>是日, 成王在洛, 舉烝祭之禮. 曰歲云者. 歲舉之祭也.
>
>이 날에 성왕이 낙읍에 있으면서 증제(烝祭)의 예(禮)를 거행하였다. 세(歲)라고 이른 것은 1년에 한 번씩 거행하는 제사이다.

>>[詳說]
>>
>>○ 因歲事也.
>>
>>세사를 말미암는 것이다.

>[集傳]

---

651) 『서경대전(書經大全)』, 「주서(周書)」·「낙고-30(洛誥-30)」: "왕(王)이 주공(周公)에게 명(命)하여 뒤에 남아 책문(冊文)을 짓게 하시므로 사관(史官)인 일(逸)이 고(告)하니, 12월에 있었다.(王命周公後, 作冊, 逸誥, 在十有二月.)"

周尙赤, 故用騂. 宗廟禮太牢, 此用特牛者,
주나라는 적색을 숭상하였으므로 붉은 소를 쓴 것이다. 종묘에서는 태뢰(太牢)로 제사하는데 여기에서 특우(特牛)를 쓴 것은

詳說
○ 各用.
각기 쓰는 것이다.

集傳
命周公留後於洛, 故擧盛禮也. 逸, 史佚也.
주공에게 명하여 낙읍에 유후(留後)가 되게 하였으므로 성대한 예를 거행한 것이다. 일(逸)은 사관(史官)인 일(佚)이고,

詳說
○ 佚, 見禮記曾子問.
'일(佚)' 『예기』「증자문」에 보인다.

集傳
作冊者, 冊書也, 逸祝冊者, 史逸爲祝冊
책을 지었다는 것은 책에 쓴 것이니, 일(逸)이 축문(祝文)을 책에 썼다는 것은 사관인 일(逸)이 축문(祝文)을 책에 써서

詳說
○ 書祝於冊.
책에 축문을 쓰는 것이다.

集傳
以告神也.
신(神)에게 고(告)한 것이다.

詳說

○ 將以告神.
신에게 고하려는 것이다.

集傳

惟告周公其後者, 祝冊所載, 夐不及他, 惟告周公留守其後之意, 重其事也.
주공(周公)에게 뒤에 남아 낙읍(洛邑)을 다스리게 한 일을 고한다는 것은 축책(祝冊)에 기재한 내용이 다시 딴 것은 언급하지 않고 오직 주공(周公)이 뒤에 남아 유수(留守)하게 한 뜻을 고(告)한 것이니, 이 일을 중히 여긴 것이다.

詳說

○ 去聲.
'중(重)'은 거성이다.

集傳

王賓, 猶虞賓,
왕빈(王賓)은 우빈(虞賓)과 같으니,

詳說

○ 見益稷.
「익직」에 있다.652)

集傳

杞宋之屬, 助祭諸侯也. 諸侯以王殺牲, 禋祭祖廟,
기(杞)나라와 송(宋)나라의 등속으로 제사를 돕는 제후이다. 제후들은 왕(王)이 희생(犧牲)을 잡아 선조(先祖)의 사당(祠堂)에 정결히 제사하기

---

652) 『서경대전(書經大全)』, 「익직9(益稷9)」 : "기(夔)가 말하였다. '명구(鳴球)를 치고 거문고와 비파를 어루만지며 노래를 읊으니, 조고(祖考)가 와서 이르시며 우빈(虞賓)이 자리에 있으면서 여러 제후들과 덕(德)으로 사양합니다. 당하(堂下)에는 관악기와 도고(鼓)를 진열하고, 음악을 합하고 멈추되 축(柷)과 어(敔)로 하며 생(笙)과 용(鏞)을 번갈아 울리니, 새와 짐승이 너울너울 춤을 추며 소소(簫韶)를 아홉 번 연주하자 봉황이 와서 춤을 춥니다.'(夔曰, 戛擊鳴球, 搏拊琴瑟, 以詠, 祖考來格, 虞賓在位 群后德讓. 下管鼗鼓 合止柷敔, 笙鏞以間, 鳥獸蹌蹌 簫韶九成, 鳳凰來儀.)"

詳說

○ 添以王字.

'이왕(以王)'자를 더하였다.

集傳

故咸至也.

때문에 모두 온 것이다.

詳說

○ 格.

'지(至)'는 경문에서 '격(格)'이다.

集傳

太室淸廟中央室也.

태실(太室)은 청묘(淸廟)의 중앙에 있는 방이다.

詳說

○ 九室之中.

아홉 방의 가운데이다.

集傳

祼, 灌也. 以圭瓚, 酌秬鬯

관(祼)은 술을 땅에 붓는 것이니, 규찬(圭瓚)을 가지고 검은 기장으로 빚은 울창주(鬱酒)를 떠서

詳說

○ 與前節秬鬯, 各是一事.

앞의 절에서 '검은 기장과 울금'653)과는 각기 하나의 일이다.

---

653) 『서경대전(書經大全)』, 「주서(周書)」·「낙고-25(洛誥-25)」: "왕께서는 사람을 보내와 은나라 사람들을 경계하시고, 나를 명(命)하여 편안히 하시되 검은 기장과 울금으로 빚은 술 두 그릇으로 하시고, '밝게 공경하노니, 배수계수하며 아름답게 향례(享禮)를 올린다.'라고 하였습니다.(伻來毖殷, 乃命寧予, 以秬鬯二卣,

集傳

灌地以降神也.
땅에 부어 강신(降神)하는 것이다.

[10-4-13-30]

王命周公後, 作冊, 逸誥, 在十有二月.

왕이 주공에게 명하여 뒤에 남아 책문(冊文)을 짓게 하시므로 사관(史官)인 일(逸)이 고하니, 12월에 있었다.

集傳

逸誥者, 史逸誥周公治洛留後也.
일고(逸誥)는 사관(史官)인 일(逸)이 주공(周公)에게 낙읍(洛邑)을 다스리며 유후(留後)가 되게 한 일을 고한 것이다.

詳說

○ 上節以周公其後之事作冊, 此則以周公其後之語而告旣祼而告其序也
위의 절에서는 주공에게 그 후의 일로 책을 짓게 한 것이고, 여기는 주공에게 그 후의 말로 이미 강신제를 올린 것을 고하고 그 순서를 고한 것이다.

集傳

在十有二月者, 明戊辰
12월에 있었다는 것은 무진일(戊辰日)이

詳說

○ 上節.
위의 절이다.654)

曰明禋, 拜手稽首, 休享.)"
654) 『서경대전(書經大全)』, 「주서(周書)」·「낙고-29(洛誥-29)」: "무진일에 왕이 새 도읍에 계시면서 증제(烝祭)를 올리시니, 해마다 하는 것으로 문왕에게 붉은 소 한 마리이고, 무왕에게 붉은 소 한 마리였다. 왕이 명하여 책을 지으라 하시니, 사관 일(逸)이 축문을 책에 쓰니, 주공에게 뒤에 남아 낙읍을 다스리게 한 일을

集傳

爲十二月日也.
12월임을 밝힌 것이다.

[10-4-13-31]
惟周公, 誕保文武受命, 惟七年.
주공은 문왕·무왕이 하늘로부터 받은 명을 크게 보존하기를 7년 동안 하였다.

集傳

吳氏曰, 周公自留洛之後, 凡七年而薨也.
오씨(吳氏)가 말하였다. "주공이 낙읍에 머문 뒤로부터 모두 7년에 별세한 것이다.

詳說

○ **與攝政之年, 正相同, 其薨當在成王之十四年.**
섭정한 해와 바로 서로 같으니, 돌아가신 것은 당연히 성왕 14년이다.

○ **吳說似止此, 或云至末.**
오씨의 설명은 여기까지인 것 같다. 어떤 이는 "끝까지이다."라고 했다.

集傳

成王之留公也, 言誕保文武受民, 公之復成王也, 亦言承保乃文祖受命民, 越乃光烈考武王.
성왕이 공을 만류할 때에 '문왕·무왕이 하늘로부터 받은 백성을 크게 보호하라.'라고 하였고, 공이 성왕에게 답할 때에 또한 '그대의 문조(文祖)께서 명을 받은 백성과 그대의 광렬고(光烈考)인 무왕을 계승하여 보존하라.'라고 하였다.

詳說

고한 것이었다. 왕의 손님들이 희생을 잡아 제사함에 모두 오니, 왕이 태실에 들어가 강신제를 올리셨다. (戊辰, 王在新邑烝祭, 歲, 文王騂牛一, 武王騂牛一. 王命作冊, 逸祝冊, 惟告周公其後. 王賓殺禋咸格, 王入太室祼.)"

○ 並照前節.
아울러 앞의 절을 참조하라.

集傳
故史臣於其終計其年, 曰惟周公誕保文武受命, 惟七年. 蓋終始公
그러므로 사신(史臣)이 맨 마지막에 그 연수를 계산하여 '주공이 문왕·무왕이 하늘로부터 받은 명을 크게 보존하기를 7년 동안 했다.'라고 하였으니, 공을 처음부터 끝까지

詳說
○ 公之留洛.
공이 낙읍에 머무른 것이다.

集傳
之辭云.
한 말이다."

詳說
○ 成王以下, 論也.
성왕 이하는 경문의 의미 설명이다.

○ 鄒氏季友曰 : "禮記云, 周公七年致政於成王. 孔傳說周公攝政, 盡此十二月, 惟七年, 以在十有二月一句, 屬下章, 文意甚明白, 今以屬上章, 殊覺未安."
추씨 계우가 말하였다 : "『예기』에서 '주공이 7년에 성왕에게 사직한 것이다.'라고 했다. 공전의 설명은 주공의 섭정이 여기 12월에 다한 것이 7년이라고 설명했으니, '12월에 있었다.'는 한 구는 아래의 장으로 이어지면 문맥이 아주 명백한데, 지금 위의 장에 이어지는 것으로는 아주 편안하지 않은 것으로 여겨진다.

연구번역자 소개

신창호(申昌鎬)
현) 고려대학교 교수, 고려대학교 박사(동양철학/교육사철학 전공), 고려대학교 교육문제연구소 소장, 평생교육원장. 한국교육철학학회 회장, 한중철학회 회장 역임, 현) 한국학중앙연구원 이사
저서에 「『중용』 교육사상의 현대적 조명」(박사학위논문), 『유교의 교육학 체계』 외 다수의 논문·번역·저서가 있음

김학목(金學睦)
전) 고려대학교 연구교수, 건국대학교 박사(한국철학 전공), 해송학당 원장(동양학·사주명리 강의)
저서에 「박세당의 『신주도덕경』 연구」(박사학위논문), 『한국주역대전』 외 다수의 논문·번역·저서가 있음

조기영(趙麒永)
전) 고려대학교 연구교수, 연세대학교 박사(한문학 전공), 서정대 교수·연세대국학연구원 연구원
저서에 「하서 김인후 시 연구」(박사학위논문), 『한국시가의 정신세계』 외 다수의 논문·번역·저서가 있음

황봉덕(黃鳳德)
전) 고려대학교 연구교수, 성균관대학교 박사(문학 전공). 한중철학회 총무이사. 시습학사 사무국장
저서에 「李德懋 士小節 硏究」(박사학위논문), 『譯註 貞觀政要集論』 『國譯 通鑑節要增損校註Ⅰ』 외 다수의 논문·번역·저서가 있음

김언종(金彦鐘)
현) 고려대학교 명예교수, 國立臺灣師範大學 박사(韓國經學 전공), 한국고전번역원 이사 및 고전번역학회 회장 역임, 현) 한국고전번역원장
저서에 「丁茶山論語古今注原義總括考徵」(박사학위논문), 『(역주)시경강의』 외 다수의 논문·번역·저서가 있음

임헌규(林憲圭)
현) 강남대학교 교수, 한국학중앙연구원 박사(동양철학 전공). 동양고전학회 회장 역임, 현) 강남대학교 참인재대학장
저서에 『유가의 심성론 연구-맹자와 주희를 중심으로』(박사학위논문), 『공자에서 다산 정약용까지 - 유교인문학의 동서철학적 성찰』 외 다수의 논문·번역·저서가 있음

허동현(許東賢)
현) 경희대학교 교수. 고려대학교 박사(한국근대사 전공). 경희대학교 학부대학 학장·한국현대사연구원 원장 역임. 현) 국사편찬위원장
저서에 「1881년 조사시찰단 연구」(박사학위논문), 『한국의 국가 형성과 민주주의』 외 다수의 논문 번역 저서가 있음

서집전상설 5

초판 1쇄 | 2024년 8월 15일

책임역주(주저자) | 신창호
전임역주 | 김학목·조기영·황봉덕
공동역주 | 김연종·임헌규·허동현
편   집 | 강완구
디자인 | S-design
브랜드 | 우물이있는집
펴낸곳 | 써네스트
펴낸이 | 강완구
출판등록 | 2005년 7월 13일 등록번호 제2017-000293호
주   소 | 서울시 마포구 망원로 94, 203호
전   화 | 02-332-9384   팩   스 | 0303-0006-9384
이메일 | sunestbooks@yahoo.co.kr
홈페이지 | www.sunest.co.kr
ISBN 979-11-94166-35-1 94140 값 32000원
         979-11-94166-30-6 94140 (전 7권)
* <우물이 있는 집>은 써네스트의 인문브랜드입니다.

이 책은 신저작권법에 따라 보호받는 저작물이므로 무단 전재와 복제를 금하며, 내용의 전부 또는 일부를 재사용하려면 반드시 저작권자와 도서출판 써네스트 양측의 동의를 받아야 합니다.
정성을 다해 만들었습니다만, 간혹 잘못된 책이 있습니다. 연락주시면 바꾸어 드리겠습니다.